Innovation durch Bildung

Schriften der Deutschen Gesellschaft für Erziehungswissenschaft (DGfE)

Ingrid Gogolin/Rudolf Tippelt (Hrsg.)

Innovation durch Bildung

Beiträge zum 18. Kongress der Deutschen Gesellschaft für Erziehungswissenschaft

Leske + Budrich, Opladen 2003

Gedruckt auf säurefreiem und alterungsbeständigem Papier.

Die Deutsche Bibliothek – CIP-Einheitsaufnahme
Ein Titeldatensatz für die Publikation ist bei Der Deutschen Bibliothek erhältlich

ISBN 3-8100-3859-8

Druck: DruckPartner Rübelmann, Hemsbach
Printed in Germany

Inhalt

Beiträge aus Symposien

Ingrid Gogolin / Rudolf Tippelt

Vorwort

Moderne Gesellschaften sind wissensbasiert. Daher sind sie auf besondere kulturelle, reflexive und technische, aber auch soziale und ethische Kompetenzen ihrer Mitglieder angewiesen. Solche Kompetenzen zu fördern ist Aufgabe des Erziehungs- und Bildungswesens in seinen verschiedenen Institutionen.

In der öffentlichen und bildungspolitischen Diskussion werden verstärkt „Erneuerungen" des Erziehungs- und Bildungswesens eingefordert. Die mit solchen Forderungen verbundenen Hoffnungen und Prämissen müssen mit den vorliegenden Erkenntnissen der Erziehungswisssenschaft konfrontiert werden. Dazu gab der 18. Kongress der Deutschen Gesellschaft für Erziehungswissenschaft im März 2002 in München Gelegenheit.

Die vorgestellten Forschungsergebnisse konzentrieren sich auf Fragen nach dem Spannungsverhältnis zwischen gesellschaftlichen Entwicklungen und Innovationen, die von Erziehung und Bildung ausgehen können. Mit im Blick der Beiträge war, was uns historische Entwicklungen zu dieser Frage lehren. Diskutiert wurde ferner, welche strukturellen, materiellen, personellen und organisatorischen Bedingungen gegeben sein müssen, um Innovationspotenzial im Bildungswesen nicht nur anzuregen, sondern innovative Ansätze auch nachhaltig realisieren und verbreiten sowie ihre Qualität prüfen zu können. Nicht zuletzt im Anschluss an neueste Ergebnisse der Bildungsforschung wurde die Frage debattiert, welche gesellschaftlichen Gruppen oder Individuen von innovativen Entwicklungen ausgeschlossen werden und was die Erziehungswissenschaft zur Vermeidung von Exklusionsprozessen beitragen kann. Unter den Versammelten bestand darüber Konsens, dass erziehungswissenschaftliche Forschung und Entwicklung gesellschaftliche Veränderungs- und Innovationsprozesse begleiten muss – sowohl in der Form kritischer Analysen als auch in der Form konstruktiver Impulse. Diese Begleitung muss es einschließen, darauf hinzuweisen, welche Reformbemühungen sich mit Forschungsergebnissen legitimieren lassen und welche nicht – und welche möglicherweise unerwünschten Nebenfolgen politisch geforderte Erneuerungen im Bildungswesen haben können.

Die Themen des Kongresses wurden in neun Parallelvorträgen, 22 Symposien, 33 Arbeitsgruppen und acht Roundtables diskutiert. Etwa 1400 Wissenschaftlerinnen und Wissenschaftler aus dem In- und Ausland nahmen am Kongress teil.

Für die Qualität der inhaltlichen Angebote des Kongresses ist allen Referentinnen und Referenten zu danken. Für den reibungslosen Ablauf danken wir allen Organisatorinnen und Organisatoren der einzelnen Veranstaltungen sowie den Vortragenden. Auch an das Organisationskomitee vor Ort, Jochen Kahlert, Manuela Pietraß und Angelika Speck-Hamdan und ihr Team, geht unser Dank.

Eine Auswahl aus den Beiträgen des Kongresses ist im vorliegenden Band versammelt. Die Zusammenstellung geschah in Kooperation mit den Organisatorinnen und Organisatoren der Symposien sowie mit den Referentinnen und Referenten der Parallelvorträge. Ihnen allen danken wir für die freundliche Unterstützung. Ursula Reim danken wir für ihre Mitarbeit bei der Erstellung des Manuskriptes.

Hamburg und München, im Sommer 2003
Ingrid Gogolin und Rudolf Tippelt

Grußworte zum Kongress

Grußwort der Vorsitzenden der Deutschen Gesellschaft für Erziehungswissenschaft

Prof. Dr. Ingrid Gogolin

Moderne Gesellschaften sind wissensbasiert. Sie sind daher auf besondere kulturelle, reflexive und technische, aber auch soziale und ethische Kompetenzen ihrer Mitglieder angewiesen. Solche zu fördern ist Sache des Erziehungs- und Bildungswesens in seinen verschiedenen Institutionen.

In der öffentlichen bildungspolitischen Diskussion werden verstärkt „Innovationen" des Erziehungs- und Bildungswesens eingefordert – das beginnt bei der Formulierung eines Bildungsauftrags an den Kindergarten, setzt sich fort über Forderungen der „Runderneuerung" des allgemeinbildenden Schulwesens, über die Einführung neuer Studiengänge an Hochschulen und endet noch lange nicht bei der vehementen Forderung nach Erneuerung der Lehrerbildung.

Aus Sicht der Erziehungswissenschaft sind diese Geschehnisse durchaus ambivalent zu beurteilen. Einerseits ist es erfreulich und angemessen, dass dem Bildungsbereich soviel öffentliche Aufmerksamkeit zukommt. Andererseits zeichnen sich die öffentlichen Debatten nicht selten durch einen hektischen Aktivismus aus, und allzu oft dadurch, dass – jenseits berechtigter Reformforderungen – unbeachtet bleibt, was das deutsche Erziehungs- und Bildungswesen an Vorbildlichem, Erhaltenswerten aufweist. Und nicht selten entpuppt sich ein als „innovativ" angepriesenes Vorhaben schon beim zweiten Hinsehen als alter Wein in neuen Schläuchen.

Mit den Forderungen nach Reform oder gar Innovation des Bildungswesens sind Hoffnungen und normative Prämissen verbunden, die mit den vorliegenden Erkenntnissen der Erziehungswissenschaft konfrontiert werden müssen. Das Thema des Kongresses – „Innovation durch Bildung" – lädt zunächst zur Auseinandersetzung mit den Teilen des Begriffspaares ein: also erstens dazu, die Frage zu beantworten, was man sich unter „Innovation" vorzustellen hat. Bei den Antworten auf diese Frage helfen Blicke in die Geschichte des deutschen Bildungswesens, hilft das Freilegen von Kontinuitäten, die sich – bei allem Wandel über die Zeit – als Grundzüge und besondere Eigentümlichkeiten erhalten haben. Zweitens gibt das Thema Anlass, den Begriff „Bildung" selbst ein weiteres Mal unter die Lupe zu nehmen. Ist er – der deutsche Sonderbegriff, der sich nur schwer in andere

Sprachen übersetzen lässt, der sich deshalb zuweilen einschleicht in den an sich in anderen Sprachen geführten Diskurs – noch als leitende Formel für die gegenwärtigen und künftigen Anforderungen an Erziehung, an das Unterrichten, an den Aufbau von Wissen und Fähigkeiten geeignet?

Drittens schließlich wird zu debattieren sein, wie die Verbindung des Begriffspaares durch „durch" verstanden werden kann. Was sagen uns neueste erziehungswissenschaftliche Forschungsergebnisse darüber, welche Innovationen überhaupt von Bildung und Erziehung ausgehen können und welche nicht? Was lehren uns historische Entwicklungen zu dieser Frage? Welche Erkenntnisse gibt es über die strukturellen, materiellen, personellen und organisatorischen Bedingungen, die gegeben sein müssen, um Innovationspotenzial im Bildungswesen nicht nur anzuregen, sondern auch über längere Zeiträume zu sichern? Was ist über die biographischen, individuellen Voraussetzungen bekannt, die die Fähigkeit zur Innovation fördern? Welche gesellschaftlichen Gruppen oder Individuen stehen in der Gefahr, von innovativen Entwicklungen ausgeschlossen zu werden, und was kann die Erziehungswissenschaft zur Vermeidung von Exklusionsprozessen beitragen? Welche Implementierungserfordernisse ergeben sich aus Ergebnissen erziehungswissenschaftlicher Forschung? Welche unerwünschten Nebenfolgen können politisch geforderte Innovationen im Erziehungs- und Bildungswesen haben?

Gesellschaftliche Veränderungs- und Innovationsprozesse bedürfen erziehungswissenschaftlicher Begleitung – sowohl in Form kritischer Analysen als auch konstruktiver Impulse. Die neuesten Forschungsergebnisse der Erziehungswissenschaft werden zu Fragen wie den genannten beim 18. Kongress der DGfE in München öffentlich vorgestellt und debattiert werden. In Parallelvorträgen, Symposien, Arbeitsgruppen, Roundtables und Poster-Sessions kommen nicht nur Ergebnisse der deutschen erziehungswissenschaftlichen Forschung zur Sprache, sondern auch solche aus internationalem Vergleich und Forschungsergebnisse aus anderen Teilen der Welt.

Die Ludwig-Maximilians-Universität München ist eine ausgezeichnete Gastgeberin der Debatten über „Innovation durch Bildung". Die Deutsche Gesellschaft für Erziehungswissenschaft dankt der Ludwig-Maximilians-Universität für ihre Gastfreundschaft; sie dankt dem Münchener Lokalen Organisationskomitee Herrn Tippelt, Frau Speck-Hamdan, Herrn Kahlert und Frau Pietraß und ihren Mitarbeitern Herrn Achatz, Frau Mahrhofer, Frau von Hippel, Frau Reim, Frau Braune, Frau Stavrum und Herrn Gabler für das Engagement bei der Vorbereitung des Kongresses. Im Namen des Vorstands der Deutschen Gesellschaft für Erziehungswissenschaft sei allen Teilnehmerinnen und Teilnehmern ein ertragreicher, konstruktiver, in fachlichen und persönlichen Begegnungen angenehmer – kurz: ein schöner Kongress gewünscht.

Grußwort des Rektors der Ludwig-Maximilians-Universität München

Prof. Dr. Andreas Heldrich

Für eine Hochschule ist es immer eine ehrenvolle Aufgabe, eine bedeutende wissenschaftliche Veranstaltung wie den 18. Kongress der Deutschen Gesellschaft für Erziehungswissenschaft begrüßen zu können. Wesentlich seltener geschieht es, dass ein solcher Kongress eine Hochschule nicht nur als Gastgeber in Anspruch nimmt, sondern das Hochschulwesen selbst zum Gegenstand seiner Diskussion macht. Das Kongressthema „Innovation durch Bildung" tut dies in vielversprechender Weise.

Als Rektor einer Universität sieht man sich tagaus tagein mit der Forderung nach Erneuerung konfrontiert – und wäre manches Mal dankbar über wissenschaftlich fundierten Rat, in welcher Richtung nach einer solchen Erneuerung zu suchen sei.

In der Debatte um die Erneuerung der Hochschulen vertritt die Universität München eine sehr eigenständige Position. Sie hängt mit einer der Fragestellungen des Kongresses zusammen, nämlich dem Spannungsverhältnis zwischen Wissen und Bildung. Pointiert könnte man sagen, dass die Universität München hier noch immer ein Spannungsverhältnis wahrnimmt, während fortschrittlichere Hochschulen sich inzwischen längst dem Primat des unmittelbar anwendbaren Fachwissens verschrieben haben. Demgegenüber prägt den Charakter der Universität München, dass sie sich der großen Tradition der klassischen universitas verpflichtet fühlt. In formaler Hinsicht ist dies ein Bekenntnis zur Vielfalt der Fächer in bewusstem Gegensatz zu einer Mode der Fokussierung auf einige wenige „Kernkompetenzen". Dies schließt insbesondere auch Wissensgebiete ein, die ohne das Engagement großer Hochschulen wie der Universität München längst verschwunden wären, weil sie nicht unmittelbar den Arbeitsmarkt „bedienen".

Selbstverständlich ist diese Vielfalt aber kein Selbstzweck. Ein wichtiger Grund, sie zu erhalten, liegt in dem Gedanken, dass eine Universität nicht nur Wissen zu vermitteln hat, sondern Kompetenzen, die wir unter dem Begriff Bildung zusammenfassen. Dazu gehört vor allem die Fähigkeit, mit gesellschaftlichem Wandel intelligent und verantwortlich umgehen zu können. Es gibt ja heute immer weniger Strukturen, die über eine Lebensspanne hinweg feststehen. Unsere Kultur, aber auch jeder Einzelne muss lernen, sich dieser Herausforderung zu stellen, und dies bedeutet vor allem: Neues und Fremdes wahrnehmen und verstehen zu lernen. Eben diese Wahrnehmungsfähigkeit und dieses Verständnis dürfen wir zu Recht von einem gebildeten Menschen erwarten.

Wie bereits angedeutet, ist dieses Bekenntnis zum Bildungsauftrag der Universität nicht unumstritten. Und zu den Neuerungen in der Hochschullandschaft gehört es, dass unterschiedliche Modelle in Wettbewerb zueinander treten. Die Universität München stellt sich diesem Wettbewerb. Um ihn bestehen zu können, bedürfen wir in der Tat mancher Erneuerung, auch hochschulintern. So steht gerade eine universitas mit ihrem weniger fassbaren Bildungsideal vor der schwierigen Aufgabe, ihren Qualitätsanspruch zu definieren. Auch dabei sind wir auf Unterstützung gerade der zuständigen Fachdisziplin angewiesen.

Schon aus eigenem Interesse wünsche ich also den Teilnehmerinnen und Teilnehmern des 18. Kongresses der Deutschen Gesellschaft für Erziehungswissenschaft einen erfolgreichen Verlauf mit anregenden und ideenreichen Diskussionen.

Grußwort des Bayerischen Staatsministers für Wissenschaft, Forschung und Kunst

Hans Zehetmair

Unter dem Motto „Innovation durch Bildung" findet der 18. Kongress der Deutschen Gesellschaft für Erziehungswissenschaft vom 25. bis zum 27. März 2002 an der Ludwig-Maximilians-Universität München statt. Ich freue mich, dass sich die Veranstalter entschieden haben, die traditionsreiche Tagung in diesem Jahr in Bayern abzuhalten, und heiße alle Teilnehmerinnen und Teilnehmer herzlich willkommen in München.

Erst in jüngster Zeit hat die Veröffentlichung der PISA-Studie das deutsche Bildungssystem wieder in das Zentrum der öffentlichen Aufmerksamkeit gerückt. Angesichts der unerwartet ungünstigen Ergebnisse der Untersuchung verwundert es nicht, dass sehr schnell die Forderung nach Innovation im Erziehungs- und Bildungswesen erhoben wurde. Zahlreiche Stimmen aus Politik und Medien, aus Fachkreisen ebenso wie aus der besorgten Elternschaft meldeten sich mit Kritik, Ratschlägen und scheinbaren Patentrezepten zu Wort, deren Umsetzung von heute auf morgen eingemahnt wird.

Bei aller berechtigten Sorge, die die PISA-Ergebnisse auslösen müssen, darf jedoch nicht vergessen werden, dass sich kaum ein Thema weniger für Schnellschüsse und hektischen Aktionismus eignet als die Modernisierung von Schule und Unterricht. Hier, wo es um die Bildung und damit die Zukunft von Kindern und Jugendlichen geht, ist vor allem eines gefragt: ein langer

Atem, der Raum gibt für sorgfältige Reflexion und langfristige Überlegung. Das Zauberwort „Innovation" darf nicht dazu verleiten, kurzfristigen Moden hinterherzulaufen. Mehr als anderswo zeigt sich gerade im Bildungswesen, dass derjenige, der am Bewährten festhält, plötzlich wieder ganz modern sein kann – vorausgesetzt, er ist bereit, auch dieses Bewährte immer wieder kritisch auf den Prüfstand aktueller wissenschaftlicher Erkenntnisse zu stellen.

Der 18. Kongress der Deutschen Gesellschaft für Erziehungswissenschaft hat es sich zur Aufgabe gemacht, das Verhältnis von Bildung und Innovation zu untersuchen. Dabei wird es nicht nur darum gehen, welche Innovationen für unser Erziehungs- und Bildungswesen wünschenswert sind (und welche – vielleicht auch bedenklichen – Nebenwirkungen solche Innovationen womöglich haben), sondern vor allem auch um die Frage, welche Innovation von Erziehung und Bildung selbst ausgehen kann. Auch in diesem Jahr ist es den Veranstaltern gelungen, hochrangige und international anerkannte Referentinnen und Referenten zu gewinnen, die dieses zentrale Thema unserer Zeit in Symposien und Diskussionsrunden unter einer Vielzahl von Aspekten beleuchten. Nicht nur die Fachwelt erwartet die Ergebnisse der Tagung mit Aufmerksamkeit und Spannung.

Allen Beteiligten wünsche ich einen anregenden und ertragreichen Kongressverlauf. Ich bin mir sicher, dass Sie Gelegenheit zu reger Diskussion und fachübergreifenden Dialog und – jenseits des straffen Tagungsprogramms – auch zum Genuss bayerischer Gastlichkeit finden werden.

Grußwort des Oberbürgermeisters der Landeshauptstadt München

Christian Ude

Zum 18. Kongress der Deutschen Gesellschaft für Erziehungswissenschaft übermittle ich allen Teilnehmerinnen und Teilnehmern meine herzlichen Grüße und heiße alle Gäste aus dem In- und Ausland willkommen in München.

Für die bayerische Landeshauptstadt ist dieses bedeutende fachwissenschaftliche Treffen nicht nur eine Auszeichnung, sondern auch eine Bestätigung. Schließlich ist an den Münchner Hochschulen, speziell an der Ludwig-Maximilians-Universität, der Technischen Universität und der Universität der Bundeswehr, die Pädagogik besonders breit verankert. Über die wissenschaftliche Fachwelt hinaus wird der Kongress aber auch in der bildungspolitisch interessierten Öffentlichkeit große Beachtung finden – auch und gerade in München. Gerade auch hier zeigt der öffentliche Diskurs, der durch die Ergebnisse der PISA-Studie ausgelöst wurde, welch hohe Bedeutung der wissenschaftlichen Auseinandersetzung mit Fragen der Erziehung und Bildung, des Lernens und des Heranwachsens zukommt. Gerade in der High-Tech-Metropole München haben wir uns angesichts des immer rasanteren sozialen und technologischen Wandels immer wieder neu die Frage zu stellen, unter welchen Bedingungen Kinder und Jugendliche leben, welche Kompetenzen sie für die Zukunft brauchen und welche Kompetenzen auch den erwachsenen Generationen abverlangt werden. Um hier Benachteiligungen zu vermeiden und den Einzelnen optimal fördern zu können, sind wir deshalb, besonders in München, auch auf die Erkenntnisse der Wissenschaft angewiesen.

Schon aus diesem unmittelbaren stadtpolitischen Interesse heraus wünsche ich dem Kongress „Innovation durch Bildung" einen fruchtbaren und erkenntnisreichen Verlauf. Zugleich aber wünsche ich den Teilnehmerinnen und Teilnehmern auch jenseits des fachlichen Austauschs einen schönen und angenehmen Aufenthalt in München, der Stadt der kulturellen Vielfalt und der herzlichen Gastlichkeit.

Grußwort der Vorsitzenden der Deutschen Gesellschaft für Soziologie

Prof. Jutta Allmendinger, Ph.D.

Innovation durch Bildung? Das Konferenzthema eines Faches, mit dem die Soziologie viel verbindet, macht stutzig. Wodurch, wenn nicht durch Bildung, sind denn Innovationen zu erwarten? Doch brauchen wir nicht zunächst eine Innovation *der* Bildung, ein gründliches Überdenken all dessen, was wir unter Erziehung, Bildung und Ausbildung verstehen – eine *neue Fundierung* von Lernen und lebenslangem Lernen? Genau das haben uns maßgeblich die Erziehungswissenschaften in den letzten Monaten gezeigt, mit international vergleichenden, satten empirischen Studien, die auch für die Soziologie wegweisend sind und schon jetzt breit beachtet werden. Man kann das Konferenzthema also reflexiv modern auch als „Innovation *der* Bildung *durch* Bildung" denken. So fließen die Gedanken.

Was kann ein Kongressthema mehr erreichen, als zum Denken anzuregen, interdisziplinäre Fäden aufzunehmen – und neugierig zu machen. Im Namen der Deutschen Gesellschaft für Soziologie wünsche ich Ihrem Kongress in München ein gutes und frohes Gelingen.

Staatsminister Prof. Dr. Julian Nida-Rümelin
Beauftragter der Bundesregierung für Angelegenheiten der Kultur und der Medien

Zur kulturellen Dimension der Bildung

Eröffnungsvortrag

(gekürzte Fassung; erschienen in „Die Welt", 27. März 2002)

Das Verhältnis von Bildung und Kultur ist zugleich eng und komplex. In erster Annäherung kann es so charakterisiert werden: Die unterschiedlichen Bildungskonzeptionen in der Geschichte spiegeln das Selbstverständnis der jeweiligen Kultur wider, die Bildungspraxis ist getreulicher Spiegel des Entwicklungsstandes der jeweiligen Kultur. Alle großen Reformprojekte im Bildungswesen waren von einer inhaltlichen Vorstellung, von einer in ein kulturelles Gesamtkonzept eingebetteten Bildungsidee geprägt. Dies ließe sich zum Beispiel am Humanismus detailliert darstellen, sowohl an der humanistischen Bewegung des ausgehenden Mittelalters und der frühen Neuzeit als auch am Neuhumanismus, der vor allem mit dem Namen Wilhelm von Humboldts verknüpft ist.

Orientierungspunkt der althumanistischen Erneuerungsbewegung ist die Idee des *humanum*, des eigentlich Menschlichen. Petrarca etwa führt aus, dass das spezifisch Menschliche darin bestehe, mitis et amabilis zu sein, also sanft und umgänglich. Ethische Bindung steht im Zentrum, die würdevolle Selbstbeherrschung als Ausdruck von Charakterstärke. Bildung heißt aus der Perspektive des Humanismus auch, Personen die Möglichkeit zu geben, sich von den in der jeweiligen Gesellschaft etablierten Umgangsformen zu distanzieren. Aus diesem Ansatz entsteht im 13. Jahrhundert ein Bildungskanon, der vor allem vier Bereiche umfasst: erstens Sprache (Grammatik), zweitens Moralphilosophie mit den Teilgebieten Ethik, Politik und Ökonomie, drittens Geschichte und viertens Rhetorik. Einen prägnanten Ausdruck findet diese Bildungsidee in der Formel *res et verba* – die Dinge und ihre Bezeichnungen lernen und beides zueinander in eine vernünftige Beziehung setzen. Hinter der Leitidee einer klaren und einfachen Sprache steht bei den Humanisten vor allem das Ideal eines freien Geistes, der sich von Dogmatismus und eitler Geschwätzigkeit lösen kann.

Dem Neuhumanismus des 19. Jahrhunderts verdankt das deutsche Bildungswesen wesentliche Weichenstellungen. Ziel der Humboldtschen Bildungsreform ist es, die Menschen zu befähigen, sie selbst zu werden,

Autonomie zu erlangen. Der noch in der frühen Neuzeit geltende Primat der Verwertbarkeit des Wissens weicht so dem Ideal der Persönlichkeitsbildung.

Der ersten deutschen Bildungsreform zu Beginn des 19. Jahrhunderts war ein großer Erfolg beschieden. Sie resultierte in einer weltweiten Spitzenstellung der deutschen Bildungsinstitutionen auf nahezu allen Gebieten von Kultur und Wissenschaft. Getragen wurde diese Stellung nicht zuletzt von einem – trotz aller sozialen Unterschiede – gewissermaßen schichtenübergreifenden Selbstverständnis als Kulturnation. Bemerkenswert ist im Rückblick zudem, wie die Spitzenposition des Bildungswesens mit der Rückständigkeit Deutschlands im Politischen – Stichworte Nationalstaatsbildung, Durchsetzung der parlamentarischen Demokratie – kontrastiert und diese zum Teil kompensiert.

Am Ende des langen 19. Jahrhunderts markiert der 1. Weltkrieg einen bedeutenden Einschnitt. Die kulturelle und wissenschaftliche Entwicklung Deutschlands verliert an internationaler Ausstrahlung. Die Vertreibung und Ermordung der jüdischen und kritischen Intelligenz bedeuten zu allererst unermessliches menschliches Leid für unzählige Familien, aber sie haben auch zu einem Verlust intellektueller Substanz geführt, von dem sich die deutsche Bildungs- und Kulturnation bis heute nicht erholt hat und wohl nie ganz erholen wird.

Das kollektive Selbstverständnis der Westdeutschen nach 1945 war vom Gelingen des wirtschaftlichen Wiederaufbaus geprägt. Unter der Dominanz ökonomischer Aspekte geriet das Bildungswesen im internationalen Vergleich in Rückstand. Aus heutiger Sicht ist es interessant zu sehen, unter welchen Gesichtspunkten die Defizite vorrangig wahrgenommen wurden. Der Protagonist der Debatte über „die deutsche Bildungskatastrophe", Georg Picht, argumentierte zwar nicht allein in ökonomischen Kategorien, aber es war doch sein Menetekel vom wirtschaftlichen Niedergang der Bundesrepublik, das die öffentliche Diskussion bestimmte.

Ein zweiter, vor allem sozialer Impetus trat in den 60er Jahren hinzu. Insbesondere nach 1968 wurde die Bildungsdebatte vor allem unter dem Gesichtspunkt der Partizipation geführt. Die Erfolge dieser Reformbewegung sind unübersehbar, die Öffnung der Bildungseinrichtungen – ablesbar etwa am Anteil der Arbeiterkinder unter Gymnasiasten und Studenten – gelang zunächst in durchaus beeindruckendem Maße um dann in den 80er und 90er Jahren wieder kontinuierlich abzusinken. Dennoch war diese zweite Bildungsreform nur eine halbierte. Die Diskussion über Bildungsinhalte blieb im Dickicht der Institutionen stecken. Das Resultat war eine weitgehende inhaltliche Erstarrung des Bildungswesens seit den 70er Jahren. Die Ambivalenz dieser Entwicklung ist aus meiner Sicht zu wesentlichen Teilen auf ein kulturelles Defizit zurück zu führen. Ein gravierendes Manko des Reformprozesses war die mangelnde Einbettung in eine Gesamtkonzeption, das Fehlen einer kulturellen Leitidee. Eine Rolle hat hier sicherlich auch die zeitweise Dominanz (vulgär-)marxistischer Diskurse gespielt, in denen Kultur zum bloßen Überbauphänomen verkleinert wurde.

Die inhaltlichen Defizite der Reformdebatte sind in meinen Augen beispielsweise mitverantwortlich dafür, dass das Leistungsprinzip – so anfällig für Missbrauch es ist – in Misskredit geriet. Diese ablehnende Haltung hat das Klima in unseren Bildungsinstitutionen lange Zeit wesentlich beeinflusst. Hinweise wie der, dass die Berücksichtigung individueller Leistung ursprünglich – in Abgrenzung zu den Prinzipien einer ständisch verfassten Gesellschaft – einen emanzipatorischen Gehalt hatte, fanden in der Diskussion der 60er und 70er Jahre kaum Gehör. Eine mangelnde inhaltliche Fundierung hat auch dazu beigetragen, dass die Reformbestrebungen mit übersteigerten Erwartungen befrachtet wurden. In technokratischer Verkürzung geriet das Bildungswesen leicht zum Vehikel des „progressiven" Umbaus der Gesamtgesellschaft. Die Enttäuschung dieser Hoffnungen wirkt in den Lehrkörpern ganz offensichtlich bis heute nach.

Mit dem Aufkommen des Neoliberalismus in den 80er Jahren löste eine ökonomische Legitimationsbasis die primär soziale Orientierung ab. Die wirtschaftliche Verwertbarkeit hat sich immer deutlicher zum zentralen Kriterium des Erwerbs von Wissen entwickelt. Im Selbstverständnis der Deutschen ist die kulturelle Dimension eher schwach ausgeprägt – auch als Resultat der skizzierten Verdrängung kultureller Leitideen durch soziale nach 1968 und wirtschaftliche seit den 80er Jahren. Deutschland definiert sich im Grunde seit längerem nicht mehr als Kulturnation. Dies hat unübersehbar Auswirkungen auf den Status von Bildung. Für das Selbstwertgefühl vieler Jugendlicher ist es zum Beispiel wichtig, zu einem frühen Zeitpunkt eigenes Geld zu verdienen oder Konsumgüter zu besitzen. Der Eigenwert der Bildung spielt demgegenüber nur eine untergeordnete Rolle.

Angesichts dessen halte ich eine inhaltliche Neubestimmung für dringend erforderlich. Im Mittelpunkt sollte dabei eine Ausrichtung der Bildungspolitik an kulturellen Leitideen stehen. Die Bildungspraxis darf sich nicht nur an vordergründigen Erfordernissen der Sozial- und Wirtschaftspolitik orientieren, sondern muss grundlegende Dimensionen von Kultur in den Blick nehmen. Dazu zählt etwa die Dimension der gesellschaftlichen Interaktion, die Frage, wie Menschen miteinander umgehen, kooperieren, Konflikte austragen etc. Ein zweiter Aspekt hängt eng damit zusammen: Je umfassender die Netze unserer Interaktion in einer sich globalisierenden Welt greifen, desto zentraler wird Verständigung. Wenn wir uns in unserer komplexen und mobilen Gesellschaft nicht miteinander verständigen könnten, würden auch unsere stabilen Formen der Kooperation und Konfliktlösung brüchig werden. In letzter Konsequenz hätte dies die Erosion der normativen Basis einer zivilen Gesellschaft zur Folge. Eine weitere zentrale Dimension – vielleicht die wichtigste – ist die der Selbstbestimmung. Menschen sind ihrem Wesen nach in der Lage – und dazu gezwungen – ihrem Leben eine je eigene Prägung, einen spezifischen Sinn zu geben. Eine Konzeption umfassender Bildung muss daher den Aspekt der Selbstbildung in besonderem Maße berücksichtigen.

Vor diesem Hintergrund wird vielleicht etwas deutlicher, warum ich für eine Anknüpfung an die ursprüngliche humanistische Bildungskonzeption plädiere. In einer Zeit, in der Prognosen über die konkrete Verwertbarkeit von Wissen angesichts eines beschleunigten Wandels in allen Lebensbereichen immer fragwürdiger werden, gibt es letztlich keine Alternative zur Orientierung an den Grundlagen unserer Kultur. In diesem Zusammenhang können wir auch ein Spannungsverhältnis nicht ausblenden, das in der Konzeption Humboldts angelegt ist und unsere Bildungsinstitutionen bis heute prägt: Der Staat ist einerseits zu inhaltlicher Neutralität verpflichtet, während er andererseits über die Gestaltung der Rahmenbedingungen in einem gewissen Grade inhaltliche Festlegungen treffen muss.

Von besonderer Bedeutung ist der Bereich der ästhetischen Bildung. Mit Ästhetik meine ich hier nicht nur das Schöne im modernen Sinn, sondern den ursprünglichen Wortsinn der „Aisthesis", die Dimension unseres Lebens also, in der wir Bezug nehmen auf Dinge, die uns durch Empfindungen und Wahrnehmungen zugänglich sind. Die kognitive Schlagseite unseres Bildungswesens drängt die musische Bildung an den Rand.

Wenn wir die Dimension der „Aisthesis" ernst nehmen, dann dürfen wir Kinder und Jugendliche, aber auch Erwachsene, nicht als gebildet ansehen, wenn allein ihre kognitiven Fähigkeiten gestärkt und erweitert worden sind. Es muss uns darum gehen, eine Balance herzustellen zwischen Sinnlichkeit und der Fähigkeit, Gründe abzuwägen und Urteile zu fällen. Nicht die kognitive Dimension allein, sondern erst diese Balance macht die gebildete Person aus. Ohne eine entfaltete Sinnlichkeit kann auch Verständigung nicht gelingen, denn sie basiert nicht zuletzt auf Empathie, der Fähigkeit sich einzufühlen.

Eine weitere Überlegung betrifft die Dimension der Interaktion und Integration. Wir leben seit längerer Zeit in einer multikulturellen Gesellschaft. Neben den unbestreitbaren Konflikten und Verständigungsproblemen, die die Vielfalt kultureller Herkünfte mit sich bringt, sollten wir die positiven Aspekte dieser Entwicklung nicht aus dem Auge verlieren. Die Grenzen zwischen den Kulturen sind fließender geworden. Das Gros der bereits in zweiter oder dritter Generation in der Bundesrepublik lebenden Immigranten hat sowohl zu ihrer Herkunftskultur als auch zum kulturellen Umfeld in Deutschland ein differenziertes und reflektiertes Verhältnis gewonnen. Nicht die Differenz ist größer geworden, sondern die Zahl der Optionen, sich mit verschiedenen kulturellen Prägungen auseinanderzusetzen. Stabile Kooperation zwischen unterschiedlich geprägten Gruppen setzt allerdings voraus, dass es einen Überlappungsbereich gibt, einen Minimalbestand geteilter Normen, Werte, Einstellungen und Kenntnissen. Für die Bildungs- und Kulturpolitik ergibt sich daraus die Aufgabe, Verständigung im weitesten Sinne – auch unter Einbeziehung ästhetischer Elemente – zu fördern, damit kollektive Identitäten und kulturelle Prägungen nicht unvermittelt aufeinander treffen. Ein Grundkanon von Fähigkeiten und Kenntnissen erscheint mir da unverzichtbar zu sein. Die Oberstufenreform hat hier die falschen Zeichen gesetzt. Der Aspekt der Selbstbestimmung bleibt immer der zentrale: Ein souveräner Umgang mit Differenz setzt umfassend gebildete, Ich-starke Persönlichkeiten voraus, durchaus im Sinne des althumanistischen *mitis et amabilis.*

Ingrid Gogolin

Innovation durch Bildung

Eröffnungsvortrag zum 18. DGfE-Kongress

Die Wahl von Kongressthemen ist immer ein Vabanque-Spiel: es wird damit ein Wechsel auf die Zukunft gezogen. Die Entscheidung für ein Thema reichlich vor dem Ereignis, bei dem das Thema dann zur Diskussion steht, ist immer begleitet von dem innigen Wunsch, dass es bedenkenswert, beredenswert, brisant bleiben möge – mindestens, bis das Buch zum Kongress vergriffen ist.

Nehmen wir einmal an, man könnte diesen historischen Augenblick als die „Nach-PISA-Epoche" bezeichnen. Es würde jedenfalls gut zur öffentlichen Rezeption der PISA-Ergebnisse in Deutschland passen, dieser Untersuchung eine solche namengebende Bedeutung beizumessen. Angenommen also, sie hätte eine solche: wäre es nicht vorausschauender gewesen, „Innovation *der* Bildung" anstatt „Innovation *durch* Bildung" über diesen Kongress zu schreiben?

Das wäre es vielleicht – unter Marketinggesichtspunkten zumindest. Aber es verriete zugleich eine verkürzte Sicht auf das, was Bildung bedeutet, was sie leisten kann (und nicht kann) und leisten sollte. In meinen folgenden Ausführungen will ich argumentieren, dass Innovation *der* Bildung zu den Voraussetzungen dafür gehört, Innovation *durch* Bildung in Deutschland zu ermöglichen. Ich stelle eingangs einige Überlegungen darüber vor, welchen Erfordernissen Bildung in modernen, pluralen und heterogenen Gesellschaften genügen muss. Sodann ein kurzer Blick zurück, gelenkt von der Frage: ist der (heute besondere) deutsche Weg, Bildung zu ermöglichen, geeignet dafür, auf ihm die markierten Ziele zu erreichen?

Bildung – Ansprüche an einen Begriff, gestellt nach der Beobachtung von Praxis

Bildung ist ein deutscher Sonderbegriff, dem lange Zeit nachgesagt wurde, er sei nicht, oder doch nur sehr schwer übersetzbar (so etwa TENORTH 1992, S.

466). Bildung ist ein Begriff, der – auch, wenn man sich nicht mit Übersetzung plagt, sondern mit der deutschen Sprache bescheidet – in gleichem Maße zum wortreichen Streiten über seine Bedeutung herausfordert wie dazu, dass er ohne ein Wort der Begründung in Dienst genommen wird. „Bildung im Wettbewerb" – so hieß zum Beispiel das Jahresthema 2001 der Deutschen Bank (vgl. DEUTSCHE BANK / ALFRED HERRHAUSEN-GESELLSCHAFT 2001). „Zukunft: Bildung!", so betitelte die im Klappentext ihres Buches als „Superministerin für Schule und Weiterbildung, Wissenschaft und Forschung Nordrhein-Westfalens" bezeichnete GABRIELE BEHLER ein programmatisches Buch, mit dem sie ihre persönliche Vision einer „Modernisierung von Schulen und Hochschulen" verbreitete (vgl. BEHLER 2000, S. 20). Das „Konzept einer Allgemein- oder Grundbildung" bildet den expliziten Referenzrahmen für das, was im Rahmen der PISA-Studie getestet wurde – oder immerhin: getestet werden sollte (vgl. DEUTSCHES PISA-KONSORTIUM 2001).[1] Diese Beispiele stehen exemplarisch für zahllose Berufungen auf „Bildung".

Mit den genannten Beispielen ist zugleich eine mainstream-Forderung aus dem vielstimmigen aktuellen Palaver über Bildung angedeutet: die Forderung nach Vermarktförmigung der Bildungssysteme, aufruhend auf dem unverbrüchlichen Glauben an die segensreichen Wirkungen von Angebot, Nachfrage und Wettbewerb – ein Glaube, der ja mindestens bei einer Auswahl von Menschen durch den gelegentlichen Blick auf die persönlichen Vermögensbilanzen seine handfeste Bestätigung findet.[2] Auch führen die Beispiele vor Augen, dass die Beschäftigung mit Bildung niemals völlig davon frei sein kann, Grundüberzeugungen, auch in der Form von Glaubensüberzeugungen oder Ideologien, explizit oder implizit mitzuführen. Freilich sind die Grade der Offenlegung mitgeführter Überzeugungen sehr verschieden; hierin unterscheiden sich klar die ersten beiden Beispiele vom drittgenannten.

Es sei in aller Bescheidenheit nachfolgend mein eigenes als *ein* Verständnis von Bildung angeboten, das sich dem Versuch einer systematischen Annäherung verdankt, ohne dabei zu verkennen, dass es auf einem Fundament von Grundüberzeugungen aufruht.

Ein Stützpfeiler in diesem Fundament ist die Überzeugung, dass ein Bildungsbegriff sich heute nicht nur aus Theorien oder hehren Idealen ableiten und als normative Setzung vorstellen lassen darf, sondern auf empiri-

---

1 Ein bedenkenswertes Übertragungsangebot des Bildungsbegriffs in das (oder genauer: aus dem) Englische(n) liefert m.E. die internationale Version der PISA-Studie, in der die Ausschnitte von Bildung, die gemessen werden sollen, mit „literacy" bezeichnet werden. Dies ist in der deutschsprachigen Studie in „Grundbildung" übertragen worden (vgl. DEUTSCHES PISA-KONSORTIUM 2001), aber die Diskussion darüber, ob dies nicht eine unnötige Verengung des „literacy"-Konzepts indiziert, ist durchaus noch zu führen.

2 Siehe kritisch hierzu: HOFFMANN / MAACK RHEINLÄNDER 2001; LOHMANN / RILLING 2002.

sche Prüfung angewiesen ist. In dieser Prüfung muss er dem Anspruch standhalten, die historisch-gesellschaftlichen Bedingungen angemessen zu berücksichtigen, unter denen Bildung jeweils geschieht. Der heutigen Lage (und der absehbaren Zukunft) ist – nicht nur nach meiner Überzeugung – ein Bildungsbegriff gemäß, der den immer rascher vonstatten gehenden Transformationsprozessen Rechnung trägt, die moderne Gesellschaften in technologischer, ökonomischer, sozialer und kultureller Hinsicht durchlaufen.[3] Strittig ist allerdings, auf welche Weise Bildung dies zu gewährleisten habe.

In den Gegenwartsgesellschaften bestehen entschiedene Tendenzen zum sozialen Auseinanderdriften und zur Exklusion vieler von der Teilhabe an gesellschaftlich vorhandenem Reichtum. Bildung hat demgegenüber zu gesellschaftlicher Kohäsion beizutragen; sie muss den einzelnen Menschen – und zwar: allen – den Zugang zu selbständiger Teilhabe an Kommunikation, zu gleichberechtigter Partizipation an gesellschaftlichen und kulturellen Gütern eröffnen. Das bedeutet in allerschönster Selbstverständlichkeit auch: zur selbstbestimmten und verantwortlichen Teilhabe am ökonomischen Sektor, am Marktgeschehen. Dankbar erweitere ich eine Formel von AMITAI ETZIONI und anderen, in der dieses Paket an Erfordernissen wunderbar eingefangen ist: Bildung muss ihren Beitrag dazu leisten, dass eine Gesellschaft in Vielfalt und Einheit zugleich leben kann.[4]

Ein Ansatz, Überzeugungen wie diese herunterzubrechen auf die Ebene der Beobachtung, wurde im 11. Kinder- und Jugendbericht der Bundesregierung verfolgt, dessen Mitautorin ich bin (vgl. BERICHT DER SACHVERSTÄNDIGENKOMMISSION 2002; siehe auch den Beitrag von INGO RICHTER in diesem Band). Hier ging es um die Beobachtung derjenigen, denen die erste Aufmerksamkeit bei der Gestaltung von Bildung gilt: der Heranwachsenden und ihrer Lebenslagen. Bei der nachfolgenden Beschreibung solcher Lebenslagen kann ich mich an dem im Bericht Ausgeführten anlehnen. Im 11. Kinder- und Jugendbericht der Bundesregierung wird eine Beschreibung der „Anforderungen an Entwicklungsaufgaben und Bildung heute aufwachsender Kinder und Jugendlicher" geleistet, die sich auf drei exemplarische Felder bezieht: (1) „Wissensvermehrung und Zugänglichkeit des Wissens"; (2) „Wertekonsens und Pluralität" und (3) „Instabilität als Normalbiographie". Nachfolgend eine Zusammenfassung des hierzu im Bericht Ausgeführten (vgl. BERICHT DER SACHVERSTÄNDIGENKOMMISSION 2002, S. 282ff.):

3 Vgl. z.B. KOLLER 2002; PEUKERT 1998 und diverse Beiträge in ACHTENHAGEN / GOGOLIN 2002.

4 Vgl. das Manifest „Eine Gesellschaft muß Vielfalt und Einheit zugleich leben" von AMITAI ETZIONI und anderen, publ. am 27. Februar 2002 in der Frankfurter Rundschau (siehe www.fr-aktuell.de/start/doku).

Ad (1) „Wissensvermehrung und Zugänglichkeit des Wissens"
Es ist davon auszugehen, dass die „Halbwertzeit" von als fest und sicher geglaubten Wissensbeständen immer mehr abnimmt. Zugleich beschleunigt sich die Produktion neuer Wissensbestände. Vor diesem Hintergrund verbietet sich eine Gestaltung von Bildungsprozessen, die auf einen festumrissenen Kanon gestützt sind. Es kann heute weniger denn je gelingen, „ein Wissen" zu lehren, den Lernprozess unter Kontrolle zu halten, den Lernerfolg unmittelbar abzuprüfen und sein Gelingen oder Misslingen in hochaggregierter Form – etwa: einer Schulnote – zu bescheinigen. Dies wird nicht nur wegen der Vermehrung von Wissensbeständen und Anforderungen an die Kompetenz des einzelnen Menschen weniger möglich, sondern auch, weil Lehr- und Bildungsprozesse zunehmend anderenorts stattfinden als in den traditionell dafür geschaffenen Institutionen. Die Möglichkeiten zur individuellen Mobilität, die Entwicklung der Medien und der Informationstechnologien werden es prinzipiell in nicht allzu ferner Zukunft erlauben, dass überall und jederzeit auf existierende Informations- und Wissensbestände zugegriffen werden kann. Die Wissensaneignungs- und Bildungsprozesse, die sich dabei vollziehen, sind zu einem sehr großen Teil selbstgesteuert; mindestens entziehen sie sich in weiten Teilen dem kontrollierenden Zugriff durch die Institutionen der Bildung und Erziehung.

Die Heranwachsenden sind hierdurch enormen Ansprüchen ausgesetzt. Es genügt nicht, dass sie sich das komplexe Wissensangebot mechanisch erschließen – also beispielsweise zur handwerklichen Bedienung von Apparaten und zur reflexhaften Reaktion auf digital übermittelte Signale fähig werden. Verlangt sind vielmehr weitreichende Kompetenzen zur Ordnung, Interpretation, Bewertung und nicht zuletzt Erzeugung von Informationen – anders ausgedrückt: weitreichende kognitive, analytische, kritische und sprachliche Fähigkeiten. Die Fülle verbaler Informationen wird ja keineswegs dadurch geringer, dass die Zahl der Bild- und Symbolinformationen zunimmt. Die Fähigkeit zur aktiven Orientierung und Kommunikation in und mit den neuen Technologien stützt sich weithin auf sprachliche Mittel. Information am Bildschirm lässt sich nicht, wie die vertraute buchgebundene, an einer weitgehend einheitlichen „Leserichtung" entlang organisieren. Sie verlangt vielmehr das Durchschauen von übereinanderliegenden Strukturen, das Abschichten von Informationen, die auf zahlreichen, nicht immer sichtbaren und oft instabilen Ebenen lagern.[5]

Es sei nicht behauptet, dass dies ein völlig neues Anforderungsspektrum eröffnet; vielmehr sind die Fähigkeiten zum Verstehen, Interpretieren, Bewerten und Erzeugen von Signalen und zum Durchschauen ihrer Anordnung grundlegend in der Moderne, und es ist ein traditioneller Zweck von

5 GUNTHER KRESS bezeichnet diese Anforderungsstruktur als „Multimodality" (vgl. dens. 2000).

Bildungsprozessen, diese Fähigkeiten zu vermitteln. Die Entwicklung der technischen Möglichkeiten zur individuellen Mobilität, der Medien und neuen Informationstechnologien bedeutet aber eine radikale Erweiterung der diesbezüglichen Anforderungen an Heranwachsende – mit der komplementären Seite, dass ihnen ein nie dagewesenes Angebot an Bildungsmöglichkeiten zur Verfügung steht.

In der öffentlichen Verantwortung für Bildung liegt es, die selbstbestimmte Nutzung und Weiterentwicklung dieses Angebots zu ermöglichen. Dazu gehört zum einen, dass die umfassende Aneignung der grundlegenden Kulturfähigkeiten angebahnt wird – Literalität und Numeralität (in einem eher angelsächsischen Verständnis dieser Begriffe) –, denn diese sind die unabdingbaren Voraussetzungen für persönliche Beweglichkeit im dichten Gestrüpp der wechselnden Eindrücke, Informationen, Angebote. Zum anderen ist dafür Sorge zu tragen, dass es nicht dazu kommt, Heranwachsende aufgrund ihrer Lebenslage systematisch von der Teilhabe an den Informations- und Bildungsmöglichkeiten auszuschließen.

Ad (2) „Wertekonsens und Pluralität"

Die ökonomisch forcierten Prozesse der Globalisierung sorgen einerseits für die weltweite Verbreitung von Wert- und Normvorstellungen sowie von kommunikativen Praktiken (man denke etwa an das Coca-Cola-Imperium). Zugleich, und komplementär dazu, kommt es zu einer Wertepluralisierung und zur Ausbildung kleinräumig geltender Auffassungen oder Praktiken. Hierfür sind überwiegend dieselben Mechanismen verantwortlich, denn die Erhöhung der Möglichkeiten zur grenzüberschreitenden Mobilität, zum globalen Austausch von Gütern und Informationen, forciert ebensosehr die vereinheitlichenden Tendenzen, wie sie die Entwicklung und Darstellung von individuellen und partikularen Ausdrucksweisen oder Auffassungen erlaubt.

Dies bedeutet für Heranwachsende die Herausforderung, sich in einer gleichzeitig immer mehr vereinheitlichenden und immer stärker ausdifferenzierenden Welt zu orientieren und ihr persönliches Repertoire an Wertvorstellungen und Praxisformen zu entwickeln. Die Lage wird dadurch erschwert, dass auch die traditionelle Gestaltung des Generationsverhältnisses sich geändert hat. Es ist keineswegs mehr selbstverständlich, dass die ältere Generation der jüngeren Vorbild und Beispiel für die Entwicklung von Werthaltungen und Anschauungen ist oder dass sie einen Vorsprung an Kenntnissen, Erfahrungen und Fähigkeiten hat. Damit erhöht sich das Erfordernis der Selbsttätigkeit für die jüngere Generation.

Auch in dieser Hinsicht sind die Anforderungen an die Heranwachsenden ambivalent. Einerseits ist ihnen ermöglicht, die Auswahl aus einem vielfältigen Angebot zu treffen und ein selbstbestimmtes Repertoire an Werthaltungen und Weltauffassungen zu entwickeln. Andererseits aber wird ihnen abverlangt, sich selbst Beschränkungen aufzuerlegen, den eigenen Interessen nicht universelle Geltung zuzuerkennen und zum Interessenausgleich imstande zu sein – denn diese Fähigkeiten sind Voraussetzungen für soziale Kohäsion in offenen Gesellschaften.

Ad (3) „Instabilität als Normalbiographie"
Die Vorstellung von einer linearen Normalbiographie, in der bestimmte Stadien einander ablösend durchlaufen werden – Kindheit und Jugend –, und die in eine stabile Erwachsenenexistenz mündet, entspricht immer weniger der Realität von Lebensläufen. Neben anderem, sind hierfür die radikalen Änderungen in den Auffassungen von Arbeit und der Gestalt der Arbeitswelt verantwortlich. Sie bringen es mit sich, dass eine „endgültige" Einmündung in eine dauerhafte Berufskarriere auch in der westlichen Welt nicht mehr die Regel ist, sondern zur Ausnahme wird. Für die Heranwachsenden hat dies zur Konsequenz, dass ihr Lebensweg immer weniger planbar ist. Es ist heute zum Beispiel weniger prognostizierbar denn je, ob sich eine einmal in den eigenen Bildungsgang getätigte Investition jemals wie gewünscht auszahlt – obwohl die Versprechungen des „neuen Bildungsmarktes" gerade dieses behaupten. Zugleich bleibt der Zusammenhang zwischen formaler Qualifizierung und Berufschancen in aller Klarheit aufrecht erhalten: nach wie vor sind die Chancen von formal besser qualifizierten Menschen deutlich erhöht, ihr Leben durch Erwerbsarbeit abzusichern. Diese Lage hat zur Konsequenz, dass die Heranwachsenden ein hohes Maß an Kompetenz zum Aushalten von Unsicherheit und Unplanbarkeit entwickeln müssen. Sie sind gleichermaßen gehalten, ihren Bildungsprozess unabgeschlossen zu lassen, wie sie eine hohe Mobilitätsbereitschaft entwickeln müssen.

Soweit der kurze Einblick in die Analysen der Lebenslagen heute Aufwachsender in den drei exemplarischen Feldern, die die SACHVERSTÄNDIGENKOMMISSION für den Elften Kinder- und Jugendbericht angestellt hat. Die Kommission gelangte aufgrund ihrer Analysen zu einem Bildungsbegriff, den sie wie folgt kondensiert hat:

> „Angesichts der zunehmenden Komplexität der gesellschaftlichen Verhältnisse und der kulturellen und technischen Entwicklungen, angesichts des mit wachsender Beschleunigung vonstatten gehenden Wandels von Lebensbedingungen kann 'Bildung' nicht darauf beschränkt bleiben, den Nachwachsendenden die Kenntnis von 'Wissensbeständen, Interpretationen und Regeln einer gegenwärtig bestehenden kulturellen Lebensform' zu vermitteln (H. PEUKERT 2000, S. 509). Sie muß vielmehr zur Aneignung reflexiver und sozialer Kompetenzen beitragen, die es ermöglichen, wohlbegründet verantwortlich zu handeln. Dazu gehört das Vermögen, Sachverhalte und Zusammenhänge in ihrem historischen Entstehensprozeß nachvollziehen und einordnen zu können, und die Kompetenz zur Antizipation der erwünschten und der unerwünschten Folgen einer Entwicklung oder eines Handelns" (S. 276f.).

Die Zielperspektive, die die SACHVERSTÄNDIGENKOMMISSION nach der Analyse von empirischen Befunden über die Lebenslagen und die Anforderungen an die Heranwachsenden entwickelt hat, hätte also überschrieben werden können mit „Entwicklung der Fähigkeiten zu Innovation durch Bildung". Die Kommission sieht die Öffentlichkeit in der Verantwortung dafür, dass Bildung in diesem Sinne jedem einzelnen Menschen ermöglicht wird, der in Deutschland lebt.

Bildung – deutsche Besonderheiten

Zur Einlösung eines solchen Anspruchs wäre ein Bildungswesen erforderlich, das Inklusion statt Exklusion zum Ziel hat, das an der Entfaltung der offenkundigen und der verborgenen Talente aller interessiert ist und daher Verschiedenheit nicht als Ballast betrachtet, sondern als hoch willkommene Ressource.

In meinen folgenden Überlegungen leitet mich die These, dass sich das öffentliche deutsche Bildungswesen gegenüber diesem Anforderungsspektrum, wie es an drei Exempeln umrissen wurde, historisch *nicht* verpflichtet hat. Eine Innovation *der* Bildung ist also erforderlich, um mindestens mit dem Schritt zu halten, was Heranwachsende an Aufgaben zu bewältigen haben. Ein kurzer Blick zurück in die Geschichte des öffentlichen deutschen Bildungssystems lässt jene speziellen Grundzüge erkennen, die dem so gesetzten Anspruch nicht dienlich sind.

In der modernen deutschen Bildungsgeschichte – der Epoche von der Aufklärung bis zur Gegenwart, der Phase also, in der sich Bildung in öffentlicher Verantwortung entwickelt – sind gewiss die Gemeinsamkeiten nicht zu übersehen, die mit der Bildungsgeschichte in anderen europäischen Ländern bestehen. Dazu gehört in Sonderheit „die Verknüpfung des Bildungssystems mit einer hegemonialen Kultur und der Tradition der abendländischen Zivilisation" (TENORTH 1992, S. 466). Ein besonderes Charakteristikum des heutigen deutschen Weges aber, Bildung in öffentlicher Verantwortung zu gestalten, ist in einigen anderen europäischen Ländern gar nicht erst mitvollzogen worden; wo doch, ist es schon vor längerer Zeit wieder verworfen worden. Es ist dies der Modus der Segregierung von Schülerschaften nach Maßgabe von gesellschaftlich gesetzten Merkmalen, die sie zu Gleichen machen – das Gegenteil also von einem integrativen, Verschiedenheit als Ressource nutzenden Modell.[6] Die altständische Tradition fand auf diese Weise eine Fortsetzung in der modernen deutschen Bildungsgeschichte, wenn sich auch über die Zeit die Merkmale ändern, aufgrund derer es zur Bestimmung von „Gruppen Gleicher" kommt.

---

6 GERO LENHARDT hat darauf aufmerksam gemacht, dass hieran ein konsequent naturalistisch gefasster Begabungsbegriff bedeutenden Anteil hat; dieser ist bis in die Gegenwart leitend für das deutsche Bildungssystem. Vgl. dens. 2002.

Kenntlich wird dieser Modus bereits seit den ersten umfassenden Versuchen der Institutionalisierung öffentlicher Bildung in der deutschen Nation bzw. ihren Vorgängerinnen. Zu den historisch ältesten Beispielen gehört, dass die Bildungseinrichtungen bis ins 20. Jahrhundert die konfessionelle Spaltung der deutschen Nation spiegeln, und dass Bildungsprozesse verschärfend daran mitgewirkt haben, diese Spaltung bedeutsam zu halten.

Die Spiegelung von gesellschaftlicher Spaltung, oder weniger emphatisch gesagt: die Segregation, ist der inzwischen beinahe nur mehr deutsche Weg der Einteilung von Schülerschaften seit dem 16. Jahrhundert. Andere europäische Staaten, in denen dieser Weg einst auch beschritten wurde, haben ihn in den vergangenen Jahrzehnten zugunsten integrativer Systeme aufgegeben.[7] Deutschland geht diesen Weg bis heute. Die Kehrseite dieser Medaille ist Homogenisierung: die Schaffung von Gleichheiten nach einem als gemeinsam gesetzten Merkmal, das die Identifizierung – oder besser: Rekonstruktion – von Gruppen erlaubt. Deutsche Bildungseinrichtungen wurden und werden als Gefäße konstruiert, in denen sich Teilmengen der Schülerschaft wiederfinden. In den als „allgemein" gekennzeichneten Gefäßen werden solche Teilmengen aufgefangen, denen der Charakter des „Normalen", „Regelhaften" beigemessen wird. Für Restmengen, die in diesen Teilmengen nicht aufgehen wollen oder sollen, gibt es Spezialgefäße – besondere Schulen, besondere Klassen oder andere Formen, die Ausnahme von der Regel zu gestatten. Ein beträchtlicher Teil des im Bildungssystem betriebenen Aufwands gilt der Fixierung und Weiterentwicklung von Gruppenmerkmalen sowie dem Problem, zu identifizieren, auf welchen Schüler welche Merkmale zutreffen, damit die Sortierung vorgenommen werden kann.

Die Einrichtung von Konfessionsschulen ist ein bedeutendes Beispiel dieses Modus in der deutschen Bildungsgeschichte. Seit der Reformation existieren die zwei großen, über lange Zeit recht stabilen Erzählungen: die katholische und die protestantische Bildungsgeschichte. Und hierneben sind stets kleinere, flüssigere, weniger kontinuierliche Bildungsgeschichten zu

7 Ein Beispiel dafür ist das Sonderschulwesen im Vereinigten Königreich. Bis Ende der 1970er Jahre gab es hier ein feinblättrig gefächertes System der Identifizierung und Benennung von „Behinderungen" sowie jeweils spezielle Institutionen der Beschulung für die entsprechend Bezeichneten: blind; partially sighted; deaf; partially hearing; educational sub-normal; maladjusted; delicate; physically handicapped – und so weiter. Seit einer Gesetzgebung von 1981 ist diese Spezialisierung zugunsten einer Programmatik der „educational inclusion" aufgegeben worden; Schülerinnen und Schüler mit „special needs" erhalten, wenn nötig dauerhaft, Förderung im Regelsystem. Seit dem OFSTED-Report von 2001 gehört ihre Leistung im Hinblick auf „educational inclusion" zu den „standards", nach denen Schulen regelmäßig extern evaluiert und in Rankinglisten aufgenommen werden. Vgl. hierzu OFSTED 2001.

beobachten: die der religiösen Minderheiten, beispielsweise die des jüdischen Bildungswesens in Deutschland.[8]

Neben der konfessionellen spielt traditionell die Segregation nach materiellen Besitzständen eine bedeutende Rolle: die Aufspaltung des Gesamtsystems in Bildungseinrichtungen, zu denen abhängig von der Verfügung über materielle Güter Zugang besteht. Auch hier ist die Mitwirkung des Bildungssystems selbst bedeutsam dafür, dass die Grenzziehung zwischen den Begüterten und weniger Begüterten klarer und schärfer werden konnte. Traditionelles Medium dieser Funktion ist das in Deutschland besonders ausgebaute Berechtigungswesen: das System der Zertifizierung von Bildungsbesitz, mit dem durchschlagende Wirkungen auf die Lebensplanung, besonders die Berufslaufbahn verbunden sind. Die nach Besitz gezogenen Grenzen werden überlagert und stabilisiert durch solche, denen das Etikett der Begabung angeheftet wurde (und bis heute wird; vgl. hierzu erneut LENHARDT 2002). Das früh separierende, gegliederte deutsche Schulsystem ist Ausdruck und gleichzeitig Stabilisierungsform dieser beiden zusammenwirkenden Grenzziehungen.

Im Rückblick zeigt sich, dass sich zwar die Phänomene ändern, denen im historischen Prozess Relevanz dafür zugebilligt wurde, Gruppen von Menschen zu unterscheiden und danach die jeweils passende Segregationsform zu definieren. So hat beispielsweise die Idee einer konfessionell geprägten Schullandschaft heute an Überzeugungskraft verloren; die Trennung nach Konfessionen ist aus dem allgemeinen Bildungswesen aus- und in ein besonderes Bildungswesen eingezogen. Ebenso an Bedeutung verloren hat der Modus der Segregation nach Geschlecht, mindestens im allgemeinbildenden Schulwesen.

Erhalten geblieben ist aber das grundlegende Muster segregativer Praxis: die Einteilung der zu Erziehenden und zu Bildenden in einander vorgeblich vorab Gleiche, die den Effekt besitzt, dass sie einander nachträglich ähnlicher werden. Was heißt das? Es hat sich gezeigt, dass die Praxis der Segregation vereinigende und trennende Wirkung zugleich hat. In ihrer Folge entstehen homogenisierende Lernmilieus, und indem dies geschieht, werden die Trennungen zwischen den konstruierten Gruppierungen schärfer. Hier kommen wir wieder in der Gegenwart an, denn für die Existenz dieses Effekts liefern heutige empirische Studien überzeugende Belege. So hat beispielsweise PISA gezeigt, dass die vorgeblich nach den *mitgebrachten* Begabungen und Leistungen segregierenden Schulformen des gegliederten deutschen Systems den unerwünschten Nebeneffekt der sozialen Segregation besitzen,

8 Vgl. hierzu die Reihe „Jüdische Bildungsgeschichte in Deutschland", hrsg. von I. LOHMANN u.a. Das Beispiel der Schulbildung von Kindern aus sprachlichen oder ethnischen Minderheiten behandeln KRÜGER-POTRATZ u.a. 1998 oder GOGOLIN / NEUMANN / REUTER 2000.

und verbunden damit die nicht minder unerwünschte Folge einer *nachträglichen* Nivellierung des Leistungspotenzials (vgl. DEUTSCHES PISA-KONSORTIUM Hrsg. 2001, Kap. 8). Auch zeigen frühere Untersuchungen, dass das Versprechen der Durchlässigkeit zwischen den Schulformen, die ja die nachträgliche Reparatur unerwünschter Effekte der Segregation erlauben sollte, vor allem in einer erneut unerwünschten Weise eingehalten wird: nämlich in der Form der Abwärtsmobiliät, also des Einmündens in einen niedriger qualifizierenden Bildungsgang (vgl. z.B. KÖLLER / BAUMERT / SCHNABEL 1999). Das Grundmuster der Segregation, der von Deutschland (und wenigen anderen Staaten) heute noch beschrittene Weg, erzeugt ein Bildungssystem, in dem herkunftsbezogene Selektivität massiv wirksam ist. Trotz formaler Offenheit des Systems sind Entscheidungen über Bildungswege nicht in einer Weise revidierbar, wie dies für eine moderne komplexe Gesellschaft wie die deutsche wünschenswert wäre.

Innovation

Ein Bildungssystem, das dazu beiträgt, dass möglichst viele Heranwachsende die Fähigkeit zur Innovation erwerben, ist ein leistungsfähiges Bildungssystem. Der deutsche Weg – inzwischen ein Sonderweg – hat nicht zu diesem Ziel geführt. Empirisch belegt ist – nicht erst seit PISA, aber mit PISA in besonders beeindruckender, öffentliche Aufmerksamkeit erregender Weise –, dass auf dem deutschen Weg eine überaus starke Koppelung von Herkunft und Bildungschance erzeugt wird. Belegt wird ferner, dass dies keineswegs den erwünschten Effekt einer Stärkung der Leistungsspitze besitzt. Das Gegenteil scheint richtig: im internationalen Vergleich der Bildungssysteme wird die Tendenz deutlich, dass bei einer Verminderung der sozialen Segregation das Gesamtniveau von Kompetenzen der Schülerschaft steigt, ohne dass Einbußen in der Leistungsspitze zu verzeichnen wären (DEUTSCHES PISA-KONSORTIUM 2001, S. 393).

Innovation *der* Bildung in Deutschland ist also angezeigt, wenn es gelingen soll, die vielfältigen Ressourcen und Potenziale zu fördern und freizusetzen, die die hierzulande Heranwachsenden besitzen. Dies wäre nötig, damit unsere Gesellschaft nicht weiterhin darauf angewiesen bleibt, dass nur wenige zu Innovation *durch* Bildung beizutragen vermögen. Freilich setzt dies voraus, dass in Deutschland Vielfalt als Chance begriffen wird, und dass der Gedanke Anerkennung findet, eine Gesellschaft könne Vielfalt und Einheit zugleich leben.

Der 18. Kongress der DGfE wird zahlreiche Impulse zur Innovation aufzeigen und zur Debatte stellen; mögen sie in der Öffentlichkeit gebührend Gehör finden. Wir danken dem großartigen Münchener Team – stellvertretend genannt seien Herr Kahlert, Frau Pietraß, Frau Speck-Hamdan und Herr Tippelt – für die ausgezeichnete Vorbereitung des Kongresses; wir danken der Ludwigs-Maximilian-Universität und der schönen Stadt München für die Gastfreundschaft. Der 18. Kongress der Deutschen Gesellschaft für Erziehungswissenschaft ist eröffnet.

Literatur:

ACHTENHAGEN, F. / GOGOLIN, I. (Hrsg.) (2002): Bildung und Erziehung in Übergangsgesellschaften – Education in Transforming Societies. Beiträge zum 17. Kongreß der DGfE. – Opladen.

BEHLER, G. (2000): Zukunft: Bildung! Agenda für die Modernisierung unserer Schulen und Hochschulen. – Bonn.

DEUTSCHES PISA-KONSORTIUM (Hrsg.) (2001): PISA 2000. Basiskompetenzen von Schülerinnen und Schülern im internationalen Vergleich. – Opladen.

BERICHT DER SACHVERSTÄNDIGENKOMMISSION ÜBER DIE LEBENSSITUATION JUNGER MENSCHEN UND DIE LEISTUNGEN DER KINDER- UND JUGENDHILFE IN DEUTSCHLAND (2002): Elfter Kinder- und Jugendbericht. Hier zitiert nach der Druckversion für den Bundestag, Januar 2002. – Berlin (Bundesministerium für Familie, Senioren, Frauen und Jugend).

DEUTSCHE BANK AG / ALFRED HERRHAUSEN GESELLSCHAFT FÜR INTERNATIONALEN DIALOG (2001): Orientierung für die Zukunft. Bildung im Wettbewerb. – Frankfurt am Main (Deutsche Bank AG; diverse Schriften und Broschüren).

DEUTSCHES PISA-KONSORTIUM (2001): PISA 2000. – Opladen.

GOGOLIN, I. / NEUMANN, U. / REUTER, L. (Hrsg.) (2001): Schulbildung für Kinder von Minderheiten in Deutschland 1989-1999. Schulrecht, Schulorganisation, curriculare Fragen, sprachliche Bildung. – Münster.

HOFFMANN., D. / MAACK RHEINLÄNDER, K. (Hrsg.) (2001): Ökonomisierung der Bildung. Die Pädagogik unter den Zwängen des 'Marktes'. – Weinheim.

KOLLER, C. (2002): Bildung und kulturelle Differenz. Zur Erforschung biographischer Bildungsprozesse von MigrantInnen. In: KRAUL, M. / MAROTZKI, W. (Hrsg.): Biographische Arbeit. – Opladen.

KÖLLER, O. / BAUMERT, J. / SCHNABEL, K. U. (1999): Wege zur Hochschulreife: Offenheit des Systems und Sicherung vergleichbarer Standards. In: Zeitschrift für Erziehungswissenschaft, 2, 3, S. 385-422.

KRESS, G (2000): Multimodality. In: COPE, B. / KALANTZIS, M. (Hrsg.): Multiliteracies. Literacy Learning an the Design of Social Futures. – London, S. 182-202.

KRÜGER-POTRATZ, M., u.a. (1998): „Fremdsprachige Volksteile" und deutsche Schule. Schulpolitik für die Kinder der autochthonen Minderheiten in der Weimarer Republik. – Münster.

LENHARDT, G (2002): Die verspätete Entwicklung der deutschen Schule. unpubl. Manuskript. – Berlin (MPI für Bildungsforschung; http://www.mpib-berlin.mpg.de/dok/full/lenhardt/pisa.pdf).

LOHMANN, I. / RILLING, R. (Hrsg.) (2002): Die verkaufte Bildung. Kritik und Kontroversen zur Kommerzialisierung von Schule, Weiterbildung, Erziehung und Wissenschaft. – Opladen.

LOHMANN, I. / BEHM, B. / LOHMANN, U. (Hrsg., seit 2001): Jüdische Bildungsgeschichte in Deutschland. Schriftenreihe. – Münster.

OFSTED (2001): Evaluating Educational Inclusion. OFSTED Report 2001. www.OFSTED.gov.uk/public/docs00/inclusion.

PEUKERT, H. (1998): Zur Neubestimmung des Bildungsbegriffs. In: MEYER, M. / REINARTZ, A. (Hrsg.): Bildungsgangdidaktik. – Opladen , S. 17-29.

TENORTH, H.-E. (1992): Ambivalenz der Erneuerung. Innovationen in der deutschen Bildungsgeschichte. In: BÖTTCHER, W. / LECHNER, E. / SCHÖLER, W. (Hrsg.): Innovationen in der Bildungsgeschichte europäischer Länder. – Frankfurt am Main.

Parallelvorträge

Frank Achtenhagen

Fachdidaktische Theorie als Beitrag zur Innovation durch Bildung

Einleitung

Betrachten wir zur Zeit den Bereich der Fachdidaktik, so machen wir eine – auf den ersten Blick höchst widersprüchliche – Erfahrung: So kommen Evaluationen zum Stand der Fachdidaktik in der Lehrerbildung – vor allem der gymnasialen – zu fatalen Ergebnissen und Schlussfolgerungen: Ein Bericht, der dieses Frühjahr zur Evaluation der Göttinger Gymnasiallehrerbildung erstellt wurde, empfahl diese aus Göttingen abzuziehen, sofern nicht grundlegende Verbesserungen im fachdidaktischen Bereich erfolgten (WISSENSCHAFTLICHE KOMMISSION 2002). Die von der KMK eingesetzte Kommission zu „Perspektiven der Lehrerbildung in Deutschland" (vgl. TERHART 2000) äußert sich eher beschwörend, indem im Anschluss an die Hervorhebung einer guten fachwissenschaftlich akzentuierten Lehrerbildung festgestellt wird, „dass die fachliche Ausprägung noch nicht den Lehr- und Lernerfolg" garantiere. „Es gibt Hinweise auf eine Monokultur der Unterrichtsgestaltung, die von der Vielfalt didaktischer Ansätze zu wenig ... Gebrauch macht. Das kognitions- und motivationspsychologische Verständnis von Lehr- und Lernprozessen ist erst ansatzweise entwickelt. Aber auch die Zusammenhänge zwischen den Inhalten eines Unterrichtsfaches über eine oder mehrere Jahrgangsstufen und die Möglichkeiten kohäsiver und kumulativer Lerngänge sind von deutschen Lehrkräften bisher wenig durchdrungen" (TERHART 2000, S. 68).

Der WISSENSCHAFTSRAT (2001) stellt fest, dass „das Selbstverständnis der Fachdidaktik als wissenschaftliche Disziplin ... ungeklärt (sei). Ihr Verhältnis zu den korrespondierenden Fachwissenschaften ist in weiten Teilen prekär und ihre Leistungen sind nicht befriedigend. Menge und Qualität fachdidaktischer empirischer Forschung werden insgesamt als eher spärlich beschrieben" (WISSENSCHAFTSRAT 2001, S. 24). Der WISSENSCHAFTSRAT schiebt dazu ein Zitat von Mangold und Oelkers nach: „Fachdidaktik im deutschen Verständnis ist so faktisch eine Art Betreuungsreflexion, die (...) Schulwissen als mit Lehrplänen und Lehrmitteln gegeben ansieht, (...) der Wissensdynamik aber (...) kaum Betrachtung schenkt und größere Probleme der Popularisierung und gesellschaftlichen Didaktisierung von Wissen nicht erkennt".

Dagegen steht, dass wir in den beiden letzten Jahren mit der TIMMS-Studie (BAUMERT / BOS / LEHMANN, 2 Bände, 2000) sowie mit der PISA-Studie (BAUMERT u.a. 2001) Exempel fachdidaktischer Untersuchungen vorgelegt bekommen haben, wie sie anspruchsvoller kaum durchgeführt werden können. Hier spielen natürlich Fragen der Ausstattung und Institutionalisierung fachdidaktischer Forschung mit hinein: hier die Ägide der beiden führenden pädagogischen Forschungsinstitute in Deutschland, das Berliner Max-Planck-Institut und das Kieler IPN, dort universitär isolierte Professuren oder Ratsstellen, die nur wenig Chancen haben, empirische Forschung durchzuführen oder gar Drittmittel einzuwerben.

Fragen der Fachdidaktik stellen sich international in vergleichbarer Weise. Dabei ist die Betonung der Ziele und Inhalte, die im Allgemeinen in der international dominierenden Pädagogischen Psychologie eher einen spärlichen Raum beanspruchen, durch einen weithin beachteten Artikel SHULMANs aus dem Jahre 1986 in den Mittelpunkt des Interesses, und damit auch der Forschung, gerückt. Es ging um die schlichte Feststellung: „Investigators ignored one central aspect of classroom life: the subject matter" (SHULMAN 1986a, S. 6; vgl. auch ACHTENHAGEN 1992, S. 315ff.). Dieser Satz, der im Educational Researcher innerhalb der Presidential Address der AERA erschien und in einem Artikel in der 3. Auflage des Handbook of Research on Teaching ausgearbeitet wurde (SHULMAN 1986b), veränderte in hohem Maße die amerikanische Forschungslandschaft und wirkte in der Folge auch international. So finden sich im gerade erschienenen 4. Handbook of Research on Teaching (RICHARDSON 2001) unter der Überschrift „Subject Matter" vierzehn verschiedene Beiträge verglichen mit fünf im 3. Handbuch.

Bemerkenswert scheint auch eine weitere amerikanische Initiative: So hat der National Research Council zwei groß angelegte Projekte in Auftrag gegeben, mit denen versucht wurde, die vorhandenen Forschungsergebnisse zum Lehren und Lernen, aber auch zum Prüfen so aufzubereiten, dass sie lehrtheoretisch relevant werden. Die Studien „How People Learn" (BRANSFORD / BROWN / COCKING 2000) und „Knowing what Students Know" (PELLEGRINO / CHUDOWSKY / GLASER 2001) können fast als ein Muss für jede Lehrerausbildung bezeichnet werden. Ich werde noch darauf zurückkommen.

Zur Entstehung der fachdidaktischen Diskussion nach dem 2. Weltkrieg

Will man den Beitrag fachdidaktischer Theorie zur Innovation durch Bildung angemessen behandeln, so lohnt es sich, einen Blick zurück zu tun – nämlich zu fragen, wann eigentlich eine allgemeine Debatte über Fachdidaktik nach dem 2. Weltkrieg eingesetzt habe. Ich würde den Zeitpunkt mit 1959 festlegen, und zwar mit dem 4. Deutschen Pädagogischen Hochschultag in Tübingen, der dem Thema „Didaktik in der Lehrerbildung" gewidmet war (ZEITSCHRIFT FÜR PÄDAGOGIK 1960/1964). Für die Pädagogischen Hochschulen ging es vor allem darum, ihren Standort innerhalb der Lehrerbildung, d.h. auch im Verhältnis zur universitären Lehrerbildung, zu bestimmen. Dabei wurde sehr genau gesehen, dass es vor allem auf die angemessene Einbeziehung von Erkenntnissen der Allgemeinen Erziehungswissenschaft ankäme, um den Stellenwert der Fachdidaktik in Abgrenzung zu Unterrichtsmethodiken, nach BLANKERTZ: der „Kompendienliteratur" als Beispiel „normativer Didaktik" (BLANKERTZ 1969, S. 18ff.), angemessen, d.h. vor allem statusgerecht, zu bestimmen.

In den Beiträgen zu diesem Hochschultag wurden vor allem zwei Aspekte in den Mittelpunkt gerückt, die auch heute noch für die Bestimmung eines fachdidaktischen Selbstverständnisses relevant sind:

- Zum einen ging es um den Bildungsbegriff als pädagogische Zielvorgabe. Im Anschluss an Dilthey thematisierte JOSEF DERBOLAV das „Im-Andern-zu-sich-selber-Kommen" als den „Weg vom Wissen zum Gewissen für die planmäßige Vermittlungsarbeit des Lehrers" (DERBOLAV 1960/1964, S. 37). Diese Normierungen – gefasst über „Bildungskategorien" – „bedürfen einer konkretisierenden Vermittlung in den Unterrichtsdialog hinein und erhalten ihre Verwirklichung erst in der persönlichen Aneignung durch den Schüler" (DERBOLAV, S. 38). Diese Sichtweise deckt sich mit dem, was KLAUER unter einer völlig anderen Auffassung von den Notwendigkeiten erziehungswissenschaftlicher Forschung mit seiner Unterscheidung von „Lernziel" und „Lehrziel" herausgearbeitet hat (vgl. KLAUER 1974). DERBOLAVs Problem bestand allerdings darin, dass er kein überzeugendes Beispiel geben, sondern nur auf die Habilitationsschrift von Franz Fischer verweisen konnte – die meines Wissens nie erschienen ist. Die hier fehlenden Operationalisierungen wurden dann später über Konzepte von „Schlüsselqualifikationen" oder „Kompetenzen" (im Anschluss an Heinrich Roth) vorgenommen (als zusammenfassende Darstellungen vgl. DÖRIG 1994; bzw. REETZ 1999; REETZ / TRAMM 2000).
- Zum anderen wurde sehr genau der Stellenwert von Pädagogischer Psychologie und Pädagogischer Soziologie festgelegt: „Psychologische und soziologische Postulate erfüllen bei der methodischen Übersetzungsaufgabe didaktischer Intentionen nur eine subsidiäre Funktion, indem sie nämlich das ‚Ankommen', die Aufnahme und die produktive Verarbeitung der zu vermittelnden Bildungsgehalte überhaupt sicherstellen wollen. Die Bildungsgehalte dagegen bleiben substantiell von ihnen unbetroffen" (DERBOLAV 1960/1964, S. 38).

Genau an diesem Punkt hat später die Berliner lerntheoretische Didaktik eingesetzt, indem sie zeigte, dass Unterrichtsziele und -inhalte zugleich mit ihren möglichen methodisch-medialen Umsetzungen zu bedenken wären (HEIMANN / OTTO / SCHULZ 1965; BLANKERTZ 1969, S. 92, spricht hier missverständlich von einem „Implikations"-Zusammenhang; vgl. dagegen HEYMANN 1975).

WOLFGANG KLAFKI hat damals versucht, diesen Gegensatz über sein Konzept „kategorialer Bildung" aufzulösen (1964), indem er Ansätze einer materialen und einer formalen Bildung zusammenführte. Für ihn ist Bildung danach „Erschlossensein einer dinglichen und geistigen Wirklichkeit für einen Menschen – das ist der objektive oder materiale Aspekt; aber das heißt zugleich: Erschlossensein dieses Menschen für diese seine Wirklichkeit – das ist der subjektive oder formale Aspekt zugleich im ‚funktionalen' wie im ‚methodischen' Sinne" (KLAFKI 1964, S. 43).

Die Hauptschwierigkeit lag natürlich darin, diese Ideen und Überzeugungen so zu veranschaulichen, dass sie fassbar, kommunizierbar und auf die Unterrichtsebene übertragbar würden. KLAFKI bringt zwei Beispiele, von denen das eine, aus dem naturwissenschaftlichen Bereich, heute wohl kaum noch Akzeptanz findet: „der geistige Nachvollzug des Newtonschen Erklärungsprinzips der Mondbewegung. ... ‚Vom Gipfel eines hohen, weit über die Lufthülle ragenden Berges denkt er (Newton) sich Steine geworfen, immer stärker'. Immer weiter entfernt liegen die Aufschlagsorte, ‚immer mehr aber auch krümmt sich die Erde hinweg unter ihrer Wurfbahn. Bis einmal, bei einer ganz bestimmten Anfangsgeschwindigkeit, der besondere ‚Fall' (und Wurf) erreicht ist, dass der Stein die Erde nicht mehr erreichen kann. Die Bahnkrümmung ist gleich der Erdkrümmung geworden. Der Stein fällt um die Erde herum, und zwar in Ewigkeit ... Auf diese Weise zeigt Newton, wie aus dem uns allen vertrauten Werfen das unbegreiflich scheinende Kreisen werden kann" ... So kommen wir „aus dem Erlebnis heraus zur Bildung einer Idee" (KLAFKI 1964, S. 39, nach Wagenschein).

Gerade weil wir heute über ganz andere Möglichkeiten der medialen Darstellung verfügen, tritt der spekulative Charakter dieses Beispiels besonders deutlich hervor. Anders sieht es mit dem zweiten Exempel aus, das Klafki in Anlehnung an HERMANN HEIMPEL (1949) für den Geschichtsunterricht diskutiert: HEIMPEL hatte aus seiner damaligen fachwissenschaftlichen Sicht heraus „für den Geschichtsunterricht der höheren Schule vorgeschlagen, das Mittelalter in scharfer Konzentration etwa in zwölf Schritten zu behandeln. Unter Verzicht auf eine Fülle von Namen und Daten ... wäre dabei ‚die Problematik der Epoche ... in anschauliche Personenschilderung umzusetzen, wobei die jeweils gewählte Person einen vorangegangenen und einen fortgehenden Geschichtszusammenhang symbolisch verdichtet!' (Dabei ginge es vor allem darum), dass der Unterricht ‚an einer fernen und vergangenen Zeit das uns Zugehörige erkennen lasse'" (HEIMPEL 1949, S. 42).

Abbildung 1: Vorschlag von HEIMPEL (1949) zur exemplarischen Behandlung des Mittelalters

Theoderich: Germanen und Römer.
Gregor I.: Abschluß der patristischen Zeit mit Rückblick auf diese, besonders Augustin, Beginn des mittelalterlichen Papsttums.
Mohamed: der Islam, Eintritt in den abendländischen Lebenskreis.
Karl der Große: Vollendung der Völkerwanderung in Europa, Grundlegung des deutschen Reiches auf europäischer Grundlage, Deutschland und Frankreich, das Kaisertum.
Heinrich III.: das alte und das neue Königtum, Cluny und die anderen Reformen-Kreise, Rückblick auf die Ottonen, Vorblick auf die Staufer bis zum Tode Heinrichs VI.
Thomas Becket: Investiturstreit, Kulturlage des 12. Jahrhunderts, englisches Königtum.
Innozenz III.: die weltgeschichtliche Stunde des Jahres 1215. Das Papsttum, die späten Staufer, Frankreich, England, die spanische Reconquista, Geschichte der Frömmigkeit, Franz von Assisi.
Dschingis Khan: Verbindung mit Asien, Mongolensturm, Mission.
Philipp der Schöne: der reichsferne Nationalstaat. Bonifaz VIII., Dante.
Karl IV.: Deutsche Reichsverfassung, deutscher Osten, slawische Reaktion, die Husitenkriege, die Stadt.
Jeanne d'Arc: Frankreich und England im hundertjährigen Krieg; Burgund, das Problem des modernen Staates, Feudalität und Bürokratie.
Nikolaus von Kues: der Ordo im Wandel der Zeiten, Reform als mittelalterliche Idee, das Renaissanceproblem, die Volksbewegungen, Vorgeschichte der Reformation.

Betrachtet man diesen Vorschlag HEIMPELs genauer, so kann man zu dem Schluss kommen, dass er in hervorragender Weise Grundlage eines komplexen Lehr-Lern-Arrangements sein könnte, wie wir in Göttingen sie für den Wirtschaftslehreunterricht propagieren (vgl. ACHTENHAGEN u.a. 1992; ACHTENHAGEN 2001a).

Nun waren derartige Ansätze vor über 50 Jahren noch nicht in systematischer Weise entsprechend aufbereitet. Von daher waren die Versuche, an Beispielen die Möglichkeit und die Notwendigkeit bildungstheoretischer Didaktik zu demonstrieren, eher bescheiden. Im Vordergrund stand damit die Hoffnung auf „fruchtbare Momente im Bildungsprozess" (vgl. COPEI 1969) – ein Verhalten, das natürlich nicht zur Stärkung fachdidaktischer Ansätze beitragen konnte. Welch absurde Konsequenzen das für die Lehrerausbildung haben konnte, belegt das Verhalten eines Kollegen aus meiner Münsteraner Zeit, der voller Überzeugung lehrte, dass die „fruchtbaren Momente" sich generalisieren ließen: Man müsste nur mit Orangensaft arbeiten, dann hätte man COPEIs Milchbüchsenbeispiel für immer gerettet.

Die Betrachtung des Gegensatzes von Bildungskategorien und Problemen der unterrichtsmethodischen Gestaltung bringt uns einen Schritt näher an die Bestimmung fachdidaktischer Aufgaben heran – nämlich an die Notwendigkeit, systemisch zu denken. Warum dieses notwendig ist, lässt sich mit einem aktuellen Beispiel illustrieren: Spricht man in diesen Tagen mit Vertretern des Finnischen Kultusministeriums, so wundern sich diese über die Karawane deutscher Ministerialbeamter und Journalisten, die den Weg nach Helsinki suchen. Mehr noch wundern sie sich aber über einen anderen Sachverhalt, dass nämlich alle diese Besucher auf einfache, schnelle Lösungen hoffen und diese geradezu herbeizubeschwören suchen. Dass schwerwiegende Versäumnisse im Bildungssystem nur über einen systemischen Zugriff bei den Maßnahmen zu kurieren sind, scheint nicht zum Verhaltensrepertoire der Bildungsadministration zu gehören – obwohl diese Einsicht betriebswirtschaftlicher Standard ist (vgl. z.B. GOMEZ / PROBST 1987; PICOT / REICHWALD / WIGAND 2001). DIETRICH BENNER macht bei der Diskussion der PISA-Studie auf diesen Sachverhalt aufmerksam, indem er den über „Unterricht, Curricula und Schulstrukturen vermittelte(n) Zusammenhang zwischen der Leistungserhebung bei Schülern und der Leistungsprüfung von Bildungssystemen" betont (BENNER 2002, S. 79).

Was BENNER hier als zusammengehörig betrachtet, stellt in der Tat ein zentrales Aufgabenbündel fachdidaktischer Forschung und Lehre dar, das allerdings noch zu ergänzen wäre um Fragen des bildungspolitischen Kontextes, der Ausstattung von Schulen und natürlich zentral Fragen der Lehreraus- und -weiterbildung. Hinzutreten müssen wissenschaftsmethodische Überlegungen sowie – hier aus Aufmerksamkeitsgründen getrennt aufgeführt – Fragen der notwendigen Einführung einer neuen Lehr-Lern-Kultur (vgl. LAVE / WENGER 1991; WENGER 1998; ENGESTRÖM 1999; WEBER 2002).

Im Folgenden soll gezeigt werden, wie entsprechend integriert Fachdidaktik zu konzipieren ist. Zuvor will ich jedoch – durchaus im Rückgriff auf biographische Reminiszenzen – noch einige zentrale Schwierigkeiten fachdidaktischer Aktivitäten ansprechen, wie sie für fast alle Fächer festzustellen sind.

Beispiele für fachdidaktische Probleme

Als Herwig Blankertz den Lehrstuhl für Wirtschaftspädagogik an der Freien Universität Berlin übernahm, setzte er das Ziel, für alle Fächer der kaufmännischen Schulen neue fachdidaktische Entwürfe zu erarbeiten. Da die Fachdidaktiken für Betriebswirtschaftslehre und für Rechnungswesen bereits an ältere Assistenten vergeben waren und ich Spanisch studiert hatte, erhielt ich die Aufgabe, eine Fachdidaktik für den Fremdsprachenunterricht zu konzipieren. (So einfach war das damals!). Dabei gab es noch eine Vorgabe: Die Fachdidaktiken sollten – dem Beispiel Erich Wenigers für den Geschichtsunterricht folgend – aus der Geschichte des Faches heraus entwickelt werden!

Nach ungefähr anderthalb Jahren wurde mir klar, dass dieses Problem konstruktiv so nicht zu lösen wäre. Hinzu traten – wie das Ende der 1960er Jahre üblich war – heftige Diskussionen um die Rolle der Kritischen Theorie in der Erziehungswissenschaft, wobei mir ein HABERMAS-Zitat die Augen öffnete: Kritische Soziologie muss „die Fragestellungen und die Ergebnisse der analytisch-empirischen Soziologie, die sie nicht in eigener Verantwortung erzeugen kann, zur Deutung heranziehen" (HABERMAS, 1963, S. 229). Diese Aussage ließ sich für mich genauso auf erziehungswissenschaftliche, wirtschaftspädagogische, fachdidaktische Probleme beziehen. Von daher drehte ich die Fragestellung um, indem ich als Kriterium setzte, dass zunächst nur empirisch-analytisch geprüfte Sachverhalte etwas in der Fachdidaktik zu suchen hätten bzw. deutlich vor anderen Sätzen auszuzeichnen wären, wenn Fachdidaktik etwas mit einer als wünschenswert akzeptierbaren Veränderung der Unterrichtswirklichkeit zu tun haben sollte (ACHTENHAGEN 1969; vgl. hierzu auch ausführlich BENNER 2001, vor allem S. 319ff.). Da Herwig Blankertz meine Arbeit nicht vor der Abgabe zu sehen bekam, dauerte es etwas – zumal ich sein erster Doktorand war –, bis er den Ansatz akzeptierte. Ich hebe diesen Sachverhalt hervor, weil wir damals nicht das 1. Handbook for Research on Teaching kannten, das Gage 1963 herausgebracht hatte, das aber erst 1970 in deutscher Übersetzung von KARLHEINZ INGENKAMP und EVELORE PAREY veröffentlicht wurde. Wichtig war dann, dass Herwig Blankertz, nachdem wir zusammen nach Münster gegangen waren, den Aufbau einer Arbeitsgruppe zur Curriculumforschung stützte, die damals von der Volkswagen-Stiftung gefördert wurde (vgl. hierzu auch ACHTENHAGEN / MENCK 1971).

Zur Einstimmung auf die weiteren Ausführungen möchte ich einige empirische Befunde vorstellen, die wir damals für den Fremdsprachenbereich gewonnen haben (ACHTENHAGEN u.a. 1975). Wir sahen sehr schnell, dass Curriculumanalysen notwendig waren – für ihre Validierung aber auch Untersuchungen von Lehrbüchern, Lehrerbegleitheften zu diesen Lehrbüchern sowie des einschlägigen fachdidaktischen Schrifttums erforderlich waren.

Als Ergebnis verschiedener entsprechender Analysen stellten wir fest, dass zum Beispiel im fachdidaktischen Schrifttum der Schüler mit seinen Voraussetzungen, Leistungsmöglichkeiten, Problemen kaum existent war. So waren es in einem der damals am weitesten verbreiteten fachdidaktischen Lehrbücher zum Englischunterricht an Hauptschulen nur sieben % aller Sätze, in denen Schüler Erwähnung fanden, und nur zwei % aller Sätze, in denen Hauptschulspezifika diskutiert wurden. Wir haben alle entsprechenden Sätze, die als wissenschaftlich akzeptabel (die Klassen II und III; Erläuterung siehe unten) einzustufen waren, nach dem Tenor ihrer Aussagen klassifiziert (ACHTENHAGEN u.a. 1975, S. 51) (*Abbildung 2*).

Abbildung 2: Argumente in Bezug auf den Schüler und die Institution Hauptschule in einem 1975 weit verbreiteten Werk zum Englischunterricht an Hauptschulen

	Sätze zum „Schüler"				Sätze zur „Hauptschule"			
	II		III		II		III	
	abs	rel	abs	rel	abs	rel	abs	rel
mehr positiv	-	-	5	0,06			1	0,06
neutral	2	0,25	25	0,31			3	0,19
mehr negativ	6	0,75	51	0,64			12	0,75
	8	1,00	81	1,01			16	1,00

Die Abbildung macht deutlich, dass sowohl die Schülerinnen und Schüler als auch die Institution in erheblichem Maße abwertend dargestellt wurden. Wenn man bedenkt, dass diese Fachdidaktik weit verbreitet in der Lehrerausbildung eingesetzt war, ein höchst bedenklicher Sachverhalt im Hinblick auf die Unterrichtseinstimmung junger Kolleginnen und Kollegen.

Wir haben bei der Auswertung aller Analysen dann eingesehen, dass die fachdidaktische Arbeit ohne die Einbeziehung der Lehr- und Lernprozesse Stückwerk bleiben müsste. Mit der Einrichtung des DFG-Schwerpunktprogramms „Lehr-Lernforschung", das ich zusammen mit Gunther Eigler und Franz Weinert ausgearbeitet habe (DFG-KOMMISSION ERZIEHUNGSWISSENSCHAFT 1974, S. 970-972), sollten vor allem drei Sachverhalte im Mittelpunkt der Projekte stehen – was als klarer Gegensatz zur traditionellen pädagogisch-psychologischen Forschung konzipiert war: Der Langzeitaspekt von Lehr-Lernprozessen (und damit die curriculare Perspektive), der Einfluss von Lehr- und Lernmaterial sowie die explizite Berücksichtigung individueller Unterschiede sowohl auf der Schüler– als auch auf der Lehrerseite.

Wir arbeiteten über Jahre hinweg in diesem Schwerpunktprogramm mit und sahen dabei deutlich, wie zielsicher dessen zentrale Vorgaben Unterrichtsprobleme zu identifizieren halfen. Ich möchte ein Beispiel vortragen, das in besonderem Maße geeignet ist, innerhalb der fachdidaktischen Forschung die enge Verknüpfung von Lehr-Lernprozessanalysen und Fragen der Lehreraus- und -weiterbildung zu veranschaulichen.

BROPHY / GOOD (1976, bes. S. 160ff.) haben versucht, drei Idealtypen des Lehrerverhaltens zu konstruieren:

- Lehrer *mit proaktiven Strategien* zeichnen sich durch flexible Erwartungen gegenüber ihren Schülern aus, beziehen sie in ihre Unterrichtsplanung ein und versuchen, die Unterschiede in der fachlichen Leistung ihrer Schüler im Verlaufe des Unterrichts möglichst auszugleichen.
- Lehrer *mit reaktiven Strategien* haben ebenfalls im allgemeinen zutreffende und flexible Erwartungshaltungen, zeigen aber kaum Versuche, ausgleichend auf unterschiedliche Leistungsniveaus der Schüler einzuwirken. Diese Lehrer stabilisieren die anfänglichen Unterschiede in der fachlichen Kompetenz ihrer Schüler.
- Lehrer *mit überreaktiven Strategien* lassen sich von ihren eher starren, wenig flexiblen Urteilen über ihre Schüler stark beeinflussen und behandeln sie sehr unterschiedlich, indem sie sich den als leistungsstark und leistungsbereit wahrgenommenen Schülern besonders intensiv zuwenden. Durch solches Verhalten vergrößern sie zunehmend die Unterschiede in der fachlichen Kompetenz der Schüler.

Unter der fachdidaktischen Perspektive bietet diese Idealtypenbildung individueller Lehrerstrategien einen Ansatz, die Vielfalt des prozessualen Geschehens in der einzelnen Klasse unter dem pädagogischen Gesichtspunkt einer möglichst optimalen Förderung von Schülern zu strukturieren.

Wie sahen unsere Bemühungen aus, solche Hypothesen empirisch zu überprüfen? – In Langzeituntersuchungen des Englischanfangsunterrichts haben wir das Lehrer- und Schülerverhalten anhand von Videoaufnahmen erhoben und klassifiziert sowie mit Hilfe von Faktorenanalysen strukturiert. Anhand des von uns entwickelten Grammatikmodells waren wir in der Lage, sowohl die quantitativen als auch die qualitativen Beiträge des Lehrers im Hinblick auf jeden Schüler als auch die individuellen Schülerbeiträge zu klassifizieren. Daneben wurden weitere Daten erhoben.

Das folgende Schaubild zeigt das Unterrichtsmuster eines überreaktiven Lehrers. Zur Erläuterung der Variablen: LOT: = lernzielorientierter Test; FTU: = Fremdspracheneignungstest; SBL: = Lehrerurteile über die Schüler; SBS: = Urteile der Schüler über sich selbst; IAV: = Verhalten in der dyadischen Lehrer-Schüler-Interaktion; SRL: = vom Lehrer gegenüber dem aufgerufenen Schüler produzierte grammatische Regeln (über unser Grammatikmodell SYNTAKO gemessen); SRS: = vom einzelnen Schüler produzierte grammatische Regeln.

Abbildung 3: Konsequenzen überreaktiven Lehrerverhaltens

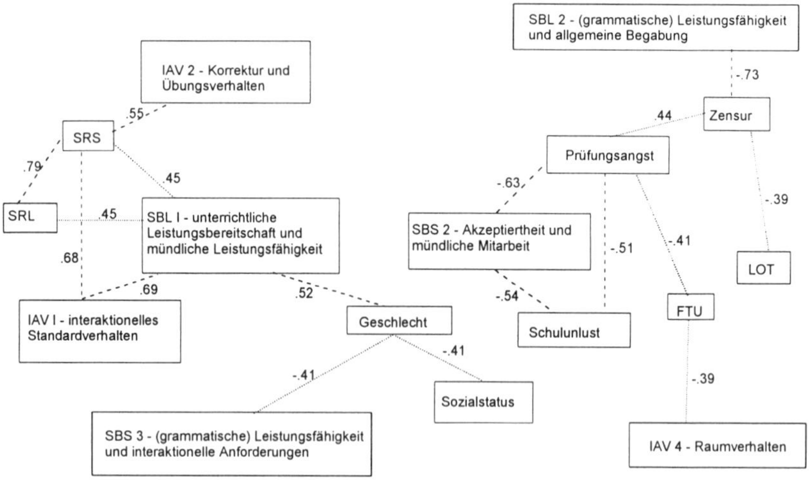

Abbildung 3 zeigt, welche Korrelationen zwischen den erhobenen Variablen signifikant sind (gepunktet: = 5%-Niveau; gestrichelt: = 1%-Niveau). Betrachtet man die Vernetzung der Variablen, so fällt auf, dass zwei Blöcke von Variablen vorliegen: Der eine – linke – Block enthält im Wesentlichen die Variablen zum Unterrichts*prozess*, während der andere – rechte – Block aus den *Produkt*variablen besteht. Dabei ist hervorzuheben, dass der Prozessbereich zentral an das Lehrerurteil zur „unterrichtlichen Leistungsbereitschaft und mündlichen Leistungsfähigkeit" der Schüler angebunden ist, wohingegen der Produktbereich – der rechte Block – an der Einschätzung des Lehrers zur „grammatischen Leistungsfähigkeit und allgemeinen Begabung" der Schüler hängt. Entscheidend sind hier die Zensur, der lernzielorientierte Test sowie die Prüfungsangst. Versucht man eine zusammenfassende Wertung, so lässt sich schlicht formulieren, dass *das Lernergebnis der Schüler nicht signifikant mit dem Geschehen im Unterricht, sondern mit der subjektiven Theorie eines überreaktiven Lehrers zusammenhängt* (vgl. hierzu WIENOLD u.a. 1985; ACHTENHAGEN / VAN BUER / OLDENBÜRGER 1986; ACHTENHAGEN 1991).

Beispiele für fachdidaktische Forschung

Da Forschung und Lehre aufeinander bezogen sein sollten, habe ich ca. 1985 meine fachdidaktische Arbeit im Fremdsprachenunterricht aufgegeben, um mich voll auf Fragen des Wirtschaftslehreunterrichts konzentrieren zu können. Der Grund war einfach: Die großen DFG-Projekte absorbierten viel Kraft, die letztlich nicht für eine motivierende Ausbildung von Diplom-Handelslehrern mit ihrem ökonomischen Studienschwerpunkt Anwendung finden konnte. Hier zeigt sich die Wichtigkeit der Ziel- und Inhaltsperspektive für eine fachdidaktische Ausbildung, zumal traditionsgemäß die Seminare bzw. Institute für Wirtschaftspädagogik „Orte der Lehrerbildung" darstellen (wie LANGE sie fordert: 2001, S. 6, 15): Die Wirtschaftspädagogik regelt alle Studien- und Prüfungsfragen, vertritt die Interessen der Studierenden innerhalb der Wirtschaftswissenschaftlichen Fakultät, aber auch in den Fakultäten, in denen die sogenannten schulrelevanten Fächer im Rahmen der Studienrichtung II angeboten werden. Ein wesentliches Kennzeichen ist, dass die Wirtschaftspädagogik sich in einem hohen Maße als Fachdidaktik versteht – allerdings in einer Breite, die oben bereits angedeutet und weiter unten noch im Detail erörtert wird. Für die Allgemeine Erziehungswissenschaft ist im Diplom-Modell der Wirtschaftspädagogik kaum Platz: Selbstkritisch-spöttisch formuliert ist es das Modell der Frau Neureich, die in einen Laden geht und einen Globus von Deutschland verlangt (BLANKERTZ 1961, S. 822). Die volle Anerkennung der Wirtschaftspädagogik als wirtschaftswissenschaftliches Fach, die Ausgliederung aus erziehungswissenschaftlichen Zusammenhängen sind damit markante Merkmale fachdidaktischer Arbeit im wirtschaftswissenschaftlichen Bereich, die mit einer völligen Gleichberechtigung mit den anderen wirtschaftswissenschaftlichen Fächern im Prüfungsbereich, aber auch mit entsprechenden institutionellen Ausstattungen verbunden ist: So sind wirtschaftspädagogische Lehrstühle an Wirtschaftswissenschaftlichen Fakultäten zumindest vergleichbar, oft auch besser ausgestattet als die Mehrzahl der fachwissenschaftlichen Professuren. Von daher kann man sagen, dass die wirtschaftspädagogische Fachausgestaltung durchaus ein Vorbild für alle Fachdidaktiken sein sollte – was allerdings mit Konsequenzen für die Definition erziehungswissenschaftlichen Arbeitens verbunden wäre (vgl. hierzu auch RITZEL 1961).

Nun zu einigen Beispielen der fachdidaktischen Arbeit, denen wir durchaus eine Prototypik zusprechen. Als wir daran gingen, unsere Erfahrungen, die wir mit der fachdidaktischen Arbeit im Fremdsprachenunterricht gewonnen hatten, auf den Wirtschaftslehreunterricht an kaufmännischen Schulen zu übertragen, wählten wir zunächst ein vergleichbares Vorgehen. Diese Arbeit war möglich auf der Grundlage von Modellversuchen und DFG-Projekten.

Einstiegspunkt in die fachdidaktische Konstruktion für den Wirtschaftslehreunterricht waren wieder Analysen auf der Lehrplanebene, der Lehrbuchebene, der Unterrichtsebene, aber auch auf der Ebene der fachdidaktischen Lehrbücher, um zu sehen, welche Unterrichtshinweise vor allem Referendare erhielten (vgl. zum Gesamtzusammenhang ACHTENHAGEN 1984; REETZ 1984). Hier eine Passage, die zeigt, wie schwer Autoren sich tun, fachdidaktische Prinzipien professionell zu entwickeln.

Es geht darum, Lehrern – und dabei vor allem Referendaren – zu zeigen, wie sie anschaulich unterrichten sollten (vgl. RÖLKE 1970, S. 51/52; unverändert in der 5. Auflage 1983). Das Problem wird dabei durch zwei Skizzen verdeutlicht. Der Schüler wird auf dem Stand der Addition befindlich angenommen und soll zu dem der Multiplikation emporsteigen („geistig wachsen"):

Abbildung 4: Fachdidaktisches Beispiel zur Veranschaulichung

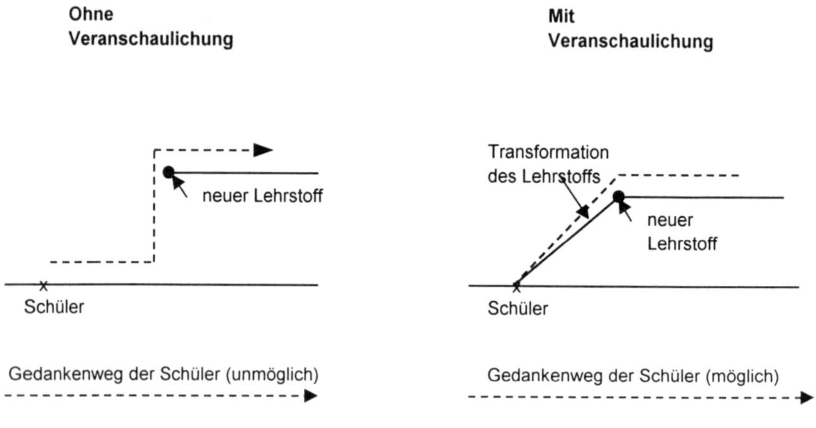

„Wenn ein PKW auf einen Güterwagen fahren soll, dessen Ladefläche 60 cm höher liegt als die Ebene, auf der das Auto steht, dann werden zur Ermöglichung der Auffahrt Bohlen schräg angelegt. Ohne solche Bohlen ginge es nicht. Nicht etwa wegen des Höhenunterschiedes von 60 cm; die senkrechte Steigung vielmehr verhindert eine Auffahrt. Die schräg angelegten Bohlen verkörpern die Maßnahmen zur Veranschaulichung, indem sie die Ladefläche des Waggons bis auf die Ebene der Straße hinunterführen. Die Transformation des Lehrstoffes beseitigt nicht den Höhenunterschied zwischen dem Entwicklungsstand der Schüler und dem neuen Lehrstoff – der ist gar nicht aus der Welt zu schaffen –, sondern sie ermöglicht den Schülern, diesen Höhenunterschied zu überwinden. Es leuchtet ein, dass der Lehrer desto mehr veranschaulichen muss, je höher der zu behandelnde Lehrstoff über den Entwicklungsstand der Klasse hinausragt, und dass es ferner einen kritischen Höhenunterschied geben wird, der durch keine Maßnahme zur Veranschaulichung mehr zu überwinden ist".

Dieses Beispiel, das nicht sonderlich aus dem Rahmen fällt, zeigt, *dass* es wenig begründete Handlungsempfehlungen gibt. Wichtig ist nun zu erfahren, *welchen Anteil* derartige Handlungsempfehlungen an dem gesamten Lehrwerk haben. Hierfür wurde jeder Satz der zentralen Passagen des Buches von RÖLKE (1983, S. 21-219) mit Hilfe eines zweidimensionalen Klassifikationsschemas beurteilt, das die in dem Kompendium enthaltenen Informationen

- unter *inhaltlichem* (Vollständigkeit, Komplexität) und
- unter wissenschaftsmethodischem (Begründetheit)

Aspekt auswertet – wie wir das in vergleichbarer Weise bereits für den Englischunterricht getan hatten.

Diese Unterscheidung erfolgt, um sowohl den *metasprachlichen als auch den objektsprachlichen* Anteil ermitteln zu können. Das von uns entwickelte Analyseschema ist zweidimensional angelegt: Eine Dimension folgt dem Kategorialmodell der Berliner Didaktik von HEIMANN u.a. (1965). Die andere Dimension ist wissenschaftsmethodisch entsprechend dem Grad der Begründetheit der einzelnen Aussagen konstruiert, wobei wir die Skala in Anlehnung an eine Unterscheidung STEGMÜLLERS (1969) festlegten (vgl. ausführlich zur Konstruktion ACHTENHAGEN u.a. 1975, S. 33ff.; ACHTENHAGEN 1984, S. 23ff.). Diese Skala reicht von I. Erklärungen (d.h. gut bestätigten wissenschaftlichen Aussagen) über III. Erklärungsskizzen (d.h. hochplausiblen hermeneutischen Aussagen zum Unterricht, auf deren Grundlage sich Konsequenzen des Lehrer- bzw. Schülerverhaltens abschätzen lassen) bis hin zu V. Pseudoerklärungen (d.h. Sätzen, die sich auch nicht als Tendenzaussagen bezüglich einer Handlungsempfehlung auf konkreten Unterricht rückbeziehen lassen; die Behandlung des Veranschaulichungsproblems mag als Beispiel hierfür reichen). Der größeren Detailliertheit halber haben wir dann noch Zwischenkategorien mit II. bzw. IV. eingeführt. Diese Kategorisierung folgte der gleichen Idee, wie sie OSER für seine Niveaubeschreibungen von professionellen Standards im Lehrerberuf verwendet hat (2001, S. 217ff.).

Abbildung 5: Klassifikation von Aussagen in einem fachdidaktischen Lehrbuch zum Betriebswirtschaftslehreunterricht

	Erklärungs-skizzen (III)	Erklärungs-skizzen/ Pseudoer-klärungen (IV)	Pseudo-erklärungen (V)	Defini-tionen (VI)	insgesamt
Intentionalität und Thematik (1.)	33 0,02 0,79 0,01	898 0,48 0,46 0,17	859 0,46 0,29 0,16	89 0,46 0,29 0,02	1879 1,01 0,36
Methodik (2.)	4 0,00 0,10 0,00	718 0,30 0,37 0,14	1515 0,63 0,51 0,29	158 0,07 0,51 0,03	2395 1,00 0,45
Medien (3.)	3 0,01 0,07 0,00	160 0,52 0,08 0,03	117 0,38 0,04 0,02	26 0,08 0,08 0,00	306 0,99 0,06
Anthropogene Voraussetzungen (4.)	2 0,00 0,05 0,00	140 0,32 0,07 0,03	297 0,67 0,10 0,06	3 0,01 0,01 0,00	442 1,00 0,08
Anthropogene Voraussetzungen: auf den Schüler bezogen (4.)	2 0,01 0,05 0,00	124 0,39 0,06 0,02	189 0,60 0,06 0,04	2 0,01 0,01 0,00	317 1,01 0,06
Soziokulturelle Voraussetzungen (5.)	-	21 0,44 0,01 0,00	26 0,54 0,01 0,00	1 0,02 0,00 0,00	48 1,00 0,01
Unspezifiziert (6.)	-	26 0,13 0,01 0,00	143 0,70 0,05 0,03	35 0,17 0,11 0,01	204 1,00 0,04
Insgesamt	42 0,01 1,01	1963 0,37 1,00	2957 0,56 1,00	312 0,06 1,00	5274 1,00 1,00 1,00

Bemerkung: Die unterstrichenen Zahlen repräsentieren die absoluten Häufigkeiten, die anderen Zahlen die relativen Häufigkeiten, bezogen auf Zeilensummen, Spaltensummen und Gesamthäufigkeit.

Von den vielfältigen Ergebnissen, die *Abbildung 5* zeigt, will ich nur zwei hervorheben – wobei wir uns immerhin auf 5274 Klassifikationen stützen können:

(1) Betrachten wir die unterste Zeile für die Spalten IV und V, so sehen wir, dass die Summe 93% (37% + 56%) ausmacht: Fast alle Sätze dieses Lehrbuchs lassen sich damit nicht plausibel als Handlungsempfehlungen für den Unterricht nutzen. Sie sind wissenschaftsmethodisch als nicht haltbar zu klassifizieren.

(2) Nehmen wir die Zeile „Anthropogene Voraussetzungen auf den Schüler bezogen", so finden wir einen Wert von 6% – der durchaus mit dem für den Fremdsprachenunterricht berichteten Wert vergleichbar ist. Die Schüler sind hier ebenfalls nur am Rande fachdidaktisch relevant. Auch in diesem Fall haben wir alle Sätze, die den Schüler betreffen, nochmals danach beurteilt, welche Bewertung in ihnen zum Ausdruck kommt. Wieder vergleichbar zum Fremdsprachenunterricht zeichnen sich 13% der Aussagen durch eine eher positive Bewertung, aber 44% durch eine eher negative Sichtweise des Schülers aus. Der Rest der Aussagen ist eher neutral gehalten.

Weitere Analysen zu den Lehrplänen, zu den Unterrichtsmaterialien, zu den Prüfungsaufgaben, aber auch zum Unterricht zeigten vergleichbare Ergebnisse. Daneben war ein weiterer Sachverhalt für uns wichtig. Wir konnten feststellen, dass aufgrund der sogenannten „Megatrends" in der Wirtschaft (vgl. BUTTLER 1992; ACHTENHAGEN / NIJHOF / RAFFE 1995; ACHTENHAGEN / GRUBB 2001; CASTELLS 2001) in den Betrieben – was sich auch in der betriebswirtschaftlichen Literatur niederschlug – als Folge geänderter Geschäftsprozesse in immer stärkerem Ausmaß deren Komplexität und Dynamik zunahm; dieser Sachverhalt führt aufgrund des vermehrten Einsatzes von Informations- und Kommunikationstechniken zugleich zu einem Ansteigen der Unanschaulichkeit der betrieblichen Prozesse. Gerade diese Faktoren sind aber für den betrieblichen Teil der kaufmännischen Berufsausbildung zentral in Betracht zu ziehen und haben ebenso zwangsläufig Konsequenzen für die Gestaltung des Berufsschulunterrichts – und darüber hinaus für alle Schultypen des kaufmännischverwaltenden Bereichs. Dass diese Problematik auch im gymnasialen Bereich Aufmerksamkeit finden sollte, ist in dem Gutachten der KMK-Expertenkommission zur „Weiterentwicklung der Prinzipien der gymnasialen Oberstufe und des Abiturs" ausdrücklich hervorgehoben worden (SEKRETARIAT DER STÄNDIGEN KONFERENZ DER KULTUSMINISTER 1995).

Gegenüber der zunehmenden Komplexität und Dynamik der betrieblichen Geschäftsprozesse fiel bei den Analysen der Curricula sowie der Lehrbücher für die Hand der Schüler die Linearität und Zerstückeltheit sowie die fehlende Anschlussfähigkeit der Lernziele und -inhalte auf. Das ist genau einer der zentralen Punkte, auf die die Terhart-Kommission aufmerksam gemacht hat und die ich entsprechend in meinen einleitenden Bemerkungen als Problem herausgestellt habe.

Abbildung 6 verdeutlicht diesen Sachverhalt anhand eines Lehrplanausschnitts aus dem Jahre 1987. Dabei kommt es mir auf die Demonstration der linearen, keine Verknüpfungen aufweisenden Abfolge der Lernziele und Lerninhalte an.

Abbildung 6: Lehrplanausschnitt für das Fach Betriebswirtschaftslehre

		Betriebswirtschaftslehre
Zeit-richt werte in Stunden	Lerninhalte	Lernziele
10	1. Leistungsprozesse in Wirtschaft und Verwaltung	Der Schüler soll
	1.1 Erwerbswirtschaftliche Ziele	- erwerbswirtschaftliche Ziele kennen
	1.2 Meßziffern zur Überprüfung des erwerbswirtschaftlichen Zieles	- ökonomische Meßziffern zur Überprüfung des erwerbswirtschaftlichen Zieles kennen und unterscheiden
	Produktivität	- mit Hilfe der Produktivitätskennziffer die mengenmäßige Ergiebigkeit des Einsatzes von Gütern messen
	Wirtschaftlichkeit	- das notwendige Handeln nach dem ökonomischen Prinzip verstehen
	Rentabilität	- die Rentabilität als Beziehung zwischen eingesetztem Kapital und Gewinn berechnen
	Liquidität	- die Zahlungsfähigkeit mit Hilfe von Liquiditätskennziffern beurteilen
	1.3 Gemeinwirtschaftliches Ziel	- die Versorgung der Bevölkerung als Zweck gemeinwirtschaftlicher Betriebe nennen
	1.4 Ziele der Verwaltung und der Rechtspflege	- die soziale Verantwortung in Verwaltung und Rechtspflege anhand der staatlichen Fürsorge kennen lernen
		*– Daseinsvorsorge, Sicherheit, Ordnung, Rechtssicherheit und Gerechtigkeit als weitere Ziele wissen
		*– die Gültigkeit von Wirtschaftlichkeitsgrundsätzen für die Verwaltung verstehen
		*– die Meßziffer Rentabilität als nur bedingt anwendbar für die Verwaltung erkennen

* = nur für leistungsstarke Schülergruppen

In einer Analyse von zwei weit verbreiteten Lehrbüchern für den Wirtschaftslehreunterricht konnte REBMANN zeigen (1994, S. 140, 146), dass die dort dargebotenen Informationen in einer linearen Abfolge unverbunden nebeneinander stehen. Höchstens bei 3% aller Sätze gibt es Verweise auf andere Sätze. Schaut man nach, welcher Prozentanteil dieser Sätze sich auf andere Kapitel im Buch, d.h. auf andere Inhaltsbereiche bezieht, dann sinken diese Werte bis auf 3‰ ab (S. 138, 139, 144, 145). Die Verknüpfung der Ziel- und Inhaltsbereiche bleibt damit dem Unterricht bzw. – wenn dieser ebenfalls in einer linearisierten Form stattfindet – dem Schüler oder dem Auszubildenden überlassen.

Nochmals verstärkt wird dieser Effekt – hier kommt BENNERs Hinweis (2002) wieder zum Tragen – durch die aktuelle Gestaltung der Zwischen- und Abschlussprüfungen bei den Industrie- und Handelskammern, sofern sie in der Form programmierter Prüfungen mit Hilfe von multiple choice-Items in ihrer primitivsten Form abgenommen werden. Aufgrund der Linearisierungen in den Lehr- wie den Ausbildungsplänen steigt zugleich auch die Anzahl der Stoffgebiete. Um den Beschwerden von Betrieben und Schulen darüber zu entgegnen, hat die für viele Bundesländer zuständige Aufgabenstelle für kaufmännische Abschluss- und Zwischenprüfungen in Nürnberg Stoffkataloge herausgegeben, die Angaben darüber enthalten, in welcher prozentualen Gewichtung die einzelnen Inhalte im Itempool auftauchen. Bei genaueren Analysen dieser „Hilfestellungen" – so waren sie deklariert – zeigte sich allerdings, dass zum Beispiel für die Zwischenprüfung im Ausbildungsberuf „Industriekaufmann/-kauffrau" 154 verschiedene Stoffgebiete als prüfungsrelevant vorgeschrieben wurden. Will ein Lehrer seine Schüler verantwortungsbewusst auf die Prüfungen vorbereiten, so muss er die Stoffkataloge abarbeiten. Die Klagen über stures Auswendiglernen und eine Vernachlässigung ökonomischen Denkens lassen sich partiell so quantitativ erklären. Stoffkataloge werden linear verlängert, ohne dass die zwischen ihnen existierenden Beziehungen thematisiert oder gar systematisch behandelt würden.

Wir haben daher zunächst versucht, die Ziele und Inhalte des Betriebswirtschaftslehreunterrichts neu zu fassen – und zwar so, wie es in der betriebswirtschaftlichen Literatur unter einer Systemperspektive im Sinne eines „vernetzten Denkens" gefordert wird (PREIß 1994a, S. 255*) (Abbildung 7).*

Abbildung 7: Ziele und Inhalte im betriebswirtschaftlichen Anfangsunterricht

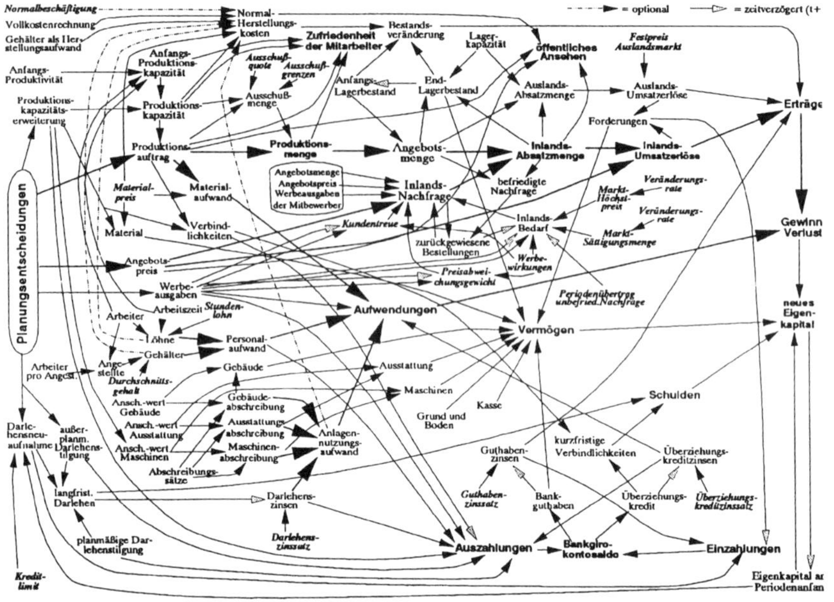

Um einer solchen Ziel- und Inhaltsstruktur im Unterricht gerecht werden zu können, galt es, neue Formen der Unterrichtsgestaltung, die zum Teil eine beachtliche Tradition besitzen (vgl. KAISER / KAMINSKI 1999), zu reaktivieren und entsprechend aufzubereiten (vgl. FÜRSTENAU u.a. 1999). So legten wir u.a. dem Planspiel Jeansfabrik (PREIß 1994b) eine derartige Ziel- und Inhaltsstruktur zugrunde, die schrittweise zu aktivieren war. Die Anwendungen im Unterricht wurden entsprechend durch Forschung begleitet. Die Ergebnisse, die im Rahmen verschiedener Forschungsprojekte gewonnen wurden, wiesen in die gleiche positive Richtung. So konnte FÜRSTENAU (1994, S. 174) zeigen, wie sich Gruppendiskussionen zur Zielausarbeitung für Planspielentscheidungen im Hinblick auf eine bessere Vernetzung der Argumente entwickeln (*Abbildung 8*):

Abbildung 8: Veränderung der Struktur von Gruppendiskussion im Rahmen eines Planspiels

Mentale Modelle und inhaltliche Diskussion in bezug auf die Zielausarbeitung, Unernehmen Rancher, Monat 1

7: (K1) hat das Ziel (K2)
13: (K1 soll die Ausprägung haben (K2)
G: größer als/höher als/Steigerung von

Mentale Modelle und inhaltliche Diskussion in bezug auf die Zielausarbeitung, Unternehmen Rancher, Monat 4

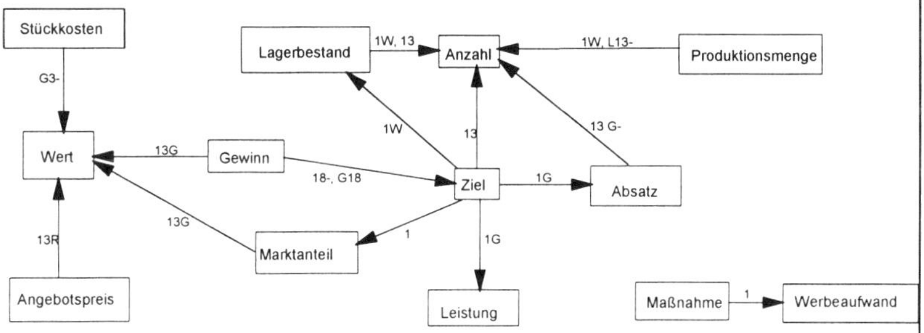

1: (K1) hat die Ausprägung (K2)
3-: falls/bei/von (K1) wird nicht gefordert (K2)
13: (K1) soll die Ausprägung haben (K2)
13-: (K1) soll nicht die Ausprägung haben (K2)
18: (K1) ist gleichbedeutend mit (K2)
18-: (K1) ist nicht gleichbedeutend mit (K2)

L: vollständig/komplett
R: gering/billig
W: weniger/kleiner/niedriger
G: größer als/höher als/Steigerung von

WEBER (1994, S. 196) wies ähnliche Effekte beim Vergleich von Vorwissen und Nachwissen im Planspielunterricht nach (*Abbildungen 9 und 10*):

Abbildung 9: Vernetzung von Vorwissen im Planspielunterricht

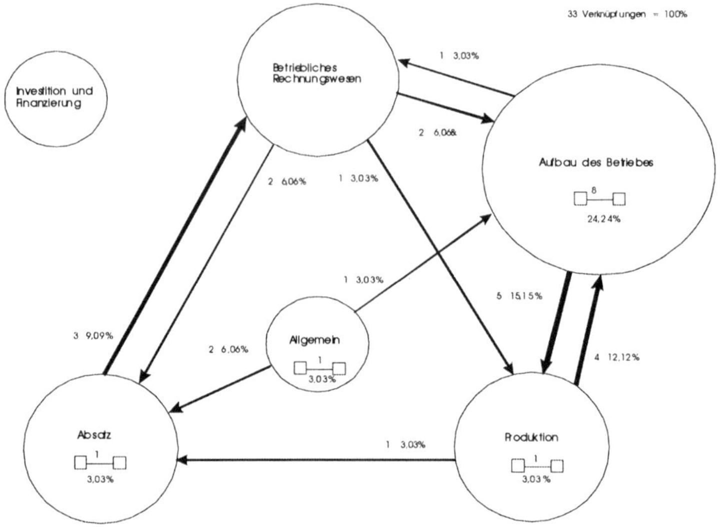

Abbildung 10: Vernetzung von Nachwissen im Planspielunterricht

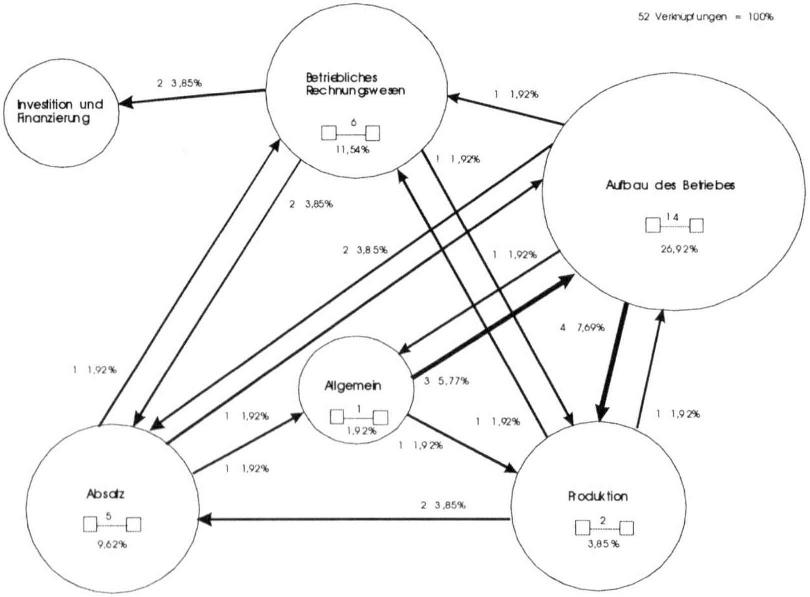

Diese durchgängig positiven Lernergebnisse bestärkten uns darin, den Ansatz der komplexen Lehr-Lern-Arrangements weiter auszubauen, wobei neben der Planspielarbeit auch Fallstudien (JOHN 1992), Lernbüroarbeit (ACHTENHAGEN / SCHNEIDER 1993; SCHNEIDER 1996), Übungsfirmenarbeit (TRAMM, im Druck) und schließlich der Einsatz virtueller Unternehmen (SIEMON 2001; GETSCH / PREIß 2001) entwickelt, implementiert und evaluiert wurden.

Bestätigt wurden wir in unserer Arbeit vor allem durch die Entwicklungen im Anchored Instruction-Ansatz (COGNITION AND TECHNOLOGY GROUP 1997; vgl. auch SCHMIDT 2000), der unabhängig von uns sehr vergleichbare Kriterien nutzte. Wichtig für uns war vor allem, dass die COGNITION AND TECHNOLOGY GROUP im Gegensatz zu vielen anderen Arbeitsgruppen im Bereich der „Complex Learning Environments" explizit curriculare Verankerungen, Sequenzen von Unterrichtseinheiten sowie didaktische Hinweise für die Lehre vorsah und dieses in den beigelegten Materialien auch veranschaulicht hat.

Zwei Aspekte sind für uns in diesem Zusammenhang von Bedeutung, die im Rahmen des Problemkomplexes „kategoriale Bildung" bereits angesprochen waren: Von dem Einsatz komplexer Lehr-Lern-Arrangements erhoffen wir uns positive Veränderungen bei den Unterrichtszielen. So versuchen wir, gerade das strategische Wissen der Schüler und Auszubildenden zu fördern, d.h. mentale Modelle, mit deren Hilfe es vor allem möglich ist, zielgerecht und kenntnisreich erwünschte Haupteffekte und mögliche unerwünschte Nebeneffekte von Handlungen abzuschätzen (vgl. zum Konzept der mentalen Modelle: SEEL 2000). Wir gehen davon aus, dass eine solche Fähigkeit zentral für die Bewältigung beruflicher, aber auch privater Lebensanforderungen ist und zugleich auch eine Grundlage einer bewussten und verantwortungsvollen Lebensführung sein kann. Dabei wird dieses strategische Wissen (neben dem deklarativen und prozeduralen Wissen) in einem Kontext mit Motivation, Interesse, Emotion, aber auch Metakognition gefördert (vgl. hierzu WILD / HOFER / PEKRUN 2001; LEWALTER / WILD / KRAPP 2001; PRENZEL / KRAMER / DRECHSEL 2001; HASSELHORN 2000). Damit wird zwar nicht der Anspruch erhoben, „fruchtbare Momente im Bildungsprozess" herbeizuführen, wohl aber die berechtigte Hoffnung geäußert, solchen Ansprüchen in hohem Maße genügen zu können. Ein Beispiel soll dieses veranschaulichen (*Abbildung 11*):

Abbildung 11: Item zur Erhebung von strategischem Wissen

(Vorbem.: Es handelt sich um eine Aufgabe, die im Rahmen des Einsatzes eines virtuellen Unternehmens – Arnold & Stolzenberg GmbH – im Industriekaufleuteunterricht gestellt wurde. Die Lösung der ersten Erkundungsaufgabe bestand in der Ermittlung einer Lieferzeit von 15 Tagen, mit der sich der Kunde, Herr Holzmann, einverstanden erklärte).

Aufgabe: Im Falle der Arnold und Stolzenberg GmbH tauchte im Zusammenhang mit der Lieferung an Herrn Holzmann die Frage auf, ob eventuell eher als in 15 Tagen geliefert werden könnte, indem z.B. die Produktion der Spezialketten vorgezogen würde:

(a) Welche Konsequenzen hätte das für den Betrieb von Herrn Holzmann gehabt?

(b) Welche Konsequenzen hätte das für das Verhältnis Holzmann zu Arnold & Stolzenberg GmbH gehabt?

(c) Welche Konsequenzen hätte das für den innerbetrieblichen Ablauf bei Arnold & Stolzenberg GmbH gehabt?

(d) Welche Konsequenzen hätte das für das Verhältnis von Arnold & Stolzenberg GmbH zu anderen Kunden gehabt?

Die Antworten auf diese Fragen werden von den Lehrenden nur dann akzeptiert, wenn Abwägungen der möglichen intendierten Haupteffekte und der unerwünschten Nebeneffekte geleistet werden. Das Einnehmen verschiedener Perspektiven und das damit verknüpfte Herausarbeiten, Gewichten und Bewerten von Handlungsalternativen sind es, die eine Systemsicht auf betriebliche Geschäftsprozesse operationalisieren. Genau diese Kompetenzen fanden auch in die Operationalisierungen der TIMMS- bzw. der PISA-Studie Eingang (vgl. KLIEME u.a. 2000, S. 123ff.; KLIEME 2000, S. 95; ARTELT u.a. 2001, S. 88ff.).

Denjenigen, die die Vermittlung einer solchen Systemsicht in kaufmännischen Schulen als unrealistisch oder als schwierig umsetzbar einschätzen, seien empirische Befunde entgegengehalten. Strategisches Wissen setzt ein vertieftes Verständnis, ein „deep understanding" (vgl. PELLEGRINO 2003), voraus und kann damit als eine zentrale Schlüsselqualifikation im Sinne von Sachkompetenz angesehen werden. Für eine solche Kompetenz werden immer – wenngleich oft implizit – zeitlich überdauernde Fähigkeiten reklamiert. Anders formuliert: Ein strategisches Wissen wäre danach nicht ein Wissen, das man sich für eine Prüfung kurzfristig aneignen kann, aber dann schnell vergisst, oder das nicht mehr für Problemlösungen an anderer Stelle (der Transfereffekt) zur Verfügung steht.

Wie hat man sich komplexe Lehr-Lern-Arrangements vorzustellen, mit deren Hilfe solche Kompetenzen aufgebaut werden sollen? – Wir haben ein virtuelles Unternehmen konzipiert, das einem realen Unternehmen in der Nähe Göttingens nachgebildet wurde, ca. 500 Beschäftigte hat, Industrieketten produziert und dabei ca. ein Viertel des Weltmarktes bedient. Wir konnten in diesem Unternehmen filmen, Interviews durchführen und relevante Informationen für unsere Modellierung erhalten (vgl. ACHTENHAGEN 2001a). Über ein Luftbild (*Abbildung 12*) hat man die Chance, in jede Abteilung des Unternehmens zu gelangen; die einzelnen Produktionsverfahren (*Abbildung*

13) werden erläutert; die Mitarbeiterinnen und Mitarbeiter klären über ihre Aufgaben auf (*Abbildung 14*). Anhand vorgegebener Aufgaben haben die Lernenden durch das auf einer CD-ROM vorliegende virtuelle Unternehmen (vgl. SIEMON 2001) zu navigieren und die für die Lösung der Aufgaben benötigten Informationen zusammenzutragen. Hervorzuheben ist auch, dass die Lernenden die Chance haben, als „Manager" eigene Beiträge interaktiv in die CD-ROM einzuspielen, d.h. zum Beispiel ihre Geschäftspolitik als Bestandteil des virtuellen Unternehmens vorzutragen (vgl. ACHTENHAGEN 2001b) (*Abbildung 15*). Der Unterricht mit dieser CD-ROM kann für ungefähr ein Schulhalbjahr bestritten werden; es gibt auf das virtuelle Unternehmen bezogen einen Rechnungswesenkurs, der Ziele und Inhalte für ein Schuljahr definiert (GETSCH / PREIß 2001).

Abbildung 12: Luftbild des Unternehmens

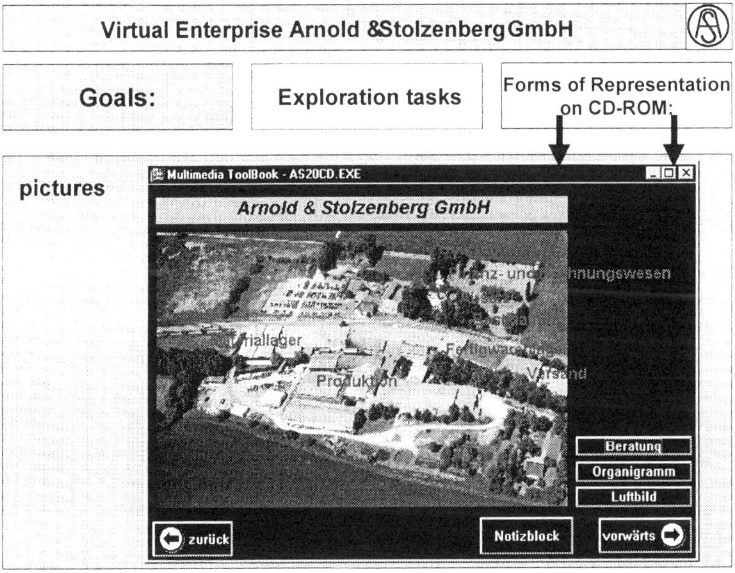

Abbildung 13: Videosequenz zur Produktion

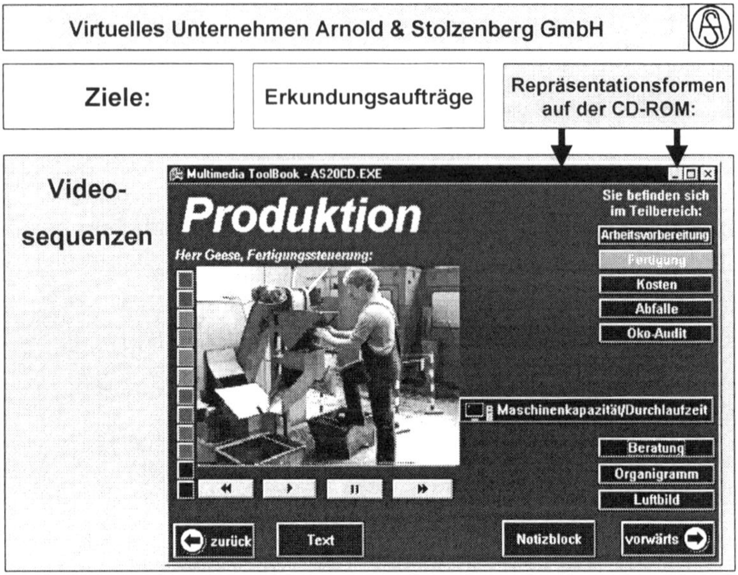

Abbildung 14: Beschaffungsbereich

Abbildung 15: Beispiel für einen interaktiven Videoeinsatz im virtuellen Unternehmen

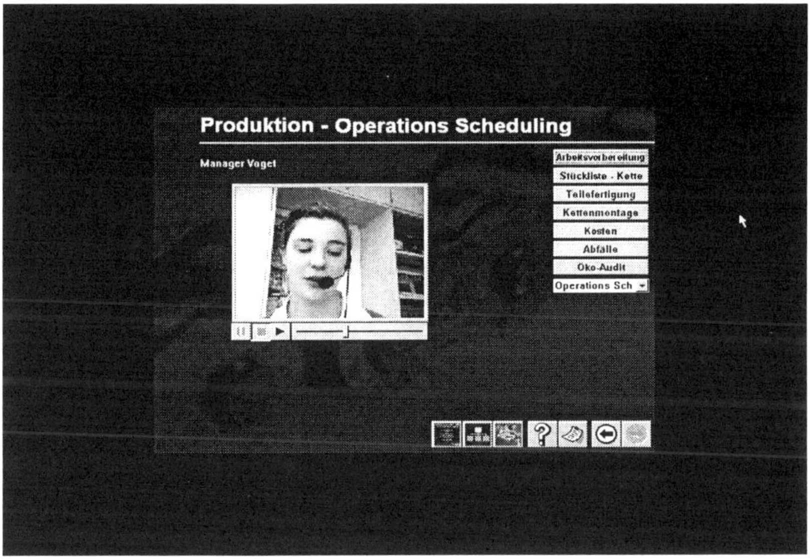

In einem Projekt in zwei Industriekaufleuteklassen in zwei Schulen über zwei Jahre hinweg haben wir mit Hilfe des kurz vorgestellten computerbasierten virtuellen Unternehmens unter Favorisierung einer Mastery Learning-Strategie auch die Vermittlung eines strategischen Wissens angestrebt. *Abbildung 16* zeigt, wie stabil die Lerneffekte im Zeitverlauf nach ungefähr einem halben bzw. nach anderthalb Jahren waren (vgl. ACHTENHAGEN u.a. 2001, S. 253).

Abbildung 16: Stabilität strategischen Wissens im Zeitverlauf

	Quotient: Ergebnisse Herbst / Ergebnisse Mai 2000			Quotient: Ergebnisse Herbst / Ergebnisse Mai		
	Alle Text-items	Items zur Kunden-orientierung	Items zu betrieblichen Prozessen	Alle Testitems	Items zur Kunden-orientierung	Items zu betrieblichen Prozessen
Schule 1	0,73	0,94	0,79	0,71	0,94	0,77
Schule 2	0,86	0,89	0,79	0,93	0,87	0,45

Hervorzuheben ist, dass die erneute Testung weder den Lehrkräften noch den Auszubildenden vorher angekündigt worden war. Die Langfristigkeit der Lernleistung ist es, die deutlich macht, dass die effektive Vermittlung strategischen Wissens eine zentrale Voraussetzung für wünschenswerte Transferleistungen ist und zugleich Anknüpfungspunkte für ein erfolgreiches lebenslanges Lernen bietet (vgl. hierzu auch ACHTENHAGEN / LEMPERT 2000).

Ein anderes Beispiel für ein komplexes Lehr-Lern-Arrangement stellt eine simulierte Vermögensberatung für Privatkunden dar, in der die Ziele und Inhalte über multimedial gestützte Beratungssequenzen vermittelt werden (*Abbildung 17*). Dieser Ausbildungsbereich ist für Banken äußerst wichtig, weil Auszubildende oft nicht als Teilnehmer an diesen Beratungen erwünscht sind (vgl. BENDORF 2002).

Abbildung 17: Multimedial gestützte Kundenberatung

Strukturfelder fachdidaktischer Forschung und Lehre

Abschließend möchte ich Strukturfelder fachdidaktischer Forschung und Lehre skizzieren, über die dann letztlich für mich auch Fachdidaktik definiert wäre. Ich halte es für sinnvoll, in pragmatischer Absicht neun Perspektiven zu bezeichnen, unter denen fachdidaktische Forschung und Lehre zu diskutieren ist. Antworten und Lösungen im Hinblick auf diese Perspektiven legen gleichzeitig fest, welchen Beitrag zur Innovation durch Bildung die Fachdidaktik zu erbringen in der Lage ist bzw. welche Leistungen ihr abzufordern wären.

Abbildung 18 gibt einen Überblick über die „Strukturfelder fachdidaktischer Forschung und Lehre"; dabei sind zu den einzelnen Strukturfeldern ohne einen Anspruch auf Vollständigkeit einige veranschaulichende Hinweise gegeben worden.

(1) Lehr-Lern-Prozesse

Im Zentrum fachdidaktischer Arbeit steht für mich die Optimierung der Lehr- und Lernprozesse. Neben der Förderung eines selbstgesteuerten (vgl. NOß 2000) bzw. eines selbstorganisierten Lernens (vgl. SEMBILL 2000) sehe ich als einen zentralen Ansatz hierfür die Konstruktion, Implementation, Evaluation und Dissemination komplexer Lehr-Lern-Arrangements an. Auf die Einbettung dieser Bemühungen in einen internationalen Kontext hatte ich bereits verwiesen. Die Notwendigkeit, von anderen zu lernen, lässt sich beispielhaft und zugleich sehr präzise anhand der Erfolge des Anchored Instruction-Ansatzes zeigen, die schließlich auch in den Band „How People Learn" (BRANSFORD / BROWN / COCKING 2000) eingeflossen sind. Aber auch die Ergebnisse der TIMMS-Studie oder der PISA-Studie weisen hierauf hin – wobei mit Nachdruck auf den hier vorgestellten fachdidaktischen Systemansatz zu verweisen ist: Erst in einem solchen Kontext gewinnen die international gemachten bzw. zu machenden Erfahrungen ihren Stellenwert.

Abbildung 18: Strukturfelder fachdidaktischer Forschung und Lehre

Bildungspolitischer Kontext	„Bildung"/Zieldimension	Curricula	Didaktik	Lehr-Lern-Prozesse	Leistungserfassung	Ausstattung	Lehreraus- und –weiterbildung	Neue Lehr-Lern-Kultur
Megatrends ↓ Neuausrichtung der Geschäftsprozesse	Analysen fachwissenschaftlicher Vorgaben →Internationalisierung →Vernetztes Denken →Formen des Problemlösens Formen persönlicher Entwicklung			Aufarbeiten der internationalen Literatur	formative und summative Evaluation; Fehlerkultur	Räume, Medien (für die Umsetzung von KLLA) (Möglichkeiten der Internetnutzung und des e–learning)	partizipative Beteiligung an der Forschung bzw. an der Gestaltung von Praxis Aufbau eines abgestimmten Fort- und Weiterbildungssystems	Kooperation aller Involvierten
Notwendigkeit eines lebenslangen Lernens	Schlüsselqualifikationen Kompetenzen operationalisiert über Wissensarten Emotion Motivation Metakognition Moralisches Urteil	Entwicklungen von Curricula, die auf eine Systemperspektive hin konzipiert sind und längere Zeiträume abdecken	Entwick-lung, Implementation und Evaluation von Konstruktionskriterien	Kriterienkatalog für die Konstruktion, Implementation, Evaluation und Dissemination komplexer Lehr-Lern-Arrangements (KLLA)			Programmgestaltung im Sinne von „Communities of practice" Entwicklung von „Standards" des Lehrerverhaltens und eines Lehrerethos	
Heterogenität von Schülern und Betrieben	Zielsetzungen eines Mastery Learning							
	Drei zentrale Anforderungen: (1) Entwicklung von Sequenzen von KLLA: dabei auch Bearbeitung der „Zwischenstücke" (in denen Frontalunterricht stattfindet) (2) Entwicklung von Sequenzen von KLLA: unter strikter Berücksichtigung des Zusammenhangs von Kasuistik und Systematik (3) Beachtung wissenschaftsmethodischer Standards							

(2) „Bildung" / Zieldimension

Die Neugestaltung von Lehr-Lern-Prozessen erfordert die Vergewisserung über die Ziele, die man erreichen will. Mir scheint es sinnvoll und wichtig, die erziehungswissenschaftlichen Zielsetzungen so zu operationalisieren, dass sie mit ihrem Anspruch vor erziehungsphilosophischen Reflexionen Bestand haben können, aber gleichzeitig auch Evaluationen zugänglich sind. Die Heraushebung des „strategischen Wissens" mag als ein Beispiel hierfür stehen: Kenntnisreiches, reflektierendes Abwägen von Argumenten bei Würdigung von Zielsetzungen für Handlungsentwürfe sind für alle Bildungskonzeptionen wichtige Bestandteile; die Forderung nach einem Umschlagenlassen von „Wissen in Gewissen" stellt dagegen sicher eine Überforderung schulischer Lehr-Lern-Prozeduren dar. Die Entwicklung motivationaler, emotionaler, metakognitiver Fähigkeiten sowie die Förderung moralischen Urteilens (vgl. OSER / ALTHOF 1992; CORSTEN / LEMPERT 1997; BECK u.a. 2001) sind hier gleichermaßen zu berücksichtigen. Über die explizite Aufnahme dieser Zielsetzungen lässt sich der Stellenwert der Lehr-Lernprozesse erst bestimmen.

(3) (4) Curricula und Didaktik

Die Reflexion und Gestaltung der Bedingungen für diese Verknüpfung von Zielen und Prozessen im Zeitablauf sind unverzichtbar im Rahmen der fachdidaktischen Arbeit, die entsprechende Kriterienkataloge zu entwickeln hat. Neuere zusammenfassende Arbeiten, die zugleich den internationalen Forschungsstand berücksichtigen, fehlen zur Zeit im deutschen Sprachraum. Vielleicht lassen sich entsprechende Aufbereitungen des Forschungsstandes, die zugleich wegweisend sind, nicht mehr von einzelnen Autoren entwerfen.

(5) Bildungspolitischer Kontext

Hierzu gehören auch Analysen des bildungspolitischen Kontextes sowie der darauf bezogenen fachwissenschaftlichen Literatur. Die sogenannten „Megatrends" mit ihren Konsequenzen für die Internationalisierung unseres Lebens, für Formen eines vernetzten Denkens oder Problemlösens sind nicht allein für den kaufmännisch-verwaltenden Bereich von Wichtigkeit, sondern auch für das allgemeine Schulwesen. Hierher gehört auch das Überdenken der Lehr-Lern-Prozesse im Hinblick auf eine Förderung lebenslangen Lernens (vgl. ACHTENHAGEN / LEMPERT 2000). Auf einen Aspekt gilt es in besonderem Maße hinzuweisen: die zu beobachtende zunehmende Heterogenität der

Schülerinnen und Schüler, die sich im allgemeinen Schulwesen deutlich abzeichnet, im kaufmännischen Bereich dann noch verschärft Bedeutung erlangt. So fanden wir in Felduntersuchungen Auszubildende aus elf verschiedenen Geburtsjahrgängen in einer Berufsschulklasse (ACHTENHAGEN u.a. 2000). Dieser Sachverhalt war für uns ein Grund, den Unterricht mit Hilfe eines komplexen Lehr-Lern-Arrangements im Sinne des Mastery Learning-Konzepts zu gestalten; dabei konnten wir nach einem halben Jahr eine Lernleistung von 10% der Industrie- und Handelskammer-Prüfungsstandards für 90% der Auszubildenden erreichen, was für diese eine Harmonisierung ihrer Ausbildungschancen im schulischen wie im betrieblichen Bereich zur Folge hatte.

(6) Leistungserfassung

Für die Stützung des Lernerfolgs ist eine kontinuierliche Leistungserfassung erforderlich, nicht als permanenter Zensierungsprozess, sondern als Unterstützung der Lernprozesse. Für ein erfolgreiches Mastery Learning ist dieses ohnehin unerlässlich. Die Handbücher „How People Learn" und „Knowing what Students Know" (PELLEGRINO / CHUDOWSKY / GLASER 2001) geben hier viele wichtige Hinweise.
Benner hat zu Recht die bildungspolitische Dimension der Leistungserfassung betont, HELMUT HEID immer wieder die erziehungsphilosophischen Aspekte herausgestellt (z.B. 1997). Für den Umgang mit Fehlern, die Schüler machen, ist eine neue Sichtweise zu entwickeln, um Lernchancen zu fördern; hierauf hat OSER aufmerksam gemacht (vgl. OSER / SPYCHIGER 2000).

(7) Ausstattung

Dass Ausstattungsbedingungen im Rahmen fachdidaktischer Überlegungen zu bedenken sind, leuchtet unmittelbar ein. Dabei stellt sich aber auch das Problem, dass gegebene Ausstattungen von den Lehrern und Schülern zielgerichtet zu nutzen sind. Dass Internet und e-learning sinnvoll in den Unterricht einzubeziehen sind, ist klar. Allerdings gewinnt diese Aussage ihren Stellenwert erst im Hinblick auf die Bildungs- sowie die Lehr-Lern-Perspektiven.

(8) Lehreraus- und -weiterbildung

Diese überleitende Bemerkung hebt bereits die Notwendigkeit hervor, die Lehrerinnen und Lehrer auf allen Stufen ihrer Ausbildung in die fachdidaktische Arbeit einzubeziehen, wozu auch zentral gehört, fachdidaktische

Forschung in der Lehre zu verankern (vgl. JOHN / PREIß / WEBER 1999). Partizipative Formen der Forschung – wozu auch das Sich-Einlassen der Forschung auf unterrichtspraktische Probleme gehört – sind hier ebenso vorzusehen wie der Versuch, Standards des Lehrerhandelns zu erheben und in der Ausbildung zu verankern. Die Arbeit von FRITZ OSER und seiner Gruppe markiert hier einen Durchbruch (*Abbildung 19*) (2001, S. 230ff.):

Abbildung 19: Übersicht über die Standardgruppen der Kompetenzen von Lehrpersonen

1.	Lehrer-Schüler Beziehungen und fördernde Rückmeldung
2.	Diagnose und Schüler unterstützendes Handeln
3.	Bewältigung von Disziplinproblemen und Schülerrisiken
4.	Aufbau und Förderung von sozialem Verhalten
5.	Lernstrategien vermitteln und Lernprozesse begleiten
6.	Gestaltung und Methoden des Unterrichts
7.	Leistungsmessung
8.	Medien
9.	Zusammenarbeit in der Schule
10.	Schule und Öffentlichkeit
11.	Selbstorganisationskompetenz der Lehrkraft
12.	Allgemeindidaktische und fachdidaktische Kompetenzen

Von ebenso großer Bedeutung ist der Versuch, Fragen des Berufsethos (OSER 1998) in das Zentrum der Lehreraus- und -weiterbildung zu stellen. Probleme der Professionalisierung sind hierbei ebenso zu berücksichtigen (vgl. COMBE / HELSPER 1996; TRAMM u.a. 1999) wie die umfangreiche Literatur, in der praktische Lehrhilfen angeboten werden (um keinen deutschen Autor zu kränken, sei auf ORANGE 2000, verwiesen: „25 Biggest Mistakes Teachers Make and How to Avoid Them"). Gerade durch die Konfrontation dieser Literatur mit entsprechenden Forschungsergebnissen – vgl. auch unsere o.g. Analysen von fachdidaktischen Lehrbüchern – kann ein theoretisch begründbares Lehrerhandeln entwickelt und gestützt werden (vgl. RHEINBERG u.a. 2001; als eine hervorragende Beispielsammlung, die Theorie und Praxisorientierung verknüpft, vgl. STEINER 1988).

(9) Neue Lehr-Lern-Kultur

Welche Bedeutung neue Lehr- und Lernkulturen dabei besitzen, zeigen Arbeiten zum Konzept der „Communities of practice" (vgl. WENGER 1998; ENGESTRÖM 1999; WEBER 2002). Fragen kommunikativen und kooperativen Handelns, vor allem im Austausch von Theorie und Praxis, erfahren hier einen neuen Stellenwert; zugleich eröffnen sich neue Möglichkeiten ihrer Beantwortung. Wichtigstes Merkmal ist, dass man bereit ist, sein spezifisches Wissen für die Partner verfügbar zu machen, d.h. es nicht als „Herrschaftswissen" zurückzuhalten. Die LINUX-Entwicklung und ihr Erfolg mögen als Beispiel hierfür stehen (vgl. CASTELLS 2001, S. 404/405).

Für die fachdidaktische Diskussion sind vor dem Hintergrund all dieser verschiedenen Perspektiven *drei Anforderungen* generell als zentral anzusehen:

(1) Die Lehr-Lernprozesse müssen als *Sequenzen im Zeitablauf* gesehen werden, wobei die vielfältigen Übergänge zu beachten sind. Gerade in diesem Zusammenhang gewinnen die „Standards" nach OSER ein besonderes Gewicht.

(2) Hinzukommen muss, dass über die gesamte Zeit der Lehr-Lernprozesse strikt der *Zusammenhang von Kasuistik und Systematik* in den Mittelpunkt des Lehrerhandelns gestellt wird. In der Berliner Didaktik wird von ganzheitlich-analytisch bzw. von elementenhaft-synthetisch gesprochen. Fallbeispiele – auch und gerade komplexer Art – sind notwendig, müssen aber in die Fachsystematik einzuordnen sein, wie umgekehrt systematisierende Darstellungen der Veranschaulichung bedürfen. Hier liegt der entscheidende Schlüssel zum Aufbau eines „vertieften Verständnisses" und damit zur Ermöglichung von Transfer.

(3) Die *wissenschaftstheoretische Dimension* der fachdidaktischen Forschung ist durchgängig zu betonen. Die erarbeiteten Handlungsempfehlungen sind auf ihren Theoriegehalt hin zu prüfen – OSER spricht hier von der Ermittlung eines „Überschusses an kriteriellen Ressourcen" (2001, S. 218) – und zu evaluieren. Fragen des „Konstruktivismus" oder der „Situiertheit" von Lehren und Lernen sind ebenfalls abzuklären. Das aufgespannte Gitter zentraler fachdidaktischer Fragestellungen ist weit genug, das Spektrum möglicher Entwicklungs- und Forschungsperspektiven abzudecken.

Ausblick: Beitrag der Fachdidaktik zur Innovation durch Bildung

Kann Fachdidaktik einen Beitrag zur Innovation durch Bildung leisten? – Ich beantworte diese Frage mit „Ja", wenn in der Fachdidaktik die Zusammenhänge systemisch behandelt werden, d.h. in ihrer Interdependenz, Komplexität und Dynamik, wie ich sie dargestellt habe – und wie sie in vergleichbarer Weise auch von anderen für notwendig gehalten werden. Am PISA-Beispiel lässt sich das eindrücklich zeigen: Wenn nicht systemisch verknüpft mehrere bildungspolitische Maßnahmen mit einer zeitlichen Perspektive, die über eine Legislaturperiode herausreicht, ergriffen werden, lassen sich die beklagten Mängel nicht angemessen beheben.

Die Kataloge, die von der TERHART-Kommission, vom WISSENSCHAFTSRAT, aber auch von HERMANN LANGE im Hinblick auf fachdidaktische Desiderate vorgelegt werden, bezeichnen durchaus Eingriffsmöglichkeiten und -notwendigkeiten. Vor Schnellschüssen muss aber gewarnt werden. Was wir brauchen, ist ein behutsamer, auf mindestens fünf Jahre hin angelegter Aufbau von Fachdidaktiken mit der entsprechenden Qualifizierung derer, die sie zu vertreten haben.

An den Universitäten gilt es institutionell-organisatorisch Zentren zu schaffen, in denen fachdidaktisch relevante Grundlagenforschung – vor allem in der Kooperation von Erziehungswissenschaft und Psychologie – betrieben werden kann. In diese Zentren wären von den einzelnen, vornehmlich (und zweckmäßig) bei den Fachwissenschaften anzusiedelnden Fachdidaktiken Impulse für Forschung einzugeben, wie diese ihrerseits von den grundlegenden Forschungsergebnissen der Zentren profitieren könnten. Es hat dabei um eine sorgfältige Balance von spezifisch-fachdidaktischer und eher allgemein-fachdidaktischer Forschung und Lehre zu gehen. Meine Beispiele sollten zeigen, dass Analyse- und Konstruktionsprinzipien durchaus Gültigkeit für mehrere Fachdidaktiken beanspruchen können – wohingegen Ausarbeitungen des Heimpel-Vorschlages zur Behandlung des Mittelalters oder Spezifika der Kundenberatung in der Bank für das jeweilige Fach oder Lernfeld reserviert bleiben.

Generell benötigen alle Fachdidaktiken gezielte Förderungsprogramme – und nicht vorschnelle Stellenbesetzungen –, um für die Einwerbung von Drittmitteln konkurrenzfähig zu sein. Ein überzeugendes Beispiel für den Erfolg einer derartigen Förderung stellt das DFG-Schwerpunktprogramm „Lehr-Lernprozesse in der kaufmännischen Erstausbildung" dar, in dem unter der Ägide von KLAUS BECK vor allem Wirtschaftspädagogen und Psychologen zusammengearbeitet haben (BECK / HEID 1998; BECK / DUBS 1996; BECK / KRUMM 2001).

Ein Blick auf die TIMMS- und die PISA-Studie zeigt, dass fachdidaktisch akzentuierte Arbeiten bedeutend anspruchsvoller sein können als vieles, was im fachwissenschaftlichen Bereich abgeliefert wird. Mit einer systemischen Sicht und einer intelligenten Förderung durch die Bildungspolitik, die sich nicht ausschließlich an kurzfristig vorzeigbaren Erfolgen orientiert, kann fachdidaktische Arbeit daher einen entscheidenden Beitrag zur Innovation durch Bildung leisten.

Literatur

ACHTENHAGEN, F. (1969): Didaktik des fremdsprachlichen Unterrichts: Grundlagen und Probleme einer Fachdidaktik. (3. Aufl.: 1973). – Weinheim.

ACHTENHAGEN, F. (1984): Didaktik des Wirtschaftslehreunterrichts. – Opladen.

ACHTENHAGEN, F. (1991): Gute Vorsätze und tatsächliches Verhalten: Über einige Schwierigkeiten des Lehrens und Lernens. Aulavortrag 36. St. Gallen: Hochschule St. Gallen für Wirtschafts-, Rechts- und Sozialwissenschaften.

ACHTENHAGEN, F. (1992): The Relevance of Content for Teaching-Learning Processes. In: OSER, F. / DICK, A. / PATRY, J.-L. (Hrsg.): Effective and Responsible Teaching – The New Synthesis. – San Francisco, S. 315-328.

ACHTENHAGEN, F. (2001a): Criteria for the Development of Complex Teaching-Learning Environments. Instructional Science. Special Issue, ed. by S. Dijkstra, 29, S. 361-380.

ACHTENHAGEN, F. (2001b): Interactive Video – Theory and Technology for the 21st Century. Journal of Structural Learning and Intelligent Systems, 14, S. 385-399.

ACHTENHAGEN, F. / BENDORF, M. / GETSCH, U., / REINKENSMEIER, S. (2000): Mastery Learning in der Ausbildung von Industriekaufleuten. Zeitschrift für Pädagogik, 46, S. 373-394.

ACHTENHAGEN, F. / BENDORF, M. / GETSCH, U., / REINKENSMEIER, S. (2001): Mastery Learning mit Hilfe eines multimedial repräsentierten Modellunternehmens in der Ausbildung von Industriekaufleuten. In: BECK, K. / KRUMM, V. (Hrsg.), Lehr-Lernprozesse in der beruflichen Erstausbildung. – Opladen, S. 233-256.

ACHTENHAGEN, F. / GRUBB, W. N. (2001): Vocational and occupational education: Pedagogical complexity, institutional diversity. In: RICHARDSON, V. (Hrsg.). Handbook of Research on Teaching. Fourth Edition. – Washington, D. C., S. 604-639.

ACHTENHAGEN, F. / JOHN, E. G. (Hrsg.) (1992): Mehrdimensionale Lehr-Lern-Arrangements. – Wiesbaden.

ACHTENHAGEN, F. / LEMPERT, W. (2000): Lebenslanges Lernen im Beruf – Seine Grundlegung im Kindes- und Jugendalter, 5 Bände. – Opladen.

ACHTENHAGEN, F. / MENCK, P. (1971): Langfristige Curriculumentwicklung und mittelfristige Curriculumforschung. In: ACHTENHAGEN, F. / MEYER, H. (Hrsg.). Curriculumrevision – Möglichkeiten und Grenzen. – München, S. 197-215.

ACHTENHAGEN, F. / NIJHOF, W. / RAFFE, D. (1995): Feasibility Study: Research for vocational education in the framework for COST Social Sciences. European Commission: Directorate General: Science, Research and Development. – Brussels.

ACHTENHAGEN, F. / SCHNEIDER, D. (1993): Stand und Entwicklungsmöglichkeiten der Lernbüroarbeit unter Berücksichtigung der Nutzung Neuer Technologien. Bericht für den Niedersächsischen Kultusminister. Berichte des Seminars für Wirtschaftspädagogik, Band 21-1. – Göttingen.

ACHTENHAGEN, F. / TRAMM, T. / PREIß, P. / SEEMANN-WEYMAR, H. / JOHN, E. G. / SCHUNCK, A. (1992). Lernhandeln in komplexen Situationen. – Wiesbaden.

ACHTENHAGEN, F. / VAN BUER, J. / OLDENBÜRGER, H.-A. (1986): Lehrerurteile über Schüler, Schülerselbstbild und interaktionelles Verhalten im Englischunterricht. Zeitschrift für Pädagogik, 32, S. 679-702.

ACHTENHAGEN, F. / WIENOLD, G. / VAN BUER, J, / RÖSNER, H. (1975): Lehren und Lernen im Fremdsprachenunterricht. Band 1: Didaktische Analysen und Transformationsgrammatik als Instrumente der Curriculumforschung. – München.

ARTELT, C. / STANAT, P. / SCHNEIDER, W. / SCHIEFELE, U. (2001): Lesekompetenz: Testkonzeption und Ergebnisse. In: BAUMERT, J. / KLIEME, E. / NEUBRAND, M. / PRENZEL, M./ SCHIEFELE, U. / SCHNEIDER, W. / STANAT, P. / TILLMANN, K.-J. / WEIß, M. (Hrsg.). PISA 2000 – Basiskompetenzen von Schülerinnen und Schülern im internationalen Vergleich. – Opladen, S. 69-137.

BAUMERT, J. / BOS, W. / LEHMANN, R. (Hrsg.) (2000): TIMSS/III. Dritte Internationale Mathematik- und Naturwissenschaftsstudie – Mathematische und naturwissenschaftliche Bildung am Ende der Schullaufbahn. Band 1: Mathematische und naturwissenschaftliche Grundbildung am Ende der Pflichtschulzeit; Band 2: Mathematische und physikalische Kompetenzen am Ende der gymnasialen Oberstufe. – Opladen.

BAUMERT, J. / KLIEME, E. / NEUBRAND, M. / PRENZEL, M. / SCHIEFELE, U. / SCHNEIDER, W. / STANAT, P. / TILLMANN, K.-J. / WEIß, M. (2001): PISA 2000 – Basiskompetenzen von Schülerinnen und Schülern im internationalen Vergleich. – Opladen.

BECK, K. / BIENENGRÄBER, T. / MITULLA, C. / PARCHE-KAWIK, K. (2001): Progression, Stagnation, Regression – Zur Entwicklung der moralischen Urteilskompetenz während der kaufmännischen Berufsausbildung. In: BECK, K. / KRUMM, V. (Hrsg.): Lehr-Lernprozesse in der beruflichen Erstausbildung. – Opladen, S. 139-16.

BECK, K. / DUBS, R. (Hrsg.) (1998): Kompetenzentwicklung in der Berufserziehung: kognitive, motivationale und moralische Dimensionen kaufmännischer Qualifizierungsprozesse. Zeitschrift für Berufs- und Wirtschaftspädagogik, Beiheft 14. – Stuttgart.

BECK, K. / HEID, H. (Hrsg.) (1996): Lehr-Lernprozesse in der kaufmännischen Erstausbildung. Zeitschrift für Berufs- und Wirtschaftspädagogik, Beiheft 13. – Stuttgart.

BECK, K. / KRUMM, V. (Hrsg.) (2001): Lehren und Lernen in der beruflichen Erstausbildung. Grundlagen einer modernen kaufmännischen Berufsqualifizierung. – Opladen.

BENDORF, M. (2002): Bedingungen und Mechanismen des Wissenstransfers – Lehr-Lern-Arrangements zur Kundenberatung im Bankensektor. – Wiesbaden.

BENNER, D. (2001^4): Hauptströmungen der Erziehungswissenschaft. – Weinheim.

BENNER, D. (2002): Die Struktur der Allgemeinbildung im Kerncurriculum moderner Bildungssysteme. Ein Vorschlag zur bildungstheoretischen Rahmung von PISA. Zeitschrift für Pädagogik, 48, S. 68-88.

BLANKERTZ, H. (1961): Ist Wirtschaftspädagogik als Pädagogik möglich? Die Deutsche Berufs- und Fachschule, 57, S. 819-822.

BLANKERTZ, H. (1969): Theorien und Modelle der Didaktik. – München.

BRANSFORD, J. D. / BROWN, A. L. / COCKING, R. R. (Hrsg.) (2000): How People Learn – Brain, Mind, Experience, and School. – Washington, D. C.

BROPHY, J. E. / GOOD, T. L. (1976): Die Lehrer-Schüler-Interaktion. – München.

BUTTLER, F. (1992): Tätigkeitslandschaft bis 2010. In: ACHTENHAGEN, F. / JOHN, E. G. (Hrsg.): Mehrdimensionale Lehr-Lern-Arrangements. – Wiesbaden, S. 162-182.

CASTELLS, M. (2001): Der Aufstieg der Netzwerkgesellschaft. Teil 1 der Trilogie Das Informationszeitalter. – Opladen.

COGNITION AND TECHNOLOGY GROUP AT VANDERBILT (1997): The Jasper Project: Lessons in Curriculum, Instruction, Assessment, and Professional Development. – Mahwah, NJ.

COMBE, A. / HELSPER, W. (Hrsg.) (1996): Pädagogische Professionalität. – Frankfurt am Main.

COPEI, F. (1969[9]): Der fruchtbare Moment im Bildungsprozess. – Heidelberg.

CORSTEN, M. / LEMPERT, W. (1997): Beruf und Moral. Exemplarische Analysen beruflicher Werdegänge, betrieblicher Kontexte und sozialer Orientierungen erwerbstätiger Lehrabsolventen. – Weinheim.

DERBOLAV, J. (1960/1964[4]): Versuch einer wissenschaftstheoretischen Grundlegung der Didaktik. Zeitschrift für Pädagogik, 2. Beiheft. – Weinheim, S. 17-45.

DFG-KOMMISSION ERZIEHUNGSWISSENSCHAFT (1974): Erziehungswissenschaftliche Schwerpunktprogramme der Deutschen Forschungsgemeinschaft. Zeitschrift für Pädagogik, 20, S. 967-972.

DÖRIG, R. (1994): Das Konzept der Schlüsselqualifikationen. – Hallstadt.

ENGESTRÖM, Y. (1999): Activity theory and individual and social transformation. In: ENGESTRÖM, Y. / MIETTINEN, R. / PUNAMÄKI, R.-L. (Hrsg.): Perspectives on Activity Theory. – Cambridge, S. 19-38.

FÜRSTENAU, B. (1994): Komplexes Problemlösen im betriebswirtschaftlichen Unterricht. – Wiesbaden.

FÜRSTENAU, B. / GETSCH, U. / NOß, M. / SIEMON, J. (1999): Entwicklung und Evaluation komplexer Lehr-Lern-Arrangements als zentrales Forschungsfeld der Göttinger Wirtschaftspädagogik. In: TRAMM, T. / SEMBILL, D. / KLAUSER, F. / JOHN, E. G. (Hrsg.): Professionalisierung kaufmännischer Berufsbildung – Beiträge zur Öffnung der Wirtschaftspädagogik für die Anforderungen des 21. Jahrhunderts. Festschrift zum 60. Geburtstag von Frank Achtenhagen. – Frankfurt am Main, S. 260-276.

GETSCH, U. / PREIß, P. (2001): Modellunternehmen Arnold & Stolzenberg GmbH: Grundkurs Rechnungswesen, belegorientiert. (CD-ROM) - Bad Homburg v. H.

GOMEZ, P. / PROBST, G. (1987): Vernetztes Denken im Management. – Bern.

HABERMAS, J. (1963): Kritische und konservative Aufgaben der Soziologie. In: HABERMAS, J. (Hrsg.): Theorie und Praxis. – Neuwied am Rhein, S. 215-230.

HASSELHORN, M. (2000): Lebenslanges Lernen aus der Sicht der Metakognitionsforschung. In: ACHTENHAGEN, F. / LEMPERT, W. (Hrsg.): Lebenslanges Lernen im Beruf – Seine Grundlegung im Kindes- und Jugendalter, Band III: Psychologische Theorie, Empirie und Therapie. – Opladen, S. 41-53.

HEID, H. (1997): Paradoxien des Leistungsprinzips. In: DUBS, R. / LUZI, R. (Hrsg.): 25 Jahre IWP. Tagungsbeiträge: Schule in Wissenschaft, Politik und Praxis. – St. Gallen, S. 351-371.

HEIMANN, P. / OTTO, G. / SCHULZ, W. (1965): Unterricht – Analyse und Planung. – Hannover.

HEIMPEL, H. (1949): Die Hilfe der Geschichtswissenschaft – a) Das Mittelalter. In: WENIGER, E. (Hrsg.): Neue Wege im Geschichtsunterricht. – Frankfurt am Main, S. 81-90.

HEYMANN, H. W. (1975): Zusammenhänge zwischen Unterrichtsvariablen, insbesondere zwischen Lernmethoden und Lerninhalten. In: FREY, K. et al. (Hrsg.): Curriculum – Handbuch, Band II. – München, S. 69-76.

INGENKAMP, K. / PAREY, E. (Hrsg.) (1970): Handbuch der Unterrichtsforschung, 3 Bände. – Weinheim.

JOHN, E. G. (1992): Fallstudien und Fallstudienunterricht. In: ACHTENHAGEN, F. / JOHN, E. G. (Hrsg.): Mehrdimensionale Lehr-Lern-Arrangements – Innovationen in der kaufmännischen Aus- und Weiterbildung. – Wiesbaden, S. 79-91.

JOHN, E. G. / PREIß, P. / WEBER, S. (1999): Perspektiven einer zukunftsgerichteten Handelslehrerausbildung – Zur Entwicklung der Lehre am Seminar für Wirtschaftspädagogik der Georg-August-Universität. In: TRAMM, T. / SEMBILL, D. / KLAUSER, F. / JOHN, E. G. (Hrsg.): Professionalisierung kaufmännischer Berufsbildung – Beiträge zur Öffnung der Wirtschaftspädagogik für die Anforderungen des 21. Jahrhundert. Festschrift zum 60. Geburtstag von Frank Achtenhagen. – Frankfurt am Main, S. 420-439.

KAISER, F.-J. / KAMINSKI, H. (1999^3): Methodik des Ökonomie-Unterrichts. – Bad Heilbrunn/Obb.

KLAFKI, W. ($1964^{3/4}$): Kategoriale Bildung. In: KLAFKI, W. (Hrsg.): Studien zur Bildungstheorie und Didaktik. – Weinheim, S. 25-45.

KLAUER, K. J. (1974): Methodik der Lehrzieldefinition und Lehrstoffanalyse. – Düsseldorf.

KLIEME E. (2000): Fachleistungen im voruniversitären Mathematik- und Physikunterricht: Theoretische Grundlagen, Kompetenzstufen und Unterrichtsschwerpunkte. In: BAUMERT, J. / BOS, W. / LEHMANN, R. (Hrsg.): TIMSS/III. Dritte Internationale Mathematik- und Naturwissenschaftsstudie – Mathematische und naturwissenschaftliche Bildung am Ende der Schullaufbahn. Band 1: Mathematische und naturwissenschaftliche Grundbildung am Ende der Pflichtschulzeit. – Opladen, S. 57-128.

KLIEME, E. / BAUMERT, J. / KÖLLER, O. / BOS, W. (2000): Mathematische und naturwissenschaftliche Grundbildung: Konzeptuelle Grundlagen und die Erfassung und Skalierung von Kompetenzen. In: BAUMERT, J. / BOS, W. / LEHMANN, R. (Hrsg.): TIMSS/III. Dritte Internationale Mathematik- und Naturwissenschaftsstudie – Mathematische und naturwissenschaftliche Bildung am Ende der Schullaufbahn. Band 1: Mathematische und naturwissenschaftliche Grundbildung am Ende der Pflichtschulzeit. – Opladen, S. 85-133.

LANGE, H. (2001): Konsekutiv oder integriert: Lehrerbildung aus dem Modellbaukasten? Erziehungswissenschaft, 12, Heft 24, S. 5-24.

LAVE, J. / WENGER, E. (1991): Situated Learning. Legitimate peripheral participation. – New York.

LEWALTER, D. / WILD, K.-P. / KRAPP, A. (2001): Interessenentwicklung in der beruflichen Ausbildung. In: BECK, K. / KRUMM, V. (Hrsg.): Lehren und Lernen in der beruflichen Erstausbildung. – Opladen, S. 11-35.

NOß, M. (2000): Selbstgesteuertes Lernen am Arbeitsplatz. – Wiesbaden.

ORANGE, C. (2000): 25 Biggest Mistakes Teachers Make and How to Avoid Them. – Thousands Oaks, CA.

OSER, F. (1998): Ethos – die Vermenschlichung des Erfolgs. Zur Psychologie der Berufsmoral von Lehrpersonen. – Opladen.

OSER, F. (2001): Standards: Kompetenzen von Lehrpersonen. In: OSER, F. / OELKERS, J. (Hrsg.): Die Wirksamkeit der Lehrerbildungssysteme. – Chur, S. 215-342.

OSER, F. / Althof, W. (1992): Moralische Selbstbestimmung. Modelle der Entwicklung und Erziehung im Wertebereich. – Stuttgart.

OSER, F. / SPYCHIGER, M. (2000): Lernen aus Fehlern als Beitrag zum Lebenslangen Lernen. In: ACHTENHAGEN, F. / LEMPERT, W. (Hrsg.): Lebenslanges Lernen im Beruf – Seine Grundlegung im Kindes- und Jugendalter, Band IV: Formen und Inhalte von Lernprozessen. – Opladen, S. 101 – 122.

PELLEGRINO, J. W. (2003): Connecting Learning Theory and Instruction: Principles, Practices, and Possibilities. In: ACHTENHAGEN, F. / JOHN, E. G. (Hrsg.): Milestones in vocational and occupational education and training, Vol. I. – Bielefeld, S. 17-42.

PELLEGRINO, J. W. / CHUDOWSKY, N. / GLASER, R. (Hrsg.) (2001): Knowing What Students Know – The Science and Design of Educational Assessment. – Washington, D. C.

PICOT, A. / REICHWALD, R. / WIGAND, R. T. (2001[4]): Die grenzenlose Unternehmung. – Wiesbaden.

PREIß, P. (1994a): Schema-based modelling of complex economic situations. In: NIJHOF, W. J. / STREUMER, J. N. (Hrsg.): Flexibility in training and vocational education. – Utrecht, S. 249-289.

PREIß, P. (1994b): Planspiel Jeansfabrik – Betriebliche Leistungsprozesse. – Wiesbaden.

PRENZEL, M. / KRAMER, K. / DRECHSEL, B. (2001): Selbstbestimmt motiviertes und interessiertes Lernen in der kaufmännischen Erstausbildung – Ergebnisse eines Forschungsprojekts. In: BECK, K. / KRUMM, V. (Hrsg.): Lehren und Lernen in der beruflichen Erstausbildung. – Opladen, S. 37-61.

REBMANN, K. (1994): Komplexität von Lehrbüchern für den Wirtschaftslehreunterricht. Eine empirisch-analytische Studie. – Göttingen.

REETZ, L. (1984): Wirtschaftsdidaktik. – Bad Heilbrunn/Obb.

REETZ, L. (1999): Zum Zusammenhang von Schlüsselqualifikationen – Kompetenzen – Bildung. In: TRAMM, T. / SEMBILL, D. / KLAUSER, F. / JOHN, E. G. (Hrsg.): Professionalisierung kaufmännischer Berufsbildung – Beiträge zur Öffnung der Wirtschaftspädagogik für die Anforderungen des 21. Jahrhunderts. Festschrift zum 60. Geburtstag von Frank Achtenhagen. – Frankfurt am Main, S. 32-51.

REETZ, L. / TRAMM, T. (2000): Lebenslanges Lernen aus der Sicht einer berufspädagogisch und wirtschaftspädagogisch akzentuierten Curriculumforschung. In: ACHTENHAGEN, F. / LEMPERT, W. (Hrsg.): Lebenslanges Lernen im Beruf – Seine Grundlegung im Kindes- und Jugendalter, Band V: Erziehungstheorie und Bildungsforschung. – Opladen, S. 69-120.

RHEINBERG, F. / BROMME, R. / MINSEL, B. / WINTELER, A. / WEIDENMANN, B. (2001[4]): Die Erziehenden und Lehrenden. In: KRAPP, A. / WEIDENMANN, B. (Hrsg.): Pädagogische Psychologie. – Weinheim, S. 271-355.

RICHARDSON, V. (Hrsg.) (2001): Handbook of Research on Teaching. Fourth Edition. – Washington, D. C..

RITZEL, W. (1961): Die Pädagogik und ihre Disziplinen. – Stuttgart.

RÖLKE, S. (1983[5]): Methodik der Betriebswirtschaftskunde. – Bad Homburg v. d. H.

SCHMIDT, A. (2000): Komplexität des Anchored-Instruction-Ansatzes in seiner unterrichtspraktischen Realisation als Jasper-Woodbury-Serie. Berichte des Seminars für Wirtschaftspädagogik, Band 25. – Göttingen.

SCHNEIDER, D. (1996): Lernbüroarbeit zwischen Anspruch und Realität – Untersuchung zur Theorie und Praxis der Lernbüroarbeit an kaufmännischen Schulen unter fachdidaktischem Aspekt. Berichte des Seminars für Wirtschaftspädagogik, Band 24. – Göttingen.

SEEL, N. (2000): Psychologie des Lernens. – München.

SEKRETARIAT DER STÄNDIGEN KONFERENZ DER KULTUSMINISTER (1995): Weiterentwicklung der Prinzipien der gymnasialen Oberstufe und des Abiturs. Abschlussbericht der von der Kultusministerkonferenz eingesetzten Expertenkommission. – Kiel.

SEMBILL, D. (2000): Selbstorganisiertes und Lebenslanges Lernen. In: ACHTENHAGEN, F. / LEMPERT, W. (Hrsg.): Lebenslanges Lernen im Beruf – Seine Grundlegung im Kindes- und Jugendalter, Band IV: Formen und Inhalte von Lernprozessen. – Opladen, S. 60-90.

SHULMAN, L. S. (1986a): Those Who Understand: Knowledge Growth in Teaching. Educational Researcher, 15 (2), S. 4-14.

SHULMAN, L. S. (1986^{3}b): Paradigms and Research Programs in the Study of Teaching: A Contemporary Perspective. In: WITTROCK, M. C. (Hrsg.): Handbook of Research on Teaching. – New York, S. 3-36

SIEMON, J. (2001): Modellunternehmen Arnold & Stolzenberg GmbH (CD-ROM). – Bad Homburg v.d.H.

STEGMÜLLER, W. (1969): Probleme und Resultate der Wissenschaftstheorie und Analytischen Philosophie, Band I. – Berlin

STEINER, G. (1988): Lernen. 20 Szenarien aus dem Alltag. – Bern.

TERHART, E. (Hrsg.) (2000): Perspektiven der Lehrerbildung in Deutschland. Abschlussbericht der von der Kultusministerkonferenz eingesetzten Kommission. – Weinheim.

TRAMM, T. (im Druck): Lernprozesse in der Übungsfirma: Rekonstruktion und Weiterentwicklung schulischer Übungsfirmenarbeit als Anwendungsfall einer evaluativ-konstruktiven und handlungsorientierten Curriculumstrategie. Habilitationsschrift. – Göttingen.

TRAMM, T. / SEMBILL, D. / KLAUSER, F. / JOHN, E. G. (Hrsg.) (1999): Professionalisierung kaufmännischer Berufsbildung – Beiträge zur Öffnung der Wirtschaftspädagogik für die Anforderungen des 21. Jahrhunderts. Festschrift zum 60. Geburtstag von Frank Achtenhagen. – Frankfurt am Main.

WEBER, S. (1994): Vorwissen in der betriebswirtschaftlichen Ausbildung – eine struktur- und inhaltsanalytische Studie. – Wiesbaden.

WEBER, S. (2002): Interkulturelles Lernen in betriebswirtschaftlichen Kontexten. Georg-August-Universität Göttingen: Seminar für Wirtschaftspädagogik.

WENGER, E. (1998): Communities of Practice: Learning, Meaning, and Identity. – New York.

WIENOLD, G. / ACHTENHAGEN, F. / VAN BUER, J. / OLDENBÜRGER, H.-A. / RÖSNER, H. / SCHLUROFF, M. (1985): Lehrerverhalten und Lernmaterial in institutionalisierten Lehr-Lern-Prozessen – am Beispiel des Englischanfangsunterrichts. 3 Bände. Berichte des Seminars für Wirtschaftspädagogik, Bände 9.1, 9.2, 9.3. – Göttingen.

WILD, E. / HOFER, M. / PEKRUN, R. (2001[4]): Psychologie des Lerners. In: KRAPP, A. / WEIDENMANN, B. (Hrsg.): Pädagogische Psychologie. – Weinheim, S. 207-270.

WISSENSCHAFLTICHE KOMMISSION NIEDERSACHSEN (2002): Empfehlungen zur Weiterentwicklung der Lehrerbildung in Niedersachsen. – Hannover.

WISSENSCHAFTSRAT (2001): Empfehlungen zur künftigen Struktur der Lehrerbildung vom November 2001. – Köln.

ZEITSCHRIFT FÜR PÄDAGOGIK (1960): Didaktik in der Lehrerbildung. 2. Beiheft. (3. Aufl., 1964) – Weinheim.

Cornelia Gräsel

Warum Bildung für Nachhaltigkeit trotz allem innovativ ist. Oder: Von trägem Wissen, fehlendem Nutzen und anderen Hindernissen der Umweltbildung

Innovative Umweltbildung?

Möglicherweise hat es einige erstaunt, dass im Jahr 2002 auf dem Kongress der Deutschen Gesellschaft für Erziehungswissenschaft mit dem Titel „Innovation durch Bildung" ein Parallelvortrag zur Umweltbildung gehalten wurde. Galt doch Umweltbildung bereits zu ihren Hochzeiten nicht als erziehungswissenschaftlicher Kernbereich, von dem Innovationen für den Diskurs der Disziplin oder die pädagogische Praxis zu erwarten wären. Vielmehr wird sie häufig als Mode-Erscheinung bewertet, die von einigen interessierten Personen betrieben wird, denen der Erhalt der natürlichen Lebensgrundlagen ein besonderes Anliegen ist und die sich dafür auch im Rahmen ihrer erziehungswissenschaftlichen Arbeiten engagieren. Zudem ist für die letzten Jahre zu konstatieren, dass es wieder etwas ruhiger um die Umweltbildung geworden ist und das Thema – wie Umweltfragen in der Gesellschaft generell – gegenüber anderen wieder an Bedeutung verloren hat. Der Titel „Warum Bildung für Nachhaltigkeit trotz allem innovativ ist" wurde für den Vortrag und diesen Beitrag aber bewusst gewählt. Es soll aufgezeigt werden, dass die Umweltbildungsforschung sich im Rahmen ihrer Entwicklung mit Fragestellungen auseinander gesetzt hat, die auch für andere Teildisziplinen der Erziehungswissenschaft relevant sind. In der Auseinandersetzung mit diesen Fragestellungen und Hindernissen hat sie sich zu einer „Bildung für nachhaltige Entwicklung" ausgebildet, die Impulse für die erziehungswissenschaftliche Forschung geben kann.

Hindernisse und Weiterentwicklungen: Von der klassischen Umweltbildung zu einer Bildung für nachhaltige Entwicklung

Eine eigenständige Umweltbildung und Umweltbildungsforschung hat sich in den 70-er Jahren entwickelt. Zu dieser Zeit wurden globale Umweltrisiken das erste Mal nicht nur in der Wissenschaft, sondern auch in der Öffentlichkeit diskutiert (DE HAAN / KUCKARTZ 1996). Ausgehend von Zukunftsprognosen – beispielsweise den „Grenzen des Wachstums" (MEADOWS / MEADOWS / ZAHN / MILLING 1972) – wurde die Frage aufgeworfen, wie die weitere Entwicklung ohne Übernutzung der natürlichen Lebensgrundlagen erreicht werden kann. Dieser einsetzende Diskurs über globale Umweltprobleme ging damit einher, dass die nationale wie internationale Umweltpolitik der Umweltbildung, die durch die Förderung des Umweltbewusstseins bei der Bevölkerung einen Beitrag zur Bewahrung der Lebensgrundlagen leistet, eine bedeutsame Rolle zusprach. Grundlage dafür war der Konsens, dass die technologische Entwicklung allein eine Übernutzung der natürlichen Lebensgrundlagen nicht verhindern könne, sondern dass dazu auch die Veränderung des Lebensstiles in den hoch entwickelten Gesellschaften notwendig sei. In den verschiedenen Programmen zur Umweltbildung, die in den darauf folgenden Jahren verabschiedet wurden, lassen sich übereinstimmend folgende Ziele finden (vgl. KULTUSMINISTERKONFERENZ 1980; UNESCO 1979): Umweltbildung soll Wissen, Werte und Einstellungen vermitteln, die eine Grundlage für den Umweltschutz darstellen und die Entwicklung neuer Verhaltensmuster für Einzelne, Gruppen und die Gesellschaft unterstützen. Dieses Modell liegt auch den umweltpädagogischen Konzepten zu Grunde, die in den 80-er Jahren in pädagogischen Institutionen, insbesondere in der Schule, realisiert wurden (z.B. BOLSCHO / EULEFELD / SEYBOLD 1980). Eine stärkere Berücksichtigung von Umweltthemen wurde als wichtiger Beitrag betrachtet, Umweltproblemen zu begegnen, wobei der Wissensvermittlung eine besondere Rolle zugesprochen wurde. Vom Wissen über ökologische Sachverhalte versprach man sich die Förderung des Umweltbewusstseins und damit auch eine Unterstützung umweltschonender Verhaltensweisen.

Man mag dieser einfachen Aufklärungs-Idee Naivität vorwerfen – allerdings muss man konstatieren, dass sie kein Spezifikum der Umweltbildung ist. Auch in anderen Feldern, beispielsweise der Gesundheitserziehung, lassen sich ähnlich simple Denkmodelle finden. Im Folgenden soll dargestellt werden, auf welche Hindernisse dieses Modell gestoßen ist – und wie sich die Umweltbildungsforschung durch die Auseinandersetzung mit diesen Hindernissen weiterentwickelt hat.

Die ernüchternden Befunde der Umweltbewusstseinsforschung

Die klassische Umweltbildung basiert auf der Annahme, dass Wissen, Einstellungen und Werte erklären, inwieweit eine Person umweltbewusst handelt oder nicht. Empirische Studien aus der Umweltbewusstseinsforschung zogen die Gültigkeit dieses einfachen Modells allerdings in Zweifel (z.B. LANGEHEINE / LEHMANN 1986; MALONEY / WARD 1973; MALONEY / WARD / BRAUCHT 1975). Zwischen Umwelteinstellungen, umweltbezogenen Werten und Umweltwissen einerseits und Umweltverhalten andererseits konnten nur mäßig positive Korrelationen gefunden werden. Auch Modelle, die zusätzlich Prädiktoren wie die „Wahrnehmung der Ernsthaftigkeit von Umweltproblemen", oder „Selbstwirksamkeit des eigenen Handelns" berücksichtigten, waren in der Vorhersage des ökologischen Handelns wenig erfolgreich. Insgesamt ist es der Umweltbewusstseinsforschung nur selten gelungen, mehr als 10-20% der Varianz des Umwelthandelns zu erklären (FUHRER 1995). Diese empirisch festgestellte „Kluft zwischen Umweltbewusstsein und Umwelthandeln" führte zu einer Legitimationskrise der Umweltbildung (vgl. HEID / HOFF / RODAX 2000), aber auch zu Weiterentwicklungen ihrer theoretischen und methodischen Grundlagen. Diese Entwicklung soll beispielhaft an der Rolle des Wissens für ökologisches Handeln dargestellt werden, weil die Beziehung zwischen Wissen und Handeln für verschiedene pädagogische Felder bedeutsam ist. Das Phänomen, dass Wissen nicht angewendet wird, sondern „träge" bleibt, ist aus zahlreichen pädagogischen Feldern bekannt (vgl. GRÄSEL 1999). Auch in zahlreichen Studien der Umweltbewusstseinsforschung wurde deutlich, dass weder deklaratives Wissen noch Handlungswissen einen bedeutsamen Prädiktor umweltfreundlichen Verhaltens darstellt (vgl. GRÄSEL 2000). Allerdings darf aus diesen Studien nicht die Konsequenz gezogen werden, dass es überflüssig sei, in der Umweltbildung Wissen zu vermitteln.

Zunächst sprechen einige *methodische Gründe* dafür, dass der Einfluss des Wissens auf Handeln in den Studien der Umweltbewusstseinsforschung systematisch unterschätzt wird. KAISER und FUHRER (2000, S. 58) zeigen beispielsweise, dass Wissen als verhaltensdistale Einflussgröße in den statistischen Verfahren der Umweltbewusstseinsforschung unterschätzt wird, weil der über proximale Variablen vermittelte Einfluss nicht bzw. zu wenig berücksichtigt wird.

Problematisch ist auch die *Operationalisierung „ökologischen Handelns"* in der Forschung. So wird umweltbewusstes Handeln in der Regel mit Fragebogenitems erfasst, denen die Befragten auf einer vorgegebenen Skala zustimmen müssen. Diese Methode birgt das grundsätzliche Problem, dass das verbalisierte Umweltverhalten erfragt wird, das vom tatsächlich gezeigten abweichen kann – beispielsweise, weil wertbeladene Themen wie „umweltschützendes Verhalten" häufig zu sozial erwünschten Antworten führen (vgl. LEHMANN 1999). Aber selbst, wenn man davon ausgehen könnte, dass die selbst berichteten Aussagen korrekt wären, erweisen sich die Instrumente zur Erfassung ökologischen Handelns als problematisch. In den Skalen werden häufig verschiedene Handlungsbereiche erfasst, die nur schwer zu einer Variablen „ökologisches Handeln" zusammengefasst werden können. In jüngster Zeit wurden daher Anstrengungen unternommen, umweltschützendes Handeln nicht mehr eindimensional zu erfassen, sondern verschiedene Formen zu unterscheiden (z.B. MARTENS / ROST 1998; ROST / GRESELE /

MARTENS 2001; SCHAHN 1995). Insbesondere für Studien zum Zusammenhang zwischen Wissen und Handeln ist die Berücksichtigung der Bereichsspezifität von großer Bedeutung. Warum sollte sich beispielsweise Wissen über Mülltrennung und -vermeidung darin niederschlagen, ob im Haushalt Energie gespart wird und umgekehrt? Allerdings ist ein weiteres Problem durch die Erfassung spezifischer Handlungsbereiche nicht behoben (vgl. BILHARZ in Vorbereitung): Bei der Konstruktion von Skalen werden häufig Items zu einer Dimension zusammengefasst, die einen sehr unterschiedlichen Stellenwert für das Ziel „Umweltschutz" aufweisen. Um dies an einem fiktiven Extrembeispiel zu erläutern: Für den Bereich „Energiesparen" könnten folgende zwei Items ungewichtet zusammengefasst werden: „Ich lasse beim Kochen den Deckel so lange wie möglich auf dem Topf." und „Ich verzichte aus Umweltgründen auf Flugreisen."

Die *Operationalisierung des „Umweltwissens"* ist schließlich eine weitere Ursache dafür, dass der Einfluss des Wissens auf Handeln in den Studien unterschätzt wird. Zunächst wird der Bereichsspezifität des Wissens häufig ungenügend Rechnung getragen, weil in vielen Studien ein Gesamtwert „Umweltwissen" gebildet wird, der sich aus Antworten zu verschiedenen Inhaltsbereichen zusammensetzt. Der Schwerpunkt liegt dabei häufig auf naturwissenschaftlichem Faktenwissen. Bei genauerer Betrachtung erheben sich Zweifel, warum diese Art des Wissens denn überhaupt mit umweltbewusstem Handeln in Beziehung stehen sollte (vgl. GRÄSEL 1999).

Zudem liegt den meisten Studien ein „objektiver Wissensbegriff" zu Grunde und dementsprechend wird erfasst, wie häufig Wissensfragen *korrekt* beantwortet werden. Auf diese Weise sind subjektive Repräsentationen bzw. spezifische subjektive Theorien von Personen über Umweltthemen aber nicht zu erfassen. Um Aussagen über die Rolle des Wissens beim Umwelthandeln machen zu können, ist es jedoch auch notwendig, subjektive Theorien zu erfassen und deren Zusammenhang mit ökologischem Handeln zu erfassen. BÖHM und MADER (1998) konnten in einer Studie beispielsweise zeigen, dass die Korrektheit subjektiver Theorien über den anthropogen verursachten Treibhauseffekt für das ökologische Handeln weniger Ausschlag gebend ist, als ihre Differenziertheit. Dieser Befund konnte auch in einer Studie bei Schüler/-innen repliziert werden (GRÄSEL 2000), in der sich zwischen der Menge des „richtigen Wissens" über den Treibhauseffekt und dem klimarelevanten Handeln keine Korrelation (r = .02) ergab. Neben der Richtigkeit der Aussagen wurde aber auch erfasst, ob die Schüler/-innen über differenzierte oder undifferenzierte subjektive Theorien verfügten. Die Antworten wurden dann als „differenziert" kodiert, wenn aus ihnen Annahmen sowohl über Ursachen als auch über Folgen des vom Menschen verursachten Treibhauseffektes hervorgingen. Fehlten Annahmen über Ursachen oder Folgen, wurden die Antworten als undifferenziert erfasst. In dieser Studie wiesen die Schüler/-innen mit differenzierten Theorien über den Treibhauseffekt ein etwa um eine halbe Standardabweichung höheres Ausmaß an energiebewusstem Handeln auf als Schüler/-innen mit undifferenzierten subjektiven Theorien. Dabei ergaben sich keine Unterschiede zwischen den Schüler/-innen mit korrekten und falschen differenzierten subjektiven Theorien. Beide Studien geben damit einen Hinweis darauf, dass es für eine genauere Betrachtung der Rolle des Wissens beim Umwelthandeln von Bedeutung ist, sich mit den subjektiven Theorien und den individuellen Repräsentationen von Personen zu befassen – und nicht die Frage des Ausmaßes an ‚korrektem' Wissen in den Vordergrund zu stellen. Eine rein quantitative Betrachtung von Wissen verdeckt bestehende Wissenseffekte.

Insgesamt war die Auseinandersetzung mit den empirischen Studien der Umweltbewusstseinsforschung für eine Weiterentwicklung des naiven Aufklärungsmodells, wie es zu Beginn der Forschung postuliert wurde, dringend erforderlich (GRÄSEL 2002). Man könnte hier sogar folgende Parallele sehen: Die Umweltbewusstseinsforschung hat nichts anderes getan, als das einfache Wirkungsmodell „Wissen führt über Einstellungsänderungen zu Handeln" in empirische Forschung umzusetzen und es *in dieser Einfachheit und Allgemeinheit* widerlegt.

Dadurch wurde der Bedarf an elaborierteren Modellen deutlich, die ökologisches Handeln erklären und eine theoretische Grundlage für die Umweltbildung und ihre Forschung darstellen können. Diese theoretischen Differenzierungen wurden in verschiedener Hinsicht geleistet. In der Gruppe von Jürgen Rost (ROST 1999; ROST et al. 2001) wurde beispielsweise auf motivationspsychologischer Basis ein Handlungsmodell entwickelt. In diesem Modell führt die wahrgenommene Bedrohung durch Umweltprobleme – verkürzt ausgedrückt – dann zur Ausbildung eines Motivs für umweltschonendes Handeln, wenn sich das Individuum Verantwortung für die Entstehung des Umweltproblems zuschreibt. Auf der Grundlage dieses allgemeinen Motivs können sich konkrete Handlungsintentionen ausbilden, wenn sich das Individuum einen Nutzen von der eigenen Handlung erwartet und sich die Fähigkeit zuschreibt, die Handlung auszuführen. Diese Handlungsintention wird schließlich ausgeführt, wenn für die Handlung Selbstkontrolle vorliegt und es die situativen Umstände und sozialen Einflüsse erlauben.

Dieses Modell wurde von GRÄSEL (2000) noch in Hinblick auf das erforderliche Wissen zur Ausführung einer Handlung erweitert. Wie bei ROST (1999; ROST et al. 2001) wird die Intentionsbildung als abhängig von Erwartungen betrachtet, die mit einer Handlung verbunden sind. Das Individuum muss dazu bewerten, inwieweit eine Handlung dazu beitragen kann, die Umweltqualität zu verbessern, welche Folgen das für die eigene Person hat (z.B. Unbequemlichkeit, finanzieller Aufwand) und unter welchen Bedingungen die Ausführung der Handlung durchführbar ist (z.B. Verfügbarkeit öffentlicher Verkehrsmittel). Um diese Einschätzungen vorzunehmen, spielt subjektives Wissen eine entscheidende Rolle. Dies ist zum einen konzeptuelles Umweltwissen, also Wissen um die Ursachen und die Folgen von Umweltproblemen, wie es beispielsweise in den oben genannten Studien über den Treibhauseffekt erfasst wurde. Dazu kommt ökologisches Handlungswissen, also Wissen über verschiedene Formen des umweltschonenden Handelns und deren Auswirkungen, das stark von eigenen Erfahrungen abhängig ist. Schließlich ist situatives Wissen erforderlich, also Wissen um die Rahmenbedingungen und Wissen darüber, wie andere Personen entsprechende Handlungen bewerten. In beiden Modellen geht man davon aus, dass die Voraussetzungen ökologischen Handelns – Wissen, Handlungserwartungen usw. – in hohem Maße bereichs- und handlungsspezifisch sind.

Zieldiskussionen in der Umweltbildung

Gegen das anfangs formulierte „Ausgangsmodell", in der Umweltbildung Wissen, Werte und Einstellungen zu vermitteln, die in entsprechenden Handlungen resultieren, wurden aus einer erziehungswissenschaftlichen Perspektive noch weitere Einwände erhoben. Im Kern wurde in Frage gestellt, inwieweit das Ziel pädagogisch zu legitimieren sei, durch Umweltbildung auf die Handlungen von Individuen Einfluss zu nehmen (vgl. BILHARZ 2000). Aufgabe der Umweltbildung sei es nicht, auf das Handeln selbst einzuwirken. Wer dies tue, „instrumentalisiert … nicht nur Bildung, sondern auch Gebildete. Er verhindert die Entwicklung jener Kompetenz, die den Adressaten pädagogischen Handelns befähigt, sich selbst an jenen Diskursen und politischen Auseinandersetzungen zu beteiligen, in denen begründet und bestimmt werden muss, was als eine ökologisch wünschenswerte gesellschaftliche Praxis allgemeine Anerkennung verdient" (HEID 1992, S. 133).

Neben diesem grundsätzlichen Problem der Manipulation, die dem pädagogischen Wert der Autonomie widerspricht, weist die Idee der Handlungsveränderung weitere Probleme auf: Die Komplexität und Dynamik der Entstehung von Umweltproblemen macht es unmöglich, eindeutig zu entscheiden, welches Handeln „richtig" und welches „falsch" ist (vgl. KAHLERT 1990, 1994). Dies zeigt sich etwa darin, dass bestimmte Verhaltensweisen unter ökologischer Perspektive zu verschiedenen Zeiten unterschiedlich bewertet wurden. In den 80-er Jahren war es beispielsweise die „ökologisch richtige" Verhaltensweise, bei Schnee und Eisglätte statt des „umweltschädlichen" Streusalzes Splitt zu verwenden. Inzwischen wird berücksichtigt, dass Streusplitt wegen des größeren Bedarfs und seines hohen Transportgewichtes eine schlechtere Ökobilanz aufweist als Streusalz. Ähnliche „Umbewertungen" bzw. Unsicherheiten lassen sich in der öffentlichen Diskussion auch für andere Handlungsweisen finden, etwa bei der Frage des ökologischen Einkaufs (Soll man ein biologisches Ei kaufen, das 800 km entfernt gelegt wurde?) oder der Mülltrennung.

Ein drittes Argument gegen das klassische Ziel der Umweltbildung, Handlungen zu verändern, ist die damit verbundene Individualisierung: Umweltbildung leistet der Entwicklung Vorschub, die Verantwortung für Umweltrisiken an den Einzelnen zu delegieren und damit ein gesellschaftliches Problem zu individualisieren. Damit wird eine individuelle Betrachtungsweise auf Kosten einer sozial-kulturellen bzw. politisch-ökonomischen in den Vordergrund gerückt. Dieses Argument wird in ähnlicher Weise von Vertretern von Kosten-Nutzen-Modellen gestützt. Sie argumentieren, dass ökologisches Handeln unter Rahmenbedingungen stattfindet, die dazu führen, dass umweltbewusstes Handeln häufig aufwändig, teuer und unbequem ist. Gleichzeitig ist der Nutzen ökologischen Handelns nur sehr gering, weil der Einzelne nur einen minimalen Beitrag zur Verbesserung der Umweltqualität leisten kann (vgl. DIEKMANN / PREISENDÖRFER 1992; FRANZEN 1995). Aus dieser Perspektive ist es weniger von Bedeutung, Einzelne zu motivieren, umweltbewusst zu handeln. Vielmehr müssten die Anreizbedingungen verändert werden, um ökologisches Handeln billiger, weniger aufwändig und bequemer zu machen.

Vor dem Hintergrund dieser Argumente ist die Veränderung des „ökologischen Handelns" nicht mehr die wichtigste Zieldimension von Umweltbildung. Vielmehr ist das Ziel in den Vordergrund gerückt, Lernende dazu zu befähigen, informiert am gesellschaftlichen Diskurs teilzuhaben. Folgt man diesem Ziel, ergeben sich auch andere Konsequenzen, was in Umweltbildungsmaßnahmen gefördert werden soll:

(1) Das in der Umweltbildung vermittelte Wissen soll eine *anschlussfähige Basiskompetenz* darstellen, die Einzelne dazu befähigt, sowohl in Bildungsveranstaltungen als auch durch die alltägliche ökologische Kommunikation weiter zu lernen. Die Umweltbewusstseinsforschung verdeutlicht, dass der allgemeine Kenntnisstand in Hinblick auf Umweltthemen recht gering ist – gleichzeitig aber eine hohe Emotionalität zu konstatieren ist. Diese Kombination macht anfällig für eine ideologieträchtige Argumentation. Durch die Vermittlung anschlussfähigen Wissens kann Umweltbildung daher einen bedeutsamen Beitrag zur Versachlichung des ökologischen Diskurses darstellen. KAHLERT (1990, 1994) spricht daher von der Aufgabe, eine „verständigungsorientierte Umweltbildung" zu etablieren, die darauf abzielt, dass Lernende aktuelle Umweltdebatten verstehen und an ihnen teilnehmen.

(2) Neben Wissen gehört dazu auch die Förderung der Kompetenz, *neue Informationen kritisch zu analysieren und zu bewerten.* Dies erfordert auch die Unterstützung der Fähigkeit, mit unterschiedlichen Perspektiven oder Nicht-Wissen umzugehen (DE HAAN 1993) – beispielsweise, wenn ökologische Handlungen vor verschiedenen Zielperspektiven und Risikofaktoren unterschiedlich eingeschätzt werden können (etwa am Beispiel der Streumittel: Bodenschutz vs. Gesamtökobilanz). Aus Sicht der

Kosten-Nutzen-Ansätze ist Bewertungskompetenz aus zwei Gründen erforderlich: Zum einen liegen Kosten-Nutzen-Erwägungen subjektive Interpretationen zu Grunde, die häufig pauschalisierend und unabhängig von der tatsächlichen Situation vorgenommen werden (z.B. „Bioprodukte sind immer doppelt so teuer", „die Bahn hat immer Verspätung"). Eine Aufgabe von Umweltbildung kann es sein, Personen zu einer Reflexion und Erweiterung ihrer bestehenden Bewertungsmaßstäbe anzuregen. Zum anderen erfordert die Diskussion um Handlungsanreize eine Bewertung der Bedeutung ökologischer Zielstellungen im Zusammenhang mit konkurrierenden Zielen – Bewertungskompetenz ist in einem „verständigungsorientierten Ansatz" als Bestandteil politischer Partizipation zu sehen.

Bildung für nachhaltige Entwicklung

Mit dieser Veränderung der Zielstellung und der Hinwendung zu einer „verständigungsorientierten Umweltbildung" geht zeitlich auch eine Neuorientierung der Umweltbildung am Leitbild der „nachhaltigen Entwicklung" einher. 1992 hat die Konferenz der Vereinten Nationen für Umwelt und Entwicklung in Rio de Janeiro der Diskussion um Umweltfragen insgesamt eine neue Richtung gegeben, die natürlich auch ihren Niederschlag in der Umweltbildung und Umweltbildungsforschung fand. Auf dieser Konferenz wurde ein Rahmenprogramm für ein Leben im 21. Jahrhundert (Agenda 21) verabschiedet (UNITED NATIONS 1992). Das zentrale Konzept der Agenda 21 ist „sustainable development" – ins Deutsche entweder mit nachhaltiger oder zukunftsfähiger Entwicklung übersetzt. Gemeint ist damit eine globale Entwicklung, die den nachkommenden Generationen die natürliche Umwelt in möglichst den ökologischen Rahmenbedingungen (Ressourcen, Überlastung von Senken) überlässt, wie sie derzeit vorzufinden sind. Ökonomisches Wachstum wird in diesem Leitbild nicht generell problematisiert; vielmehr wird davon ausgegangen, die Perspektive der Ökonomie mit sozialen und ökologischen Aspekten zu verbinden und ein „anderes Wachstum" anzustreben, das die Kriterien der Nachhaltigkeit nicht verletzt (vgl. BUND/ MISEREOR 1996; WBGU 1999). Bildung, die sich an diesem Leitbild orientiert, weist gegenüber der klassischen Umweltbildung folgende Veränderungen auf:

(1) Die traditionelle Umweltbildung kann als Reaktion auf Bedrohungsszenarien betrachtet werden. Sie thematisiert jene Umweltprobleme, die sich im öffentlichen Diskurs befinden (z.B. Waldsterben, globale Erwärmung). Dabei steht die Frage im Vordergrund, wie diese Probleme entstanden sind und wie eine Schadensbegrenzung unerwünschter Wirkungen von Umweltrisiken vorgenommen werden kann (DE HAAN 1999).

Deswegen wurde der Umweltbildung auch nicht gänzlich zu Unrecht vorgeworfen, eine „Katastrophenpädagogik" zu sein, die Gefahr laufe, Angst zu schüren und moralischen Druck zu erzeugen. Im Gegensatz dazu stellt eine Bildung für nachhaltige Entwicklung eine prospektive Sichtweise dar: Das Leitbild der nachhaltigen Entwicklung kann als Modernisierungsszenario begriffen werden, das einen Gestaltungsauftrag für die Zukunft beinhaltet (DE HAAN / HARENBERG 1999, S. 18).

(2) Mit dieser prospektiven Sichtweise wird die Zielstellung einer Bildung für nachhaltige Entwicklung gegenüber einer „verständigungsorientierten Umweltbildung" noch einmal erweitert. In der Expertise von DE HAAN und HARENBERG (1999), die als Grundlage für ein fünfjähriges BLK-Programm (BLK-Programm „21") diente, wird eine umfassende Gestaltungskompetenz als Ziel der Bildungsarbeit formuliert, worunter die Kompetenz zur Partizipation und Mitwirkung bei der Gestaltung der Zukunft verstanden wird – also ein Teilnehmen an gesellschaftlichen Diskursen und Entwicklungen *und Beeinflussung der gesellschaftlichen Diskurse und Entwicklungen*. Derzeit sind in BLK 21 ca. 180 Schulen involviert, die Gestaltungskompetenz zu konkretisieren und diese Idee fächerübergreifend in die schulische Regelpraxis zu integrieren (vgl. www.blk21.de).

Eingangs wurde postuliert, dass die Forschung zu Umweltbildung bzw. zur Bildung für nachhaltige Entwicklung Impulse für die erziehungswissenschaftliche Forschung geben kann. Daher soll abschließend zusammengefasst werden, welche Aspekte einer innovativen Forschung in dieser Teildisziplin auszumachen sind.

(1) Die Umweltbildungsforschung ist in hohem Ausmaß durch *Interdisziplinarität* gekennzeichnet. Zum einen steht sie in enger Beziehung zur naturwissenschaftlichen Umweltforschung. Darüber hinaus bestehen zahlreiche Anknüpfungspunkte zur sozialwissenschaftlichen Umweltforschung – etwa der Umweltpsychologie und der Umweltsoziologie. Aber auch innerhalb der Disziplin ist die Umweltbildungsforschung vielfältig: Neben der Allgemeinen Erziehungswissenschaft sind auch die Fachdidaktiken, die Bildungsforschung, die Schulpädagogik und die Erwachsenenbildung an der Umweltbildungsforschung beteiligt.

(2) Die Umweltbildungsforschung war und ist der *empirischen Forschung* gegenüber aufgeschlossen. Zwar ist nicht von der Hand zu weisen, dass bisher zu wenige Interventionsstudien durchgeführt wurden, um Wirkungen (und Nebenwirkungen) von Umweltbildungsmaßnahmen empirisch zu untersuchen. Der Mangel an aussagekräftiger Interventionsforschung ist ein Problem, das derzeit generell in der Erziehungswissenschaft diskutiert wird (siehe Weiler in diesem Band). Der Umweltbildungsforschung kommt das Verdienst zu, die für sie einschlägige empirische Forschung – beispielsweise die Umweltbewusstseinsforschung – rezipiert

und Beiträge zur deskriptiven Forschung geleistet zu haben.

(3) Schließlich hat sich die Forschung zur Umweltbildung immer intensiv mit der *Problematik der Normativität* auseinander gesetzt, also mit der Frage, welche Ziele durch Umweltbildung erreicht werden sollen und wie diese Ziele begründet werden können. Dies ging mit kontroversen wissenschaftlichen Diskursen einher – aber die Umweltbildung ist der Aufgabe in den meisten Fällen gerecht geworden, die Reflexion ihrer Ziele zu leisten.

Literatur

BILHARZ, M. (in Vorbereitung): Vom Wissen zum Handeln? Fallstricke und Chancen für die Umweltbildung.

BILHARZ, M. (2000): „Gute" Taten statt langer Diskurse? Über den pädagogischen Stellenwert ökologischen Handelns. – Hamburg.

BÖHM, G. / MADER, S. (1998): Subjektive kausale Szenarien globaler Umweltveränderungen. In: Zeitschrift für Experimentelle Psychologie, 45. Jg., S. 270-285.

BOLSCHO, D. / EULEFELD, G. / SEYBOLD, H. (1980): Umwelterziehung. Neue Aufgaben für die Schule. – München.

BUND/MISEREOR (Hrsg.). (1996): Zukunftsfähiges Deutschland. Ein Beitrag zu einer global nachhaltigen Entwicklung. – Basel.

DIEKMANN, A. / PREISENDÖRFER, P. (1992): Persönliches Umweltverhalten. Diskrepanz zwischen Anspruch und Wirklichkeit. In: Kölner Zeitschrift für Soziologie und Sozialpsychologie, 44. Jg., S. 226-251.

FRANZEN, A. (1995): Trittbrettfahren oder Engagement? In: DIEKMANN, A. / FRANZEN, A. (Hrsg.): Kooperatives Umwelthandeln. – Chur, S. 133-149.

FUHRER, U. (1995): Sozialpsychologisch fundierter Theorierahmen für eine Umweltbewusstseinsforschung. In: Psychologische Rundschau, 46. Jg., S. 93-103.

GIESECKE, H. (1985): Das Ende der Erziehung. – Stuttgart.

GRÄSEL, C. (1999): Die Rolle des Wissens beim Umwelthandeln – oder: Warum Umweltwissen träge ist. In: Unterrichtswissenschaft, 27. Jg., S. 196-212.

GRÄSEL, C. (2000): Ökologische Kompetenz: Analyse und Förderung. Unveröffentlichte Habilitation, Ludwig-Maximilians-Universität, München.

GRÄSEL, C. (2002): Umweltbildung. In: TIPPELT, R. (Hrsg.): Handbuch Bildungsforschung. – Opladen, S. 675-689.

HAAN, G. DE (1993): Reflexion und Kommunikation im ökologischen Kontext. In: APEL, H. / DE HAAN, G. / SIEBERT, H. (Hrsg.): Orientierungen zur Umweltbildung. – Bad Heilbrunn, S. 119-172.

HAAN, G. DE (1999): Zu den Grundlagen der Bildung für „nachhaltige Entwicklung" in der Schule. In: Unterrichtswissenschaft, 27. Jg., S. 252-280.

HAAN, G. DE / HARENBERG, D. (1999): Bildung für eine nachhaltige Entwicklung. Gutachten für das BLK-Programm (Materialien zur Bildungsplanung und

Forschungsförderung Nr. 72). – Bonn: Bund-Länder-Kommission für Bildungsplanung und Forschungsförderung.

HAAN, G. DE / KUCKARTZ, U. (1996): Umweltbewusstsein. Denken und Handeln in Umweltkrisen. – Opladen.

HEID, H. (1992): Ökologie als Bildungsfrage? In: Zeitschrift für Pädagogik, 38. Jg., S. 113-138.

HEID, H. / HOFF, E.-H. / RODAX, K. (2000): Ernüchterung und Herausforderung. In: HEID, H. / HOFF, E.-H. / RODAX, K. (Hrsg.): Ökologische Kompetenz (Jahrbuch Bildung und Arbeit '98). – Opladen, S. 9-24.

KAHLERT, J. (1990): Alltagstheorien in der Umweltpädagogik. Eine sozialwissenschaftliche Analyse. – Weinheim.

KAHLERT, J. (1994): Die verlorene Unschuld der Umweltbildung. Risiken der umweltpädagogischen Kommunikation. In: Neue Sammlung, 34. Jg., S. 383-397.

KAISER, F. G. / FUHRER, U. (2000): Wissen für ökologisches Handeln. In: MANDL, H. / GERSTENMAIER, J. (Hrsg.): Die Kluft zwischen Wissen und Handeln: Empirische und theoretische Lösungsansätze. – Göttingen, S. 51-71.

KULTUSMINISTERKONFERENZ. (1980): Gemeinsame Erklärung der Kultusminister der Länder in der Bundesrepublik Deutschland über die Aufgaben der Schule im Bereich der Umwelterziehung. – Bonn.

LANGEHEINE, R. / LEHMANN, J. (1986): Stand der empirischen Umweltbewusstseinsforschung. In: GÜNTHER, R. / WINTER, G. (Hrsg.): Umweltbewusstsein und persönliches Handeln. – Weinheim, S. 39-63.

LEHMANN, J. (1999): Befunde empirischer Forschung zu Umweltbildung und Umweltbewusstsein. – Opladen.

MALONEY, M. P. / WARD, M. P. (1973): Ecology: Let's hear from the people. In: American Psychologist, 28. Jg., S. 583-586.

MALONEY, M. P. / WARD, M. P. / BRAUCHT, N. (1975): A revised scale for the measurement of ecological attitude and knowledge. In: American Psychologist, 7. Jg., S. 787-790.

MARTENS, T. / ROST, J. (1998): Der Zusammenhang von wahrgenommener Bedrohung durch Umweltgefahren und der Ausbildung von Handlungsintentionen. In: Zeitschrift für Experimentelle Psychologie, 45. Jg., S. 345-364.

MEADOWS, D. L. / MEADOWS, D. H. / ZAHN, E. / MILLING, P. (1972): Die Grenzen des Wachstums. Bericht des Club of Rome zur Lage der Menschheit. – Stuttgart.

ROST, J. (1999): Was motiviert Schüler zum Umwelthandeln? In: Unterrichtswissenschaft, 27. Jg., S. 213-231.

ROST, J. / GRESELE, C. / MARTENS, T. (2001): Handeln für die Umwelt. – Münster.

SCHAHN, J. (1995): Psychologische Forschung zu Mülltrennung und Müllvermeidung: Möglichkeiten und Grenzen psychologischer Ansätze zur Förderung umweltschonenden Verhaltens. In: Psychologische Rundschau, 46. Jg., S. 104-114.

UNESCO (1979). Zwischenstaatliche Konferenz über Umwelterziehung in Tiflis 1977 (UNESCO-Konferenzbericht Nr. 4). – München: UNESCO.

UNITED NATIONS (Hrsg.). (1992): Report on the United Nations Conference on Environment and Development. – Rio de Janeiro.

WBGU (1999): Welt im Wandel: Erhaltung und nachhaltige Nutzung der Biosphäre (Jahresgutachten 1995). – Berlin.

Jochen Kade

Wissen – Umgang mit Wissen – Nichtwissen
Über die Zukunft pädagogischer Kommunikation

Erziehung zwischen Wissen und Nichtwissen

Die gegenwärtige öffentliche Thematisierung von Wissen als entscheidender Faktor gesellschaftlicher Dynamisierung geht einher mit Diagnosen defizitärer Produktion und Distribution des Wissens. Die aus solchen Diagnosen sich ergebenden Erwartungen sind einerseits an das Wissenschaftssystem adressiert, andererseits an Bildungs- und Erziehungsinstitutionen sowie direkt an die Bevölkerung. Insbesondere mittels moralischer Appelle zum lebenslangen Lernen werden von den Individuen vermehrte Bildungs- und Lernanstrengungen eingeklagt.

In einer – gewissermaßen – Parallelaktion wird im Wissenschaftssystem die Fokussierung auf Wissen aber gerade problematisiert und sein prekärer Status, das Nicht-Wissen zum Thema gemacht. Zwar gilt Wissen spätestens seit dem 19. Jahrhundert als „prinzipiell ungesichertes Wissen" (STICHWEH 1999, S. 464). Die Karriere des Nicht-Wissens setzt aber erst Ende der 70er Jahre des 20. Jahrhunderts im Kontext einer sich verändernden gesellschaftlichen Stimmungslage ein, die durch vielfältige Erfahrungen von Unsicherheit und Ungewissheit im Blick auf die Zukunft geprägt ist, und dies nicht zuletzt unter dem Eindruck ökologischer Katastrophen. Nichtwissen wird zu einem zentralen Topos in öffentlichen Risikokontroversen und in der soziologischen Diskussion, wobei nicht nur die Aufmerksamkeit dafür wächst, sondern auch die Perspektive seiner Analyse und Bewertung sich ändert. Im Kern geht es in dieser Diskussion um einen Perspektivenwechsel von Wissen zum Nichtwissen und damit darum, im Nicht-Wissen nicht länger nur ein Noch-nicht-Wissen zu sehen, sondern von ihm her den Zugang zum Wissen zu suchen. Es sind insbesondere NIKLAS LUHMANNs Systemtheorie und die Theorie reflexiver Modernisierung von ULRICH BECK, die die spezifischen Voraussetzungen und Wirkungen von zunehmendem Nichtwissen in modernen Gesellschaften behandelt haben. Im Kontext der Systemtheorie wird Nichtwissen als andere Seite des Wissens bestimmt, die mit dessen Vermehrung notwendig wächst. Was die Gesellschaften unterscheidet, ist die spezifische Art und Weise, wie mit der anderen Seite des Wissens umgegangen wird (vgl. LUHMANN 1992). Traditionale Gesellschaften haben hierbei zur Bannung des Nichtwissens auf Glauben oder Macht gesetzt. Die Theorie reflexiver Modernisierung verbindet demgegenüber den Begriff des Nichtwissens mit dem der unbeabsichtigten und nicht antizipierten Nebenfolgen (vgl. BECK 1996). Nichtwissen meint im Wesentlichen das Nichtwissen der Nebenfolgen des Entscheidens und Handelns. Es verweist daher auf mögliche „externe" Gefährdungen von modernen Gesellschaften. Die Theorie reflexiver Modernisierung fragt – in durchaus politischer Absicht –, inwieweit dieses Nichtwissen gesellschaftlich wahrgenommen, verdrängt oder marginalisiert wird. Beide Theorien verweisen – jenseits aller Unterschiede – darauf, dass „wissenschaftliches Nichtwissen" – so PETER WEHLINGS Fazit –, „kein bloß peripheres und vorübergehendes Phänomen darstellt, sondern eine sowohl wissenssoziologisch als auch gesellschafts-theoretisch relevante und ernst zu nehmende Problematik" (WEHLING 2001, S. 480).

Diese Gleichzeitigkeit von gesellschaftlicher Erwartung an Wissensvermittlung und gesteigerter Betonung des Nichtwissens provoziert die Frage, ob ein auf die Vermittlung von Wissen (Kompetenzen und Werte eingeschlossen) spezialisiertes Erziehungssystem nicht in erhebliche Turbulenzen geraten muss, wenn es immer häufiger und massiver mit vorgegebenem und selbsterzeugtem, schwer aufzulösendem Nichtwissen konfrontiert wird. Ist Erziehung unter diesen Bedingungen überhaupt noch und in welcher Form möglich? Wissen ist ja nicht nur als Inhalt der Vermittlung von zentraler Bedeutung. Wissen ist auch mit der *Form des Pädagogischen* selbst verknüpft. Die Verschiebung des Akzents von Wissen auf Nichtwissen lockert die Verknüpfung von Erziehung und Bildung, von Lehren und Lernen, von Vermitteln und Aneignen. In Anlehnung an eine modernitätstheoretische These des Sozialphilosophen PANAJOTIS KONDYLIS (1991) kann man die Folgen des veränderten Verhältnisses von Wissen und Nichtwissen als Übergang von einer „synthetisch-harmonisierenden" zu einer „analytisch-kombinatorischen Denkform" beschreiben.

Wie sehen die Reaktionen im Erziehungssystem auf den Verlust fundierender kanonischer Wissenssicherheiten, damit auf die Auflösung der synthetisch-harmonisierenden pädagogischen Denkform aus?

Zwei Reaktionen, die kognitive Strategien und institutionelle Arrangements betreffen, lassen sich unterscheiden. Beide lösen das Paradox der Gleichzeitigkeit von Wissensvermittlung und Nichtwissen in vereinseitigender Weise. Die eher traditionelle Strategie löst das Problem durch Ausblendung des Nichtwissens. Das, was vermittelt wird, wird nicht bloß als Wissen behandelt, sondern es gilt als fragloses Wissen, da sich gesellschaftlich, was das Wissensthema angeht, nichts so grundlegend geändert habe, dass die Einlösung des Anspruchs der Wissensvermittlung gefährdet, ja, unwahrscheinlich würde. Daher wird weiter davon ausgegangen, dass Wissensvermittlung nicht nur möglich, sondern auch wahrscheinlich ist und vielleicht sogar garantiert werden kann. Defizitdiagnosen stellen bisherige Verständnisse des Pädagogischen nicht in Frage, sie stimulieren – wie ja jetzt allerorten zu beobachten ist – nur intensive Reformanstrengungen, zumindest Reformrhetorik.

Die andere Strategie verschiebt den Gravitationspunkt des Pädagogischen: Bildung, Lernen, Aneignung werden zu den Ausgangspunkten, von denen her sich jeweils auf Erziehen, Lehren, Vermitteln bezogen wird. Diese Strategie ist nicht durch eine Ausblendung des Nichtwissens gekennzeichnet. Sie gibt vielmehr den Anspruch der Wissensvermittlung auf. Man kann die Prinzipien der Schüler- und Teilnehmerorientierung, die Mutation des Lehrers in einen Lernhelfer, die Umstellung von Lehren auf die Erstellung von Lernumwelten, die Ersetzung des Anspruchs auf Vermittlung von Wissen durch den Anspruch auf die Vermittlung des Umgangs mit Wissen, die Ersetzung von Lehren und Lernen durch Irritation und Konstruktion, Konzepte der Ermöglichungsdidaktik, die Propagierung des lebenslangen Lernens und das Verschwinden des Wissens aus der theoretischen Diskussion (vgl. NOLDA 2001) als Symptom des Dilemmas der Wissensvermittlung unter den Bedingungen von Nichtwissen sehen. Diese Lösungen favorisieren eher Bildung als Erziehung und sind meist nicht frei von antipädagogischen Affekten, auch wenn die Dekonstruktion von Erziehung und Lehren durch eine Intensivierung von Professionalisierung kompensiert wird. Implizit wird damit die (zeit-diagnostische) These vertreten, Erziehung verändere sich gegenwärtig so grundlegend, dass Wissen seinen zentralen Stellenwert innerhalb von ihr verliere und sie von jeder Einwirkungsabsicht quasi gereinigt werde. Am entschiedensten wird diese Position gegenwärtig aus konstruktivistischer Perspektive durch die Umstellung der Leitdifferenz der Erziehung von Lehren und Lernen auf Irritation und Konstruktion vertreten. Diese erziehungswissenschaftliche Sicht korrespondiert damit, dass in der öffentlichen Debatte wie im soziologischen Diskurs die Wissensgesellschaft primär mit Lernen in Verbindung gebracht, aber nicht als Problem des Lehrens diskutiert wird. Die Wissensgesellschaft gilt als eine Lerngesellschaft (vgl. WILLKE 2002, S. 36f.; HARNEY / RAHN 2003).

Die Einseitigkeit beider Strategien lässt sich durch ein Changieren zwischen ihnen theoretisch nicht befriedigend überwinden. Changieren als Lösung – in der Praxis möglicherweise ein durchaus rationales Verhalten – läuft auf theoretische Unentschlossenheit hinaus. Verlangt ist vielmehr eine komplexer angelegte Theoriearchitektur. Sie hätte nicht von einer Gegenüberstellung von Wissen und Nichtwissen auszugehen, sondern die Form des Pädagogischen aus der Perspektive von Wissen *und* Nichtwissen zu beschreiben, ohne allerdings den Anspruch auf Wissensvermittlung aufzugeben. Ein erster Schritt in Richtung auf einen solchen theoretischen Bezugsrahmen wird möglich, wenn man die Unterscheidung Wissen/Nichtwissen auf das Wissen selber anwendet, m.a.W. wenn man das Wissen aus der Sicht des Nichtwissens näher bestimmt, wodurch das Wissen selber als ungewiss markiert wird.

Ungewisses Wissen kann sowohl Wissen als auch Nichtwissen sein; es ist eben ungewiss, ob es Wissen ist oder Nicht-Wissen. Ungewissheit ist zunächst ein Merkmal des pädagogisch vermittelten Wissens. Sie ist aber auch eine Bestimmung der Form des Pädagogischen selber, d.h. der Verknüpfung von dessen Elementen. Insofern diese Verknüpfung ungewiss ist, ist sie nicht mehr als eine eindeutige, sondern nur als eine uneindeutige Form zu fassen. Wissensvermittlung heißt dann, dass man zugleich auf die im Wissen mitlaufende Ungewissheit Bezug nimmt, indem man das Wissen im Lichte der Unterscheidung Wissen/Nichtwissen beobachtet. Das Wissen kann daher Wissen sein oder Nichtwissen. Es ist eine wichtige Leistung von Organisationen und Professionen, den pädagogisch Handelnden mit dieser Entscheidung nicht alleine zu lassen, sondern ein Stück weit die Verantwortung für das Ausblenden des Wissens als Nichtwissen zu übernehmen. Organisationen und Professionen machen Ungewissheit unsichtbar und tragen so zur Sicherheit des Handelns bei.

Die Folgen der Ungewissheit des Wissens für die *Form* des Pädagogischen ist die bloß lockere Kopplung seiner Elemente. Pädagogik erweist sich als prekär und riskant. Ungewiss ist der Erfolg der Vermittlung von Wissen. Ungewiss wird auch, was überhaupt Erfolg heißt, da man ihn sowohl aus der Perspektive des Vermittelns als auch aus der des Aneignens beurteilen kann.[1] Aus der Sicht einer Theorie des Pädagogischen, die diesen Mehrdeutigkeiten Rechnung trägt, sind synthetisch-harmonisierende pädagogische Formen eher Grenzfall als Normalfall. Denn die Pädagogik ist eine Institution zur Lösung gesellschaftlicher Probleme, die selber nicht immun gegenüber diesen Problemen ist. Sie ist daher eine *feste fragile Form*, die in ihrem zeitlichen Vollzug immer auch erst gebildet wird.

Die Rekonstruktion der Empirie des Pädagogischen in dieser theoretischen Perspektive ist Thema eines DFG-Projektes, das ich in Kooperation mit Wolfgang Seitter von der Universität Marburg und einem Mitarbeiterteam durchführe[2]. Der Beitrag steht vor diesem Hintergrund. Empirisch geht es in dem Projekt um die Untersuchung des Umgangs mit Wissen und Nichtwissen in den sozialen Welten von Obdachlosen und Führungskräften, und zwar unter der Frage, wie dieser Umgang pädagogisch strukturiert ist. Theoretisch geht es um die Entwicklung eines – als heuristisches Forschungskonzept nutzbaren – Bezugsrahmens, der es erlaubt, den pädagogisch strukturierten Umgang mit Wissen und Nichtwissen Erwachsener ausreichend differenziert und komplex unterhalb institutionell-organisatorischer pädagogischer Festlegungen auf der Ebene von *Kommunikation* zu beschreiben. Erziehungswissenschaftliches Denken und Theoretisieren beginnt also mit der Erfahrung

1 Wolfgang Bonß (1996) hat auf diese Verbindung des Nicht-Wissens mit dem Risikodiskurs hingewiesen.

2 Das Team besteht aus Manfred Kroschel, Regine Mohr, Deike Brinkmann, Marc Dembach, Jörg Dinkelaker, Birte Egloff, Manu Kembter.

‚zwielichtiger' Ordnungen (vgl. WALDENFELS 1987). Damit rückt das „pädagogisch Ungeordnete, das pädagogisch noch nicht und nicht mehr Geordnete und das pädagogisch nicht zu Ordnende, das sonst so gerne außen vor gelassen wird, wieder stärker ins theoretische Bewußtsein" (LÜDERS 1994, S. 126).

Diese doppelte, empirische und zugleich theoretische Aufgabenstellung wird in einem rekursiv und zirkulär verlaufenden Forschungsprozess bearbeitet (vgl. KADE / SEITTER 2002). Unter Bezugnahme auf NIKLAS LUHMANNS Untersuchung des „Erziehungssystems der Gesellschaft" (2002) werden dafür Grundbestimmungen einer empirisch sensiblen Theorie von Erziehung und Bildung als pädagogische Kommunikation begründet (vgl. KADE 2003a). Der Beitrag ist so aufgebaut, dass zunächst – in aller Kürze – die operativen Grundelemente einer Theorie pädagogischer Kommunikation vorgestellt werden. Vor diesem Hintergrund werden unter Rückgriff auf ‚Splitter' empirischer Befunde die Strukturmuster Episode, Übergang und Wiederholung erläutert, die in den untersuchten Feldern identifiziert werden konnten. In verallgemeinernder Perspektive wird pädagogische Kommunikation anschließend unter zeitlichen, sachlichen und sozialen Aspekten näher bestimmt. Um den Zukunftsbezug pädagogischer Kommunikation geht es im folgenden Kapitel. Ich schließe im Blick auf die gesellschaftlich expandierenden medialen und massenmedialen Vermittlungs- und Aneignungsverhältnisse.

Erziehung als pädagogische Kommunikation

Pädagogische Kommunikation geht von zwei – miteinander zusammenhängenden – neuralgischen Punkten der Erziehung aus, dem Wissen und der Aneignung des Wissens. Sie bezeichnet ein Konzept, das Erziehung von ihrer Unmöglichkeit, Unwahrscheinlichkeit und Riskanz her beschreibt. Ausgangspunkt ist dabei das Paradox, diejenigen Personen, Adressaten, Teilnehmer, die Pädagogik ihrem Anspruch nach verändern will, operativ gesichert nicht erreichen und das Erreichen nicht überprüfen zu können. Die Theorie pädagogischer Kommunikation soll erklären, wieso Erziehung und Bildung dennoch – im Umfang und in der Intensität zunehmend – in der Gesellschaft stattfinden kann. Die Lösung wird – formal gesagt – in der Erzeugung einer Reihe von Unterscheidungen gesehen, die auf grundlegenden systemtheoretischen Annahmen aufbauen. Aus deren Sicht ist das Erziehungssystem ein autopoietisches soziales System, das sich durch die „Kopplung temporalisierter Sinn-Ereignisse" (HAHN 1999, S. 5), also nicht durch Arbeitsteilung, sondern durch Kommunikation operativ reproduziert und gegen seine psychische, organische und innergesellschaftliche Umwelt, mit der es strukturell verkoppelt ist, abgrenzt.

Person und Individuum

Die Ausgangsunterscheidung pädagogischer Kommunikation, durch die sie gegenüber Erziehung Kontur gewinnt, bezieht sich auf den Adressaten. Er ist nicht der ganze Mensch – in dem Sinne, wie Erziehung als Einwirkung auf den Menschen begriffen wird –, sondern der Mensch zunächst nur insoweit, als er innerhalb der Kommunikation vorkommt. Das ist der Mensch als (soziale) Person. Davon unterschieden wird der Mensch als Individuum. Er wird als psychisches System gefasst, dessen Basisoperation das Bewusstsein ist. Operativ ist es für die Kommunikation unzugänglich. Pädagogische Kommunikation löst das der Erziehung zugrundliegende Paradox des Zugleichs von Einwirkungsabsicht und Nicht-Erreichbarkeit durch die Dekomposition des Menschen auf; und zwar so, dass der Fortgang der Kommunikation durch das Wollen des Unerreichbaren nicht blockiert wird, aber auch das basale Bezugsproblem nicht eliminiert wird. Im Vordergrund steht die operative Orientierung am Erreichbaren, an der Person. Im Hintergrund aber läuft der Bezug auf das Nicht-Erreichbare, das Individuum, mit. Das Individuum ist für die pädagogische Kommunikation nur als abwesend anwesend. Sie ist insofern die Form, in der die operative *Unmöglichkeit* in eine operative *Unwahrscheinlichkeit* von Erziehung und Bildung transformiert ist.

Vermitteln und Aneignen

Die zweite wichtige Unterscheidung ist die von Vermitteln und Aneignen. Die pädagogische Absicht manifestiert sich zunächst in der Operation des Vermittelns von Wissen. Sie impliziert als nachfolgende Operation die Aneignung von Wissen. Wissensvermittlung ist also nicht per se Moment pädagogischer Kommunikation. Sie ist dies nur, wenn dazu der Bezug auf eine von ihr unabhängige Aneignung der Adressaten mitgedacht ist. Aneignung ist als Problem in der Operation des Vermittelns gegenwärtig, wenn das Vermitteln mit der Unterscheidung vermittelbar/nicht-vermittelbar in Bezug auf das Aneignen beobachtet wird. Die Betonung der Unterscheidung Vermitteln/Aneignen reflektiert, dass die Aneignung des vermittelten Wissens nicht selbstverständlich ist. Weil die Vermittlung von Wissen ohne eine nachfolgende Aneignung nur Vermittlung an sich, der Möglichkeit und dem Anspruch nach ist, verlangt sie die Überprüfung, ob und wie Aneignung stattgefunden hat. In welcher Form und wann diese Überprüfung geschieht, ist institutionell offen, aber sie muss im rekursiven Zusammenhang pädagogischer Kommunikationen in irgendeiner Form beobachtbar sein.

So wie der Mensch als Bezugspunkt pädagogischer Kommunikation in kommunikationsintegrierte Person einerseits und bewusstseinsfähiges, körperlich vereinzeltes Individuum andererseits unterschieden ist, so muss auch Aneignung in eine kommunikative und eine individuelle Aneignung unterschieden werden. Diese Unterscheidung klingt in der gängigen Unterscheidung Lernen vs. Bildung an.

Überprüfen und Selektion

Der Bezug des Vermittelns auf Aneignung impliziert deren Überprüfung. Überprüft werden kann aber nur die kommunikationsintegrierte Aneignung, nicht die individuelle Aneignung. Da es der Pädagogik aber letztlich um den Menschen als Individuum geht, muss die Überprüfung der in die Kommunikation integrierten Aneignung und deren Fixierung – etwa in Schulnoten – als Zeichen individueller Aneignung genutzt werden.

Aber nicht nur das Individuum als Bewusstseinssystem und organisches System, als Körper, gehören zur Umwelt pädagogischer Kommunikation. Sie hat auch innergesellschaftliche Umwelten, nämlich die verschiedenen anderen Funktionssysteme. Der Bezug auf ihre innergesellschaftliche Umwelt wird als Selektion zum Thema. Die Selektionsoperationen pädagogischer Kommunikation knüpfen an der Überprüfung von Aneignung an, fallen indes nicht mit deren Diagnose zusammen.

Pädagogische Kommunikation funktioniert somit nur, wenn ihre Operationen gleichzeitig auf das Individuum *und* die Gesellschaft bezogen sind. M.a.W., wenn ihre Operationen im Lichte der Codierungen vermittelbar/nicht-vermittelbar und besser/schlechter unter den Aspekten inhaltlicher Vermittlung und sozialer Selektion beobachtet werden. Die Strategie, Zensuren aus der Erziehung zu verbannen, ist der Versuch, „Diagnose und Bewertung von der Karriererelevanz abzukoppeln und damit Erziehung zu schaffen, die allein nach dem Kriterium der guten Vermittlungsabsicht für einen individuellen Menschen geschieht, ohne gleichzeitig die sozialen Inklusionschancen von Personen festzulegen" (DINKELAKER 2001, S. 12). Es ist letztlich der Versuch, pädagogische Kommunikation auf das Bewusstsein als einzige Referenz zu fokussieren und von den sozialen Systemen der innergesellschaftlichen Umwelt zu abstrahieren.

Wissen

Sofern Wissen der pädagogischen Kommunikation als Wissensvorrat vorausgesetzt ist, findet sie es bereits als gesellschaftlich beglaubigt vor. Dies hat Folgen für die Frage der Wahrscheinlichkeit, inwieweit auf Grund der Bindungswirkungen von Wissen durch Vermittlungsoperationen auf Aneignungsoperationen durchgegriffen werden kann. Wenn etwas als Wissen gemeinsamer Bezugspunkt der kommunizierenden Akteure ist, ist die Bedeutung der Differenz von Vermitteln und Aneignen eher gering zu schätzen. Daraus erklärt sich auch, warum unter den Bedingungen einer gesellschaftlich gesicherter Wissensbasis der Unterschied von Vermitteln und Aneignen an Erziehung nicht eigens hervorgehoben werden musste. Spätestens seit dem 20. Jahrhundert wird man aber eher davon auszugehen haben, dass die in der pädagogischen Kommunikation vermittelten Inhalte dieser gerade nicht als gesichertes Wissen fraglos vorausgesetzt sind und nur noch vermittelt werden müssen. Dies aus mindestens drei Gründen: Unter dem Einfluss der Bedeutung des Wissenschaftssystems für das Wissen tritt die Seite des Nicht-Wissens am Wissen hervor, eine Folge des Fortwirkens des wissenschaftlichen Zweifels über die Grenzen des Wissenschaftssystems hinaus. Dazu nimmt die kulturelle Pluralität von Weltsichten dem Wissen seine Eindeutigkeit und damit Festigkeit. Und schließlich sind die Massenmedien zu einer eigenen Instanz der Erzeugung gesellschaftlich bedeutsamen Wissens geworden.

Folge dieser insgesamt ungewissen Wissensbasis ist es, dass pädagogische Kommunikation selber als Ort der institutionell, professionell oder kommunikativ beglaubigten Erzeugung von Wissen als Wissen an Bedeutung gewinnt. In ihr kann und muss den Inhalten, die den Schülern, Teilnehmern oder Klienten als Neues, d.h. als Information vermittelt werden, erst die Form des Wissens gegeben werden. Soweit die Schüler etc. über eigene Wissensressourcen verfügen und diese Zugänge in der pädagogischen Kommunikation nicht dauerhaft abgedunkelt werden können, wird die Aneignung der als Wissen behaupteten Inhalte selber zur Erzeugung des Wissens. Das vermittelte Wissen kann aber auch als Wissen abgelehnt werden; etwa mit dem Argument, es sei für das zukünftige individuelle Leben, die Biographie und die Karriere der Adressaten irrelevant.

In dem Maße, in dem in die pädagogische Kommunikation vor allem ungewisses Wissen eingeht, treten die Operationen des Vermittelns und des Aneignens als zwei eigenständige Konstitutionsakte von Wissen hervor. Im vielleicht gar nicht so seltenen Extremfall hat das, was etwa ein Schüler als Wissen aus der Schule mit davonträgt, kaum mehr etwas mit dem zu tun, was ihm mit dem Anspruch auf Wissen vermittelt wurde. Die Diskussionen über den heimlichen Lehrplan sind ein deutliches Zeichen für unterschiedliche Arenen der Wissenserzeugung in der Schule ebenso wie in der Erwachsenenbildung. Es wird damit sinnvoll, zwischen kommunikativ geteiltem Wissen und Wissens-Nichtwissens-Verhältnissen zu unterscheiden. Was für den Lehrer noch bzw. wieder Wissen ist, mag für die Schüler Nichtwissen sein, und umgekehrt. Dabei können insbesondere die Massenmedien dazu beitragen, dass die für das Erziehungssystem kennzeichnende „Rollenasymmetrie unterlaufen wird, weil sowohl Lehrer als auch Schüler ihr Weltwissen von daher beziehen" (LUHMANN 2002, S. 135), wie LUHMANN treffend diagnostiziert.

Episode, Übergang, Wiederholung

Pädagogische Kommunikation ist prinzipiell ungewiss und fragil. Sie ist nicht etwas Substanzartiges, etwas Festes, das als eine Realität sui generis besteht. Sie besteht nur, indem sie hergestellt wird, Konturen gewinnt und sich von anderer Kommunikation, aber auch von (Selbst-)Sozialisation unterscheidet. Damit rücken Prozesse ihrer Konstitution – im Sinne von ANTHONY GIDDENS Theorie der Strukturierung (1988) – in den Mittelpunkt des Interesses. In beiden Untersuchungsfeldern unserer Studie haben sich keine stabil und dauerhaft sich fortsetzenden Vollformen pädagogischer Kommunikation herausgebildet. Es finden eher unabgeschlossene, abgebrochene, aber auch fehlgeleitete Prozesse statt (vgl. LÜDERS 1994). So ist etwa der untersuchte Verein für psychische und soziale Notlagen kein Ort, an dem das Stattfinden pädagogischer Kommunikation gewährleistet, vielleicht sogar garantiert wäre. Die Bedeutung dieses institutionellen Settings liegt vielmehr darin, pädagogische Bezugspunkte für die Kommunikation zu etablieren. Zwar bestehen auch relativ stabile Voraussetzungen für pädagogische Kommunikation, die es erlauben, etwa sofort eine „Beratungsmaschinerie" in Gang zu setzten. Kennzeichnend sind aber Kommunikationen, in denen wiederholte Anläufe zur Etablierung der Voraussetzungen pädagogischer Kommunikation unternommen werden. Diese Aktivitäten müssen gegen andere Kommunikationserwartungen der Obdachlosen durchgesetzt werden. Das Festhalten an der Möglichkeit der Herstellung pädagogischer Kommunikation wird hierbei zugleich Bedingung der Fortsetzung der Kommunikation. Und diese wiederum wird zur Voraussetzung der Möglichkeit pädagogischer Kommunikation.

Die Herstellung der Voraussetzungen pädagogischer Kommunikation ist also auch unter Aspekten ihrer Fortsetzung von Interesse. Diese folgt dem Muster von Redundanz und Variation. So kommunizieren Berater und Klient wiederholt den Bezug auf eine pädagogische Absicht, um sie anschließend sogleich wieder zu dementieren. Solche Sequenzen enden zwar mit einem Dementi von Beratung, aber nur, um darauf mit einer neuen Explikation der pädagogischen Absicht zur nächsten Sequenz überzugehen. Solange es noch eine Vermittlungsvariante gibt, besteht die Möglichkeit, dass pädagogische Kommunikation zum Erfolg führt. Daher erlaubt auch ihre Dementierung die Fortsetzung eines sie wiederum ermöglichenden Gesprächs. Erkennbar ist allerdings, dass dies unter der Voraussetzung eines institutionell verankerten pädagogischen Erfolgsversprechens geschieht. Dies basiert nicht zuletzt darauf, dass Klienten auf Grund längerer Erfahrungen mit Sozialarbeitern die sozialpädagogische Deutung ihres Lebens kennen und sie sich – zumindest als Erwartung an sie – zu eigen gemacht haben.

Pädagogische Kommunikation findet somit in einem *Zwischenreich des Noch-Nicht* statt. Der Berater ist im Grunde kein pädagogischer Problembearbeiter, sondern ein *Übergangsermöglicher*. Er hält kommunikative Anknüpfungspunkte offen oder erzeugt sie auch erst, damit darauf später, eventuell auch pädagogisch, Bezug genommen werden kann. Mittel der Offenhaltung zukünftiger pädagogischer Kommunikation können Verweise auf mögliche institutionelle Karrieren sein, auf biographische Steigerungsperspektiven oder etwa auch die Versprachlichung und einordnende Bewertung gewalttätigen Verhaltens von Klienten.

Im Bereich des untersuchten Unternehmens ist pädagogische Kommunikation demgegenüber durch den Prozess ihrer kontinuierlichen Herstellung gekennzeichnet. Sie findet statt, aber spielt im Gesamt der Kommunikation eine eher verschwindende Rolle. Ihre Unwahrscheinlichkeit ergibt sich anders als im Fall des Vereins für soziale Notlagen nicht durch den kommunikativ, psychisch oder körperlich zum Ausdruck gebrachten Widerstand der Adressaten, sondern weil pädagogische Kommunikation institutionell nicht erwartet wird. Ihre Merkmale sind daher eine rudimentäre Gestalt und ihr episodischer Charakter.

Pädagogische Kommunikation gewinnt etwa – am Fall einer Mitarbeitereinführung erläutert – Kontur, wenn Wissensvermittlung durch individuelle Fragen oder Einwände unterbrochen, vielleicht sogar gestört wird. Und zwar Fragen, die von der Person, die Wissen vermittelt, als Ausdruck des Nichtverstehens, als Zeichen fehlenden Verständnisses oder einer abweichenden Berufseinstellung gedeutet werden. Wissensvermittlung geht in pädagogische Kommunikation über, wenn sich erweist, dass die individuelle Aneignung des vermittelten Wissens nicht als selbstverständlich mitlaufend, und zwar in die gewünschte Richtung, vorausgesetzt werden kann. Zwar können auch im Zusammenhang einer daran anschließenden Etablierung pädagogischer Kommunikation Aneignungsoperationen, z. T. verbunden mit einem ausgeprägten Schülerverhalten, und daran anschließende Überprüfungsoperationen stattfinden. Aber sie sind unscheinbarer und weniger insistierend als im Bereich der Kommunikation mit Obdachlosen. Offenbar wird also im Unternehmensbereich von den Adressaten der Wissensvermittlung einerseits mehr Selbstdisziplinierung und mehr Selbstsozialisation erwartet, andererseits aber auf die Wirksamkeit der den Arbeitsalltag begleitenden kontinuierlichen Evaluation bei unterschiedlichsten Gelegenheiten vertraut. Im Unternehmensbereich ist die Ausgangskommunikation, in die pädagogische Kommunikation eingeschrieben werden muss, nicht eine sozialarbeiterische Verwahrkommunikation, sondern Kommunikation als Wissensvermittlung. Der Übergang aus ihr in pädagogische Kommunikation ist mit einem Übergang von einer differenzorientierten zu einer defizitorientierten Adressatenkonstruktion verbunden.

So wird etwa in den ersten beiden Phasen einer Mitarbeitereinführung zunächst vor allem durch die Vermittlung von allgemeinem und arbeitsplatzbezogenem Wissen in das Unternehmen eingeführt. Erst der letzte Teil enthält eine deutlich konturierte pädagogische Sequenz. Von einer der für die Einführung verantwortlichen Personen wird versucht, normatives Wissen über die grundlegenden betrieblichen Handlungsorientierungen bei den neuen Mitarbeitern durchzusetzen. Dabei wird u.a. mit dem (pädagogischen) Mittel der Abgrenzung „hellwacher Mitarbeiter" von sogenannten „Schlafmützen" gearbeitet. Auf das Ziel hin, hellwach zu sein, wird den Mitarbeitern Wissen vermittelt.[3] Bei näherer Betrachtung zeigt sich, dass bereits auch im ersten, durch die Vermittlung von Wissen geprägten Teil ein – allerdings nur Episode bleibender – Übergang in pädagogische Kommunikation stattfindet. Ausgangspunkt ist dabei die Infragestellung des in einem Organigramm niedergelegten Wissens über das Unternehmen, das der Leiter den neuen Mitarbeitern vermittelt. Einer von ihnen stellt dieses Wissen in Frage und demonstriert unter Rückgriff auf eine eigene Wissensbasis – möglicherweise hat die Mitarbeiterin sie im Einstellungsgesprächs aufgebaut –, dass es Nicht-Wissen ist. Die Aneignung des vermittelten Wissens ist damit nicht mehr gesichert. Der Leiter der Mitarbeitereinführung reagiert auf diese Infragestellung pädagogisch. Er sucht das Bewusstsein der ihm widersprechenden Mitarbeiterin zu verändern, indem er ihre Vorstellungen darüber korrigiert, und ihr vermittelt, wie man sich am besten in einer unbekannten neuen Umgebung zurechtfindet.

Ähnliche Phänomene der Transformation von Wissen in Nichtwissen sind aus der Erwachsenenbildung und der Schule bekannt, wenn Schüler oder Teilnehmer Lehrerwissen – auf Grund eines eigenen Zugangs zu Wissensquellen – als Nichtwissen markieren. Gelingt es dem Lehrer dann nicht, seinen Wissensanspruch gegenüber der Nicht-Wissensbehauptung der Schüler, zu konfirmieren, so reduziert Wissensvermittlung sich darauf, Schülern bisher Unbekanntes mit der Erwartung mitzuteilen, dass sie es verstehen. Was ihnen vermittelt werden, sind letztlich Informationen, nicht Wissen.

Spannungsverhältnisse pädagogischer Kommunikation

Unterscheidet man pädagogische Kommunikation unter inhaltlichen, zeitlichen und sozialen Aspekten, so kristallisieren sich, erste Befunde unseres Projektes resümierend, folgende Polaritäten heraus.

3 Vgl. auch Kade 2003b zu einer strukturell ähnlichen Unterscheidung zwischen rechtsradikal gefährdeten und nicht gefährdeten Menschen als Fundierung pädagogischer Kommunikation in der Talkshow *Sabine Christiansen*.

Das herkömmliche Verständnis begreift Erziehung als gegebenen Sachverhalt. Es betont die feste Verknüpfung von Wissen, Vermitteln, Aneignen und Überprüfen. Demgegenüber fokussiert eine Theorie pädagogischer Kommunikation, dass Erziehung nur existiert, indem sie sich reproduziert. Sie besteht nur, indem sie sich in Kommunikation einschreibt und durch Wiederholung als rekursiver Zusammenhang von Kommunikationsereignissen Kontur und Dauer gewinnt. Im Kern besteht sie nur als *Übergang* aus ihrer Negation, aus einer nicht-pädagogischen Kommunikation. Sie ist immer davon bedroht, ihre Form nicht reproduzieren zu können und damit in (unspezifische oder andere) Kommunikation zurückzufallen (vgl. auch SCHMITZ 1984). Im Gesamt der Kommunikation kann dieser Übergang in pädagogische Kommunikation episodischen Charakter haben oder die Gestalt wiederholter Herstellung. Pädagogische Kommunikation findet nicht kontinuierlich und gesichert statt, sondern diskontinuierlich in einer intervallartigen Abfolge von Episoden, und als wiederholte Herstellung, d.h. als Übergang aus einer nicht-pädagogischen in eine pädagogische Kommunikation.

Zu ihrer Verstetigung und Stabilisierung tragen pädagogische Organisationen und Professionen bei. Dass Erziehung nicht als flüchtig erscheint, sondern als eindeutig und fest, ist Resultat ihrer Institutionalisierung. Diese macht ihre Flüchtigkeit und komplexe Gestalt unsichtbar. Bei genauerem Betrachten zeigt sich, dass durch solche Institutionalisierungen nur Vorstrukturierungen etabliert werden. Es werden Bezugspunkte der Kommunikation eingeführt, die sich indes in ihr erst bewähren müssen. Letztlich hängt pädagogische Kommunikation davon ab, dass sie sich auf der operativen Ebene fortsetzt und regeneriert.

In institutionell relativ offenen sozialen Welten, wie etwa den von uns untersuchten organisatorisch überformten sozialen Welten von Obdachlosen und Führungskräften, lassen sich pädagogische Kommunikation und Prozesse ihrer Konturierung deutlicher als flüchtige, durch wiederholte Episoden und Übergänge gekennzeichnete soziale Realität erkennen, als in professionell und organisatorisch relativ geschlossenen pädagogischen Welten, wie z.B. dem Unterricht in der Schule. Untersuchungen zur unterrichtlichen Kommunikation im organisatorischen Rahmen der Schule (vgl. HOLLSTEIN u.a. 2002) oder auch der Volkshochschule (vgl. NOLDA 1996) zeigen aber, dass auch ein institutionell gesichertes Setting nicht das Zustandekommen und die kontinuierliche Fortsetzung pädagogischer Kommunikation garantiert. Man kann die Befunde der Pisa-Studie damit erklären, dass *in* der Schule pädagogische Kommunikation nicht gegen andere Kommunikation und Sozialisation dauerhaft durchgesetzt werden kann. Diese setzen sich gleichsam über die durch die Schule erzeugte Interpunktion hinweg, unterlaufen sie oder laufen einfach weiter, aus der Sicht der pädagogischen Kommunikation als ihr Subtext, und dies nicht nur in den Pausen und am Nachmittag.

Zwischen rudimentär und vollständig

Die gängigen Beschreibungen von Erziehung gehen von ihrem Vollbild als Normalform aus. Aus der Perspektive pädagogischer Kommunikation erweist sich eine solche Sicht als Grenzfall. Gerade die lockere Kopplung von Wissen, Vermitteln, Aneignen und Überprüfen der Aneignung macht es eher unwahrscheinlich, dass alle Elemente in einer Kommunikationssequenz vorkommen. Im Normalfall wird man eher mit Torsi pädagogischer Kommunikation zu rechnen haben. Rudimentäre Formen werden zu ihrer wesentlichen Gestalt, aber auch dies nur temporär, nicht auf Dauer. So muss die Aneignung und Überprüfung nicht in jeder Sequenz identifizierbar sein. Aber als mitlaufend, als das, worauf die Kommunikation verweist, muss sie gleichwohl im Spiel sein, wenn pädagogische Kommunikation stattfinden soll.

Ein gutes Beispiel dafür sind Unternehmenszeitschriften. Unvollständigkeit gilt für sie zunächst schon auf Grund der Abwesenheit der Adressaten. Zeitschriftenbeiträge lassen sich als Vermittlung von Wissen beschreiben, die von deren Aneignung raum-zeitlich getrennt stattfindet. Eine strukturell gegebene Möglichkeit, die Unvollständigkeit pädagogischer Kommunikation zu kompensieren, besteht – so zeigen Analysen – etwa darin, in Beiträgen Mitarbeiter vorzustellen, die sich das vermittelte Wissen bereits erfolgreich angeeignet haben.

Zwischen Netzwerk und Organisation

Es ist auch eine Folge der Orientierung am organisatorisch geschlossenen schulischen Modell pädagogischer Kommunikation, dass Pädagogik als einzelnes Ereignis oder als Folge von beobachtbaren Sequenzen gedacht wird, nicht als raum-zeitlich offener rekursiver Verweisungszusammenhang von Kommunikationsereignissen. Neuere Forschungen zum Netzwerkcharakter von Sozialität legen es nahe, pädagogische Kommunikation als netzwerkartiges Gebilde zu rekonstruieren, das über Interaktions- und Organisationsgrenzen hinausreicht; etwa in den Raum institutionell überformter sozialer Welten, wie die von Obdachlosen und Führungskräften.

In diesen Feldern zeigen sich eine Reihe von netzartigen lockeren Verknüpfungen, die institutionell gleichwohl (vor-)strukturiert sind. So können von Obdachlosen die pädagogisch imprägnierten Erfahrungen, die sie in regelmäßigen Beratungsgesprächen gemacht haben, dort aber nicht äußern können oder wollen, in einem freigewählten Gespräch unter Ihresgleichen in einem aus ihrem Kreis betreuten Café zu einem, dann durchaus kontrovers behandelten Thema gemacht werden. Solche Gespräche sind von der pädagogischen Institution zwar nicht angesetzt, aber durch das Angebot eines solchen Cafes werden sie wahrscheinlich.

Netzwerkartig verknüpfte pädagogisch relevante Zusammenhänge lassen sich auch im Unternehmensbereich identifizieren; so etwa zwischen Unternehmenszeitschriften, Mitarbeitereinführung und abteilungsübergreifenden, routinemäßig stattfindenden Divisionssitzungen. In der Mitarbeitereinführung werden die motivationalen und kognitiven Voraussetzungen für die Selbsteinführung geschaffen, die die neuen Mitarbeiter jenseits der unternehmerisch strukturierten Einführung machen müssen und für die sie in der Mitarbeitereinführung orientierende Ratschläge bekommen. Die Überprüfung des Erfolgs solcher Selbsteinführungen findet in turnusmäßigen, die Arbeit begleitenden Divisionssitzungen unter Leitung des Vorgesetzten statt, in denen u.a. Zielvereinbarungen getroffen werden. Appelle an Eigenverantwortlichkeit und Eigeninitiative werden nicht nur arbeitsplatzbezogen im Rahmen etwa einer Mitarbeitereinführung formuliert, sondern in allgemeinerer Einbettung auch in Beiträgen der Unternehmenszeitschrift.

Signifikante Unterschiede deuten sich zwischen den Kernen dieser netzwerkartig verknüpften pädagogischen Kommunikationen im Feld der Obdachlosen und der Führungskräfte an. Beispielsweise zielt ein Beratungstag auf die Selbstpädagogisierung der Obdachlosen auch außerhalb der Beratungskommunikation. Eine Mitarbeitereinführung – ein vergleichbarer Kern im Unternehmensbereich – zielt demgegenüber auf die Selbstökonomisierung der Mitarbeiter in ihren Arbeitsbereichen, in denen sie selbstverantwortlich, für die Unternehmensleitung nicht zugänglich, handeln.

Zwischen Routine und (Selbst-)Beobachtung

Es war eine durchgehende Erfahrung in unserem Projekt, und zwar in beiden Feldern, dass die Forscher von den Akteuren im Feld nicht nur als Forscher, sondern als für Fragen des Umgangs mit Wissen kompetente Berater wahrgenommen wurden. So wurde etwa ein im Anschluss an einen Beratungstag als Experteninterview geplantes Interview zunächst zur professionellen Selbstvergewisserung und Selbstlegitimation des Beraters und dann zum Fachgespräch von Experten. Der wiederholte Versuch, die Feldforscher als Berater zu nutzen, verweist auf einen infolge von Handlungsunsicherheiten und Ungewissheiten entstandenen Beratungsbedarf. Institutioneller Hintergrund davon sind organisatorische Umstrukturierungen und ein ausgeprägter Innovationsdruck in beiden Feldern, verstärkt im Unternehmensbereich. Daraus resultiert, dass sowohl in der sozialpädagogischen Einrichtung als auch im Unternehmen neben pädagogischen bzw. pädagogisch relevanten Routineveranstaltungen zahlreiche Experimentier- und Innovationsveranstaltungen stattfinden, deren Existenz von vornherein nur als zeitlich terminiert geplant wird und die sich nicht wiederholen.

Deuten lässt sich dieser Beratungs- und Kommentierungsbedarf der Akteure als Symptom eines Auseinanderklaffens von Orientierungen an Vorstellungen instrumentellen Handelns einerseits, wie sie als Erwartungen gerade auch noch einmal mit den neuen Informations- und Kommunikationstechnologien verbunden sind, und höchst fragilen, durch Erfolgsunsicherheit und Zielungewissheit geprägten (pädagogischen) Prozessen, in denen es um die Veränderung des Bewusstsein von Menschen geht, seien dies nun Obdachlose oder Unternehmensmitarbeiter; also Prozessen, die aus der Sicht pädagogischer Kommunikation als mehrdeutig zu beschreiben sind. Die Versuche zur Institutionalisierung von Beobachtung und Beratung basieren dabei auf mitlaufender Beobachtung, die das Problem der Uneindeutigkeit der stattfindenden Kommunikation zum Thema hat. Die Kommunikation wird von der Dauerfrage begleitet, was das ist, was der für die Kommunikation Verantwortliche macht, wenn er mit Obdachlosen oder Mitarbeitern kommuniziert, und wie sich die Kommunikation verbessern lässt, eventuell unter Rückgriff auf pädagogisches Wissen.

Zwischen kontingenter und nicht-kontingenter Zukunft

Bildung und Erziehung haben ihren Fluchtpunkt in der gesellschaftlichen und der individuellen Zukunft ihrer Adressaten. Zugleich geht es auch darum, die Gegenwart nicht über der Zukunft zu vergessen, wie das bekannte Diktum von Friedrich Schleichermacher lautet. Janocs Korczak reklamiert ein Recht des Kindes auf den „heutigen Tag". Aber was ist die Zukunft in ihrem Verhältnis zur Gegenwart? Was man von ihr sicher weiß, ist, dass sie ungewiss ist. Die neuere sozialwissenschaftliche Diskussion hat daher den Ort der Zukunft in die Gegenwart verlegt. NIKLAS LUHMANN unterscheidet entsprechend zwischen gegenwärtigen Zukünften und zukünftigen Gegenwarten. Aber wie ist die Zukunft als Abwesende in der Gegenwart anwesend? LUHMANNs Antwort ist – kurz gesagt –, dass die Zukunft als Entscheidung in der Kommunikation gegenwärtig ist. Entscheidungen sind Festlegungen auf eine mögliche Zukunft. Sie sind eine Selektion aus immer auch anders möglichen Entscheidungen. Entscheidungen sind die Form, in der Gegenwart mit der Kontingenz der Zukunft umzugehen. Entscheidungen, so LUHMANN, sind die „einzigen noch verbliebenen Zukunftsbeschreibungen" (LUHMANN 2000, S. 98).

Vor diesem Hintergrund hat LUHMANN in seiner Studie zum Erziehungssystem (2002) einen Vorschlag zur Neuorientierung von Erziehung und

Bildung unter den Bedingungen der gewachsenen Bedeutung von Nichtwissen gemacht. Denn die Ungewissheit der Zukunft zeitigt in der Schule durchaus Wirkungen, aber vor allem destruktive. Der heimliche Lehrplan etwa gewinnt gerade „angesichts der Ungewissheit der Zukunft größeres Gewicht" (ebd., S. 135). Um einer solchen Verschiebung der Ebene der Vermittlung von Wissen *weg* von der offiziellen Unterrichtsinteraktion entgegenzuwirken, schlägt LUHMANN vor, dass das „Lernen von Wissen weitgehend ersetzt werden müßte durch das Lernen des Entscheidens, das heißt: des Ausnutzens von Nichtwissen" (ebd., S. 198). Dieser Vorschlag zielt darauf, sich zum Nichtwissen nicht als Mangel, sondern als Produktivkraft zu verhalten, und Schülern, Teilnehmern, Klienten etc. einen positiven Bezug auf das Nichtwissen als Ausdruck der Ungewissheit der Zukunft zu vermitteln. Es geht also um eine Umdeutung des Wissens und Nichtwissens. Von einem Mittel zur Prognose der Zukunft soll es zum Medium riskanter Entscheidungen über die Zukunft gemacht werden. Gelernt werden soll, Nichtwissen als Ressource zur Gestaltung von Zukunft zu nutzen. Anhaltspunkte dieser ungewissen Zukunft kann die pädagogische Kommunikation nicht in den ihr unzugänglichen kontingenten Lebensläufen der Individuen finden, sondern allein in den der Kommunikation zugänglichen Formen, nämlich der Biographie und der Karriere. Nur an dem Wissen über sie können sich pädagogische Entscheidungen orientieren.

LUHMANNs Zukunftsbegriff erweist sich indes bei näherer Betrachtung als einseitig. HANS ULRICH GUMBRECHT (2001) hat in einer weiteren Schleife der Reflexion von Zukunft den Gedanken einer Second-order-Kontingenz eingeführt, einer Kontingenz der Kontingenz. Wenn – einem strengen Begriffe nach – Kontingenz zunächst heißt, dass etwas möglich, aber nicht notwendig ist (vgl. auch RUSTEMEYER 2003), dann bedeutet das Kontingentwerden der Kontingenz der Zukunft, dass Kontingenz zwar eine mögliche, aber keine notwendige Bestimmung von Zukunft ist. Diese nichtkontingente Zukunft kennzeichnet auch die durch Kontingenz gekennzeichneten Moderne. Die Zukunft ist also mehrdeutig. Sie ist kontingent und nicht-kontingent; das Wissen über sie ist Wissen und Nicht-Wissen. Das war ja die Bestimmung der Ungewissheit des Wissens, die eingangs ausgeführt wurde. Etwas pragmatischer und vielleicht auch entschärfter gesehen, läuft dieser Gedanke auf die These hinaus, die HELMUT WILLKE (2002) bezogen auf die Wissensgesellschaft begründet hat, nämlich dass die Neuorientierung am zukunftsorientierten Nichtwissen immer mit einer Orientierung am vergangenheitsorientierten Wissen über die Bedingungen der Zukunft amalgamiert ist.

Betrachtet man in diesem Bezugsrahmen die Empirie pädagogischer Kommunikation in den im Projekt untersuchten Feldern, so zeigt sich zunächst, dass beide sich nicht an einem eher emphatischen Zukunftsbegriff orientieren, wie er von LUHMANN herangezogen wird. In beiden Feldern ist der Bezug auf Zukunft zwar ein wesentliches, die eher prekäre Gegenwart mit Hoffnungen, vielleicht auch Illusionen aufladendes Argument, sei es in der eher unternehmensbezogenen Akzentuierung als Vision einer überragenden zukünftigen Positionierung am Markt, sei es in der eher personbezogenen Akzentuierung pädagogisch erfolgreicher zukünftigen Reintegration der Obdachlosen in das Normalleben. In beiden Fällen sind die der Kommunikation zugrundeliegenden Vorstellungen von Zukunft indes nicht durch ihre Kontingenz, sondern ihre Nicht-Kontingenz bestimmt. Die Zukunft, die in der Kommunikation zitiert wird, ist klar umrissen. Die Ziele pädagogischer Kommunikation stehen fest: Einerseits sind marktbewusste, flexible und innovationsfreudige Führungskräfte der Fluchtpunkt. Auf der anderen Seite sind es Vorstellungen von sozialintegrierten (beruflichen) Normalbiographien, an denen sich die pädagogische Kommunikation orientiert. In beiden Fällen wird die Gegenwart als defizitär konstruiert. Die Adressaten werden entweder als „Schlafmützen" – so ja die prägnante Formulierung im Unternehmen – gekennzeichnet, oder als antriebslose Menschen, die mit der bloßen Fortsetzung ihres Lebens im Rahmen der sozialen Einrichtung zufrieden sind, die sich also in ihrer vom Verein abhängigen Obdachlosigkeit eingerichtet haben. In beiden Fällen gilt die Zukunft, an der sich die Individuen orientieren sollen, als gewiss. Die individuelle Zukunft wird als Resultat einer linear-ansteigenden Entwicklung gesehen, die sich als Biographie und Karriere konkretisiert. Ungewiss ist allein, ob die angesprochenen Subjekte willens und in der Lage sind, sich auf diese Zukunft als *ihre* individuelle Zukunft hin zu bilden.

Die Kontingenz der Zukunft erscheint in der pädagogischen Kommunikation zunächst als Störung, als Widerstand, als Chaotisierung, als Irritation. Aus der externen Forschungsperspektive eines Beobachters zweiter Ordnung zeigt sich indes, dass eine Spannung von Eindeutigkeit und Mehrdeutigkeit Kennzeichen der Zukunft ist, auf die pädagogische Kommunikation in den beiden untersuchten Feldern bezogen ist. Auch wenn den Adressaten eine eindeutige Zukunft vermittelt wird, bleibt ungewiss, ob sie sich dieses Wissen als eine Art Prognosewissen aneignen oder ob sie sich auf ihre Zukunft als ungewiss beziehen, das Wissen also als Risikowissen behandeln und Ungewissheit als Produktivkraft nutzen, vielleicht auch gegen unternehmerische und pädagogische Zukunftszumutungen. Wenn pädagogische Kommunikation daher wiederholt – wie vorangehend erläutert – erst die Voraussetzungen ihres Operierens herstellt, indem sie die Adressaten für die verfolgten pädagogischen Absichten kommunikativ zugänglich zu machen sucht, dann geht es letztlich – im Sinne von Prävention – darum, aus pädagogischer oder Unternehmenssicht negativ bewertete individuelle Zukünfte als Voraussetzung der Erreichung positiv bewerteter Zukünfte auszuschließen, sie zumindest in der Kommunikation zu neutralisieren. Pädagogische Kommunikation ermöglicht es insofern, die Ungewissheit der Zukunft in der Gegenwart als gewiss und ungewiss zugleich zu kommunizieren.

Mediale Kommunikation

Das Interaktionssystem Unterricht ist eine spezifische Konkretisierung pädagogischer Kommunikation, ihr Kennzeichen ist die körperliche Anwesenheit wahrnehmungsfähigen Bewusstseins (vgl. KIESERLING 1999; KADE 2003a). Die Interaktion bindet pädagogische Kommunikation an die gegenseitige Wahrnehmung von Menschen. Mediale Kommunikation basiert auf der körperlichen Abwesenheit derjenigen, mit denen kommuniziert wird. Diese Kommunikationsform bietet die Möglichkeit, Mitteilung vom Verstehen zeitlich und räumlich zu entkoppeln, so dass eine größere Unabhängigkeit der Vermittlung von der Deckung durch die Aneignung ermöglicht wird. Mediale Kommunikation hat aber auch eine Verringerung des sozialen Potenzials der Beeinflussung der Aneignung zur Folge. Die Freiheit der Adressaten, die Aneignung der Vermittlungsangebote abzuweisen oder das Vermittelte nicht zu verstehen, wächst. Untersuchungen im Kontext unseres Projektes zeigen, dass sich zur Kompensation dieses Mangels spezifische Formen pädagogischer Kommunikation entwickeln. Eines ihrer Merkmal ist das größere Gewicht, das Appelle bekommen, die den Adressaten die Notwendigkeit, Richtung und Intensität des Lernens und der Aneignung – von einer Interaktionsbeziehung abgelöst – argumentativ oder mit moralischem Druck eindringlich nahe legen. Ein anderes Merkmal ist das Hineinkopieren der Aneignung in die Vermittlung und damit die Etablierung reflexiver Beobachtungsverhältnisse. Man könnte bei diesen verschachtelten Verhältnissen in Anlehnung an Formen in der modernen Kunst von pädagogischer Installation (vgl. KADE 1999, S. 174f.) sprechen. Die paradoxe ‚Leistung' medialer Kommunikation liegt insofern darin, die pädagogische Kommunikation von der Unruhe und Ungewissheit zu befreien, die durch die körperliche Anwesenheit wahrnehmungsfähiger Individuen im Interaktionssystem Unterricht erzeugt wird.

Die massenmediale Entkopplung von Person und Individuum ermöglicht es somit, dass sich die pädagogische Absicht von den pädagogischen Operationen abkoppelt und sich entweder als selbstgewisses appellhaftes Insistieren auf ihrer Individuumsbezogenheit etabliert oder aber die pädagogische Kommunikation sich zur pädagogischen *Kommunikation* hin vereindeutigt, die auf der Abstraktion von den Individuen basiert. Ein Komplement dazu wäre in der gesellschaftlichen Stimulierung von Selbstpädagogisierung und Selbstsozialisation zu sehen, etwa durch moralisch gesättigte öffentliche Appelle zum lebenslangen Lernen, wie sie heute allgegenwärtig sind.

Dadurch erhöht sich die Wahrscheinlichkeit, dass die Individuen selbstverständlich pädagogisch mit sich umgehen, dies also von der Kommunikation erwartet werden kann.

Literatur

BECK, U. / BONß, W. (Hrsg.) (2001): Die Modernisierung der Moderne. – Frankfurt am Main.

BECK, U. (1996): Wissen oder Nicht-Wissen? Zwei Perspektiven „reflexiver Modernisierung". In: BECK, U. / GIDDENS, A. / LASH, S. (Hrsg.): Reflexive Modernisierung. – Frankfurt am Main, S. 289-315.

BONß, W. (1996): Uneindeutigkeit, Unsicherheit, Pluralisierung. In: Merkur 52, H. 9/10, S. 968-947.

DINKELAKER, J. (2001): Erziehung und Selektion in „Das Erziehungssystem der Gesellschaft". – Frankfurt am Main. (unveröff. Seminararbeit)

GIDDENS, A. (1988): Die Konstitution der Gesellschaft. Grundzüge einer Theorie der Strukturierung. – Frankfurt.

GUMBRECHT, H. U. (2001): How is Our Future Contingent? Reading Luhmann against Luhmann. In: Theory, Culture & Society 18, H.1, S. 49-58.

HAHN, A. (1999): Die Systemtheorie Wilhelm Diltheys. In: Berliner Journal für Soziologie, H.1., S. 5-24.

HARNEY, K. / RAHN, S. (2003 in Druck): Lebenslanges Lernen als Kultivierung von Wissen und Nichtwissen – biographische Ungewissheit als Fokus der Bildungsreform? In: HELSPER, W. / HÖRSTER, R. / KADE, J. (Hrsg.): Ungewissheit. Pädagogische Felder im Modernisierungsprozess. – Weilerswist.

HOLLSTEIN, O. / MESETH, W. / PROSKE, M. / RADTKE, F.-O. (2002): Nationalsozialismus im Geschichtsunterricht. Beobachtungen unterrichtlicher Kommunikation. Bericht zu einer Pilotstudie. – Frankfurt am Main.

KADE, J (1999): Irritationen – zur Pädagogik der Talkshow. In: GOGOLIN, I. / LENZEN, D. (Hrsg.): Medien-Generation. – Opladen, S. 151-181.

KADE, J. (2003a im Druck): Erziehung als pädagogische Kommunikation. In: LENZEN, D. (Hrsg.): Kommunikation über das/dem/im Erziehungssystem. Erziehungswissenschaftliche Fragen an die Systemtheorie. – Frankfurt am Main.

KADE, J. (2003b im Druck): Zugemutete Angebote, angebotene Zumutungen – (Politische) Aufklärung unter den Bedingungen von Ungewissheit. In: HELSPER, W. / HÖRSTER, R. / KADE, J. (Hrsg.): Ungewissheit. Pädagogische Felder im Modernisierungsprozess. – Weilerswist.

KADE, J. / SEITTER, W. (2002): Wissensgesellschaft. Umgang mit Wissen im Kontext zweier sozialer Welten vor dem Hintergrund der universellen Institutionalisierung des Pädagogischen. Unveröffentlichter Arbeits-/Zwischenbericht. – Frankfurt am Main. (DFG-Ka 642/2-1)

KIESERLING, A. (1999): Kommunikation unter Anwesenden. – Frankfurt am Main.

KONDYLIS, P. (1991): Der Niedergang der bürgerlichen Denk- und Lebensform. Die liberale Moderne und die massendemokratische Postmoderne. – Weinheim.

LÜDERS, CHR. (1994): Verstreute Pädagogik – Ein Versuch. In: HORN, K.-P. / WIGGER, L. (Hrsg.): Systematiken und Klassifikationen in der Erziehungswissenschaft. – Weinheim, S. 103-128.
LUHMANN, N.(1992): Ökologie des Nichtwissens. In: LUHMANN, N.: Beobachtungen der Moderne. – Opladen, S. 149-220.
LUHMANN, N. (2000): Risiko auf alle Fälle. Schwierigkeiten bei der Beschreibung der Zukunft. In: LUHMANN, N. (Hrsg.): Short Cuts. – Frankfurt am M., S. 91-98.
LUHMANN, N. (2002): Das Erziehungssystem der Gesellschaft. – Frankfurt am Main.
NOLDA, S. (1996): Interaktion und Wissen. – Frankfurt am Main.
NOLDA, S. (2001): Vom Verschwinden des Wissens in der Erwachsenenbildung. In: Zeitschrift für Pädagogik, H.1, S. 101-120.
RUSTEMEYER, D. (2003 im Druck): Kontingenz pädagogischen Wissens. In: HELSPER, W. / HÖRSTER, R. / KADE, J. (Hrsg.): Ungewissheit. Pädagogische Felder im Modernisierungsprozess. – Weilerswist.
SCHMITZ, E. (1984): Erwachsenenbildung als lebensweltbezogener Erkenntnisprozeß. In: SCHMITZ, E. / TIETGENS, H. (Hrsg.): Erwachsenenbildung. – Stuttgart, S. 95-123.
STICHWEH, R. (1999): Kultur, Wissen und die Theorien sozi-kultureller Evolution. In: Soziale Welt 50, H.4, S. 459-472.
WALDENFELS, B. (1987): Ordnung im Zwielicht. – Frankfurt am Main.
WEHLING, P. (2001): Jenseits des Wissens? Wissenschaftliches Nichtwissen aus soziologischer Perspektive. In: Zeitschrift für Soziologie 30, H.6, S. 465-484.
WEINGART, P. (2001): Die Stunde der Wahrheit? Zum Verhältnis der Wissenschaft zu Politik, Wirtschaft und Medien in der Wissensgesellschaft. – Weilerswist.
WILLKE, H. (2002): Dystopia. Studien zur Krisis des Wissens in der modernen Gesellschaft. – Frankfurt am Main.

Helga Kelle

Geschlechterverhältnisse in Transformation[1]

Einleitung

In den letzten 20 Jahren sind neue sozialpolitische Maßnahmen wie „Gleichstellungspolitik" oder „Quotierung" und neue pädagogische Konzepte und Phänomene wie „reflexive Koedukation" oder „geschlechterbewusste Pädagogik" entstanden, die deutlich darauf verweisen: Die Geschlechterverhältnisse sollen ‚in Bewegung' gebracht werden. Ein sozialwissenschaftlicher Transformationsbegriff lässt sich nun sowohl auf solche absichtsvollen Interventionen in sozialer Praxis beziehen wie auch auf weniger absichtsvolle gesellschaftliche Veränderungsprozesse. Über Transformationsprozesse kann man neben der gesellschaftspolitischen und pädagogischen Sichtweise z.B. auch in gesellschafts- und kulturtheoretischer, in soziologischer und sozialpsychologischer Perspektive nachdenken. In diesem Beitrag können selbstverständlich nicht alle diese Perspektiven systematisch behandelt werden, und es kann auch keinen umfassenden Überblick geben über empirische Befunde der sozialwissenschaftlichen Geschlechterforschung der letzten 20 Jahre. Vielmehr möchte ich aus diesem Kontext zwei Fragen bzw. Diskussionen aufgreifen und aufeinander beziehen: die Frage, wie sich die Bedeutung und die soziale Funktion der Strukturkategorie Geschlecht in modernen, zeitgenössischen Gesellschaften wandelt (und wie sich der Wandel theoretisieren lässt) und die Frage, wie (reflexive) Koedukation zu einer Veränderung der Geschlechterverhältnisse in Richtung Gleichstellung beiträgt und beitragen kann.

Vorab leite ich zwei zentrale Probleme her, die sich stellen, wenn man eine Transformation der Geschlechterverhältnisse zu identifizieren und theoretisch zu fassen versucht: Das eine betrifft den theoretischen Rahmen für die Interpretation von „Transformationsprozessen", das andere ist das Problem, dass in Forschungsansätzen zur sozialen Geschlechterdifferenz die Phänomene „Geschlechterunterscheidung" und „Geschlechterungleichheit" immer schon zusammen gedacht werden.

---

1 Beim folgenden Beitrag handelt es sich um einen Parallelvortrag zum 17. Kongress der DGfE, „Bildung und Erziehung in Übergangsgesellschaften" (Göttingen 2000). Er ist durch einen technischen Fehler im Band zu diesem Kongress nicht veröffentlicht worden und wurde daher hier aufgenommen.

Eine erste methodische Idee für diesen Beitrag war die, neben der relevanten Forschungsliteratur auch von ethnographischen Beobachtungen der Alltagskultur auszugehen, um aktuelle Veränderungen im Geschlechterverhältnis aufzuzeigen. Besonders aus erziehungswissenschaftlicher Perspektive dürfte es interessant sein, subtile Transformationsprozesse und Verschiebungen in der symbolischen Ordnung aufzuspüren, bevor sich diese in den Statistiken zu Geschlechterverhältnissen manifestieren.[2] Da ich in den letzten Jahren ethnographische Geschlechterforschung bei Schulkindern durchgeführt habe (BREIDENSTEIN / KELLE 1998), lag es nahe, von meinen Forschungserfahrungen auszugehen und den „fremden Blick" für diesen allgemeineren Beitrag auszuweiten auf andere Bereiche sozialer Praxis. Ein Beispiel, das mich beeindruckt hat, soll den Leserinnen und Lesern nicht vorenthalten werden.

Es betrifft das letzte Bundesliga Spiel von Lothar Matthäus vor seinem Abgang nach New York, das ich im Frühjahr 2000 in einer Live-Übertragung im Fernsehen gesehen habe. Mich interessiert hier nicht das Spiel als solches, sondern der Kommentar. Nach dem Schlußpfiff holte der Kommentator aus, um die Leistungen von Lothar Matthäus zu würdigen und seinen Stellenwert für den bundesrepublikanischen Fußball hervorzuheben. Zu diesem Zweck ging der Kommentator schließlich zum rhetorischen Mittel des Vergleichs über. Eine ganze Reihe von namhaften Größen unterschiedlicher Sportarten wurden hier ins Spiel gebracht – Matthäus sei „einer wie Michael Schuhmacher" etwa –, bis das Vergleichen schließlich unübertrefflich in der Phrase ein Ende fand: „Einer wie Steffi Graf!"

Dieser Halbsatz ist zunächst einmal schon grammatikalisch interessant, erwarten wir doch bei Vergleichen vor und nach dem „wie" die Anwendbarkeit des gleichen Artikels. Der Kommentator bemüht den Vergleich also wider Erwarten und entgegen üblichen Gepflogenheiten. Interessant ist darüber hinaus, dass man mit GOFFMAN (1994; 1977) den Wettkampfsport in *modernen* Gesellschaften als „die *einzige* (noch verbleibende H. K.) Ausdrucksform der männlichen ‚Natur'" ansehen kann, als „ein Arrangement, das speziell dazu geschaffen wurde, Männern die Demonstration von Eigenschaften zu ermöglichen, die als für sie charakteristisch gelten" (GOFFMAN 1994, S. 144). Vor dem Hintergrund des symbolischen Konnex von Wettkampfsport und Männlichkeit ist der Stellenwert des Vergleichs, oder besser der Gleichsetzung von Lothar Matthäus und Steffi Graf nicht gering zu schätzen: Die Tatsache, dass der Kommentator diese Gleichsetzung ohne Not und Peinlichkeit bemühen kann – sogar obwohl er üblichen Sprachgebrauch missachtet, wirkt seine Aussage nicht peinlich –, deutet nicht nur auf subtile Verschiebungen in Hinblick auf die ‚Wertigkeit' von Männer- und Frauenleistungen im Sport hin, sondern auch auf eine Dethematisierung von Geschlecht in Hinblick auf sportliche Tugenden. Der Vergleich mit Steffi Graf impliziert, dass es entweder nicht die Männlichkeit von Lothar Matthäus

2 Zum „seismographischen" Potenzial der Ethnographie vgl. AMANN / HIRSCHAUER (1997, S. 25).

ist, die der Kommentator wertschätzen will, oder dass Steffi Graf auch männliche Tugenden haben kann.

Dieses Beispiel als symptomatisch für kulturellen Wandel zu sehen, dem stehen allerdings neuere Untersuchungen entgegen, die den nach wie vor maßgeblichen Stellenwert speziell des Fußballs für die Konstruktion geschlechtlicher Identitäten untersuchen. So stießen britische Forscher (PATTMAN u.a. 1999) – vermutlich sähen die Befunde für die BRD aber nicht grundsätzlich anders aus – in offenen Interviews über das Thema Jungen mit 11 bis 14-jährigen Londoner Jugendlichen auf das Phänomen, dass Fußball sowohl von Jungen wie von Mädchen als ein Hauptthema aufgebracht wurde. Die Forscher betrachten „football talk" nach wie vor als eine wichtige diskursive Ressource, mittels derer polarisierte und asymmetrische „gendered identities" von den Jugendlichen konstruiert werden, und zwar relativ unabhängig davon, ob die Befragten selbst Fußball mögen oder nicht.

Beide Beispiele zusammen genommen verweisen auf das irritierende Phänomen, dass die Geschlechterunterscheidung in modernen Gesellschaften gleichzeitig erodiert und sich als persistent erweist (NICKEL 1999). Will man also etwas zu Geschlechterverhältnissen in Transformation sagen, muss man sich mit diesen widersprüchlichen Phänomenen von Erosion und Persistenz auseinandersetzen.

Würde ich diese Phänomene allerdings anhand von verstreuten Einzelbeispielen weiterverfolgen, handelte ich mir ein methodisches Problem ein. Ich könnte Beispiele für die Erosion der Geschlechterunterscheidung und Gegenbeispiele für deren ungebrochene Wirksamkeit sammeln, und wir wären in der analytischen Durchdringung dieser Phänomene kein Stück weiter. Mit Matthäus- und „football talk"-Beispielen würde ich nicht über eine anekdotische Ethnographie hinausgelangen. Eine kulturanalytische und zeitdiagnostische Argumentation entlang von Einzelbeispielen provoziert entweder gegenläufige Interpretationen der Beispiele *oder* eine Bezweiflung des exemplarischen Charakters der empirischen Fälle. Das erste Problem am Ausgangspunkt dieses Beitrags ist also, Überlegungen zu einem theoretischen Rahmen der Interpretation solcher Beispiele anzustellen, die über die Illustration der einen oder anderen Seite – Erosion oder Persistenz – hinausweisen.

Ich will auch noch ein zweites Problem herleiten, das mit diesem ersten verknüpft ist. In dem Buch „Gender-Paradoxien" arbeitet LORBER (1999) eine Fülle an Studien aus dem Bereich der Geschlechterforschung der letzten Jahre auf – man könnte sagen, dass sie für den anglo-amerikanischen Raum den Überblick bietet, von dem ich eingangs sprach. In einem der ersten Kapitel interessiert sich LORBER für den Prozeß der automatischen Geschlechtserkennung in Interaktionen *und* dessen Irritation durch kulturellen Wandel. Sie flicht hier auch Alltags- und Selbstbeobachtungen ein, um *doing gender* Prozesse zu veranschaulichen. LORBER berichtet z.B. davon, wie sie in der U-Bahn ein ihr unbekanntes Kind in einer Kinderkarre geschlechtlich identifiziert: Dunkelblaues T-Shirt und Hose sowie Baseballmütze stehen für männlich, die Ohrringe für weiblich, den Ausschlag für die Identifikation als Mädchen geben geblümte Turnschuhe und spitzenbesetzte Söckchen. Die Beschreibung endet: „Also doch kein Junge. Gender gemacht" (LORBER 1999, S. 56).

Diese bezeichnenderweise nur halb übersetzte Formulierung und das Beispiel als solches verweisen darauf, dass mit der Geschlechtskategorie üblicherweise zunächst einmal soziale Klassifizierungs- und Identifizierungsprozesse verbunden werden. In feministisch-theoretischen Reflexionen stellt sich allerdings tendenziell ein Automatismus ein, der diese Klassifikationen mit der Erzeugung und Reproduktion von sozialer Ungleichheit und Hierarchie zwischen den Geschlechtern assoziiert. Wir können das eine schlecht von dem anderen trennen. KNAPP (1995, S. 163) etwa weist darauf hin, dass „schon die Etymologie der Begriffe ‚Unterschied'/‚Unterscheidung' … auf den engen Zusammenhang von Macht und Differenz" hindeute. Und die hohe Aufmerksamkeit, die ethnomethodologische Forschungen auf die Geschlechts*erkennung* in Interaktionen gerichtet haben – darauf bezieht sich LORBERs Beispiel –, ist nicht zuletzt in der Annahme begründet, dass am Anfang aller Ungleichheit die Klassifikation und Zurechnung zu einer sozialen Gruppe steht.

Bei LORBERs „gender gemacht" stellte sich jedoch die Frage, was damit eigentlich an dieser Stelle genau gemeint sein soll. LORBER hat das kleine Mädchen identifiziert und in ihre Geschlechtsklasse einsortiert – und weiter? Einerseits veranschaulicht sie an dem Beispiel gerade die schwieriger werdende Erkennung des Geschlechts in einer sich transformierenden Kultur; andererseits scheint sie erleichtert, als ihr die Einsortierung schließlich doch gelingt.[3] Die Autorin belegt solche ambivalenten Prozesse zwar mit dem Begriff der „Paradoxie", was in theoretischer Hinsicht m.E. jedoch nicht unbedingt Klarheit schafft.

Im weiteren Buch (und in der deutschen Fassung unübersetzt) taucht der Begriff „gender" in so vielen verschiedenen Bedeutungen und Zusammenhängen auf, dass sich bei der Lektüre ein bestimmter Eindruck verstärkt: Die beliebte Formel des „doing gender", auf die sich die Geschlechterforschung der 1990er Jahre verständigt hat, entfaltet eine suggestive Kraft.[4] Die sozial-

3 Sie belegt damit einmal mehr den kulturellen Zwang zur Geschlechtserkennung in Interaktionen (vgl. GARFINKEL 1967; KESSLER / MCKENNA 1978).

4 Man muss heute konstatieren, dass WEST und ZIMMERMAN (1987) mit diesem Konzept die Geschlechterforschung angeschoben haben, indem sie damit die alltägliche, interaktive und fortlaufende Herstellung von Geschlechtszuschreibungen fassten, ohne die die Persistenz von Geschlechterunterschieden tatsächlich nicht erklärbar wäre. Der Ansatz ist aber in Bezug auf die Rückbindung des theoretischen Konzepts an die Vielfalt empirischer Unterscheidungsprozesse auch kritikwürdig, und die Rezeption und Popularisierung des „doing gender"-Ansatzes hat ein Übriges zu dessen Diffundierung beigetragen (vgl. KELLE 2000).

wissenschaftliche Betrachtung ‚startet durch', ansetzend bei den Phänomenen der Klassifikation, zur Erzeugung von Ungleichheit. Auch LORBER, obwohl bei Paradoxien ansetzend, schlägt sich mit dem Konzept „gender als soziale Institution" eher auf die Seite der Theoretikerinnen, die vor allem die Reproduktion der asymmetrischen Geschlechterverhältnisse im Blick haben. Auf diesem Wege werden irritierende Phänomene des „undoing gender" (HIRSCHAUER 1994) und der Uneindeutigkeit der situierten sozialen Bedeutung der Geschlechtszugehörigkeit in kultureller Praxis, die auf der Beobachtungsebene wahrgenommen wurden, sozusagen theoretisch ‚geschluckt'. Sie werden absorbiert, indem eine Hierarchie der Ebenen konzipiert wird: Die Struktur der Ungleichheit ist in dieser Betrachtung nämlich immer schon *vorgängig* und Rahmen für kontextuierte kulturelle Praktiken (vgl. TEUBNER / WETTERER 1999, S. 18).[5] Mein zweites theoretisches Problem ist demnach, dass im diskursiven Kontext der Frauen- und Geschlechterforschung das Phänomen der Geschlechterunterscheidung und das der Erzeugung von Geschlechterungleichheit tendenziell zusammenfallen. Ich sehe außerdem eine Spannung oder Diskrepanz zwischen dem unbestrittenen politischen Konsens, auf eine gesellschaftliche Gleichstellung der Geschlechter hinwirken zu wollen, und den analytisch-theoretischen Bemühungen, die sich doch sehr stark auf Erklärungen für die Reproduktion von Geschlechterungleichheit konzentrieren. Der Fülle an Erklärungsmodellen für die Persistenz der Geschlechterhierarchie steht m.E. eine bisher zu geringe sozialwissenschaftliche Aufmerksamkeit für das Problem gegenüber, ob und wie Geschlechtergleichheit bzw. -gleichstellung im System der Zweigeschlechtlichkeit und in konkreten Institutionen und Lebenswelten eigentlich gedacht und praktiziert werden kann.[6]

Was ich vor diesem Hintergrund hier versuchen will, ist die Begriffe „Geschlechterunterscheidung" und „Geschlechterungleichheit" theoretisch zu entzerren, um zu sehen, welche Anregungen sich daraus für die theoretische, politische und pädagogische Debatte um eine Transformation der Geschlechterverhältnisse in Richtung Gleichstellung ergeben. Ich gehe im Weiteren in zwei Schritten vor und beziehe mich auf zwei Ebenen der sozialen Konstruktion der Geschlechterverhältnisse. Erstens wird es mir um Geschlecht als soziale Strukturkategorie gehen und die theoretische Reflexion gesellschafts-

---

5 Ein Hinweis auf die Dominanz dieses Interesses in der Frauen- und Geschlechterforschung ist darin zu sehen, dass Forscher und Forscherinnen, die an der theoretischen Konzipierung und empirischen Exploration von Prozessen des „undoing gender" arbeiten, sich den Vorwurf gefallen lassen müssen, „dass ihr Vorwärtsdrang streckenweise weit größer zu sein scheint, als es die geltenden Regeln zulassen" (TEUBNER / WETTERER 1999, S. 17, in ihrer Einleitung zu LORBERS Buch).

6 Vgl. jedoch neuere Bemühungen, die die Dilemmata und „Irrwege" der bisherigen Gleichstellungspolitik und die „kontrafaktischen Wirkungen der bisherigen Frauenförderung" (WETTERER 1998) herausstellen (politikwissenschaftlich WAHL 1999; zu Reflexionen der Hochschulgleichstellungspolitik vgl. die Beiträge in PLÖGER / RIEGRAF 1998).

struktureller (Wandlungs-)Prozesse.[7] Ich wechsle dann die Ebene und beschäftige mich mit der Enkulturation in das System der Zweigeschlechtlichkeit und pädagogischen Versuchen der Einflussnahme auf diesen Prozess, die unter dem Stichwort „reflexive Koedukation" auf eine Symmetrisierung der Geschlechter zielen.

Transformation der Strukturkategorie Geschlecht in modernen Gesellschaften

Strukturelle Veränderungen der Geschlechterverhältnisse in der BRD in den letzten zehn Jahren müssen im Zusammenhang der Wiedervereinigung gesehen werden. NICKEL (1999, S. 17) verweist mit dem Begriff „doppelter Transformationsprozeß" auf den komplexen Zusammenhang zwischen dem gesellschaftlichen Strukturwandel der alten Bundesrepublik seit Mitte der 70er Jahre einerseits *und* den Prozessen, die mit der „Inkorporation" der DDR in die alte Bundesrepublik verbunden sind, andererseits. Ich erlaube mir, diese für eine differenziertere Behandlung des Themas notwendige Spezifizierung von gesellschaftlichen Transformationsprozessen in diesem Beitrag außer Acht zu lassen. Ich hole hier theoretisch gewissermaßen weiter aus, indem ich mich zunächst auf LUHMANNs (1988) These zum Übergang von traditionellen in moderne Gesellschaften beziehe. Ich möchte bei einer interessanten, wenn auch vielleicht für feministisches Denken nicht ganz neuen Provokation ansetzen, die von der systemtheoretischen Betrachtung ausgeht. Diese Provokation hatte vor zwölf Jahren, als LUHMANNs (1988) Text über „Frauen, Männer und George Spencer Brown" erschien, aufgrund seines arroganten Gestus gegenüber der Frauenforschung keine Chance, wirklich durchzudringen.

LUHMANN interessiert der Zusammenhang zwischen der logischen Operation der Unterscheidung zwischen Männern und Frauen und Formen gesellschaftlicher Differenzierung. Seine Kernthese ist die, dass mit dem Übergang von stratifikatorischer zu funktionaler Differenzierung die Geschlechterunterscheidung in der modernen Gesellschaft tendenziell funktionslos wird.[8] In traditionellen Gesellschaften knüpften „gesellschaftliche

7 Angesichts der hervorragenden Rolle, die der strukturellen Hierarchie der Geschlechter in der Theorie-Architektur vieler Ansätze in der Frauen- und Geschlechterforschung eingeräumt wird, liegt es nahe, sich mit dieser Ebene zu beschäftigen.

8 „In dem Maße, als die Gesellschaft die Form ihrer primären Differenzierung ändert und von stratifikatorischer zu funktionaler Differenzierung übergeht, kann die Unterscheidung von Frauen und Männern nicht mehr in einem asymmetrischen Sinne benutzt werden, um den Männern die Funktion der Repräsentation des Systems im System zu geben." (LUHMANN 1988, S. 47)

Sinnzusammenhänge eher an die Position des Mannes als an die Position der Frau" (LUHMANN 1988, S. 60) an. Die Unterscheidung zwischen Männern und Frauen eigne sich allerdings nicht für die „Codierung von Funktionsweisen" (LUHMANN 1988, S. 61) wie Religion, Wirtschaft, Recht oder Kunst in modernen Gesellschaften. Der Geschlechtsunterschied verliert seine traditionelle (vormoderne) Funktion für die Strukturierung der Gesellschaft, nach LUHMANN ist dies die Voraussetzung für, und nicht etwa die Folge von Emanzipationsansprüchen. „Erst in dem Maße, als der über das Geschlecht laufende Zuweisungszusammenhang an Bedeutung verliert, kommt die Frage der Gleichheit von Sachlagen und Chancen auf. Erst wenn das Geschlecht keinen Unterschied mehr macht, darf es dann auch keinen Unterschied mehr machen" (LUHMANN 1988, S. 57). Die moderne Norm der Gleichheit zwischen Frauen und Männern führe ihrerseits nun aber in das Paradox der „Ununterscheidbarkeit des Unterschiedenen" (LUHMANN 1988, S. 56). Daran schließt sich die Frage an: Wenn es keinen Unterschied zwischen Frauen und Männern (mehr) geben müsste, warum werden sie dann auch in modernen Gesellschaften noch fortgesetzt und in vielen Bereichen unterschieden?

Diese Frage bewegt auch PASERO (1999, S. 18) in ihrem Forschungsprogramm für *gender studies*. Sie weist darauf hin, dass die Frage, *wie* der Unterschied zwischen den Geschlechtern gesellschaftlich gebaut ist, heute flankiert wird von der Frage nach der Notwendigkeit einer solchen trennscharfen Unterscheidung. Der Unterschied zwischen den Geschlechtern sei schlicht „überdeterminiert" und es komme zu einem „Überschuß von geschlechtsdifferenten Zuschreibungen", so PASERO.

Nun bezieht auch LUHMANN (1988, S. 65f.) in seine Überlegungen ein, dass es nach wie vor ein Funktionssystem gibt, das über die Unterscheidung von Frauen und Männern kodiert ist, nämlich die Familie. Die Familie realisiere in der modernen Gesellschaft für einen Bereich die funktionale Differenzierung des Gesamtsystems. LUHMANN kommt allerdings zu interessanten Interpretationen des Umstands, dass die Unterscheidung Mann/Frau in diesem Bereich weiter ‚gilt'. Die moderne gesellschaftliche Funktion dieser Kontinuität bestehe nämlich wesentlich darin, „diese Unterscheidung damit zu blockieren und zu verhindern, dass sie als gesamtgesellschaftliche, alle anderen Unterscheidungen mediatisierende Differenz fungiert" (LUHMANN 1988, S. 65). Das hört sich so an, als ob dadurch, dass die Relevanz der Unterscheidung Mann/Frau auf den Bereich der Familie konzentriert bleibt, sie in anderen Bereichen keinen ‚Schaden' mehr anrichten kann. Gleichzeitig betrachtet LUHMANN die Familie als den Ort, „an dem die Unterscheidung modern, das heißt als Nichtunterscheidung praktiziert werden kann", indem Entscheidungen und Verhaltensweisen nicht auf einer Hierarchie von Mann und Frau, sondern auf der „souveränen Verständigung des Paares beruhen" (LUHMANN 1988, S. 66).

Die Einschätzung LUHMANNs hinsichtlich des Zusammenhangs von Familie und anderen Funktionsbereichen wird in den meisten Ansätzen der Frauen- und Geschlechterforschung nicht geteilt. LUHMANN zeichnet für die moderne Gesellschaft eher ein Bild der Einkapselung der Geschlechterunterscheidung im Bereich der Familie und entwirft zudem deren Entwicklung hin zu einem „nichtcodierten System" (LUHMANN 1988, S. 66). Im Kontrast dazu verwendet z.B. KRÜGER (1995) eher ein Bild der Expansion, wenn sie feststellt, dass sich das geschlechtliche Segregationsprinzip in alle gesellschaftlichen Institutionen und Organisationen „eingelagert" habe (KRÜGER 1995, S. 202). Institutionen wie Familie, Erwerbssystem und Sozialpolitik seien nicht nur für jede der Geschlechtsgruppen biographisch relevant, sondern sie verknüpften sich zu einem historisch gewachsenen gesellschaftlichen Organisations*gefüge.* Geschlechtsspezifische Segregationen in einzelnen Institutionen erweisen sich laut KRÜGER besonders im *Zusammenspiel* der Institutionen als funktional (KRÜGER 1995, S. 204).

LUHMANN nimmt also eine Eigenlogik voneinander getrennter Funktionssysteme an und diagnostiziert eine allgemeine Abnahme der gesellschaftlichen Bedeutung der Geschlechterunterscheidung. KRÜGER dagegen sieht die Sozialstruktur des Lebenslaufs als institutionengebunden und konzipiert immer schon die wechselseitig funktionale Verstrickung verschiedener Institutionen. (Wobei ich die unterschiedlichen theoretischen Implikationen der Begriffe „Funktionssystem" und „Institution" hier zugegebenermaßen außer Acht lasse). KRÜGER versucht die empirisch nachweisbare, fortdauernde Wirksamkeit geschlechtlicher Segregationen über verschiedene Bereiche hinweg zu plausibilisieren: Jede der Institutionen setze für ihre eigenen Belange Geschlechter und geschlechtstypische Lebensführung voraus.

Die konzeptuellen Unterschiede sind demnach die Folge unterschiedlicher Perspektiven auf den Zusammenhang von sozialen Systemen bzw. Institutionen und Individuen sowie auf Zeitstrukturen dieses Zusammenhangs: LUHMANN betrachtet gewissermaßen die je gegenwärtige und immanente Funktionalität oder Dysfunktionalität der Geschlechterunterscheidung aus der Perspektive unterschiedener Teilsysteme. KRÜGER dagegen betrachtet institutionen*übergreifend* und auf einer anderen Zeitschiene die gesellschaftliche Funktionalität geschlechtstypischer Lebensläufe. Zu LUHMANNs Sicht würde es beispielsweise passen, dass es für die Wirtschaft dysfunktional ist, Frauen als Geschlechtsgruppe zu diskriminieren, statt Kompetenzen und Leistungen unabhängig vom Geschlecht zu honorieren. KRÜGER könnte dem entgegenhalten, dass diese partielle Dysfunktionalität auf anderer Ebene, im Zusammenwirken verschiedener Institutionen, wieder aufgehoben wird.

Es scheint, dass wir hier zwei theoretisch unvereinbare Konzeptionen der Bedeutung der Geschlechterunterscheidung für moderne Gesellschaften vor uns haben: auf der einen Seite der Unterschied, der keinen Unterschied mehr macht, und auf der anderen Seite Geschlecht als hierarchisch definierter

„Masterstatus" (KRÜGER), der alle anderen, erworbenen gesellschaftlichen Positionen des Individuums überlagert. Gibt es eine Brücke zwischen beiden Konzeptionen?

Wenn man LUHMANNs Text heute zusammen mit Arbeiten aus der Geschlechterforschung liest, stellt sich der Zusammenhang so dar: Die Familie als Funktionssystem und das Organisationsgefüge von Familie und Erwerbsarbeit scheint tendenziell noch immer ein komplementäres, binär kodiertes Paararrangement vorauszusetzen – nur ist es nicht nötig, dass Frauen notwendig die eine Seite und Männer notwendig die andere Seite repräsentieren müssen. Wenn es stimmt, wie KRÜGER schreibt, dass die wichtigen gesellschaftlichen Institutionen in ihrer Organisationsstruktur und im Zusammenspiel eine Paar-Konfiguration differenter Lebensläufe voraussetzen und reproduzieren, dann kann man mit LUHMANN zumindest Distanz gewinnen zu der Annahme, es müsse sich notwendig um geschlechtstypische Lebensläufe und klassische Paararrangements handeln.

Es kommt nämlich zu einer Spannung zwischen der gesellschaftlichen Norm der Gleichheit und Entwürfen sowie Entscheidungen im je konkreten Familienzusammenhang. LUHMANN (1988) bemerkt für den Kontext sozialer Beziehungen, dass Gleichheit zwischen den Geschlechtern ein extrem unwahrscheinlicher Zustand und die Gleichheitsnorm nur eine „Kontrollidee zur Überwachung von hochwahrscheinlichen Abweichungen" (LUHMANN 1988, S. 64f.) sei. Die Abweichungen sind umso wahrscheinlicher, je kleiner das Funktionssystem ist. Die Familie, die einen Mann und eine Frau in einem Arrangement verbindet, ist also prädestiniert, Geschlechterdifferenzen hervorzutreiben – GOFFMAN (1994) hat diesen Vorgang mit dem Begriff der „institutionellen Reflexivität" belegt. So mag es kommen, dass sich selbst die aufgeklärtesten Paare in akademischen Milieus in dem Moment, wo sie Kinder bekommen, für durchaus als traditionell zu bezeichnende Arbeitsteilungen entscheiden. Dies lässt sich eindrucksvoll durch Zahlen belegen, in welchem Umfang jeweils Frauen und Männer Erziehungsurlaub beantragen. In dem Ringen um egalitäre Modelle der Strukturierung und Aufteilung von Erwerbs- und Reproduktionsarbeit stellen sie fest, dass der Grat der Gleichheit denkbar schmal ist bzw. dass die Idee der Gleichheit eine abstrakte Fiktion bleiben muss. Es gibt eben nicht nur eine Normalität der Abweichung von statistischen Mittelwerten, sondern es gibt entsprechend auch eine Akzeptanz alltagsweltlicher Akteure, dass individuelle Abweichung von politischen Zielvorstellungen normal und erwartbar ist. Anders gesagt: die Verbesserung der Geschlechterstatistiken ist für die meisten kein zentrales Lebensthema.

Die kritischen Betrachtungen zur Praktikabilität der Gleichheitsnorm legen zugleich einen offensiveren Umgang mit Differenzen *und* eine Dethematisierung von Geschlecht nahe. Die Aufgaben im Zusammenhang von Reproduktions- und Erwerbsarbeit in (familiären) Wirtschaftsgemeinschaften erfordern Arbeitsteilungen, die mit hoher Wahrscheinlichkeit Ungleichheiten (z.B. in Hinblick auf Einkünfte, Zeitaufwand für den einen oder anderen Bereich, Investitionen in Fortbildungen u.a.) hervorbringen. Unterschiede, die sich gesamtgesellschaftlich als Geschlechterunterschiede darstellen mögen, sind auf der Ebene von Familien oder Lebensgemeinschaften immer auch *individuelle* Unterschiede zwischen Partnern und werden als solche in der jeweiligen Funktionsgemeinschaft bearbeitet und ‚ausgeglichen'. In jedem Fall erweist es sich als theoretisches und praktisches Problem, dass strukturelle Geschlechterverhältnisse diese kleinen Funktionsgefüge rahmen, aber sozusagen immer seltener umstandslos auf sie projiziert werden können. Aus lebensweltlicher Perspektive ist bei der Aushandlung familiärer Arrangements immer ein ‚Cocktail' von Unterschieden zwischen den Partnern (Alter, Ausbildung, u.a.) im Spiel. Dieser Cocktail ist durch strukturelle und kulturelle Veränderungen längst nicht mehr als ganzer und v.a. nicht für alle einzelnen Fälle als durch das Geschlecht determiniert zu beschreiben. Es kommt zu einer Deuniversalisierung des hierarchischen Geschlechtercodes, da ist LUHMANN zuzustimmen. Die geschlechterpolitische Rhetorik will deshalb zur Erfahrung der Lebenswirklichkeit nicht (oder nicht mehr) umstandslos passen. Die theoretisch-methodologische Implikation dieser Feststellung ist, dass solche Ansätze in der Frauen- und Geschlechterforschung, die die strukturelle Hierarchisierung der Geschlechter nach wie vor als ein invasives Prinzip in Hinblick auf biographische Prozesse und auf mikro-soziale Prozesse zwischen gesellschaftlichen Akteuren begreifen, gewissermaßen ein ethnographisches Problem haben. Ich komme am Schluss auf dieses Problem zurück.

Die kulturelle Praxis der Geschlechterunterscheidung und Transformation durch „reflexive Koedukation"

Ich komme nun zur zweiten Ebene der Betrachtung. Es geht im folgenden um die Ebene der schulischen Sozialisation und pädagogischen Alltagspraxis im koedukativen Schulsystem. Der theoretische Konnex zum vorangegangenen Teil liegt darin, dass die meisten Arbeiten aus dem Kontext der Schulforschung, die sich mit der Kategorie Geschlecht befassen, die Basis struktureller Ungleichheiten zwischen den Geschlechtern in alltäglichen Sozialisationsprozessen aufspüren wollen. Sie führen die Reproduktion manifester Geschlechterasymmetrien auf lebensgeschichtlich früh wirksam werdende Typisierungsprozesse und damit verknüpfte Identitätsangebote zurück. Die nach wie vor existierenden (statistischen) Unterschiede zwischen Jungen und Mädchen z.B. in Hinblick auf Fächerpräferenzen und daran anschließende

Berufs- oder Studienwahlentscheidungen sind schwerlich von der Hand zu weisen, ebenso, dass sich über solche Lebensentscheidungen der geschlechtlich segregierte Arbeitsmarkt reproduziert (vgl. BROCK / HANTSCHE 1991; LEMMERMÖHLE 1998). Neuere pädagogische Ansätze im Anschluss an die Koedukationsforschung begreifen diese Entscheidungen als Ergebnis von komplexen Sozialisations- und Bildungsprozessen und versuchen, mit Konzepten „reflektierter" (HOELTJE / LIEBSCH / SOMMERKORN 1995), „kritischer" (BIERMANN / LINTZEN / SCHÜTTE 1997) oder „reflexiver Koedukation" (KRAUL / HORSTKEMPER 1999) auf diese Prozesse einzuwirken. Eine Transformation der Geschlechterverhältnisse wird hier also durch eine kritische Pädagogik anvisiert.

Noch vor 30 Jahren wurde die flächendeckende Institutionalisierung der Koedukation als solche als Vehikel zur Etablierung gleicher Bildungs- und Berufschancen der Geschlechter gesehen. Inzwischen lassen die formalen Bildungsabschlüsse der Mädchen im Vergleich zu den Jungen nichts mehr zu wünschen übrig. Aufgrund allerdings der – entgegen den Hoffnungen der Bildungsreformerinnen – weiterhin bestehenden „Marginalität von Frauen in hochqualifizierten Berufen" (WETTERER 1992) sind heute weitaus differenziertere Analysen der Sozialisationsbedingungen und -prozesse gefragt, die auch durch ein als koedukativ institutionalisiertes Bildungssystems hervorgebracht werden.[9]

Programme einer „geschlechtsbewussten Pädagogik" können in unserem Kontext als Versuch der Transformation durch Reflexion gedeutet werden, da hier eine explizite Thematisierung von Geschlechtszugehörigkeit (im Unterricht) vorgesehen ist. LEMMERMÖHLE-THÜSING (LEMMERMÖHLE-THÜSING u.a. 1992ff.) hat Anfang der 90er Jahre einen großen Modellversuch zur schulischen Berufsorientierung in NRW und seit 1994 einen entsprechenden Modellversuch in Brandenburg geleitet, die in diesem Zusammenhang zu nennen sind. Auch die BILDUNGSKOMMISSION NRW (1995) hat das Stichwort „reflexiver Koedukation" programmatisch aufgegriffen. Der Modellversuch „Mädchen und Jungen in der Schule. Kompetenzen erwerben – die eigene Rolle finden" wurde von KRAUL und HORSTKEMPER (1999) in den 90er Jahren in rheinland-pfälzischen Schulen explizit unter dem Label reflexiver Koedukation durchgeführt. Daneben wären weitere schulische Modellversuche und Projekte zu nennen (vgl. z.B. HOFFMANN 1992; NYSSEN 1996).

Der rheinland-pfälzische Modellversuch z.B. zielte darauf, „Schülerinnen und Schüler in verstärktem Maße eine kritische und flexible Auseinandersetzung mit Geschlechtsrollenerwartungen zu ermöglichen und sie bei der individuellen Berufs- und Lebensplanung zu unterstützen" (KRAUL /

---

9 Vgl. zur neueren Koedukationsdebatte PFISTER (1988; 1993); FAULSTICH-WIELAND (1991); KREIENBAUM (1992); GLUMPLER (1994); HOELTJE / LIEBSCH / SOMMERKORN (1995); FAUSTLICH-WIELAND / HORSTKEMPER (1996); HEMPEL (1996); LANDESINSTITUT FÜR SCHULE UND WEITERBILDUNG (1998); HORSTKEMPER / KRAUL (1999).

HORSTKEMPER 1999, S. 7). Die Autorinnen sind einer „emanzipatorischen Zielsetzung" (S. 5) und einer „Aufhebung der Geschlechterhierarchie" (S. 4) verpflichtet. Sie setzen den Akzent stark auf Bewusstseinsbildung bei den Lehrkräften, wenn sie einen „reflektierten Umgang mit der Geschlechterfrage in curricularer, methodischer und kommunikativer Hinsicht" (S. 7) auf die Agenda setzen.

Im Kontext der Koedukationsdebatte widmet man sich also bisher vor allem der Frage, wie sich die Reproduktion von Mustern geschlechtsspezifischer Sozialisation, zunächst in der Forschung und dann für die pädagogische Praxis, reflexiv zugänglich machen und auf diesem Wege durchbrechen lässt.[10] Im Kontext des ethnographischen Forschungsprojekts, an dem BREIDENSTEIN und ich in den 90er Jahren gearbeitet haben, haben wir bewusst eine andere Perspektive eingenommen (BREIDENSTEIN / KELLE 1998). Wir fragten nach dem situierten sozialen Sinn der Praktiken der Geschlechterunterscheidung, und nicht nach der Übernahme geschlechtstypischen Verhaltens. Es ging uns also um eine mikrosoziologische Rekonfigurierung des Geschlechterthemas. In der Exploration der kulturellen Praxis vermieden wir es, eine theoretische Vorentscheidung zu treffen, die linear von der Praxis der Unterscheidung über die Herstellung von Unterschieden zur Hierarchisierung der Geschlechter führte. Wir hatten demnach eine Heuristik im Sinn, die sowohl die asymmetrische als auch die symmetrische Handhabung der Geschlechterunterscheidung in den Blick bekommt.[11]

Wir führten unsere Forschung allerdings in einem Feld durch, der Laborschule, in dem Konzepte geschlechterbewusster Pädagogik zum Einsatz kommen. Wir beobachteten also – den Begleitforscherinnen der genannten Modellversuche vergleichbar – ein Feld, das Prozesse der Geschlechtersozialisation in pädagogischer Praxis explizit reflexiv zu gestalten und damit in Richtung Gleichstellung zu transformieren beansprucht.

Ich möchte zwei Beispiele aus der reformschulischen Praxis der Geschlechterunterscheidung aufgreifen[12], um daran mein theoretisches Projekt der Entknüpfung von Unterscheidung und Ungleichheit weiterzuverfolgen. Eine Pointe unserer ethnographischen Beschreibungen und Analysen liegt darin, dass Lehrerinnen im Schulalltag (vermutlich nicht nur an Reform-

---

10 Auch z.B. die Laborschule ‚übersetzt' den Begriff der „kritischen Koedukation" in Begriffe wie „reflexive Jungenerziehung" (vgl. BIERMANN / LINTZEN / SCHÜTTE 1997) oder „emanzipatorische Mädchen- und Jungenarbeit" (WACHENDORFF u.a. 1992), Konzepte also, die auf Reflexion der Geschlechts*spezifik* und deren Veränderung zielen.

11 Dass wir bei der Anwendung dieser interaktions- und gegenwartszentrierten Perspektive nicht unmittelbar mit theoretischen Einwänden in bezug auf die Strukturkategorie Geschlecht rechneten, mag an der Wahl der Altersgruppe liegen: Wie wäre das strukturelle Geschlechterverhältnis bei 9 bis 12-jährigen zu beschreiben?

12 Die Beispiele habe ich bereits in dem Beitrag KELLE (1999) benutzt und in eine entsprechende Argumentation eingebunden.

schulen) häufig von der Geschlechterunterscheidung Gebrauch machen, um Gerechtigkeit walten zu lassen.

Das erste Beispiel: In Klassenversammlungen dürfen sich die Kinder wechselseitig drannehmen. Wenn dies unter der Maßgabe geschieht, dass abwechselnd ein Junge und ein Mädchen drangenommen werden sollen, dann geht es den Pädagoginnen bei dieser Regelung darum, Gleichheit zwischen den Geschlechtern herzustellen und geschlechtsspezifische Seilschaften („Mädchen nehmen immer nur Mädchen dran") zu vermeiden. Dennoch wird durch diese Praxis die Klassifizierung der Teilnehmerschaft aktualisiert (vgl. BREIDENSTEIN / KELLE 1998, S. 47f.). Die gezielt inszenierte Abwechslung erzeugt sozusagen erst distinkte Gruppen „der Mädchen" und „der Jungen". Wir haben es hier also mit „doing gender" zu tun, aber auch mit einer Symmetrisierung der Geschlechter. Soweit zu dem Teil der Beobachtung, der als Umsetzung der pädagogischen Programmatik kritischer Koedukation gelten kann.

Der Rückgriff auf die Geschlechtskategorien hat allerdings außerdem den Effekt, dass er ein schulalltägliches Dilemma handhabbar macht, das mit der Geschlechtszugehörigkeit ursprünglich gar nichts zu tun hat. ‚Gerecht' kann die Abfolge der Sprecher und Sprecherinnen gar nicht sein, weil es für die Kinder attraktiv ist am Anfang und unattraktiv, am Ende zu erzählen, da die Gruppe dann nicht mehr aufmerksam ist. Insofern wird es hier vermittelt über den Bezug auf die Geschlechtskategorien ermöglicht, eine Vorstellung von Gerechtigkeit zu pflegen, die den Kern der Ungerechtigkeit der Situation nicht trifft, aber sozusagen von ihr abzulenken vermag: Es wird wenigstens „Geschlechtergerechtigkeit" hergestellt.

Ähnlich verhält es sich mit dem zweiten Beispiel, wenn Lehrer die Maßgabe setzen, dass bei der Bildung von Tischgruppen je zwei Mädchen und zwei Jungen zusammenkommen sollen, um der üblichen Geschlechterseparation entgegenzuwirken. Gleichzeitig sind Sitzordnungsaushandlungen meist problematisch und es ist häufig unmöglich, alle Wünsche unter einen Hut zu bringen. Auch hier bietet also die Verschiebung auf das Geschlechterthema Entlastung für ein Dilemma, das mit der Unvereinbarkeit aller *individuellen* Wünsche zusammenhängt.

Die geschlechterbewusste Pädagogik hat also auch den Aspekt, in eine umfassendere pädagogische Praxis eingebunden zu sein. Im pädagogischen Diskurs spielt das Recht aller einzelnen Kinder auf Gleichbehandlung als normative Vorgabe eine große Rolle. Diese Anforderung bringt aber in der Umsetzung Dilemmata hervor, von denen die Differenzierung nach Geschlecht pragmatisch entlastet. Formuliert man also das Problem nicht als eines der Uneinlösbarkeit der Gleichheitsgrundsätze in Bezug auf alle einzelnen Kinder, sondern als eines der Geschlechterdifferenz, so wird es kompensierbar. Dazu müssen die Geschlechterunterschiede aber sozusagen erst ‚erfunden' werden, soll heißen, zum Thema gemacht werden. In dieser

Perspektive zeigt sich, dass die Schule, um ihre Ziele umzusetzen *und* um ihren Alltag zu strukturieren und zu organisieren, Teilnehmer nach sozialen Kategorien unterscheiden muss, obwohl sie doch ‚eigentlich' Unterschiede abbauen will.

In dem weiteren Kontext der kollektiven Erziehung eines bunten Haufens von Kindern sind Praktiken der Geschlechterunterscheidung an manchen Stellen nicht das Problem, sondern ein Teil der Lösung. Das pragmatische schulorganisatorische Problem sind manchmal nicht die Geschlechterunterschiede, sondern die Bandbreite der Unterschiede zwischen *Individuen*, die in einer Schulklasse zusammenkommen, und dieses Problem scheint partiell durch *Kollektivierung* qua Geschlecht handhabbar. Der zugeschriebene Charakter der Geschlechtskategorie sichert der Geschlechterunterscheidung konkurrenzlose Attraktivität in diesem Zusammenhang zu, weil pädagogische Maßnahmen, die auf sie zurückgreifen, nicht in Verdacht geraten können, subtile Gratifikations- oder Sanktionstechniken zu sein. Aus diesem Grund kommen für viele schulische Situationen andere, erworbene Identitätsmerkmale nicht als Strukturierungskriterium in Frage. (Man denke an eine Einteilung in gute und schlechte Schüler). Das Merkmal Geschlecht ist deshalb unverfänglich, weil man für sein Geschlecht nichts kann. Der askriptive Charakter der Geschlechterunterscheidung ist die Voraussetzung dafür, sie überhaupt als „Nicht-Unterscheidung", wie LUHMANN (1988) das genannt hat, bzw. als symmetrische Unterscheidung praktizieren zu können.

Anhand der Beispiele geraten die sozialen Leistungen der Geschlechterunterscheidung für die Strukturierung des schulischen Alltags in den Blick. Die hier vorgeführte exemplarische Kontextuierung der Geschlechterunterscheidung führt zu der Frage, ob nicht die „Nebenwirkungen" pädagogisch induzierter Geschlechterarrangements recht zentrale Effekte für die Gestaltung des Schulalltags zeitigen und ob nicht dieser pragmatische und je gegenwärtige Sinn im Diskurs um eine Überwindung der Geschlechterungleichheit verkannt wird. Die Persistenz der Geschlechterunterscheidung, nicht notwendig die von Geschlechterunterschieden, hat vermutlich auch für andere Handlungsfelder als Schule zu einem guten Teil damit zu tun, dass sie gegenüber anderen Klassifikationskriterien „pragmatische Vorteile" (BREIDENSTEIN 1997) bietet.

Die geschlechterbewusste Pädagogik hat es auf diese Weise mit widersprüchlichen Prozessen zu tun: Sie bewegt sich in der Spannung einer kritischen Thematisierung von Geschlecht einerseits und einer Individualisierung von Lebensthemen wie z.B. der Berufsfindung andererseits, sie betreibt eine Dekonstruktion von Geschlechtsidentität auf der einen Seite und bringt neue Bedeutungen der Geschlechterunterscheidung sowie Kollektivierungen qua Geschlecht im sozialen Kontext von Schule auf der anderen Seite hervor. Diese Spannung lässt sich auf den gesamten Verlauf von Modellversuchen (sowohl dem nordrhein-westfälischen als auch dem rheinland-pfälzischen) hin nachzeichnen. Am Beginn stand bei verschiedenen Versuchen der „reflektierte Umgang mit der Geschlechterfrage" zum Zwecke der Mädchenförderung. Um einer impliziten Defizitkonstruktion zu entkommen wird im nächsten Schritt aber symmetrisch formuliert „Jungen und Mädchen in der Schule – Kompetenzen erwerben, die eigene Rolle finden" (KRAUL / HORSTKEMPER 1999) und z.B. die Frage der Berufsfindung individualisiert. Die Individualisierung von Lebensthemen wirft ihrerseits dann wieder die Frage auf, inwiefern die Thematisierung von Geschlechtszugehörigkeit überhaupt ein Schlüssel zu jenen sein kann. Die reflexive Koedukation etabliert so ein fortgesetztes Wechselspiel von Thematisierung und Dethematisierung von Geschlecht, das im Hinblick auf eine symmetrische Handhabung der Unterscheidung im Paradox der „Ununterscheidbarkeit des Unterschiedenen" (LUHMANN) seinen Grund hat. Man kann daran anschließend ein Dilemma der Unentscheidbarkeit des Sinns der pädagogischen Thematisierung formulieren: „Geschlecht" spielt eine Rolle, aber soll es auch weiter eine Rolle spielen – oder nicht? Man versucht das Luhmannsche Paradox in der sozialen/pädagogischen Praxis eben doch häufig so aufzulösen, dass man die mittels der Geschlechtskategorie Unterschiedenen durch die Zuschreibung von Attributen auch unterscheidbar macht.

Fazit

Ich komme zu einigen Schlussfolgerungen in Hinblick auf die eingangs beschriebene Diskrepanz zwischen politisch-pädagogischen Absichten und Schwerpunkten der wissenschaftlichen Theorie und empirischen Analyse.

Erstens hängt die Überdeterminiertheit des Geschlechtsunterschiedes, wie PASERO (1999) das genannt hat, m.E. unmittelbar mit den pragmatischen Vorzügen der Geschlechterklassifikation zusammen (vgl. BREIDENSTEIN 1997). Sie bietet sich als askriptive und binäre soziale Klassifikation für viele praktische Vollzüge nahezu konkurrenzlos an. Rückt man allerdings die Leistungen der Geschlechterunterscheidung für die Strukturierung sozialer Praxis in den Vordergrund, tritt nicht nur die asymmetrische und hierarchische Geschlechterordnung hervor, sondern auch die symmetrische Handhabung der Unterscheidung. In theoretischer Hinsicht müssen wir uns stärker damit auseinandersetzen, dass Asymmetrie und Symmetrie zwischen den Geschlechtern gewissermaßen gleichursächlich und beide an den askriptiven Charakter der Geschlechtskategorie geknüpft sind. In jedem Fall scheint mir erst eine begriffliche und theoretische Entzerrung von „Geschlechterunterscheidung" und „-unterschieden" die Denkvoraussetzungen zu erbringen, die zur Beförderung von Transformationsprozessen in Richtung Gleichstellung notwendig sind.

Zweitens dürfte die Perspektive auf Praktiken der Geschlechterunterscheidung, wie ich sie hier beispielhaft für den schulischen Kontext dargestellt habe, auch für andere soziale Kontexte neue empirische Ergebnisse zu Tage fördern. Die Unterscheidungspraxis sieht in anderen sozialen und institutionellen Kontexten sicherlich noch einmal anders aus als in der Schule. Es wäre erst noch breiter empirisch zu erschließen, wo die Handhabung der Geschlechterunterscheidung symmetrisch erfolgt (und erfolgen kann) und nicht *unmittelbar* auf die Herstellung von Geschlechterungleichheit verweist. Im Anschluss an die Ausführungen zur reflexiven Koedukation wäre mein Vorschlag also auch für die weitere empirische Forschung, die heuristische Perspektive nicht an der alles durchdringenden Struktur der Ungleichheit auszurichten, sondern an der Frage, welche situierten (und das ist nicht etwa gleichbedeutend mit „interaktiven") Probleme die Geschlechterunterscheidung im spezifischen Kontext löst – und welche sie ihrerseits produziert.

Eine Erklärung für die Persistenz der Geschlechterunterscheidung über Kontexte hinweg ist vermutlich die, dass sie sich in vielen Fällen als so praktisch erweist, soziale Prozesse zu strukturieren. Das bedeutet aber nicht immer und notwendig, das ist ein dritter Punkt, dass Unterschiede lebensgeschichtlich festgeschrieben werden und sich strukturell als Geschlechterunterschiede manifestieren. In den theoretischen Debatten der letzten 15 Jahre spielte das Argument eine große Rolle, die Interdependenzen zwischen verschiedenen sozialen Strukturkategorien müssten stärker in Betracht gezogen werden, um ein komplexeres Bild von sozialer Ungleichheit zu bekommen. M.E. liegen theoretische Herausforderungen aber auch besonders darin, die biographische Individualität in ihrer Verschränkung mit sozialen Klassifikationen und Strukturkategorien in sozialer Praxis in den Blick zu nehmen. Ich habe weiter oben von dem Cocktail an je relevanten Unterscheidungen geredet, dieser Cocktail ist nicht nur kontext- sondern auch biographisch gebunden (vgl. DAUSIEN 1998). Vielleicht veränderte es die Paradoxien der politisch-pädagogischen Zielvorgaben und Praxis, wenn wir lernten, soziale Ungleichheit nicht so sehr strukturtheoretisch und statistisch, sondern „from an insider's point of view", von konkreten Lebenszusammenhängen her zu erfassen.

Literatur

AMANN, K. / HIRSCHAUER, S. (1997): Die Befremdung der eigenen Kultur. Ein Programm. In: HIRSCHAUER, S. / AMANN, K. (Hrsg.): Die Befremdung der eigenen Kultur. – Frankfurt am Main, S. 7-52.

BREIDENSTEIN, G. (1997): Der Gebrauch der Geschlechterunterscheidung in der Schulklasse. In: Zeitschrift für Soziologie Jg. 26, Nr. 5, S. 337-351.

BREIDENSTEIN, G. / KELLE, H. (1998): Geschlechteralltag in der Schulklasse. Ethnographische Studien zur Gleichaltrigenkultur. – Weinheim.

BIERMANN, C. / LINTZEN, B. / SCHÜTTE, M. (1997): Kritische Koedukation trägt Früchte. In: THURN, S. / TILLMANN, K.-J. (Hrsg.): Unsere Schule ist ein Haus des Lernens. – Reinbek, S. 165-183.

BIERMANN, C. (Hrsg.) (1997): Kritische Koedukation: Mädchen und Jungen in der Laborschule. Laborschule Bielefeld (Werkstatthefte 10). – Bielefeld.

BROCK, D. / HANTSCHE, B. (1991) (Hrsg.): Übergänge in den Beruf. Zwischenbilanz und Forschungsstand. – Weinheim.

DAUSIEN, B. (1998): Geschlecht als biographische Konstruktion. Ein Plädoyer für die Dimension der Biographie in der Analyse sozialer Konstruktionsprozesse. In: WEBER, K. (Hrsg.): Life History, Gender and Experience. – Roskilde, S. 115-144.

FAULSTICH-WIELAND, H. (1991): Koedukation – Enttäuschte Hoffnungen? – Darmstadt.

FAUSTLICH-WIELAND, H. / HORSTKEMPER, M. (1996): 100 Jahre Koedukationsdebatte – und kein Ende. In: Ethik und Sozialwissenschaften. Streitforum für Erwägungskultur Jg. 7, Nr. 4, S. 509-520.

GARFINKEL, H. (1967): Studies in Ethnomethodology. – Englewood Cliffs.

GLUMPLER, E. (Hrsg.) (1994): Koedukation: Entwicklungen und Perspektiven. – Bad Heilbrunn.

GOFFMAN, E. (1994): Das Arrangement der Geschlechter. In: ders.: Interaktion und Geschlecht. – Frankfurt am Main.

HEMPEL, M. (Hrsg.) (1996): Grundschulreform und Koedukation: Beiträge zum Zusammenhang von Grundschulforschung, Frauenforschung und Geschlechtersozialisation. – Weinheim.

HIRSCHAUER, S. (1994): Die soziale Fortpflanzung der Zweigeschlechtlichkeit. In: Kölner Zeitschrift für Soziologie und Sozialpsychologie Jg. 46, Nr. 4, S. 668-692.

HOELTJE, B. / LIEBSCH, K. / SOMMERKORN, I. (Hrsg.) (1995): Wider den heimlichen Lehrplan: Bausteine und Methoden einer reflektierten Koedukation. – Bielefeld.

HOFFMANN, L. u.a. (1992): BLK-Modellversuch: Chancengleichheit – Veränderung des Anfangsunterrichts Physik/Chemie unter besonderer Berücksichtigung der Kompetenzen und Interessen von Mädchen. – Kiel.

HORSTKEMPER, M. / KRAUL, M. (Hrsg.) (1999): Koedukation. Erbe und Chancen. – Weinheim.

KELLE, H. (1999): Mädchen und Jungen in Aktion. Ethnographische Ansätze in der schulischen *peer culture* Forschung. In: HORSTKEMPER, M. / KRAUL, M. (Hrsg.): Koedukation – Erbe und Chancen. – Weinheim, S. 157-183.

KELLE, H. (2000): Das ethnomethodologische Verständnis der sozialen Konstruktion der Geschlechterdifferenz. In: LEMMERMÖHLE, D. u.a. (Hrsg.): Lesarten des Geschlechts. Zur De-Konstruktionsdebatte in der erziehungswissenschaftlichen Geschlechterforschung. – Opladen, S. 116-132.

KESSLER, S. / MCKENNA, W. (1978): Gender. An ethnomethodological approach. – New York.

KNAPP, G.-A. (1995): Unterschiede machen: Zur Sozialpsychologie der Hierarchisierung im Geschlechterverhältnis. In: BECKER-SCHMIDT, R. / KNAPP, G.-A. (Hrsg.): Das Geschlechterverhältnis als Gegenstand der Sozialwissenschaften. – Frankfurt am Main, S. 163ff.

KRAUL, M. / HORSTKEMPER, M. (1999): Reflexive Koedukation in der Schule. Evaluation eines Modellversuchs zur Veränderung von Unterricht und Schulkultur. Hrsg. v. Ministerium für Bildung, Wissenschaft und Weiterbildung Rheinland-Pfalz. – Mainz.

KREIENBAUM, M. A. (1992): Erfahrungsfeld Schule. Koedukation als Kristallisationspunkt. – Weinheim.

KRÜGER, H. (1995): Dominanzen im Geschlechterverhältnis: Zur Institutionalisierung von Lebensläufen. In: BECKER-SCHMIDT, R. / KNAPP, G.-A. (Hrsg.): Das Geschlechterverhältnis als Gegenstand der Sozialwissenschaften. – Frankfurt am Main, S. 195-219.

LANDESINSTITUT FÜR SCHULE UND WEITERBILDUNG (Hrsg.) (1998): Neue Wege zur Gestaltung der koedukativen Schule. – Bönen.

LEMMERMÖHLE-THÜSING, D. u.a. (1992, 1993, 1994): Wir werden, was wir wollen – Schulische Berufsorientierung (nicht nur) für Mädchen. 6 Bd. Hrsg. v. Ministerium für die Gleichstellung von Frau und Mann in NRW. – Düsseldorf.

LEMMERMÖHLE, D. (1998): Geschlechter(un)gleichheiten in der Schule. In: OECHSLE, M. / GEISSLER, B. (Hrsg.): Die ungleiche Gleichheit. Junge Frauen und der Wandel im Geschlechterverhältnis. – Opladen, S. 67-86.

LORBER, J. (1999): Gender-Paradoxien. – Opladen.

LUHMANN, N. (1988): Frauen, Männer und George Spencer Brown. In: Zeitschrift für Soziologie Jg. 17, Nr. 1, S. 47-71.

NICKEL, H. M. (1999): Erosion und Persistenz. Gegen die Ausblendung des gesellschaftlichen Transformationsprozesses in der Frauen- und Geschlechterforschung. In: dies. u.a. (Hrsg.): Transformation – Unternehmensreorganisation – Geschlechterforschung. – Opladen, S. 9-34.

NYSSEN, E. (1996): Mädchenförderung in der Schule. Ergebnisse und Erfahrungen aus einem Modellversuch. – Weinheim.

PASERO, U. (1999): Wahrnehmung – ein Forschungsprogramm für Gender Studies. In: dies. / BRAUN, F. (Hrsg.): Wahrnehmung und Herstellung von Geschlecht. – Opladen, S. 13-20.

PATTMAN, R. u.a. (1999): „What's the point of eleven men running up and down a bit of grass kicking a ball?" – Football talk and the identities of boys and girls. Paper auf der ESA 4th European Conference. – Amsterdam (unpublished paper).

PFISTER, G. (1988) (Hrsg.): Zurück zur Mädchenschule? Beiträge zur Koedukation. – Pfaffenweiler.

PFISTER, G. (Hrsg.) (1993): MädchenStärken: Probleme der Koedukation in der Grundschule. – Frankfurt am Main.

PLÖGER, L. / RIEGRAF, B. (Hrsg.) (1998): Gleichstellungspolitik als Element innovativer Hochschulreform. – Bielefeld.

TEUBNER, U. / WETTERER, A. (1999): Gender-Paradoxien. Soziale Konstruktion transparent gemacht. Eine Einleitung. In: LORBER, J. (Hrsg.): Gender-Paradoxien. – Opladen, S. 9-29.

WACHENDORFF, A. u.a. (1992): Wie Reden stark macht und Handeln verändert. Emanzipatorische Mädchen- und Jungenarbeit an der Laborschule. In: LÜTGERT,

W. (Hrsg.): Einsichten. Berichte aus der Bielefelder Laborschule. Impuls Bd. 21. – Bielefeld, S. 48-68.

WAHL, A. (1999): Gleichstellungsregime. Berufliche Gleichstellung von Frauen in den USA und in der BRD. – Opladen.

WEST, C. / ZIMMERMAN, D. H. (1987): Doing gender. In: Gender and Society Jg. 1, Nr. 2, S. 125-151.

WEST, C. / FENSTERMAKER, S. (1995): Doing Difference. In: Gender and Society Jg. 9, Nr. 1, S. 8-37.

WETTERER, A. (1992): Profession und Geschlecht. Über die Marginalität von Frauen in hochqualifizierten Berufen. – Frankfurt am Main.

WETTERER, A. (1998): Noch einmal: Rhetorische Präsenz – faktische Marginalität. Die kontrafaktischen Wirkungen der bisherigen Frauenförderung im Hochschulbereich. In: PLÖGER / RIEGRAF, S. 18-34.

Ingo Richter

Öffentliche Verantwortung für das Aufwachsen von Kindern und Jugendlichen

Was heißt Verantwortung in diesem Zusammenhang?

Ich beginne mit der Schilderung von zwei typischen Fallkonstellationen:

A. Die Baustelle

Sie kennen alle das gelbe Schild, das an Baustellen angebracht ist: „Vorsicht Baustelle. Betreten verboten. Eltern haften für ihre Kinder." Die 7-jährigen Knaben A und B sind auf dem Heimweg von der Schule und kommen an einer gesicherten, zur Zeit verlassenen Baustelle vorbei, an der das genannte Schild angebracht ist. Durch ein Loch im Bauzaun dringen sie in das Baugelände ein und turnen eine Weile auf den Gerüsten herum. Hierbei lockert sich ein an sich fachgerecht angebrachtes Brett so, dass es nur noch wenig aufliegt. A und B kriechen wieder durch das Loch im Bauzaun zurück, wobei sich A am Drahtgeflecht verletzt und Mangels einer Tetanusimpfung wegen drohenden Wundbrandes ärztlich behandelt werden muss.

Nur eine Stunde später kriechen die 11-jährigen Knaben C und D, ebenfalls auf dem Heimweg von der Schule, auch durch das Loch im Bauzaun und turnen auf dem Gerüst herum, wobei D wegen des unsicheren Brettes vom Gerüst stürzt und sich schwer verletzt. – Ein Fall, den das Leben schrieb!

Ich könnte mich nun daran machen und den Fall juristisch lösen: Wer muss die Kosten für die ärztliche Behandlung tragen, eventuell Schmerzensgeld zahlen? Wessen Versicherung? Wird diese Rückgriff nehmen, und zwar gegen wen? Hat sich vielleicht sogar jemand strafbar gemacht? Doch das alles interessiert in unserem Zusammenhang nicht. Ich möchte vielmehr fragen, *warum* die Eltern von A und D, die die Verantwortung für ihre Kinder tragen, für deren Verhalten haften sollen, obwohl sie doch gar nichts getan haben, gar nicht dabei waren und zur Zeit der Vorkommnisse davon auch gar nichts wussten? Was ist das, – diese *Verantwortung*?

B. Rauchen und Lungenkrebs

Es ist völlig unbestritten, dass es eine hohe positive Korrelation zwischen Tabakkonsum und dem Auftreten von Lungenkrebs gibt. Empirische Untersuchungen, die auch die 11. Kinder- und Jugendberichtskommission in ihrem Bericht referiert, zeigen, dass junge Menschen in großem Umfang rauchen, wobei es im Laufe der Zeit Verschiebungen zwischen den unterschiedlichen Jungendpopulationen gegeben hat. Der Deutsche Kinderschutzbund erhebt – nach US-amerikanischem Vorbild – Klage gegen die Unternehmen der Tabakindustrie mit dem Antrag, 50 Millionen Euro für die Errichtung und Unterhaltung von Entziehungseinrichtungen und Lungenheilstätten zur Verfügung zu stellen. Die Eltern von mehreren minderjährigen Jugendlichen klagen gegen den Verband der Automatenaufsteller sowie gegen einzelne Automatenaufsteller mit dem Ziel, die Selbstbedienung von Minderjährigen an Zigarettenautomaten durch entsprechende technische Vorkehrungen zu verhindern. Die Bundestagsfraktion der Grünen schließlich verlangt im Namen aller deutschen Kinder und Jugendlichen von der Bundesregierung ein Verbot der Zigarettenwerbung im Kino, die sich gezielt an ein jugendliches Publikum wendet.

Auch hier interessieren mich nicht die juristischen Voraussetzungen und Chancen solcher Initiativen, sondern ausschließlich die Frage, ob die Tabakindustrie, die Automatenaufsteller und die Bundesregierung Verantwortung für die zukünftigen Erkrankungen der heutigen rauchenden Jugendlichen tragen, – und was das für eine *Verantwortung* ist.

Was verbindet eigentlich diese beiden Fälle? – Eigentlich gar nichts, nur der Begriff „*Verantwortung*". Die Fälle lassen sich nämlich anhand von folgenden Kriterien unterscheiden:

1. Zeit: Vergangenheit versus Zukunft

Im Baustellenfall geht es um ein Ereignis in der Vergangenheit, beim Rauchen um mögliche Folgen in der Zukunft.

2. Form: Konkret versus abstrakt

Es handelt sich um eine ganz konkrete Schädigung auf der Baustelle; das Gesundheitsrisiko der Raucher steht einstweilen gänzlich abstrakt – trotz der Statistik!

3. Subjekt: Individuell versus kollektiv

Die einzelnen Eltern sollen im ersten Fall Verantwortung tragen, Unternehmen, Verbände und Organe im zweiten.

4. Objekt: Individuell versus kollektiv

Die ärztlichen Kosten für einzelne Kinder im Baustellenfall, die Gesundheitsrisiken aller Raucher im Lungenkrebsfall.

5. Trägerschaft: Privat versus öffentlich
Für die Eltern handelt es sich um eine Haftung, für die sie privat aufkommen müssen. Wenn die Unternehmen oder Staatsorgane in Anspruch genommen werden, handelt es sich – wie auch immer – um öffentliche Kosten.

Der Gebrauch des Begriffes „Verantwortung" ist inflationär, – vielleicht, weil er so schön unklar ist:

- „*Verantwortung* des Menschen für die Schöpfung Gottes".
- „In seiner *Verantwortung* vor Gott und dem Menschen ... hat sich das Deutsche Volk diese Verfassung gegeben".
- „Responsible Government". „Die *Verantwortlichkeit* der Regierung".
- Auf Drängen seiner Parteifreunde übernahm der Gesundheitsminister „die *Verantwortung* für den Skandal in seinem Hause und trat zurück".
- „Kinder und Jugendliche übernehmen die *Verantwortung* für die Verkehrsregelung vor der X-Schule".
- „Der „Sittenstrolch" muss sich vor dem Richter *verantworten*". usw.

Der Blick in die *wissenschaftliche Literatur* hilft auch nicht recht weiter; es ist doch erstaunlich, dass einer der zentralen Begriffe der Sozialphilosophie so wenig thematisiert wird: Allenfalls fällt einem Max Webers Verantwortungsethik ein oder das großartige Buch von Hans Jonas „das Prinzip Verantwortung" aus dem Jahre 1979. Es versteht sich, dass Verantwortung und Haftung Gegenstand einer breiten und differenzierten rechtswissenschaftlichen Literatur sind.

Worin besteht eigentlich „Verantwortung"?

Ich will mich an das Problem durch Fragen an unsere beiden Fälle annähern. Im ersten Fall, der Baustelle: Was hätten die Eltern eigentlich tun sollen, um die Unfälle zu verhindern?

- Die Kinder über die Risiken des Schulwegs aufklären? (Erziehung)
- Die Kinder nicht zur Schule schicken, so lange das Loch im Bauzaun ist? (Prohibition)
- Den Kindern das Betreten der Baustelle untersagen? (Verbote)
- Die Kinder vor der Baustelle warnen? (Prävention)
- Die Kinder auf dem Schulweg begleiten? (Aufsicht)
- Die Kinder im Nachhinein bestrafen? (Sanktionen)

Und im zweiten Fall. Was erwarten wir von der Tabakindustrie, den Automatenaufstellern, der Bundesregierung?

- Die Einstellung der Zigarettenherstellung? (Unterlassen)
- Das Verbot der Zigarettenherstellung? (Repression)
- Die Reduzierung der Zigarettenherstellung? (Selbstbeschränkung)

- Keinen Verkauf an Kinder und Jugendliche? Oder mindestens keinen Automatenverkauf? (Vertriebsbeschränkungen)
- Die Sicherung der Aufbewahrung? (Zugangsbeschränkung)
- Generelle oder spezielle Rauchverbote gegebenenfalls mit Strafsanktionen? (Verhaltensregulierung)
- Warnung vor dem Zigarettenkonsum und Werbebeschränkung? (Prävention)
- Werbung für eine gesunde Lebensweise – „stark und schön ohne Tabak"? (positive Konditionierung)

Am wirkungsvollsten wäre es zweifellos, wenn wir, die Erwachsenen, überhaupt nicht mehr rauchen würden – wie wär's?

Vielleicht lässt sich der Verantwortungsbegriff durch die folgenden *Elemente* näher umschreiben.

Verantwortung heißt:

- Aufgaben erkennen,
- Pflichten erfüllen,
- Rechenschaft ablegen,
- für Menschen einstehen,
- nicht zuletzt: für Versagen haften.

Insbesondere dieser letzte Punkt – dass Versagen vor der Verantwortung Folgen hat – kann nicht genug betont werden. Für die Eltern im Baustellenfall sind die möglichen Folgen klar; aber wie steht es mit den Folgen für die Tabakindustrie, die Automatenaufsteller, die Bundesregierung?

Als letztes erwähne ich in diesem ersten Abschnitt über den Begriff der Verantwortung den *Grund* für die Übernahme von Verantwortung: Im ersten Fall ist der allgemeine Grund für die Elternverantwortung klar: Es ist die Pflicht zur elterlichen Sorge, Elternrecht und Elternpflicht (Art. 6, Abs. 2 GG und § 1626 BGB). Wie aber steht es im zweiten Fall mit dem Grund für die Verantwortung? Warum trägt die Tabakindustrie Verantwortung für den Lungenkrebs der Raucher? – Weil sie die Zigaretten herstellt? – Und die Automatenaufsteller? – Weil sie die Zigaretten – auch Kindern und Jugendlichen – zugänglich machen? Weil beide mit der Schaffung der Risiken Geld verdienen? Tragen nicht die Raucherinnen und Raucher selber die Verantwortung für ihre Selbstschädigung? Schließlich werden sie von den Herstellern und von der Bundesregierung gewarnt. Können auch Kinder und Jugendliche diese Verantwortung selber tragen? – Und schließlich die Bundesregierung? Warum soll sie die Verantwortung dafür tragen, dass die Menschen aufgrund von Selbstschädigung früher sterben? Es gibt ein Grundrecht auf Leben und auf Gesundheit (Art. 2, Abs. 2 GG) und der Sozialstaat trägt nach unserer Verfassung die Verantwortung dafür – schon wieder Verantwortung! –, dass die Menschen von ihren Grundrechten auch Gebrauch machen können. Was nützen die schönsten Grundrechte, wenn niemand von ihnen Gebrauch machen kann?

Bevor ich in meinem zweiten Abschnitt auf diese Begründung der *öffentlichen Verantwortung* zurückkomme, möchte ich im Hinblick auf den 11. Kinder- und Jugendbericht sagen: Der Kommission geht es ausschließlich um eine Verantwortung, die ich durch den zweiten Ausgangsfall gekennzeichnet habe:

- Verantwortung für die *Zukunft*,
- eine *abstrakte* Verantwortung,
- eine *kollektive* Verantwortung,
- eine Verantwortung für eine *Gesamtheit*, die der Kinder und Jugendlichen nämlich,
- eine *öffentliche* Verantwortung, auf die ich gleich eingehen werde.

Aus diesem Grunde hat die öffentliche Verantwortung für das Aufwachsen von Kindern und Jugendlichen auch gar nichts mit der Elternverantwortung zu tun. Die öffentliche Verantwortung für das Aufwachsen von Kindern und Jugendlichen schließt die Elternverantwortung nicht aus, – ganz im Gegenteil: Sie setzt sie voraus und soll sie ermöglichen und stärken. Die Kommission fordert eine öffentliche Verantwortung für das Aufwachsen von Kindern und Jugendlichen, damit die Eltern ihre Kinder erziehen können.

Es ist ein groteskes oder bösartiges Missverständnis, Elternrecht und öffentliche Verantwortung als Nullsummenspiel zu betrachten: Was die eine Seite verliert, gewinnt die andere! – Wie eine Glosse der FAZ vom 20.07.01, gleich nach der Übergabe des Berichtes an Frau Ministerin Bergmann unterstellt; – selbstverständlich ohne jede Kenntnis des Berichts selber, der zu der Zeit noch gar nicht zugänglich war:

Kinderverstaatlichung

Was Kinder vor allem anderen brauchen, weiß jeder: Sie brauchen Liebe, Geborgenheit, Zeit. Was davon kann der Staat ihnen geben? Nichts. Über nichts hat aber die von Jugendministerin Bergmann eingesetzte Sachverständigenkommission nicht 600 Seiten geschrieben. Der 11. Kinder- und Jugendbericht der Bundesregierung handelt vielmehr von dem, was Eltern wünschen, um sich Kinder finanziell und zeitlich leisten zu können: staatliche Rundumbetreuung von der Wiege bis zum Discoalter. Von den Verfassern des Berichts war nicht zu erwarten, dass sie in dieser Entwicklung auch eine der Ursachen oft beklagter Probleme der Jugend suchen würden. Das liefe der mittlerweile von allen Parteien getragenen Kinderverstaatlichung diametral entgegen. Schon der Titel des Berichts verheißt, dass auf diesem Weg munter vorangeschritten wird: „Aufwachsen in öffentlicher Verantwortung". Da greift eine kalte Hand nach den Kleinsten. Vermessen ist, wer von einem Jugendbericht auch Einsichten wie diese erwartet: Noch so gut geführte Krippen und Horte können Kindern nicht das Gefühl vermitteln, um ihrer selbst willen geliebt zu werden; noch so ausgedehnte Betreuungszeiten nicht die Gewissheit, daß immer jemand für sie da ist. Der Staat kann nicht Vorbild sein und auch die Erziehung nicht ersetzen.

The document speaks for itself

Was heißt öffentlich in diesem Zusammenhang?

Die Diskussion über die Verantwortung für das Aufwachsen von Kindern und Jugendlichen wird durch die grundlegende Position der Eltern und des Staates bestimmt, und zwar durch das Elternrecht (Art. 6, Abs. 2, Satz 1 GG) und das sogenannte staatliche Wächteramt (Art. 6, Abs. 2, Satz 2 GG),

das Recht der Kinder und Jugendlichen auf Erziehung und Bildung (Art. 2, Abs. 1 GG/§ 1 KJHG und die Schulgesetze der Länder) und seine Erfüllung durch die Kinder- und Jugendhilfe bzw. das Schulwesen, beides unter staatlicher Aufsicht.

Von einer *öffentlichen* Verantwortung zu sprechen heißt das Aufwachsen von Kindern und Jugendlichen jenseits der traditionellen Gegenüberstellung von Eltern und Staat thematisieren.

Der Grund für die Neuformulierung dieser Themen ist die Entwicklung des Sozialstaates. Auch wenn man die Begründungen für den quantitativen Abbau sozialstaatlicher Leistungen und den qualitativen Umbau sozialstaatlicher Organisations- und Verfahrensformen kritisiert, wie es die 11. Kinder- und Jugendberichtskommission in ihrem Bericht tut, man kann nicht darüber hinwegsehen, dass die Individuen, die Familien und die sozialen Gruppen in Zukunft eine größere Selbständigkeit und Eigenverantwortung – schon wieder Verantwortung! – für ihre Lebensbedingungen tragen werden, als dies im „Jahrhundert des Sozialstaates", im 20. Jahrhundert, der Fall gewesen ist, d.h. aber mit anderen Worten, dass die Kinder und Jugendlichen, ihre Familien und sozialen Gruppierungen auf diese Entwicklung vorbereitet, dass sie zu mehr Selbstständigkeit und Eigenverantwortung befähigt werden müssen. An die Stelle eines Sozialstaates, der die soziale Sicherheit vor allem durch monetäre Transferleistung zu gewährleisten meinte, tritt nun eine öffentliche Verantwortung, die die Voraussetzung dafür schafft, dass die Menschen selbständig und eigenverantwortlich handeln und ihre Probleme lösen können.

Wer ist denn nun der Träger dieser öffentlichen Verantwortung?

In einer pluralistischen Gesellschaft sind dies:

- Der soziale Nahraum der Kinder und Jugendlichen, insbesondere die *Netzwerke der Familien,*
- die Vielzahl der interessenorganisierenden, mitgliedergesteuerten *Vereine und Verbände,*
- die *Wirtschaftsunternehmen*, die nicht nur über Produktion und Distribution von Gütern bestimmen, sondern auch über Ausbildung und Arbeit,
- die *Arbeitgeber- und Arbeitnehmerorganisationen*, die die Politik beeinflussen,
- die *„Idealvereine"*, d.h. ideengesteuerte Organisationen, wie insbesondere die Kirchen, die Umweltschutzverbände, Amnesty International, Greenpeace u.a.m.,

- die *Massenmedien*, die sowohl die Politik wie die Bürgerinnen und Bürger beherrschen,
- die *Gemeinden und Kreise*, die die örtliche Gemeinschaft organisieren und schließlich und endlich
- der *Staat, d.h. Bund und Länder*, die die letztliche Verantwortung dafür tragen, dass das System funktioniert, und die subsidiär die öffentliche Verantwortung gewährleisten müssen.

Trotz allen Geredes von der „Entstaatlichung des Staates" muss man daran festhalten, dass der Staat die öffentliche Verantwortung für das Aufwachsen von Kindern und Jugendlichen gewährleisten muss. Im traditionellen Sozialstaat musste der Staat das sogenannte *Existenzminimum* der Menschen gewährleisten, d.h. im Klartext den Sozialhilfesatz – egal ob sich dieser nach einem fiktiven Warenkorb oder nach einem prozentualen Anteil des Durchschnittseinkommens bemisst. Öffentliche Verantwortung heißt dagegen, dass der Staat eine Selbsthilfefähigkeit gewährleisten – oder schlimmstenfalls zahlen muss.

Für diese „gemischte Gesellschaft" wurde in der Sozialpolitik der Ausdruck „Welfare mix" erfunden, weil es sich um staatliche, kommunale, freie gemeinnützige und kommerzielle Träger handelt. Von staatlichen und kommunalen Trägern kann man in der Tat die Übernahme öffentlicher Verantwortung für das Aufwachsen von Kindern und Jugendlichen erwarten, auch von gemeinnützigen Trägern, denn das Steuerrecht bindet die an sich freien Träger an die Erfüllung öffentlicher Aufgaben. Kann man aber auch kommerziellen Trägern, wie z.B. Wirtschaftsunternehmen, die Übernahme öffentlicher Verantwortung zumuten? Vielleicht ist es an der Zeit, wieder einmal daran zu erinnern, dass im Grundgesetz der Satz steht: „Eigentum verpflichtet. Sein Gebrauch soll zugleich dem Wohle der Allgemeinheit dienen". M.E. trifft der Ausdruck „öffentliche Verantwortung" die deutsche staatspolitische Lage besser als die deutschen Übersetzungen von „civil society" und „communitarianism", die aus den Vereinigten Staaten importiert wurden, die bekanntlich so etwas wie „Staat" gar nicht kennen, sondern nur civil society, community und government.

Im Bereich der Kinder- und Jugendhilfe besteht eine solche gemischte öffentliche Verantwortung bereits, denn neben kommunalen Trägern gibt es die Wohlfahrt- und Jugendverbände als Träger, aber auch kommerzielle Leistungsanbieter, alle eingebunden in ein System lokaler Planung und staatlicher Aufsicht. Der 11. Kinder- und Jugendbericht enthält eine ausführliche Beschreibung und Bewertung von Organisationen und Verfahren der Kinder- und Jugendhilfe und empfiehlt neben zahlreichen Verbesserungen im Wesentlichen die Beibehaltung dieser Form öffentlicher Verantwortung. Er regt allerdings die Einführung eines fachlich kontrollierten Wettbewerbs im Rahmen einer staatlich-kommunalen Planung und Aufsicht an, d.h. den Rückzug der Kommunen aus der Trägerschaft der Einrichtungen. Ich kann diese Vorschläge hier nicht im Einzelnen erläutern und beschränke mich deshalb auf den Hinweis, dass andere Instanzen, die die öffentliche Verantwortung für das Aufwachsen von Kindern und Jugendlichen tragen, wie z.B. das Schulwesen, von einer solchen Organisationsform noch meilenweit entfernt sind.

Kinder- und Jugendpolitik und Kinder- und Jugendhilfe als Ausdruck der öffentlichen Verantwortung für das Aufwachsen von Kindern und Jugendlichen

Die Kommission hat auf der Grundlage der empirischen Forschung eine umfassende Analyse der Lebenslagen von Kindern und Jugendlichen vorgelegt und jeweils Empfehlungen nicht nur für die Kinder- und Jugendpolitik und die Kinder- und Jugendhilfe auch für andere Politik- und Verwaltungsbereiche angegeben (siehe Gliederung von Teil B des Berichts). Sie legt darüber hinaus die folgende allgemeine Begründung einer neuen Kinder- und Jugendpolitik vor:

Jugendpolitik und Lebenslagenpolitik

Die Kommission versteht die Jugendpolitik als „Lebenslagenpolitik". Sie meint damit eine Politik im Interesse von Kindern und Jugendlichen, die erstens von den objektiven *sozialen Unterschieden* in den Lebenslagen von Kindern und Jugendlichen ausgeht und sich auf diese richtet, nämlich insbesondere auf die Unterschiede nach Geschlecht, Bildung, Schicht bzw. Klasse, Region, Migration und Alter; die zweitens die subjektive *persönliche Lebensführung* der Kinder und Jugendlichen berücksichtigt, nach den Einstellungen und Handlungsmöglichkeiten der Kinder und Jugendlichen selber fragt und ihre Selbstständigkeit stärkt und die drittens den Auftrag der Kinder- und Jugendhilfe nach § 1 KJHG ernst nimmt, wonach die Kinder- und Jugendhilfe zur *Schaffung positiver Lebensbedingungen* für Kinder und Jugendliche und ihre Familien beizutragen hat.

Für eine solche Jugendpolitik gibt es sechs Dimensionen, die in den Analysen der Lebenslagen von Kindern und Jugendlichen, die die Kommission in Teil B des Berichtes vorgelegt hat, gleichermaßen von Bedeutung sind, die zu ihnen gewissermaßen quer liegen und die hier nochmals zusammengefasst benannt werden:

- Es gibt nicht die *eine* Kindheit und Jugend, sondern vielfältige Lebenslagen von Kindern und Jugendlichen in einer stark individualisierten und pluralisierten Gesellschaft. Ein „Generationenvertrag" zugunsten der jungen Generation muss deshalb vor allem *Pluralität* gestalten.
- Kinder und Jugendliche wachsen in *Familien und sozialen Nahräumen* auf, für deren Ausgestaltung eine öffentliche Verantwortung besteht. Ein Familienleistungs- und -lastenausgleich wie ihn das Bundesverfassungsgericht einfordert, soll „Gerechtigkeit für Familien" herstellen; für Kinder und Jugendliche kommt es jedoch darüber hinaus darauf an, dass in den sozialen Nahräumen eine *bedarfsgerechte soziale Infrastruktur* zur Verfügung steht.
- Regionale Unterschiede bestimmen die Lebenslagen von Kindern und Jugendlichen in der Bundesrepublik. Sie werden vor allem dann zum Problem, wenn sie zu einer „Entmischung" der Bevölkerung, zur *sozialen Segregation* führen, wie sie zur Zeit in verschiedenen Dimensionen zu beobachten ist. Eine Kinder- und Jugendpolitik, die zur *Herstellung gleicher Lebensverhältnisse* in allen Teilen Deutschlands verpflichtet ist, muss sich deshalb insbesondere auf die schwierigen Lebensbedingungen von Kindern und Jugendlichen in einigen ländlichen Räumen und einigen städtischen Quartieren richten.
- Die *Europäische Integration* beschleunigt sich in vielen Bereichen, und zwar auch in den Bereichen Bildung, Ausbildung, Arbeit, Familie und Soziales. Es kann nicht sein, dass die europäische Integration die *Kinder- und Jugendpolitik auch weiterhin weitgehend ausspart.*
- *Zuwanderung und Integration* von jungen Menschen sind in erster Linie Aufgaben der Jugendpolitik und der Kinder- und Jugendhilfe und erst in zweiter Linie Aufgaben der Wirtschafts- und Arbeitsmarktpolitik. Wenn aus wirtschaftlichen Gründen Familien mit Kindern und junge Arbeitnehmerinnen und Arbeitnehmer ins Land geholt werden, dann muss eine als Lebenslagenpolitik verstandene Jugend- (und Familien-) politik die Voraussetzungen für *gute Lebensbedingungen* für Migrantinnen und Migranten schaffen und darf dies nicht der Wirtschafts- und Arbeitsmarktpolitik überlassen. Es darf nicht nochmals – wie seinerzeit in den Sechziger- und Siebzigerjahren – kritisch zurecht gesagt werden können: „Wir haben Arbeitsnehmer geholt, und es sind Menschen gekommen".
- Die *Geschlechtszugehörigkeit* bestimmt in der Bundesrepublik nach wie vor die Lebenslagen von Mädchen und Jungen, von Frauen und Männern, und zwar in der Form einer *Geschlechterhierarchie*. Obwohl die Gleichberechtigung der Geschlechter in vielen Bereichen große Fortschritte gemacht hat, bleiben viele Forderungen, die bereits 1984 im Sechsten Jugendbericht erhoben wurden, nach wie vor unerfüllt, z.B.

auch in der Kinder- und Jugendhilfe, in der *geschlechtsgerechte Ansätze*, Maßnahmen und Projekte für Mädchen und Jungen stärker gefördert werden müssen.

Im Mittelpunkt jeder Kinder- und Jugendpolitik steht nicht der Staat und stehen auch nicht die Eltern, sondern die jungen Menschen; diese Banalität aussprechen heißt, sich auf das *Kindeswohl* berufen, das als Wohl aller Kinder und Jugendlichen wie auch als Wohl jedes einzelnen Kindes und Jugendlichen zu verstehen ist. Deshalb gewährt das Kinder- und Jugendhilfegesetz jedem jungen Menschen ein Recht auf Förderung und Erziehung. Das Recht der Eltern und das „staatliche Wächteramt" sind auf diese Rechte der Kinder und Jugendlichen bezogen und auch die Ziele und Aufgaben der Kinder- und Jugendhilfe beziehen sich auf diese Rechte. Das Kindeswohl muss aus diesem Grunde auch oberster Maßstab jeder Jugendpolitik sein. Es bedarf zusätzlicher rechtlicher Ausprägungen.

Die Kommission spricht sich dafür aus, dass Art. 6 GG um ein „Recht des Kindes" ergänzt wird, das neben dem Elternrecht eine eigenständige verfassungsrechtliche Rechtsstellung der Kinder und Jugendlichen begründet und insbesondere der Auslegung des einfachen Rechts dient sowie für die Anwendung des Verwaltungsermessens handlungsleitend wird. Die Bundesrepublik würde hiermit die von ihr in der UN-Kinderkonvention (Art. 3 Abs. 2) und in der Europäischen Grundrechtecharta (Art. 24) übernommenen Verpflichtungen in einer eindrücklichen Weise erfüllen. Vorbild könnten hierfür die im Rahmen der Verfassungsdiskussion nach der Vereinigung der beiden deutschen Staaten vorgelegten entsprechenden Entwürfe sein.

Ich komme zum Schluss nochmals auf den Begriff der *Verantwortung* zurück, den ich durch fünf Elemente gekennzeichnet habe:

- *Aufgaben erkennen*: Ja, die Politik hat einige der genannten Aufgaben erkannt, z.B. die Schaffung von Ganztagsbetreuungsangeboten für alle Kinder; andere dagegen nicht, z.B. den Kampf gegen die zunehmende soziale Segregation.
- *Pflichten erfüllen*: Pflichten gegenüber der jungen Generation werden häufig auf Druck erfüllt, z.B. Druck aus Karlsruhe, wie im Falle des Rechts auf einen Kindergartenplatz oder auf einen gerechten Familienlasten- und
- *Leistungsausgleich*: andere Pflichten bleiben unerfüllt, wie z.B. die von der Regierung auf dem europäischen Beschäftigungsgipfels 1997 übernommene Ausbildungs- und Beschäftigungsgarantie für *alle* Jugendlichen.
- *Rechenschaft ablegen*: Die Kinder- und Jugendberichterstattung durch eine unabhängige Sachverständigenkommission ist eine Form der Rechenschaft. Der Begriff „Verantwortung" enthält das Wort „*Antwort*", und die Öffentlichkeit hat ein Recht auf eine Antwort auf die gestellten

Fragen, man sollte sich nicht damit zufrieden geben, dass Regierungen nur allzu häufig sich darauf beschränken, ihre Politik zu rechtfertigen.

- *Für Kinder- und Jugendliche einstehen*: Kinder und Jugendliche kritisieren zu Recht, dass die Erwachsenen selber nicht nach den Grundsätzen leben, zu denen sie sie erziehen wollen. Wie kann man in einer Welt voller Gewalt zur friedlichen Konfliktregelung erziehen, wie in einer Welt voller Drogen zur Abstinenz? (ich erinnere an den Lungenkrebs-Fall). Der Kinder- und Jugendschutz muss mit dem Grundwiderspruch leben, das Kinder und Jugendliche vor dem bewahrt werden sollen, was für sie den Inbegriff des Erwachsenenseins ausmacht.
- *Für Versagen haften*: In unserem ersten Einleitungsfall, „Eltern haften für ihre Kinder", ging es um Schadensersatz und Strafe; doch dieser Fall wurde für die öffentliche Verantwortung für das Aufwachsen von Kindern und Jugendlichen nicht leitend. Hans Jonas schreibt in seinem bereits genannten Buch „Das Prinzip der Verantwortung", dass die Haftung des Staatsmannes für seine Politik im Falle des Versagens im Rücktritt oder in der Abwahl bei der nächsten Wahl besteht.

Dem Beitrag liegen folgende Quellen zugrunde:

Bundesministerium für Jugend, Familie und Gesundheit (Hrsg.) (1984). Sechster Jugendbericht. Verbesserung der Chancengleichheit für Mädchen.

Bundesministerium für Familie, Senioren, Frauen und Jugend (Hrsg.) (2002). Elfter Kinder- und Jugendbericht. Bericht über die Lebensbedingungen junger Menschen und die Leistungen der Kinder- und Jugendhilfe.

Jonas, Hans (1979). Das Prinzip Verantwortung.

Kaufmann, Franz-Xaver (1992). Der Ruf nach Verantwortung.

Weber, Max (19262). Politik als Beruf.

Gita Steiner-Khamsi

Innovation durch Bildung nach internationalen Standards?

Das mongolische Bildungsministerium kündigte 1998 eine grundlegende Reform der Lehrerfortbildung an. Das Ministerium begründete die Reform damit, dass eine Orientierung an „internationalen Standards" dringend erforderlich sei, zumal die Gefahr bestehe, dass das mongolische Bildungssystem international gesehen ins Abseits gerate. Um diese Neuorientierung an internationalen Entwicklungen für alle sichtbar zu markieren, führte das Ministerium Fortbildungsgutscheine ein, ohne jedoch – und das ist das Rätsel, das es hier zu lösen gilt – die den Gutscheinen zugrunde liegende Idee von Qualitätssteigerung durch Wettbewerb zu verfolgen. In der Praxis wurden die Gutscheine von Anfang an als reguläre Anmeldeformulare in neuer Aufmachung gehandhabt, welche lediglich das Teilnahmeinteresse an bestimmten Fortbildungskursen schriftlich festhielten. Dennoch bestand das Ministerium darauf, dass die Reform grundlegend sei und sich nach dem Stand der neuesten Entwicklungen im Ausland richte. Anstelle der mongolischen Bezeichnung *erkhen bichig* („erkh" bedeutet Anrecht und „bichig" Schreiben, d.h. ein Berechtigungsschreiben) benutzte das Ministerium mit Vorliebe die englische Bezeichnung für Bildungsgutscheine: *vouchers*.

Das „Ausland als Argument" zur Legitimierung lokaler Reform ist hinlänglich untersucht worden (ZYMEK 1975, SCHRIEWER 1990, GONON 1998). Bislang weniger zum Gegenstand erziehungswissenschaftlicher Forschung erhoben ist jedoch die Frage, was nach erfolgter Rezeption geschieht. Die meisten Rezeptionsuntersuchungen konzentrieren sich auf die Phase der „Externalisierung" (vgl. SCHRIEWER 1990), d.h. auf den Zeitpunkt, in dem eine Bezugnahme „zum Ausland" oder „zur Welt" hergestellt wurde. Weniger durchleuchtet sind die Phasen danach, wenn das Rezipierte lokal umgedeutet und nur partiell umgesetzt wird. Gerade das Fallbeispiel der Mongolei mag dazu einige wichtige Anhaltspunkte liefern, da vier Jahr nach Einführung der Reform weder eine grundlegende Lehrerbildungsreform noch Ähnlichkeiten mit *voucher*-Konzepten anderer Länder festzustellen sind. Ein Blick auf die verschiedenen Reformebenen (politische Rhetorik, bildungspolitische Regelungen, Umsetzungspraxis) ist im vorliegenden Untersuchungsansatz genauso notwendig wie eine nähere Untersuchung des „Mongolisierungsprozesses" bzw. der lokalen Umdeutung des Reformimportes.

Die Auswahl des Fallbeispiels

Im englischen Sprachgebrauch wird die Rezeption von Bildungsreformen oftmals als *„educational policy borrowing"* (PHILLIPS 1993; 2000; HALPIN / TROYNA 1995) und manchmal auch – absichtlich in einem kritischen Unterton – als Reformimport bezeichnet. Dementsprechend wird dieser Prozess auf Seiten der „Entsender" begrifflich mit ‚Diffusion', *educational policy lending* oder ‚Export' erfasst.

Die Untersuchung transnationaler Transferprozesse – Rezeption und Diffusion, *borrowing* und *lending,* Import und Export – hat eine lange Tradition innerhalb der vergleichenden Erziehungswissenschaft (HOLMES 1981, COWEN 2000, STEINER-KHAMSI 2000). Allerdings ist eine Vielzahl der Untersuchungen normativ geleitet, und es geht oft um die Frage, was von anderen Bildungssystemen zu lernen sei. Wie die aktuelle Diskussion um PISA veranschaulicht, wird dabei davon ausgegangen, dass (wie auch immer definierte) kontextuelle Ähnlichkeit eine Bedingung für eine erfolgreiche Rezeption sei. Beispielsweise speist sich die gegenwärtige Abwertung des deutschen Schulsystems aus der Erwartung, dass Staaten, die wirtschaftlich und politisch auf einem vergleichbaren Stand sind, auch ähnliche Schulleistungen produzieren sollten. Was als Skandal heraufbeschworen wird, ist im Grunde genommen der Umstand, dass wir es beim Vergleich von Deutschland mit den Spitzenreitern Finnland, Kanada, und Neuseeland – wider Erwarten – mit *„most similar systems (but) with different outcomes"* zu tun haben. Erwartet wurde demnach, dass die deutschen PISA Ergebnisse einer Logik von *„most similar systems with similar outcomes"* (vgl. BERG-SCHLOSSER 2001, S. 24-29; STEINER-KHAMSI / TORNEY-PURTA / SCHWILLE 2002) folgen müssten.

Methodisch gesehen handelt es sich – allerdings nur auf den ersten Blick – beim vorliegenden Fallbeispiel Mongolei um einen Fall von *„most different systems (but) with similar outcomes"*. Das mongolische Bildungsministerium übernahm nämlich das Bildungsgutscheinkonzept von Staaten, die es als unähnlich, aber nachahmenswert einstufte. Ich hätte irgend ein beliebiges Bildungssystem als Fallbeispiel auswählen können, da die Kernidee von Bildungsgutscheinen (Qualitätssteigerung durch Leistungskontrolle und offenen Wettbewerb) auch anderen wirkungs- und marktorientierten Reformen zugrunde liegt (FINKELSTEIN / GRUBB 2000; RADTKE / WEISS 2000; LOHMANN / RILLING 2002), die seit einiger Zeit eine weltweite Diffusion erfahren haben (CARNOY / MCEWAN 2001; LEVIN / LOCKHEED 1993). Es ist auffällig, dass Reformmodelle in andere Schulsysteme exportiert werden, obwohl sie – in manchen Fällen gerade weil sie (vgl. STEINER-KHAMSI / QUIST 2000; DALE 2001; HALPIN / TROYNA 1995) – in ihren Ursprungsländern umstritten waren. Die erste der beiden Absichten, die ich mit dieser Untersuchung verfolgt habe, war es, am Beispiel der *vouchers* die lokale Umdeutung und „Mongolisierung" eines solchen globalen Reformmodells aufzuzeigen.

Die Auswahl der Fallstudie geht jedoch über die Untersuchung von *„glocalization processes"* (ROBERTSON 1994) hinaus und will die umfassendere Frage nach Globalisierungsprozessen wenigstens anschneiden. Werden sich Bildungsreformmodelle zunehmend ähnlicher und konvergieren sie in Richtung eines „internationalen Modells von guter Schule" oder trifft das Gegenteil zu? Diejenigen, die an eine Konvergenz glauben, stürzen sich mit Vorliebe auf das *„most different systems (but) with similar outcomes"*-Forschungsdesign und führen es als empirischen Beleg an, der die Annäherung verschiedenster Systeme beweist. Sie würden die Tatsache, dass heutzutage *sogar* (sic!) *in der Äußeren Mongolei* Bildungsgutscheine eingeführt werden als ein untrügliches Zeichen dafür deuten, dass wir uns in Sachen Bildungsreform auf eine Weltkultur zubewegen. Mir geht es darum, aufzuzeigen, dass die Dichotomisierung der Globalisierungsfrage, also die Opposition von Konvergenz und Divergenz, den Blick für lokale Akteure verstellt. Es gilt, die Zwischenräume auszuleuchten und zu verstehen, wie und weshalb lokale Akteure – Bildungsbehörden, Bildungsverwalter und Lehrpersonal – globale Einflüsse selektiv übernehmen, lokal rekontextualisieren oder auch ablehnen.

Das Fallbeispiel greift auf meine vierjährige Forschungstätigkeit in der Mongolei zurück und bezieht sich auf Interviews (Einzel- und Gruppeninterviews), Dokumentenanalyse und teilnehmende Beobachtung in rund vierzig Schulen sowie auf Expertengespräche, die ich während neun Monaten (verteilt auf vier Jahre) durchführen konnte. Den äußeren Rahmen bildete meine Beratungstätigkeit im Projekt *„School 2001: School-Based Reform in Mongolian Secondary Schools"*, an dem 72 der insgesamt 606 Schulen der Mongolei beteiligt waren. Das dreijährige Schulentwicklungsprojekt wurde von der Soros Stiftung *(Mongolian Foundation for Open Society)* finanziert.

Lokale Umdeutungen eines Reformimportes

Als das Ministerium die Notwendigkeit einer grundlegenden Lehrerbildungsreform begründete, war die Anlehnung an den Sprachgebrauch internationaler Organisationen nicht zu übersehen. Die finanzstärksten internationalen Organisationen im mongolischen Bildungssektor sind dabei die *Asian*

Development Bank, JICA (japanische Organisation für Entwicklungszusammenarbeit), die Soros Stiftung sowie DANIDA (dänische Organisation für Entwicklungszusammenarbeit). UNESCO und UNICEF weisen zwar wenig Eigenmittel auf, sind jedoch auf ministerieller Ebene einflussreich.

Es war beispielsweise die Rede davon, dass das *voucher*-System eine Initiative für „lebenslanges Lernen" darstelle. Die damit angestrebte „Dezentralisierung" bewirke einen „Bruch mit dem Staatsmonopol" und ermögliche dank „freier Wahl", den „individuellen Bedürfnissen" des einzelnen Lehrers nachzukommen. Ein Kernargument war dabei, dass die „Qualität" von Fortbildungsangeboten nur durch die Einführung von „Wettbewerb" gesteigert werden könne. Das Ministerium stellte die Einführung der *vouchers* in der Öffentlichkeit als eine längst überfällige Reform dar, bei der die postsozialistische Wende endlich auch im Bildungsbereich eingeläutet werde und die neuen demokratischen Werte von freier Marktwirtschaft, persönlicher Freiheit und individuellen Rechten in die Praxis umgesetzt würden.

Die dadurch erzeugten Erwartungen in der Öffentlichkeit waren so groß, dass sich allerlei Gerüchte und Befürchtungen verbreiteten. Eines der Gerüchte war, dass das Ministerium zunächst mit Wettbewerb und freier Wahl in der Lehrerbildung experimentiere und nach geglückter Versuchsphase gedenke, „wie in Amerika", auch an die Eltern Gutscheine zu verteilen, damit die Eltern die Schule ihrer Wahl bestimmen können. Die Einführung von *vouchers* war Tagesgespräch. Immer wieder gab es skeptische Stimmen, die zum Beispiel fragten, ob es überhaupt realistisch sei, in der Zukunft auch an Eltern Gutscheine zu verteilen, da doch der durchschnittliche Abstand zwischen den einzelnen Schulen 70 km beträgt. In der Anfangsphase wurde auch darüber spekuliert, ob Schul*vouchers*, wenn sie denn eingeführt worden seien, den nomadischen Lebensstil immerhin eines Drittels der mongolischen Bevölkerung begünstigen oder ihm schaden würden. In der Öffentlichkeit wusste man nicht genau, in welche Richtung das Ministerium die Schulreform vorantreiben wollte, aber man war zuversichtlich, dass die *vouchers* die ersten Anzeichen für eine schleichende Amerikanisierung von Schule darstellen. In dieser ersten Phase von bildungspolitischen Ankündigungen und Verheißungen *(„policy talk")* wusste man weder, was genau unter *„voucher-based reform"* zu verstehen, noch ob die Einführung von Gutscheinen gut oder schlecht sei.

Das Geheimnis um die *vouchers* fing sich erst an zu lüften, als die bildungspolitischen Erklärungen verschriftlicht wurden. Die fünfseitige Richtlinie vom 24. März 1998, welche vom Finanzminister und Bildungsminister gemeinsam unterzeichnet wurde, erläuterte die neue *„voucher-based reform"*. Zum Erstaunen Vieler hatte die Richtlinie nicht die geringste Ähnlichkeit mit dem Angekündigten, Erwarteten oder Befürchteten. Von fundamentaler Lehrerbildungsreform war keine Spur zu sehen. Die Richtlinie sah eine geringfügige Modifikation der bisherigen Praxis vor. Erst nach Veröffentlichung der Richtlinie nahmen die Anspielungen auf internationale Konzepte der Bildungsreform endlich Gestalt an, und zwar nach dem folgenden Muster: Der internationale Sprachgebrauch wurde so umgedeutet, dass sich die Reform in die bestehende Praxis einpasste oder diese nur geringfügig veränderte. „Lebenslanges Lernen", ein von der UNESCO entliehenes Schlagwort, bedeutete, dass die Lehrkräfte nun jährlich mehrtägige anstatt alle fünf Jahre mehrwöchige Weiterbildungskurse besuchen. Mit „Dezentralisierung" war gemeint, dass auch Lehrerfortbildungskurse außerhalb des „Zentrums", d.h. der Hauptstadt Ulan Bator, angeboten werden. „Das Staatsmonopol brechen" war eine Anspielung darauf, dass nun drei verschiedene staatliche Institutionen anstatt nur eines staatlichen Instituts (das „Institut für Schulentwicklung") Fortbildungskurse anbieten. „Freie Wahl" und Eingehen auf „individuelle Bedürfnisse" beinhaltete die Neuregelung, dass die Teilnehmer auf den Anmeldeformularen *(vouchers)* ihre Unterrichtsfächer angeben mussten, damit sie zu fachspezifischen Kursen eingeladen werden konnten. Nach wie vor wurden die Fortbildungskurse vom staatlichen Institut für Schulentwicklung inhaltlich festgelegt, koordiniert und geleitet.

Die eben beschriebene zweite Phase, die *„policy action",* weckte in mancher Hinsicht Erinnerungen an die Wirtschaftskrise von 1990 – 1992. Es war eine Krise, die durch den Ausfall sowjetischer Subventionen ausgelöst wurde und die Bevölkerung an den Rand einer Hungersnot brachte. Die *vouchers* fungierten nun wie die damals in der Wirtschaftskrise vergebenen Lebensmittelmarken: Sie konnten nur in staatlich geführten Geschäften eingelöst werden, die Preise waren festgelegt, die Ware war beschränkt und es gab keine Auswahlmöglichkeiten. Von Qualitätssteigerung durch Wettbewerb und Marktregulierung, bei dem der „Konsument" (Lehrer) seinen Gutschein dort einlöst, wo auch eine gehaltvolle und für ihn nützliche Ware (Lehrerfortbildungskurse) angeboten wird, war bereits in dieser zweiten Phase keine Rede mehr.

In der dritten Phase schließlich, der *„policy implementation",* drückten die verschiedenen Gruppen von Betroffenen ihren Unmut und ihre Besorgnis über das neue *„voucher-based"* System aus.

„Was für Gutscheine?" war eine häufige Reaktion von Lehrkräften. Von den befragten Lehrerinnen haben zwar alle von der Existenz von Fortbildungsgutscheinen gehört, aber nicht eine einzige Lehrerin hat jemals einen Gutschein zu Gesicht bekommen, und nur einige wenige stellvertretende Schulleiterinnen hielten einen *voucher* in der Hand. Die jüngeren Lehrerinnen gingen von der falschen Annahme aus, dass die Gutscheine gar nicht für das Lehrpersonal gedacht seien, sondern für die Schulleiter, stellvertretenden Schulleiterinnen sowie für die Methodikberater, welche in den Bildungs- und Kulturzentren von Ulan Bator und den 21 Provinzen *(„aimag")* beschäftigt sind. Die länger im Schuldienst stehenden Lehrerinnen vermissten das alte System, bei dem sie alle fünf Jahre ein Anrecht auf Weiterbildung in der

Hauptstadt hatten. Aus ihrer Sicht hatten sie im alten System direkten Zugang zu „richtigen Experten", wohingegen sie jetzt nur noch Kurse in der Provinz besuchen können, die von Methodikberatern – die meisten jünger und weniger erfahren als sie selber – angeboten werden.

Bei der Frage nach der Qualitätsverbesserung im *„voucher-based system"* verwiesen die befragten Lehrerinnen immer wieder auf den mangelnden Bezug zu didaktischen Fragen. Der Grundtenor kann in der nachfolgenden Aussage einer Lehrerin zusammengefasst werden: „Früher mussten wir uns ständig Vorträge über die pädagogischen Kernideen im Kommunismus anhören, heute wird uns eingehämmert, wie eine demokratische Gesellschaft zu funktionieren habe und welche Rolle wir als Erzieher dabei spielen müssen."

Ins Schussfeld der Kritik gerieten vor allem die Methodikberater. Sie seien die einzigen, die von den Gutscheinen profitiert hätten. Eine Pädagogikdozentin an einer Zweigstelle der staatlichen pädagogischen Universität kommentierte, dass die Methodikberater gleich zweimal von den Gutscheinen einen Nutzen ziehen würden: Zunächst erhalten sie *vouchers*, um die Kurse in Ulan Bator zu besuchen. Wenn sie dann in ihre Provinz zurückkehren, bieten sie Kurse an und lösen die Gutscheine der Kursteilnehmer ein. Dadurch gelangen sie zu einem zusätzlichen Gehalt.

Von den 29 befragten Schulen hatten lediglich vier vom Angebot des Ministeriums profitiert. Die Schulleiter dieser vier Schulen schrieben ohne Rücksprache mit den Betroffenen einzelne Lehrerinnen für eine Fortbildung ein und verfügten, dass diese die Option „selbstständiges Lernen" in Anspruch nehmen müssen. „Selbstständiges Lernen" ersetzt den Besuch von Kursen und ermöglicht der Lehrperson, Bücher und didaktische Materialien anzuschaffen, welche dann der gesamten Schule zugänglich gemacht werden müssen.

Der Unmut über das Gutscheinsystem war jedoch auch bei den Methodikberatern – nach Auffassung der Lehrkräfte die Hauptnutznießer des neuen Systems – groß. Diese beklagten sich, dass der Inhalt der Kurse, die sie nach erfolgreicher Absolvierung in der Hauptstadt in ihren Provinzen reproduzieren müssen, zu abstrakt sei und wenig mit der Realität der Dorf- und Provinzzentrenschulen gemeinsam hätten.

Aber auch bei den Schulleitern stieß das Gutscheinkonzept auf Kritik. Sie sowie die Leiter der Erziehungs- und Kulturzentren in den 21 Provinzen kritisierten administrative Mängel bei der Abwicklung des neuen Fortbildungssystems. Eigentlich sollten sie die Gutscheine im März erhalten und danach die Liste der Teilnehmer bis zum Mai einreichen. Jedes Jahr würden andere Pannen eintreten und andere Stellen dafür verantwortlich gemacht, weshalb die Gutscheine erst viel später einträfen. Zudem würden sie weniger Gutscheine erhalten, als ihnen zugesprochen wurden. Aus diesem Grund müssten sie Prioritäten setzen und nominierten in erster Linie stellvertretende

Schulleiterinnen und Methodikberater in der Erwartung, dass diese das Erlernte in regional organisierten Fortbildungsveranstaltungen an reguläre Lehrkräfte weitervermittelten.

Erstaunlicherweise vermochte das von zwei Ministerien (Finanz- und Bildungsministerium) erlassene *„voucher-based system"* auch die befragten Beamten im Bildungsministerium nicht mehr zu erwärmen. „Zu viel Koordinationsaufwand" und „zu geringer Nominalwert eines Gutscheins" waren die Hauptgründe für ihre Unzufriedenheit. Zudem hoben die befragten Beamten Schwierigkeiten bei der finanziellen Abwicklung hervor. Dem Bildungsministerium wurde ein jährliches Budget von 160 Millionen Tugrig (rund 160.000 Euro) zugesprochen. Aus unerklärlichen Gründen verfüge das Ministerium am Ende des Schuljahres lediglich über 100 Millionen, d.h. rund ein Drittel weniger, entweder weil der vom Finanzminister zugesprochene Betrag nicht beim Bildungsministerium eintraf, die Gutscheine auf dem Weg in die Provinzen verloren gingen, die Behörden nicht alle ihnen zugestellten Gutscheine verteilten oder die Schulleiter nicht alle Gutscheine einlösten.

Die Logik von Diskrepanzen

Im vorangegangenen Abschnitt habe ich mich DAVID TYACK und LARRY CUBANs Unterscheidung dreier Phasen einer Bildungsreform – *„policy talk"* (Phase bildungspolitischer Absichtserklärungen), *„policy action"* (Phase bildungspolitischer Beschlüsse) sowie *„policy implementation"* (Phase praktischer Umsetzung) – bedient (TYACK / CUBAN 1995; CUBAN 1998). Die Differenzierung in drei Phasen hat deutliche Diskrepanzen zwischen den drei Gruppen von lokalen Akteuren (Bildungspolitiker, Bildungsbehörden, Lehrpersonal) zu Tage gefördert. Sie hat gezeigt, dass es nicht eine einzige lokale Reaktion auf einen Bildungsimport gibt, sondern viele verschiedene Interpretationen. Die Interpretationen fallen nicht nur unterschiedlich aus für die drei größeren Gruppen, sondern sie variieren auch innerhalb einer Gruppe (Bsp. Differenzen zwischen Lehrerinnen und Methodikberatern innerhalb der Gruppe des Lehrpersonals). Ebenso variieren die Vorstellungen darüber, wie das importierte *„voucher-based system"* am besten an lokale Verhältnisse angepasst bzw. mongolisiert werden sollte.

Wie das mongolische Fallbeispiel veranschaulicht, war die Wirksamkeit der Rezeption, die einen „Zusatzsinn" (LUHMANN / SCHORR 1982; 1988, SCHRIEWER 1990) und zusätzliche externe Autorität herstellten sollte, nur von kurzer Dauer. Der Externalisierungsvorgang bzw. der Verweis auf ein fremdes, neues und prestigeträchtiges Reformmodell vermochte nur für eine kurze Zeitspanne Legitimität und Einigung für eine vermeintlich grundlegende Lehrerbildungsreform erzielen. Bereits kurz nach der Rezeption entstand

Dissenz darüber, wie das angekündigte Gutscheinsystem in mongolische Verhältnisse übertragen werden sollte.

Die angewandte Bildungs- und Evaluationsforschung tendiert zu sehr dazu, technokratische Ursachen für Diskrepanzen in den Vordergrund zu rücken. Von einer technokratischen Perspektive hätten die Diskrepanzen zwischen *policy talk, policy action,* und *policy implementation* beispielsweise mittels klarer formulierter Richtlinien, professionellerer Steuerung sowie klarerer Verantwortungsstrukturen („accountability") vermieden werden können. Mit ein paar einfachen Eingriffen, wie beispielsweise durch das Festlegen von drei Gutscheinkategorien (eine für Methodikberater, die als angehende Fortbildungsleiter fungieren, eine weitere Kategorie für reguläre Lehrkräfte und eine dritte für Behördenvertreter), hätte der „Missbrauch" von Gutscheinen verhindert werden können. Diesem technokratischen Ansatz ist entgegenzuhalten, dass es ein Irrtum wäre, davon auszugehen, dass das Ministerium untätig zusah, wie bei der Umsetzung der *voucher-based* Reform alles schief ging. Mehrere Experten und Kommissionen wurden eingesetzt, Empfehlungen erlassen, neue Richtlinien erarbeitet (im Jahr 2001) und alles Mögliche und Denkbare wurde unternommen, um die Umsetzung des Gutscheinreformmodells zu verbessern. Eine technokratische Perspektive birgt die Gefahr, die kulturelle Logik der Diskrepanzen zu vernachlässigen und stattdessen Universallösungen für den mongolischen Kontext aufzutischen.

Um die Logik der Diskrepanzen zu verstehen, bieten sich Konstrukte an, welche die subjetive Wahrnehmung und Positionierung in den Vordergrund rücken, wie beispielsweise das Konzept des situierten Wissens (Jean Lave), der epistemologischen Gemeinschaften (Michel Foucault, Thomas Popkewitz) oder in den vergleichenden Sozialwissenschaften das Konzept des kontextspezifischen Kausalitätsgefüges (TILLY 1984; 1997; 1998). Solchen Ansätzen – und ich habe nur drei Konstrukte dieses inzwischen (genauer: wieder) weitverbreiteten Ansatzes exemplarisch herausgegriffen – liegt zugrunde, dass sie Situations- und Problemdefinitionen im jeweiligen Kontext betrachten.

Die lokalen Akteure, in unserem Fall die in der Lehrerfortbildung involvierten Entscheidungsträger, Verwalter und Benutzerinnen, sehen sich mit unterschiedlichen Problemlagen konfrontiert. Den Import eines externen Reformmodells deuten sie so um, dass es eine Lösung *ihrer* Problemlage darstellt. Demnach muss die oftmals in Passivkonstruktion gestellte Frage, weshalb ausgerechnet ein auswärtiges Reformmodell importiert wurde, dahingehend präzisiert werden, wie lokale Akteure einen Reformimport zur Bewältigung ihrer eigenen Aufgaben und zur Durchsetzung ihrer verschiedenen, zum Teil konfligierenden Interessen eingesetzt haben.

Auf der politischen Ebene *(„policy talk")* ist die Abhängigkeit von externen Subventionen anzuführen. In Zeiten sowjetischer Einflussnahme machten sowjetische Subventionen ein Drittel des Bruttoinlandproduktes (BIP) aus. In den neunziger Jahren ist nicht nur der gesamte Anteil externer Subventionen am BIP auf ein Viertel zurückgegangen, sondern bei der Verteilung externer Mittel haben der Gesundheits- und Bildungssektor, im Vergleich zum vorangegangen sozialistischen Zeitraum, massiv an Priorität eingebüßt (STEINER-KHAMSI / NGUYEN 2001).

Mongolische Politiker haben eine fest verwurzelte Tradition, die Sprache der Alliierten sprechen zu müssen, um an die notwendigen Subventionen zu gelangen. Mit dem Eintritt in einen neuen transnationalen „Bildungsraum" (NOVOA / LAWN 2002), der von den neuen, marktwirtschaftlich orientierten, Allierten belegt wird, mussten auch die mongolischen Politiker ihren *„policy talk"* neu kodifizieren. In den 90er Jahren ließen sie die sozialistische Programmatik von Chancengleichheit und unentgeltlicher Erziehung fallen, welche unter anderem für die beachtlich hohe Alphabetisierungsrate von über 97 Prozent, ein gut ausgebautes Netz von Schulinternaten für die Kinder von nomadisch lebenden Hirtenfamilien sowie beeindruckend hohe Schulabschlussraten gesorgt hatte (MONGOLIA NATIONAL STATISTICAL OFFICE 2001; MINISTRY OF SCIENCE, TECHNOLOGY, EDUCATION AND CULTURE et al. 2000). Die Mongolei ist eines der wenigen Länder dieser Welt, in der sowohl die Einschulungsrate *(„gross enrolment ratio")*, die Abschlussrate sowie das erreichte Ausbildungsniveau *(„educational attainment")* von Schülerinnen signifikant höher sind als von männlichen Schülern. Die *„gender gap"* fällt auf allen Stufen des Bildungssektors (von Vorschule bis Universität) zu Ungunsten der männlichen Bevölkerung aus. Der *„human development index"* (UNITED NATIONS DEVELOPMENT PROGRAMME 2000), der sich aus drei Indizes zusammensetzt (Lebenserwartung, Einschulungsrate, Pro-Kopf-Einkommen), beträgt für die Mongolei beachtliche .65; und dies obwohl Ende der 90er Jahre zwei Drittel der Bevölkerung als „arm" oder „sehr arm" eingestuft wurde (GOVERNMENT OF MONGOLIA et al. 1999) und das monatliche Durchschnittseinkommen für eine Lehrperson nicht mehr als 40 Euro pro Monat betrug.

Anstelle der sozialistischen Programmatik übernahm das Bildungsministerium die Sprache und die Konzepte aus marktwirtschaftlich orientierten Bildungssystemen. Diese Neuorientierung erhellt den Umstand, dass in der vergangenen Dekade eine Hochkonjunktur von Bildungsreformrezeptionen zu verzeichnen war. In allen Bereichen des Bildungssektors wurden blindlings Reformen importiert und als neue Richtlinien erlassen. Die Reformen wurden von Anfang an breiträumig angelegt, ohne sie vorher in einer Versuchsphase zu prüfen und zu evaluieren. Im Hochschulsektor wurden private Universitäten, Akkreditierungskriterien, Studiengebühren, *Master of Arts* und *Bachelor of Arts* Studiengänge sowie das amerikanische *„credit system"* eingeführt; im Lehrplanbereich *„curriculum standards"* für jedes Schulfach und jede Jahrgangsstufe sowie jährlich stattfindende standardisierte

Schulleistungsprüfungen zur Qualitätssicherung; in der Lehrerfortbildung schließlich *„vouchers"*.

Ob und wie diese Reformimporte implementiert wurden, ist allerdings, wie das Fallbeispiel zeigt, eine andere Frage. *„All money comes with strings attached"* ist eine Aussage, die auch auf die internationale Entwicklungszusammenarbeit zutrifft. Ohne die von den internationalen Organisationen propagierten Reformmodelle zumindest auf der diskursiven Ebene zu übernehmen, wäre das Bildungsministerium kaum an externe Subventionen herangekommen.

Hinzu kommt, dass die Idee von dezentral durchgeführten Fortbildungskursen eine Lösung für das Problem der dramatisch gestiegenen Transportkosten darstellte. Mit dem Zusammenbruch des Flugverkehrsnetzes, welches bis Ende der 80er Jahre alle Provinzhauptstädte (*aimag*-Zentren) und sogar mehrere Bezirkszentren (*soum*-Zentren) bediente, musste der Verkehr auf die Eisenbahn verlagert werden. Lediglich die Nord-Süd-Achse ist durch Straßen und Eisenbahn gut erschlossen (Verbindung Russland – China). Alle anderen Ortschaften sind nur mit erheblichem Zeit- und Kostenaufwand zu erreichen (vgl. BRUUN / RONNAS / NARANGOA 1999). Die frühere Praxis, Lehrkräfte alle fünf Jahre zentral weiterzubilden, wurde finanziell untragbar. Diese Praxis, die übrigens auch in anderen sozialistischen Lehrerbildungssystemen anzutreffen war (SACHSENMEIER 1978), hatte großen Anklang bei den mongolischen Lehrkräften gefunden. Eine Einladung nach Ulan Bator war für sie wie ein Dienstgeschenk, auf das sie alle fünf Jahre zählen konnten.

Die Gründe für die Bevorzugung der Methodikberater, Schulleiter und Provinzbehörden (Leiter der Erziehungs- und Kulturzentren) beim neu eingeführten *voucher*-System werden verständlich, wenn wir deren veränderte Realität und Problemlage unter die Lupe nehmen. Sie sind diejenigen, die bei den international finanzierten Fortbildungsprogrammen leer augegangen sind. Zwar haben DANIDA (dänische Organisation der Entwicklungszusammenarbeit) und die *Asian Development Bank* eine Zeit lang die Fortbildung von Behörden finanziert, aber die Nachhaltigkeit dieser Projekte war gering, da die fortgebildeten Behörden nach jedem Regierungswechsel ausgetauscht wurden. Nicht nur die Behörden in Ulan Bator, in den Provinzhauptstädten und Bezirkszentren, sondern auch die Schulleiter werden im mongolischen Bildungsrecht als Repräsentanten des Staates betrachtet. Sie bei jedem Regierungswechsel zu ersetzen (in den 90er Jahren gab es vier größere und zahlreiche kleinere Regierungsneubildungen), wird als selbstverständlich erachtet. Die internationalen Organisationen (speziell die *Asian Development Bank*) versuchten, allerdings ohne Erfolg, eine Professionalisierung der Schulverwaltung und Schulleitung mittels Ausbildungsgängen zu bewirken, um dadurch das ständige Auswechseln von erfahrenen Behörden und Schulleitern aufgrund deren parteipolitischer Zugehörigkeit zu verhindern. Dass diese Staatsrepräsentanten bei der Einführung des vage formulierten

Reformimportes eine Chance sahen, sich selber sowie ihre nächsten Angestellten, die Methodikberater, einseitig zu bevorzugen, wird vor dem Hintergrund der politischen Instabilität verständlich.

Die Schulleiter wiederum deuteten den Zweck der Gutscheine so um, dass eine ihrer Herausforderungen, nämlich ausreichend Bücher und didaktische Materialien verfügbar zu machen, gelöst wurde. Wie bereits erwähnt, wurden jene vereinzelten Lehrkräfte, die direkten Zugang zum *voucher*-System hatten, für „selbstständiges Lernen" eingeschrieben, d.h. erhielten Materialien für das Selbststudium, welche sie unverzüglich in der Schulbibliothek abliefern mussten. Auch hier ist es nützlich, das Dilemma der Schulleiter aufzuführen. Im Jahr 1989 gab es noch 3.5 Bücher pro Einwohner, wohingegen die Rate im Jahr 2000 auf 1.2 sank. Im gleichen Zeitraum ist die Anzahl der öffentlichen Bibliotheken von 418 auf 181 zurückgegangen und das ehemals gut ausgebaute Netz von 600 Zeitungsverteilungsstützpunkten ist ganz zusammengebrochen (MINISTRY OF SCIENCE, EDUCATION AND CULTURE et al. 2001). Aus der Statistik des Bildungsministeriums entnehmen wir ferner, dass Schulen im Durchschnitt nur 0.9 Prozent des Budgets für Lehrmittel und Schreibmaterial ausgeben können (BATJARGAL 2001); 20 Prozent werden von Heiz- und Elektrizitätskosten absorbiert (WORLD BANK 2001).

Die Einzigen, die nicht direkt vom *voucher*-System profitiert haben sind diejenigen, welche die Reform anfänglich als Hauptnutznießer hervorhob: die Lehrkräfte. Sie haben nur indirekt von den Gutscheinen profitiert, indem sie an Fortbildungskursen in ihren Provinzen teilnahmen, die von Methodikberatern geleitet wurden. Dass der Aufstand der Lehrkräfte ausblieb, hat unter anderem damit zu tun, dass das gut ausgebaute, ehemalige Weiterbildungssystem ohnehin aus finanziellen Gründen aufgehoben wurde. Sie hatten sich bereits an die „Transition" – in der Mongolei als ständig anhaltende Wirtschaftskrise und politische Instabilität wahrgenommen – gewöhnt und erwarteten vom Reformimport kaum eine Verbesserung ihrer eigenen beruflichen Situation. Inzwischen hat das Ministerium die Abwanderung von Lehrern in die Privatwirtschaft und in die Hauptstadt als Problem erkannt und versucht sie, bisher mit wenig Erfolg, aufzuhalten (STEINER-KHAMSI / NGUYEN 2001).

Externalisierung in Zeiten politischen Wandels

Auf die Hauptfragestellung, weshalb das Ministerium Gutscheine einführte, aber nicht das den Gutscheinen zu Grunde liegende Konzept von Markt- und Wirkungsorientierung, bin ich in den vorherigen Abschnitten eingegangen. Die Unterscheidung in *policy talk, policy action* und *policy implementation* hat mir ermöglicht, aufzuzeigen, dass lediglich auf diskursiver Ebene, in der ersten Phase von *policy talk*, Assoziationen mit dem markt- und wirkungsorientierten Konzept (Qualitätssteigerung durch Wettbewerb) geweckt wurden. Entgegen den großartigen Erwartungen lokaler und internationaler Fachleute war kein Boom von freien Anbietern zu verzeichnen, die alles daran setzen würden, sich auf dem freien Markt der Lehrerfortbildung mit attraktiven Angeboten gegenseitig zu übertrumpfen und staatliche Mittel *(voucher)* an ihr eigenes Angebot anzubinden. Die Idee von Qualitätssteigerung durch Wettbewerb versickerte in den nachfolgenden Phasen *(policy action* und *policy implementation)*. Die Auflösung eines Konzeptes kurz nach vollzogener Rezeption kann nur verstanden werden, wenn die Politik und die Ökonomie von Rezeptionsprozessen näher untersucht werden. Um sich im neuen politischen Umfeld der marktwirtschaftlich orientierten internationalen Organisationen zu situieren, musste sich das Ministerium die Bildungsreformsprache der Alliierten aneignen und die neue Lehrerbildungsreform als etwas grundlegend Neues, das sich an „internationalen Entwicklungen" orientierte, propagieren.

Die Externalisierungsthese von JÜRGEN SCHRIEWER, die sich an die Theorie selbst-referentieller Systeme von NIKLAS LUHMANN anlehnt, liefert einen konzisen interpretativen Rahmen, um die Diskrepanzen zwischen den drei *policy*-Phasen deuten zu können (SCHRIEWER 1990; VGL. LUHMANN / SCHORR 1982; 1988). Sie ist besonders dazu geeignet, Externalisierung, d.h. Bezugsnahmen auf auswärtige Reformmodelle bzw. Reformimporte in Zeiten politischen Wandels, zu erklären. Im Rahmen der Zusammenarbeit zwischen der Humboldt Universität zu Berlin und der Columbia University in New York sind bisher neun Dissertationen abgeschlossen worden, welche die Externalisierungsthese als Theorierahmen benutzen. Die Forschungsarbeiten eruieren lokale bildungspolitische Konstellationen, welche eine explizite Bezugnahme auf „Erfahrungen im Ausland" beziehungsweise Reformimport begünstigen (vgl. STEINER-KHAMSI 2002). Unsere Forschungsgruppe befasst sich einerseits mit der Politik von Reformrezeptionen *(„the politics of policy borrowing")* und andererseits mit dem lokalen Rekontextualisierungsprozess *(„recontextualization and indigenization")*, der nach erfolgter Rezeption einsetzt. Mehrere Dissertationen legen ein besonderes Schwergewicht auf Bildungssysteme, die in den 90er Jahren einen politischen Wandel erfahren haben. Beispielsweise beleuchtet die Dissertation von CAROL ANNE SPREEN (2000) die Einführung von OBE *(outcomes-based education)* im *Curriculum 2005* in post-Apartheid Südafrika und die Arbeit von IVETA SILOVA (2001) die Weiterführung und Legitimierung sprachlich segregierter Schulen (Russisch, Lettisch) unter der neu importierten Bezeichnung „multikulturelle Schulen". Beide Dissertationen analysieren die Gründe, weshalb ein Rekurrieren auf eigene Reformmodelle politisch nicht begründbar war und deshalb „das Ausland als Argument" zur Legitimierung von Reformen beigezogen wurde. *„We must forget the past"* (FONER 2002, S. 88ff.) scheint nicht nur eine Leitlinie für die Politiker des post-Apartheid Südafrika gewesen zu sein, sondern auch für Bildungspolitiker anderer Staaten, die in den 90er Jahren einen umwälzenden politischen Wandel vollzogen hatten. In all den untersuchten Fallbeispielen von Externalisierungsprozessen wurde die Reform als „grundlegende Reform" angekündigt und jegliche Ähnlichkeiten mit Reformmodellen aus der jüngsten Vergangenheit negiert.

Die *voucher-based* Lehrerbildungsreform in der Mongolei gliedert sich in die Reihe von Fallbeispielen ein, in der eine Reform – mit Bezugnahme aufs Ausland – als umwälzende Reform angesagt, jedoch in den nachfolgenden Phasen lediglich schrittweise und bruchstückhaft umgesetzt wurde. LARRY CUBANs kritische Analysen von Schulreformen, die als „grundlegend" und „fundamental anders" ausgegeben werden, sind in diesem Zusammenhang aufschlussreich. CUBAN (1998) unterscheidet zwischen *„fundamental reform"* und *„incremental reform"* und stellt fest, dass Bildungspolitiker und -behörden die Tendenz haben, ihre Reformen zunächst als grundlegende Reformen anzukündigen, auch wenn abzusehen ist, dass Schulreformen immer nur schrittweise bzw. inkremental realisiert werden.

In Richtung einer Resonanztheorie

Es gibt noch zwei weitere Fragen, die es, wenigstens ansatzweise, zu beantworten gilt: Erstens, weshalb haben die lokalen Akteure ausgerechnet das *voucher*-Modell rezipiert; zweitens, welche Konsequenzen hat das mongolische Fallbeispiel für die Frage nach Globalisierung und Konvergenz?

DAVID PHILLIPS hat eine sehr wichtige Frage an die Rezeptionsforschung gestellt: Weshalb zeigen Bildungspolitiker eines Landes ein ausgeprägtes und anhaltendes Interesse an Reformmodellen eines anderen Bildungssystems? PHILLIPS (2002) fordert, dass eine *„theory of attraction"* entwickelt werde, *„to account for the sustained interest on the part of policy-makers in one country in the educational policy of another country."* In der Tat bedarf es einer Erklärung, weshalb das mongolische Bildungsministerium ausgerechnet das *voucher system* ins Visier nahm und seinen Blick für andere, vielleicht weniger umstrittene Modelle von Lehrerbildungsreformen verschloss? PHILLIPS wichtige Frage nach der Attraktivität eines Reformmodells ist im Grunde genommen eine Frage nach der lokalen Resonanz externer (globaler) Einflüsse.

Eine resonanztheoretische Fragestellung besteht darin, zu erfassen, weshalb aus der Vielzahl von Reformmodellen ein bestimmtes externes Reformmodell rezipiert wurde. Am mongolischen Fallbeispiel lassen sich drei Merkmale des *voucher*-Modells herauskristallisieren, welche bei den mongolischen Behörden des Ministeriums Anklang fanden. Das Gutscheinreformmodell hatte in dreifacher Hinsicht einen Namen: Es war (1) bekannt, (2) prestige- und resourcenträchtig und (3) im Gegensatz zu den vielen anderen „namenlosen" Reformmodellen (Modelle inkrementaler Lehrerbildungsreform) als grundlegende Reform identifizierbar. Dazu nachfolgend einige Ausführungen.

Erstens ist die marktwirtschaftliche Logik von *voucher*-Programmen einleuchtend, auch wenn sie anderenorts, vor allem wenn es um Schulgutscheine geht, auf heftige Kritik trifft: Solche Programme sind nicht kostenwirksam, fördern soziale Ungleichheit, und der Rückgang von Teilnehmern (und die drohende Schließung einer Schule oder eines Kurses) wird nicht als ernstes Warnzeichen dafür gedeutet, dass die Qualität des Schulungsangebotes dringend verbessert werden muss, sondern dient vielmehr als Hinweis, dass beträchtlich mehr Geld für die Werbung für das (schlechte) Angebot ausgegeben werden muss (LEVIN 2001; MCEWAN 2000; FREEDMAN 2000). Für mongolische Bildungspolitiker der Demokratischen Union, welche 1998 die Lehrerbildungsreform durchgeführt hatten, spielten die unter Fachleuten bekannten Schwächen des *voucher*-Modells nicht eine so große Rolle als vielmehr die Möglichkeit, sich zu einem marktwirtschaftlichen Reformmodell zu bekennen, das sich deutlich von sozialistischen Modellen sowie von Modellen der Gegenpartei MRVP (Mongolische Revolutionäre Volkspartei) abgrenzt. Beim *voucher*-Modell wird die Qualitätssicherung nicht mehr durch den Staat, sondern durch marktwirtschaftliche Regulierungsmechanismen (Angebot und Nachfrage) vorgenommen.

Zweitens sind in den 90er Jahren „Qualitätssicherung" und „Qualitätsverbesserung" zu prestige- und resourcenträchtigen Schlagwörtern geworden, für die in der Dritten Welt finanzielle Unterstützung zur Verfügung stehen. Der Feldzug für *„quality in education"* spiegelt sich am deutlichsten in den 1995 verkündeten neuen Prioritäten und Strategien der Weltbank wider (WORLD BANK 1995; vgl. WORLD BANK 2000). Seit dem internationalen *„Education for All"*-Abkommen aus dem Jahr 1990 – auch bekannt als „Jomtiem Abkommen" – arbeitet die Weltbank sehr eng mit anderen internationalen Organisationen zusammen. Es ist deshalb nicht überraschend, dass die Zuwendung zu Qualitätsfragen auch in den Bildungsprogrammen der internationalen Bildungsorganisationen der Vereinten Nationen sowie den internationalen nicht-staatlichen Organisationen (INGOs) sichtbar ist. Dabei wird vor allem in „Transitionsgesellschaften" Qualitätssteigerung oftmals verkürzt als Kostenwirksamkeit verstanden (vgl. BRAY / BOREVSKAY 2001), nach dem Motto: Wie kann trotz reduziertem finanziellem Aufwand „gute" Erziehung angeboten werden?

Das mongolische Ministerium steht beispielsweise unter dem Druck der Banken (Asian Development Bank und Weltbank), seine öffentlichen Ausgaben für Bildung, die zur Zeit sieben Prozent des Bruttoinlandproduktes betragen, um die Hälfte zu reduzieren (WORLD BANK 2001). Als Begründung wird aufgeführt, dass der Anteil öffentlicher Ausgaben am BIP in anderen asiatischen Ländern lediglich 3.5 Prozent, in anderen Entwicklungsländern 3.7 Prozent und in OECD Staaten fünf Prozent betrage. Das mongolische Bildungssystem ist im Vergleich zu anderen Staaten teuer, weil es (halb so groß wie Indien) ein Land zu versorgen hat, dessen Bevölkerungsdichte mit 1.5 Einwohner/km^2 äußerst gering ist. Zudem sind die Heizkosten sowie der Unterhalt von Schulinternaten für die Kinder der nomadisch lebenden Hirtenfamilien beträchtlich. Für ein Bildungsministerium, das gewohnt war, einen verhältnismäßig großen Anteil der öffentlichen Ausgaben für Bildung verwenden zu können (im Jahr 1990 betrugen die öffentlichen Ausgaben für Bildung als Anteil des BIP 13 Prozent!) ist es einschneidend, wenn trotz bereits erheblicher Einsparungen am Bildungshaushalt weiter gekürzt werden muss. Früher wurden diese Forderungen der Weltbank als „strukturelle Anpassung" kritisiert. Heute wird öffentlicher Kritik aus dem Wege gegangen, indem die positiv klingenderen Ausdrücke „Qualitätssteigerung" und „Wirksamkeit" in aller Munde gelegt werden (vgl. KELSEY 1997).

Drittens, die mongolischen Politiker haben in der Einführungsphase die Angst geschürt, dass ihr Bildungssystem hoffnungslos veraltet sein wird und international gesehen nicht mithalten kann, wenn es nicht systematisch „modernisiert" würde. Die Tatsache, dass das *voucher*-System im Ausland umstritten war, war der Sache nicht abträglich, sondern war im Gegenteil ein Beweis gegenüber der mongolischen Öffentlichkeit, dass diesmal etwas Brandneues importiert wurde und nicht, wie sonst üblich, nur jene Modelle, die in der Ersten Welt bereits seit Langem ausrangiert sind und nicht mehr von sich reden machen.

Begünstigend kam hinzu, dass die *vouchers* keinem eindeutigen Territorium zugeordnet werden konnten. Einige Forscher behaupten (HARDT / NEGRI 2000), dass die Dekoxtextualisierung und Deterritorialisierung von Konzepten und Werten die gegenwärtige Globalisierung kennzeichnen. Dem mongolischen Ministerium konnte somit nicht vorgeworfen werden, dass es das Bildungssystem „amerikanisiere" oder „europäisiere". Das anfängliche Gerücht, wonach die *vouchers* den ersten Schritt zu einer vollständigen Amerikanisierung des Bildungssystems darstellen, wurde von den mongolischen Politikern immer wieder mit der Ermahnung in Abrede gestellt, dass eine Orientierung an demokratischen und marktwirtschaftlichen Prinzipien nicht mit Amerikanisierung zu verwechseln sei. Schließlich sei die frühere Orientierung an kommunistischen und planwirtschaftlichen Prinzipien auch nicht gleichbedeutend gewesen mit Russifizierung. Obwohl den mongolischen Fachleuten Erfahrungen mit Schulgutscheinen in anderen Staaten, vor allem in den USA, in Großbritannien und weniger in anderen Drittweltländern, wie beispielsweise in Chile und Kolumbien bekannt waren, wurde die *voucher*-Idee einem kontextuellen Vakuum zugeordnet und als deterritorialisiertes

Reformkonzept dargestellt. In der Tat ist das *voucher*-Konzept gerade wegen seiner erfolgreichen Rezeptionsgeschichte entterritorialisiert und dekontextualisiert. Je mehr nämlich ein Reformmodell rezipiert und an neue Kontexte angepasst wird, desto „dünner" und übertragbarer wird es für weitere Bildungssysteme.

Zertifizierung lokaler Bildungspolitik durch transnationale Rezeption

Es ist schwierig von Globalisierung zu sprechen, ohne Clichés zu aktivieren und längst Diskutiertes wieder aufzurollen. Dabei sind viele Fachdiskussionen von ihrer jeweiligen Disziplin genährt und durch deren paradigmatische Schemata eingegrenzt. Beispielsweise besteht eine Tendenz, dass Ethnologinnen und Ethnologen bei der Globalisierungsfrage stets eine einzige Aussage hervorheben, nämlich dass Globalisierung nicht notwendigerweise zu kultureller Homogenisierung führe (vgl. COMAROFF / COMAROFF 2001) und Historikerinnen und Historiker weisen darauf hin, dass Globalisierung im Sinne von überregionalen Abhängigkeiten nichts Neues sei (vgl. HOPKINS 2002). In der Erziehungswissenschaft sind wir in der vorteilhaften Lage, interdisziplinär denken und forschen zu können.

Eine nützliche Unterscheidung, die von mehreren Erziehungswissenschaftlern gemacht wird, ist die zwischen *„globalisation"* und *„internationalism"* (JONES 1998), Globalisierung und Weltkultur (BOLI / THOMAS 1999) oder Internationalisierung und Internationalität (SCHRIEWER 2000). Der jeweils erste Teil der drei Gegenüberstellungen bezieht sich auf die real stattfindende, zunehmende transnationale und überregionale Vernetzung von Kapital, Kommunikation und Technologie, wohingegen der jeweils zweite Teil sich mit der gegenseitigen Annäherung unterschiedlicher Kulturen in Richtung einer globalen Gemeinschaft befasst.

Selbstverständlich gehen die Meinungen unter den Erziehungswissenschaftlern auseinander, wenn es darum geht, den Einfluss exogener Faktoren (Internationalisierung) auf die Entstehung einer internationalen Gemeinschaft (Internationalität) zu gewichten. Die intellektuell anregenden Auseinandersetzungen zwischen den Komparatisten an der Universität Stanford und an der Humboldt Universität sollen hier exemplarisch aufgeführt werden (vgl. WALDOW 2002).

Die Stanford-Gruppe (RAMIREZ / MEYER 2002; MEYER / RAMIREZ 2000; vgl. BOLI / THOMAS, 1999) messen exogenen Faktoren ein starkes Gewicht zu und gehen davon aus, dass supranationale Strukturen und Organisationen lokale und nationale Systeme in ihrem Handlungsfreiraum stark einschränken und diese in Richtung einer rationaleren, gerechteren und demokratischeren Weltgemeinschaft drängen. Es kommt nicht von ungefähr, dass die Stanford-Gruppe in den letzten paar Jahren ihr Augenmerk auf *„international non-governmental organizations"* (INGOs) als Träger und Verkörperung einer globalen Zivilgesellschaft gelegt hat. Diesem Stanford-Ansatz verwandt, aber radikaler in ihrem politischen Anspruch sind Untersuchungen über INGOs als *„transnational advocacy networks"* (TAN). Durch ihre transnationale Vernetzung hätten INGOs das Potential, eine *„globalization from below"* (APPADURAI 2000, S. 15ff.) in Gang zu setzen, welche als Gegengewicht zu den Wirtschaftsinteressen multinationaler Firmen und Unternehmungen *(„globalization from above")* funktioniere. Freilich ist gerade unter den vergleichenden und internationalen Erziehungswissenschaftlern eine große Skepsis gegenüber INGOs als TANs festzustellen (vgl. MUNDY / MURPHY 2000; JONES 1999; CURRENT ISSUES IN COMPARATIVE EDUCATION 1998).

In Abgrenzung zum Stanford-Ansatz ist für die Humboldt-Gruppe die Weltgemeinschaft nicht eine reale, sondern eine vorgestellte internationale Gemeinschaft. Auch eine vorgestellte Gemeinschaft ist wirksam (siehe Benedict Anderson), aber die Vorstellung von Weltgemeinschaft ist nicht exogen gesteuert, sondern wird endogen bzw. „soziologisch" aktiviert, d.h. in Situationen, wenn es darum geht, für die Durchsetzung eigenstaatlicher und lokaler Interessen eine zusätzliche Legitimität von Außen, vom Ausland oder von der Welt zu erhalten. Für die Humboldt-Forschungsgruppe wird die „Semantik der Globalisierung" (SCHRIEWER 2000; vgl. CARUSO / TENORTH 2002) immer dann bemüht, wenn auf lokaler und nationaler Ebene ein Legitimationsnotstand besteht, der mittels Bezugnahme zu Internationalisierung und Internationalität (vorgestellte Weltkultur) aufgehoben werden kann. Im Gegensatz zum neo-institutionellen Ansatz der Stanford-Gruppe, geht die Humboldt-Gruppe von einem wissenssoziologischen Ansatz aus, der sich beispielsweise dafür interessiert, unter welchen Bedingungen sich der Bezugsrahmen eines nationalen pädagogischen Diskurses verändert.

Für die Analyse des mongolischen Fallbeispiels ist unter anderem auch das Konzept von „Referenzgesellschaften" nützlich (SCHRIEWER u.a. 1998), d.h. Bezugnahmen auf pädagogisches Wissen bzw. in unserem Fallbeispiel auf Bildungsreformmodelle anderer Länder. Wie bereits erwähnt, benutzen NAVOA und LAWN (2002) ein ähnliches Konstrukt, *„educational space",* um die Resituierung eines Bildungssystem in einer vorgestellten supranationalen Gemeinschaft zu ermitteln. Logischerweise signalisiert jede Neueingrenzung eine Abgrenzung von bisherigen Referenzgesellschaften bzw. Verbündeten, welche nach der eigenen geo-politischen Neuzuordnung oft zu *„pariah states"* oder gar *„devil states"* (COWEN 1997, S. 62) deklassiert werden. Da es sich im mongolischen Fallbeispiel mehr um einen Referenzsystemwechsel, vom ehemaligen sozialistisches Referenzsystem zum gegenwärtigen (bezeichnenderweise namenslosen) „internationalen" Referenzsystem, als um ein

Auswechseln von einzelnen Referenzgesellschaften handelt, ist es eher angebracht, von einer Neusituierung in einer supranationalen Bildungsgemeinschaft („educational space") auszugehen als von einem eigentlichen Referenzgesellschaftenwechsel.

Zum Abschluss soll der Begriff „Zertifizierung" aufgegriffen werden, der auch in anderen komparatistischen Feldern – in der vergleichenden Soziologie, Politologie und Geschichtswissenschaft – angewandt wird, um zwischenstaatliche Transaktionen und Externalisierungsprozesse zu beschreiben. Beispielsweise benutzt CHARLES TILLY, vergleichender Soziologe an der Columbia University, im Zusammenhang mit seinen vergleichenden Studien zu Revolutionen und sozialen Bewegungen den Ausdruck Zertifizierung, um diskursive Legitimierungsstrategien von Systemen zu erfassen (MCADAM / TARROW / TILLY 2001, S. 121): *„Certification entails the validation of actors, their performances, and their claims by external authorities."* Sowohl SCHRIEWER's Konzept der „Semantik der Globalisierung" als Legitimationsstrategie für eigenstaatliche Entwicklungen als auch TILLYs Begriff der Zertifizierung lokaler Handlungen durch externe Autoritäten erweisen sich als nützlich, um das mongolische Fallbeispiel von einer Globalisierungsperspektive her auszuleuchten.

Dass das mongolische Bildungsministerium im Jahr 1998 eine Lehrerbildungsreform einführte, die sich vermeintlich an Lehrerbildungsreformen anderer Länder anlehnte, hatte weniger damit zu tun, dass das Ministerium aus Reformen anderer Länder Lehren zog, um danach eine mongolisierte Variante einzuführen; vielmehr bedurfte das Ministerium für die anhaltenden prekären Transitionsverhältnisse und Kürzungen im Bildungssektor einer zusätzlichen externen Erklärung. Der Verweis bzw. die Fehlinformation, dass überall sonst auf dieser Welt auf die gleiche Art und Weise Lehrerfortbildung reformiert würde – nämlich durch *vouchers* – sicherte dem Ministerium das Gütesiegel für seine unbeliebte Lehrerbildungsreform. Genauer genommen handelte es sich dabei um eine Zertifizierung durch eine vorgestellte internationale Gemeinschaft, zumal sich die in der Mongolei tätigen internationalen Organisationen keineswegs einig waren in Bezug auf die geplante Lehrerbildungsreform. Dennoch übernahm das Ministerium die Sprache der resourcenstärksten internationalen Organisationen (*Asian Development Bank*, Weltbank) und vermochte sich so im neuen „Subventionsraum" zu situieren.

Bei näherer Betrachtung belegt das mongolische Fallbeispiel in der Vierfeldermatrix der komparatistischen Methodik die Zelle *„most different systems with different outcomes"*. Das Argument, dass sich markt- und wirkungsorientierte Bildungsreform (am Beispiel Lehrerfortbildungsgutscheine) weltweit – „sogar in der Mongolei" – durchsetzt und alle Bildungssysteme allmählich in Richtung eines einzigen Modells mit *„similar outcomes"* konvergieren, ist nicht haltbar. Dennoch ist es wichtig, weiterhin zu untersuchen, in welchen lokalen Kontexten und Situationen Bildungspolitiker und -planer „das Ausland" oder „Innovation nach internationalen Standards" als Argument beiziehen, um Reformen im eigenen Land durchzusetzen.

Dass die Tendenz steigend ist und immer mehr der Vergleich mit anderen Bildungssystemen gesucht wird, hat nur teilweise mit real stattfindender, zunehmender supranationaler Vernetzung (Globalisierung) und internationalem Wettbewerb zu tun. Ebenso wichtig ist es, der „Semantik der Globalisierung" Rechnung zu tragen, die lokale Akteure tendenziell immer dann bemühen, wenn es darum geht, umstrittene Bildungsreformen gewissermaßen von Außen her abzusichern und zu zertifizieren.

Literatur

APPADURAI, A. (2000): Grassroots Globalization and the Research Imagination. In: Public Culture, 12/1, S. 1-19.

BATJARGAL, J. (2001): Report. Economic, Monitoring and Assessment Department. – Ulaanbaatar.

BERG-SCHLOSSER, D. (2001): Comparative Studies: Method and Design. In: SMELSER, N. J. / BALTES, P. B. (Hrsg.): International Encyclopedia of the Social & Behavioral Sciences. – Amsterdam, S. 2427-2433.

BOLI, J. / THOMAS, G. M. (Hrsg.) (1999): Constructing World Culture. International Nongovernmental Organizations since 1875. – Stanford.

BRAY, M., BOREVSKAYA, N. (2001): Financing Education in Transitional Societies: lessons from Russia and China. In: Comparative Education, 37/3, S. 345-365.

BRUUN, O. / RONNAS, P. / NARANGOA, L. (1999): Country Analysis Mongolia. Transition from the Second to the Third World? – Stockholm.

CARNOY, M. / MCEWAN, P. J. (2001): Privatization through Vouchers in Developing Countries: The Cases of Chile and Colombia. In: LEVIN, H. M. (Hrsg.): Privatizing Education. Can the Market Place Deliver Choice, Efficiency, Equity, and Social Cohesion? – Boulder, S. 151-177.

CARUSO, M. / TENORTH, H.-E. (Hrsg.) (2002): Internationalisierung. Semantik und Bildungssystem in vergleichender Perspektive. – Frankfurt am Main.

COMAROFF, J. / COMAROFF, J. L. (2001): Millenial Capitalism: First Thoughts on a Second Coming. In: COMAROFF, J. / COMAROFF, J. L. (Hrsg.): Millenial Capitalism and the Culture of Neoliberalism. – Durham, S. 1-56.

COWEN, R. (1997): Stability and Revolutions: Reflexions on History and Comparative Education. In: TVEIT, K. (Hrsg.): Streiftog i Historisk og Komparativ Pedagogikk. – Oslo, S. 58-72.

COWEN, R. (2000): Comparing Futures or Comparing Pasts? In: Comparative Education, 36/3, S. 333–342.

CUBAN, L. (1998): How Schools Change Reform. In: Teachers College Record, 99/3, S. 453-477.

CURRENT ISSUES IN COMPARATIVE EDUCATION (Hrsg.) (1998): Are NGOs Overrated? In: Current Issues in Comparative Education, 1/1, on-line journal www.tc.columbia.edu/cice/.

DALE, R. (2001): Constructing a Long Spoon for Comparative Education: charting the career of the "New Zealand model". In: Comparative Education, 37/4, S. 494-500.

FINKELSTEIN, N. D. / GRUBB, W. N. (2000): Making Sense of Education and Training Markets: Lessons from England. In: American Educational Research Journal, 37/3, S. 601-631.

FONER, E. (2002): Who Owns History? Rethinking the Past in a Changing World. – New York.

FREEDMAN, S. (2000): Teachers as Grantseekers: The Privatization of the Urban Public School Teacher. In: Teachers College Record, 102/2, S. 398-441.

GONON, P. (1998): Das internationale Argument in der Bildungsreform: Die Rolle internationaler Bezüge in den bildungspolitischen Debatten zur schweizerischen Berufsbildung und zur englischen Reform der Sekundarstufe II. – Bern.

GOVERNMENT OF MONGOLIA / UNITED NATIONS DEVELOPMENT PROGRAMME / WORLD BANK (1999): Mongolia. Independent Evaluation of the National Poverty Alleviation Program and Options Post 2000. – Ulaanbaatar.

HALPIN, D. / TROYNA, B. (1995): The Politics of Educational Borrowing. In: Comparative Education, 31/3, S. 303-310.

HARDT, M. / NEGRI, A. (2000): Empire. – Cambridge.

HOLMES, B. (1981): Comparative Education: Some Considerations of Methods. – London.

HOPKINS, A. G. (2002): Globalization in World History. – London.

JONES, P. (1998): Globalisation and Internationalism: democratic prospects for world education. In: Comparative Education, 35/2, S. 143-155.

JONES, P. (1999): Globalisation and the Unesco Mandate: multilateral prospects for educational development. In: International Journal of Educational Development, 19/1, S. 17-25.

KELSEY, J. (1997): The New Zealand Experiment: a world model for structural adjustment? – Auckland.

LEVIN, H. M. (Hrsg.) (2001): Privatizing Education. Can the Market Place Deliver Choice, Efficiency, Equity, and Social Cohesion? – Boulder.

LEVIN, H. M. / LOCKHEED, M. E. (Hrsg.) (1993): Effective Schools in Developing Countries. – London.

LOHMANN, I. / RILLING, R. (Hrsg.) (2002): Die verkaufte Bildung. Kritik und Kontroversen zur Kommerzialisierung von Schule, Weiterbildung, Erziehung und Wissenschaft. – Opladen.

LUHMANN, N. / SCHORR, K. E. (Hrsg.) (1982): Zwischen Technologie und Selbstreferenz. – Frankfurt am Main.

LUHMANN, N. / SCHORR, K. E. (1988^{2}): Reflexionsprobleme im Erziehungssystem – Frankfurt am Main.

MCADAM, D. / TARROW, S. / TILLY, C. (2001): Dynamics of Contention. – Cambridge.

MCEWAN, P. J. (2000): The Potential Impact of Large-Scale Voucher Programs. In: Review of Educational Research, 70/2, S. 103-149.

MEYER, J. W. / RAMIREZ, F. O. (2000): The World Institutionalization of Education. In: SCHRIEWER, J. (Hrsg.): Discourse Formations in Comparative Education. – Frankfurt am Main, S. 111-132.

MINISTRY OF SCIENCE, EDUCATION AND CULTURE / MONGOLIAN FOUNDATION FOR OPEN SOCIETY / UNESCO (2001): Mongolian Book Survey. – Ulaanbaatar.

MINISTRY OF SCIENCE, TECHNOLOGY, EDUCATION AND CULTURE / UNDP / UNESCO / UNICEF / UNFPA / WORLD BANK (2000): Mongolian National Report on Education for All Assessment – 2000. – Ulaanbaatar.

MONGOLIA NATIONAL STATISTICAL OFFICE (2001): 2000 Population and Housing Census: The Main Results. Ulaanbaatar: Mongolian National Statistical Office in cooperation with United Nations Population Fund and United Nations Statistics Division, and Australia-Mongolia Development Cooperation Program.

MUNDY, K. / MURPHY, L. (2000): Transnational Advocacy, Global Civil Society? Emerging Evidence from the Field of Education. In: Comparative Education Review, 45/1, S. 85-126.

NOVOA, A. / LAWN, M. (Hrsg.) (2002): Fabricating Europe: The Formation of an Educational European Space. – Utrecht.

PHILLIPS, D. (1993): Borrowing Educational Policy. In: FINEGOLD, D. / MCFARLAND, L. / RICHARDSON, W. (Hrsg.): Something Borrowed? Something Learned? The Transatlantic Market in Education and Training Reform. – Washington, DC, S. 13-19.

PHILLIPS, D. (2000): Learning from Elsewhere in Education: some perennial problems revisited with reference to British interest in Germany. Comparative Education, 36/3, S. 297-307.

PHILLIPS, P. (2002): Toward a Theory of Policy Attraction. In: STEINER-KHAMSI, G. (Hrsg.) (in Vorbereitung): Lessons from Elsewhere: The Politics of Educational Borrowing and Lending. – New York.

RADTKE, F.-O. / WEISS, M. (Hrsg.) (2000): Schulautonomie, Wohlfahrtsstaat und Chancengleichheit. – Opladen.

RAMIREZ, F. O. / MEYER, J. W. (2002): National Curricula: World Models and National Historical Legacies. In: CARUSO, M. / TENORTH, H.-E. (Hrsg.) (2002): Internationalisierung. Semantik und Bildungssystem in vergleichender Perspektive. – Frankfurt am Main, S. 91-107.

ROBERTSON, R. (1994): Globalization or Glocalization. In: Journal of International Communication, 1/1, S. 33-52.

SACHSENMEIER, P. (1978): Reformkonzeptionen der Lehrerbildung in der Sowjetunion. – Weinheim.

SCHRIEWER, J. (1990): The Method of Comparison and the Need for Externalization: Methodological Criteria and Sociological Concepts. In: SCHRIEWER, J., in cooperation with HOLMES, B. (Hrsg.): Theories and Methods in Comparative Education. – Frankfurt am Main, S. 25-83.

SCHRIEWER, J. (2000): World System and Interrelationship Networks: The Internationalization of Education and the Role of Comparative Inquiry. In: POPKEWITZ, T. (Hrsg.): Educational Knowledge. – Albany, S. 305-343.

SCHRIEWER, J. / HENZE, J. / WICHMANN, J. / KNOST, P. / BARUCHA, S. / TAUBERT, J. (1998): Konstruktion von Internationalität: Referenzhorizonte pädagogischen Wissens im Wandel gesellschaftlicher Systeme (Spanien, Sowjetunion, Russland,

China). In: KÄLBLE, H. / SCHRIEWER, J. (Hrsg.): Gesellschaft im Vergleich. – Frankfurt am Main, S. 151-258.
SILOVA, I. (2001): From Symbols of Occupation to Symbols of Multiculturalism: Re-Contextualizing Minority Education in Post-Soviet Latvia. Ph.D. Dissertation in Comparative and International Education. – New York.
SPREEN, C.-A. (2000): Globalization and Educational Policy Borrowing: Mapping Outcomes-Based Education in South Africa. Ph.D. Dissertation in Comparative and International Education. – New York.
STEINER-KHAMSI, G. (2000): Displacing Reforms, Transferring Education. In: SCHRIEWER, J. (Hrsg.): Discourse Formations in Comparative Education. – Frankfurt am Main, S. 155-187.
STEINER-KHAMSI, G. (2002): Re-Framing Educational Borrowing as a Policy Strategy. In: CARUSO, M. / TENORTH, H. E. (Hrsg.): Internationalisierung. Semantik und Bildungssystem in vergleichender Perspektive. – Frankfurt am Main, S. 57-89.
STEINER-KHAMSI, G. / NGUYEN, A. (2001): Seasonal and Permanent Migration in Mongolia: A Preliminary Assessment on Access and Quality of Education. – Washington, DC (unveröffentlicht).
STEINER-KHAMSI, G. / QUIST, H. (2000): The Politics of Educational Borrowing: Re-Opening the Case of Achimota in British Ghana. In: Comparative Education Review, 44/3, S. 272-299.
STEINER-KHAMSI, G. / TORNEY-PURTA, J. / SCHWILLE, J. (2002): Introduction: Issues and Insights in Cross-National Analysis of Qualitative Studies. In: STEINER-KHAMSI, G. / TORNEY-PURTA, J. / SCHWILLE, J. (Hrsg.): New Paradigms and Recurring Paradoxes in Education for Citizenship: An International Comparison. – Oxford, S. 1-36.
TILLY, C. (1984): Big Structures, Large Processes, Huge Comparisons. – New York.
TILLY, C. (1997): Means and Ends of Comparison in Macrosociology. In: Comparative Social Research, 16, S. 43-53.
TILLY, C. (1998): Micro, Macro, and Megrim. In: SCHLUMBOHM, J. (Hrsg.). Mikrogeschichte – Makrogeschichte: komplementär oder inkommensurabel? – Göttingen, S. 34-51.
TYACK, D. / CUBAN, L. (1995): Tinkering Toward Utopia. – Cambridge.
UNITED NATIONS DEVELOPMENT PROGRAMME (2000): Human Development Report. Mongolia 2000. – Ulaanbaatar.
WALDOW, F. (2002): The Neo-Institutionalist Account of the Emergence of Mass Schooling: Some Remarks on the Swedish Case. In: CARUSO, M. / TENORTH, H.-E. (Hrsg.) (2002): Internationalisierung. Semantik und Bildungssystem in vergleichender Perspektive. – Frankfurt am Main, S. 109-124.
WORLD BANK (1995): Priorities and Strategies for Education – A World Bank Review. – Washington, DC.
WORLD BANK (2000): Education: A Changing Focus. – Washington, DC.
WORLD BANK (2001): Public Expenditure Review. – Washington, DC (unveröffentlicht).
ZYMEK, B. (1975): Das Ausland in der pädagogischen Reformdiskussion: Schulpolitische Rechtfertigung, Auslandspropaganda, internationale Verständigung und Ansätze zu einer Vergleichenden Erziehungswissenschaft in der internationalen Berichterstattung deutscher pädagogischer Zeitschriften. Ratingen, S. 1871–1952.

Ewald Terhart

Reform der Lehrerbildung: Chancen und Risiken

Nun also *noch* einmal: Lehrerbildung – und dann natürlich: *Reform* der Lehrerbildung. Dabei ist doch Alles längst von fast Allen gesagt! Die Analysen, Argumentationen und Reformvorschläge bewegen sich seit Jahren im Kreise; die Vielfalt der Interessengruppen und Institutionen, die sich zur Lehrerbildung, ihrem Zustand und ihren Reformnotwendigkeiten äußern, erzeugt seit langer Zeit eine nur auf den ersten Blick große Variationsbreite von Argumenten – von Argumenten, die sich in unterschiedlicher und z.T. neuer Begrifflichkeit doch immer nur mit den alten, klassischen Problemen der Lehrerbildung befassen. In letzter Zeit beteiligt sich beinahe alle Welt an diesem Spiel. Nicht zuletzt ‚nach PISA' ist Lehrerbildung eine öffentliche Angelegenheit geworden. Sie ist Teil des kontinuierlichen und unabschließbaren öffentlichen Dauerdiskurses über Bildung und Schule, der ja auf allen denkbaren Foren geführt wird: Talkshows, Bundestag, Akademietagungen, Parties, Bildungsmessen, Verbands- und Parteitagen, Lehrerkonferenzen, Elternabenden, Politikerzirkeln, Lehrerverbänden, Wissenschaftsorganisationen und so weiter. Seitdem Lehrerbildung derart prominent geworden ist, ist übrigens auch die Zahl der Expertinnen und Experten für dieses Thema sprunghaft angestiegen.

Insofern ist erstens fraglich, ob in einem Vortrag zu Chancen und Risiken der aktuellen Reform der Lehrerbildung überhaupt noch etwas Neues gesagt werden kann. Was kann man in einer solchen Lage als Referent tun? Der Langeweile, die mit solchen sich im Kreise drehenden Diskussionen verbunden ist, möchte ich jedenfalls nicht durch einen immer schrilleren Ton, durch immer forcierter vorgetragene Forderungen, durch immer wüstere Rhetorik begegnen. Eine solche Form des Kampfes um das knappe Gut ‚Aufmerksamkeit' nutzt sich rasch ab: Als dauererregter Lehrerbildungszombie fällt man Allen zur Last und wird am Ende nicht mehr ernst genommen.

Doch nicht nur der Neuigkeitsgrad von Argumenten ist ein Problem. Inhaltlich und etwas tiefer ansetzend ist zweitens fraglich, inwieweit die Erziehungswissenschaft eigentlich – was die *faktischen* Machtverhältnisse in diesem Feld angeht – eine wichtige oder gar die wichtigste Instanz ist, um dieses Thema zu bewegen. Denn darüber sollte man sich im Klaren sein:

Lehrerbildung ist zwar Ausbildung für einen pädagogischen Beruf, und insofern müsste eigentlich die Erziehungswissenschaft, weil sie die sowohl für Ausbildungsprozesse allgemein wie für pädagogische Berufe speziell zuständige Disziplin ist, die Feldherrenhügel der Debatte besetzten. Dem ist aber nicht so: Während der Ausbildung dominieren quantitativ die Studien in den Fächern, und die Struktur der Ausbildung sowie auch die Arbeitsplatzsituation der späteren Berufstätigkeit sind zentral bestimmt durch die Vorgaben des staatlichen Prüfungs- und Schulwesens. Die Erziehungs- und Bildungswissenschaften diskutieren unermüdlich über Lehrerbildung; der Sache nach bestimmt wird sie jedoch durch andere Faktoren, Bereiche und Interessen. Dies führt fachkollektiv wie individuell immer wieder zu Frustrationserfahrungen, die man dann aber wiederum – gut pädagogisch – zum Anlass für erneute und verstärkte Anstrengungen nehmen kann...

Die Situation ist auch dadurch bedingt, dass im bestehenden Gesamtsystem die Lehrerbildung von den allermeisten Elementen des Systems selbst als eine Art Stiefkind behandelt wird. Dies resultiert aus der Tatsache, dass z.B. viele Institutionen und Disziplinen, die Lehrerbildung zu vollziehen haben, von ihrem Grundansatz her eigentlich *andern* Zielen und Funktionsimperativen folgen – und Lehrerbildung mit erledigen. Dies gilt in einer gewissen Weise auch für die heutige Erziehungswissenschaft. Wurde sie in ihrer traditionellen Gestalt als Pädagogik lange Zeit als Lehrerbildungswissenschaft verstanden – wobei dies dem Selbstverständnis auch durchaus entsprach, so hat sie sich durch inhaltliche Binnendifferenzierung, durch Konzentration auf Theorie und Empirie sowie durch die Erschließung neuer Berufsfelder etc. faktisch wie auch in ihrem Selbstverständnis davon längst abgelöst. Insofern steht die Erziehungswissenschaft letztlich vor einem Dilemma: sie muss einerseits ihre *Normalisierung als forschende Disziplin* dringend weiterführen und anderseits und zugleich den *Bezug zu den pädagogischen Professionen* sowie zu den in diesem Kontext notwendigen Ausbildungsaufgaben aufrechterhalten und neu ausgestalten – dies theoretisch-konzeptionell wie auch curricular-institutionell.

Zu Beginn ist auf den sich im Kreise drehenden Charakter der Lehrerbildungsdiskussion hingewiesen worden. Nun schützt die Wiederkehr der immer gleichen Argumente zwar vor Überraschungen, sie macht es aber – wie erwähnt – schwierig, einen interessanten Vortag zum Thema zu halten. Wie möchte ich dieser Schwierigkeit begegnen?

- Ich möchte zunächst kurz rekapitulieren, wie ich die *aktuelle Situation* in Sachen Reform der Lehrerbildung sehe und einschätze. Immerhin ist – ausgelöst durch die intensive Diskussion und Konzeptionsarbeit in Dutzenden von Gremien – ein Reformprozess in Gang gesetzt worden.
- Dann werde ich versuchen, die aktuelle Situation in den größeren Kontext der längerfristigen *Entwicklung der Lehrerbildung* einzuordnen und dabei deutlich machen, dass das traditionelle Entwicklungs- und

Wachstumsmuster der Lehrerbildung an seine Grenzen gestoßen ist und verschiedene, mehr oder weniger riskante Optionen offen stehen.

- Allzu offen sind die Entwicklungsmöglichkeiten andererseits auch wiederum nicht, denn im Hochschulsystem (und damit sind Fachhochschulen und Universitäten gemeint) insgesamt zeichnet sich ein *grundsätzlicher Wandel* ab, der an sich völlig unabhängig von der Lehrerbildung ist, dem diese jedoch gleichwohl ausgesetzt ist. Und wiederum muss man von Chancen und Risiken sprechen.
- Abschließend möchte ich einige Überlegungen zur Notwendigkeit und Möglichkeit einer *Evaluation der Lehrerbildung* vortragen. Ich halte es für sinnvoll, eine breit angelegte empirische Überprüfung der Situation und Wirkung der verschiedenen Lehrerbildungsformen und -phasen in Deutschland durchzuführen und bin der Überzeugung, dass man daraus wichtige Erkenntnisse und Reformimpulse gewinnt.

Die aktuelle Situation

Wie allgemein bekannt ist seit etwa 1995 ein stetiges Anwachsen der Zahl der Analyse- und Reformpapiere zur Lehrerbildung und – deutlich schwächer – der konkreten Reforminitiativen in der Lehrerbildung zu verzeichnen. Auf Bundesebene haben sich alle wichtigen und weniger wichtigen Organisationen, Interessengruppen, Verbände etc. geäußert. In den Ländern ist dies – in sechzehnfacher Brechung – ebenfalls geschehen. Die Zahl der Reformpapiere wird noch einmal erhöht durch die Tatsache, dass Lehrerbildung sich über drei Phasen erstreckt, und die Institutionen und Interessenverbände dieser drei Phasen jeweils für sich noch einmal Papiere zu ihrem Bereich erarbeiten. An vielen Stellen werden konkrete, mehr oder weniger weit gehende Schritte unternommen, Vorhaben erprobt und Modellversuche eingerichtet. Das gesamte Feld ist also in Bewegung geraten (vgl. als aktuelle Auswahl die Sammelbände von BAYER u.a. 2000; SEIBERT 2001; ZENTRUM FÜR SCHULFORSCHUNG UND FRAGEN DER LEHRERBILDUNG HALLE 2002; MACHA / SOLZBACHER 2002; HINZ u.a. 2002).

Sowohl bündelnde als auch weiterführende Funktion hat m.E. der Bericht der von der KMK eingesetzten Gemischten Kommission Lehrerbildung gehabt (TERHART 2000). In diesem Bericht wird – unter Beibehaltung der gegebenen äußeren Rahmenstrukturen – eine Verbesserung der Lehrerbildung ‚an Haupt und Gliedern', d.h. in allen Institutionen, Personengruppen und Phasen dringlich eingefordert. Die Richtung und Art der Veränderungen werden benannt und – soweit dies auf Bundesebene möglich ist – konkretisiert. Die Länder sind aufgefordert, auf dieser Basis ihre Kompetenz wahrzunehmen und gegenüber allen Institutionen und Personengruppen durchzusetzen. Die Länder haben diesen Impuls aufgenommen und in bereits laufende, z.T. dann begonnene Initiativen umgesetzt (für Hamburg vgl. KEUFFER / OELKERS 2001; für Niedersachsen vgl. ARBEITSGRUPPE LEHRERBILDUNG 2002; als umfassende Übersicht über die Aktivitäten der Bundesländer vgl. BELLENBERG / THIERACK 2001; erscheint 2003). Die Initiativen sind unterschiedlich weit gehend und bewegen sich inhaltlich auch auf unterschiedlichen Feldern der Lehrerbildung. Gemeinsam sind aber allen Initiativen die folgenden Elemente:

- In der 1. Phase eine klarere Ausrichtung der Studien am späteren Berufsfeld; eine bessere Einbindung schulpraktischer Studienelemente; die Erarbeitung von Kerncurricula in den Fächern und in den erziehungswissenschaftlichen Studien, Stärkung der Fachdidaktiken in Forschung und Lehre, studienbegleitende Prüfungselemente; Erleichterung der Schaffung von Stelen für abgeordnete Lehrer.
- In der 2. Phase Versuche zur Erhöhung des Anteils selbständigen Lernens, stärkere Miteinbeziehung der Schulen in die Ausbildung und Beurteilung, Bemühungen um eine Weiterqualifizierung des Ausbildungspersonals; Erarbeitung von Standards für das Referendariat; neue Beurteilungsformen, Einbeziehung von Experten aus nicht-schulischen Bereichen.
- In der 3. Phase, der Fort- und Weiterbildung also, ist die Situation bislang noch nicht so stark entwickelt: Obwohl die Dringlichkeit der Intensivierung der Weiterbildung immer wieder angemahnt wurde und eine Reihe von Konzepten vorliegt, scheint sich hier noch wenig zu bewegen. Bei allem Grund-Optimismus, den ich in Sachen einer schrittweisen Reform der Lehrerbildung habe, kommen mir mit Blick auf die Lernenden im Beruf allmählich Zweifel. Auch über Pflicht-Weiterbildungen muss man nachdenken – aber wie ist es um ihre Effektivität bestellt? Lernen im Beruf würde vermutlich durch eine Verknüpfung von Kompetenz- und Laufbahnentwicklung, oder anders: durch eine Karrierisierung des Lehrerberufs gefördert (TERHART 2003).

Diese und weitere Elemente der Lehrerbildungsreform sind mittlerweile allgemein bekannt, und die Begründungen für die Notwendigkeit von Kerncurricula, von forschender Fachdidaktik, von differenzierten Kompetenzprofilen bei Referendaren, von Personalentwicklungsplänen als Teil von Schulentwicklung etc. brauche ich hier eigentlich nicht weiter auszuführen.

Diese von der KMK-Kommission formulierte Reformlinie einer *schrittweisen* Verbesserung der Lehrerbildung wurde zunächst konterkariert durch Reformempfehlungen, die einen *radikalen* Umbau des Systems in Richtung auf eine konsekutive Bachelor/Master-Struktur empfohlen haben und weiter empfehlen (HOCHSCHULREKTORENKONFERENZ 1997; EXPERTENRAT NRW 2001; SÄCHSISCHE HOCHSCHULENTWICKLUNGS-KOMMISSION 2001; WISSENSCHAFTSRAT 2001; UNIVERSITÄT HANNOVER / ZENTRALE EVALUATIONS- UND

AKKREDITIERUNGSAGENTUR HANNOVER 2001). Die Motive und Anlässe für diese Empfehlungen, die bislang fast durchweg aus Wissenschaftsorganisationen, nicht aus dem Kultus- und Schulbereich kamen, liegen eher im Bereich eines Umbaus des Hochschulsystems insgesamt und haben mit den Spezifika der Lehrerbildung sowie mit der eigentlich zentralen Frage ‚Wie bildet man kompetente Lehrer aus?' wenig zu tun. Diese querlaufende Reformlinie soll an dieser Stelle nur erwähnt werden, in einem größeren Zusammenhang wird später darauf noch einmal darauf zurück zu kommen sein.

Natürlich ist das von der KMK-Kommission empfohlene schrittweise Voranbringen der Dinge unendlich mühsam. Innerhalb der Universitäten ist es im Alltag bereits schwierig, fachdidaktische Positionen zu halten, und zwar so zu halten, dass diese Aufgabe nicht an abgeordnete Lehrer und Studienräte im Hochschuldienst delegiert wird, sondern eine forschungsorientierte Fachdidaktik entstehen kann. Ebenso ist es schwierig, innerhalb des erziehungswissenschaftlichen Angebots z.B. durchzusetzen, dass die wenigen Scheine, die Lehramtsstudierende dort zu machen haben, und die innerhalb der weitmaschigen Regulationen dieses Studienelements immerhin die einzig verbindlichen Punkte bilden, auch wirklich *nur in schul- und unterrichtsbezogenen Veranstaltungen* gemacht werden können, und dabei zugleich festzulegen, welche diese Veranstaltungen sind – und welche nicht. Andererseits sind auch positive Erfahrungen zu machen: In Niedersachsen ist als erstem Bundesland eine Evaluation der Lehre (ZENTRALE EVALUATIONS- UND AKKREDITIERUNGSAGENTUR HANNOVER 2002) und der Forschung in der Lehrerbildung durchgeführt (FORSCHUNGSEVALUATION LEHRERBILDUNG 2002) sowie einen landeseigenen Entwicklungsplan für Lehrerbildung (ARBEITSGRUPPE LEHRERBILDUNG 2002) erarbeitet worden – mit einigen überraschenden Ergebnissen.[1]

Wichtig scheint es mir zu sein, bei der Reform der Lehrerbildung nicht nur über Standards zu sprechen, an denen sich die ausgebildeten *Personen* zu bemessen haben (vgl. OSER / OELKERS 2001), sondern auch an Standards, denen die *Institutionen* der Lehrerbildung genügen müssen. Und schließlich halte ich es für sehr wichtig, dass das *Steuerungssystem* für Lehrerbildung bestimmten Standards genügt. Vielleicht sollte ich vorsichtiger formulieren und sagen: es sollte ein solches Steuerungssystem überhaupt erst einmal geben. Das Gesamtsystem Lehrerbildung wird m.E. derzeit nicht wirklich an einer Stelle zentral und aus einem Gedanken heraus organisiert und kon-

1 So hat etwa die alte und ehrwürdige Universität Göttingen, als die Evaluationsergebnisse vorlagen, plötzlich ihr Herz (und neue Stellen) für die Lehrerbildung entdeckt. Vor allem aber wurden diejenigen Kräfte in der Universität gestärkt, die sich schon immer – bislang mit wenig Resonanz auf der gesamtuniversitären Ebene – für die Belange der Lehrerbildung eingesetzt hatten.

trolliert. Die Verantwortung ist zu sehr verteilt, zu sehr zersplittert, so dass auch am Ende niemand wirklich verantwortlich gemacht werden kann.

Ich erwähne hier nur die sehr differente Sicht der Lehrerbildung durch die Wissenschaftsseite einerseits und die Kultus- und Schulseite andererseits, die sich exemplarisch am Abschlussbericht der KMK-Kommission einerseits (TERHART 2000) und an den Empfehlungen des WISSENSCHAFTSRATS zur künftigen Struktur der Lehrerbildung (WISSENSCHAFTSRAT 2001) andererseits ablesen lassen. Diese Differenz gilt bundesweit auf der allgemeinen Ebene der Diskussion wie auch dort, wo in einem Bundesland in *einem* Ministerium Wissenschafts- und Schulabteilung für Lehrerbildung zuständig sind. Von der Schulseite wird in aller Regel von den Handlungsaufgaben und beruflichen Fähigkeiten von Lehrern ausgegangen, um Lehrerbildung zu gestalten; die Wissenschaftsseite geht demgegenüber von wissenschafts- und universitätsinternen sowie studien- und laufbahnorganisatorischen Problemen aus, um von hier aus dann Lehrerbildung zu konstruieren. Man hat dann manchmal den Eindruck, dass es eher darum geht, junge Leute vom Lehramtsstudium abzuhalten oder ihnen das Einbiegen in diesen Berufswunsch erst möglichst spät möglich zu machen. Dies erklärt auch die in diesem Lager festzustellende Begeisterung für kurze Nachqualifizierungskonzepte für solche Lehrer, die aufgrund des punktuellen Lehrermangels mit lediglich einer oder zwei Fachqualifikationen eingesetzt wurden. Der aktuell zweifellos vorhandene punktuelle Lehrermangel begünstigt fatalerweise den Hang zu Einfachst-Modellen, wobei dann immer die Gefahr besteht, dass Einfachst-Modelle schleichend zur Norm erklärt werden.

Soviel zur aktuellen Situation. Das Bild, das ich in wenigen Strichen gezeichnet habe, bleibt allerdings noch sehr auf die Oberfläche des Geschehens. Man kann auf dieser Oberfläche in der Tat vielfältige Aktivitäten, Ungleichzeitigkeiten und auch Gegenläufigkeiten beobachten. Eine Analyse muss jedoch tiefer gehen und die aktuelle Betriebsamkeit in den größeren Kontext der allgemeinen Bildungsentwicklung einordnen. Das ist Gegenstand des folgenden Teils.

Lehrerbildung – an einer Wegmarke

Meine These lautet folgendermaßen: Die Entwicklung der Lehrerbildung in den modernen Industrienationen lässt sich als eine kontinuierliche Ausbau- und Wachstums-, kurzum: als eine Erfolgsgeschichte kennzeichnen. In dieser Perspektive ist die Entwicklung der Lehrerbildung in denjenigen allgemeinen Modernisierungs-, Rationalisierungs- und Verstaatlichungsprozess eingebettet, der für moderne Gesellschaften kennzeichnend war und ist. Die Lehrerausbildung in Deutschland stellt im internationalen Vergleich eines der wohl aufwendigsten Systeme dar, und zwar in inhaltlicher, in zeitlicher und in personenbezogener Hinsicht. Sie repräsentiert gleichsam das Vollbild von Lehrerausbildung als administrativ-pädagogischem ‚big business'; an ihr können sowohl Glanz und Elend des klassischen Modernisierungsparadigmas im Bildungsbereich eindrucksvoll studiert werden.

Diese Ausbau- und Erfolgsgeschichte der Lehrerbildung im Sinne des klassischen Modernisierungsparadigmas ist heute an ihr Ende gekommen. Im Kontext alternativer, transklassischer Modernitätsvorstellungen, in denen Staat, Bürokratie und Wissenschaft gerade nicht mehr im Mittelpunkt stehen, haben sich neue Vorstellungen von Lehrerausbildung entwickelt, die den Anspruch erheben, die eigentliche, zeitgemäße Form von Modernität in diesem Bereich darzustellen. Insofern haben wir es in der Diskussion um Lehrerausbildung derzeit mit *konfligierenden Modernisierungsvorstellungen* zu tun (vgl. ausführlicher TERHART 2001, S. 215ff.). Die Lehrerbildung befindet sich insofern *an einer Wegmarke, an der verschiedene Optionen* offen stehen. Es handelt sich dabei um einen „Kampf um Anerkennung" nicht nur zwischen unterschiedlichen Ideen, sondern zwischen Interessengruppen als den Trägern dieser Ideen. Derzeit ist noch nicht zu erkennen, in welche Richtung die Entwicklung weitergehen wird. Die Frage lautet: Was bedeutet heute moderne Lehrerbildung – und was ist überhaupt modern und zukunftsfähig im Bildungsbereich?

Neben der engen Bindung an das Wachstum des Wohlfahrtsstaates ist es die enge Bindung an Wissenschaft, die den Aufstieg der Lehrerschaft und der Lehrerbildung mit ermöglicht hat. Wissenschaft gilt (oder galt zumindest) lange Zeit als unbefragter Wachstumsgarant für diejenigen Bereiche, die sich auf sie und ihr Lösungspotenzial für praktische Problemlagen beriefen. Grundregel: Von Wissenschaft kann man nie genug haben! Deshalb schien es lange Zeit bei dieser Entwicklung auch kein natürliches Ende geben zu können. Das Vertrauen auf den endlos wachsenden, stets reichen und gütigen *Staat,* die Orientierung am unaufhaltsamen Fortschritt der *Wissenschaften* sowie schließlich die Überzeugung, dass umfassende *Bürokratisierung* die Bildungs- und Zertifizierungsprozesse in der Massengesellschaft ebenso rational wie demokratisch organisieren könne: diese drei Elemente führten zu dem Zustand, in dem sich Lehrerausbildung – zugegeben: in unterschiedlichen Entwicklungsstadien – in modernen Gesellschaften befindet.

Dieses klassische Wachstumsparadigma der Lehrerausbildung ist heute an sein Ende gekommen – vor allem und gerade dort, wo es seine volle Ausprägung erfahren hat. Aber auch bei den in diesem Sinne weniger entwickelten Systemen machen sich Zweifel breit, Zweifel dahingehend, ob man dem Muster des klassischen Modernisierungsparadigmas folgen und den in dieser Hinsicht weiterentwickelten Staaten nacheifern soll. In teilweiser Verbindung mit der schmalen Tradition der Kritik am klassischen Konzept entsteht eine Art Gegen- oder Alternativparadigma, dessen Elemente in Form eines latenten Subtextes die Orientierung am klassischen Modernisierungsparadigma schon immer kritisch umspielt und dieses z.T. sogar unterspült haben. Dieses Alternativparadigma gewinnt an Dynamik, weil seine Anhängerschaft zunimmt. Das einigende Band ist häufig lediglich die *Negation* des klassischen Musters; die Ideen zur *Konstruktion* einer anderen Lehrerbildung können demgegenüber jedoch weit auseinandergehen.

Die Argumentationen, die sich seit einigen Jahren *gegen* den erreichten Status der Lehrerausbildung richten, gehen im wesentlichen auf eine kritische Sicht eben genau derjenigen Faktoren, Prozesse und Strukturen zurück, die der Lehrerbildung im klassischen Modernisierungsprozess ihr Gesicht gegeben haben: die Leistungsfähigkeit der dezidiert an den Wissenschaften orientierten Vorbildung wird bezweifelt, die staatliche Administration als Garant für die Einhaltung von Standards wird in ihrer Leistungsfähigkeit in Zweifel gezogen, es wird trotz (oder wegen?) kontinuierlicher äußerer Statusverbesserung und Steigerung des Aufwandes eine Auszehrung des inneren, pädagogisch-personalen Aspekts von Lehrerausbildung und Lehrertätigkeit beklagt, und schließlich wird in eher ökonomischer Perspektive ein Missverhältnis zwischen Aufwand und Ertrag konstatiert. In Deutschland haben insbesondere die Ergebnisse der bekannten international-vergleichenden Leistungsstudien zu dem Argument geführt: ‚Wir leisten uns die wohl aufwendigste und teuerste Lehrerbildung der Welt – warum erzielen wir derart unbefriedigende Ergebnisse?'

Die Kritik bezieht ihre besondere Sprengkraft aus zwei Argumentationen, die in die gleiche Richtung weisen: erstens aus einer Kritik der Verwissenschaftlichung der Lehrerbildung und zweitens aus einer Kritik der staatlichen Bildungsadministration als Qualitätsgarantin. In Verbindung mit dem ständig wachsenden Kostendruck der öffentlichen Haushalte führen beide Argumentationen (a) zu der Idee einer Absenkung des Verstaatlichungsniveaus und (b) zur Idee einer Rückführung des Grades der Verwissenschaftlichung.

(a) Bei Absenkung des (in Deutschland) hohen Verstaatlichungs- und Bürokratisierungsgrades wird neben Verkleinerung auch an eine Öffnung dieses staatlichen Sektors für Marktmechanismen und ggf. Privatanbieter gedacht. Dies entspricht in gewisser Weise dem neoliberalen Staatsverständnis wie auf einer administrativen Ebene der Idee des *New Public Management*, demzufolge ein (verkleinerter) Staat nur noch Standards setzt, Anforderungen ausschreibt und Mittel bereitstellt, um die sich geeignete Instanzen (privater oder öffentlicher Art) bewerben können. Es werden Vereinbarungen getroffen, und in festgelegten Abständen erfolgen Evaluationen. Die traditionelle Steuerung über standardisierte Inputs und geregelte Binnenabläufe wird ergänzt bzw. ersetzt durch die empirische Kontrolle der tatsächlichen Outputs als Effekte. Im Mittelpunkt soll nicht mehr *Regelungskonformität*, sondern *Kundenzufriedenheit* stehen. Auf diese Weise kommt es zu einer kontinuierlichen Kontrolle der erbrachten

Leistungen; kein Anbieter bzw. Zulieferer kann sich als eine Art Dauerlieferant mit selbstverständlichem, weil gesetzlich garantiertem Zuschlag verstehen.

Damit wird in die staatliche Bildungsadministration ein Denken eingebaut, dass in privatwirtschaftlichen Zonen längst etabliert ist. Dies ist eine Folge der Tatsache, dass alle nationalen Bildungssysteme unter Wettbewerbs- und Globalisierungsdruck stehen. Zumindest *sehen sie sich* unter Wettbewerbsdruck gestellt. Wenn die Wissensgesellschaft die allgemein geteilte Vision der sozialen Zukunft ist, und Nationalstaaten untereinander wie Firmen in Konkurrenz stehen, so gerät jede staatlich organisierte und erbrachte Leistung unter Legitimations- und v.a. Kostendruck. Effektivitäts- und Effizienzdebatten, *downsizing* und Verschlankung sind die Folge. Dass dabei der Rückbau des Apparates zeitgleich einhergeht mit steigenden Anforderungen an eben diesen Apparat ist nur vordergründig eine in sich widersprüchliche Strategie: Im ökonomischen Kalkül ist es nur konsequent, weniger Mittel einzusetzen und *zugleich* einen höheren Wirkungsgrad einzufordern!

(b) Neben diesen Umstellungen staatlich-administrativen Denkens im Sinne des New Public Management ist es auch die *Kritik des Verwissenschaftlichungsprozesses*, die das alternative Paradigma antreibt: Pädagogische Arbeit wird in diesem Kontext als personales, gemeinschaftsbezogenes Geschehen konzipiert, welches durch eine allzu weit getriebene Orientierung an Wissenschaft(en) und an der hier systemnotwendig gepflegte Kultur des Zweifels lediglich irritiert, wenn nicht gar unmöglich gemacht bzw. in falsche, rationalistisch-technokratische Bahnen gelenkt werde. Dem Leitkonzept der Professionalität – lange Zeit in der Tat fälschlich mit Verwissenschaftlichung gleichgesetzt – wird in leichtsinniger Weise ein offenes Plädoyer für gezielte Entprofessionalisierung entgegengehalten: Persönlichkeit statt Professionalität! Hier koinzidieren traditionelle geisteswissenschaftlich-kulturpädagogische und moderne, wissenschafts-, rationalitäts- und expertenkritische Argumentationen (oder besser: ‚Haltungen'), wie sie im reformpädagogisch-alternativen Milieu gepflegt wurden und werden – und lassen sich darüber hinaus zwanglos mit ökonomisch motiviertem *downsizing* und ‚small is beautiful'-Ideen verbinden.

Wir haben es also mit konfligierenden Modernitätsvorstellungen zur Lehrerausbildung zu tun: Auf der einen Seite das (rational-administrativ-staatliche) Muster der klassischen Moderne, das auf immer längere Ausbildung, auf immer mehr Wissenschaft(en), auf immer differenziertere und aufwendigere Prüfungen und – nicht zuletzt – auf immer höhere Gehälter gesetzt hat. Auf der anderen Seite das (personalistische, kleinräumig-netzwerkartige, bedürfnis- und marktgesteuerte) Muster der transklassischen Moderne (um das Wort Postmoderne zu vermeiden!), das sich selbst als Fortschritt versteht, aus der Sicht der klassischen Moderne aber zumindest teilweise als Abfall vom bislang unbefragten Fortschrittsmuster verstanden wird, ja verstanden werden muss.

Was sind nun die aktuell zu beobachtenden Reaktionsformen auf die Krise des klassischen Modernisierungsparadigmas? Wie wird mit konfligierenden Modernisierungskonzepten umgegangen?

- Evolutionär-kumulative Weiterentwicklung des Systems
- ‚More of the same!'– wohl nur eine theoretische Denkmöglichkeit
- Nachholende Modernisierungen: Entwicklungsländer
- Einfacher Rückbau: Verlagerung des pädagogischen Teils der Lehrerbildung an Fachhochschulen, schließlich: an Schulen (Beispiel: England)
- Ausrufung von Notlösungen zum allgemeinen Standard.

Für sinnvoll und vertretbar halte ich eine evolutionär-kumulative Form des Weiterentwickelns bestehender Strukturen und Inhalte. Die schrittweise Weiterentwicklung des Systems kann aber nicht als Fortsetzung der bisherigen Linie betrieben werden (more of the same). Ein ‚Mehr' an Verwissenschaftlichung, Spezialisierung und Aufwandsteigerung würde einerseits zu Monströsitäten führen (12 Jahre Ausbildung für ein Lehramt in der 7. und 8. Klasse des Gymnasiums; Unterrichtsfach: Englische Grammatik; Promotion in Anglistik und/oder Sprachwissenschaft erwünscht). Andererseits ist aufgrund der sich abzeichnenden vollständigen Neustrukturierung des Hochschulwesens in Deutschland ein epochaler Wandlungsprozess zu beobachten, der in seiner Bedeutung nur noch mit den Humboldtschen Reform verglichen werden kann – wenngleich er in einer gewissen Hinsicht in die entgegengesetzte Richtung geht. Innerhalb dieses Neustrukturierungsprozesses stellt Lehrerbildung keinen entscheidenden Machtfaktor dar; sie ist gleichwohl von diesem epochalen Wandlungsprozess der Hochschullandschaft stark betroffen. Damit komme ich zu meinem dritten Teil.

Hochschullandschaft im Wandel – und mit ihr die Lehrbildung

Wie erwähnt ist die durch die KMK-Empfehlungen für die Lehrerbildung formulierte, im erziehungswissenschaftlichen wie im bildungsadministrativen Bereich sehr breit mitgetragene Entwicklungsperspektive schon kurz nach ihrem Erscheinen durch die querlaufende Empfehlung einer konsekutiven Strukturierung der Lehrerbildung auf der Basis des Bachelor/Master-Systems konterkariert worden. Von Seiten der verschiedenen Bildungswissenschaften, von den Lehrerverbänden und sonstigen beteiligten Gruppen sind die in diese Richtung gehenden Empfehlungen stark kritisiert worden.

Nachdem sich der erste Sturm gelegt hat und die in der Tat z.T. unseriösen Original-Vorschläge z.B. des EXPERTENRATS NRW (2001) *nicht* zum Zuge gekommen sind, sondern demgegenüber stark gemäßigte Eckpunkte für Modellversuche zur gestuften Lehrerbildung formuliert wurden, und nachdem die KMK die Anerkennung von Abschlüssen aus dem Modellversuchen auf der Basis solcher gemäßigter Konzeptionen zugestanden hat, kann man vielleicht eine erste gelassenere Analyse und Einschätzung vornehmen (BAUMGART / TERHART 2001; vgl. auch TERHART 2001, S. 230ff.).

Grundsätzlich gilt: Die Idee zur konsekutiven Lehrerbildung ist nicht aus der Lehrerbildung selbst gekommen, und die Argumente, mit denen sie verlangt und verteidigt wird, haben mit allen möglichen Dingen, Entwicklungen und Kontexten – Internationalisierung, allgemeinem Hochschulwandel, der Zyklenstruktur von Überfüllung und Mangel, den Gehaltszahlungen an Referendare, die man hinterher dann doch in großen Teilen nicht eingestellt hat etc. – zu tun. Diese Argumente sind jedoch nicht auf die eigentliche Kernproblematik der Lehrerbildung bezogen; sie haben nichts mit der Frage zu tun, wie man inhaltlich und institutionell eine qualifizierte Ausbildung für zukünftige Lehrer sicherstellt. Insofern *könnte* man sich auf den Standpunkt stellen: Das geht nicht, das darf nicht passieren; über konsekutive Lehrerbildung darf überhaupt nicht einmal nachgedacht werden!

Diese Haltung wäre allerdings riskant. Denn die Lehrerbildung wird mit Sicherheit unter Hinweis auf ihre selbstdefinierten Belange und Besonderheiten eine derart breit ansetzende und grundsätzliche Weiterentwicklung des deutschen Universitäts- bzw. Hochschulsystems insgesamt keinesfalls stoppen können. Dies anzunehmen würde eine groteske Selbstüberschätzung bedeuten. Wenn nun seit einigen Jahrzehnten die gesamte Lehrerbildung in die Universitäten integriert worden ist und man dafür arbeitet, dass das auch so bleibt – wenn man also schon im Boot sitzt und dort seinen Platz behalten möchte, dann ist man letztendlich auch eingebettet in diejenigen Entwicklungen, in denjenigen Gestaltwandel, den das Universitätssystem derzeit durchmacht. Die Alternative wäre ein Herausoptieren: Man springt über Bord! Aber wohin? Welche Ausbildungsinstitution, welcher Ausbildungsrahmen stünden dann zur Verfügung?

Man muss dies alles in einen weiteren Kontext einbetten. Ich bin der Überzeugung, dass mit dem allmählichen Umbau des deutschen Hochschulsystems derzeit ein Gestaltwandel beobachtbar ist, der in seiner Bedeutung nur mit der Humboldtschen Universitätsreform vergleichbar ist. Der Anteil derjenigen, die eine akademische Berufsausbildung anstreben und durchführen, wird sich noch weiter vergrößern; zugleich wird das Hochschulsystem viel stärker als bisher in einer zunehmend auch für Massenberufe qualifizierenden Weise in Anspruch genommen werden. Hier ist die Beschäftigung mit Wissenschaftswissen Ausbildungselement – und nicht die Vorstufe zur

Erzeugung von weiterem wissenschaftlichen Wissen. Der Unterbau des alten Elfenbeintums (bis zum Bachelor-Grad) wandelt sich in eine Mischung aus Fachhochschule und Berufsakademie – und dabei am besten zugleich in ein *profit center*. In diesem Teilen ist Wissenschaft Lehrstoff bzw. Qualifikationsmaterial – und genuine Forschung nicht vorhanden.

Man kann diese Entwicklung auch anders kennzeichnen: Die bisherigen nebeneinanderliegenden Säulen von Fachhochschule und Universität werden von einem vertikalen in ein horizontales Verhältnis gebracht. Die Unterschiede zwischen Fachhochschule und Universität verwischen, das Nebeneinander verschwindet und taucht als ein Nacheinander – konsekutiv – wieder auf. In der Gruppe der Lehrenden hat der Kampf um die eigene adäquate Positionierung bereits begonnen.

Die Idee ist: Nach dem Erwerb einer Hochschulzugangsberechtigung studiert man zunächst berufsorientiert (und kurz!) bis zum Bachelor; nur ein kleinerer Teil macht auf der Masterstufe weiter, wobei – wie bekannt – unterschiedliche Masterausrichtungen möglich sind; daran schließen sich neu einzurichtende Promotionsstudiengänge an. Diese drei Ebenen-Struktur ist das Grundmuster, das in der Bologna-Erklärung anvisiert wird. Natürlich bedeutet dies den definitiven Abschied von Humboldt, genauer: nach dem Ausbau und der Öffnung der Universitäten und ihrem gezielten Überlaufenlassen wird der untere Teil einfach abgekoppelt. Die ‚neue Universität' entsteht auf der Masterebene und der Ebene der Promotionsstudien. Das bietet einerseits neue Distinktionsmöglichkeiten für studierende wie lehrende Angehörige des Hochschulsystems; andererseits reduziert es die Kosten für die Ausbildung in den Massenstudiengängen.

Aber letztendlich wird damit vielleicht nur eine Entwicklung besiegelt, die de facto in großen Teilen des Hochschulsystems – also in Fachhochschulen und Universitäten – bereits eingetreten ist. Selbstverständlich werden damit dann auch die traditionellen Übergänge zwischen akademischer Bildung, Berufslaufbahnen und Besoldungen – auch ein Effekt der Humboldt-Systems – hinfällig und müssen umgestellt werden. In diesem langlaufenden Prozess wird es Gewinner und Verlierer geben. Man weiß aber noch nicht genau, wer das jeweils sein wird, kann aber schon Hoffnungen und Ängste entwickeln. Eben dies erklärt die zögerliche Haltung von Institutionen und Personen. Es erklärt zugleich auch die Anstrengungen anderen Institutionen und Personen, einen solchen Wandel nun endlich durchzusetzen. Ob alle vermeintlichen Verlierer und Gewinner am Ende tatsächlich Verlierer und Gewinner sind, ist allerdings durchaus offen.

Für die Lehrerbildung heißt dies: sie sollte in diesem Wandlungsprozess ihre Interessen offensiv vertreten und solche Modelle erarbeiten, in denen die neue Struktur sich möglichst sinnvoll und positiv auf die Lehrerqualifizierung auswirken kann. Übrigens bringen manche Modell-Vorschläge zur konsekutiven Lehrerbildung hinsichtlich des quantitativen Anteils an erziehungswissenschaftlichen und fachdidaktischen Studien eine Ausweitung gegenüber manchem schlechten Status quo mit sich. Und weil Modularisierung ein kumulatives Lernen ermöglicht, könnten sogar stärkere Effekte entstehen. *Dies alles jedoch könnte und muss man auch ohne BA-MA-Struktur, also im Rahmen grundständiger Lehrerbildung erreichen!* Generell ist zu berücksichtigen, dass Modellversuche zur konsekutiven Lehrerbildung nur dort sinnvoll machbar sind, wo eine Universität unabhängig von der Lehrerbildung große Teile ihrer akademischen Studiengänge (Diplom, Magister) bereits konsekutiv organisiert hat – und zwar in lehrerbildungs-relevanten Fächern. Es ist absurd, beim Umbau des Universitätssystems in Richtung auf Konsekution mit der Lehrerbildung *beginnen* zu wollen – oder alles andere gar unverändert zu lassen. Es bedeutet zugleich, dass in der Bachelor-Phase neben Fachstudien auch allgemeiner-qualifiziernede Studienelemente enthalten sein sollten. Und es bedeutet, dass nach der Entscheidung zugunsten eines Lehrer-Masters (zumindest bei der Gymnasiallehrerbildung) weiterhin Fachstudien in Verbindung mit fachdidaktischen Studien sowie die erziehungswissenschaftlichen Elemente in lehramtsspezifischer Ausprägung zum Zuge kommen müssen. Es bedeutet weiterhin, dass es auf der Masterphase eine Kooperation und Abstimmung mit der zweiten Phase und auch mit der Weiterbildung geben muss – die Masterphase aber selbst nicht die 2. Phase ersetzt.

In einer solchen Architektur ist es möglich, das *eigentlich entscheidende Problem* der universitären Lehrerbildung anzugehen – ein Problem, das *sowohl* für die grundständige Lehrerbildung *als auch* für die konsekutive Lehrerbildung in gleicher Weise besteht: die Erarbeitung von Kerncurricula in den Fächern, in den Fachdidaktiken und in den erziehungswissenschaftlichen Studien, die ein *höheres Maß an Verbindlichkeit* erzeugen – Verbindlichkeit für die Lehrenden wie für die Lernenden. Hierbei sind insbesondere die Fächer gefordert, die den allergrößten Anteil an Lehrerbildung haben. Aber die Fächer schweigen bislang, während die Bildungswissenschaften dauernd reden, was die Machtkonstellation eigentlich ganz gut verdeutlicht. Die Definition von studierbaren Kernelementen, die von einem sinnvollen Wahlangebot umschlossen werden – Kern und Fleisch zusammen machen ja bekanntlich eine Frucht –, die Erarbeitung von Modulen, die Festlegung von Sequenzen, in denen man Dinge zu erledigen hat bzw. die eine Institution regelmäßig und zuverlässig anzubieten hat – *das* sind die wirklich entscheidenden Punkte.

Wenn denn durch Kerncurricula, Modularisierung, Kreditpunktsystem etc. tatsächlich das Lehramtsstudium eine klare Struktur bekommt, die Verbindlichkeiten regelt, wird dies auch endlich deutlich machen, dass das bisherige System nur funktionieren konnte, weil und solange ein großer Teil der Studierenden *nicht wirklich* diejenigen Lehr-Kapazitäten abrief, die lt. Prüfungs- und Studienordnungen eigentlich abzurufen waren. Nur weil an dieser Stelle von studentischer wie universitärer Seite in schöner Eintracht der

Schein aufrechterhalten wurde, ist das System nicht explodiert. Wenn jetzt wirklich alle tatsachlich das machen, was sie machen müssen, werden extreme Kapazitätsprobleme auftreten, die sich im neuen System nicht mehr kaschieren lassen.

Um diesen Punkt zum Abschluss zu bringen: Modellversuche zur gestuften Lehrerbildung sind eingerichtet (Universität Bielefeld, Ruhr-Universität Bochum), und diese werden – wie man hört: ergebnisoffen – intern und extern evaluiert werden. Man darf gespannt sein, wie solche Evaluationen aussehen und was dabei herauskommt. – Mit dem Stichwort Evaluation bin ich bei meinem vierten und letzten Teil angekommen, der sich einen spezifischen Problem zuwendet, welches die Zukunft der Debatte bestimmen wird, und der sowohl für Forschung wie für Innovation von Bedeutung ist.

Notwenig: eine an Standards orientierte Evaluation der Lehrerbildung

In diesem letzten Teil möchte ich auf ein Defizit der Lehrerbildungsdebatte hinweisen: die unzureichende empirisch gesicherten Erkenntnisse über den genauen Zustand und die Wirkung von Lehrerbildung. In einer Übersicht über die seit 1995 erschienenen deutschen Forschungsarbeiten zur Lehrerbildung kommt SCHAEFERS (2002) zu dem Schluss, dass erstens das methodische Niveau der Forschungsarbeiten in diesem Bereich in allergrößten Teilen sehr bescheiden ist. Zweitens wird deutlich, dass es sich im wesentlichen um inselhaft angelegte, personengebundene Einzelforschung handelt, die sich nicht wechselseitig ergänzt. Insbesondere Studien über die Wirkung unterschiedlicher Modelle sind so gut wie gar nicht vorhanden. Dies alles führt SCHAEFERS zu der These, dass Reforminitiativen zur Lehrerbildung zwar substanziell sehr gut begründet sein können, dass sie sich aber im Grunde nicht auf Forschungsergebnisse im eigentlichen Sinne des Wortes stützen können.

Weil dies so ist, ist der Lehrerbildungsdiskurs auch so wie er ist: Alle möglichen Beschreibungen und Reformvorschläge stehen im Raum, können in aller Regel eine gewisse Plausibilität beanspruchen und arbeiten sich kontinuierlich und kreisförmig aneinander ab; dies ohne klaren Bezug auf Empirie. Als Beweismittel werden hilfsweise der rhetorische Glanz oder aber schlicht die Intensität des Engagements – also am Ende: die eigene Person – eingesetzt. Um eine schöne Formulierung von Jürgen Oelkers zu benutzen: Das Problem ist nicht, dass alle im Nebel stochern. Das Problem ist, dass alle meinen, es sei gar kein Nebel da!

Um hier eine Änderung der Situation einzuleiten halte ich es für dringlich, dass Überlegungen zu einer empirischen Evaluation der Lehrerbildung angestellt und Initiativen in diese Richtung gestartet werden. In den verschiedenen Reformpapieren ist dies immer wieder angemahnt worden. Die KMK hat eine Initiative zur einer an Standards orientierten Evaluation der 1. und 2. Phase der Lehrerbildung gestartet. Die OECD vervollständigt ihre Länderstudien derzeit durch eine Übersicht über Strukturen, Prozesse und Ergebnisse der Lehrerbildung in einer Reihe von Mitgliedsländern.

Zielt man eine an Standards orientierte Evaluation der Lehrerbildung an, so muss man sich fragen, was man eigentlich wie bezogen auf welche Standards und zu welchem Zweck evaluieren will. Selbstverständlich geht es nicht um ein Erfassen und Vergleichen der verschiedenen staatlich *administrativen Regulative* für Lehrerbildung, sondern um ein möglichst weit gehendes Erfassen der *tatsächlichen Realitäten* in diesem Bereich. Dabei wird man entscheiden müssen, ob man alle oder nur einige Phasen der gegebenen Lehrerbildungsstruktur abdecken will. Eine Erfassung der 1. und 2. Phase hielte ich in jedem Fall geboten. Die dritte Phase der Weiterbildung zu evaluieren ist sicherlich noch weitaus schwieriger als dies bei den ersten beiden Phasen der Fall ist. Darüber hinaus muss man klären, wie weit man in die Fläche gehen will, d.h. ob man exemplarisch ausgewählte Institutionen eines Landes oder aber eine Auswahl von Institutionen mehrerer Bundesländer abdecken will. Vollerhebungen sind schon innerhalb eines Landes sehr schwierig und aufwendig; bundesweit scheint dies derzeit wohl kaum machbar.

Ebenso muss man entscheiden, ob man Personen- und/oder Institutionen evaluieren will. Die Evaluation von Personen käme einem *assessment* gleich, in dessen Rahmen z.B. das Wissen und die Reflexionsfähigkeit von Absolventen des 1. Staatsexamens erfasst wird. Bei einem Personenassessment mit Blick auf die 2. Phase und deren Abschluss ließen sich darüber hinaus auch – allerdings mit allergrößtem Aufwand – qua Beobachtung/ Einschätzung u.U. praktische Kompetenzen ermitteln. Der eigentliche Schlussstein einer solchen personenbezogenen Evaluation aber wäre die Erfassung von Kompetenzen und Entwicklungsprozessen in der Zeit nach dem Berufseintritt. Nunmehr müsste sich zeigen, wie Lehrerbildung sich auswirkt, und zwar auf das Handeln der Lehrer wie am Ende *auf das Lernen und die Erfahrung von Schülern*. Dies stellt sicherlich eine Art Forschungsutopie dar – aber der Grundgedanke aller Evaluation von Lehrerbildung muss letztlich das Abschreiten der Wirkungskette ‚Lehrerbildung, Lehrerhandeln und Schülerlernen' sein. Dieses letzte Element sollte zumindest immer im Auge behalten werden, auch wenn seine Erfassung erhebliche konzeptionelle und methodische Probleme aufwirft.

Analytisch getrennt von der Personenevaluation ließe sich auch eine *Institutionenevaluation* vorstellen: Institutionen der Lehrerbildung werden auf der einfachsten Ebene darauf hin analysiert, ob und wie weit sie Dinge, die eine gute Lehrerbildungsinstitution kennzeichnen, installiert und verwirklicht haben. Keinesfalls sollte man sich da auf die Selbstberichte der Institutionen verlassen – ein neutraler Blick von außen ist dringend geboten. Zweitens wäre auf die Qualifikation des Ausbildungspersonals ein Blick zu werfen. Sicher, auch hierbei werden dann Personen evaluiert, aber es ist das Personal der Institution; insofern zähle ich dies zur Institutionenevaluation. Schließlich gehört zur Evaluation der Lehrerbildung auch eine Beurteilung des *Steuerungssystems für Lehrerbildung.* Auch ein Kultusministerium bzw. seine für Lehrerbildung in allen Phasen relevanten Teile müssen sich selbst beobachten und beobachten lassen; sie können nicht nur flächendeckend Evaluation predigen – und damit immer nur die anderen meinen (vgl. dazu ausführlich meine Expertise für die KMK: TERHART 2002).

Schlussbemerkungen

Ich habe mich – wie viele andere auch – neben meiner im engeren Sinne wissenschaftlichen Arbeit in den letzten Jahren verstärkt im Bereich der wissenschaftlich informierten Politikberatung in Sachen Lehrerbildung engagiert. Es ist ein zu Beginn spannendes, aber dann auch durchweg mühsames Geschäft, da man es mit einem von Interessengruppen durchsetzen Feld zu tun hat, in dem der schwarze Peter kontinuierlich reihum gereicht wird. Alle möglichen Gesichtspunkte, Faktoren und Vorlieben spielen eine Rolle – und alle tarnen ihre Egoismen durch lebhaftes Bekenntnis zu dem edlen Ziel, eine qualitativ hochwertige Lehrerbildung erreichen zu wollen.

Derzeit steht die Diskussion an einer wirklichen Scheidemarke: Die eingespielten Strukturen und Kulturen in diesem Feld sind in Bewegung geraten und in einem Wandlungsprozess begriffen. Es ist sehr schwierig, angesichts dieses Prozesses noch die Übersicht zu behalten. Die gegenwärtige Situation eröffnet jedoch auch *Chancen.* Diese gilt es, im Kleinen wie im Großen, im Alltag der eigenen Institution wie bei der Teilhabe an großen, strukturell folgenreicher Entscheidungen, konsequent zu nutzen. Zugleich aber sind mit der aktuellen Situation und manchen Vorschlägen zur Innovation auch *Risiken* verbunden. Dies gilt für die Lehrerbildung genauso wie für die Erziehungswissenschaft.

Für die Lehrerbildung besteht das Risiko darin, dass die als Verbesserung gepriesenen grundsätzlichen Veränderungen am Ende die Qualität der Schularbeit nicht verbessern, sondern vielleicht sogar verschlechtern und zugleich den Lehrerberuf deutlich ‚herunterwirtschaften'. Wer eine genuine Lehrerbildung relativiert oder als schiere Zusatzqualifikation betrachtet setzt am Ende den Lehrerberuf als Beruf aufs Spiel. Ohne den Lehrerberuf aber kann es kein öffentlich-staatliches Schulsystem geben. Dies klingt jetzt dramatischer als es faktisch womöglich kommen wird. Denn vermutlich wird man am Ende Qualitätsabsenkungen nicht bemerken, sie als gesellschaftlichen Wandel in-

terpretieren und als solchen dann hinnehmen. Solange man an ausbleibendem bzw. schlechtem Unterricht nicht sterben kann, ist die Durchschlagkraft pädagogischer Argumente zur Lehrerqualifikation immer begrenzt.
Das zentrale Risiko für die Erziehungswissenschaft besteht darin, dass man sie selbst nicht mehr als relevant für die Lehrerbildung begreift, sondern Lehrerbildung nur noch als eine Addition von Fachwissen für die Unterrichtsfächer einerseits und einem in praktischen Kontexten durch Meisterlehre zu erwerbenden „Vermittlungswissen" betrachtet. Damit wird nicht nur der Lehrerberuf zu einer bloßen Zusatzfunktion für Fachleute; zugleich wird die didaktische Reflexion auf Methode – und Methode auf das Niveau ein Schmiermittels zurückgestuft: Wie sag ich's meinen Schülern. Genau dies wäre bildungshistorisch und bildungstheoretisch gesehen eine Rückfall in längst verstaubte Zeiten und geht an den Erkenntnissen der modernen, fächer- und kompetenzbezogenen Lehr-Lern-Forschung vorbei.
Mein Schlussfazit also ist durchaus ambivalent, aber nicht hoffnungslos: die aktuelle Lage in der Lehrerbildung birgt Chancen und Risiken, Risiken und Nebenwirkungen. Entscheidend ist, dass im Zuge von so genannten Reformprozessen nicht de facto eine Verschlechterung der Lage eintritt, etwa indem kurzfristige Notlösungen kurzerhand zum Standard erklärt werden. Natürlich: Damit es besser wird, muss es anders werden. Aber nicht jede Veränderung führt auch tatsächlich zur Verbesserung! Deshalb ist Vorsicht und Rücksicht geboten; bei allen Vorhaben sind Gewinne und Verluste, Chancen, Risiken und Nebenwirkungen genau abzuwägen. Allein schon aufgrund dieser Unsicherheiten ist ein schrittweises Verbessern aller Elemente, ein konsequenter und entschlossener Pragmatismus meiner Erfahrung nach, die allein verantwortliche Strategie.

Literatur

ARBEITSGRUPPE LEHRERBILDUNG (2002): Empfehlungen zur Weiterentwicklung der Lehrerbildung in Niedersachsen. Abschlußbericht der Arbeitsgruppe Lehrerbildung der Wissenschaftlichen Kommission Niedersachsen. – Hannover.

BAUMGART, F. / TERHART, E. (2001): Gestufte Lehrerbildung in NRW? Die Empfehlungen des Expertenrats NRW zur Lehrerbildung: Grundsätzliche Gegenargumente, pragmatische Bedenken und konstruktive Alternativen. In: Die deutsche Schule 93, 2001, 3, S. 332-342.

BAYER, M. / BOHNSACK, F. / KOCH-PRIEWE, B. / WILDT, J. (Hrsg.) (2001): Lehrerin und Lehrer werden ohne Kompetenz? Professionalisierung durch eine andere Lehrerbildung. – Bad Heilbrunn.

BELLENBERG, G. / THIERACK, A. (2001): Die LehrerInnenausbildung in Deutschland. Bestandsaufnahme und Reformbestrebungen. Projekt B 8330 im Auftrag des Bundesministeriums für Bildung und Forschung. – Essen (erscheint 2003).

EXPERTENRAT NRW (2001): Abschlußbericht. – Münster.
FORSCHUNGSEVALUATION LEHRERBILDUNG (2002): Berufswissenschaften der Lehrerbildung. Bericht und Empfehlungen. Wissenschaftliche Kommission Niedersachsen. – Hannover.
HINZ, R. / KIPER, R. / MISCHKE, W. (Hrsg.) (2002): Welche Zukunft hat die Lehrerbildung in Niedersachsen? – Hohengehren.
HOCHSCHULREKTORENKONFERENZ (1998): Empfehlungen zur Lehrerbildung. In: SCHULZ, D. / WOLLERSHEIM, H.-W. (Hrsg) (1999): Lehrerbildung in der öffentlichen Diskussion. Neuzeitliche Gestaltungsformen in Theorie und Praxis. – Neuwied, S. 163-176.
KEUFFER, J. / OELKERS, J. (Hrsg.) (2001): Reform der Lehrerbildung in Hamburg. – Weinheim.
LOHMANN, K. (2001): Lehrerbildung neu gedacht: Krieg der Kommissionen Terhart gegen Erichsen. In: Seminar, H.3, S. 9-20.
MACHA, H. / SOLZBACHER, CL. (Hrsg.) (2002): Welches Wissen brauchen Lehrer? Lehrerbildung aus dem Blickwinkel der Pädagogik. – Bad Heilbrunn.
OSER, F. / OELKERS, J. (Hrsg.) (2001): Die Wirksamkeit der Lehrerbildungssysteme. Von der Allrounderbildung zur Ausbildung professioneller Standards. – Chur.
SÄCHSISCHE HOCHSCHULENTWICKLUNGSKOMMISSION (2001): Empfehlungen zur weiteren Entwicklung des sächsischen Hochschulwesens. – o.O.
SCHAEFERS, C. (2002): Forschung zur Lehrerausbildung in Deutschland – eine bilanzierende Übersicht der neueren empirischen Studien. In: Schweizerische Zeitschrift für Bildungswissenschaften 24,1, S. 65-88.
SEIBERT, N. (Hrsg.) (2001): Probleme der Lehrerbildung. Analysen, Positionen, Lösungsversuche. – Bad Heilbrunn.
TERHART, E. (Hrsg.) (2000): Perspektiven der Lehrerbildung in Deutschland. Abschlußbericht der von der Kultusministerkonferenz eingesetzten Kommission. – Weinheim.
TERHART, E. (2001): Lehrerberuf und Lehrerausbildung. Forschungsbefunde, Problemanalysen, Reformkonzepte. – Weinheim.
TERHART, E. (2002): Standards für die Lehrerbildung. Eine Expertise für die Kultusministerkonferenz. Institut für Schulpädagogik und Allgemeine Didaktik. – Westfälische Wilhelms-Universität Münster.
TERHART, E. (2003): Lehrerbildung nach PISA. Welche Konsequenzen kann man aus den aktuellen Leistungsvergleichsstudien ziehen? In: MERKENS, H. (Hrsg.): Lehrerbildung in der Diskussion. – Opladen.
UNIVERSITÄT HANNOVER / ZENTRALE EVALUATIONS- UND AKKREDITIERUNGSAGENTUR HANNOVER (ZEvA) (Hrsg.) (2001): Chancen oder Holzweg? Konsekutive Studiengänge in der Lehrerbildung. Dokumentation eines Workshops. – Hannover.
WISSENSCHAFTSRAT (2001): Empfehlungen zur künftigen Struktur der Lehrerbildung. – Köln.
ZENTRUM FÜR SCHULFORSCHUNG UND FRAGEN DER LEHRERBILDUNG HALLE (Hrsg.) (2002): Die Lehrerbildung der Zukunft. Eine Streitschrift. – Opladen.
ZENTRALE EVALUATIONS- UND AKKREDITIERUNGSAGENTUR HANNOVER (ZEvA) (2001): Evaluation der Lehre in der Lehrerbildung. – Hannover.

Hans N. Weiler

Bildungsforschung und Bildungsreform – Von den Defiziten der deutschen Erziehungswissenschaft

Prolog

Unter den Büchern, die ich in der letzten Zeit gelesen habe, hat mir eins besonders gut gefallen. Es fällt auf durch seine subtile Ironie, die – auch ohne dass man es wüsste – die Herkunft ihres Autors erraten lässt. Denn Buch und Autor kommen aus einem Land, in dem seit Alexander Pope und Jonathan Swift Ironie und Satire ein bevorzugtes literarisches Instrument der sozialen Auseinandersetzung und der Gesellschaftskritik sind. Wie anregend ich diese literarische Tradition finde, hat man seinerzeit bei meiner Verabschiedung aus Frankfurt (Oder) hören können, als ich in den Fußstapfen von Jonathan Swift Gullivers Reisen durch die deutsche Hochschullandschaft nachgezeichnet habe (WEILER 2000).

Heute ist allerdings nicht von Jonathan Swift und Gulliver die Rede, sondern von JULIAN BARNES, einem der neueren Meister der britischen Satire. Sein Buch über „Flauberts Papagei" (*Flaubert's Parrot* 1985, deutsch 1997), in dem das literarische Werk von Gustave Flaubert aus der Sicht seines Papageis eine kritische Würdigung erfährt, hat den Ruf von JULIAN BARNES als Satiriker solide begründet. Sein Buch, *„England, England"* (1998, deutsch 1999), von dem hier die Rede sein soll, hat diesen Ruf weiter gefestigt.

JULIAN BARNES erzählt die Geschichte eines ebenso exzentrischen wie schwerreichen englischen Unternehmers, Sir Jack Pitman, der sich entschließt, auf einer England vorgelagerten Insel eine leicht miniaturisierte, aber ansonsten naturgetreue und vor allem erheblich verbesserte Version des bestehenden Englands zu errichten. Er scheut dabei keine Kosten und Mühen und denkt wirklich an alles: an *Big Ben* mit Originalgeläut, den *Tower of London* (komplett mit der Wachmannschaft der *Beefeater* in Originalkostümen), *Stratford-on-Avon* mit permanenter Shakespeare-Aufführung, die unverwechselbaren Taxis und die roten Doppeldeckerbusse aus London, Stonehenge und das Nobel-Kaufhaus von *Harrod's*, Robin Hood und seine Bande in einer naturgetreuen Nachbildung des Waldes von Sherwood, das Haus von Jane Austen, die berühmten riedgedeckten *cottages* von Devonshire, in denen nachmittags *Devonshire cream tea* serviert wird.

Dabei war längst nicht alles Imitation. Mit viel Geschick und noch mehr Geld hatte es Pitman geschafft, sowohl die ehrwürdige *Times of London* als auch die traditionsreiche Fußballmannschaft von *Manchester United* tatsächlich im Original in das neue England zu verlagern. Und in einem Coup ganz besonderer Art war es ihm sogar gelungen, das englische Königshaus, das in dem ursprünglichen England schon seit einiger Zeit nicht mehr so recht geschätzt wurde und unter bisweilen herber öffentlicher Kritik zu leiden gehabt hatte, zu einer Umsiedlung auf die neue englische Insel zu veranlassen, wo ihrer bereits eine getreue Nachbildung von *Buckingham Palace* harrte.

Kurzum, es gelang Pitman, gleichsam der Quintessenz dessen, was am alten England liebenswert und unverwechselbar war, auf seiner Insel zu einer neuen Existenz und zu neuem Glanz zu verhelfen.

Das Projekt war, vom Tage seiner offiziellen Eröffnung an, über alles Erwarten erfolgreich – so erfolgreich, dass es in relativ kurzer Zeit das Original weit in den Schatten stellte. Es begann mit den Touristen, die sehr schnell zu schätzen lernten, dass sie in dieser neuen Version von England sehr viel zuvorkommender behandelt wurden, mit weniger Schmutz, Verspätungen und Verkehrsstaus zu rechnen hatten und insgesamt, wie einer von ihnen feststellte, den Eindruck hatten, einem nicht nur sehr viel sympathischeren, sondern auch sehr viel authentischeren England zu begegnen. Dieser Eindruck setzte sich alsbald auch in der internationalen Gemeinschaft durch, und selbst die ansonsten etwas unbewegliche Brüsseler Bürokratie konnte sich der mustergültigen Amtsführung Pitmans nicht verschließen und entsprach seinem Antrag auf Mitgliedschaft in der Europäischen Union.

Binnen kurzer Zeit entstand so, vor den Toren des alten England, ein neues England, das dem alten Modell nicht nur gleichwertig, sondern in jeder Hinsicht überlegen war.

* * *

Ich denke gelegentlich darüber nach, ob man so etwas nicht auch für die deutsche Erziehungswissenschaft versuchen sollte.

Sie hat sich zwar – so wie das englische Königshaus – eine gewisse behäbige, hier und da an Plüsch erinnernde Ehrwürdigkeit erworben, aber von wirklichem Einfluss kann eigentlich keine Rede sein. Sie ist, wiederum wie die Monarchie Britanniens, stolz auf ihre vergangene Größe, steht aber der Zukunft eher etwas ratlos gegenüber. Und wie beim englischen Königshaus heißt es dann immer wieder, sie sei zu teuer, die Erziehungswissenschaft, und was habe das Land eigentlich davon, usw. usf. So wie die *Times of London* gehört auch sie, die Erziehungswissenschaft, irgendwie dazu im Blätterwald der Wissenschaften, aber die Leitartikel, um im Bild zu bleiben, sind zwar gescheit und gelehrt, beschäftigen sich aber eher mit den Randgebieten des Weltgeschehens und kaum mit dem, was die Menschen in den Schulen und den Klassenzimmern eigentlich bewegt. Und wenn man sich diese ehrwürdige

Wissenschaft einmal näher ansieht, dann ist der Vergleich mit *Devonshire cream tea* so unpassend eigentlich nicht – wohlschmeckend, für das Herz nicht allzu aufregend und ein ebenso aufwendiger wie angenehmer Luxus, dem man die mangelnde Nützlichkeit gerne nachsieht. Der WISSENSCHAFTSRAT sagt es mit der ihm eigenen vornehmen Zurückhaltung: „sie (die Erziehungswissenschaft) hat sich in ihrem Bestreben um Anerkennung als eigenständige wissenschaftliche Disziplin mittlerweile stark ausdifferenziert. Ihr ehemals ausgeprägter Bezug auf die Lehrerbildung hat an Verbindlichkeit verloren oder wurde ... vollends aufgegeben." (WISSENSCHAFTSRAT 2001, S. 23-24) Nicht ganz so vornehm zurückhaltend bringt es DIETER WUNDER in der erziehungswissenschaftlichen Hauszeitschrift der Deutschen Gesellschaft für Erziehungswissenschaft (DGfE) auf den kurzen und prägnanten Nenner: „strukturkonservativ-selbstzufrieden" (2000).

Es wäre in der Tat reizvoll, sich à la Pitman eine neue, ausgelagerte Version der deutschen Erziehungswissenschaft vorzustellen. Vielleicht würde sich auch hier eine gewisse Miniaturisierung empfehlen – man könnte an Helgoland denken, oder vielleicht auch an Liechtenstein – es würde sich mit Sicherheit etwas Passendes finden lassen, wo die deutsche Erziehungswissenschaft eine neue Blüte erleben könnte – eine Blüte, angesichts derer der WISSENSCHAFTSRAT, die Sächsische Hochschulentwicklungskommission und das nordrhein-westfälische Kultusministerium zu demselben Schluss kämen wie die Touristen auf der Insel des Mr. Pitman: eine nicht nur sehr viel sympathischere, sondern auch authentischere Version.

Spätestens an dieser Stelle werden sich die wohlachtbaren Vertreter dieser deutschen Erziehungswissenschaft mit einer Mischung aus Verunsicherung und Empörung fragen, wie denn dieser hergelaufene Politikwissenschaftler, dessen eigene Disziplin weiß Gott von einem miniaturisierten Neubeginn auf Helgoland nur profitieren könnte, auf die Idee kommt, sich so despektierlich über eine andere Disziplin zu äußern – eine Disziplin immerhin, die sich in deutschen Gelehrtenstuben schon mit Comenius und Pestalozzi beschäftigte, als die Politikwissenschaftler noch auf den Bäumen saßen und sich von den Abfällen ernährten, die ihnen die Juristen und Historiker von ihren reich gedeckten Tischen übrig ließen.

Von den Defiziten der deutschen Erziehungswissenschaft (Kurzfassung)

Diese Frage will ich Ihnen gerne beantworten. Meine Antwort hat eine kurze und eine etwas längere Version. Beide Versionen sind in diesem Beitrag zu finden. Die Kurzfassung meiner Antwort auf die Frage, warum ich denn der deutschen Erziehungswissenschaft einen neuen Start wünschen würde, geht wie folgt, und ich lege sie Ihnen in ein paar kurzen Thesen vor:

(1) Bildungspolitische Entscheidungen sind – auch wenn die, die sie treffen, das manchmal nicht zugeben wollen – auf wissenschaftliche Grundlegung, Begleitung und Bewertung angewiesen; ohne sie läuft die Bildungspolitik Gefahr, entweder zum Opportunismus oder zur Ideologie zu verkommen.

(2) Diese These gilt ganz besonders für zwei Bereiche bildungspolitischer Entscheidungen, die sich durch außergewöhnliche Komplexität und Folgenschwere auszeichnen, und in denen die Politik in besonderer Weise den kritischen Beistand kompetenter Wissenschaft braucht: die Reform der Hochschulen und die Reform der Lehrerbildung. In beiden Bereichen sind in Deutschland umfassende Reformen im Gang, die die Struktur der Hochschullandschaft (Stichworte: Deregulierung, Dienstrechtsreform, Zulassungsverfahren, Studienreform) und den Prozess der Lehrerbildung (Stichworte: konsekutive Ausbildung, neue Prüfungssysteme, Neubestimmung der Didaktik) nachhaltig und grundlegend verändern werden.

(3) In dieser Umbruchssituation, und ausgerechnet in diesen beiden kritischen Bereichen, wird die Bildungspolitik von der Wissenschaft, und vor allem von der Erziehungswissenschaft, sträflich im Stich gelassen – und das gilt ungeachtet aller bildungspolitischen Rhetorik bei festlichen Anlässen wie diesem Kongress. Die Erziehungswissenschaft kommt ihrer Pflicht, bildungspolitische Entscheidungen empirisch zu erhellen und kritisch zu begleiten, in einem kaum angemessenen Umfang nach.

(4) Das gilt für die Hochschulpolitik, wo die empirische Hochschulforschung in Deutschland – von ganz wenigen Ausnahmen abgesehen – so unterentwickelt ist, dass sie für die wichtigen Entscheidungen zur Reform der deutschen Hochschulen keine wirkliche Hilfe zu leisten vermag.

(5) Das gilt in ähnlichem Maße für die Reform der deutschen Lehrerbildung, deren Notwendigkeit nicht erst seit der PISA-Studie auf der Hand liegt, und für die zwar inzwischen der politische Handlungswille, aber nicht einmal die Ansätze eines wissenschaftlich tragfähigen Gerüsts in der Erforschung von Lehren und Lernen vorhanden sind.

(6) Diesem ebenso schwerwiegenden wie erstaunlichen Dilemma liegt eine tiefe Entfremdung zwischen den zwei Kulturen von Erziehungswissenschaft und Bildungspolitik zugrunde, die nicht auf Deutschland beschränkt ist, die aber hierzulande besonders stark ausgeprägt zu sein scheint.

(7) Das problematische Verhältnis zwischen diesen beiden „Kulturen" hat sowohl mit der Wandlung des Selbstverständnisses der Erziehungswissenschaft in Deutschland als auch mit dem Nachhall der bildungspolitischen Konflikte der 60er und 70er Jahre in der alten Bundesrepublik zu tun, an denen die Bildungsforschung – mit gemischtem Erfolg – einen aktiven Anteil

zu nehmen versucht hat. Einige Zeitgenossen werden sich noch daran erinnern.

(8) Es kann vor diesem Hintergrund instruktiv sein, sich im Vergleich hierzu die Situation in den USA zu vergegenwärtigen, die zwar keineswegs eine einzige Erfolgsstory ist, in der sich aber das Verhältnis von Bildungsforschung und Bildungspolitik insgesamt erheblich ungebrochener darstellt. Das lässt sich sowohl im Verhältnis von Hochschulpolitik und Hochschulforschung als auch am Stand der Forschung zur Lehrerausbildung und an ihrem Einfluss auf die Reform derselben darstellen.

(9) Der Vergleich mit den USA legt darüber hinaus auch die Vermutung nahe, dass es sich bei den von mir festgestellten Defiziten der deutschen Erziehungswissenschaft nicht nur um eine Frage des inhaltlichen und wissenschaftstheoretischen Selbstverständnisses, sondern auch um eine Frage der Wissenschaftsorganisation handelt.

Von den Defiziten der deutschen Erziehungswissenschaft (Langfassung)

So viel zur Kurzfassung. Ich werde in der längeren Fassung auf diese Thesen etwas ausführlicher eingehen.

Lassen Sie mich zuvor aber auch deutlich machen, aus welcher Perspektive diese Kritik erfolgt. Diesen Beitrag schreibt jemand, der nicht nur ein – inzwischen etwas betagtes – Produkt des deutschen Bildungswesens ist, sondern der dieses Bildungswesen seit 35 Jahren aus der Ferne, aber mit großem Interesse und beträchtlicher Sympathie beobachtet hat, und dessen Interesse und Sympathie ihn immerhin bewogen haben, auf seine alten Tage eine in jeder Hinsicht attraktive Professur in Stanford aufzugeben und sich an einem nicht ganz unproblematischen Standort – in Frankfurt an der Oder – noch einmal auf dieses deutsche Bildungswesen einzulassen. Ich sage das nicht als *captatio benevolentiae*, sondern um Ihnen verständlich zu machen, dass es mir hier nicht um ein maliziöses Gemeckere, sondern um eine überaus besorgte Kritik handelt. Sollte diese sich als irrig oder überzogen herausstellen – niemand würde sich mehr freuen als ich.
Nun zurück zu meinen Thesen.

(1) Bildungspolitik ist auf Wissenschaft angewiesen.

Ich rekapituliere: Bildungspolitische Entscheidungen sind – auch wenn die, die sie treffen, das manchmal nicht zugeben wollen – auf wissenschaftliche Grundlegung, Begleitung und Bewertung angewiesen; ohne sie läuft die

Bildungspolitik Gefahr, entweder zum Opportunismus oder zur Ideologie zu verkommen.

Dass es sich beim Verhältnis von wissenschaftlichen Befunden und politischen Entscheidungen nicht um ein simples Wirkungsverhältnis, sondern um einen überaus komplexen Zusammenhang handelt, brauche ich hier nicht zu erläutern. Manchen Lesern dieses Beitrags sind vielleicht auch meine Überlegungen bekannt, die in diesem Verhältnis eine Beziehung wechselseitiger Legitimation sehen, in der Wissen die Ausübung politischer Herrschaft ebenso legitimiert wie politische Entscheidungen zur Legitimation bestimmter Arten von Wissen und Wissensproduktion beitragen (WEILER 1983; 2001).

In all dieser Komplexität jedoch bleibt festzuhalten, dass politische Entscheidungen, wenn sie sachgerecht gefällt werden sollen, eines möglichst breiten und verlässlichen Wissensfundaments bedürfen. Man kann sich schwerlich eine sachgerechte öffentliche Gesundheitspolitik vorstellen, die ohne ein wissenschaftlich grundgelegtes Verständnis etwa der Verbreitung und Ursachen wichtiger Erkrankungen, der Zusammenhänge zwischen gesellschaftlichen Bedingungen und Krankheit oder der Wirksamkeit von Schadstoffen auskommt. Ebenso fragwürdig wären eine Verkehrs-, Energie- oder Siedlungspolitik, die auf belastbare Aussagen zu Ursachen und Wirkungen, zu Bedingungen und Folgen bestimmter Maßnahmen verzichten könnte. Dass das in der Realität der politischen Entscheidungen nicht immer so ist, ändert nichts an der Geltung des Prinzips.

Es liegt in der Natur der Sache, dass Bildungspolitik immer besonders in der Gefahr steht, ihre Entscheidungen nicht so sehr an den Ergebnissen solider Forschung, sondern vornehmlich an Gesichtspunkten politischer Opportunität oder ideologischer Korrektheit zu orientieren. Natürlich gilt auch hier, dass wissenschaftlicher Sachverstand eine politische Entscheidung immer nur zu erhellen und zu informieren, nie aber erschöpfend zu begründen vermag, und dass gesellschaftspolitische Prioritäten eine wichtige Rolle in solchen Entscheidungen spielen. Aber es ist gerade die Geringschätzung einer solchen wissenschaftlichen Orientierung, die so manche bildungspolitische Entscheidung dem Verdacht von Opportunismus oder Ideologisierung aussetzt. Die Auseinandersetzungen um die Gesamtschule, um die Privatisierung von Bildungsangeboten, oder um *affirmative action* in der Hochschulzulassung – um nur einige zu nennen – bieten eine Vielzahl von handgreiflichen Lektionen.

(2) Zwei kritische Bereiche der Bildungspolitik: Hochschulreform und Reform der Lehrerbildung.

Es ist für den interessierten auswärtigen Beobachter schon bemerkenswert, dass inzwischen im deutschen Bildungswesen zwei Bereiche, die für lange Zeit als klinisch resistent galten, inzwischen nicht nur Gegenstand intensiver Reformüberlegungen (das gab's öfter schon einmal), sondern auch intensiver Reformmaßnahmen sind.

So ist in der deutschen Hochschulpolitik inzwischen ein Reformprozess in Gang gekommen, der sich an den Stichworten

- Deregulierung und institutionelle Autonomie,
- Veränderung der Leitungsstrukturen,
- Leistungsgebundene Allokation von Ressourcen und Vergütung von Personal,
- Studienreform (vor allem im Rahmen der Einführung konsekutiver Abschlüsse) und
- alternative Hochschulfinanzierung

festmachen lässt. Die Dynamik dieses Prozesses ist einer eigenartigen Koalition aus reformenthusiastischen Politikern auf Bundes- und Landesebene, einer kritischen Masse von Hochschulrektoren und aktiven Interessenten aus der Wirtschaft zuzuschreiben, der Einrichtungen wie das Centrum für Hochschulentwicklung (CHE) und der Stifterverband für die deutsche Wissenschaft als Katalysatoren gedient haben.

In der Lehrerbildung ist der Zug zwar noch nicht ganz so weit gerollt, aber die ersten Weichen sind gestellt – etwa durch die Empfehlungen des Wissenschaftsrates, den Modellversuch zur zweistufigen Lehrerbildung in Nordrhein-Westfalen und die jüngsten Vorschläge aus Rheinland-Pfalz. Wer hier nach Katalysatoren sucht, kann sicher auch in der öffentlichen Aufregung über die PISA-Studie fündig werden.

In der Hochschulreform scheint mir, allen verzweifelten Zuckungen des Hochschulverbandes zum Trotz, die Entwicklung kaum noch reversibel zu sein und auf eine weitreichende Umgestaltung des deutschen Hochschulwesens hinauszulaufen – erst recht, wenn die in der Diskussion weit fortgeschrittenen Pläne zur Veränderung des Zulassungswesens und – allen sozialdemokratischen Rückzugsgefechten zum Trotz – zur Einführung von Studiengebühren demnächst Wirklichkeit werden.

Für die Lehrerausbildung bildet die gegenwärtige Diskussion zumindest das Potenzial für eine grundlegende Neuausrichtung; ob dieser Prozess noch reversibel ist, will und kann ich im Augenblick noch nicht abschließend beurteilen. Potenziell zumindest ist auch hier eine radikale Umgestaltung der Landschaft abzusehen – von der Neustrukturierung des Verlaufs der Lehrerausbildung über ein neues Verhältnis zwischen fachwissenschaftlicher und pädagogisch-didaktischer Ausbildung (und damit zwangsläufig eine grundlegende Neubestimmung der sogenannten „Fachdidaktik") bis hin zu neuen institutionellen Zuordnungen zwischen Fachhochschulen, Universitäten, Studienseminaren und Schulen.

(3) Die Erziehungswissenschaft lässt die Bildungspolitik im Stich.

Dem massiven Bedarf an wissenschaftlicher Orientierung und Erhellung, der gerade in einer solchen Umbruchssituation vorhanden ist, wird die deutsche erziehungswissenschaftliche Forschung – so meine These – allenfalls marginal gerecht. Über den Befund lasse ich mich, wenn mir jemand überzeugende Daten zum Beweis des Gegenteils liefert, gerne eines besseren belehren. Über die dem Befund zugrundeliegende Prämisse jedoch, dass die Erziehungswissenschaft im Hinblick auf eine wissenschaftliche Orientierung von Politik in der Pflicht ist, lasse ich nicht mit mir handeln. Denn was immer sonst auch Wissenschaft sein mag und sollen kann – sie hat für *die* Bereiche gesellschaftlicher Wirklichkeit, für die sie Kompetenz beansprucht, auch eine unerlässliche Orientierungs-, Begründungs- und Bewertungspflicht, der sie sich nicht entziehen kann.

Das gilt für die Erziehungswissenschaft in besonderem Maße insofern, als ihr erklärter Kompetenzbereich die einzigen gesellschaftlichen Einrichtungen umfasst, die ausdrücklich und ausschließlich für Zwecke der Bildung und Erziehung eingerichtet sind: Schule und Hochschule.

Für den Bereich Schule und Hochschule aber – so meine These – leistet die Erziehungswissenschaft in Deutschland nicht im entferntesten das, was sie leisten sollte und was sie (angesichts ihrer an vielen deutschen Hochschulen nicht unbeträchtlichen Ressourcen) leisten könnte.

Man stelle sich einmal vor, dass die Ingenieurwissenschaften den Prozess der technologischen Entwicklung wissenschaftlich so stiefmütterlich behandelten wie die Erziehungswissenschaften die Frage der Leistungsfähigkeit von Schulen, Lehrern und Hochschulen: Wir hätten mit Sicherheit eine empörte öffentliche Diskussion in Deutschland über die Daseinsberechtigung der Ingenieurwissenschaften.

Man schaue sich Vorlesungsverzeichnisse, Forschungsberichte, Websites und Veröffentlichungslisten einmal sorgfältig an: Die ernsthafte, systematische und empirische Beschäftigung mit Lehren und Lernen, mit Schulen und Hochschulen, mit Lehrern und ihrer Ausbildung, mit Curriculum und seiner Bewertung fristet ein Dasein am Rande der Disziplin und nicht da, wo sie eigentlich hingehörte, in ihr Zentrum. Ausnahmen – gewichtige und beachtliche – bestätigen auch hier die Regel, kommen allerdings vor allem *außerhalb* erziehungswissenschaftlicher Fachbereiche und Fakultäten vor. Das Max-Planck-Institut für Bildungsforschung ist eben nicht typisch für die universitäre deutsche Erziehungswissenschaft, ebenso wenig wie das Institut für die Pädagogik der Naturwissenschaften (IPN) in Kiel, das Deutsche Institut für internationale pädagogische Forschung (DIPF) oder die Arbeit mancher Landesinstitute. Es wäre nicht auszudenken, wie es um das wissenschaftliche Verständnis von Bildung und Erziehung in Deutschland bestellt wäre, wenn es diese außeruniversitären Einrichtungen nicht gäbe und der bildungspolitische Diskurs auf den wissenschaftlichen Ertrag der universitären Erziehungswissenschaft angewiesen wäre.

(4) Der Hochschulpolitik fehlt eine solide empirische Hochschulforschung.

Diese soeben getroffene pauschale Feststellung gilt in besonderer Weise für die Hochschulpolitik, wo die empirische Hochschulforschung in Deutschland viel zu unterentwickelt ist, als dass sie für die wichtigen Entscheidungen zur Reform der deutschen Hochschulen eine wirkliche Hilfe zu leisten vermöchte.

Auch hier bestätigen wiederum Ausnahmen eine eher deprimierende Regel: weder die durchaus anerkennenswerten Bemühungen von ULRICH TEICHLER und seinen Mitstreitern in Kassel und der wackeren Truppe von Hochschulforschern in Halle-Wittenberg – beide wohlgemerkt nicht gerade im Gravitationszentrum von Universitäten und erst recht nicht in erziehungswissenschaftlichen Fachbereichen gelegen – noch die von Hochschulstrukturen noch sehr viel weiter entfernten Bemühungen von HIS und CHE können darüber hinwegtäuschen, dass die empirische Hochschulforschung in Deutschland ein Notstandsgebiet ist. Der kürzlich von ULRICH TEICHLER und JAN SADLAK für die UNESCO besorgte Überblick über „Higher Education Research" (2000) hat über Deutschland, von TEICHLER's Herausgeberrolle abgesehen, so gut wie nichts zu berichten, und die Beiträge deutscher Autoren zu der umfangreichen Bibliographie sind mit der Lupe zu suchen und erreichen längst nicht das Volumen der Beiträge etwa aus den Niederlanden.

Was würde ich denn tun, wenn ich als verantwortlicher Hochschulpolitiker nach einigermaßen verlässlichen und systematischen Analysen zu einigen der brennendsten Fragen der deutschen Hochschulentwicklung suchen müsste? Etwa nach Analysen

- der geographischen Mobilität von Studierenden und Studieninteressenten,
- der Gründe für Studienabbruch und Studienwechsel,
- der Wirkung unterschiedlicher Unterrichtsformen und Lernstrategien an Hochschulen auf den Studienerfolg von Studierenden,
- der Auswirkungen unterschiedlicher Prüfungsverfahren und -ordnungen auf den Unterricht und auf individuelles Lernverhalten,
- der Vor- und Nachteile unterschiedlicher hochschulcurricularer Modelle,
- ganz allgemein der Determinanten von Studien- und Prüfungserfolg,
- zu den Stärken und Schwächen unterschiedlicher Modelle der Ausbildung

des wissenschaftlichen Nachwuchses,

- der Einstellungen von unterschiedlichen Gruppen von Studierenden zum Studium, zu beruflichen Perspektiven oder zum Begriff von Leistung,
- zu den kurz-, mittel- und langfristigen Auswirkungen des Lernens mit neuen Medien,
- der organisationssoziologischen Merkmale hochschulinterner Entscheidungs-, Bewertungs- und Allokationsprozesse oder gar – *sit venia verbo* –
- zur pädagogisch-didaktischen Eignung von Hochschullehrern.

Wo würde ich denn in Deutschland eine Sammlung von Daten und Analysen finden, die auch nur im Entferntesten mit dem vergleichbar wäre, was ALEXANDER ASTIN und seine Mitarbeiter an der University of California at Los Angeles (UCLA) nunmehr über fast 35 Jahre hinweg mit ihren Erhebungen zu den demographischen und sozialen Merkmalen und Einstellungen amerikanischer *undergraduates* aufgebaut haben (vgl. ASTIN 1993; DEY 1991) – oder auch das, was von Leuten wie KATCHADOURIAN und BOLI (1985; 1994), KLITGAARD (1985) und anderen an Kohortenanalysen zum Verhältnis von Herkunft, Studienverlauf und beruflichem Erfolg erarbeitet worden ist? Als Hochschulpolitiker, der sich in Deutschland mit Fragen von Studienreform, Studienberatung, Zulassungsregeln und leistungsgerechter Mittelzuweisung zu beschäftigen hätte, würde ich mir nach solchen Analysen doch die Finger lecken!

(5) Die Reform der Lehrerbildung braucht die Wissenschaft vom Lehren und Lernen.

Ich bewundere in gewisser Hinsicht den Mut derjenigen, die sich den Kopf über die Zukunft der Lehrerbildung in Deutschland zerbrechen. Für die Notwendigkeit ihrer Initiative spricht sicherlich ein diffuses, weitverbreitetes Unbehagen am Status Quo der Lehrerbildung und eine eher intuitive Überzeugung, dass irgendein Zusammenhang doch wohl bestehen muss zwischen den mediokeren Leistungen deutscher Schülerinnen und Schüler im internationalen Vergleich und der Qualität (und damit indirekt wohl auch der Ausbildung) ihrer Lehrer. Genaues aber weiß man eben nicht, denn die empirische Basis zur Identifizierung der Stärken und Schwächen in der Lehrerbildung und zur Entwicklung einer wirksamen Therapie ist denkbar dünn. Auch hier wird wiederum die Regel von gewichtigen Ausnahmen bestätigt, bei denen man allerdings immer wieder auf nur wenige Namen, nicht zuletzt den von EWALD TERHART (vgl. 2000), stößt.

Wo würde ich denn, wenn ich mir verantwortlich und überlegt Gedanken über eine zukünftige Lehrerausbildung in Deutschland machen wollte – wo würde ich denn die verlässlichen und systematischen Forschungsergebnisse finden, die mir etwa die folgenden Fragen beantworten:

- Wie wirken sich unterschiedliche Unterrichtsformen und -strategien (systematisch und nicht nur anekdotisch) auf das Lernverhalten von Schülern aus?
- Wo liegen die Gründe für die Wahl (und vor allem: für die Abwahl) des Lehrerberufs?
- Wer hat denn wirklich empirisch und unvoreingenommen die wissenschaftliche Qualität der Fachdidaktik bewertet?
- Wo ist die kritische Masse psycholinguistischer und soziolinguistischer Forschung zu mehrsprachigen Unterrichtssituationen?
- Wo finde ich verlässliche Daten zum Studierverhalten von Lehramtskandidaten, einschließlich der Gründe für Studienabbruch und Studienwechsel?
- Welche systematischen Evaluierungen der Qualität von Programmen der Lehrerausbildung in Deutschland liegen vor – und was ergeben sie?
- Gibt es eine empirische Basis zur Ermittlung der Stärken und Schwächen unterschiedlicher Modelle zur Verbindung von Fachwissen und Vermittlungswissen? (mit anderen Worten: Gibt es zur Lehrerbildung in Deutschland eine kritische Curriculum-Forschung?)
- Kann man in Deutschland wirklich belastbare Aussagen über den Zusammenhang zwischen der professionellen Kompetenz von Lehrern und den Lernerfolgen (und -misserfolgen) von Schülern treffen? (Natürlich wissen wir zu diesem Thema einiges aus der TIMSS-Studie – nur ist es vielleicht nicht ganz zufällig, dass ausgerechnet *der* Teil der TIMSS-Studie, der sich besonders eingehend mit der Qualifikation von Lehrern und ihren Folgen beschäftigt, aus der von den Vereinigten Staaten initiierten Fallstudienserie über die USA, Japan und Deutschland stammt [STEVENSON and NERISON-LOW 2000, insbesondere Chapter 5]; vgl. LETENDRE u.a. 2001.) – usw. usf.

Natürlich werden jetzt manche Kolleginnen und Kollegen laut und indigniert „Hier!" rufen und mich auf so manches versprengte und verkannte wissenschaftliche Meisterstück verweisen wollen – und sicher zu Recht. Nur: Zum einen kommen wiederum die meisten dieser Meisterstücke aus dem nicht-universitären Bereich und sehr viel weniger aus den erziehungswissenschaftlichen Fachbereichen der Universitäten. Und zum anderen werden selbst die selbstbewusstesten Verfechter der deutschen Erziehungswissenschaft mir nicht einreden wollen, dass die Summe dieser Meisterstücke für irgendeine der hier genannten – und für viele hier nicht genannte – Fragen auch nur annähernd so etwas wie eine kritische Masse fundierter wissenschaftlicher Orientierung für eine zukünftige Lehrerbildung darstellt.

Auch hier würde ich mir, wenn ich bildungspolitisch für eine Reform der Lehrerbildung verantwortlich wäre, die Finger lecken nach der Art von Datenmaterial und -analyse, die etwa – ich komme darauf noch zurück – die National Commission Teaching for America's Future (NCTAF) unter der

Leitung meiner Stanford-Kollegin LINDA DARLING-HAMMOND zusammengetragen hat. Man schaue sich im Vergleich dazu doch nur einmal den eher kümmerlichen Datenanhang der Wissenschaftsratsempfehlung zur Lehrerbildung (2001, S. 61-75) an – was ich nicht in erster Linie dem WISSENSCHAFTSRAT anlaste, sondern viel mehr dem Stand der Forschung, der eben nicht sehr viel mehr hergibt. Und es ist deshalb auch nur folgerichtig, wenn der WISSENSCHAFTSRAT – diesmal ohne vornehme Zurückhaltung – kategorisch feststellt: „Lehrerbildung ist bislang in Deutschland kein Gegenstand wissenschaftlicher Forschung." (2001, S. 56) Als Eingeständnis ist das etwa so schwerwiegend, als wenn man feststellen müsste, dass in Deutschland die Gründe für Verkehrsunfälle, die Emission von Schadstoffen oder der Zusammenhang zwischen Rauchen und Lungenkrebs kein Gegenstand wissenschaftlicher Forschung wäre.

Die Tatsache, dass die empirische Erforschung von Lehren und Lernen und damit eine wissenschaftlich glaubwürdige Orientierung einer Reform der Lehrerbildung in der deutschen Erziehungswissenschaft das Dasein eines Mauerblümchens fristet, wird allerdings in dem Augenblick etwas verständlicher, in dem man sich einige der Stellungnahmen der einschlägigen Fachgesellschaft sorgfältiger ansieht. Die Stellungnahme der DGfE vom August 2001 zur Reform der Lehrerbildung (DEUTSCHE GESELLSCHAFT FÜR ERZIEHUNGSWISSENSCHAFT 2001a) kann als Beispiel dienen. Darin findet sich im Übrigen Vieles, dem ich vorbehaltlos zustimmen würde – wie z.B. die Notwendigkeit einer kontinuierlichen Evaluation der Forschungsleistungen der Erziehungswissenschaft (eine Evaluation, die ich dann allerdings nicht, wie dort vorgeschlagen, ausschließlich der Erziehungswissenschaft selbst vorbehalten würde), oder auch die Einführung studienbegleitender Prüfungen (die allerdings heutzutage kaum noch als Neuheit gelten dürften).

Insgesamt aber finde ich es bemerkenswert, dass in dieser ganzen ausführlichen Stellungnahme, deren Ton einen deutlichen Unfehlbarkeitsanspruch der organisierten Erziehungswissenschaft in der Frage der Lehrerbildung erkennen lässt, an keiner einzigen Stelle die Rede davon ist, wie wichtig eine systematische wissenschaftliche Beschäftigung mit Fragen der Lehrerbildung wäre, und dass sich die deutsche Erziehungswissenschaft nunmehr mit Vorrang um eine solche wissenschaftliche Schwerpunktbildung zugunsten der Lehrerbildung im Rahmen einer leistungsfähigen empirischen Lehr- und Lernforschung bemühen würde.

Dieses Versäumnis ist angesichts des geringen Stellenwerts einer solchen Forschung in der deutschen Erziehungswissenschaft zwar verständlich – es stellt aber die Glaubwürdigkeit der Stellungnahme selbst und ihres belehrenden Grundtons ganz grundsätzlich in Frage. Man muss sich vor dem Hintergrund einer solchen Stellungnahme allen Ernstes fragen, woher denn die DEUTSCHE GESELLSCHAFT FÜR ERZIEHUNGSWISSENSCHAFT – also für eine Wissenschaft, der der WISSENSCHAFTSRAT soeben noch bescheinigt hat, dass sie sich aus der wissenschaftlichen Beschäftigung mit Lehrerbildung verabschiedet hat – woher eine solche Gesellschaft die Legitimation bezieht, sich gleichsam *ex cathedra* zur Zukunft eben dieser Lehrerbildung zu äußern.

Ähnliche Zweifel rufen bei mir, offen gestanden, die Empfehlungen für ein „Kerncurriculum Erziehungswissenschaft" vom Juli 2001 (DEUTSCHE GESELLSCHAFT FÜR ERZIEHUNGSWISSENSCHAFT 2001b) hervor – in dem ich wiederum manches finde, was mir einleuchtet. Aber dass jemand in Deutschland als ausgewiesener Erziehungswissenschaftler diplomiert und als für Fragen von Erziehung und Bildung wissenschaftlich kompetente Fachperson approbiert werden kann, ohne den Nachweis erbracht zu haben, sich empirisch und systematisch mit Schule, Lehre und Unterricht beschäftigt zu haben – das geht über meinen gesunden Menschenverstand.

Aber ich bin ja offenbar nicht der einzige, dem das auffällt. Die von der Ständigen Konferenz der Kultusminister der Länder (KMK) zu dieser Frage eingesetzte Kommission (TERHART 2000) hat ihre Einschätzung der Defizite in der Lehrerbildung und ihrer wissenschaftlichen Begründung deutlich genug gemacht – auch wenn ich ihre Strukturvorschläge für nicht weitgehend genug halte. Und inzwischen werden ja auch – was ich für überaus positiv halte – in den eigenen Reihen Zweifel daran laut, ob die real existierende Erziehungswissenschaft der Herausforderung zu einem besseren wissenschaftlichen Verständnis der Tätigkeit und der Ausbildung von Lehrern gerecht wird. Die von ihm selbst so benannte „besorgte Anfrage" von DIETER WUNDER im 11. Jahrgang der *Erziehungswissenschaft* (WUNDER 2000) stellt ja auch fest, dass in dem bei Ihrem Kongress in Göttingen vor zwei Jahren diskutierten Text über das Selbstverständnis der Erziehungswissenschaft die Lehrerbildung „fast keine Rolle" spielt und sogar „abwehrend auf Schule Bezug genommen wird". Diese Erziehungswissenschaft, so schließt WUNDER, „ist sich selbst genug"; ihre Einstellung zur Frage der Lehrerbildung ist – wie schon zitiert – „strukturkonservativ-selbstzufrieden". Rabiater, aber auch zutreffender, hätte auch ich es nicht sagen können. Das britische Königshaus lässt grüßen.

(6) Die zwei Kulturen von Bildungspolitik und Erziehungswissenschaft sind einander fremd.

Nun ist die Entfremdung zwischen Wissenschaft und Politik natürlich nicht auf das Verhältnis von Erziehungswissenschaft und Bildungspolitik – und natürlich auch nicht auf Deutschland – beschränkt. Dass Wissenschaft zur Frage der politischen Steuerung *des* Bereichs von Wirklichkeit, für den sie sich interessiert, ein durchweg prekäres Verhältnis hat, ist weder neu noch besonders überraschend. Man kann ja auch nicht sagen, dass sich etwa die Politikwissenschaft gegenüber dem Wohlergehen *ihres* Gegenstandes – der *polis* – als besonders aufgeschlossen erweist. Die wissenschaftliche Beschäftigung mit einem Gegenstand und die politische Gestaltung dieses Gegenstandes sind in der Tat zwei Kulturen, denen unterschiedliche Verfahrensweisen, Traditionen, Wertvorstellungen und Beurteilungskriterien zugrunde liegen.

Dennoch erlaube ich mir die Vermutung, dass in der deutschen Erziehungswissenschaft eine ganz außergewöhnliche Indifferenz gegenüber der *Praxis* von Erziehung (zum Unterschied etwa von ihrer Geschichte, ihrer philosophischen Bedeutungslehre, ihrer Symbolik, ihrer Hagiographie oder auch ihrer politischen Ökonomie) vorherrscht. Diese Indifferenz scheint dort besonders ausgeprägt zu sein, wo es um den gesellschaftlich zentralen Ort institutionalisierter Erziehung – die Schule – und vor allem um die für sie in erster Linie verantwortlichen Akteure – die Lehrer – geht. Natürlich weiß ich, dass allerorten Erziehungswissenschaftler an Lehramtsstudiengängen beteiligt sind und da zum Teil ganz erhebliche Lasten tragen. Das steht hier nicht in Frage. Meine Behauptung geht vielmehr dahin, dass Lehren und Lernen, Schüler und Lehrer unter den wissenschaftlichen Prioritäten und den Forschungsthemen vor allem der universitären Erziehungswissenschaft eine angesichts der Bedeutung des Gegenstandes eher untergeordnete Rolle spielen.

(7) Die Erziehungswissenschaft steht im Schatten ihrer eigenen Geschichte.

Man muss sich fragen, warum das so ist, warum die zwei Kulturen von Wissenschaft und Politik gerade im Bereich von Bildung und Erziehung, und gerade in Deutschland, so große Schwierigkeiten haben, miteinander unbefangener umzugehen. Ich erlaube mir, hierzu die eine oder andere Vermutung anzubieten.

Die erste Vermutung, die unter Wissenschaftshistorikern kaum strittig sein dürfte, ist die, dass die deutsche Erziehungswissenschaft sich eine ganz besondere Anhänglichkeit an ihre geisteswissenschaftlichen Traditionen bewahrt und besondere Schwierigkeiten gehabt hat, sich mit einem empirischen, sozial- und verhaltenswissenschaftlich orientierten Selbstverständnis anzufreunden. Das ist in dieser Form natürlich wieder eine WEILER'sche Pauschalisierung, aber sie trifft, glaube ich, dem Akzent nach die Sache.

Man könnte diesen Sachverhalt auch, wenn Ihnen diese Kennzeichnung etwas zu kategorisch vorkommt, etwas anders und mit dem von mir bei der Beschreibung von Hochschulen besonders geschätzten Konstrukt der Ambivalenz beschreiben (WEILER 2001b). Im Falle der deutschen Erziehungswissenschaft zeigt sich diese Ambivalenz in der Neigung, der geistesgeschichtlichen, textkritischen und wertphilosophischen Reflexion über Erziehung den Vorzug vor der empirischen Forschung, und der normativen

Aussage den Vorzug vor der analytischen Beschreibung und Erklärung von Sachverhalten zu geben.

Auch in diesem Punkt gibt es gewisse Parallelen zur Politikwissenschaft, die sich allerdings in Deutschland weniger schwer getan hat, die Anhänglichkeit an das geisteswissenschaftliche Vermächtnis ihrer Gründerväter (Bergstraesser, Friedrich, Eschenburg, Sternberger u.a.) mit einer soliden empirischen und sozialwissenschaftlichen Orientierung in Einklang zu bringen. Das ist nicht immer ohne Schaden abgegangen und gelegentlich bei manchen meiner Kollegen in geistloses Zahlengemetzel (*„number crunching"*) ausgeartet, hat aber insgesamt ganz erheblich zu unserem Verständnis politischer Prozesse, Verhaltensweisen und Institutionen beigetragen.

Für manche Bestandteile der deutschen Erziehungswissenschaft will ich im Übrigen auch nicht ganz die Vermutung ausschließen, dass es sich hier um eine der letzten Bastionen handelt, in denen die versprengte Saat des Positivismusstreits immer noch späte Blüten der Skepsis gegen empirische Forschung treibt.

Eine weitere Vermutung wäre die, dass die deutsche Erziehungswissenschaft sich immer noch nicht ganz von dem Katzenjammer erholt hat, den die bildungspolitischen Konflikte der 60er und 70er Jahre in der alten Bundesrepublik hinterlassen haben. In diesen Konflikten hat ja die Bildungsforschung, wie ich schon in einigen Arbeiten von damals gezeigt habe (WEILER 1983), eine wichtige und keineswegs unumstrittene Rolle gespielt. Sie ist dort in bildungspolitischen Auseinandersetzungen – etwa um die Gesamtschule – gelegentlich auf eine Weise instrumentalisiert worden, in der wissenschaftliche Orientierung und Erhellung überfordert waren.

So etwas hinterlässt seine Spuren. Wenn, wie in manchen der damaligen Auseinandersetzungen etwa im Deutschen Bildungsrat, auch erziehungswissenschaftliche Expertise und durchaus saubere empirische Forschung – ob zu Recht oder zu Unrecht ist hier unerheblich – in den Verdacht der bildungspolitischen Parteilichkeit geraten kann, dann ist es zunächst einmal durchaus verständlich, wenn man weiteren Beschäftigungen mit bildungspolitisch relevanter erziehungswissenschaftlicher Forschung eher skeptisch gegenüber steht. Das allein würde sicher nicht die Zurückhaltung der heutigen Erziehungswissenschaft erklären – und erst recht nicht entschuldigen – können, aber ein verstärkender Faktor könnte es allemal sein.

Ich habe noch eine weitere Vermutung, mit der ich allerdings der letzten meiner neun Thesen vorgreife. Diese Vermutung hat mit der organisatorischen Verortung der Erziehungswissenschaft im deutschen Hochschulsystem zu tun. Ich weiß, das ist ein weites Feld und ein vielgestaltiges Gelände. Manchmal bilden die Erziehungswissenschaften eine eigene Fakultät oder einen eigenen Fachbereich, manchmal sind sie – in der Regel recht lose – mit der Psychologie oder der Philosophie in einer Einheit verbunden. Nur wenige dieser organisatorischen Regelungen sind dazu angetan, die akademischen Erziehungswissenschaften in einen regelmäßigen und selbstverständlichen Austausch mit empirischen Verhaltens- und Sozialwissenschaften einzubinden. Nimmt man hinzu, dass die Erziehungswissenschaften darauf bestanden haben, eigene Studiengänge einzurichten (für die die Nachfrage gut, der Studienerfolg mäßig und der Arbeitsmarkterfolg überprüfungsbedürftig ist), so trägt auch das zu einer gewissen wissenschaftlichen Isolierung bei, wo eigentlich ein lebendiger Austausch mit den Verhaltens- und Sozialwissenschaften angezeigt wäre.

Ich weiß, wovon ich rede. Ich blicke auf 35 Jahre wissenschaftlicher Erfahrung in einer *School of Education* zurück, in der ausgewiesene Psychologen, Soziologen, Anthropologen, Ökonomen, Linguisten und Politikwissenschaftler eng – wenn auch nicht immer einträchtig – in Forschung und Lehre mit Pädagogen zusammengearbeitet haben. Diese Erfahrung hat mich von der wissenschaftlichen Fruchtbarkeit dieses Modells voll überzeugt. Nicht zuletzt diese Art von Erfahrung ist mit verantwortlich für die Empfehlung der von mir geleiteten Sächsischen Hochschulentwicklungskommission, die erziehungswissenschaftlichen Fachbereiche in Sachsen aufzulösen und statt dessen „Zentren für Lehren und Lernen" zu schaffen, an denen alle mit Erziehung befassten Disziplinen kompetent beteiligt sein sollen. Ich gebe mich keinen Illusionen darüber hin, welche Chancen dieser Vorschlag angesichts des Beharrungsvermögens von Hochschulstrukturen hat, aber richtig ist er trotzdem.

(8) Ein Blick in die USA könnte hilfreich sein – sowohl für die Hochschulen als auch für die Lehrerbildung.

In diese These bin ich ja nun schon mit meiner letzten Bemerkung geraten, aber ich möchte hier noch auf einige andere Beobachtungen aus den USA eingehen, die mir für die deutsche Diskussion aufschlussreich zu sein scheinen. Natürlich weiß ich, auf welches Glatteis ich mich damit begebe – ich habe schließlich (das hat mit meiner Biographie zu tun) oft genug über Vergleiche zwischen dem deutschen und dem amerikanischen Hochschulwesen zu reden gehabt.

Die Reaktionen sind dann meistens bipolar: auf der einen Seite diejenigen, denen das deutsche Hochschulwesen nicht amerikanisch genug sein kann oder die, wie der ehemalige sächsische Wissenschaftsminister Meyer einmal gesagt hat, „sich deutsche Hochschulen nur noch als amerikanischen Verschnitt vorstellen können". Auf der anderen Seite diejenigen, für die alles amerikanische entweder irrelevant oder ausgesprochen schädlich für das deutsche Hochschulwesen ist. Die Diskussionen, die sich daraus manchmal ergeben, sind abenteuerlich und einen eigenen Vortrag wert.

Ich halte es da mit meinem Kollegen Gerhard Casper, dem auch aus Deutschland stammenden ehemaligen Präsidenten der Stanford University, der 1996 bei seiner Heisenberg-Vorlesung hier in München sehr zutreffend gesagt hat: „In der amerikanischen Hochschullandschaft glänzt bei weitem nicht alles – und nicht alles, was glänzt, ist Gold."

Aber gegen allzu große Vereinfachungen sind die Leser dieses Beitrages natürlich ohnehin gefeit, und so mache ich mich etwas gelassener auf den Weg, hier und da in meinem Land etwas zu finden, das für die deutsche Diskussion über das Verhältnis von Erziehungswissenschaft und Bildungsreform möglicherweise hilfreich sein könnte.

Das stößt zunächst einmal auf die Schwierigkeit, dass es mit der Reform von Bildung in den USA so furchtbar weit nicht her ist. Ich erinnere mich an ein Gespräch mit Gerhard Casper, mit dem ich vor einiger Zeit einmal die Idee eines Buches über einen Vergleich zwischen deutscher und amerikanischer Hochschulreform diskutieren wollte. Sein dringender Rat: ich solle mich auf Deutschland beschränken, denn Hochschulreform finde in den USA nicht statt.

Das muss man natürlich *cum grano salis* nehmen, denn natürlich ändert sich in einem so vielgestaltigen und dynamischen System wie dem amerikanischen Hochschulwesen ständig irgendetwas – die Zulassungspraxis (Stichwort: *affirmative action* oder die Abschaffung der herkömmlichen *SAT* Testergebnisse bei der Zulassung für die *University of California*), die Studienfinanzierung (Stichwort: *need-blind admissions*), die Hochschulfinanzierung insgesamt (Stichwort: private Hochschulen werden immer mehr öffentlich finanziert, öffentliche Hochschulen immer mehr aus privaten Quellen), das Curriculum (Stichwort: der „Kulturkampf" der achtziger Jahre um die Zusammensetzung des „Kanons" der *undergraduate education*), die immer stärker (und umstrittener) werdende Verknüpfung von Hochschulen mit privatwirtschaftlichen Interessen u.v.a.m.

Dennoch hat Casper natürlich insofern Recht, als es umfassende, systemweite Reformbemühungen von der Art der in Deutschland in Gang gekommenen Strukturreformen in den USA nicht gibt – und wahrscheinlich auch wegen des völlig andersartigen Systemcharakters gar nicht geben kann.

Darauf aber kommt es mir hier auch nicht so sehr an. Worauf es mir ankommt ist die Feststellung, dass die amerikanische Erziehungswissenschaft für hochschulpolitische Entscheidungen welcher Art auch immer ein unvorstellbar größeres Reservoir an gesicherten wissenschaftlichen Erkenntnissen bereit stellt, als dies für Deutschland gelten kann – selbst wenn man den Bevölkerungsfaktor doppelt in Rechnung stellt. Das bedeutet, dass sich hochschulpolitische Entscheidungen der unterschiedlichsten Art auf eine ungleich solidere und umfassendere empirisch-analytische Basis stützen können – ob es nun um *affirmative action* (BOWEN / BOK 1998; ORFIELD 2001) oder die prognostische Validität von Testergebnissen oder Schulnoten, um Studienverlaufs- oder Berufseintrittsanalysen, um die Bewertung alternativer Finanzierungsmodelle oder die Bewertung der Produktivität von wissenschaftlichem Personal, um das Sozialverhalten von Studierenden oder um die Entwicklung indirekter Kostenrechnungen geht. Forschungsverbünde wie das *National Center for Postsecondary Improvement* (Stanford, Pennsylvania, Michigan), das *National Center for Higher Education Management Studies* (NCHEMS) in Colorado, die Forschungstätigkeit der *Carnegie Foundation for the Advancement of Teaching* vor allem im Bereich der Hochschuldidaktik, die überaus rege Sektion (*Division L*) für Hochschulforschung in der *American Educational Research Association (AERA)* – das alles sind sowohl Indizien wie auch Bedingungen für eine etablierte und lebendige wissenschaftliche Beschäftigung mit Hochschulfragen in den USA.

Noch reichhaltiger sieht es in dem zweiten von mir angesprochenen Bereich, der Lehrerbildung, aus, wo das inzwischen in vierter Auflage vorliegende „*Handbook of Research on Teaching*" (RICHARDSON 2001), das 1963 von meinem Kollegen Nate Gage ins Leben gerufen und 1970 von KARLHEINZ INGENKAMP (1970/71) verdienstvoller Weise für ein deutsches Publikum bearbeitet wurde, ein eindrucksvolles Kompendium des Standes der Forschung darstellt. Daneben gibt es inzwischen – noch spezifischer für unser Thema – in zweiter Auflage ein eigenes „*Handbook of Research on Teacher Education*" (SIKULA u.a. 1996), das auf knapp 1200 Seiten den Stand der Forschung zur Lehrerbildung zusammenfasst.

Ich habe mir neulich noch einmal das Programm der diesjährigen Tagung der *AERA* in New Orleans angesehen. Natürlich ist die *AERA* in einem großen Land mit einem großen Hochschul- und Forschungssystem eine gewaltigere Versammlung als die Deutsche Gesellschaft für Erziehungswissenschaft in Deutschland; da wäre jeder absolute Vergleich unfair und sinnlos. Aber relativ kann man natürlich schon vergleichen, welche Aufmerksamkeit bei den Veranstaltungen dieser beiden Gesellschaften die empirische Unterrichts-, Lehr- und Lehrerbildungsforschung in Anspruch nimmt. Und da liegt nicht nur ein großer Ozean dazwischen, sondern geradezu ein Lichtjahr unterschiedlicher Prioritäten.

Natürlich weiß ich, dass sowohl in New Orleans als in München nur mit Wasser gekocht wird, und vor allem liegt mir überhaupt nicht daran, das, was bei diesem Kongress und andernorts in der deutschen Erziehungswissenschaft an guter wissenschaftlicher Arbeit zum Thema Hochschulen und Lehrerbildung geleistet wird, gering zu schätzen oder gar zu entmutigen. Aber ich halte auch vor dem Hintergrund dieser Vergleiche noch einmal fest, das eine verantwortliche Bildungs- und Reformpolitik – vor allem im Bereich von Hochschulreform und Lehrerbildung – auf eine solidere und umfassendere wissenschaftliche Basis angewiesen ist, als sie bislang von der versammelten deutschen Erziehungswissenschaft erstellt worden ist.

Die beiden Kulturen – Bildungspolitik und Bildungsforschung – haben eine natürliche Tendenz, sich voneinander unabhängig zu machen. Das ist – allen Lippenbekenntnissen zum Trotz – besonders stark in der Bildungspolitik ausgeprägt, die wissenschaftliche Ergebnisse zwar gerne, wo sie ins politische Konzept passen, zur Legitimierung politischer Entscheidungen heranzieht, der aber im Grunde die Bereitschaft fehlt, wissenschaftliche Ergebnisse mit aller gebotenen Sorgfalt auszuwerten und in den Calculus der politischen Entscheidung einzubeziehen. Dieser Flucht der Politik vor der Auseinandersetzung mit bildungspolitisch relevanten wissenschaftlichen Ergebnissen leistet man natürlich Vorschub, wenn man es der Politik allzu leicht macht, sich auf das Fehlen einschlägiger wissenschaftlicher Belege herausreden zu können.

Was immer sonst in Amerika schief laufen mag – dieses Alibi steht dort der Bildungspolitik nun wirklich nicht zur Verfügung. Das ist mir noch einmal besonders deutlich geworden, als ich mir die in jüngerer Zeit wohl ambitiöseste amerikanische Reforminitiative in der Lehrerbildung etwas näher angesehen habe – die *National Commission on Teaching and America's Future* (What Matters Most 1996; DARLING-HAMMOND 1997). Ich gebe dabei – um das gleich vorweg zu sagen – gerne zu, dass es sich bei der Reform der Lehrerbildung in den USA um ein zumindest ebenso dringendes Projekt handelt wie in Deutschland, wenn auch aus anderen Gründen (so z.B. der mangelnden fachwissenschaftlichen Ausbildung – cf. What Matters Most 1996, S. 150; DARLING-HAMMOND 1997, App. B, Table 2).

Aber auch das ist hier nicht der zentrale Punkt. Es geht mir vielmehr um zwei Dinge: Erstens, dass hier eine Reforminitiative mit wirklich solider bildungswissenschaftlicher Rückendeckung auf den Weg gebracht wurde (cf. u.a. What Matters Most 1996, Appendices D und E; DARLING-HAMMOND 1999); zweitens, dass die wissenschaftliche Grundlegung dieser Initiative Gegenstand einer intensiven und an den Daten orientierten Debatte unter Erziehungswissenschaftlern geworden ist, die selbst wieder wichtige neue und für den Reformprozess wichtige Einsichten eröffnet hat (z.B. Gallagher / Bailey 2000; Goldhaber / Brewer 2000; 2001; Gregorian 2001; DARLING-HAMMOND u.a. 2001). Man würde sich beides – die wissenschaftliche Grundlegung und die wissenschaftliche Debatte – für die bevorstehende Auseinandersetzung zur Reform der Lehrerbildung in Deutschland wünschen.

(9) Erziehungswissenschaft: Wissenschaftsverständnis und Wissenschaftsorganisation

Ich kann nicht vorhersagen, wie die Wissenschaftsgeschichte über die Verselbständigung der deutschen Erziehungswissenschaft als einer vornehmlich geisteswissenschaftlichen Disziplin und ihre zunehmende Entfernung von der empirischen Erforschung schulischer Lehr- und Lernprozesse urteilen wird; von wichtigen Ausnahmen abgesehen, finde ich den Gesamtertrag an wissenschaftlichen Einsichten nicht überwältigend, und viele der Ausnahmen wären vielleicht auch im Rahmen anderer Disziplinen zur Blüte gelangt – der Geschichtswissenschaft, der Philosophie, der Linguistik, der Psychologie oder der Kultursoziologie. Das aber mag einstweilen dahingestellt bleiben.

Sollte aber jemand meine Prämisse teilen, dass man sich auch, auf Helgoland oder wo auch immer, eine andere Erziehungswissenschaft vorstellen könnte – eine, die Schule und Unterricht, Lehren und Lernen als zentrales wissenschaftliches Thema versteht – dann hätte das natürlich auch sowohl Voraussetzungen als auch Auswirkungen struktureller und wissenschaftsorganisatorischer Art.

Ich habe das in einem vorhergehenden Abschnitt schon einmal kurz angesprochen, als ich von der Erfahrung der disziplinübergreifenden Zusammenarbeit in einer der besseren amerikanischen *Schools of Education* gesprochen habe. Wenn man tatsächlich deutsche Erziehungswissenschaft der herkömmlichen Art will, dann macht eine solche School of Education natürlich keinen Sinn. Wenn man aber eine Verbindung von disziplinübergreifender empirischer Bildungsforschung mit wissenschaftlich begründeter und begleiteter Lehrerbildung will – ohne deshalb auf wissenschaftskritische Reflexion verzichten zu müssen – , dann spricht sehr viel für dieses Strukturmodell einer „professional school".

Es gibt natürlich, wie in so mancher anderen Hinsicht, in den USA eine beträchtliche Variationsbreite und die unterschiedlichsten Gewächse, die sich alle *„School of Education"* nennen. Oft gibt es dort zwar Lehrerbildung – unterschiedlicher Qualität – aber wenig ernstzunehmende Bildungsforschung. Mein Argument orientiert sich – und das sollten alle normativen Argumente – am bestmöglichen Standard, dem eines bildungswissenschaftlichen Zentrums wie der *School of Education* in Stanford oder UCLA oder Michigan. Dort tun sich die für ein umfassendes Verständnis der Bedingungen von Lehren und Lernen erforderlichen Wissenschaften zusammen. Dort schaffen – keineswegs immer konfliktfrei – Psychologen wie Nate Gage und Lee Cronbach, Sprachwissenschaftler wie Shirley Heath und Joshua Fishman, Soziologen wie James March und John Meyer, Anthropologen wie George Spindler und Ray McDermott, Historiker wie David Tyack und Larry Cuban, Ökonomen wie Hank Levin und Martin Carnoy und Politikwissenschaftler wie Paul Peterson und Mike Kirst und – wenn Sie wollen – Hans Weiler gemeinsam mit Fachpädagogen eine anspruchsvolle wissenschaftliche Grundlage für Schulunterricht, Lehrerbildung, Curriculum-Entwicklung und Bildungspolitik – und sind dabei stolz darauf, einer erstklassigen *School of Education* anzugehören.

Lassen Sie mich an dieser Stelle noch auf einen Gesichtspunkt hinweisen, der in der derzeitigen Diskussion um gestufte Studienabschlüsse an deutschen

Hochschulen so gut wie nicht vorkommt: gestufte Abschlüsse würden neben allem anderen die strukturellen Voraussetzungen dafür schaffen, auch in Deutschland dieses m.E. überaus bewährte Modell der *graduate professional school* zu erproben. Deren Ausbildungsgänge würden auf einem fachwissenschaftlich orientierten ersten Studienabschluss (Bachelor) aufbauen und wären übrigens denkbar nicht nur für den Bereich der Bildung, sondern durchaus auch für andere Ausbildungsbereiche wie Recht, Technik, Medizin oder Management.

Für den Bildungsbereich wäre gerade diese Verknüpfung von interdisziplinärer erziehungswissenschaftlicher Forschung und Reflexion mit der professionellen Entwicklung von Lehrern eine ganz andere und ungleich fruchtbarere Neuerung als die blassen „Kommissionen zur Koordinierung der Lehrerbildung", wie wir sie aus der Stellungnahme der DGfE kennen. Da kommen die „Zentren für Lehren und Lernen", die wir für Sachsen vorgeschlagen haben (FREISTAAT SACHSEN 2001, S. 122-126), den Kriterien wirklicher wissenschaftlicher Professionalität schon sehr viel näher. Vielleicht sollte man so etwas in Sachsen oder auf Helgoland oder auch in Nordrhein-Westfalen tatsächlich einmal ausprobieren.

Epilog

Kommen wir zum Schluss noch einmal auf Julian BARNES zurück und werfen einen Blick darauf, was denn – nach dem Erfolg von Jack Pitmans neuem England auf der Insel – aus dem alten England geworden ist. Die Nachrichten sind nicht erfreulich. Die Konkurrenz des neuen und besseren England auf der Insel scheint dem Original doch sehr zu schaffen gemacht zu haben. Ich zitiere:

> „Das alte England hatte zunehmend an Macht, Territorium, Wohlstand, Einfluss und Bevölkerung verloren und wurde inzwischen zu seinem Nachteil mit den weiter zurückgebliebenen Gebieten Portugals und der Türkei verglichen... Ein massiver Bevölkerungsverlust trat ein ... aber den ‚alten Engländern' ging der Ruf unerwünschter Einwanderer voraus, die den Makel des Versagens mit sich trugen." (BARNES 1998, S. 259-260)

Natürlich will ich nicht behaupten, dass das mit der auf dem Festland zurückgebliebenen Erziehungswissenschaft auch so geschehen würde, wenn man eine neue Erziehungswissenschaft anderswo neu ansiedeln würde.
So ganz ausschließen kann man es natürlich nicht.

Literatur

ASTIN, A. W. (1993): What Matters in College? Four Critical Years Revisited. – San Francisco.

BARNES, J. (1985): Flaubert's Parrot. – London (dt. 1997).

BARNES, J. (1998): England, England. – London (dt. 1999).

BOWEN, W. G. / BOK, D. (1998): The Shape of the River: Long-Term Consequences of Considering Race in College and University Admissions. – Princeton.

DARLING-HAMMOND, L. (1997): Doing What Matters Most: Investing in Quality Teaching. – New York.

DARLING-HAMMOND, L. (1999): Teacher Quality and Student Achievement: A Review of State Policy Evidence (Document R-99-1). – Seattle, WA (www.ctpweb.org).

DARLING-HAMMOND, L. / Berry, B. / Thoreson, A. (2001): Does Teacher Certification Matter? Evaluating the Evidence. In: Educational Evaluation and Policy Analysis, Vol. 23, No. 1, S. 57-77.

DEUTSCHE GESELLSCHAFT FÜR ERZIEHUNGSWISSENSCHAFT (2001a): Stellungnahme der Deutschen Gesellschaft für Erziehungswissenschaft zur Weiterentwicklung der Lehrerbildung. In: Erziehungswissenschaft, 12. Jg., Heft 23 (Online-Fassung).

DEUTSCHE GESELLSCHAFT FÜR ERZIEHUNGSWISSENSCHAFT (2001b): Empfehlungen für ein Kerncurriculum Erziehungswissenschaft. In: Erziehungswissenschaft, 12. Jg., Heft 23 (Online-Fassung)

DEY, E. L. / ASTIN, A. W. / KORN, W. S. (1991): The American Freshman: Twenty-Five Year Trends, 1966-1990. – Los Angeles.

FREISTAAT SACHSEN (2001): Bericht der Sächsischen Hochschulentwicklungskommission (Untersuchungen. Dokumente. Tendenzen – Heft 4). – Dresden.

GALLAGHER, K. S. / BAILEY, J. D. (Hrsg.) (2000): The Politics of Teacher Education Reform: The National Commission on Teaching and America's Future. – Thousand Oaks, CA.

GOLDHABER, D. D. / BREWER, D. (2000): Does Teacher Certification Matter? High School Teacher Certification Status and Student Achievement. In: Educational Evaluation and Policy Analysis, Vol. 22, No. 2, S. 129-145.

GOLDHABER, D. D. / BREWER, D. (2001): Evaluating the Evidence on Teacher Certification: A Rejoinder. In: Educational Evaluation and Policy Analysis, Vol. 23, No. 1, S. 79-86.

GREGORIAN, V. (2001) Teacher Education Must Become Colleges' Central Preoccupation. In: Chronicle of Higher Education, August 17, 2001.

INGENKAMP, K. (Hrsg.) (1970/71): Handbuch der Unterrichtsforschung. – Weinheim.

KATCHADOURIAN, H. / BOLI, J. (1985): Careerism and Intellectualism Among College Students. – San Francisco.

KATCHADOURIAN, H. / BOLI, J. (1994): Cream of the Crop: The Impact of Elite Education in the Decade After College. – New York.

KLITGAARD, R. (1985): Choosing Elites: Selecting the "best and the brightest" at top universities and elsewhere. – New York.

LETENDRE, G. K. / BAKER, D. P. / AKIBA, M. / GOESLING, B. / WISEMAN, A. (2001): Teachers' Work: Institutional Isomorphism and Cultural Variation in the U.S., Germany, and Japan. In: Educational Researcher, Vol. 30, No. 6, S. 3-15.

ORFIELD, G. / KURLAENDER, M. (Hrsg.) (2001): Diversity Challenged: Evidence on the Impact of Affirmative Action. – Cambridge, MA.

RICHARDSON, V. (Hrsg.) (2001[4]): Handbook of Research on Teaching. – Washington, DC.

SIKULA, J. / BUTTERY, T. / GUYTON, E. (Hrsg.) (1996[2]): Handbook of Research on Teacher Education. – New York.

STEVENSON, H.W. / NERISON-LOW, R. (2000): To Sum It Up: TIMSS Case Studies of Education in Germany, Japan, and the United States. Philadelphia, PA (www.ed.gov/pubs/SumItUp).

TEICHLER, U. / SADLAK, J (Hrsg.) (2000): Higher Education Research: Its Relationship to Policy and Practice. – Kidlington.

TERHART, E. (Hrsg.) (2000): Perspektiven der Lehrerbildung in Deutschland. Abschlussbericht der von der Kultusministerkonferenz eingesetzten Kommission. – Weinheim.

WEILER, H. N. (1983): Legalization, Expertise, and Participation: Strategies of Compensatory Legitimation in Educational Policy. In: Comparative Education Review, Vol. 27, No. 2, S. 259-277.

WEILER, H. N. (2000): Zwischen Lilliput und Brobdingnag – Gullivers Reisen durch die deutsche Hochschullandschaft. In: JOERDEN, J. C. / SCHWARZ, A. / WAGENER, H.-J. (Hrsg.): Universitäten im 21. Jahrhundert. – Berlin, S. 203-213.

WEILER, H. N. (2001a): Knowledge, Politics, and the Future of Higher Education: Critical Observations on a Worldwide Transformation. In: HAYHOE, R. / PAN, J. (Hrsg.): Knowledge Across Cultures: A Contribution to Dialogue Among Civilizations. Hong Kong, S. 25-43.

WEILER, H. N. (2001b): „Sowohl – als auch" und „Ja, aber". Zur Ambivalenz von Hochschulen im allgemeinen und der Viadrina im besonderen. In: KNEFELKAMP, U. (Hrsg.): „Blütenträume" und „Wolkenkuckucksheim" in „Timbuktu" – 10 Jahre Europa-Universität Viadrina Frankfurt (Oder) 1991-2001. – Berlin, S. 111-121.

(1996) What Matters Most: Teaching for America's Future (Report of the National Commission on Teaching and America's Future). – New York.

WISSENSCHAFTSRAT (2001): Empfehlungen zur künftigen Struktur der Lehrerbildung. – Köln.

WUNDER, D. (2000): Welche Bedeutung hat die Berufsausbildung von Lehrerinnen und Lehrern für die Erziehungswissenschaft? Eine besorgte Anfrage. In: Erziehungswissenschaft, 11. Jg., Heft 22 (Online-Fassung).

Beiträge aus Symposien

Jill Bourne

'Voicing ourselves': the production of subject English and English subjects in culturally diverse urban classrooms

Introduction

This paper has been developed in the context of a wider ESRC funded project called 'The School English Project', developed by an inter-university group of academics from the Universities of Keele, Southampton and the Institute of Education, London. As the Subjectivity in the School Curriculum Group, we have been working together for some years to attempt to unravel the complex interplay of policies, structures, cultures, values, and pedagogy taking place in the classroom context. Our current project, from which the data presented here is drawn, focuses on the production of English as a curriculum subject in 3 multi-ethnic urban schools across 9 UK classrooms, looking at the positioning of the students as subjects both learning English and as being, or becoming, themselves, English. In BERNSTEIN's (1990) terms, we are looking at what is being relayed in the English classroom, including particular constructions of 'Englishness'.

The School English Project has collected data at three levels: that of the system, the school and the classroom. Methods being used involve national and school document analysis, and transcription and analysis of audiotaped interviews with teachers and students, and video taped observations in classrooms.

Members of the School English Project Group bring a variety of perspectives to the data and use a variety of research frameworks. I am particularly interested in looking at the impact of the students themselves on the classroom and their own perspectives on what takes place in it. This is research in progress, and so, in the paper that follows, I am alone responsible for any difficulties in the particular theoretical framework I am adopting here and for any infelicity in my analysis.

The construction of the subject

EDWARDS and MERCER (1987) argue that it is in the discourse between teacher and pupil that education is done or fails to be done – in the construction of 'common (or shared) knowledge'. But education regulates bodies and positions identities, as well as transmitting academic knowledge and skills. For BERNSTEIN, pedagogic discourse, the discourse of knowledge and skills is always embedded within a discourse of social order, so that the latter always dominates. Schooling is a powerful arena for secondary cultural transmission and socialisation.

In my previous work on classroom interaction (see 'Man schreibt, wie man spricht' edited by GOGOLIN and KROON 2001), I have worked from the framework offered by BERNSTEIN (1990), which sees instances of classroom interaction as the meeting place of discourses drawn from, or 'dislocated and relocated' in BERNSTEIN's terms, from the different fields of policy and of the subject discipline, these 'top down' and powerful discourses colliding in the classroom with the 'bottom up' discourses brought by the participants, pupils and teachers, located in their social, cultural and political histories. BERNSTEIN's model suggests that transactions in the classroom are influenced by the responses of students, who bring their own cultural understandings to the classroom.

In this paper, I want to consider what impact the diversity of linguistic and cultural backgrounds found in urban schools today have on 'how English looks', on the content and interactions of urban multiethnic classrooms. I want to look for certain points, critical moments, when these 'other' cultural understandings emerge in the classroom interaction, and also look to the student interviews for what they reveal about student understandings of what has been and is being transmitted in the English classroom, and how far these match those of the teachers.

Discourse, design and production

In the current work, I am trying to develop further a methodology for analysing micro-classroom interaction by drawing on the analytic framework offered by KRESS and VAN LEEUWEN in their book 'Multimodal Discourse' (2001). This enables me to extend a focus not only on the verbal interchanges of the classroom, but to have a framework in which to examine the multimodal resources which are available in a culture to make meanings in any mode, including the meanings developed through gesture, posture, through the use of visual aids, and through the layout of the classroom. Most importantly for this paper, it offers a breakdown of the concept of practice which otherwise seems overly deterministic, to allow for *agency* on the part of teacher and student.

KRESS and VAN LEEUWEN outline four strata or domains of practice in which meanings are dominantly made. At level 1, discourses remain as socially constructed knowledges of certain aspects of reality. However, KRESS and VAN LEEUWEN recognise that 'any discourse may be realised in different ways' (p. 4). At the second level, there is 'design', the point at which semiotic resources are selected and used by a human agent to realise discourses in context. Through design, participants change socially constructed knowledge into social interaction. In classroom interaction, design can be seen at work in the classteacher's pre-lesson planning and selection of resources, but design may also take place at a distance, through the external preparation of curricula and of teaching materials. There is also design at work in the ways in which the teacher selects and works with different discourses and students' responses 'on the hoof' in the immediacy of the classroom.

The third level, that of production, is found in the teacher's technical skills in the implementation of his or her teaching plans. Finally, there is the level of distribution, the way in which different partners in the interaction interrelated, respond and work together to bring the 'production' about – a level which offers the opportunity to consider the students' different roles in 'achieving' the final form of the lesson under study, and indeed, the teacher's differential responses and uses of resources with different individuals and groups of pupils.

Within this framework, then, teachers need access to discourses, 'knowledges which are socially structured for the purpose at hand'; they need to select from these to design or plan their lesson to meet their objectives, they also need the technical teaching skills to be able present their plan appropriately for their particular class and context, and to embed the discourses selected in the interactive events within the classroom. In order to engage their students, they might also 'import' signs from other contexts (other eras, social groups or cultures) into the classroom, in order to signify ideas and values associated with that other context. Students, too, might import signs from other contexts, in the negotiation of meanings with their teacher and peers.

In examining the forms of discourse and the signs called upon by the participants, both teachers and students, we may begin to see the ways in which linguistic and cultural diversity is foregrounded or backgrounded, is used for learning purposes or avoided, in classroom interaction.

English as a curriculum subject

A number of researchers have outlined tensions between two views of English which have co-existed since before the introduction of the national curriculum in 1988, on the one hand a 'restorationist curriculum' (BALL 1995, p. 99 focusing on the teaching of high culture, the best that has been thought and read, and through its selection of texts and forms of analysis attempting to recreate a 'past of English cultural unity', with 'ethnic and cultural diversity made invisible by the recomposition of Englishness' (ibid, p. 96). On the other hand, and growing in strength more recently, with the New Labour government's introduction of a central strategy for the teaching of Literacy, there is also a Neo-Liberal focus on English as essentially about skills development – or English as 'Communications'. In this focus, too, cultural and social diversity are rendered redundant – for where only certain skills are assessed and valued, difference easily becomes a deficit.

As REID (2000) points out, conflicting views of what should be taught under the heading 'English' and of how it should be taught, are not simply technical questions, but about values, about alternative views of the kind of country and citizens the education system aims to shape. There is at least a much more encouraging rhetoric of valuing diversity in the 1999 National Curriculum for English: for example, examining how familiar themes are explored in different cultural contexts, the distinctive qualities of literature in different traditions, and acknowledging the different views held by students within the classroom.

Teacher actions in the classroom, of course, are not simply responses to the pressures of national policies but are produced through the social, cultural and political history of the pedagogy of the subject, transmitted through training and through membership in the 'community of practice' within the profession. The professional association for teachers of English in the UK (NATE) claims there are three common assumptions shared by members: first, that there is a body of knowledge and a set of practices related to the teaching and learning of English which guide teachers' experiences: 'a collective memory that shapes our profession', shapes classroom practice and provides teachers with their professional identity. At heart, this is 'a view of learning that is interactive and social, that "leaves room for the unforeseen", the development of new knowledge' (ELLIS 2001). Opposed to this is a conception of teachers as 'short term delivery mechanisms', implementing pre-determined curricula, with pre-determined objectives which run the risk of 'excluding student's own unforeseen contributions to the learning that takes place' (FOX 2001). Students and teachers must, in this view, negotiate meanings, and in doing so, make them explicit. In studyingliterature, the aim is for students to 'examine human relationships and confront moral dilemmas'; to 'construct interpretations of the world which help to dispel some of the confusion, frustration and uncertainty they so often feel about their place in it' (GOODY 2001, p. 19). The English teaching profession thus sees itself as having a strong 'moral' and social mission, a view shared by both teachers in this study.

Between the powerful demands of national curriculum assessment and a strongly held commitment to peer professional values as expressed above, the teachers in the two classrooms under study designed their teaching, and teachers and pupils together produced the classroom interactions we call lessons. In these lessons, the focus on the examination of human relationships and moral dilemmas appears to be at the forefront of the teachers' agendas, although the requirements of the national curriculum show themselves in the pace of the lessons, and its impact in the consequent lack of space for student contributions.

There are almost no interventions initiated by the students themselves in either lesson. In this paper I want to look in some detail at two critical incidents, one in each classroom, where student intervention did impinge on the teachers' agendas, requiring teacher response

First, some necessary contextual detail.

The student intake of the 2 classrooms

The students in the classes studied were all 14-15 years old. Both classes were situated in urban multi-ethnic schools, with a student intake drawn from a variety of ethnic group backgrounds. It is important for us not to stereotype students by 'other' assigning ethnic labels and the expectations that go along with these. In a large scale survey of people of minority ethnic group background MADOOD et al (1997) found that the majority said they thought of themselves both as being a member of their minority group and also as being British. (Whether this has changed since the consequences of the events and aftermath of September 11th, 2001, is a moot point, but our fieldwork was completed before summer 2001.) MADOOD et al argue that this self-ascription of ethnicity may involve the adoption of distinctive cultural traits, but is 'primarily an expression of "whom one belongs with", of membership... it is possible for people to have a sense, even a strong sense, of .... minority identity without participation in many distinctive cultural practices' (p. 332). There seems likely to have been as much variety of differences in lifestyles *within* as well as *between* ethnic groups forthese urban young people. However, although students acted within the classroom in similar ways, as urban teenagers, some students marked cultural affiliations in dress in Teacher B's school (for example, some wearing Afghan hats, headscarfs), and in Teacher A's school, where school uniform was compulsory, by their attention to sometimes elaborate hairstyles. Other than these semiotic markers, our information on the students comes from the perceptions of the teachers, and are matched in interesting ways by the different ways the students in each school describe themselves.

Teacher B was by background a teacher of English as a foreign language overseas, and had worked for many years as a teacher of English as an additional language within English schools. This interest in language was reflected in her description of her class. She described her class as mainly Bangladeshi, and predominately male. In addition there were some students of African origin and a few from various parts of the European mainland. There were very few monolingual English students. Three or four students were newly arrived in England. The teacher saw the students as 'straddling their two or three cultures sometimes very successfully'. The student group of four pupils interviewed by our researcher from Teacher B's class identified themselves variously by language as well, for example as 'reading Arabic, but I can speak in Bengali, Hindi and Hindustani'; 'read in Arabic, understand Hindi and a bit of Punjabi and Bangladeshi'; speak 'just English and Bengali'; speak 'English, Italian and some Spanish'; thus sharing their teacher's focus on their linguistic identity.

Teacher A described her class in terms of cultural background and levels of attainment. Her background was as a youth worker on a project attempting to raise the attainment of Afro-Caribbean youth who were having difficulties at school. Her first engagement with teaching, then, was political, being a Black Caribbean woman herself, only later going on to train as a teacher. She retained a powerful interest both in the impact of cultural difference on learning, and on students' attainment. There was a wide range of cultural backgrounds within the class, she said. On entry to the school at 11 years old, many children had been '2 years behind their reading ages'. However, the school achieved considerable success by the time of final school leaving examinations. She felt the school worked hard to make students feel that there were 'strengths in being different', and to respect and learn from each other's cultures. The student group interviewed from Teacher A's class described their own ethnic origins in terms of 'race', as follows: 'Half Black'; 'Quarter English, quarter Indian'; 'Afro-English'; 'Black'; 'Mixed race'. One boy described himself as a 'Black guy with a lot of sense and street knowledge'. Again, this shows a remarkable symmetry between students' self-ascriptions of identity and the interests of their teacher.

The lesson content and objectives

Theme: Love, marriage

Text:

Teacher A: 'Teresa's Wedding' by William Trevor (Curriculum focus: 'Wider Reading')

Teacher B: Romeo and Juliet, by William Shakespeare (Curriculum focus: A Shakespeare Play)

Aim: to develop students' interpretative skills, providing evidence from the text to justify their interpretations of characters, their feelings and motives.

Skills training: 'annotation', the preparation of marginal notes on texts, to be used in writing essays or preparing for examinations.

Method:

Teacher A: Whole class, teacher led.

Teacher B: Whole class teacher led instructions preparing the class for group work, although group work in fact only took place in the last 10 minutes of the lesson.

In the lessons I am commenting on in this paper, both teachers were working at mediating a text to the students. Both texts focus on relationships, in the one, falling in love, in the meeting of Romeo and Juliet, – following the requirement for all students to study a Shakespeare play; in the other, marriage as portrayed in a short story by William Trevor: 'Teresa's Wedding', responding to the requirement for all students to be able to demonstrate 'wider reading'. In both lessons, the teachers' explicit aim was to develop students' interpretative skills, providing evidence from the text to justify their interpretations of characters, their feelings and motives. There was also, alongside this, skills training in a wider classroom practice, that of 'annotation', the preparation of marginal notes on texts, to be used in writing essays or preparing for examinations. In both classrooms, the work on the texts over a sequence of weeks would lead to the requirement for the students to write an assessed essay – and this underlying purpose was known by the students.

Both lessons were teacher led, mainly from the front of the classroom, and involved the whole class working together for the majority of the lesson period. For both, there is an emphasis on the analysis of character, and how this is constructed and conveyed by the texts. For both, the aim is to develop students' ability to provide textual evidence to justify their interpretations of text. This is a requirement of the syllabus. For both, the main resource is not a book, but a number of photocopied pages of the text, wrenched from the context of their surrounding text, and presented for study.

The question is, what is happening when these narratives are remade in classroom discourse? For the lessons are very different. For Teacher B, the lesson consists of reconstructing in casual speech a narrative rendering of a complex text by Shakespeare prior to the class reading the text. For Teacher A, it is in interrogating and interpreting the deeper meanings of a short story with the whole class. Thus, although both teachers are working with the same age group, conforming to the same national curriculum, and on similar objectives (using evidence from the text to justify interpretations, character analysis), their approaches derive not simply from the uses of different texts or in relation to differences in their student intake, but in relation to values, purposes and beliefs. However tight the curriculum specifications, they remain to a certain extent malleable in their implementation within the classroom.

Teacher B and first transcript

Analysis of the video data alongside interviews with the teacher show Teacher B sees her students as needing support, especially in relation to Shakespeare, where she believes they will find the language hard. She says to them at one point in the reading of the text: 'I wonder how much you understood of that?'... She therefore sees her main teaching role in this lesson as mediating the text, translating it into casual everyday language. Hers is a progressive pedagogy (BERNSTEIN 1990), with students 'negotiating their own meanings' in independent group work, her own role just being the explication of vocabulary and the basic narrative. She wants students to see the text as relating to their own everyday lives, and will reinforce this by later asking them to dramatise the text, so that they themselves take on Shakespeare's 'voice' and embody his characters in their own actions.

Her overall goals in teaching English, she says, are twofold: firstly to encourage enjoyment of literature, secondly to help students to 'communicate their needs' both orally and in writing – 'its like their voice that they need, so its very much about empowering students to have at least a competent level of communication'.

Her response to the diversity in cultural backgrounds in the classroom, she tells our interviewer, leads her to focus in her teaching on drawing out universal themes, not rooted in any particular historical or cultural context. She says: 'I think there is that idea that you are going to bring in references to different cultures. But the materials we use are not terribly diverse, they are absolutely classical, what you would find in any English Department up and down the country'. She feels that students 'straddle their two or three cultures sometimes very successfully' and that therefore what they need is 'good quality literature and examples, with universal themes, because that is what literature is, they can all relate to those.' At the same time, she says that sometimes 'you have to create an ethos in the school where it is fine for everybody to talk about different cultures.'

There is only one point in the whole class section of the lesson where a student's intervention requires her to respond in unexpected ways, to 'design' her teaching in immediate response to her students – I have identified this as a 'critical incident'. The teacher is taking the students through the first meeting of Romeo and Juliet at the Capulet's ball – where Shakespeare makes the young lovers use the metaphor of a pilgrim to describe their ardent feelings towards one another, and their mounting excitement as they grow closer to a kiss.

As the teacher works through the Romeo and Juliet extract before the students read it aloud, she asks:

T: Can anyone tell me what a pilgrim is?

Mickey: Yeah, that's a Hajj thing.

Boy 2: A traveller.

T: That's a Hajj thing. OK. (*Turning to Boy 2*) Its a certain kind of travel, a journey. Mickey, can you explain?

Mickey: What a Hajj is?

T: Yes, OK.

Mickey: They have to put on clothes; they have to walk round the Ka'aba; and then they have to throw stones at a pillar; and then they have to kill an animal.

T: OK

(A number of students laugh.)

T: (Reassuringly) I think that's very good, right. Now (looking round the class) the people again who have *experienced* that can see whether Mickey's, um, Mickey's account of the Hajj is correct. That's very good, Mickey. You did well. Because now….

When I first watched the video, I thought this was the one single instance in the whole lesson in which students brought their own home cultural knowledge to the classroom to illuminate their learning. However, I believe this is not the correct interpretation. The extract continues:

Mickey: We did that just now in last lesson with Mr. W.

T: Well, I'll ask Mr. W. as well about it. You obviously learnt a lot there. Now, a pilgrim is somebody who goes, as Waseed said, to a holy place. Makes a special journey to a holy place. Such as Mecca. (*Nods*) And its an act of *devotion – religious* devotion. To show your duty to God. And often in that place – and I mean (*looking around the classroom*), there are *other* sites of pilgrimage around the world – in the Christian religion, in the Catholic religion – *Lourdes*, for example, is a place people go to be *healed*, with holy water. Canterbury used to be, um, possibly still is, a seat of pilgrimage, because its the big Canterbury Cathedral, the seat of the Archbishop of Canterbury.

Boy: Or the Ganges.

T: The Ganges. *Right*. So you understand perfectly, some people have even experienced it. (*Looks back at pink worksheet*) So they talk a lot about a pilgrim and pilgrimages and talk about their love as if it were a religion. So maybe what they are doing – they are giving it this *solemnity*, they are giving it a very serious *weight*.' But *maybe* they feel a need to do that because it is so sudden. So…(*Moves into instructions for group work*)

In the extract, we see a student offering not home knowledge, as I first thought, but school knowledge. The boy has just learnt about a Hajj in an earlier Religious Education lesson. Indeed, he is not himself a Muslim, which may account for the other students' alertness and interest when he offers his account – they all raise their heads and watch him, apparently with some amusement on the part of some. Although there is some informal disagreement among his fellow students, many of whom are Muslim themselves, alternative descriptions of a Hajj drawing on out-of-school knowledge are not pressed forward by the students, and are not followed up by the teacher, suggesting these are seen by all participants, both students and teacher, as not legitimate in this context; they belong to 'Religious Education', not to 'English'. The teacher is clearly disconcerted for a moment by the offering which seems to have no direct connection to the Romeo and Juliet context, and to offer little help in understanding the text. She also accepts but does not follow up the reference to the Ganges. She moves on, but first quickly draws in reference to other religious pilgrimages she knows of – to show it is not culturally specific but 'universal' – and so something that all groups in the class can identify with. However, in doing so, she loses the opportunity to consider what the deeper meaning of a pilgrimage or Hajj might mean to Romeo and Juliet in their time. The pilgrimage becomes at best something of 'solemnity', which loses the sense of mounting excitement nearing the site of the pilgrimage has to the truly religious, for example among pilgrims at Mecca or the Ganges, or in the early church for Christian worshippers. At worst the meaning is trivialised as a tourist visit to see Canterbury – which does not add a lot to the understanding of the sonnet! There is no debate or disagreement within the class, awkwardness is quickly bridged and consensus on legitimate meaning achieved.

The students in Teacher B's class

Students in Teacher B's class have taken on her perspective on what English is as a subject. Asked what is English, students interviewed reply that it is 'based on real life'; 'like real, that would interest everybody'. One says: 'Times may change…but the fact is, the values are the same'. In interview, students do relate the text to their real lives. Another picks up the universal theme more explicitly, 'The interesting thing is he talks about the human nature – his things are based on it – its all happening now this, isn't it?' One explains further: 'The fighting between two families, that still happens in a lot of places, and the love story'. 'In Muslim religions if you are going out with a girl or boy....if you really love them....but that is when hatred and conflict comes in and he talks about, Shakespeare writes about it and he puts his knowledge in the book. It is very interesting.' 'You end up feeling you know'. English, then, for these students, helps them to interpret their own lives and the lives of real people around them in certain ways legitimated by the school and the dominant society.

They are very clear about how English works for them. When our interviewer asked them what was different about English and other curriculum subjects such as science, one responded:

'In science you can speak English, read English, but what you are being taught from a science teacher is different....because you are learning about the outside world. In English it is very different...<In English you learn about> the inside, I guess, about society and culture'.

Teacher A and the second transcript

Teacher A, like Teacher B, sees as her challenge as making the texts relevant to the students' own experience. 'We are trying to prepare them for the world' she says, 'for some things they possibly might encounter later in life. It may be they look back at some experience in the classroom and say 'I've come across this before...It is life experience for them.'

However, her starting point is a recognition of fundamental inequalities in society, along lines of class, 'race' and gender, which her role is to address. She sees her students not simply as individuals, but positioned in the social structure. She says: 'We are talking about a subtly class divided society where our children in the past, in a school like this one, would not have been able to structure a letter in the way they should, because people were only concerned with 'creativity' – they must be able to learn to write, to communicate, that is what it is all about.'

Her teaching style is formal, to provide students, she says, with a framework, but within this, she focuses hard on being fair to all. She is aware that what she is teaching is more fundamental than just literature. 'If the class say to me, 'Miss you are being unfair' I just sit and think – have I been biased in any way, because they are learning through how you treat them, so there are all these other Englishes, ...being aware how to treat people in a multicultural society.' Basic to this is teaching students to manage diversity:

'<You have to> let children see that there wasn't anything wrong with being different – you have strengths being different, strengths being similar, and it is a complexity really of the classroom in that you have to get every child to respect each other's culture'.

'You have to look at stereotypes….for example, we have to let students realise <in Teresa's Wedding> that the Irish has their own culture…to do with their religious beliefs and so on. …The story does not take on any meaning until we actually come to the place that it is set, and then we begin to see cultural and social aspects…I say 'Do you realize what this place is – this is Ireland, and what about their religious beliefs?' and then they come in with their own experience. …'

In working on the short story in this lesson, she aims to get students to read critically, 'They have to be able to understand how things are put together and to *see inside'*; to read '*at the heart of the text'*. She uses whole class dialogic enquiry as her teaching strategy, involving her students in constructing the lesson through question and answer around the room, but driving a firm teaching agenda of her own, bringing the lesson in on time and making the points she wants them to know. For much of the lesson she is static, seated formally and upright behind her desk. The students attempt to respond to her equally formally, this is not casual conversation. In the critical incident I want to analyse today, however, her physical posture changes as, I suggest, she hands over interpretation to the class, asking them to help her to understand what might drive the actions of a particular social group, one she does not belong to, men.

TEACHER A EXTRACT

Teacher: And then we have this revelation. What is the major revelation in this story? Put your hands up. (Standing, arm gestures) What happens towards the end, when the wedding celebrations are coming to an end? We're then told something that's like a set back to the married couple. What's the thing that we discover?

Rehana: She slept with another man.

T: Screw Doyle, yes. (Fiddles with hair, voice becomes more reflective) But even so, you question yourself, you know, ah…

(At this point teacher's physical presentation of self changes – her voice becomes less certain; she touches her hair, adjusts her clothing, sits on edge of table. She physically seems to 'hand over' to the students some of her authority)

Students: (arguing over page reference) 'No its not'; 'It is'

T: Hold on. Its Screw Doyle who's telling, he's in a (Sits perched on a desk) kind of a…its quite < indistinguishable>

Darcus: He's acting like its a conquest. Like he's…

T: He's showing off.

Darcus: Yeah

T: And this is the thing now. We're looking at how…..

Rehana: Men act.

T: Men act. Towards – its like sometimes they're together (draws line on white board next to her) in this set, and sometimes the women are there (points to one side of line), and the men there (points to other side of line). You see that? Alright. OK – sometimes in separate (points to either side of line on the board). In the setting of the story (draws a circle with finger around the diagram for men and women). Sometimes women grouped in one place (points) and men in the other (points). (Turns to face the class) OK. Screw Doyle/ is Artie's/ friend. (Thinks, hand to mouth; pause) This is Artie's wedding day. And he's learnt something.

Boy: (indistinguishable)

T: Yes, er Darcus has had enough time – somebody else read out. OK have you found it?

Boy: (Reads passage)

T: Alright. (Pause) Would – what's wrong with that? What makes you feel – what is wrong with Screw Doyle telling Artie on his wedding day? Would you have expected…

Rehana: Why didn't he do it before?

Students: (a number speak, indistinguishable)

Teacher: Keep your hands up, keep your hands up. OK, Christopher, what were you going to say? And then Peter. Keep your hands up.

Chris: Its like Peter says – he's saying 'I was there first', like, something.

Students: Yes.

T: Is this a male thing then? Do you not find it um, quite….

Darcus: He's disrupting them, I think.

Rehana: It's like a game.

T: Mm, its like women (points to whiteboard) and men (points to other side of board). Men feel free to talk about their conquests.

Rehana: Disrespect.

T: Disrespectful. (Stretches arm out pointing at the girl, signals up and down for repetition from her)

Rehana: Disrespect (T nods, still arm outstretched, pointing to her, signalling for more)

Student: Disloyal

T: Disloyal (nods)

Darcus: But the women have…

Rehana: But the men have all these expectations of women, but the women never have any expectations of men.

T: (smiles) Ah. Alright! Hold on to that. Marissa? Sh, Christopher.

Marissa: Its, like, when he, remember when he said he don't want to sit next to her? He's only blaming Teresa and….

Boy: (interrupts, some indistinguishable)…. equality between men and women.

Darcus: Ah, I like that, equality.

Rehana: (Claps her hands)

T: Who takes responsibility for this? Right? Did you notice that Artie was, er, incensed at the idea of Teresa going with Screw Doyle? (Leans forward) But when Screw Doyle told him, on his wedding night, (holds up finger) he wasn't upset with Screw Doyle. How would you have felt? Put your hands up – as males (leans back, hands apart) in this room – if it had been your wedding night, Christopher, and somebody had revealed that about your bride? (Standing, arm outstretched) How would you react? Your friend, you know. Your good friend! Who told you.

Chris: (Hits one fist into hand, laughing)

Darcus: Its quite old fashioned, because now I don't think we'd be like, 'oh, yeah…'

T: (Crosses classroom away from Darcus) Come on, how do you think you would have reacted to your best…. Ssh. Come on, let's be serious. (Raps on table) Let's be serious.

Boy: I would have felt quite angry. If it was way before the marriage, yeah, I simply wouldn't have gone through with the wedding, because, thats, thats…

Rehana: (indistinguishable)

T: Peter! Peter! Screw Doyle – (points) Jemima, remind him what, er – Peter, listen! Jemima, remind him what Screw Doyle said to Artie at that moment (bending towards her, nodding), and when did – yes, go on.

Jemima: Screw Doyle told Artie that it was a couple of years ago.

Rehana: Yeah, yeah – he made it sound like it was <indistinguishable>, yeah.

T: (Stands back, broad smile, holds hand out, palm up) But this is what I'm saying… <Students all talk at once>

Rehana: He'll start to think the baby is not his. He'll start to think the baby's Screw Doyle's. It all becomes more than it actually is.

T: Of course.(Sits back on table, touches hair) So you see how men then draw a kind of – you know – a kind of – there's a line between male and female, it seems, because (points to white board) the men, you know, because the men – Some men might possibly become violent towards Screw Doyle.

Rehana: Yes, but why…? I think he's…

T: (points) Darcus?

Darcus: I think he's like, stirring (stirs wrist). I think he's stirring, because why, if he was going to tell him – if it did happen years ago, he could have told him then. But, if he decided to tell him on the night of the wedding…

T: So, why wasn't he angry with his friend?

Darcus: Don't know.

T: Right, that's what I'm saying. Peter?

Peter: He probably – its true, it is different between men and women. (Stretches out his arm, pointing at the teacher, shaking fingers up and down, just as she had earlier pointed in excitement) But also, a friend – yeah, he's been his friend for years. Her, he didn't even love her too much.

Students: No.

Peter: Its not, its not…(holds arms apart, signalling 'giving up')

Rehana: Its his pride, its his pride. He's damaged his pride, hasn't he. Its a male thing. Its not.

Students: (All talking at once, Peter turned to the boys behind him, still arguing his point, teacher lets them, waits)

Rehana (to Peter): What, if he doesn't love her it doesn't matter too much!

T: (Raising voice) So men can behave in a certain way? That is acceptable. (She now leans back, hand on her knee, sceptically/seductively)

Students: No! No!

T: But a woman can't? He was cross with Teresa. Didn't even want to sit next to her, on the bus. Do you remember?

Darcus: No – where does it say that?

T: Look at your story. Didn't affect his relationship, friendship, with Screw Doyle. That's

a men thing. (Leans forward and raises voice) And you boys will need to examine sometimes how you behave towards girls, even in school as well. Yes?

Darcus: But I think – no, you've got us wrong.

T: (Standing, smiles, change of voice back to usual formal stylel) Alright, so he learns the truth. So, Jemima, find the bit where he is enlightened, further (resumes upright sitting position) as to when this relationship actually took place, alright? Later on Artie discovers the truth. Christopher, have you found it?

Chris: (reads paragraph)

(Teacher is now sitting again, the focus is back on the text. Students still contribute, but the debate is over.)

There are interesting rhetorical devices in this extract: the use of question and answer , but also reiteration of answers, the demand from the teacher for pace, for digging deeper into the meaning. By partially handing over to the students, she engenders debate, which is risky as she has to manage and control it. At the moment when 'Peter' challenges her, he again adopts similar hand gestures to her own, more urgent gestures as she encourages them to dig for meaning. His interpretation is interesting and, to me, convincing – he makes a claim for the loyalty of long term friendship among men, an interpretation shared by many of the boys in the room. Again, the teacher's posture changes: she counters him less as a teacher, for the minute, but as a grown and powerful woman, before reverting to teacher and moral authority , ending the interchange with 'And you boys will need to examine sometimes how you behave towards girls, even in school as well'. His interpretation stands, one among many, but the moral lesson is driven home. This lesson should be seen in the context of current debate within the Black community and in the press on the problematic relationship of Black males to women and to the family, issues that the class would be well aware of.

In the extract, the teacher uses a range of semiotic resources to engender and extend debate and analysis, including her own body. Her moral and social purposes are clear. As she says:

'I firmly believe that you are creating the citizen for the future – you touch the intellect but sometimes you touch the emotions as well … I suppose it is a romantic view really you are striving for, a more humane understanding of the world, creating a different world where people don't judge you so much by your differences and see those are things that can enrich society.'

The students in Teacher A's class

Again, as with Teacher B's class, there is a remarkable congruence between the way in which the teacher sees English and what she is producing in the English class, and that which her students are able to make explicit in interview. Students explained that English 'prepares you for the future' by helping you 'look at the deeper meaning'. 'You could look at something and don't pay much attention to it. English, you can go deeper into it'. 'You can hear other people's ideas, take your own into consideration and evaluate it all up and then sort of understand it.' Through English they felt they were helped to understand different cultures, recognising that 'even though people have different values, people have the same sorts of feelings.'

The power of language in addressing inequality and in determining their future lives was very clear to them. They said that 'In English we feel we have got respect', 'we voice our opinions….we are allowed to talk and say what we feel'. Nevertheless, they were required to learn to speak formally and explicitly: 'She will stop us and say 'no, look what do you mean by that? Don't talk like that, say that sentence again'. Another explained: 'I don't think she minds us talking how we talk *because that is us* but she wants us to know when to stop.' They saw this as preparation for future lives when they would be likely to face discrimination and injustice.

Student 1: She will use her own experiences. She has told us a lot about herself like when she went on trial…

Student 2: In the jury.

Student 1: And she was telling us the man who was being charged, he didn't do it and she looked at the meaning of it.

Student 2: Because when I went to court the other day, I was doing work experience that made me notice and I looked at the jury and there were a lot of white people and like two black guys and I thought straight away what Miss W. had said and I looked at the guy who was being convicted, looked at his colour and then I thought 'you ain't got a chance'.

Interviewer:	Was he black?
Student 2:	Yes.
Student 1:	Miss said she wasn't the only black person on the jury but she did actually voice herself.

These students, through English and through the role model the teacher offered as a critical interpreter of the text, were learning to '*voice themselves'* in powerful ways, and to understand the workings of power in everyday English society. Voicing oneself in this context does not mean leaving students to find some inner well of personal expression.

Students in the first school, in Teacher B's class, also know that there aresome forms of expression, ways of meaning, which are not the same in casual speech. – a student in Teacher B's class tells us 'I'll have to get my sentence from my book', the genre is not easily accessible within independent group work, nor is it taught by the teacher herself. In contrast, Teacher A offers her students access to a new 'genre network', the discourses of analysis and interpretation, part of a wider genre network of schooling. Rather than a progressivist 'invisible pedagogy', and although in style in some ways having the appearance of a conservative pedagogy, this shows promise of the emergence of a 'radical visible pedagogy', which BERNSTEIN 1990 defines as focusing on coming to an understanding of your own position in society, through coming to an understanding of the relationship *between* social groups, and through this new appreciation, the ability to change practice' (p. 72). Such an engaged pedagogy has the potential to transform doing as well as being English.

References

BALL, S. (1995): 'Culture, Crisis and morality: the struggle over the National Curriculum'. In: ATKINSON, P. / DAVIES, B. / DELAMONT, S. (eds.): Discourse and reproduction: essays in honour of Basil Bernstein. – New Jersey.

BERNSTEIN, B. (1990): The Structuring of pedagogic discourse: Class, codes and control, Volume 4. – London.

EDWARDS, D. / MERCER, N. (1987): Common knowledge: the development of understanding in the classroom. – London.

ELLIS, V. (2001): 'Introduction' to BURGESS, T. / FOX, C. / GOODY, J. 'When the hurly burly's done': what's worth fighting for in English education. – Sheffield.

FOX, C. (2001): 'Talking for learning: not the whole story'. In: BURGESS, T. / FOX, C. / GOODY, J. 'When the hurly burly's done': what's worth fighting for in English education. – Sheffield.

GOGOLIN, I. / KROON, S. (eds.) (2000): 'Man schreibt, wie man spricht': Ergebnisse einer international vergleichenden Fallstudie über Unterricht in vielsprachigen Klassen. – Münster.

GOODY, J. (2001): 'Literature at Key Stage 3; its place in the classroom'. In: BURGESS, T. / FOX, C. / GOODY, J.: 'When the hurly burly's done': what's worth fighting for in English_education. – Sheffield.

KRESS, G. / VAN LEEUWEN, T. (2001): Multimodal discourse: the modes and media of contemporary communication. – London.

MADOOD, T. / BERTHOUD, R. / LAKEY, J. / NAZROO, J. / SMITH, P. / VIRDEE, S. / BEISHON, S. (1997): Ethnic minorities in Britain: diversity and disadvantage. – London.

REID, E. (2000): 'Who is to blame? A case study on Shakespeare teaching in London'. In: GOGOLIN, I. / KROON, S. (eds.): 'Man schreibt, wie man spricht': Ergebnisse einer international vergleichenden Fallstudie über Unterricht in vielsprachigen Klassen. – Münster.

Jörg Doll / Manfred Prenzel

Das DFG-Schwerpunktprogramm „Bildungsqualität von Schule”: Themenschwerpunkte und Ergebnisse

Problem- und Zielstellung des Schwerpunktprogramms

Die Qualität der mathematisch-naturwissenschaftlichen Bildung, die an deutschen Schulen erreicht wird, bleibt hinter internationalen wie nationalen Bezugsmaßstäben zurück. Die durch die internationalen Schulleistungsvergleichsstudien TIMSS und PISA diagnostizierten Defizite deutscher Schülerinnen und Schüler verlangen nach Erklärungen und nach effizienten Maßnahmen zur Verbesserung der Unterrichts- und Schulqualität. Der aktuelle Forschungsstand zeigt, dass für die Qualität des Lernens im mathematisch-naturwissenschaftlichen Unterricht nicht nur Merkmale der unmittelbaren Lehr-Lernumgebung ausschlaggebend sind. Ob und wie die Schülerinnen und Schüler Lernanforderungen und Lerngelegenheiten im mathematisch-naturwissenschaftlichen Unterricht wahrnehmen und aufgreifen, hängt wesentlich auch von Faktoren schulischer und außerschulischer Kontexte ab. Dem schulischen Kontext können z.B. das Klima, das Profil und die Ausstattung einer Schule zugeordnet werden; dem außerschulischen Kontext z.B. das Elternhaus und dessen Schulbezug, die Gleichaltrigengruppe mit ihren Interessen, Überzeugungen und Einstellungen oder auch curriculare Vorgaben auf Bundesländerebene. Abbildung 1 zeigt das BIQUA-Rahmenmodell (BIQUA = Schwerpunktprogramm „Bildungsqualität” der DFG) schulischer und außerschulischer Lernumwelten, die Einfluss nehmen können auf den Erfolg mathematisch-naturwissenschaftlicher Bildung (DOLL PRENZEL 2002; hier und nachfolgend wird auf entsprechende Artikel des 45. Beihefts der Zeitschrift für Pädagogik hingewiesen, das von PRENZEL / DOLL 2002 herausgegeben wurde und das ausschließlich dem DFG-Schwerpunktprogramm „Bildungsqualität von Schule” gewidmet ist).

Abbildung 1: BIQUA-Rahmenmodell schulischer und außerschulischer Lernumwelten

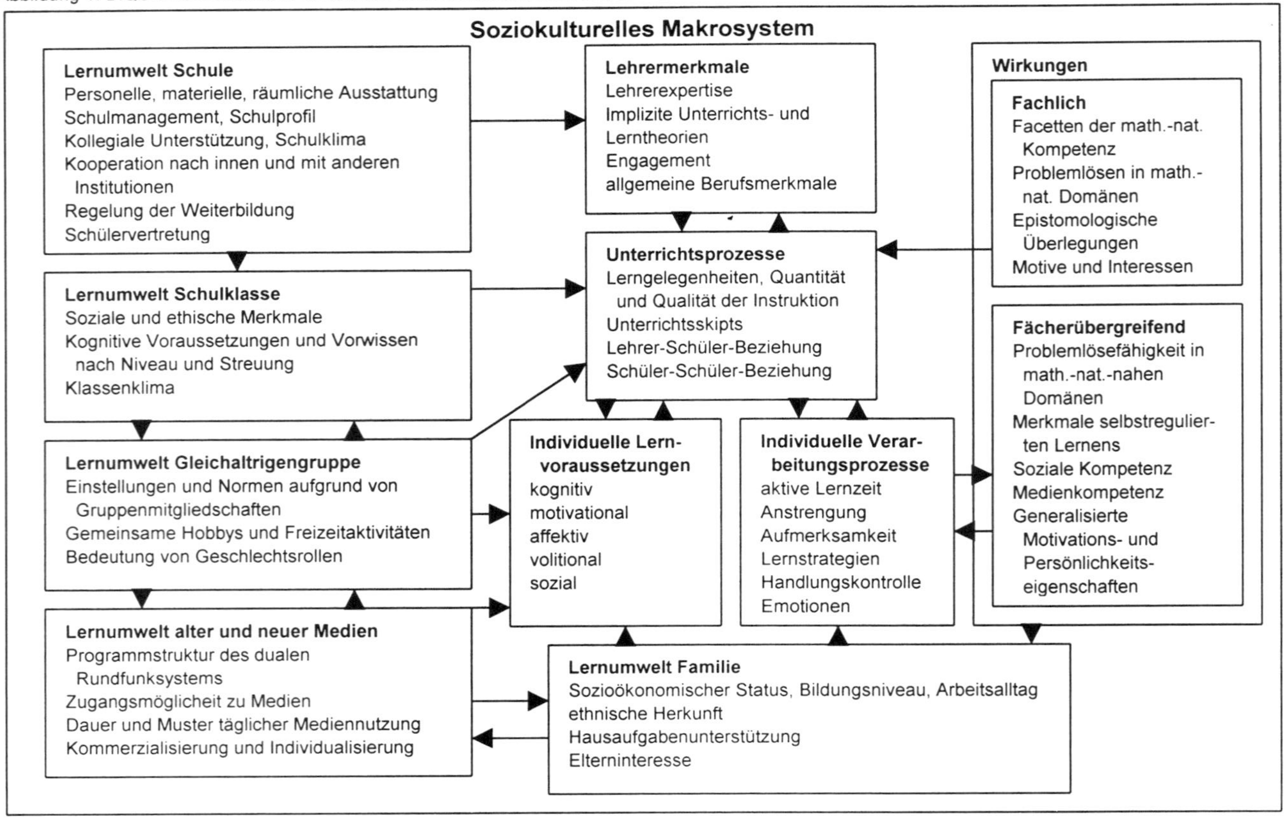

Wie im einzelnen bedeutsame Merkmale unterschiedlicher Lernumwelten mit Unterrichtsmerkmalen zusammenwirken und das schulische Bildungsgeschehen beeinflussen können, ist bisher nicht ausreichend theoretisch modelliert und empirisch untersucht worden. Ein besseres Verständnis dieser Zusammenhänge würde Möglichkeiten eröffnen, um schulische Bildungsprozesse durch die Unterrichtsgestaltung und durch ein abgestimmtes Einbeziehen und Modifizieren der Lernbedingungen in unterschiedlichen Lernumwelten zu unterstützen. Im Rahmen des Schwerpunktprogramms BIQUA werden deshalb komplexe, d.h. Unterrichts- und Kontextmerkmale einschließende Bedingungszusammenhänge schulischer Bildung untersucht. Es werden erweiterte Erklärungsmodelle empirisch geprüft, und es sollen abgestimmte, unterrichts- und kontextbezogene Maßnahmen konzipiert und im Rahmen von Interventionsstudien erprobt werden.

Zentrale Themenbereiche des Schwerpunktprogramms

Das Schwerpunktprogramm BIQUA konzentriert sich inhaltlich auf den Bereich mathematisch-naturwissenschaftlicher Bildung. Es thematisiert aber zusätzlich über diesen Fachzusammenhang hinausweisende Lernprozesse, die zur Entwicklung fächerübergreifender Kompetenzen und bildungsrelevanter Persönlichkeitsmerkmale beitragen. Es beteiligen sich Projekte, die Fragestellungen aus den fünf Domänen Mathematik, Physik, Chemie, Biologie und Sachunterricht bearbeiten mit Schwerpunktsetzungen in den ersten beiden Domänen. Die Projekte beziehen bei der Analyse von Lehr-Lernumgebungen und Kontexteinflüssen das gesamte Schulspektrum mit ein. Die Mindmap der Abbildung 2 gibt einen Überblick über vier wichtige Themenbereiche, die in elf Symposiumsvorträgen und in fünf Vorträgen einer thematisch eng verbundenen Arbeitsgruppe behandelt wurden.

Abbildung 2: Themenschwerpunkte innerhalb des DFG-Schwerpunktprogramms BIQUA

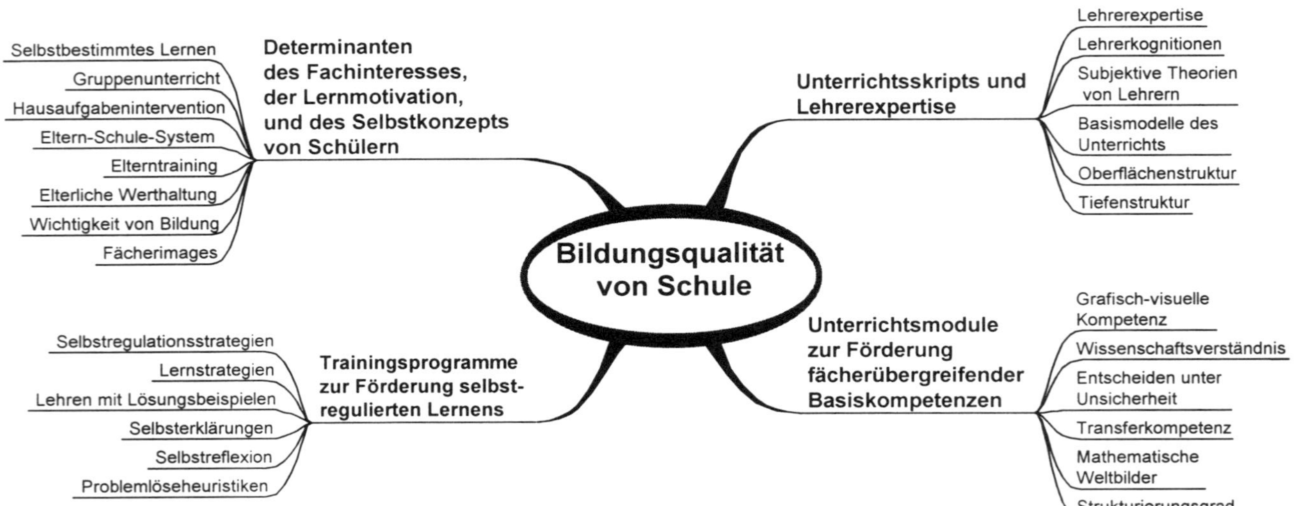

In den vier Themenbereichen werden jeweils unterschiedliche Akteure und Mikrosysteme des Mehrebenensystems der Bildung ins Forschungszentrum gerückt. (a) Bei der *Analyse von Unterrichtsskripts* handelt es sich um Unterrichtsforschung im Praxisfeld der Schule, die mit der Technik der Videografie und der Diagnose der Lehrerkognitionen und der Lehrerexpertise das Geschehen im Lehrer-Schüler-System detailliert beschreibt, analysiert und klassifiziert. (b) Die *Forschung zur Wirksamkeit von innovativen Unterrichtsmodulen* führt (quasi-)experimentelle Unterrichtsstudien durch, um kausale Zusammenhänge in Lehr-Lernumgebungen überprüfen und optimieren zu können. Die an diesen Studien beteiligten Lehrpersonen sind Expertinnen und Experten in der neuen Unterrichtseinheit, so dass in das reguläre Lehrer-Schüler-System zielgerichtet verändernd eingegriffen wird. (c) Die *Trainingsprogramme* für Schülerinnen und Schüler und angehende Lehrpersonen diagnostizieren und trainieren insbesondere dadurch fächerübergreifende Kompetenzen selbstregulierten Lernens, dass sie Prozesse der Selbsterklärung, Selbstreflexion und des Monitoring eigenen Lernverhaltens anregen und unterstützen. Diese Trainings schaffen zusätzlich zum regulären Unterricht förderliche Lehr-Lernsituationen, und die Frage der Transferierbarkeit der trainingsspezifisch erworbenen Kompetenzen in andere Lernsituationen ist bisher noch nicht untersucht worden. (d) Die *Interessen-, Motivations- und Selbstkonzeptforschung* berücksichtigt als Akteure Schülerinnen und Schüler, Lehrpersonen und Eltern, die sich im Eltern-Kinder-System, Lehrer-Schüler-System und Lehrer-Eltern-System wechselseitig beeinflussen können. In diesem Bereich werden sowohl deskriptiv-korrelative als auch quasi-experimentelle Interventionen durchgeführt (z.B. die Einführung von Gruppenunterricht im Chemieunterricht in Verbindung mit der Elternbeteiligung bei einer Hausaufgabenintervention), um die Bildungsqualität durch Optimierung der Abstimmung und Vernetzung zwischen den Mikrosystemen der Schulklasse und des elterlichen Zuhauses zu steigern.

Im Folgenden werden die Forschungsansätze des Schwerpunktprogramms in den vier genannten Themengebieten zusammenfassend dargestellt, ausgewählte Ergebnisse berichtet und weiterführende Fragen benannt. Themengebiet 1, „Unterrichtsskripts und Lehrerexpertise", wird von vier Projekten behandelt, die sich mit den Bedingungen erfolgreichen Unterrichts beschäftigen. Neuere kulturvergleichende Studien zum Mathematikunterricht zeigen, dass kulturspezifische Grundmuster (Skripts) die Unterrichtsorganisation bestimmen, deren Bedeutung für die Lernanregung und den Lernerfolg bislang unterschätzt wurde. Diese Grundmuster von Unterrichtsabläufen werden in drei Projekten für den Physikunterricht (Berlin / Erfurt: FISCHLER u.a. 2002; Dortmund / Hamburg: FISCHER u.a. 2002; Kiel: PRENZEL u.a. 2002) und in einem für den Mathematikunterricht (Frankfurt: DIEDRICH / THUßBAS / KLIEME 2002) untersucht. Es werden weiterhin die Grundlagen dieser Skripts, in der Form von Befunden zu Kognitionen und Einstellungen deutscher (und teilweise schweizer) Lehrpersonen zu Unterricht, Lehren und Lernen in Mathematik und Physik vorgestellt. Außerdem werden typische Unterrichtsskripts durch Mikroanalysen videografierter Unterrichtssequenzen beschrieben und gegebenenfalls durch fachdidaktisches Coaching modifiziert.

Als ein zentrales Ergebnis der Videografie des Unterrichtsgeschehens stellt das *Kieler Projekt* (Seidel / Hoffmann / Lehrke / Prenzel / Geiser / Müller / Rimmeler) in Videoanalysen zwei dominierende Organisationsformen des Physikunterrichts im Anfangsschuljahr der 7. Klasse fest: Im *Demonstrationsunterricht* werden physikalische Inhalte im Klassengespräch erarbeitet und physikalische Phänomene durch Demonstrationsexperimente veranschaulicht. Schülerarbeitsphasen nehmen in dieser Unterrichtsform einen geringen Stellenwert ein und dienen vorwiegend der Aufgabenbearbeitung. Die zweite Unterrichtsform ist charakterisiert durch die Kombination des *Klassengesprächs mit Schülerexperimenten.* Es werden Schülerexperimente in Gruppenarbeit durchgeführt und die dabei behandelten Inhalte im Klassengespräch vorbereitet, nachbereitet und zusammengefasst. Bei erfolgreichem Physikunterricht sollten die Lernenden im Verlauf des Anfangsschuljahres ein vertieftes Verständnis physikalischer Konzepte und naturwissenschaftlicher Prozesse entwickeln, sie sollten sich für naturwissenschaftliche Themen interessieren und sich in diesem Gebiet als kompetent erleben. Betrachtungen des Lernerfolgs in diesen Entwicklungsfacetten fanden allerdings keine bedeutsamen Unterschiede zwischen den Lernenden in Abhängigkeit von der obigen Grobklassifikation der Unterrichtsorganisation. Es wurden deshalb weitere qualitative Merkmale zur differenzierteren Beschreibung der unterrichtlichen Lehr-Lernbedingungen entwickelt. Problematische Merkmale der Unterrichtsorganisation identifizierte diese Feinanalyse (a) in der Engführung des Klassengesprächs, (b) in der mangelnden Orientierung des Unterrichts an klar formulierten Lehrzielen und (c) in der unsystematischen Einbettung der Experimente in den Unterrichtszusammenhang. Erfolgreicher Unterricht findet nach diesen Kriterien dann statt, wenn im Unterricht vermehrt Lehrziele expliziert und verfolgt werden, wenn die Schülerinnen und Schüler sich aktiv und konstruktiv in das Unterrichtsgespräch einbringen können und wenn Gelegenheiten zu selbständigem Experimentieren und Lernen unterstützt werden.

Interviews mit den Lehrpersonen über ihre Erklärungen für gelingenden Physikunterricht ergaben, dass ihre Subjektiven Theorien kaum „lernprozessorientiert", sondern vorwiegend „stofforientiert" sind, in dem Sinne, dass sie über ein reiches Wissen zu Experimenten und zum Medieneinsatz bei einem bestimmten physikalischen Thema verfügen. Das *Projekt Berlin/Erfurt* (Schröder) konstruiert und präsentiert zur Mikroanalyse derartiger Subjektiver Theorien von Physiklehrerinnen und -lehrern Videosequenzen von gelingenden und misslingenden Ausschnitten aus dem Physikunterricht. Es erhebt und verdichtet in Einzelfallanalysen die handlungsleitenden Kognitionen von Physiklehrerinnen und -lehrern zu ihrer jeweiligen Subjektiven Theorie eigenen unterrichtlichen Handelns. Dabei erweist sich etwa in einem Fallbeispiel die Subjektive Theorie eines Physiklehrers als gekennzeichnet durch komplexe Annahmen über das Vorliegen notwendiger Voraussetzungen bevor bestimmte Unterrichtsentscheidungen möglich sind, die die rasche funktionale Anwendbarkeit dieser Theorieelemente in Unterrichtssituationen beeinträchtigen dürfte. Ein weiteres zentrales subjektives Theorieelement dieses Lehrers bezieht sich auf Annahmen zu effektivem Unterricht. Effektiver Unterricht ist für diesen Lehrer dann gegeben, wenn er einen kontrollierbaren Zuwachs an (Fakten-)Wissen bei den Schülerinnen und Schülern feststellen kann. Dieses zentrale Theorieelement veranlasst besagten Lehrer, auf eine Weise zu unterrichten, die durch eine einseitige Aufgabenkultur und eine stark lehrerzentrierte Unterrichtsorganisation gekennzeichnet ist. Es war möglich, in Coachinggesprächen einzelne Elemente der Subjektiven Theorie dieses Lehrers zu modifizieren und ihn zu einer Unterrichtsorganisation anzuregen, in der auch offene Unterrichtsformen vorkamen, zumal die schriftlichen Lernerfolgskontrollen, die vom Lehrer befürchteten Leistungsverschlechterungen bei offener Unterrichtsorganisation nicht belegten.

Das *Frankfurter Projekt* (Klieme / Thußbas) verfolgt einen umfassenden diagnostischen Ansatz zur Messung von Lehrerkognitionen und entfernt sich damit zwangsläufig vom Unterrichtsgeschehen. Es diagnostiziert durch postalische Befragung einer repräsentativen deutschen und schweizerischen Lehrerstichprobe unterschiedliche Facetten des *professionellen Lehrerwissens* von Mathematiklehrerinnen und -lehrern. Kernannahme ist auch hier, dass das professionelle Lehrerwissen einen wichtigen Ansatzpunkt zur Erklärung und Beeinflussung der Instruktionspraxis von Lehrpersonen im Mathematikunterricht darstellt. Es finden sich die folgenden zentralen Ergebnisse: (a) Für die Unterscheidbarkeit der fünf Kategorien professionellen Lehrerwissens in der entsprechenden Taxonomie von BROMME (1997) findet sich empirische Evidenz. Demnach lässt sich das professionelle Lehrerwissen von Mathematiklehrerinnen und -lehrern untergliedern in folgende fünf Facetten: allgemein pädagogisches Wissen (z.B. disziplinarische Fertigkeiten, Vorstellungen über Bedingungsfaktoren schulischen Lernerfolgs), fachliches Wissen (Methoden und Erkenntnisse der Referenzdisziplin des Schulfaches, hier Mathematik), curriculares Wissen (z.B. Unterrichtsziele, Auswahl und Sequenzierung von Lerninhalten), die Philosophie des Schulfaches betreffende Überzeugungen (z.B. Rolle der Mathematik in anderen Bereichen menschlichen Lebens) und das fachspezifisch-pädagogische Wissen (z.B. fachdidaktisches Wissen). (b) Durch diese fünf Facetten professionellen Lehrerwissens ließen sich 13-14% der Varianz unterschiedlicher Indikatoren des selbstberichteten Instruktionsverhaltens der Lehrpersonen im Fach Mathematik aufklären. (c) Auf einer Ebene zweiter Ordnung ließen sich diese Facetten noch weiter verdichten zu zwei Sichtweisen von Mathematik: „... eine eher dynamische Sichtweise, welche die Mathematik, ihr Lehren und Lernen als kreativen Prozess begreift, und eine eher statische, wonach mathematisches Wissen aus regelhaften Zusammenhängen besteht, die in fest stehenden Formeln beschrieben und eher rezeptiv erlernt werden" (DIEDRICH / THUßBASS / KLIEME 2002).

Weiterführende Fragen zu diesem Themengebiet betreffen den theoretischen wie praktischen Status des Skriptbegriffs: Zu welchen Anteilen werden Skripts nicht nur von der Lehrperson, sondern auch vom Verhalten der Schülerinnen und Schülern gesteuert, über welche und wie viele Skripts sollte eine Lehrperson optimalerweise verfügen, und wie spezifisch müssen Skripts an die Bedürfnisse unterschiedlicher Jahrgangsstufen und unterschiedlicher Unterrichtsfächer angepasst werden? Die Forschung zu Lehrerkognitionen könnte weiterentwickelt werden durch die Diagnose von Lehrerkognitionen auf unterschiedlichen Spezifitätsniveaus. Während sich situationsunspezifische Lehrerkognitionen zur umfassenden Diagnose der Lehrerexpertise eignen, dürften situationsspezifisch erhobene Lehrerkognitionen (hinsichtlich Unterrichtsthema, Jahrgangsstufe und spezifischer Klasse) geeigneter sein zur Vorhersage unterrichtlichen Instruktionsverhaltens.

Thema 2, „Unterrichtsmodule zur Förderung fächerübergreifender Basiskompetenzen", wird durch fünf Projekte vertreten. Das *Projekt Berlin/ Chemnitz* (WASSNER / MARTIGNON / SEDLMEIER 2002) untersucht Problemlösungen von Gymnasiastinnen und Gymnasiasten in probabilistischen Entscheidungssituationen in Abhängigkeit von unterschiedlichen Wahrscheinlichkeitsdarstellungen (Wahrscheinlichkeiten versus Häufigkeiten) im Mathematikunterricht und von Aufgabenbeispielen aus schülernahen Erfahrungsbereichen. Das *Projekt Oldenburg/Giessen* (REISS / HELLMICH / THOMAS 2002) behandelt Lehrervorstellungen über den Charakter mathematischer Beweise und Schülervoraussetzungen als antezedente Bedingungen für das Erlernen mathematischen Problemlösens am Beispiel von Beweisen in der Geometrie. Das *Projekt Würzburg* (SODIAN u.a. 2002) erstellt und evaluiert eine wissenschaftstheoretische Unterrichtseinheit für die Grundschule, um ein basales Wissenschaftsverständnis bereits bei Grundschülerinnen und Grundschülern zu entwickeln und um daraus ableitbare förderliche Effekte auf den Erwerb naturwissenschaftlichen Wissens im Sachunterricht zu bewirken. Das *Projekt Münster/Berlin* (MÖLLER u.a. 2002) ist ebenfalls dem Lernen in der Grundschule gewidmet. Es geht der Frage nach, wie die Entwicklung eines Grundverständnisses für physikalische Basiskonzepte (hier den Dichtebegriff) bereits bei Grundschülerinnen und Grundschülern gefördert werden kann und zwar durch Optimierung zweier Unterrichtsmerkmale, durch die Art der grafischen Problemdarstellung im Unterricht und durch unterschiedlich starke Strukturierungen eines an konstruktivistischen Lernprinzipien orientierten Unterrichts. Das *Berliner Projekt* (Walter / Richert) schließlich studiert bei Schülerinnen und Schülern der Sekundarstufe I die Fähigkeit zum Transfer über fachspezifische Aufgabenstellungen hinaus, die als „kritische Kompetenz" bezeichnet wird.

Nachfolgend werden zentrale Ergebnisse der beiden Grundschulstudien zur Entwicklung anspruchsvoller Unterrichtseinheiten für den Sachunterricht berichtet. Das *Projekt Würzburg* (Sodian / Thoermer / Guenther / Grygier / Kircher) führte im Sachunterricht des vierten Schuljahres in fünf Doppelstunden eine wissenschaftstheoretische Unterrichtseinheit durch zum Thema „Warum geht der Brotteig auf? – Wir forschen wie Wissenschaftler". In dieser Unterrichtseinheit wurde am Beispiel der Eigenschaften von Hefe die Logik des Experimentierens erläutert und der kumulativ-zyklische Charakter wissenschaftlichen Arbeitens verdeutlicht. Das durch Interviews erhobene intuitive Wissenschaftsverständnis der Viertklässler ließ sich vor der Unterrichtseinheit durch typische Aussagen der folgenden Art charakterisieren: „Wir wissen noch nicht genug über die Welt; daher besteht wissenschaftliches Handeln im Wesentlichen im Sammeln direkt zugänglicher Fakten." Wissenschaftliches Handeln wird weiter durch die Verwendung exakter hoch entwickelter Messgeräte gekennzeichnet. Nach der Teilnahme an der Unterrichtseinheit zeigte ca. ein Drittel der Viertklässler ein Verständnis von Wissenschaft im Sinne einer Suche nach Zusammenhängen, um beobachtbare Phänomene zu erklären. Wissenschaft wird damit zunehmend als Prozess der aktiven Konstruktion von Wissen verstanden. Das *Projekt Münster/Berlin* (Möller / Jonen / Hardy / Stern) führte in Grundschulklassen des dritten Schuljahres an acht Doppelstunden einen an konstruktivistischen Lernprinzipien orientierten Unterricht zum Thema „Schwimmen und Sinken von Gegenständen" durch. Kernannahme dieser Unterrichtsstudie war, dass bereits Grundschulkinder in der Lage sind, sich mit anspruchsvollen physikalischen Themen verstehend auseinander zusetzen. Die Drittklässler erhielten daher Gelegenheit, im Sachunterricht selber Ideen zu entwickeln, diese in Versuchen mit einem umfangreichen Materialangebot zu überprüfen, die Versuche auszuwerten und die Ergebnisse miteinander zu diskutieren. Die eigenen Aktivitäten der Schülerinnen und Schüler im Handeln und Denken waren wichtigstes Unterrichtsprinzip. Diese Unterrichtseinheit wurde in einer offenen und einer vorstrukturierten Form durchgeführt. Elemente der stärker strukturierten Unterrichtseinheit waren: die Vorgabe von aufeinander aufbauenden Teilthemen, die Arbeit an weitgehend vorgegebenen Lernstationen und an Gruppenaufträgen, wobei die Lehrperson in Klassengesprächen durch eine strukturierende Gesprächsführung die Aktivitäten und Denkprozesse der Kinder unterstützte. In der offenen Unterrichtsform konnten die Kinder die Reihenfolge und Dauer der Arbeit an den Lernstationen und den Verlauf des Klassengesprächs weitgehend selbst bestimmen. Es zeigte sich, dass die Drittklässler in beiden Unterrichtsformen einen deutlichen Lerngewinn erzielten, allerdings bauten die Klassen mit der strukturierten Unterrichtsorganisation mehr intuitive Fehlvorstellungen ab und konnten ihre angemesseneren Vorstellungen besser auf neue Fragestellungen transferieren. Insbesondere leistungsschwache Kinder profitierten von dem strukturierten Unterricht stark, während leistungsstarke Kinder in beiden Unterrichtsformen gleich gut lernten. In beiden Unterrichtsformen zeigten die Drittklässler ein großes Interesse für die Thematik und arbeiteten motiviert mit. In einer Nachbefragung empfanden sich überraschenderweise die Kinder, die am strukturierten Unterricht teilgenommen hatten, außerdem noch als stärker selbstbestimmt motiviert und als kompetenter im Unterrichtsthema als die Kinder mit offenem Unterricht. Die in diesen beiden innovativen Unterrichtseinheiten der Grundschule entwickelten fachspezifischen und fächerübergreifenden Denkweisen und Vorstellungen sollten gute Voraussetzungen bilden für eine spätere vertiefende Behandlung der Inhaltsgebiete im naturwissenschaftlichen Unterricht. Empirische Belege für diese Annahme sind allerdings nur in Längsschnittstudien zu erbringen, in denen die Schülerinnen und Schüler über viele Jahrgangsstufen begleitet werden.

„Trainingsprogramme zur Förderung selbstregulierten Lernens" als dritter Themenschwerpunkt werden von drei Projekten entwickelt und evaluiert. Das *Projekt Darmstadt* (GÜRTLER u.a. 2002) vermittelt Problemlöseheuristiken für das Fach Mathematik in Verbindung mit allgemeinen Selbstregulationsstrategien des Lernens. Die Problemlöseheuristiken sollen zu einer größeren Beweglichkeit des Denkens bei der Lösung mathematischer Probleme anregen und die Selbstregulationsstrategien die Selbstreflexion über das eigene Lernen erhöhen. Auch das *Erfurter Projekt* (LEOPOLD / LEUTNER 2002) entwickelt ein Training, um selbstreguliertes Lernen von Schülerinnen und Schülern zu fördern. Es wird ein modulares, fachspezifische Lernstrategien aus der Mathematik enthaltendes Trainingsprogramm entwickelt, um eine Verbesserung des Lernens aus fachbezogenen Lehrtexten zu ermöglichen. Das *Freiburger Projekt* (RENKL / SCHWORM 2002) untersucht, wie Lehramtsstudierende in einer computerbasierten Lernumgebung den Einsatz von Lösungsbeispielen für ihren zukünftigen Mathematikunterricht trainieren. Es geht den Fragen nach, wie Lösungsbeispiele optimal zu gestalten sind, und wie Selbsterklärungen und instruktionale Erklärungen optimal kombiniert werden können.

Exemplarisch werden zentrale Ergebnisse des *Darmstädter Trainingsprojekts* berichtet (Bruder). Außerhalb des regulären Unterrichts wurde am Nachmittag im Verlauf von sechs Wochen einmal wöchentlich in einer Doppelstunde ein innovatives Training mit Gymnasiastinnen und Gymnasiasten der 8. Jahrgangsstufe durchgeführt. Den Gymnasiastinnen und Gymnasiasten wurden drei Trainingsvarianten angeboten, denen sie per Zufall zugewiesen wurden: ein alleiniges Training von Selbstregulationsstrategien beim Lernen, ein alleiniges Training zum Problemlösen in Mathematik und ein Training mit diesen beiden Komponenten in Kombination. Die Trainingserfolge wurden zusätzlich durch den Vergleich mit einer Kontrollgruppe ohne Training abgesichert. Den Kern des Selbstregulationsansatzes bildet die Annahme eines zyklisch adaptiven Lernprozesses. Der Lerner setzt sich danach zunächst ein Ziel und wählt aus einem Repertoire an Strategien adaptiv geeignete Vorgehensweisen aus. Das Ergebnis dieses Strategieeinsatzes wird mit dem Ziel verglichen und führt entweder zur Zielerreichung, zur Modifikation der Strategie oder zur Modifikation des Zieles. Trainiert wurde die optimale Ausführung der einzelnen Schritte dieses Selbstregulationszyklus. Als zweite Trainingskomponente wurden zur Optimierung des Lösens mathematischer Probleme mehrere kognitive Heuristiken trainiert wie etwa die Vereinfachung eines komplexen Problems, die Möglichkeit zur Umkehr von Lösungsschritten, die gleichzeitige Beachtung mehrerer Aspekte einer Aufgabenstellung und der Perspektivenwechsel bei der Bearbeitung einer Aufgabe. Erwartungsgemäß zeigte das kombinierte Training die stärksten positiven Effekte sowohl in Merkmalen selbstregulierten Lernens als auch in einem Mathematiktest. Weiterführende Fragen beziehen sich zum einen auf die Verteilung und die Integration von Problemlöseanteilen und Selbstregulationsanteilen in dem kombinierten Training und zum anderen auf Stabilität und Transfer der erworbenen Kompetenzen. Auch stellt sich die weiterführende Frage, inwieweit die vom Darmstädter Projekt trainierten Selbstregulationsstrategien, aber auch die Problemlöseheuristiken nur domänenspezifisch vermittelt werden können und wirksam werden oder ob es sich nicht um weitgehend inhaltsneutrale Trainingskomponenten zur Vermittelung fächerübergreifender Kompetenzen handelt.

Thema 4, „Determinanten der Fachinteressen, der Lernmotivation und des Selbstkonzepts von Schülern", steht im Zentrum von vier Projekten. Diese Projekte teilen den Fokus, förderliche und hemmende Effekte auf die Entwicklung von Interessen und Lernmotivation in den beiden Lehr-Lernumgebungen Schule und/oder elterliches Zuhause zu untersuchen. Die große Bedeutung von Interesse und Lernmotivation ergibt sich zum einen daraus, dass sie zwar nicht hinreichende, aber doch notwendige Bedingungen für hochwertige Leistungen darstellen, und zum anderen daraus, dass sie eigenständige Zielkriterien pädagogischen Handelns sind, in einer Zeit, in der durch die rasche Veränderung des gesellschaftlichen Wissensbestandes lebenslange Lernbereitschaft für eine erfolgreiche Teilhabe an gesellschaftlichen Veränderungen verlangt wird. Das *Projekt Münster* (UPMEIER ZU BELZEN u.a. 2002) untersucht in einer Längsschnittstudie den Einfluss von Lehrerinteressen und von Elternmerkmalen auf die Entwicklung des Biologieinteresses von Kindern. Dabei werden die Kinder bzw. Schülerinnen und Schüler erstmals im Kindergarten und später dann in der Grundschule befragt. Das ebenfalls längsschnittliche *Bielefelder Projekt* (WILD / REMY 2002) will Schülerinnen und Schüler vom Ende der Grundschule bis in die Sekundarstufe I hinein hinsichtlich der Entwicklung ihrer motivationalen Orientierungen und ihres Mathematikinteresses begleiten. Hierbei wird als zentrale Bedingungsvariable untersucht, inwieweit schulische und familiäre Lehr-Lernumgebungen auf die Bedürfnisse von Schülerinnen und Schülern abgestimmt sind. Das *Projekt Essen/Bielefeld* (SUMFLETH u.a. 2002) zielt darauf ab, Verbindungen zwischen den Lernumwelten der Schule und des Elternhauses durch Intervention zu optimieren. Um das Ziel des Verständnisses komplexer chemischer Prozesse zu erreichen, wird ein nach konstruktivistischen Prinzipien gestalteter Chemieanfangsunterricht mit einer Hausaufgabenintervention mit aktiver Elternbeteiligung verbunden.

Das *Projekt Dortmund* (HANNOVER / KESSELS 2002) geht der Frage nach, ob in Deutschland mathematisch-naturwissenschaftlichen Fächern ein kulturell bedingtes spezifisches Image zugeschrieben wird, das sie von den sprachlich-geisteswissenschaftlichen Fächern unterscheidet. Das postulierte Image soll sich u.a. zusammensetzen aus den drei Merkmalen hoher Schwierigkeit, hoher Diagnostizität des Faches für den eigenen Fähigkeitsstand und dem Charakter eines „Jungenfaches“. Ein derartiges Fächerimage sollte die Leistungsbereitschaft von Schülerinnen und Schülern in dem Fach hemmen und auf diese Weise einen Erklärungsbeitrag zum nur mittelmäßigen Abschneiden deutscher Schülerinnen und Schüler in internationalen Schulleistungsvergleichen liefern. Das *Dortmunder Projekt* (HANNOVER / KESSELS) erhebt zur Diagnose der Merkmale dieser kulturell geteilten Images freie Beschreibungen von Oberstufenschülerinnen und -schülern zu den vier Fächern Mathematik, Physik, Deutsch und Gemeinschaftskunde. Als Hauptergebnis finden sich die angenommenen stereotypen Merkmale, die differentiell mathematisch-naturwissenschaftliche Fächer kennzeichnen: (a) Mathematik und Physik werden als schwieriger beurteilt als die geisteswissenschaftlichen Fächer Deutsch und Gemeinschaftskunde. (b) Die in Physik und insbesondere in Mathematik erbrachten Leistungen werden als stärker diagnostisch angesehen für die unterstellte ihnen zugrunde liegende Intelligenz, und (c) Physik- und Mathematikunterricht bieten nach Ansicht der Gymnasiastinnen und Gymnasiasten weniger Möglichkeiten zur freien Gestaltung und damit zum Ausdruck der Persönlichkeit der Lernenden als die beiden anderen Fächer. (d) Lehramtsstudierende charakterisieren Physik und Mathematik noch zusätzlich auf entsprechenden Adjektivskalen als stärker maskuline Fächer als die Vergleichsfächer Deutsch und Französisch. Die Oberstufenschüler haben außerdem stereotype Überzeugungen entwickelt über solche Mitschülerinnen und -schüler, die Mathematik und Physik als Lieblingsfächer betrachten. Besagte Schülerinnen und Schüler werden als weniger attraktiv, weniger sozial kompetent und weniger kreativ beurteilt, aber auch als intelligenter und leistungsmotivierter als Schülerinnen und Schüler, deren Lieblingsfächer Deutsch und Englisch sind.

Das *Projekt Essen/Bielefeld* (Gerber / Wild / Exeler / Rumann / Buttler / Sumfleth / Remy) untersucht die Effekte einer (quasi-)experimentellen

Unterrichtsintervention in Verbindung mit einer Hausaufgabenintervention auf die Entwicklung von Lernleistung und Lernmotivation im Chemieanfangsunterricht der Klassenstufe 7. Die problemorientierte Unterrichtsintervention enthält als zentrales Element eine spezifische Form des Gruppenunterrichts, dessen inhaltlichen Schwerpunkt nicht die Durchführung, sondern die Konzeption eines chemischen Experiments bildet. Der Gruppenunterricht zielt darauf ab, die Eigenaktivität der Lerner und ihr kooperatives Vorgehen zu fördern auf der Grundlage der Bearbeitung komplexer authentischer Probleme. Verglichen mit den Schülerinnen und Schülern, die dasselbe Thema im Frontalunterricht bearbeiten, findet sich für die Schülerinnen und Schüler mit Gruppenunterricht ein höherer Wissenszuwachs. Dieser Wissensvorsprung zum Kontrollunterricht verstärkt sich bei einer Follow-Up-Erhebung nach einem halben Jahr noch dadurch, dass die Schülerinnen und Schüler mit Frontalunterricht stärkere Wissenseinbußen über die Zeit zeigen. Die Auswirkungen des Unterrichts auf die Lernmotivation und das Interesse an chemischen Inhalten erweisen sich allerdings als komplex. Im motivationalen Bereich findet sich stattdessen ein eindeutiger Effekt der Hausaufgabenintervention: Eltern, die bei der Hausaufgabenbetreuung ein autonomieunterstützendes Verhalten zeigten und die Bereitschaft, bei Unklarheiten zu helfen, förderten bei ihren Kindern ein höheres Interesse, mehr Spaß und Flow-Erleben verglichen mit Eltern, die die Hausaufgaben vor allem kontrollierten. Die Hausaufgabenintervention des Essen / Bielefelder Projekts regte die Eltern dadurch zu einem autonomieunterstützenden Verhalten an, dass sie sich zum einen von ihren Kindern den Chemieunterricht der letzten Stunde erklären ließen und zum anderen als Lernpartner an der Bearbeitung einer nahen Transferaufgabe teilnahmen.

Auf eine Bestandsaufnahme der Quantität und Qualität der elterlichen Hausaufgabenbetreuung zielt das *Bielefelder Projekt* (Remy / Wild / Exeler / Gerber) ab. Es untersucht förderliche und hemmende Bedingungen in Elternhaus und Unterricht auf die Entwicklung von Zielorientierungen und Lernmotiven von Drittklässlern im Fach Mathematik. Zu diesem Zweck wurde eine Zufallsstichprobe von Familien gezogen, die von Interviewern mit einem Schüler- und einem Elternfragebogen befragt wurden u.a. zur Lernmotivation der Schüler, zum Erziehungsstil der Eltern und zur Gestaltung häuslicher Lehr-Lerngelegenheiten. Als Hauptergebnisse fand sich (a) eine „dosierte Hausaufgabenbetreuung" durch die Eltern, da nur ca. 9% der Kinder angaben, ihre Hausaufgaben stets allein zu machen, und nur ca. 21% ihre Hausaufgaben immer gemeinsam mit den Eltern zu machen. (b) Schüler tendieren dazu, die Werthaltungen ihrer Eltern hinsichtlich des Lernens zu übernehmen. Kinder von Eltern, die ihre Aufmerksamkeit auf das Lernergebnis richten, sind stärker von externen Belohnungen abhängig. Dagegen berichten Kinder von Eltern, die die Bedeutung tiefen Verstehens betonen, über Interesse am Lernen und über den Wunsch, eigene Kompetenzen zu erweitern. (c) Ähnlich verhält es sich mit der Mathematiklehrer-Schüler-Interaktion. Lehrerinnen und Lehrer, die als autonomieunterstützend und emotional zugewandt erlebt werden, überzeugen ihre Schülerinnen und Schüler eher vom Nutzen mathematischen Wissens. Die Schülerinnen und Schüler dieser Lehrerinnen und Lehrer lernen eher aus Interesse an Mathematik oder um ein tieferes Verständnis zu erlangen. Lehrerinnen und Lehrer, die dagegen aus Sicht der Schülerinnen und Schüler stärker am Lernergebnis als an der Lernanstrengung interessiert sind, tragen dazu bei, dass ihre Schülerinnen und Schüler nur so viel Zeit investieren, wie zum Erzielen einer bestimmten Leistung erforderlich ist.

Weiterführende Forschungsansätze beziehen sich auf die Möglichkeit, durch Mehrebenenanalysen die simultan wirksamen Einflüsse von Elternhaus, Schule, Schulklasse und Gleichaltrigengruppe auf die Interessenentstehung zu erfassen, und auf die Klärung der Frage, inwieweit sich die Entstehung, Aufrechterhaltung und Veränderung von Interessen im Rahmen einer Theorie der personalen und sozialen Identitäts- oder Selbstkonzeptbildung auf bestimmte Grundbedürfnisse wie Kompetenzerfahrung, Selbstbestimmung und soziale Eingebundenheit zurückführen lässt.

Literatur

BROMME, R. (1997): Kompetenzen, Funktionen und unterrichtliches Handeln des Lehrers. In: WEINERT, F. E. (Hrsg.): Enzyklopädie der Psychologie: Themenbereich D Praxisgebiete. Serie I Pädagogische Psychologie – Bd. 3, Psychologie des Unterrichts und der Schule. – Göttingen, S. 177-212.

DIEDRICH, M. / THUßBAS, C. / KLIEME, E. (2002): Professionelles Lehrerwissen und selbstberichtete Unterrichtspraxis im Fach Mathematik. In: Zeitschrift für Pädagogik, 45. Beiheft, S. 107-123.

DOLL, J. / PRENZEL, M. (2002): Bildungsqualität von Schule: Einleitung in das Beiheft. In: Zeitschrift für Pädagogik, 45. Beiheft, S. 9-30.

FISCHER, H. E. / REYER, T. / WIRZ, C./ BOS, W. / HÖLLRICH, N. (2002): Unterrichtsgestaltung und Lernerfolg im Physikunterricht. In: Zeitschrift für Pädagogik, 45. Beiheft, S. 124-138.

FISCHLER, H. / ZEDLER, P. / SCHRÖDER, H.-J. / TONHÄUSER, C. (2002): Unterrichtsskripts und Lehrerexpertise: Bedingungen ihrer Modifikation. In: Zeitschrift für Pädagogik, 45. Beiheft, S. 157-172.

GÜRTLER, T. / PERELS, F. / SCHMITZ, B. / BRUDER, R. (2002): Training zur Förderung selbstregulativer Fähigkeiten in Kombination mit Problemlösen in der Mathematik. In: Zeitschrift für Pädagogik, 45. Beiheft, S. 222-239.

HANNOVER, B. / KESSELS, U. (2002): Challenge the science stereotype! Der Einfluss von Technik-Freizeitkursen auf das Naturwissenschaften-Stereotyp von Schülerinnen und Schülern. In: Zeitschrift für Pädagogik, 45. Beiheft, S. 341-358.

LEOPOLD, C. / LEUTNER, D. (2002): Der Einsatz von Lernstrategien in einer konkreten Lernsituation bei Schülern unterschiedlicher Jahrgangsstufen. In: Zeitschrift für Pädagogik, 45. Beiheft, S. 240-258.

MÖLLER, K. / JONEN, A./ HARDY, I. / STERN, E. (2002) Die Förderung von naturwissenschaftlichem Verständnis bei Grundschulkindern durch Strukturierung der Lernumgebung. In: Zeitschrift für Pädagogik, 45. Beiheft, S. 176-191.

PRENZEL, M. / DOLL, J. (Hrsg.) (2002): Bildungsqualität von Schule: schulische und außerschulische Bedingungen mathematischer, naturwissenschaftlicher und überfachlicher Kompetenzen. Zeitschrift für Pädagogik, 45. Beiheft.

PRENZEL, M. / SEIDEL, T. / LEHRKE, M. / RIMMELE, R. / DUIT, R. / EULER, M. / GEISER, H. / HOFFMANN, L. / MÜLLER, C. / WIDODO, A. (2002): Lehr-Lern-Prozesse im Physikunterricht – eine Videostudie. In: Zeitschrift für Pädagogik, 45. Beiheft, S. 139-156.

REISS, K. / HELLMICH, F. / THOMAS, J. (2002). Individuelle und schulische Bedingungsfaktoren für Argumentationen und Beweise im Mathematikunterricht. In: Zeitschrift für Pädagogik, 45. Beiheft, S. 51-64.

RENKL, A. / SCHWORM, S. (2002): Lernen mit Lösungsbeispielen zu lehren. In: Zeitschrift für Pädagogik, 45. Beiheft, S. 259-270.

SODIAN, B. / THOERMER, C. / KIRCHER, E. / GRYGIER, P. / GÜNTHER, J. (2002): Vermittlung von Wissenschaftsverständnis in der Grundschule. In: Zeitschrift für Pädagogik, 45. Beiheft, S. 192-206.

SUMFLETH, E. / WILD, E. / RUMANN, S. / EXELER, J. (2002): Wege zur Förderung der naturwissenschaftlichen Grundbildung im Chemieunterricht: kooperatives Problemlösen im schulischen und familialen Kontext zum Themenbereich Säure-Base. In: Zeitschrift für Pädagogik, 45. Beiheft, S. 207-221.

UPMEIER ZU BELZEN, A. / VOGT, H. / WIEDER, B. / CHRISTEN, F. (2002): Schulische und außerschulische Einflüsse auf die Entwicklungen von naturwissenschaftlichen Interessen bei Grundschulkindern. In: Zeitschrift für Pädagogik, 45. Beiheft, S. 291-307.

WASSNER, C. / MARTIGNON, L. / SEDLMEIER, P. (2002): Die Bedeutung der Darbietungsform für das alltagsorientierte Lehren von Stochastik. In: Zeitschrift für Pädagogik, 45. Beiheft, S. 35-50.

WILD, E. / REMY, K. (2002): Quantität und Qualität der elterlichen Hausaufgabenbetreuung von Drittklässlern in Mathematik. In: Zeitschrift für Pädagogik, 45. Beiheft, S. 276-290.

Edith Glaser / Dorle Klika / Annedore Prengel

Bildung, Geschlecht und Demokratie – Feministische Innovationen

Dass Bildung zur Humanisierung und Demokratisierung menschlicher Gesellschaften, und damit zu deren Innovation, beitragen kann und soll, ist normatives Implikat nahezu aller modernen Bildungstheorien. Ob und inwieweit dies (aus geschlechtertheoretischer Sicht) auch für beide Geschlechter galt und gilt, war Thema des Symposiums.

Der erste Teil des Symposiums diskutierte allgemeine bildungstheoretische und institutionelle Probleme, die geschlechterdemokratische Bildung unterlaufen, und begab sich auf die Suche nach innovativen Strategien.

In modernen Bildungstheorien ist die Rede vom „Subjekt", das geschlechtslos scheint; eine explizite Geschlechterperspektive ist dort selten zu finden. Umgekehrt argumentieren feministische Theorien kaum aus bildungstheoretischer Perspektive im Sinne formaler Bildungstheorien. Beide miteinander zu verknüpfen ist das Anliegen von *Eva Borst*. Unter der Signatur demokratischer Gleichheit bindet *Borst* die Kategorie „Geschlecht" an das Problem von Anerkennung (Benjamin). Heydorns kritische Bildungstheorie, die das widersprüchliche Verhältnis von Herrschaft und Bildung als zentrale Momente reflektiert, scheint geeignet, die feministische Perspektive zu bereichern, allerdings unter der Maßgabe der Verabschiedung des revolutionären Subjekts.

Während *Eva Borst* versucht, ein der Moderne verpflichtetes Bildungskonzept in aktuelle Diskurse einzufädeln, folgt *Jutta Hartmann*s Ansatz konsequent der poststrukturalistischen Logik. Beide spiegeln damit die aktuelle Bandbreite des erziehungswissenschaftlichen Bildungsdiskurses. Im Anschluss an Foucaults Diskursanalyse normieren und zensieren hegemoniale Diskurse menschliches Denken und Handeln, ihre Lebens- und (mit Rekurs auf Althusser) ihre Existenzweisen. Durch die Verschachtelung von Diskurs und „Realität" bzw. Existenzweise kommt es zu materialisierten Effekten der hegemonialen Diskurse. In ihrem Beitrag über „Vielfältige Lebensweisen" transformiert *Jutta Hartmann* diesen Ansatz in die Pädagogik und unterzieht deren Konzepte einer dekonstruktivistischen Herrschaftskritik. *Hartmann* untersucht, inwiefern pädagogische Konzepte dieser Logik folgen und damit Bildung im Sinne von „Vielseitigkeit" verhindern. Schon das Sprechen von

Männern und Frauen, Mädchen und Jungen und die mit ihnen verknüpften Praxen bleiben der Dualität verhaftet, die dann als „Normalität" die Diskurse dominiert und Realitäten schafft, die zur Marginalisierung und Ausgrenzung von anderen Möglichkeiten führen. Statt der nachwachsenden Generation vielfältige Optionen aufzuzeigen und offen zu halten, werden die Kinder und Jugendlichen vorschnell in die Dualität gedrängt und damit Bildung verhindert.

„Das Problem (mit) der Logik der Institutionen" wird von *Barbara Rendtorff* in drei Richtungen diskutiert. Erstens geht es um den Widerspruch zwischen individuellen und kollektiven Interessen und das Problem, dass Institutionen auch die Geschlechterdifferenz zumindest semantisch in der Logik der Gleichheit, d.h. der Verteilung von Rechten und Gütern beantworten müssen und keinen Spielraum lassen können für die Frage, inwieweit es sich hier um eine Differenz anderer Ordnung handelt. Zweitens geht es um die Frage, ob Frauen zur Institution ein anderes Verhältnis haben als Männer. Hier argumentiert *Rendtorff*, dass die Logik der Gleichheit Ungleiche produziert, deren Ausschluss wiederum die Gleichheit der „Gleichen" sichert. Die Position des Weiblichen in dieser Logik ist, dass es als Auszuschließendes im Diskurs enthalten ist – und auch Auszuschließendes bleiben muss, weil das die Stabilität der Institution stützt. Frauen seien also in der Logik der Institution *Auszuschließende* (sofern weiblich), und *Ausschließende*, sofern sie Mitglieder der Institution sind. Als dritter Punkt stellt sich dann die Frage, ob dieses spezielle Verhältnis von Frauen zur Institution in eine innovative, produktive Form von Widersetzlichkeit überführt werden kann. Nach *Rendtorffs* These liegt hier ein entscheidender Punkt im Verhältnis von Frauen zu Konkurrenz und Rivalität. Das führt sie zu einem Plädoyer für eine „Offensive der Differenz und Rivalität" unter Frauen (nicht zwischen Personen, sondern zwischen Wissenspositionen) die zu einem „besseren Wissen" befreien könnte, „das zu erfinden dann auch wieder mehr Vergnügen machen wird".

Der nächste Beitrag wurde in Abwesenheit der Referentin von der Kommentatorin vorgetragen. Koedukation barg einst die Hoffnung auf Gleichberechtigung der Geschlechter und damit die der Demokratisierung menschlicher Lebensverhältnisse. Mit deren Kritik seit den 1970er Jahren wurden alternative Modelle entwickelt: Geschlechtertrennung oder wenigstens reflexive Koedukation und gender mainsteaming enthalten erneut die Hoffung auf Auflösung von Geschlechterstereotypen und -hierarchien. Liegen auch den neuen Konzepten implizit androgyne Theorien zugrunde? Kann mindestens teilweise durchgeführte Sedukation die Geschlechterstereotypen verringern? Die Ergebnisse eines wissenschaftlich begleiteten Modellversuchs an einer Grundschule stimmen nicht optimistisch. *Astrid Kaiser*, betraut mit der wissenschaftlichen Leitung des Projekts, stellt als zentrales Ergebnis vor: Sedukative Strukturen können dazu beitragen, die Differenzen zwischen

Mädchen und Jungen zu vertiefen. Muss damit auch diese Hoffnung begraben werden? Zumindest erscheint es als notwendig, sich von der einseitigen Fokussierung auf Organisationsstrukturen und -modelle zu verabschieden. Die Unterrichtsinhalte gilt es genauer zu untersuchen.

Im zweiten Teil geht einleitend *Heide von Felden* nochmals auf die Ausgangsfragestellung des Symposiums ein. Ausgangspunkt ihrer Überlegungen ist die gängige Auffassung, dass in Zusammenhang mit der dem Bildungsbegriff unterstellten Universalität die Einbeziehung der Kategorie Geschlecht als historisch überholte bzw. zu spezielle Diskussion zurückgewiesen wird. Für *von Felden* wird gerade durch die behauptete Universalität von Bildung das System der Zweigeschlechtlichkeit aufrechterhalten und durch Nichtbenennung fortgeschrieben. Zum Beleg dieser These führt sie zum einen die Veränderungen des Bildungsbegriffs in der Diskussion der Postmoderne an ausgewählten erziehungswissenschaftlichen Positionen vor, um sich schließlich selbst mit einer Position zu verorten, in der – in der Tradition der Kritischen Theorie – Bildung als „Reflexionsformat" wirke, „in dem gesellschaftliche Deutungen, Normen und Orientierungen wirkmächtig sind, weitergegeben werden und umgedeutet werden können." Zum anderen referiert *von Felden* Gegenargumente zu Judith Butlers poststrukturalistischer Position hinsichtlich der Auflösung von Subjekten, wie sie von Vertreterinnen der Kritischen Theorie vorgebracht werden. Daraus entwickelt sie dann ihre konstruktivistische Perspektive auf Geschlecht. Anschließend führt die Referentin die beiden Begriffe in ihrer Bestimmung von „Bildung als gendered concept" zusammen. Hierbei gehe es nicht nur um den Nachweis, wie die vorgebliche Universalität von Bildung als gesellschaftliche Konstruktion Hierarchien im Geschlechterverhältnissen fortschreibe, sondern auch darum, wie in bildungstheoretischen Diskursen, Differenzen zwischen den Geschlechtern bewusst gemacht und Hierarchien nivelliert werden können. Dabei kommt *von Felden* zunächst auf eine weitere Schwierigkeit, das Denken in der Zweigeschlechtlichkeit. Sich gegen Vertreterinnen einer postfeministischen Bildungstheorie abgrenzend, betont *von Felden* – trotz aller Vergesellschaftungsprozesse – die Möglichkeiten der Umwertung des empirische Subjekts auf der individuellen Handlungsebene und plädiert für eine Betrachtung der „Konstruktion der Unterschiede zwischen den Geschlechtern".

Eine begriffliche Alternative zu aktuellen diskursanalytischen, phänomenologischen und psychoanalytischen Positionen hinsichtlich der Ausbildung von Geschlechtsidentität sucht *Rita Casale* in ihrem Beitrag „Geschichte der ästhetischen Erziehung als Geschlechtergenealogie". Sie stellt zunächst Definitionen von Ästhetik als „Theorie der sinnlichen Darstellung" und „Wissenschaft der sinnlichen Empfindungen" bei Alexander Gotthilf Baumgarten und Immanuel Kant vor. Aus Kants Überlegungen nimmt sie vor allem dessen Ausführungen über den Geschmack, in dem sich „verschiedene

Vermögen, Tätigkeiten und Formen der Erkenntnis" verbinden. Mit ausdrücklichem Bezug auf Schillers Briefe über die ästhetische Erziehung des Menschen betont *Casale* die Notwendigkeit der Ausbildung des Empfindungsvermögens, als der zweiten Natur. In einem nächsten Schritt untersucht sie frühe Erziehungsratgeber in Italien, insbesondere Baldassar Castigliones „Il libro del cortegiano". Castiglione thematisiert die Bildung des Hofmanns und der Hofdame, wobei deren Ausbildung des guten Geschmacks eine Voraussetzung für die Herausbildung der guten Gesellschaft sei, die sich nun nicht mehr ständisch, über Geburt und Rang, sondern über die „Gemeinsamkeit der Urteile" formiere. Geschlechterdifferenzen (und deren Erziehung) erscheinen als Ausbildung der zweiten Natur. Sie werden in breiter Rezeption und Nachfolge von Castigliones Erziehungsratgeber zu einer Sache des Geschmacks: Bei der Ausbildung der zweiten Natur gehe es darum, wie sich der Körper bewegen, wie gestikuliert werden, wie man sich kleiden und wie man sich verhalten solle. In der Lektüre des Erziehungsratgebers von Castiglione, der Entwicklung der ästhetischen Erziehung zeigt die Referentin auf, dass gerade die Verbindung von grazia (Anmut) und sprezzatura (Lässigkeit) das Ziel der ästhetischen Erziehung ist. Und die Differenz zwischen den Geschlechtern liege für den Erziehungsratgeber und seine Protagonisten nicht in der Natur, sondern im Geschmack, in der Art sich zu kleiden, in den Manieren, den Gesten und der Körperhaltung. 250 Jahre später – das führt Casale am Beispiel von Antoine Joseph Pernetys „Versuch einer Physiognomik oder Erklärung des moralischen Menschen durch die Kenntnis des physischen" aus – seien Ziele der ästhetischen Erziehung körperliche Zeichen, ästhetische Erziehung körperliche Erziehung geworden.

Nach diesen beiden theoretischen bzw. historisch-systematischen Ausführungen thematisieren die beiden folgenden Beiträge empirische Untersuchungen zur Geschlechterdemokratie in Schule und Universität. „Die (un-)heimlichen Hierarchien an Schulen und die Auswirkungen auf Innovationsprozesse" behandelte *Susanne Rüegg*. Sie referiert Ergebnisse einer empirischen Studie, die die Umsetzung von Bildungsreformmaßnahmen in zwei ausgewählten Schweizer Schulen intensiv begleitet und methodisch vielfältig evaluiert hatte. Die Ergebnisse werden wieder zurückgebunden an organisationssoziologische und -psychologische Überlegungen und auf die Frage bezogen, inwieweit schulinterne Weiterbildung ein Instrument sein kann, „um Schulentwicklung und Reformen an Schulen umzusetzen." Konkret geht es um die Zusammenarbeit von Lehrpersonen, um die Ausgestaltung und Bedeutung von Kooperationen für die Einzelnen sowie um notwendige strukturelle Rahmenbedingungen. Ergebnisse der langfristigen wissenschaftlichen Begleitung sind: mangelnde Zeit, diffuse Erwartungen, Zusammenarbeit werde behindert von informeller Kommunikation, Konfliktverdrängung, traditionellem Berufsverständnis und informellen Hierarchien, wobei gerade das Geschlechterverhältnis ein wichtiger Faktor ist. Aus der

Analyse der Behinderungsfaktoren entwickelte *Rüegg* sieben Faktoren, die i.E. notwendig sind, um kollegiale Zusammenarbeit erst möglich zu machen. Daneben betont sie die Berücksichtigung der lokalen Schulkulturen bei der Implementierung von Reformmaßnahmen.

Ein anderes pädagogisches Praxisfeld diskutiert *Ingrid Schacherl*. In ihrem Beitrag „Die Vielfalt von Frauen erleben. Feministische Studien an der Hochschule" stellt die Referentin das innovative Potenzial feministischer Bildung in den Mittelpunkt. Dieses versucht sie im Rahmen eines feministischen Studienangebots in einem erziehungswissenschaftlichen Studiengang an einer deutschen Universität zu erheben. Hierbei interessieren neben dem Konzept einer feministischen Bildungsarbeit besonders die Lern-, Bildungs- und Sozialisationsprozesse der Absolventinnen. Diese erhob Schacherl mit leitfadengestützten, offenen Interviews. Ergebnisse dieser qualitativen Erhebung sind u.a. die anfängliche Begeisterung für feministische Inhalte; Faszination für die Professorin, die im wesentlichen diese Inhalte vermittelte; Lernformen (=Frauengruppe) statt Lerninhalte (=feministische Inhalte) standen im Zentrum der Erinnerung; Verquickung von persönlicher Entwicklung mit intellektuellen Auseinandersetzungen; Frauengruppen als Experimentierfeld für alternative Arbeits- und Lebensformen; Formierung einer der Hochschullehrerin nahestehenden Ingroup und Ausgrenzung anderer; unterschwellige Wertvorstellungen und Idealisierungen in den Frauengruppen; Studentinnen seien mit unterschiedlichen Lebenskonzepten konfrontiert, ein Ausweichen sei schwer möglich gewesen. Die Einzelergebnisse zusammenfassend sieht die Referentin das innovative Potenzial feministischer Studiengänge gerade in der Schaffung von „Erfahrungsräumen [...] für die Konfrontation mit Vielfalt, die nicht beliebig bleiben und Differenzen in ihrer Gleichwertigkeit erfahrbar macht".

Literaturhinweise

BORST, E. (2000): Gleichheit der Geschlechter im erziehungswissenschaftlichen Diskurs – Theoretische Grundlagen für einen emanzipatorischen Bildungsbegriff. In: HIMMELSTEIN, K. / KEIM, W. (Hrsg.): Jahrbuch für Pädagogik 2000: Gleichheit und Ungleichheit in der Pädagogik, S. 279-298.

CASALE, R. (2001): Die Verwandlung der Philosophie in eine historische Diagnostik der Differenzen. In: LUTH, H. / WENNING, N. (Hrsg.): Unterschiedlich verschieden. Differenz in der Erziehungswissenschaft. – Opladen, S. 25-46.

FELDEN, H. v. (2003): Bildung und Geschlecht. Zur Verknüpfung von Bildungs-, Biographie- und Genderforschung im Diskurs der (Post)moderne. – Opladen.

HARTMANN, J. (2002): Vielfältige Lebensweisen. Dynamisierungen in der Triade Geschlecht-Sexualität-Lebensform. Kritisch-dekonstruktive Perspektiven für die Pädagogik. – Opladen.

KAISER, A. / NACKEN, K. / PECH, D. (2002): Soziale Integration in einer jungen- und mädchengerechten Grundschule. – Münster.

RENDTORFF, B. (2002): Der Körper und seine Bedeutungen. In: BREITENBACH, E. u.a. (Hrsg.): Geschlechterforschung als Kritik: zum 60. Geburtstag von Carol Hagemann-White. – Bielefeld, S. 49-63.

RÜEGG, S. (2002): Weiterbildung und Schulentwicklung: eine empirische Studie zur Zusammenarbeit von Lehrerinnen und Lehrern. – Bern.

SCHACHERL, I. (2001): „Frauen in ihrer Vielfalt erleben ..." Feministische Bildung in der Hochschule. – Innsbruck.

Rolf Göppel

Bildung der Gefühle? – Aktuelle, historische und systematische Aspekte

Einleitung: Innovation durch Bildung (der Gefühle)?

Unter dem Aspekt der „Innovation" die Frage nach der Relevanz der Gefühlsebene für ein zeitgemäßes Konzept von Bildung zu stellen, ist nicht völlig neu. Und diese Frage ist natürlich auch keineswegs unumstritten. 1992, also genau 10 Jahre vor dem Münchner Symposion „Bildung der Gefühle", gab es auf dem DGfE-Kongress in Berlin eine von Buddrus und Burow organisierte Arbeitsgruppe mit dem Titel: „Die vergessenen Gefühle in der Pädagogik – Ungewollte Nebenfolgen der Modernisierung und Möglichkeiten ihrer Überwindung". Dieser Arbeitsgruppe lag, wie der Titel schon nahelegt, die These zugrunde, dass in den Schulen und in der Lehrerbildung ein „restriktiver, entemotionalsierender, negativ gefärbter Umgang mit Gefühlen vorherrsche, da überhaupt die Gefühle in der Pädagogik ‚vergessen' sind, einen blinden Fleck bilden" (BUDDRUS 1992, S. 80). Nicht nur um ein bloßes „Vergessen" handle es sich dabei, sondern um einen Prozess der Verdrängung des Emotionalen, der ein durchgängiges kulturelles Problem darstelle. Entsprechend setzte sich die Arbeitsgruppe eine „Wiederbelebung der Gefühle" in der Pädagogik zum Ziel und empfahl dafür Ansätze und Methoden, die überwiegend aus dem weiten Feld der humanistischen Psychologie stammten.

Wie konträr bisweilen die Einschätzungen sind, zeigt ein nahezu zeitgleich entstandener Text von MARIAN HEITGER mit dem Titel „Schule der Gefühle" und dem bezeichnenden Untertiteln: „Die Verdrängung der Vernunft durch das Gefühl. Irrwege modischer Pädagogik. Zur Erziehung von Emotion und Verhalten". Darin beklagt er vehement den „Gefühlsboom", der nun auch die Pädagogik, die Schule und die Lehrerbildung erreicht habe und weitgehend bestimme (HEITGER 1994, S. 9). „Gefühle werden nicht nur als ein Mittel für besseres Lehren und Lernen, für unbefangenes Einlassen auf Argumente, für größere Bereitschaft zum Zuhören und Kommunizieren und Einsehen gepriesen, sondern als deren Ersatz. Nicht mehr rationale Argumente können und sollen Urteile und Entscheidungen begründen, sondern die Berufung auf das Gefühl. Betroffenheit und Engagement, Stimmung und Befindlichkeit stiften Legitimation" (ebd., S. 11).

Damit ist gewissermaßen das Spannungsverhältnis, in dem die Frage nach einer „Bildung der Gefühle" steht, markiert. Ob man ein Vergessen und

Verdrängen der Gefühle in der Pädagogik diagnostiziert oder einen Gefühlsboom, hängt natürlich in erster Linie davon ab, welches Maß an Aufmerksamkeit für die Sphäre des Emotionalen man in pädagogischen Kontexten für sinnvoll und angemessen hält. Unabhängig davon, welche Einschätzung die Lage zu Beginn der 90er Jahre zutreffender beschreiben mag, lässt sich doch mit einiger Sicherheit sagen, dass seitdem Einiges in Bewegung geraten ist, dass sich in der aktuellen pädagogischen Landschaft etliche Anzeichen dafür erkennen lassen, dass das Thema „Bildung der Gefühle", „Förderung emotionaler Intelligenz", in der jüngeren Zeit an Bedeutung gewonnen hat. Allerdings weniger auf der Ebene der erziehungswissenschaftlichen Fachdiskussion, als vielmehr auf der Ebene von Fortbildungsveranstaltungen für Lehrer, Volkshochschulkursen, Managementtrainings, etc. Aber auch an Universitäten, Pädagogischen Hochschulen und Fachhochschulen finden sich in den letzten Jahren vermehrt Seminarangebote zu diesem Thema. Dieser Trend ist nun freilich kaum den Bemühungen von Buddrus und Burrow zuzurechnen, sondern hat ganz andere Ursachen.

Aktuelle Aspekte

Das Konzept der „emotionalen Intelligenz" und seine Folgen

1990 hatten PETER SALOVAY und JOHN D. MAYER einen Aufsatz mit dem Titel „Emotional Intelligence. Imagination, Cognition and Personality" veröffentlicht. Darin stellen sie das Konstrukt der „Emotionalen Intelligenz" als einen Teilaspekt der Sozialen Intelligenz vor. Sie definieren diesen Begriff folgendermaßen: „Emotional Intelligence is a subset of social intelligence and involves the ability to monitor one's own and others emotions, to discriminate among them, and to use this information to guide one's own thinking and actions" (SALOVAY / MAYER 1990, S. 189). Man kann kaum sagen, dass dieser Artikel damals besondere Resonanz in der Fachwelt ausgelöst hätte.

1995 jedoch hat DANIEL GOLEMAN mit seinem Buch „Emotional Intelligence", in dem er das Konstrukt von SALOVAY und MAYER aufgreift, einen internationalen Bestseller gelandet. Das Buch wurde in 35 Sprachen übersetzt und ist derzeit mit einer weltweiten Auflage von über 5 Millionen Exemplaren nach Einschätzung von HOWARD GARDNER „the most widely read social science book in the world" (GARDNER 1999). In Deutschland ist das Werk sogar als Hörbuch auf CD erhältlich. In gut wissenschaftsjournalistischer Manier fasst GOLEMAN darin die Ergebnisse der jüngeren

Emotionsforschung zusammen und befragt sie auf ihre alltagspraktischen und pädagogischen Implikationen. GOLEMAN hat damit in gewissem Sinn eine Lawine losgetreten. Im Windschatten seines Buches sind eine ganze Reihe weiterer Bücher zum Thema erschienen. Bei Amazone.com findet man unter dem Stichwort „emotional intelligence" etwa 70 Buchtitel. Das deutsche Verzeichnis lieferbarer Bücher listet 37 einschlägige Bücher auf.[1]

Die Titelformulierungen machen deutlich, warum der Begriff „Emotionale Intelligenz" eine so steile Karriere gemacht hat: Es sind vor allem Vorstellungen von Glück, Beliebtheit, beruflichem Erfolg und seelischer Gesundheit, die mit jener Zauberformel verknüpft werden. „Beliebt und glücklich, nicht nur schlau" – wer würde diesen Wunsch im Hinblick auf seine Kinder nicht teilen? „Was nützt ein hoher IQ, wenn man ein emotionaler Trottel ist?" – Wer würde dieser suggestiven Frage, die auf dem Umschlag von GOLEMANs Buch zu lesen ist, nicht zustimmen?

Neben der schnellen und hohen Popularisierung des Konzepts ist auch die fachinterne Diskussion weitergegangen. Inzwischen gibt es eine Vielzahl von fachwissenschaftlichen Beiträgen zum Thema „Emotionale Intelligenz". Allein MAYER und SALOVEY haben seit ihrem ersten Aufsatz zwei Dutzend weitere Artikel in zumeist angesehenen Fachzeitschriften veröffentlicht. Im Jahr 2000 ist sogar das erste „Handbook of Emotional Intelligence" erschienen (BAR-ON / PARKER 2000).

Natürlich blieb dabei auch grundsätzliche Kritik nicht aus. So wurde die Unschärfe des Konstrukts moniert. Es wurde in Frage gestellt, ob der Intelligenzbegriff, der ja doch im traditionellen Verständnis so etwas wie einen globalen Faktor, eine generelle Disposition geistiger Leistungsfähigkeit meint, die *allen* kognitiven Einzelleistungen zugrunde liegt, sinnvoll auf den Bereich der Emotionen übertragen werden kann. Es wurde kritisiert, dass

---

1 Aktuelle Literatur zu pädagogischen Aspekten des Themas „Emotionale Intelligenz" im VLB (Verzeichnis lieferbarer Bücher): Emotionale Intelligenz (Goleman, D.), Das EQ-Testbuch. Wie gross ist Ihre emotionale Intelligenz (Brocket, S.), EQ-Training. Die Praxis der Emotionalen Intelligenz. (Schmidt, P.), EQ für Kinder. Wie Eltern die Emotionale Intelligenz ihrer Kinder fördern können. (Shapiro, L.E.), Kinder brauchen Emotionale Intelligenz. Ein Praxisbuch für Eltern (Gottman, J.), Nestwärme – Erziehen mit E.Q. Wie sie mit liebevoller Erziehung die emotionale Intelligenz ihres Kindes fördern. (Müller-Lissner, A.), Lernspiele für den EQ. Fördern Sie die emotionale Intelligenz ihres Kindes. (Rich, D.), EQ für Eltern. Kinder erziehen und fördern mit emotionaler Intelligenz (Friedlander, B. / Elias, M. / Tobias, S. E.), Das EQ-Programm für Kinder. So fördern Sie spielerisch die Emotionale Intelligenz (Hoffmann, K. W. / Roggenwallner, B.), Starke Kinder. Wie Eltern emotionale und soziale Intelligenz fördern (Singerhoff), Emotionale Intelligenz im Schulalltag (Brockert), Emotionale Intelligenz im fächerübergreifenden Unterricht. Ich, Liebe, Tod/Trauer. (Gaisbach, E.), Stark durch Gefühle. Lebenserfolg durch emotionale Intelligenz (Konrad / Hendl), Mehr Erfolg durch emotionale Intelligenz. Mit Gefühlen gezielt umgehen. Steigern Sie ihre Emotionale Intelligenz (Weisbach, Chr. / Dachs. U.), Wer lacht lebt. Emotionale Intelligenz und gelassene Reife (Bokun), Nathal – die Methode zur Steigerung der emotionalen Intelligenz (Lathan, G.), Emotionale Intelligenz und soziale Kompetenz. Gefühle sind Tatsachen (Uhlsamer, B. ")

insbesondere die Rede von einem EQ, also einem emotionalen Intelligenz-*quotienten*, irreführend sei, weil es keine entsprechenden validen Instrumente gebe, dergleichen zu messen. Sowohl der Erfinder des Konstrukts, John D. Mayer, als auch Howard Gardner, der mit seinem Konzept der multiplen Intelligenzen wichtige Vorarbeiten dazu geleistet hatte, haben sich inzwischen kritisch von den Popularisierungen Golemans abgegrenzt. Diesem werfen sie vor, das ursprüngliche Konstrukt aufgeweicht und mit moralischen Ansprüchen, mit Tugendaspekten, mit Fragen gesellschaftlicher Nützlichkeit und mit Erfolgsversprechungen vermengt zu haben. Außerdem sei die prognostische Relevanz der Emotionalen Intelligenz für den beruflichen Erfolg von ihm weit überzeichnet worden. In diesem Sinne monieren etwa MAYER und COBB: „Diese neue Akzentuierung verwandelt die emotionale Intelligenz in ein Sammelbecken für alles, was irgendwie Motivation, Emotion oder guten Charakter betrifft" (MAYER / COBB 2000, S. 163f).

Jenseits der argumentativen Gefechte der maßgeblichen Autoren bleibt jedenfalls das erstaunliche Phänomen der großen Resonanz des Themas „Emotionale Intelligenz" beim breiten Publikum, das eben doch dafür spricht, dass hier ein Thema getroffen wurde, das viele Menschen bewegt, das große Hoffnungen weckt. Vermutlich sind es auch *gerade jene kritisierten Aspekte*, die das Konzept für Pädagogen besonders attraktiv machten. Sie hatten es ja tendenziell schon immer mit der „Ganzheitlichkeit", mit der Verbindung von „Kopf, Herz und Hand", und damit eben auch mit der Zusammenführung all dessen, „was irgendwie Motivation, Emotion oder guten Charakter betrifft".

Nach meiner Wahrnehmung hat GOLEMANs Buch in den letzten Jahren unter Pädagogikstudenten eine ähnliche Popularität erlangt, wie Alice Millers Bücher zu Beginn der 80er Jahre. Während jene freilich damals eher Betroffenheit und generelle Erziehungskritik auslösten und der antipädagogischen Bewegung Schubkraft gaben, geht die pädagogische Goleman-Rezeption eher mit pädagogischem Optimismus und einer pragmatischen Machbarkeitsideologie einher. Seine Thesen enthalten Verheißungen sowohl im Hinblick auf den eigenen Gefühlshaushalt und das Stimmungsmanagement des Pädagogen, als auch im Hinblick auf die Erreichbarkeit erstrebenswerter Bildungsziele bei den Kindern. Die von WIGGER vor einiger Zeit untersuchte Frage „Was haben Pädagogik-Studenten gelesen?" (vgl. WIGGER 1997), sollte immer wieder aufmerksam verfolgt werden, weil sie vielleicht mehr über die prägenden Einflüsse und damit über die maßgeblichen Vorstellungen einer Pädagogengeneration aussagt als irgendwelche fachspezifischen Zitationsindexe.

Aktuelle Konzepte zu einer „Bildung der Gefühle" – Präventive, kompensatorische und kommerzielle Aspekte

Wenn man sich in der aktuellen pädagogischen Landschaft umschaut, dann kann man sehr unterschiedliche Felder ausmachen, in denen (durchaus jeweils mit innovatorischem Anspruch) derzeit besondere Anstrengungen unternommen werden, in pädagogischer Absicht gezielt die „emotionale Kompetenz" von Kindern, Jugendlichen und Erwachsenen zu fördern. Nicht überall erfolgt dies unter direkter Berufung auf das Konzept der Emotionalen Intelligenz, aber durch diese aktuelle Breitenströmung erhalten die entsprechenden Bemühungen doch deutlichen Rückenwind. Ich will einige Beispiele dafür nennen:

Unter *präventiven Aspekten* gibt es verschiedene Ansätze im Kindergarten- und Grundschulbereich, Kindern in systematischen Lektionen die differenzierte Wahrnehmung, die angemessene Äußerung von Gefühlen und den sozialverträglichen Umgang mit ihnen zu lehren. Gleich, ob diese Ansätze eher unter dem Aspekt der Gewaltprävention, der Suchtprävention oder der Prävention des sexuellen Missbrauchs laufen, geht es doch immer im Kern darum, das Erleben von Gefühlen wie Wut, Trauer, Angst und Scham zu thematisieren, bessere und schlechtere Formen des Umgangs mit belastenden Stimmungen, mit affektiven Impulsen und mit emotionalen Konflikten zu differenzieren.

Im Raum Mannheim-Heidelberg wird derzeit das Gewaltpräventions-Programm „Faustlos" an zahlreichen Grundschulen erprobt und wissenschaftlich evaluiert (vgl. KRANNICH 1997). Die emotionalen und prosozialen Fähigkeiten, die dieses Programm systematisch zu fördern beabsichtigt, decken sich weitgehend mit jenen Kompetenzen, die in der Literatur als die Dimensionen emotionaler Intelligenz beschrieben werden. Das Curriculum für die 1. Klasse etwa umfasst die drei großen Einheiten: „Empathietraining", „Impulskontrolle" und „Umgang mit Ärger und Wut".

Unter *kompensatorischen* Aspekten gibt es gerade im Umgang mit gewaltbereiten Jugendlichen Ansätze, die auch hier primär auf die Förderung emotionaler Kompetenzen setzen. Ausgangspunkt ist dabei die Überlegung, dass die zentralen Defizite dieser Jugendlichen einerseits in einem Mangel an Impulskontrolle, andererseits in einem Mangel an Empathie zu sehen sind. Populär geworden ist hier insbesondere das „Anti-Aggressivitätstraining" von WEIDNER. Hier geht es gewissermaßen darum, gewaltbereite Jugendliche, die ja häufig gegen alle argumentativen, belehrenden, aufklärenden Versuche, ihnen die Problematik ihres Verhaltens zu erläutern, ihnen moralische Vorhaltungen zu machen oder ihnen die Vorzüge gewaltfreier Konfliktlösungsformen darzulegen, recht resistent sind, gewissermaßen zur Empathie, zur Einfühlung in die Opferperspektive zu *zwingen.* Gegen eine solche Einfühlung in das, was sie mit ihrem Handeln beim Opfer ausgelöst haben,

haben jene Jugendlichen nämlich in der Regel recht robuste Abwehr-, Neutralisierungs- und Schuldvermeidungsstrategien, entwickelt. Man könnte von daher diese etwas brachiale und nicht unumstrittene Methode fast als eine Art „pädagogisch inszeniertes Mobbing im Dienste der Selbsterkenntnis und der Überwindung von Gefühlsblindheit" bezeichnen (vgl. WEIDNER 1996).

Schließlich soll als drittes Beispiel ein Bereich nicht unerwähnt bleiben, den man einerseits der „Erwachsenenbildung" bzw. der „Betrieblichen Fortbildung" zurechnen könnte, den man andererseits aber, wenn vorher von den *präventiven* und den *kompensatorischen* Aspekten die Rede war, vielleicht auch unter die Überschrift „*utilitaristische*" bzw. „*kommerzielle*" Aspekte" stellen könnte. Ich meine den Bereich der Förderung emotionaler Intelligenz im Rahmen von Personalentwicklung, Management-Trainings und Verkäuferschulungen. „Emotionale Intelligenz" macht den Kern jener „soft skills" („Teamfähigkeit", „Kommunikationsfähigkeit", „Verhandlungsgeschick", „Motivationstalent", „Konfliktfähigkeit", „realistische Selbsteinschätzung", etc.) aus, die von Bewerbern auf Führungspositionen heute neben der fachlichen Kompetenz immer stärker gefordert werden. Entsprechend hat das Konzept der „emotionalen Intelligenz" gerade in diesem Bereich große Resonanz gefunden[2]. GOLEMAN selbst hat sich mit seinen neueren Publikationen auf diesen einträglichen Markt begeben und wirbt mit der Botschaft, dass, wie für den Lebenserfolg überhaupt, auch für die berufliche Karriere in erster Linie der EQ und nicht der IQ maßgeblich sei. Sogar im renommierten Harvard Business Review erhielt er wiederholt ein Forum für seine Ideen (vgl. GOLEMAN 1998; 2000).

Die Zeitschrift „Focus Money" – sicherlich weder eine ökonomische noch eine pädagogische oder psychologische Fachzeitschrift – veröffentlichte im Februar 2002 unter dem Titel „Emotionen nutzen – Die Macht der Gefühle" einen Artikel, der auf sehr prägnante Art und Weise zum Ausdruck bringt, wie sich der aktuelle Trend in jenem Sektor dann bisweilen niederschlägt: An verschiedenen Beispielen aus dem Firmenleben werden dort die Unterschiede zwischen emotional intelligentem und emotional eher ignorantem Mitarbeiterverhalten demonstriert und es wird auf einschlägige betriebs-

2 Aktuelle Titel zu diesem Bereich aus dem VLB (Verzeichnis lieferbarer Bücher): Emotionale Intelligenz im Management. Wege zu einer neuen Führungsqualität (Ryback, D.), Emotionale Intelligenz im Verkauf (Franck / Linss), Winner-Teams. Gemeinsam erfolgreich handeln: selbstmotiviert, selbstverantwortlich, mit emotionaler Intelligenz (Bauer / Mikuta / Fiebig), Dialog-Management. Soziale Kompetenz und Emotionale Intelligenz für Führungskräfte (Hauser, R.), Mehr verkaufen mit emotionaler Intelligenz (Köhler, H. U.), Verkaufen ist wie Liebe. Nutzen Sie Ihre emotionale Intelligenz (Köhler, H. U.), Management der Emotionen. 25 Übungen zur Verbesserung der emotionalen Intelligenz (Scheler, U.), Erfolgreich mit emotionaler Intelligenz. Coaching für Frauen (Steiner, H.), Chancen für Querdenker. Mit Emotionaler Intelligenz (EQ) zur alternativen Problemlösung (Urban, D.), Erfolg im Job mit EQ. Mit Emotionaler Intelligenz zu mehr Zufriedenheit, höherer Leistung und besseren Ergebnissen (Weissinger, H.), 30 Minuten für beruflichen Erfolg mit emotionaler Intelligenz (Wurzer, J.)

wirtschaftliche Studien verwiesen, die die Bedeutsamkeit dieses Faktors bestätigt hätten: „Die Folgen emotionaler Defizite am Arbeitsplatz sind Frustration und sinkende Produktivität. Abteilungsleiter mit einem hohen EQ, ergab eine Untersuchung von Pepsi-Cola, steigerten ihre Umsätze im Vergleich zum Durchschnitt um bis zu 20 Prozent. ... Deshalb versuchen auch immer mehr Firmen die emotionalen Fähigkeiten ihrer Mitarbeiter besser zu schulen. Henkel testet den EQ von Führungskräften in Assessment-Centern. Siemens-Manager besuchen Seminare um ihr Einfühlungsvermögen zu schärfen...". Das Ganze ist noch mit einem Kurzinterview mit Daniel Goleman garniert, welches mit dem bezeichnenden Satz eingeleitet wird: „Daniel Goleman verrät, wie sich emotionale Fähigkeiten als Karriereturbo nutzen lassen" (2002, S. 74). Weiterhin wird dann gleich noch auf zwei einschlägige Seminarangebote verwiesen, bei denen man für 870 Euro innerhalb von vier Tagen seine emotionale Intelligenz auf Vordermann bringen lassen kann.

Nun ist sicher nichts gegen einfühlsame Chefs, konfliktfähige Abteilungsleiter, motivierte Mitarbeiter oder gegen ein positives Betriebsklima zu sagen. Skeptisch machen eher die großspurigen Versprechen emotionale Kompetenzen so ohne weiteres im Assessment-Center testen und im Lehrgang vermitteln zu können. Natürlich auch die dem Ganzen zugrundeliegende Idee, Aspekte, die doch eher den individuellen persönlichen Temperamentsmerkmalen und Charaktereigentümlichkeiten zugerechnet werden, stromlinienförmig auszurichten und als Mittel der Umsatzförderung zu instrumentalisieren. Es stimmt nachdenklich, wenn damit der Bereich des Emotionalen, der bisher doch eher der Privatsphäre zugerechnet wurde, nun derart unter Leistungs- und Verwertungsgesichtspunkte gerät, wenn Leute zum Zwecke der Karriereförderung Schulungen besuchen, auf denen ihre persönlichen Weisen des Wahrnehmens, des Fühlens, des Gefühlsausdrucks, des Zuhörens, des Sich-Zuwendens oder Sich-Abgrenzens optimiert werden sollen.

Historische Aspekte

Das Thema „Bildung der Gefühle" in der Geschichte der Pädagogik

Soweit dieser Streifzug durch die aktuelle Landschaft der Ansätze und Konzepte zur gezielten Förderung der emotionalen Fähigkeiten. Sowohl die Literatur zum Thema „Emotionale Intelligenz" als auch die Konzepte zum systematischen Training derselben kommen in der Regel sehr nachdrücklich mit dem Etikett des „Neuen", „Fortschrittlichen", „Innovativen" daher. Es finden sich hier kaum – wie sonst in der Erziehungswissenschaft durchaus üblich – Verweise auf pädagogische Traditionen oder gar Bezugnahmen auf pädagogische Klassiker. Dagegen wird lieber auf neue, revolutionäre Erkenntnisse der Hirnforschung verwiesen. Dabei ist es kaum vorstellbar, dass die Frage, wie der gebildete Mensch mit seinen Gefühlen umgeht, bzw. wie er überhaupt dahin kommt, „richtig", „angemessen" zu fühlen und welche Rolle die Erziehung dabei spielt, niemals Thema der Pädagogik gewesen sein soll.

In der Tat könnte man eine ganze Geschichte der Pädagogik schreiben unter der Leitfrage, welchen Stellenwert einzelne Pädagogen der Bildung des Gefühls zugemessen haben und welche „Bildungsmittel" und „Bildungsanlässe" sie hier für relevant hielten.

Zweifellos müsste man in einer solchen Geschichte der Pädagogik unter dem Aspekt der Gefühlsbildung auf ROUSSEAUs These von den natürlichen Gefühlen als Ursprungsquelle und Leitfaden der Moral, seine These, dass Gewissensregungen „keine Urteile, sondern Gefühle" seien (ROUSSEAU 1762, S. 304f.) ebenso eingehen, wie auf all seine trickreichen Vorkehrungen, das verfrühte Aufkommen von Leidenschaften bei seinem Emil tunlichst zu vermeiden. Auch müsste man PESTALOZZIs Reflexionen über „das erste Entkeimen der Liebe, des Dankes, des Vertrauens und des Gehorsams" als Folge „des Zusammentreffens instinktartiger Gefühle zwischen Mutter und Kind" aus „Wie Gertrud ihre Kinder lehrt" berücksichtigen, seine beschwörenden Warnungen, dass „das weitere Entfalten dieser entkeimten Gefühle eine hohe menschliche Kunst" (PESTALOZZI 1801, S. 341f.) sei, welche oftmals verfehlt wird, sowie natürlich all das, was er im Stanser Brief über die „Herzensbildung", die Möglichkeit, „eine rechtliche und sittliche Gemütsstimmung" bei verwahrlosten Kindern zu erwecken, geschrieben hat (PESTALOZZI 1799, S. 6). Man müsste KANTs rigorose Verurteilung aller Leidenschaften als „Krebsschäden für die reine praktische Vernunft" und „ohne Ausnahme böse" erwähnen (KANT 1798, S. 211), sowie SCHILLERs Versuch der Versöhnung von Pflicht und Neigung, von Vernunft und Gefühl in seinen Briefen über Ästhetische Erziehung (SCHILLER 1795).

Ein exemplarisches Beispiel: Die „Bildungskunde der Gefühle" von Vincenz Eduard Milde

Da all dies auf dem begrenzten Raum freilich nicht zu leisten ist, will ich statt dessen nur auf jenen Pädagogen des 19. Jahrhunderts etwas näher eingehen, der wohl die ausführlichsten und systematischsten Überlegungen zu einer „Bildungskunde der Gefühle" angestellt hat: VINCENZ EDUARD MILDE. Dieser 1777 geborene Pädagoge, der 1811 als erster Professor für Erziehungskunde in Wien sein zweibändiges „Lehrbuch der allgemeinen Erziehungskunde" vorgelegt hat, ist heute relativ in Vergessenheit geraten. Aber sein Werk gehört doch zu den großen systematischen Entwürfen des 19. Jahrhunderts. MILDE, der immer wieder betont, dass Erziehung primär im „Fähigmachen zur Selbstbildung" bestehe, hat sein Werk in vier „Hauptstücke" gegliedert. Dies sind entsprechend der Vermögenspsychologie der damaligen Zeit den „physischen Anlagen des Zöglings", den „intellektuellen Anlagen des Zöglings", den „Gefühls-Anlagen" und dem „Begehrungsvermögen", als den vier menschlichen Grundvermögen, um die sich die Bildung zu kümmern habe, gewidmet. Das dritte Hauptstück über die Bildung der Gefühls-Anlagen ist seinerseits wiederum in vier Abschnitte aufgeteilt: „Diätetik", „Bildungskunde der Gefühle", „Heilkunde der Gebrechen des Gefühlvermögens" und schließlich: „Anleitung zur Selbstbildung der Gefühle".

Insgesamt vertritt MILDE eine Haltung, die die hohe Bedeutsamkeit der Gefühle als quasi natürlichen Triebfedern, die dem Menschen im Leben Orientierung geben, betont. Er sieht sie also keineswegs nur als ein Störmoment wahrer Vernünftigkeit, ja, sie sind ihm „nicht nur kein Hindernis, sondern ein Beförderungsmittel ..., daß der Mensch seine Bestimmung erreiche" (MILDE 1811, S. 419).

Freilich vertritt er nun keineswegs die andere Extremposition, dass die empfundenen Gefühle stets eine verlässliche Leitschnur für alle Handlungen und Entscheidungen seien. Vielmehr fordert er: „In der Jugend muß der Zögling lernen, daß man fühlen und zugleich denken könne, er muß lernen, seine Gefühle prüfen, beherrschen, überwinden, er soll lernen, gegen sein Gefühl zu handeln, wenn dies Recht und Pflicht fordern" (ebd., S. 417).

Zu all den unterschiedlichen Gefühlsarten werden deshalb jeweils differenzierte Aussagen gemacht, was die vorzüglichsten Mittel der Bildung derselben sind, welche Aspekte zu beachten und welche Gefahren zu vermeiden seien. Manche Hinweise und Warnungen wirken dabei durchaus aktuell, wie etwa die, dass wortreiche Deklamationen „oft mehr zur Schwächung und Unterdrückung als zur Stärkung des moralischen Gefühls" dienen, dass, wer die Äußerungen der Gefühle zum Gegenstand von Belohnung oder von Strafe macht, dazu beiträgt, methodisch Heuchler zu bilden (ebd., S. 427), dass sklavische Gottesfurcht, quälende Gewissensängstlichkeit und religiöse Schwärmerei Fehlformen des religiösen Gefühls sind und dass ganz generell Befehle, Verbote, Strafen „keine unmittelbaren Besserungsmittel der Gefühle sein" (ebd., S. 458) können.

Interessant ist auch, was MILDE im letzten Abschnitt mit dem Titel „Anleitung zur Selbstbildung der Gefühle" ausführt. Hier geht es eben um jene Zielperspektive der Selbständigkeit und Selbstverantwortlichkeit im Umgang mit den eigenen Gefühlen, die durch die Erziehung gefördert werden soll. Angestrebt wird eine bewusste Achtsamkeit auf die eigene Gefühlslage. Es sei „notwendig, daß der Zögling die Wichtigkeit des Zustandes seiner Gefühle lebhaft erkenne und auf diese *aufmerksam* zu sein gewohnt werde. ...

Durch dieses Reflektieren über sich selbst, lernet der Mensch seine individuelle Beschaffenheit kennen und wird in den Stand gesetzt, zu beurteilen, was ihm notwendig, zuträglich oder schädlich ist" (ebd., S. 459).

Und schließlich ein letzter Hinweis, der durchaus im Kontrast steht zu jenen oben dargestellten aktuellen „Trainingsprogrammen" zur Gefühlsbildung: Ausdrücklich fordert MILDE nämlich eine *situative Vermittlung* der in diesem Bereich notwendigen Einsichten: „Der verständige Erzieher wird daher nicht sowohl besondere Stunden zu einem ordentlichen Lehrkurse über das Gefühlvermögen bestimmen, als die sich darbietenden Gelegenheiten zu einzelnen Belehrungen nützen" (ebd., S. 460).

Das Thema „Bildung der Gefühle" in der Tradition der Psychoanalytischen Pädagogik

Natürlich müsste in einer solchen Geschichte der Pädagogik unter dem Aspekt der Gefühlsbildung auch ein Kapitel über die Psychoanalytische Pädagogik enthalten sein. Denn zweifellos wurde in dieser Tradition von Anfang an ein besonderer Schwerpunkt auf den Bereich der emotionalen Konflikte und Verstrickungen gelegt. All die Themen und Begriffe, die im Zentrum der Diskussion der Psychoanalytischen Pädagogik seit ihren Anfängen standen, hatten stets mit intensiven Gefühlen zu tun: infantile Sexualneugier, Ödipuskomplex, Penisneid, Geschwisterrivalität, Familienroman, Lustprinzip, Ambivalenz, Verdrängung, Übertragung, Über-Ich, Ich-Ideal, narzisstische Kränkung... . Ausdrücklich betont FREUD den Primat der Gefühle, wenn er darauf hinweist, „...daß wir Unrecht tun, unsere Intelligenz als selbständige Macht zu schätzen und ihre Abhängigkeit vom Gefühlsleben zu übersehen" (FREUD 1912/13, S. 47).

Trotz der Tatsache, dass es also von Anfang an primär um Gefühle ging und obwohl Freud eine Theorie der menschlichen Aggressionsneigung, eine Theorie der Trauer und der Melancholie, und eine Theorie der Angst entwickelt hat, gab es im Rahmen der Psychoanalyse doch keine Theorie der Gefühle, die etwa versucht hätte die Vielfalt unterschiedlichen Gefühlsqualitäten systematisch zu ordnen, sie auf bestimmte Grundgefühle, mit je spezifischen Auslösesituationen, Ausdrucksverhalten, Körperempfindungen, etc. zu reduzieren, ihren evolutionären Sinn zu ergründen und ihre jeweilige ontogenetische Entwicklungslogik zu entschlüsseln. Überhaupt ist „Gefühl" kein psychoanalytischer Grundbegriff. Er wird von FREUD kaum in systematischer Absicht gebraucht und kommt etwa im „Vokabular der Psychoanalyse" von LAPLANCHE und PONTALIS (1972) gar nicht vor. Vielmehr ist bei Freud und auch im „Vokabular" primär von *Affekten* als den subjektiv erlebbaren Korrelaten des Triebgeschehens die Rede.

Entsprechend gab es auch im Rahmen der psychoanalytischen Pädagogik zwar vielfältige und differenzierte Beiträge darüber, wie mit kindliche Ängsten, mit Scham- und Schuldgefühlen, mit Trotz und Wut in pädagogischen Situationen angemessen umgegangen werden kann. Aber es gab doch keine allgemeine Programmatik, keine systematischen oder gar präventiven Bemühungen um eine „Bildung der Gefühle", kein Curriculum sozialen oder emotionalen Lernens. Dies entspricht freilich der Grundhaltung der psychoanalytischen Pädagogik mit ihrer Anerkennung der lebensgeschichtlichen Eigenlogiken und mit ihrem offenen Bezug zu pädagogischen Situationen in ihrer Singularität, der durch kein verallgemeinerbares Wissen, keine Technik etc. aufgehoben werden kann.

An einer Stelle jedoch hat FREUD indirekt auf die Notwendigkeit entsprechender Bildungsbemühungen hingewiesen. Ich meine jene berühmte Fußnote aus dem „Unbehagen in der Kultur", in welcher er gegen die traditionelle Erziehung den Vorwurf erhebt, dass sie „die Jugend mit so unrichtiger psychologischer Orientierung ins Leben entläßt" und sich damit nicht anders benähme, „... als wenn man Leute, die auf eine Polarexpedition gehen, mit Sommerkleidern und Karten der oberitalienischen Seen ausrüsten würde" (FREUD 1930, S. 494). Sicherlich lag der Schwerpunkt der psychoanalytischen Aufklärungsbemühungen, die FREUD forderte, auf dem Bereich der menschlichen Sexualität, aber ausdrücklich bezieht FREUD in seine Kritik auch das Versäumnis der Erziehung ein, dass sie den jugendlichen Menschen „nicht auf die Aggression vorbereitet, deren Objekt zu werden er bestimmt ist" (ebd.).

Einer, der auch in dieser Hinsicht ganz praktisch bemüht war, seinen Schülern „bessere Ausrüstung", d.h. richtigere Vorstellungen über die seelischen Vorgänge und damit angemessenere psychologische Orientierung mit auf den Lebensweg zu geben, war ERIK H. ERIKSON, der seine berufliche Karriere an der Burlingham-Rosenfeld-Schule in Wien begonnen hat. Nachdem er einmal Gelegenheit hatte, seine 12-13-jährigen Schüler außerhalb der Schule zu beobachten und von deren aggressiven Verhaltensweisen offensichtlich ziemlich geschockt war, beschloss er „mit ihnen eine energische und tiefgehende Aussprache über unsere augenblickliche Erziehungslage herbeizuführen". In einem offenen Gespräch mit den Schülerinnen und Schülern der Klasse ging es nun darum, die Hintergründe für jenes problematische Verhalten herauszufinden: „Zunächst war für einige die Erklärung mancher Dissozialität sehr bald in der ‚Wut' gefunden, einer (wie sie bald fanden) oft ‚sinnlosen' Wut. Andere kamen bald dahinter, daß diese Wut einer gewissen nach innen gerichteten Wut korrespondiere, die sie ebenfalls hindere, unbefangen der Gemeinschaft zu folgen" (ERIKSON 1930, S. 214).

Dann wurden diese Erfahrungen der Wut auf sich selbst und auf andere in Beziehung gebracht zu Themen, die sie im Unterricht behandelt hatten, wie etwa den Streitritualen der Eskimos oder bestimmten Begebenheiten aus den

Erzählungen Amundsens etc.: „Kurz, wir besprachen Beispiele der Wut, berechtigter und unberechtigter, und Beispiele von sozialer Beherrschung dieser Wut. Mit dieser Anerkennung der Wut als einer allgemeinen Tatsache, die nicht nur die Schuld des Einzelnen ist, der sie mit sich herumträgt, begann sich nun alles Mögliche in den Kindern zu regen: und sie redeten über geäußerte Aggression, gefühlte Aggression, Schuldgefühl und Strafbedürfnis in einem inneren Zusammenhang, zu dem Erwachsene kaum fähig wären" (ebd.).

Neben dieser Hoffnung auf die „heilende Macht des Von-sich-Wissens", also neben der Strategie, die auf Aufklärung über das affektive Geschehen setzt, gibt es freilich auch noch eine ganz andere Tradition im Rahmen der psychoanalytischen Pädagogik. Diese wird vielleicht am prägnantesten durch AUGUST AICHHORN verkörpert. In ihr geht es gerade *nicht* um Bewusstmachung und um sprachliche Verarbeitung, sondern eher im Rousseauschen Sinn um das geschickte Arrangement, die gezielt inszenierte Zuspitzung von Situationen, in denen emotionale Erfahrungen von ganz spezifischer Art und Intensität gemacht werden sollen.

Das markanteste Beispiel für diesen „dramatischen" Aspekt von AICHHORNs Pädagogik ist vielleicht jenes aus dem Buch „Verwahrloste Jugend", in dem die Angst und die Schuldgefühle eines Jugendlichen, der die Tabakkasse des Heimes veruntreut hatte, von AICHHORN zunächst bewusst bis an die äußerste Grenze gesteigert werden, um sie dann in einer befreienden und versöhnenden Geste von ihm zu nehmen: AICHHORN gibt dem Jugendlichen ohne ein Wort des Vorwurfs oder der Belehrung den Fehlbetrag (AICHHORN 1925, S. 140). Diese für den Jugendlichen vollkommen überraschende Reaktion AICHHORNs löst zunächst Fassungslosigkeit und dann heftiges Schluchzen aus und leitet schließlich eine intensive persönliche Aussprache ein. Die ganze Episode wird von AICHHORN als so bedeutungsvoll eingeschätzt, dass er den Erziehungsfall damit für praktisch „erledigt" ansieht. AICHHORN selbst gibt eine allgemeine theoretische Erläuterung seiner Konzeption des „dramatischen Erziehungsprozesses", in der recht deutlich die Katharsis-Hypothese durchscheint: „Es musste versucht werden, eine Handlung zu gestalten, in deren Mittelpunkt er selbst steht und die sich so zu entwickeln hat, dass sein ausgelöster Angstaffekt bis zur Unerträglichkeit gesteigert wird; im Augenblick der unvermeidlich scheinenden Katastrophe dieser eine so entgegengesetzte Wendung zu geben, dass die Angst plötzlich in Rührung umschlagen muss. Die durch diesen Affektkontrast hervorgerufene Erregung hat die Ausheilung zu bringen oder einzuleiten" (ebd. S. 139).

Ein gemeinsames Strukturmoment dieser und vieler anderer „dramatischer" Erziehungssituationen bei AICHHORN ist, dass die Erwartungen der beteiligten Jugendlichen unterlaufen werden, dass AICHHORN sich bewusst ganz anders verhält als diese es antizipiert hatten. Damit läuft natürlich auch deren eigene mental geprobte Abwehrstrategie ins Leere. Die Masken kommen ins Rutschen und der wahre, verletzliche und bedürftige Persönlichkeitskern kommt zum Vorschein. Auch das ganze Konzept einer Verwahrlostenerziehung durch „absolute Milde und Güte", das AICHHORN vertreten hat, ist ja als ausdrückliches Kontrastprogramm zu der bisherigen Behandlung dieser Jugendlichen gedacht.

Es ließen sich unzählige solcher Episoden zusammentragen, in denen psychoanalytische Pädagogen versucht haben, Einfluss nicht nur auf die emotionale Befindlichkeit von Kindern und Jugendlichen zu nehmen, sondern auch auf deren Einsichten und Kompetenzen, sich besser im Dickicht eigener und fremder Gefühle zurechtzufinden, wenn man so will, auf deren „emotionale Intelligenz". Jedoch wurden diese Bemühungen kaum systematisch unter bildungstheoretischen Aspekten diskutiert.

Das Thema „Bildung der Gefühle" im Rahmen einer Theorie der Bildung: Ist die Idee der Förderung „emotionaler Intelligenz" eine Neuauflage der Forderung nach „Affektbildung" (MITSCHERLICH)?

Der nach wie vor wohl wichtigste Versuch in diese Richtung stammt von ALEXANDER MITSCHERLICH. In seinem Buch „Auf dem Weg zur vaterlosen Gesellschaft" entfaltet er ein Bildungskonzept, in dem er die drei „Bildungsebenen" „Sachbildung", „Affektbildung" und „Sozialbildung" unterscheidet. „Bildung" wird dabei von ihm grundsätzlich nicht im statischen Sinn als (Wissens-)Besitz, sondern im dynamischen Sinn als Suchbewegung, als Wissensdrang verstanden. Im Hinblick auf die „Affektbildung" bedeutet dies dann folgendes: „Ein solcher Mensch will wissen, wer er ist, wie er sich verhält, wenn er erregt ist; er will auch in der Erregung ein Gefühl für sich und ein Gefühl für den Partner behalten" (MITSCHERLICH 1983, S. 36). Es geht also um das Bemühen nach Selbsttransparenz, um Aufrichtigkeit hinsichtlich der eigenen handlungsleitenden Motive, um das Erkennen von Selbsttäuschungen und Rationalisierungen, um die Überwindung von Vorurteilen, um die Befreiung von Dressurgehorsam und Autoritätshörigkeit, aber auch darum, Einsicht in die unvermeidlich spannungsreiche und konflikthafte conditio humana zu gewinnen: „*Affektbildung* kann also nur heißen, daß die Konflikte zwischen den unausweichlichen inneren Drangerlebnissen und den sozialen Normen gemildert werden, das wir eine innere Toleranz für den Umgang mit Konflikten entwickeln, die wir erleben. ... Die Kultur der Affekte ist das eigentlich schwerste Bildungsziel. Mehr von sich selbst, von der Wirklichkeit über sich selbst als Triebwesen zu wissen, ist nur in schmerzlichen Erfahrungen zu erreichen" (ebd., S. 40).

Ist das, was derzeit unter dem Stichwort Förderung der „Emotionalen Intelligenz" beschrieben wird, eine Neuauflage dessen, was MITSCHERLICH mit „Affektbildung" gemeint hat? Bekommt seine Forderung nun mit 40 Jahren Verspätung die entsprechende Breitenwirkung und Popularität, die ihr damals, versagt blieb? Ich meine es gibt doch wesentliche Unterschiede, die zu denken geben sollten:

Für MITSCHERLICH steht hinter den gefühlsmäßigen Erregungen, die der Mensch erlebt, letztendlich seine Triebnatur. Sie ist biologisch fundiert und damit kaum direkt beeinflussbar. Bei der Affektbildung geht es vor allem darum, ein Stück Einsicht und Verständnis für diese biologischen Vorgegebenheiten zu gewinnen. Natürlich geht es auch darum, die daraus folgenden Verhaltensimpulse zu kontrollieren und zu kultivieren. Andererseits wird ausdrücklich aber auch gefordert, ein Stück Toleranz im Hinblick auf die „unausweichlichen inneren Drangerlebnissen" zu entwickeln. MITSCHERLICH geht von einem eher pessimistischen bzw. tragischen Menschenbild aus, von unvermeidlichen Spannungen zwischen individuellen Bedürfnissen und gesellschaftlichen Anpassungszwängen. In der Literatur zur emotionalen Intelligenz herrscht dagegen ein optimistisches Menschenbild und ein im Prinzip harmonistisches Gesellschaftsverständnis vor. Zwar werden auch dort durchaus die aktuellen gesellschaftlichen Probleme wie die Zunahme von Jugendkriminalität, Depression, Sucht, etc. beklagt und auf Defizite hinsichtlich der emotionalen Intelligenz zurückgeführt. Aber wenn diese Mängel durch entsprechende Schulungen und Trainingskurse auf breiter Front beseitigt sind, dann scheint einem harmonischem Miteinander nichts mehr im Wege zu stehen.

Am entscheidendsten ist aber wohl dies: Bei MITSCHERLICH bedeutet „Bildung" immer eine *Suchbewegung* und „Affektbildung" meint dann gerade jenen Aspekt dieser Suchbewegung, der sich auf die eigene Seelenlandschaft und die eigene Lebensgeschichte bezieht. Dieser Aspekt der Bildung ist nach MITSCHERLICH prinzipiell nur „in schmerzlichen Erfahrungen zu erreichen". Paradigmatisch ist für ihn dabei wohl die Erfahrung der Selbsterforschung und der Selbstkonfrontation im Rahmen der Psychoanalyse.

Von schmerzlichen Suchbewegungen, von Desillusionierungen, von Auseinandersetzungen mit eigenen Schattenseiten ist in der Literatur zur emotionalen Intelligenz freilich kaum die Rede. Hier geht es eher um den Erwerb von Kompetenzen, um die Differenzierung der sozialen Wahrnehmung, um die Erweiterung des Ausdrucksrepertoirs, um das Training der Impulskontrolle, um die Aneignung bestimmter Kommunikationsstile, etc. Gerade die „Affektbildung" wurde von MITSCHERLICH in besonderer Weise „als ein Begehren, als ein Wissensdurst" verstanden und nicht als ein „Wissensbesitz". „Die Wahrheit über sich selbst hat man nicht, man sucht sie und ist unbefriedigt bis zum Ende des Lebens" (ebd., S. 31). In der Literatur zur emotionalen Intelligenz wird das erstrebenswerte Gut der „emotionalen

Intelligenz" dagegen eher als ein Bündel klar umschreibbarer und gezielt trainierbarer Kompetenzen angesehen – und damit natürlich auch als ein wertvoller Besitz, den man erwerben kann und der dann sowohl für das persönliche Lebensglück als auch für die Beziehungs- und Berufskarriere hohe Rendite abwirft. Der Gedanke, das erreichte Maß der „Affektbildung" analog dem Intelligenzquotienten als einen „EQ" zu messen, wäre MITSCHERLICH wohl sehr wunderlich vorgekommen. Die Vorstellung gar, „Affektbildung" als „Karriereturbo" anzupreisen, hätte ihn wohl entsetzt.

Aber, so könnten GOLEMAN oder andere Vertreter der „EQ"-Bewegung erwidern, vielleicht hat MITSCHERLICH ja auch nur seine persönlichen Probleme und Konflikte generalisiert und sein Ringen um persönliche Wahrheitssuche zur generellen menschlichen Tragik hochstilisiert, dabei aber gleichzeitig die pragmatische Dimension des Lernens, Übens und Trainierens von Fertigkeiten unterschätzt. In seiner Autobiographie „Ein Leben für die Psychoanalyse" berichtet MITSCHERLICH von seinem frühen Einzelgängertum und seinem lebenslangen Gefühl der Einsamkeit und der Entfremdung: „Da konnte ich auf meine Unfähigkeit, mich anderen zu nähern, nicht mit Genugtuung blicken, war eher traurig, daß mir viele unbefangene Freuden durch dieses Verhalten entgingen. Immer hatte ich ein starkes Gefühl, daß das Leben, das wirkliche Leben, draußen geschieht und ich davon ausgeschlossen bin. Ich konnte nur mühsam mit Menschen umgehen, empfand oft eine große Leere" (MITSCHERLICH 1980, S. 40).

Mit diesem Eingeständnis seiner Schwierigkeiten im sozialen Umgang würde MITSCHERLICH wohl in den Augen moderner „EQ-Kampfrichter" keine so gute Figur machen. Hätte er also, statt sein Leben der Psychoanalyse und der unabschließbaren Suche nach Wahrheit über sich zu widmen, lieber einige Trainingseinheiten in „emotionaler Intelligenz" besuchen sollen?

Literatur:

AICHHORN, A. (1925): Verwahrloste Jugend. Die Psychoanalyse in der Fürsorgeerziehung. – Bern (1977[9]).

BAR-ON, R. / PARKER, J.D.A. (Hrsg.) (2000): Handbook of Emotional Intelligence. – New York.

BUDDRUS, V. (Hrsg.) (1992): Die „verborgenen Gefühle" in der Pädagogik. Impulse und Beispiele aus der humanistischen Pädagogik zur Wiederbelebung der Gefühle. – Baltmannsweiler.

ERIKSON, E. H. (1930): Die Zukunft der Aufklärung und die Psychoanalyse. In: Zeitschrift für Psychoanalytische Pädagogik 4. Jg., S. 201-216.

Focus Money (2002): Emotionen nutzen – Die Macht der Gefühle. In: Focus Money vom 28. 2. 2002, S. 72-79.

FREUD, S. (1912/1913): Totem und Tabu. GW Bd. IX. – Frankfurt am Main, S. 1-194.

FREUD, S. (1930): Das Unbehagen in der Kultur. GW Bd. XIV. – Frankfurt am Main, S. 419-537.

GOLEMAN, D. (1995): Emotionale Intelligenz. – München.

GOLEMAN, D. (1998): What makes a leader? In: Harvard Business Review, 76 (6), S. 92-102.

GOLEMAN, D. (2000): Leadership, that gets results. In: Harvard Business Review 78 (2), S. 78-90.

HEITGER, M. (1994): Schule und Gefühl – Die Verdrängung der Vernunft durch das Gefühl. Irrwege modischer Pädagogik. Zur Erziehung von Emotion und Verhalten. In: SCHAUFLER, G. (Hrsg.): Schule der Gefühle. Zur Erziehung von Emotion und Verhalten. – Innsbruck, S. 9-33.

KANT, I. (1798): Anthropologie in pragmatischer Hinsicht. – Stuttgart 1983.

KRANNICH, S. / SANDERS, M. / RATZKE, K. / DIEPOLD, B. / CIERPKA, M. (1997): Faustlos – Ein Curriculum zur Förderung sozialer Kompetenzen und zur Prävention von aggressivem und gewaltbereitem Verhalten bei Kindern. In: Praxis Kinderpsychologie und Kinderpsychiatrie, 46. Jg., S. 236-247.

LAPLANCHE, J. / PONTALIS, J.-B. (1972): Das Vokabular der Psychoanalyse. – Frankfurt am Main.

MAYER, J. D. (1999): Emotional intelligence: popular or scientific psychology? In: APA Monitor Online. Vol. 30, Nr. 8, S. 1-3.

MAYER, J. D. / SALOVEY, P. (1997): What is emotional intelligence? In: SALOVEY, P. / SLUYTER, D. J. (Hrsg.): Emotional Development and emotional intelligence. Implications for educators. – New York, S. 3-31.

MAYER, J. D. / COBB, C. D. (2000): Educational policy on emotional intelligence: Does it make sense? Educational Psychology Review, Vol. 12, S. 163-183.

MILDE, V. E. (1811): Lehrbuch der allgemeinen Erziehungskunde, besorgt von K. G. Fischer. – Paderborn (1965).

MITSCHERLICH, A. (1983): Auf dem Weg zur vaterlosen Gesellschaft. In: ders.: Gesammelte Schriften, hrsg. v. Haase, H., Bd. III. – Frankfurt am Main.

MITSCHERLICH, A. (1980): Ein Leben für die Psychoanalyse. Anmerkungen zu meiner Zeit. – Frankfurt am Main.

PESTALOZZI, J. H. (1801): Wie Gertrud ihre Kinder lehrt, ein Versuch, den Müttern Anleitung zu geben, ihre Kinder selbst zu unterrichten. In: PESTALOZZI, J. H. (Hrsg.): Sämtliche Werke, Bd. 13, – Berlin 1932.

PESTALOZZI, J. H.: (1799): Über den Aufenthalt in Stans. Brief Pestalozzis an einen Freund. In: PESTALOZZI, J. H.: Sämtliche Werke Bd. 13. – Berlin 1932.

ROUSSEAU, J. J. (1762): Emil oder über die Erziehung. – Paderborn 1995[12].

SALOVEY, P / MAYER, J. D. (1990): Emotional intelligence. In: Imagination, Cognition and Personality, 9, S. 185-211.

SCHILLER, F. (1795): Über die ästhetische Erziehung des Menschen in einer Reihe von Briefen. v. K. BERGHAHN (Hrsg.). – Ditzingen (2000).

WEIDNER, J. (1996): Anti-Aggressivitätstraining für Gewalttäter. – Bonn.

WIGGER, L. (1997): Was haben Pädagogik-Studenten gelesen? In: Zeitschrift für Pädagogik, 43. Jg., S. 791-801.

Hans Gruber / Detlev Leutner

Die kompetente Lehrperson als Multiplikator von Innovation

Es hat in der Geschichte der Erziehungswissenschaften nie an theoretisch fundierten Vorschlägen zu Innovationen im Unterricht gefehlt. Deren Implementierbarkeit sind jedoch häufig enge Grenzen gesetzt. Neuere Vorschläge zielen daher auf die Analyse bereits erfolgreich implementierter Modelle ab. Eine Forschungsrichtung, die hierzu besonders interessante Beiträge leistet, ist die Expertiseforschung, die sich mit der Deskription, aber auch der Förderung hervorragender beruflicher Leistung beschäftigt. Übertragen auf den schulischen Bereich bedeutet dies, dass Versuche zur Erhöhung der Qualität von Lehre darauf abzielen müssen, die Lehr-Kompetenz von Lehrerinnen und Lehrern zu erhöhen. Ein fruchtbarer Weg hierfür besteht darin, die Lehrtätigkeit als Expertisedomäne zu sehen und die Qualität von Lehre durch den Erwerb von Expertenwissen und -können zu verbessern. Die Expertiseforschung wird seit einigen Jahren auch in erziehungswissenschaftlichen Kontexten – wie etwa der Aus- und Weiterbildung in Lehrberufen – immer bedeutsamer, denn sie führt aus einer kognitionswissenschaftlichen Orientierung heraus zu neuen Impulsen in diesem Bereich durch die Untersuchung hervorragender beruflicher Leistungen sowie der Bedingungen ihres Zustandekommens und der Möglichkeiten zu ihrer instruktionalen Unterstützung.

Wenn von der Wissensbasierung moderner Gesellschaften die Rede ist und daraus Konsequenzen für die Veränderung von Bildung – insbesondere über Möglichkeiten zur Innovation in der Bildung – gezogen werden sollen, ist es naheliegend, dass das bereichsspezifische Wissen und Können derjenigen Personen analysiert wird, die Bildungsaufgaben zu erfüllen haben. Diese Personen sind beispielsweise Lehrkräfte an Schulen, Dozentinnen und Dozenten an Universitäten, Weiterbildnerinnen und Weiterbildner – im Folgenden kurz unter dem Begriff „Lehrende" subsummiert. Die nachhaltige Implementation innovativer Konzepte aus der erziehungswissenschaftlichen Forschung in Lehr-Lern-Situationen kann nur gelingen, wenn die Lehrenden an dieser Umsetzung aktiv und verantwortungsvoll beteiligt sind. Die Forderung, die sich hieraus ergibt, ist, dass Kenntnis von und Umgang mit innovativen Konzepten zum professionellen Selbstverständnis der Lehrenden gehören muss und sich in ihrem (erziehungswissenschaftlichen) Wissen, ihren epistemologischen Überzeugungen und ihrem Handeln niederzuschlagen hat. Dann können Lehrkräfte zu Multiplikatoren von Innovation werden und dieser in der Lehr-Lern-Situation Geltung verschaffen.

Die domänenspezifische Untersuchung individueller Kompetenzen, ihre wissensbasierte Beschreibung, ihre Umsetzung in erfolgreiche Performanz sowie Möglichkeiten zu ihrer Förderung stellen somit wesentliche Voraussetzungen dafür dar, Innovation in der Bildung zur Geltung zu bringen. In dem von den Autoren dieses Beitrags organisierten Symposium „Der kompetente Lehrer als Multiplikator von Innovation" wurden in sechs Beiträgen Forschungsimpulse für die Fortentwicklung von Aus- und Weiterbildung Lehrender präsentiert und – auch angeregt durch die Stellungnahmen zweier Diskutanten (*E. Terhart und H. Gruber*) – daraus resultierende Aspekte innovativer Bildungsforschung erörtert.

Schrader und *Helmke* (2002) zeigten angesichts ihrer Analysen der Daten in den Münchener Längsschnitt-Schulstudien den Zusammenhang zwischen Lehr-Expertise und Unterrichts-Qualität auf. Im ersten Teil ihres Beitrags machten sie deutlich, dass Aussagen über die Steigerung von Unterrichts-Qualität lückenhaft bleiben müssen, wenn das differenzielle Merkmal des Expertisegrades Lehrender in der Domäne „Unterrichten" nicht beachtet wird. Auch wenn viele Befunde der Prozess-Produkt-Forschung unter der Problematik zu leiden haben, dass die Studien lediglich korrelativer Natur sind, dass die Ursachen des Zusammenhangs nicht thematisiert werden und dass pauschale anstelle der angestrebten spezifischen Beschreibungen geliefert werden, gingen von ihnen doch viele Impulse aus, die zu einer theoretischen Weiterentwicklung des Konzepts der Expertise Lehrender und zu dessen moderner empirischer Untersuchung führten. Die differenzierte, meist kognitionswissenschaftlich ausgerichtete Analyse einzelner Expertise-Komponenten (z.B. Differenzierung des Wissensbegriffs in Fachwissen, Klassenführungs-Wissen, didaktisch-methodisches Wissen und diagnostisches Wissen) führte mittlerweile dazu, dass die Unterscheidung zwischen Performanz und Kompetenz von Experten weitgehend aufgehoben wurde; dies wurde auch dadurch möglich, dass die Kenntnis um Randbedingungen bzw. Kontextvariablen, unter denen Wissen zur Anwendung gebracht wird, inzwischen als Teil expertenhaften Handelns konzipiert wird. Als Experte wird angesehen, wer willens und fähig ist, vorhandenes Wissen in spezifischen Situationen in Handeln umzusetzen.

In einem zweiten Teil ihres Beitrags stellten *Schrader* und *Helmke* Ergebnisse einer Intensivstudie vor, in denen der Unterricht in einigen Schulklassen videographiert wurde. Durch die gezielte Variation von Variablen des Unterrichtens und die Beobachtung der Auswirkung auf Lernprozesse und Lernerfolg konnten Annahmen über den Zusammenhang zwischen Lehr-Expertise und Unterrichts-Qualität gezielt überprüft werden.

Es wurde deutlich, dass die übliche Analyse des Lernerfolgs auf Klassen-Aggregats-Ebene dazu führt, dass die Spielräume für Unterrichts-Effekte unterschätzt werden.

Ropo (2002) skizzierte die im vorangegangenen Beitrag angesprochene Entwicklung der Expertiseforschung im Bereich des Unterrichtens im Detail. Neben seiner Darstellung vorangegangener Initiativen, die als Marksteine etwa in Deutschland durch die Arbeiten von BROMME (1992) oder in den USA durch die Studien von BERLINER (1987; 2001) und LEINHARDT (1988) gekennzeichnet ist, legte er Wert darauf, verfolgenswerte Neuentwicklungen in der Expertiseforschung aufzuzeigen, die derzeit in Finnland diskutiert werden. Auch wenn die zentralen Befunde der Expertiseforschung, etwa das zuverlässige Wahrnehmen und gute Erinnern sinnvollen Materials basierend auf umfangreichem, hierarchisch organisiertem und leicht zugänglichem Wissen, ohne Weiteres auf die Domäne des Lehrens übertragen werden können, stellen sich doch einige spezifische Forschungsprobleme. So findet die Expertentätigkeit des Unterrichtens in der Regel unter wenig standardisierten Bedingungen statt, da die Tätigkeiten der Lernenden eine beträchtliche Varianz der Situationen selbst dann hervorrufen, wenn äußere Rahmenbedingungen stabil sind. Ein beträchtliches Forschungsproblem liegt in der zuverlässigen Identifikation von Experten in der Domäne. Selbst wenn standardisierte Tests zur Erfassung langfristiger Lernerfolge der Lernenden vorlägen – was etwa in Finnland nicht der Fall ist –, wäre damit nur ein einziges, vergleichsweise distales Kriterium für die Bestimmung des Lehr-Expertisegrades gefunden. Oft muss sich Forschung damit begnügen, extreme Fälle hoher Lehr-Expertise zu analysieren, bei denen die Konvergenz einer Reihe von Kriterien unstrittig ist (etwa Nomination durch Kolleginnen und Kollegen, Nomination durch Vorgesetzte, Einschätzungen durch Lernende und erreichte Lernerfolge).

Unbestritten ist, dass die Expertise von Lehrenden vergleichsweise eng ist und in der Regel nur im Kontext des eigenen Faches und sogar im Kontext der derzeit unterrichteten Lernenden Gültigkeit besitzt. Wenn sich der Kontext schulischer Situationen ändert, werden diese auch für Experten zu unvertrauten pädagogischen Situationen, in denen ihr Expertise-Bonus schwindet. Dies verweist darauf, dass Prozesse zur entsprechenden Formung der Kontexte eine zentrale Rolle in der Förderung des Expertise-Erwerbs darstellen müssen, die womöglich an Bedeutung den Aufbau von Fachwissen weit übertreffen. Die Konsequenzen für die Lehrerbildung sind beträchtlich, wenn sozio-kognitive Aspekte des Experten-Handelns entsprechend ernst genommen werden: Das Argument, Lehrende müssten vor allen Dingen in großem Umfang Fachwissen erwerben, verliert enorm an Überzeugungskraft, wenn gezeigt werden kann, dass die Fähigkeit zur unterrichtsspezifischen Interpretation und Anwendung dieses Wissens großer Anstrengungen und gezielter Ausbildung bedarf. Die Beobachtung von Experten-Lehrkräften lässt keinen Zweifel daran, dass sie Spezifika von Lernenden in Problemlöse-Situationen schnell und zuverlässig wahrnehmen und in umfassendere, jedoch spezifische Kontexte einordnen können. Hierbei profitieren die Experten von der Verfügbarkeit einer Reihe von Automatismen im Lehr-Handeln (z.B. Zeitverbrauch zum Start der Unterrichts-Einheit, Austeilen von Material, Zuordnen von Aufgaben, klares und pünktliches Beenden der Unterrichts-Einheit), von denen gut nachgewiesen ist, dass sie nur durch intensive, mühevolle Prozeduralisierungs-Prozesse erworben werden können. Wieder ist einfach zu erkennen, dass die Konsequenzen für die Lehrerbildung beträchtlich sind. Diese erschöpfen sich allerdings keineswegs im Ruf nach erhöhten Praxis-Anteilen; vielmehr ist reflektierte Praxis notwendig, die zu Erfahrung führt, die auf die eigene Wissensbasis explizit rückbezogen werden kann. Neben klaren Vorstellungen über die kognitive Natur „erfahrener" Episoden (vgl. etwa Theorie des dynamischen Gedächtnisses: KOLODNER 1983) und über Strategien zur Stimulation von Reflexion in der Entwicklung von Lehr-Expertise (z.B. kritische Ereignisse herbeiführen, Journal-Schreiben, *conceptual mapping*, Portfolio; vgl. KUPILA 2002) ist auch Kenntnis darüber notwendig, wie Erfahrung dazu genutzt werden kann, zunehmend Teil einer *community of experts* (vgl. LAVE / WENGER 1991) zu werden. Dies macht deutlich, dass der Prozess des Expertise-Erwerbs keineswegs mit initialen Phasen (etwa des Wissens-Erwerbs) abgeschlossen ist, sondern im Gegensatz überhaupt nur zu Erfolg führen kann, wenn die epistemologische Überzeugung von der Notwendigkeit lebenslangen Lernens stabil vorhanden ist.

Dies verweist darauf, dass eine Analyse der (hohen oder niedrigen) Kompetenz Lehrender auch deren professionelle Fortentwicklung in der Berufs-Ausübung sowie auftretende Hindernisse zu integrieren hat. *Eder* und *Altrichter* (2002) thematisierten eine spezifische Fallgrube, in die gerade Schul-Lehrkräfte während ihrer professionellen Tätigkeit geraten können: das „Autonomie-Paritäts-Muster". Dieses gründet auf einer zentralen, gesellschaftlich rundum akzeptierten Voraussetzung, unter der Schul-Unterricht stattfindet, nämlich der Autonomie des Unterrichts und der Parität Lehrender. Mit der Autonomie des Unterrichts ist gemeint, dass – in jedem Falle gilt dies für Österreich und Deutschland – kein Erwachsener in den Unterricht eingreifen darf. Unterricht besteht aus der Interaktion einer Lehrperson und mehrerer Lernender, ohne dass eine Kontrolle oder Evaluation der Lehrenden stattfindet und stattfinden darf. Dieses Prinzip gründet sich natürlich in der Notwendigkeit des intensiven Aufbaus sozialer Strukturen über einen längeren Zeitraum hinweg, aber auch kognitionswissenschaftlich in der Notwendigkeit der Gestaltung des Kontexts von Unterricht, um zu seiner Verbesserung beizutragen. Eine theoretische Grundlage stellt auch die Parität von Lehrenden bei, die besagt, dass alle Lehrkräfte gleichberechtigt sind und es daher niemandem ansteht, sich in die professionelle Tätigkeit eines Peers einzumischen.

Angesichts der bereits erwähnten Unschärfen in der Definition dessen, was den Lehr-Experten auszeichnet, und der damit verbundenen Ungewissheit über beruflichen Erfolg entsteht in der beruflichen Tätigkeit von Lehrkräften in Schulen oft ein bedenkliches Autonomie-Paritäts-Muster, das sich durch das Fehlen von Rückmeldung, durch den Mangel an sozialem Austausch und durch Beschneidung von Evaluation auf Selbst-Evaluations-Prozesse auszeichnet. Eine Konsequenz ist, dass die Entwicklung professioneller Standards unter diesen Umständen kaum möglich ist, geschweige denn die Überprüfung ihres Einhaltens. Das Autonomie-Paritäts-Muster erweist sich damit als beträchtliche Innovationsbarriere. Umgekehrt weisen gerade erfolgreiche Schulen eine niedrige Ausprägung des Autonomie-Paritäts-Musters auf, sie besitzen Merkmale der vermehrten Team-Bildung unter Lehrkräften und der Einführung von Qualitätsmanagement als Teil der Schulentwicklung. Das Autonomie-Paritäts-Muster ist als differenzielles Merkmal von (geringer) Lehr-Expertise zu sehen, das durchaus funktional zur Bewältigung beruflicher Schwierigkeiten ist; daher verwundert es nicht, dass es eher in schwierigen Schulen, bei erfolglosen Lehrkräften und bei dienstrechtlich weniger abgesicherten Lehrenden auftritt. Dass die wesentlichsten Komponenten zu deren Kompetenz-Förderung Prozesse zum Entstehen von Team-Autonomie anstelle von individueller Autonomie sowie zur Einbettung in kompetenz-relevante anstelle von kontrollierenden Evaluations-Strukturen darstellen, stellt die Lehrerbildung vor beträchtliche Aufgaben. In einer eigenen Studie konnten *Eder* und *Altrichter* zeigen, dass teamorientierte Lehrkräfte im Vergleich mit „professionellen Einzelkämpfern" und mit am Autonomie-Paritäts-Muster ausgerichteten Lehrenden eine positivere Einstellung zu Schulentwicklung aufwiesen und veränderungsbereiter waren. Da dies auch mit der Bereitschaft, auf sich dynamisch ändernde Kontexte einzugehen, verbunden ist, ist der oben gezeigte Bezug zu höherer Lehr-Expertise naheliegend.

Die Idee, der Analyse und Förderung von Lehr-Expertise dadurch neue Impulse zu geben, dass Randbedingungen thematisiert werden, unter denen individuelle Voraussetzungen in Handlung umgesetzt werden, wurde auch von *Oser* (2002) aufgegriffen. Er argumentierte, dass die Wirksamkeit von Lehrer-Bildungssystemen vor allem durch die Setzung und Umsetzung von Bildungs-Standards gewährleistet werden kann. Dabei sind Standards nicht gleichzusetzen etwa mit Wissensleistungen, die in Prüfungen dokumentiert werden, mit bestimmten moralischen Normen oder mit Formen der Unterrichts-Planung; vielmehr werden unter Standards in der Lehrerbildung theoretisch, expertisemäßig und praktisch abgesicherte Kompetenzprofile dieser Profession verstanden. Zur Beschreibung eines Standards sind vier Komponenten notwendig: theoretische Begründung, empirische Absicherung, abgesichertes Qualitätsmerkmal und lebensweltliche Praxis. Mögliche Standards sind etwa solche zum „entwickelnden Unterricht", zum Einsatz von

„Aufgaben" usw. Nach *Oser* ist es eine vordringliche erziehungswissenschaftliche Aufgabe, eine seriöse Analyse von Kompetenz-Profilen und Standards vorzunehmen und in ebenso seriöser Weise die Ausbildung von Lehrenden daran zu knüpfen. Eine breit angelegte Untersuchung (OSER / OELKERS 2001) zeigte, dass kaum Standards in den Lehrerbildungs-Stätten ausgebildet werden.

In einer mehrstufigen Studie überprüfte *Oser* das Schweizer Schul- und Lehrerbildungssystem bezüglich 88 Standards empirisch. Es zeigte sich, (1) dass Schule außerordentlich reichhaltige Anregungen in sehr gutem Klima bieten kann, (2) dass es im Grunde kaum je zu einer Über- oder Unterforderung kommt und (3) dass Standards in der Regel keinerlei Beachtung finden, zumeist überhaupt nicht vorfindbar sind. Dieses „Andachtsmodell der Schweizer Lehrerbildung" (sehr gutes Klima, wenig Forderungen, keine Standards) steht selbstverständlich der Qualität der Ausbildung beträchtlich im Wege, zumal es keinen Anlass zu öffentlicher und offener Evaluation bietet. Daher wurden im Folgenden Diagnose-Instrumente entwickelt, die zur Beherrschung von Standards beitragen sollen. Hierfür wurden spezifische episodische Erfahrungen von Lehrenden bezüglich ihres Allgemeinheitsgrads, ihrer Exemplarität, Häufigkeit und Abgrenzbarkeit analysiert, von denen auf generalisierte Erfahrungen und damit auf mögliche Standards geschlossen werden kann. Daran anschließend wurde, von Kompetenz-Profilen ausgehend, eine präskriptive Formulierung von Standards vorgenommen.

Die evolutionäre Entwicklung der Handlungs-Sicherheit Lehrender, mit der Innovationsbarrieren wie das Autonomie-Paritäts-Muster oder das Fehlen von Standards möglicherweise überwunden werden kann, wurde von *Prenzel* und *Ostermeier* (2002) fokussiert. Dazu wurde der Weg des Aufbaus von Team-Autonomie statt individueller Autonomie gegangen, indem kommunikative Netzwerke zwischen Lehrenden (Fachgruppen, Schul-Netzwerke usw.) initiiert wurden. In konsequenter Weiterverfolgung des Ansatzes lebenslangen Lernens und der daraus resultierenden Notwendigkeit permanenter integrativer und partizipativer Evaluation wurde ein virtuelles Netzwerk zwischen 180 Schulen gegründet, in dem es anhand kollegialer und Selbst-Evaluation zu einer Problem-Klassifikation kam, die dann zur Arbeit an Lehr-Kompetenz weiter verwendet werden konnte, indem die „Problemzonen" zu „Modulen" (z.B. „Aus Fehlern lernen", „Verantwortung für das eigene Lernen stärken", „Sicherung von Basiswissen") weiterentwickelt wurden, deren Diskussion zur Qualitätssicherung durch die Verknüpfung von Schulpraxis und Lehr-Lern-Forschung beitrug. Dies gelang in einem siebenschrittigen Verfahren: (1) die Tätigkeit erfolgte schulnah am Fachunterricht; (2) wissenschaftliche Anregung und Unterstützung wurde gewährt; (3) Probleme wurden an den Schulen im Kollegenkreis kooperativ bearbeitet; (4) Lehr-Lern-Materialien wurden situations- und problembezogen entwickelt; (5) die neuen Entwicklungen wurden erprobt und überprüft; (6) der erarbeitete Ansatz wurde in den Schulen verbreitet; (7) Ergebnisse und Erfahrungen wurden wiederum in den Schul-Netzwerken ausgetauscht.

Ähnlich wie im Ansatz von Oser legten auch *Prenzel* und *Ostermeier* Wert auf die Dokumentation von Standards, von Arbeitsschritten, in der Praxis beobachtbaren Ergebnissen und evaluativ gestützten Erfahrungen. Sie konnten zeigen, dass die von ihnen entworfene Vorgehensweise erfolgversprechend ist, jedoch beträchtlichen Aufwand zur Implementation (Verbesserung des Unterrichts durch Etablierung, Koordination und Förderung von Netzwerken) und Dissemination (flächendeckende Verbreitung durch Einbeziehung weiterer Lehrkräfte und Schulen sowie Ausbau der Kooperationen mit Landesinstituten, Universitäten, Schulaufsicht und Ministerien) erfordert.

Im Beitrag von *Tillema* (2002) wurden Wege erkundet, wie angehende Lehrkräfte Lehr-Kompetenz erwerben können. Das Prinzip des *knowledge productive learning* wurde zunächst konzeptuell vorgestellt, dann wurden Ergebnisse empirische Studien präsentiert, die zeigten, dass und wie die professionelle Entwicklung von Lehrenden gefördert werden konnte. Das Prinzip beinhaltet den Versuch, auf der Basis sozio-kultureller Ansätze (etwa das *community of practice*-Modells), der Expertiseforschung und den Modellen zur dynamischen Wissensentwicklung in Organisationen validiertes professionelles Wissen für Lehrende bereitzustellen und ihnen zu vermitteln. Um selbstreguliertes Lernen von Lehrkräften anzuregen und die berufliche Tätigkeit als Gelegenheit zu professionellem Lernen aufzuzeigen, wurde ein *study team approach* entwickelt, in dessen Rahmen Lehrkräfte in Teams sowohl selbstreguliert als auch kollaborativ an der Entwicklung authentischer, hilfreicher Erfahrungen arbeiteten.

Damit werden die Prozesse der Definition und Nutzung relevanten professionellen Wissens in die Hand der Lehrenden gelegt, die somit selbst an ihrer beruflichen Kompetenz-Entwicklung verantwortlich beteiligt sind. Wer an der Beantwortung der Fragen, wie Lehr-Expertise definiert wird, und wer an der Begründung von Kriterien und Normen beteiligt ist, wird zu einem *gate keeper* professionellen Handelns und Lernens. Da damit deutlich wird, dass Wissen keineswegs individueller Besitz ist, sondern im Diskurs einer *community of practice* verhandelt wird, können solche *gate keepers* aktiv an der Bereitstellung relevanter Erfahrungen und Lernmöglichkeiten während ihres eigenen beruflichen Handelns mitwirken. Dies erfordert allerdings ein funktionierendes Wissens-Management; *Tillema* konnte empirisch zeigen, dass das Konzept der *study teams* hierfür eine plausible Möglichkeit darstellt.

In allen Beiträgen wurde deutlich, dass über die Entwicklung kompetenter Lehrpersonen als Multiplikatoren von Innovation tragfähige Beiträge zur Verbesserung des Lehrens und Lernens geleistet werden können. Allerdings sind hierfür radikale Einschnitte notwendig, die einen mehrfachen Perspektivenwechsel erfordern. Erstens sind neue theoretische Positionen notwendig, die oft von der Expertiseforschung, der Professionsforschung,

Modellen zum lebenslangen Lernen und betrieblichen Weiterbildungsmodellen ihren Ausgangspunkt nehmen. Zweitens ist eine kognitionswissenschaftliche Analyse von Wissens- und Könnens-Komponenten sowie von deren Veränderung über die Zeit im Verlauf des Kompetenz-Erwerbs notwendig. Drittens ist die Ableitung von Konsequenzen für das Lehren notwendig, die handlungs- und performanznah vorzunehmen sind und den Zusammenhang zwischen Lehren und Lernen explizit thematisieren müssen. Weitere, bislang erst zaghaft gegangene Wege zur Analyse von Lehr-Kompetenz aus verschiedenen Perspektiven, die womöglich weitergehende Synergiemöglichkeiten erschließen, deuten sich an. In Anbetracht der großen Bedeutung einer hochwertigen Lehre kann etwa versucht werden, die theoretischen und empirischen Grundlagen für eine Verbindung von Evaluationsforschung mit Wissenschaftsdidaktik und Organisationsentwicklung zu diskutieren (HENNINGER 2002).

Als besonders tragkräftige Idee wurde in dem Symposium das Konzept von Lehr-Expertise in modernen Konzeptionen diskutiert, in denen kognitive und sozio-kulturelle Elemente verknüpft werden. Die Expertiseforschung wird seit einigen Jahren in der empirischen Pädagogik immer bedeutsamer, denn die Untersuchung herausragender menschlicher Leistung sowie der Bedingungen ihres Zustandekommens und der Möglichkeiten zur instruktionalen Unterstützung als zentrales Anliegen der Erziehungswissenschaften erhält durch die empirische, kognitionswissenschaftliche Orientierung neue Impulse. Ein wesentlicher und unstrittiger Befund der Expertiseforschung ist, dass Expertise hochgradig domänenspezifisch ist, so dass die Übertragbarkeit von Erkenntnissen aus anderen Gegenstandsbereichen auf den Lehrberuf nicht trivial vorausgesetzt, sondern vielmehr empirisch untersucht werden muss. Zwar liegt eine große Anzahl an Studien über die Profession „Lehrer" vor, etwa in Arbeiten zu Lehrerkognitionen, zur Unterrichtsqualität oder zur situierten Gestaltung von Lernumgebungen, aber ihre vollständige Integration in ein Modell des Lehrerberufes steht noch aus. Die Antworten auf die Fragen, inwieweit die Expertisemerkmale einer umfangreichen Wissensbasis, reichhaltiger Erfahrung mit domänenspezifischen Aufgabenstellungen, großen Problemlöseerfolgs, Effizienz der Tätigkeit, geringer Fehlerquote und hoher Präzision zum einen in der Lehramts-Ausbildung vermittelt werden und inwieweit sie andererseits in der Lehrtätigkeit zur Geltung kommen, stellen bedeutende Herausforderungen für die künftige Konzeption des Lehrerberufes und damit auch für die Lehrerbildung der Zukunft dar (TERHART 2000). Die Verknüpfung von Expertiseforschung und Lehrerbildung mit dem Ziel, Bedingungen herzustellen, unter denen vom „kompetenten Lehrer als Multiplikator von Innovation" gesprochen werden kann, kann natürlich keineswegs als einseitiger Input von Seiten der Expertiseforschung konzipiert werden, mit Hilfe dessen Desiderata für die Lehramts-Ausbildung präzise formuliert werden können (GRÄSEL / GRUBER 2000). Vielmehr stellt die

Lehrerbildung auch umgekehrt einen Prüfstein für Theorien der Expertiseforschung dar, an dem sich Modelle der instruktionalen Unterstützung des Expertiseerwerbs zu messen haben.

Die Entwicklung des Expertisebegriffs geht mit neuen Interpretation des Kompetenzbegriffs Hand in Hand: „Mit dem Begriff ‚Kompetenz' bezeichnet die Kommission das Verfügen über Wissensbestände, Handlungsroutinen und Reflexionsformen, die aus der Sicht einschlägiger Professionen und wissenschaftlicher Disziplinen zweck- und situationsangemessenes Handeln gestatten. (...) Unter diesem Aspekt werden hier drei Grundlagen der Lehrerkompetenz unterschieden: Sie beruht auf wissenschaftlich fundiertem *Wissen*, auf situativ flexibel anwendbaren *Routinen* und auf einem besonderen *Berufsethos*, das handlungsleitende Wertmaßstäbe repräsentiert." (TERHART 2000, S. 54f.)

WEINERT (1999) analysiert und bewertet eine Vielzahl vorfindbarer, oft konträrer Kompetenzbegriffe, die eine weite Spanne von angeborenen, intrapersonalen Dispositionen (z.B. Begabung[en], Intelligenz) bis hin zu erworbenen, anforderungsspezifischen Wissensbasen ebenso abdeckt wie Konzepte von bereichsübergreifenden Schlüsselqualifikationen bis hin zu anwendungsspezifischen Fertigkeiten. Seine Intention, eine konzeptuelle Grundlage gerade für schulbasierte Leistungsvergleiche (seien sie national oder international) zu schaffen, sieht WEINERT (1999) am besten durch eine Auslegung des Kompetenzbegriffs umsetzbar, die sich streng an dem Begriff, wie er in der Expertiseforschung verwendet wird, anlehnt: Kompetenz als erlernte, anforderungsspezifische, kognitive Performanz-Disposition. Dies legt aber keineswegs nur einen Schwerpunkt auf kognitive Merkmale (bereichsspezifisches Gedächtnis, umfangreiches Wissen, automatisierte Fertigkeiten), sondern unter Erwerbs-Gesichtspunkten als zweiten Fokus die Beachtung von Metakompetenzen und motivationalen Einstellungen. Aus Ansätzen zum situierten Lernen lassen sich Vorschläge ableiten, wie Lernumgebungen so zu gestalten sind, dass die Wahrscheinlichkeit des Erwerbs individueller Kompetenz erhöht wird. Für deren Erfassung ist die Entwicklung sowohl von prototypischen als auch von spezifischen Beschreibungen von Leistungsanforderungen, Performanzkriterien und Kompetenz-Indikatoren notwendig.

Verwendet man einen der Expertiseforschung entlehnten Kompetenzbegriff (WEINERT 1990), wird fünferlei deutlich: (1) Kompetenz wird performanzbezogen definiert; (2) die damit gemeinte Performanz bezieht sich nicht auf isolierte (z.B. schulische) Tests, sondern auf „Expertenpraxis" und somit auf ein weites Leistungsspektrum; (3) dies impliziert zudem, dass eine Vielzahl an Leistungen gemeint ist, so dass ein differenziertes Leistungsspektrum möglich ist; (4) es ist dabei lediglich ein Grundgerüst an Mindestanforderungen „verbindlich", andere Komponenten können einander wechselseitig kompensieren; (5) dennoch bleiben alle Komponenten extrem wissens- und fertigkeitsbezogen und damit expliziten Messungen zugänglich. Um die Kompetenz-Komponenten koordiniert entwickeln zu können, ist es notwendig, den Expertise-Erwerb durch reflektierte Erfahrung zu unterstützen (GRUBER 1999; 2002). Hierfür sind Modelle des Lernens von Erwachsenen lehrreich. Erwachsene sind mit realen Aufgaben und Problemen konfrontiert, zu deren Bewältigung reichhaltiges theoretisches Wissen notwendig, jedoch nicht hinreichend ist. Erwachsene müssen zudem im Stande sein, mit ihrem Wissen umzugehen und es für die Lösung anstehender Probleme effektiv zu nutzen. Dabei ist es hilfreich, dass die Lernenden eigene Ziele verfolgen können und dass es notwendig ist, die berufliche Erfahrung in Lernsituationen zu integrieren, um Selbstverantwortung und Selbststeuerung des Lernens zu erreichen. „Lernen aus Erfahrung" ist aber nicht gleich „Lernen in der Praxis" – vielmehr funktioniert Lernen aus Erfahrung nur bei gezielter Vorbereitung der Lernumgebung, instruktionaler Unterstützung und reflektierter Elaboration durch die Lernenden. „Richtige" Erfahrung weist folgende Merkmale auf: (1) Sie ist mit dem Besitz umfangreichen Wissens verbunden. (2) Sie hängt vor allem mit Wissen zusammen, das durch episodische, selbst erlebte Ereignisse entsteht und von den Lernenden aufgrund dieser Erlebensprozesse konstruiert wird. (3) Erfahrung entsteht in episodischen Erlebnissen nur dann, wenn diese vom Individuum subjektiv als relevant eingeschätzt werden. (4) Erfahrung kann gelehrt werden, wenn es ermöglicht wird, Episoden zu erleben, und wenn die individuelle Relevanz des Lerngegenstands vermittelt wird. Dies hat Konsequenzen für die Konzeption von „Wissen" – eine angemessene Förderung des Expertise-Erwerbs im Sinne lebenslangen Lernens kann sich nicht nur auf deklaratives Wissen (Faktenwissen) beschränken, sondern muss das Entstehen komplexerer Wissensformen durch instruktionale Maßnahmen unterstützen. HERRMANN (2002) weist darauf hin, dass dies nicht trivial ist: „Erstaunlicherweise ist jedoch reflektierte Berufserfahrung in Verbindung mit Fortbildung von einem bestimmten Punkt an in der Mehrzahl der Berufsbiographien und in der überwältigenden Mehrzahl der Fachgebiete in der Regel *keine* Ressource für *professional growth*, also eine Zunahme an Expertise (...) Seine *tatsächliche* Expertise ist deshalb in der Regel für einen Lehrer nicht nur nicht eindeutig, meist ist sie ihm nicht einmal bekannt, die meisten können sie jedenfalls nicht artikulieren, und viele verstehen nicht einmal die Frage. Deshalb vermögen Lehrer auf die Frage, worin ihre *Professionalität* besteht, in der Regel nur durch Selbstcharakterisierungen zu antworten, die sich überraschenderweise *nicht* auf den Unterricht beziehen – normativ-reformpädagogisch definiert: optimale Initiierung und Förderung von selbstmotiviertem und selbstgesteuertem Schüler-Lernen –, sondern auf fachliche und/oder *personale* Kompetenzen als allgemeiner Berufsbefähigung. Gymnasiallehrer verweisen auf ihre *fachwissenschaftliche* universitäre Ausbildung, Berufsschullehrer auf ihre Berufsausbildung und -erfahrung *vor* Eintritt ins Lehramt, berufszufriedene und erfolgreiche Lehrer verweisen auf den Faktor ‚Lehrerpersönlichkeit'." (S. 46) Dass dies beträchtlichen Reformbedarf für die Lehrerbildung impliziert, ist naheliegend.

HIEBERT, GALLIMORE und STIGLER (2002) schlugen kürzlich vor, zur nachhaltigen Verbesserung von Schule und Unterricht eine systematische Wissensbasis über Lehrberufe aufzubauen und fortzuschreiben, in der sowohl Praktikerwissen als auch wissenschaftliches, professionelles Wissen Eingang finden und miteinander verknüpft werden: „In spite of the continuing efforts of researchers, archived research knowledge has had little effect on the improvement of practice in the average classroom. We explore the possibility of building a useful knowledge base for teaching by beginning with practitioners' knowledge. We outline key features of this knowledge and identify the requirements for this knowledge to be transformed into a professional knowledge base for teaching." (S. 3) Mit der Entwicklung von Modellen, wie *practitioner knowledge*, das praxisbezogen, detailliert, konkret und spezifisch ist, in *professional knowledge*, das öffentlich zugänglich, speicherbar, systematisch indiziert und kommunizierbar und empirisch verifiziert ist, ist zwar nur ein erster Schritt getan. Dieser aber scheint sich bereits zu bewähren.

Literatur

BERLINER, D. C. (1987): Der Experte im Lehrerberuf: Forschungsstrategien und Ergebnisse. In: Unterrichtswissenschaft, 15. Jg., S. 295-305.

BERLINER, D. C. (2001): Learning about and learning from expert teachers. In: International Journal of Educational Research, 35. Jg., S. 463-482.

BROMME, R. (1992): Der Lehrer als Experte. Zur Psychologie des professionellen Wissens. – Bern.

EDER, F. / ALTRICHTER, H. (2002, März): Das „Autonomie-Paritäts-Muster" als Innovationsbarriere. Vortrag im Symposium „Der kompetente Lehrer als Multiplikator von Innovation", 18. Kongress der Deutschen Gesellschaft für Erziehungswissenschaft, München.

GRÄSEL, C. / GRUBER, H. (2000): Kooperatives Lernen in der Schule. Theoretische Ansätze – Empirische Befunde – Desiderate für die Lehramtsausbildung. In: SEIBERT, N. (Hrsg.): Unterrichtsmethoden kontrovers. – Bad Heilbrunn, S. 161-175.

GRUBER, H. (1999): Erfahrung als Grundlage kompetenten Handelns. – Bern.

GRUBER, H. (2002, November): Innovationen im Unterricht durch Stärkung von Lehr-Expertise. Eingeladener Vortrag bei der Dritten Fachtagung des Tutzinger Netzwerks für Schule und Lehrer „Nach PISA: Innovation des Unterrichts durch Lehrerbildung", Evangelische Akademie Tutzing.

HENNINGER, M. (2002, September): Wenn drei nicht unbedingt das Gleiche tun – Evaluation, Wissenschaftsdidaktik und Organisationsentwicklung in ihren

Bezügen zur Qualität von Lehre. Arbeitsgruppe auf dem 43. Kongress der Deutschen Gesellschaft für Psychologie, Berlin.
HERRMANN, U. (2002): Wie lernen Lehrer ihren Beruf? Empirische Befunde und praktische Vorschläge. – Weinheim.
HIEBERT, J. / GALLIMORE, R. / STIGLER, J. W. (2002): A knowledge base for the teaching profession: What would it look like and how can we get one? In: Educational Researcher, 31. Jahrgang, Heft 5, S. 3-15.
KOLODNER, J. L. (1983): Towards an understanding of the role of experience in the evolution from novice to expert. In: International Journal of Man-Machine Studies, 19. Jg., S. 497-518.
KUPILA, P. (2002, Juni): Use of reflection in the development process of educational expertise. Poster auf der „2nd EARLI-SIG Working Conference on Professional Learning", Turku, Finnland.
LAVE, J. / WENGER, E. (1991): Situated learning: Legitimate peripheral participation. –Cambridge.
LEINHARDT, G. (1988): Situated knowledge and expertise in teaching. In: CALDERHEAD, J. (Hrsg.): Teachers' professional learning. – London, S. 146-168.
OSER, F. K. (2002, März): Kompetenzprofile von Lehrpersonen, ihre Diagnose und ihre Erreichbarkeit. Vortrag im Symposium „Der kompetente Lehrer als Multiplikator von Innovation", 18. Kongress der Deutschen Gesellschaft für Erziehungswissenschaft, München.
OSER, F. K. / OELKERS, J. (Hrsg.) (2001): Die Wirksamkeit der Lehrerbildungssysteme. Von der Allrounderbildung zur Ausbildung professioneller Standards. – Zürich.
PRENZEL, M. / OSTERMEIER, C. (2002, März): Lehrkräfte in Netzwerken der Qualitätsentwicklung. Vortrag im Symposium „Der kompetente Lehrer als Multiplikator von Innovation", 18. Kongress der Deutschen Gesellschaft für Erziehungswissenschaft, München.
ROPO, E. (2002, März): Teaching expertise: Empirical findings on expert teachers and teacher development. Vortrag im Symposium „Der kompetente Lehrer als Multiplikator von Innovation", 18. Kongress der Deutschen Gesellschaft für Erziehungswissenschaft, München.
SCHRADER, F.-W. / HELMKE, A. (2002, März): Unterrichtsqualität und Lehrerexpertise. Vortrag im Symposium „Der kompetente Lehrer als Multiplikator von Innovation", 18. Kongress der Deutschen Gesellschaft für Erziehungswissenschaft, München.
TERHART, E. (2000): Perspektiven der Lehrerbildung in Deutschland. – Weinheim.
TILLEMA, H. (2002, März): Knowledge productive learning; concept and tool in the professional development of teachers. Vortrag im Symposium „Der kompetente Lehrer als Multiplikator von Innovation", 18. Kongress der Deutschen Gesellschaft für Erziehungswissenschaft, München.
WEINERT, F. E. (1990): Was kann, was sollte die Pädagogische Psychologie aus den Forschungen zum Expertiseerwerb lernen? In: Unterrichtswissenschaft, 18. Jg., S. 67-70.
WEINERT, F. E. (1999): Concepts of competence. OECD project Definition and selection of competencies: Theoretical and conceptual foundations (DeSeCo). – Neuchâtel.

Norbert Havers

Trainings als innovative Methoden der Lehrerbildung

Im Einleitungsreferat des Symposiums beschäftigte sich *Dietlinde Heckt* mit der Frage, wieweit Trainings zu einer kompetenzorientierten Lehrerbildung beitragen können. Die Verhaltenskompetenz von Lehrerinnen und Lehrern schließt Kommunikations-, Kooperations- und Konfliktfähigkeit ebenso ein wie die Fähigkeit, eigenes Verhalten in seinen Wirkungen auf andere einzuschätzen und zu verändern. Solche sozialen und kommunikativen Kompetenzen beruhen weitgehend auf Erfahrungslernen. Allerdings genügt Alltagserfahrung nur ganz wenigen, besonders talentierten Menschen, um jederzeit situations-, personen- und sachadäquat kommunizieren zu können. Alle anderen Personen müssen das eigens lernen. Während Trainingsseminare zur Förderung der sozialen Kompetenz in der freien Wirtschaft inzwischen eine Selbstverständlichkeit sind, stellen sie im Bereich der Lehreraus- und -weiterbildung bis heute eine Ausnahme dar. Besonders das Problem des Umgangs mit Verhaltensauffälligkeiten von Schülern ist ohne die systematische Entwicklung sozialer Kompetenz der Lehrkräfte jedoch kaum zu lösen. Frau Heckt plädierte dafür, die starke fachwissenschaftliche und fachdidaktische Orientierung in der Lehrerausbildung durch eine intensive Schulung sozialer Kompetenzen, also durch Lehrertrainings, zu ergänzen.

Entwicklung von Lehrertrainings

Der erste Teil des Symposiums stand unter dem Thema „Entwicklung von Lehrertrainings".

Susanne Toepell stellte in ihrem Vortrag die Entwicklung des Microteaching-Modells im deutschen Sprachraum von 1966 bis heute dar: Die Microteaching-Methode wurde in Deutschland Mitte der 1960er Jahre vor allem durch Walter Zifreund und seine Mitarbeiter bekannt gemacht. Eine Besonderheit des Microteaching war das Training einzelner, relativ isolierter Lehrfertigkeiten in kleinen Gruppen. Weitere Besonderheiten waren Videoaufzeichnungen, gefolgt von einer späteren Analyse dieser Aufnahmen in der Trainingsgruppe. Eine erste Weiterentwicklung des klassischen Microteaching gelang *Hans-Gerhard Klinzing* durch die Einführung ausgedehnter Individualphasen, in denen die Seminarteilnehmer so instruiert wurden, dass sie ihre Videoaufzeichnungen alleine analysieren konnten. *Georg Becker* hielt ebenso wie Klinzing das Training isolierter Lehrfertigkeiten für wenig effektiv. Er gruppierte einzelne Lehrfertigkeiten deshalb zu so genannten „Unterrichtssituationen", die Lehrkräfte regelmäßig bewältigen müssen, z.B. die Erklärung eines Sachverhalts. *Waldemar Pallasch* integrierte das Microteaching in schulpädagogische Blockpraktika.

In den 1980er und 1990er Jahren wurde eine Fülle verschiedener Modelle des Microteaching konzipiert und kreativ weiterentwickelt. Zum Microteaching wurde mehr geforscht als zu jedem anderen Verfahren der Lehrerbildung. Vor allem an der Universität Tübingen entstanden zahlreiche empirische Untersuchungen, in denen die hohe Effizienz dieses Verfahrens nachgewiesen wurde (KLINZING 2002). Doch trotz der sehr ermutigenden Forschungsergebnisse ist die Publikationstätigkeit zu diesem Verfahren im Laufe der Jahrzehnte zurückgegangen. Dies ergibt eine Auswertung der Datenbanken PSYNDEX und CD-BILDUNG zu diesem Thema: Während Microteaching in den 1970er Jahren einen großen Aufschwung erfuhr, folgte eine Stagnationsphase in den 1980er und 90er Jahren (HAVERS / TOEPELL 2002). Eine aktuelle Internetrecherche zeigte jedoch, dass in den 90er Jahren die Zahl der tatsächlich durchgeführten Microteaching-Kurse nicht so stark zurückgegangen ist, wie es der Rückgang der Publikationen vermuten lässt. Das Microteaching lebt durchaus in vielen Einzeldisziplinen weiter, z.B. in verschiedenen Fachdidaktiken. Es war aber in der pädagogischen Diskussion der 90er Jahre nur wenig präsent. Da wegen der schlechten Ergebnisse der PISA-Studie in den deutschsprachigen Ländern ein starkes Bedürfnis nach einer Verbesserung der Lehrerbildung besteht, dürfte das Interesse am Microteaching in nächster Zeit wieder zunehmen (vgl. HAVERS / HELMKE 2002).

Gabriele Krause referierte über das Thema „Entwicklung von Lehrertrainings in der BRD und der DDR – Trainingsmodelle und theoretische Ansätze": Im Laufe der letzten Jahrzehnte wurde in Deutschland eine Vielzahl von Lehrertrainings konzipiert, die sich in Qualität, Inhalt, theoretischer Orientierung und methodischer Fundierung stark unterschieden. Vergleicht man die Entwicklung in den beiden deutschen Staaten vor 1990, so zeigte sich eine Reihe von Gemeinsamkeiten, aber auch erhebliche Unterschiede. Während beispielsweise in der BRD seit Ende der 60er Jahre eine Fülle verschiedener Publikationen zu verzeichnen war, ist die Zahl der Veröffentlichungen zu Lehrertrainings in der DDR sehr überschaubar (Vergleich: 107 Titel in der „Bibliographie zum Lehrertraining" (ZPID 1985); 8 Titel zu Lehrertrainings in der „Auswahlbibliographie psychologische Trainings in der DDR" (KARPINSKI 1983).) Die unterschiedliche Resonanz in der Literatur spiegelt das jeweilige Interesse jedoch nur bedingt wider. Zum einen war in beiden Ländern auf Grund der Bevölkerungszahlen die Zielgruppe für Lehrertrainings verschieden groß, zum anderen waren erhebliche Unterschiede in den Entwicklungsbedingungen zu verzeichnen. In der DDR gingen etwa zeitgleich zur BRD Lehrertrainings aus der wirtschaftsbezogenen Trainingsforschung hervor („Leipziger Trainingsschule" um Vorwerg und Ahlberg) und wurden durch diese in ihrer theoretischen Fundierung auch in den Folgejahren wesentlich geprägt. In der BRD entwickelte sich nach den ersten Microteaching-Seminaren Ende der sechziger Jahre (vgl. den Beitrag von Susanne Toepell) ein breites Spektrum von Trainings, welche theoretisch vor allem auf therapeutische Konzeptionen zurückzuführen waren. Auf die Verbreitung der Trainings hatten die unterschiedlichen bildungspolitischen Rahmenbedingungen in beiden Ländern einen wesentlichen Einfluss. Während in der BRD institutionelle und personelle Restriktionen sowie starre, veraltete Ausbildungsrichtlinien die Etablierung von Lehrertrainings vor allem in der Lehrerausbildung erschwerten, wurden Lehrertrainings in der DDR durch das Ministerium für Volksbildung gezielt behindert bzw. verhindert. Trotzdem gab es Nischen zur Durchführung von Lehrertrainings und es fand, meist verdeckt durch unverdächtige Titel, Forschung in diesem Bereich statt. Dies wurde in einer ganzen Reihe von Veröffentlichungen zu Lehrertrainings in der DDR nach der Wende deutlich. Die beschriebenen Unterschiede werden auch bei den Trainerinnen und Trainern deutlich. In der DDR bestanden sie aus einem relativ kleinen Kreis meist hoch qualifizierter, in psychologische Forschungskontexte eingebundener Fachleute. In der BRD spiegelte sich hier die Facettenvielfalt der Trainings wieder. Nach der Wende gingen ostdeutsche Lehrertrainings als ein weiterer Bestandteil in der westdeutschen Trainingskultur auf. Ein aktuelles Beispiel erfolgreicher Umsetzung von Lehrertrainings in der Lehrerausbildung ist das Braunschweiger Trainingsmodell (http://www.tu-bs.de/institute/sem-psych/training/index.html).

Winfried Humpert berichtete über das Konstanzer Trainingsmodell (KTM), das am weitesten verbreitete Lehrertraining im deutschen Sprachraum. Das KTM ist ein Programm zur Reduktion von Aggressionen und Störungen durch Erhöhung der Sozialkompetenz der Lehrer. Es entstand in den 80er Jahren im Rahmen des DFG-Sonderforschungsbereichs „Bildungsforschung" an der Universität Konstanz (TENNSTÄDT / KRAUSE / HUMPERT / DANN 1991). Aufgrund langjähriger Erfahrung mit diesem Modell entwickelten HUMPERT und DANN (2001) eine modifizierte Kurzversion unter der Bezeichnung „KTM kompakt". Das Konstanzer Trainingsprogramm basiert auf kognitionswissenschaftlichen, handlungstheoretischen und kommunikationstheoretischen Grundlagen und empirischen Analysen (DANN / HUMPERT 2002). Von besonderer Bedeutung ist dabei die Rekonstruktion der subjektiven Theorien der Lehrpersonen in Bezug auf konflikthaltige Situationen. Diese subjektiven Theorien sind Ausgangspunkt für Trainingsübungen, bei denen die subjektiven Theorien mit handlungsorientierten wissenschaftlichen Konzepten und Befunden konfrontiert werden (HUMPERT 2001).

Das KTM lässt sich in sechs Durchführungsschritte gliedern:

1. Schritt: „Kooperation". Das bedeutet konkret, ein „Tandem" von zwei Lehrkräften zu bilden
2. Schritt: Wechselseitiger Unterrichtsbesuch und systematische Beobachtung des Unterrichts
3. Schritt: Rekonstruktion von Gedanken, Verhalten und Gefühlen
4. Schritt: Bearbeitung eines Trainingsbausteins bzw. Durchführung einer Trainingsübung
5. Schritt: Erprobung einer neuen Handlung im Unterricht
6. Schritt: Überprüfung der Wirksamkeit der neuen Handlung

Die Teilnahme am Training ist besonders wirksam in einer geleiteten Trainingsgruppe.

Das ursprüngliche KTM wurde bezüglich verschiedener Effekte empirisch überprüft (DANN / HUMPERT 2002). Die bei der Entwicklung von „KTM kompakt" vorgenommenen Veränderungen (schneller Einstieg, Vereinfachung der Rekonstruktion der subjektiven Theorien, modularer Aufbau mit wenigen Trainingsbausteinen, Erweiterung der Anwendungsfelder) entspringen jedoch primär den praktischen Trainingserfahrungen und den Befragungen der Absolventen des Trainingsprogramms seit 1985. Das „KTM kompakt" wird derzeit anhand einer kleineren Stichprobe an der Universität Erlangen-Nürnberg evaluiert.

Jens J. Rogmann berichtete über Probleme bei der verpflichtenden Durchführung von Lehrertrainings während der Referendarausbildung:

Mit der Reform der zweiten Stufe der Lehrerausbildung in Hamburg wurde 1996 ein für alle Referendare verpflichtendes Lehrertraining am Staatlichen Studienseminar in Hamburg eingeführt. Das Ziel der Reform war die Förderung der personalen und sozialen Kompetenz der angehenden Lehrer. Zu Beginn der Reform hatten diese Lehrertrainings mit erheblichen Schwierigkeiten zu kämpfen, die allerdings zu einer Weiterentwicklung dieser Trainings führten. Anstoß für diese Weiterentwicklung waren Diskussionen innerhalb der Trainergruppe über bestimmte Schwierigkeiten, die unabhängig von der Person des Trainers und unabhängig von der Zusammensetzung der Teilnehmergruppe immer wieder auftraten.

Zunächst wurde versucht, diese negativen Reaktionen psychologisch als „Widerstand" zu deuten. Als mögliche Ursachen der Verweigerung wurden außerdem die „Teilnahmeverpflichtung", die „zusätzliche Belastung durch das Training" und ein möglicher „Mangel an Unterstützung innerhalb des Studienseminars" diskutiert. Im Laufe der Zeit wurde es jedoch immer deutlicher, dass es in erster Linie die psychologisch orientierte Arbeitsweise der Trainer war, die bei den Referendaren und Referendarinnen Unverständnis und Verweigerung hervorgerufen hatte (ROGMANN / AFFELDT 1994). Von dieser Analyse ausgehend ergaben sich zwei Ansatzpunkte für die Fortentwicklung der Lehrertrainings: erstens die Abkehr von curricularen Vorgaben und die stärkere Orientierung an konkreten Anliegen der Teilnehmer und zweitens Überlegungen zu möglichen „Kulturunterschieden" zwischen einer psychologischen und einer pädagogischen Kultur.

Die „psychologische Kultur" färbte die Arbeit der Trainerinnen und Trainer. Dies zeigte sich in ihrer Haltung (bewertungsfrei, verstehend), im Wortgebrauch („Fokus", „ein Stück weit"), in ihren Zielen (langfristig, persönlichkeitsorientiert, reflexiv) und in ihren Methoden (personorientiert). Die Referendare und Referendarinnen waren dagegen geprägt von einer „pädagogischen Kultur", die sich durch ihre eigenen Schulerfahrungen und durch die Sozialisationsphase im Referendariat herausgebildet hatte. Die „pädagogische Kultur" beeinflusste auch das Verhalten der Referendare und ihre Einstellung zum Lehrertraining. Dieser Einfluss zeigte sich in ihrer Haltung (bewertungsorientiert), im Wortgebrauch („pädagogisches Konzept"), in ihren Zielen (kurzfristig, wirkungsorientiert) und in ihren Methoden (kognitiv-analytisch, stofforientiert). Als den Trainern diese Unterschiede bewusst wurden, fingen sie an, im Lehrertraining auf die Merkmale der pädagogischen Kultur stärker zu achten und sie bemühten sich, die Kulturunterschiede nicht zu verschleiern, sondern sie transparent zu machen, um so eine Verständigung zu erleichtern. Die Ergebnisse der begleitenden Evaluation in den vergangenen drei Jahren verdeutlichen, dass die inzwischen stattgefundene Weiterentwicklung des Lehrertrainings von den Referendarinnen und Referendaren weit gehend positiv aufgenommen wurde.

Evaluation von Lehrertrainings

Der zweite Teil des Symposiums widmete sich dem Thema „Evaluation von Lehrertrainings". *Irene Mayrhofer-Schällig* sprach über die Optimierung eines Lehrertrainings mithilfe formativer Evaluation. Die Entwicklung dieses Trainings wurde gefördert durch ein Doktorandenstipendium der Hanns-Seidel-Stiftung. Es handelt sich hier um ein Training für Grundschullehrer zur Prävention und Intervention bei aggressivem Schülerverhalten. Die Modifikation subjektiver Theorien von Lehrern spielt dabei eine wesentliche Rolle. In acht Trainingsblöcken mit unterschiedlichen Themenschwerpunkten werden den Lehrern mit Hilfe von Vorträgen, Diskussionen und Rollenspielen mit Feedback Kenntnisse nahe gebracht und Kompetenzen eingeübt. Die dort neu erworbenen Fähigkeiten werden von den Teilnehmern in einer so genannten Transferphase zwischen den Trainingsblöcken in den eigenen Unterricht umgesetzt. Auch bei dieser Aufgabe werden sie durch den Trainer betreut. Als Trainer fungierten drei Schulpsychologen. Sie erhielten ein detailliertes Trainingsmanual und alle erforderlichen Unterlagen.

Nach der ersten Entwicklungsphase wurde das Training formativ evaluiert (vgl. SCRIVEN 1972). Hauptziel dieser formativen Evaluation war es, Stärken und Schwächen der Trainingskonzeption aufzudecken und festzustellen, inwieweit Trainer ohne eine spezielle Ausbildung mit dem Trainingsmanual und den Materialien zurecht kamen. Die Evaluation diente also in erster Linie der Verbesserung des bisherigen Trainings.

Das Manual, die Materialien, die Konzeption mit ihrem Wechsel von Trainingstagen und Transferphasen, die gesamte Praxisrelevanz des Trainings sowie die Präsentation der einzelnen Sequenzen wurden insgesamt sehr positiv beurteilt. Nach Aussage der befragten Trainer und Teilnehmer reflektieren diese ihr unterrichtliches Handeln intensiver und reagierten adäquater als bisher auf aggressives Schülerverhalten. Noch wichtiger als diese positiven Rückmeldungen waren jedoch Ergebnisse, die zu einer Verbesserung der Trainingskonzeption führten:

(1) Die im Manual vorgegebenen *Vorträge* wurden von Trainern und Teilnehmern als zu theoretisch empfunden. Bei einer Überarbeitung des Trainings wurde deshalb auf Vorträge weit gehend verzichtet und stattdessen intensiver an Fallbeispielen gearbeitet.

(2) Die Trainer nahmen sehr viele *Veränderungen an der Trainingskonzeption* vor, obwohl sie die vorgegebenen Sequenzen durchweg positiv beurteilten. Im Manual soll daher in Zukunft stärker auf die Ziele und Grundlagen des Trainings verwiesen werden, um den Trainern den Sinn der Übungen einsichtig zu machen. Hinweise sollen verdeutlichen, welche Übungen besonders wichtig sind und deshalb beibehalten werden sollten und welche ausgelassen oder verändert werden können.

(3) Die *Praxisbesuche durch den Trainer* waren zwar sehr erfolgreich, wenn sie durchgeführt wurden. Sie aber wurden von den Teilnehmern nur sporadisch in Anspruch genommen. In zukünftigen Trainings sollte deshalb intensiver auf die positiven Auswirkungen dieser Besuche hingewiesen werden. Der Trainer sollte als Unterstützer und Helfer auftreten. Außerdem sollte der Einsatz eines „Trainingstandems" im Sinne des Konstanzer Trainingsmodells erprobt werden (HUMPERT / DANN 2001).

Zusammenfassend kann festgestellt werden, dass die formative Evaluation sowohl bestätigende Ergebnisse erbrachte als auch wichtige Hinweise zur Verbesserung des Trainings aufwies. Für die *Teilnehmer* war das Training in erster Linie hilfreich und erweiterte ihre berufliche und soziale Kompetenz. Akzeptanzprobleme traten dagegen eher bei den *Trainern* auf. Den Trainern sollte deshalb die Konzeption des Trainings einsichtiger gemacht werden, z.B. durch eine vorangehende Trainerausbildung und durch eine bessere Begründung des Vorgehens im Trainingsmanual.

Gisela Müller-Fohrbrodt referierte über die Evaluation des „Trainings zur konstruktiven Konfliktbearbeitung (KKB)": Das KKB (MÜLLER-FOHRBRODT 1999) soll Voraussetzungen für die konstruktive Bearbeitung von Konflikten fördern, z.B. die Bereitschaft im Konflikt den Eigenanteil an der Eskalation zu suchen, die Bereitwilligkeit die Perspektive zu wechseln und die Bereitschaft vor der Maßnahmensuche die Ziele zu klären und eine kreative Lösung anzustreben, in der beide Partner gewinnen können. Das Lernarrangement ist darauf ausgerichtet, eine Partei bei der vorbereitenden Konfliktklärungsarbeit zu unterstützen. Seine Charakteristika sind: individualisierende Bearbeitung eines eigenen Konflikts in einer betreuten Kleingruppe, Abstandgewinnung durch Abwesenheit der anderen Konfliktpartei, Förderung von Verstehen und Verständigung in einem geschützten Klima, mehrfacher Rollenwechsel zwischen beratender und beratener Person sowie Kanalisierung der Konfliktbearbeitung durch ein stark strukturiertes und ritualisiertes Vorgehen.

Es liegen Evaluationsdaten von 172 Studierenden vor. Es handelt sich bisher ausschließlich um Selbstauskünfte der Teilnehmenden und zwar

(a) als *freie Äußerungen vor und nach dem Training* zu erhofften und tatsächlichen Gewinnen sowie zu befürchteten und erfahrenen kritischen Aspekten;

(b) aus einer *Nachbefragung unmittelbar nach Abschluss des Trainings* sowie

(c) aus einer *Nachbefragung sechs Monate später.*

Die Ergebnisse sprechen dafür, dass in erster Linie die *Wahrnehmung* von Konflikten und weniger die Konfliktbearbeitungs*kompetenzen* verbessert werden. So wurde die Einsicht in die eigene Beteiligung an der Eskalation und in die Schwierigkeiten des wechselseitigen Verstehens gesteigert. Auch das Verständnis der Grundannahmen der konstruktiven Konfliktbearbeitung und die positive Einstellung zu diesem Konzept wuchsen. Beide Auswirkungen zeigten sich auch noch sechs Monate nach Abschluss des Trainings. Die Wahrscheinlichkeit, dass die neuen Einsichten und Einstellungen selbstständig auf neue Konfliktsituationen im privaten oder beruflichen Alltag transferiert werden, wurde dagegen skeptischer beurteilt. Dazu bedarf es – auch nach Meinung der Studierenden – weiterer Übungsmöglichkeiten.

Friedrich Ch. Sauter berichtete über seine Untersuchungen zur Effizienz des „Gordon-Lehrertrainings": Das Gordon-Lehrertraining ist ein Training zur friedlichen Konfliktlösung und Verbesserung der Kommunikation. Sein theoretischer Hintergrund ist die Humanistische Psychologie, speziell der personzentrierte Ansatz von Carl Rogers. Dies kommt in den Zielen und in den Methoden des Trainings zum Ausdruck. Die *Ziele* sind: ein gutes Beziehungsverhältnis zwischen Lehrkraft und Schüler/innen, eine positive

Beziehung der Schüler/innen untereinander, die Befähigung Konflikte aufzugreifen, zu bearbeiten und friedlich zu lösen, das Einüben einer partnerschaftlichen Kommunikation und Interaktion, die Erhöhung der Transparenz der Lehrkraft für die Schüler/innen und die effektivere Nutzung der Unterrichtszeit. Als *Methoden* zur Erreichung dieser Ziele werden vermittelt: das „aktive Zuhören", die „Ich-Botschaften" zur partnerschaftlichen Konfrontation und die „Konfliktlösung ohne Niederlagen".

Die Frage nach der Effizienz lässt sich in zwei Fragestellungen aufteilen: Einmal kann man nach der *Zufriedenheit* der Teilnehmer/innen mit dem Kurs fragen, zum anderen nach dem *Transfer* des Gelernten auf die Unterrichtspraxis oder auf das tägliche Leben. Aus dem amerikanischen Raum sind verschiedene Untersuchungen hierzu bekannt (vgl. BRINER 1985; SAUTER 1993). Die meisten Erhebungen von Friedrich Sauter und Mitarbeitern beziehen sich auf die Einschätzung der Effizienz des Trainings *unmittelbar nach dem Kurs*: Im Zeitraum 1994 - 2002 haben 156 Personen (78 Studierende und 78 Lehrkräfte) die Kurse mittels Fragebogen anonym eingeschätzt. Auf einer Skala von 0 (schwach) bis 3 (sehr gut) ergab sich ein Mittelwert von 2,38, wobei die Lehrkräfte den Kurs mit dem Mittelwert von 2,50 noch besser einschätzten als die Studierenden.

Ein bis drei Jahre nach dem Training wurde das Seminar von den Lehrkräften immer noch genauso positiv beurteilt. Ebenfalls positiv eingeschätzt wurde in dieser Langzeituntersuchung der Erfolg von Ich-Botschaften, des Aktiven Zuhörens und der „Konfliktlösung ohne Niederlagen" (DIETZ 1995; NEUDEGGER 2000; SAUTER 2001).

Hans Gerhard Klinzing berichtete über sechs experimentelle Untersuchungen zur Optimierung von Expressivität, Teilnehmerorientiertheit und Selbstrealismus durch systematisches Training kommunikativer Fertigkeiten: H. G. Klinzing arbeitete in seinen Untersuchungen mit der Methode des Microteaching. Das Microteaching hat seit seinen Anfängen an der Stanford University, USA (1963) bzw. an der Universität Tübingen (1965) vielfältige Wandlungen erfahren. Die Offenheit seiner Verfahrensstruktur erlaubte nicht nur im Zuge seiner weiten internationalen Verbreitung Anpassungen an unterschiedliche Ausbildungskontexte (z.B. betriebliche, hochschuldidaktische und Lehrerweiterbildung), sondern auch Weiterentwicklungen, die sich aufgrund der reichen Forschung (KLINZING 2002) und der ihnen zu Grunde liegenden theoretischen Annahmen sowie aus wandelnden theoretischen Orientierungen ergaben. Solche Weiterentwicklungen zeigen sich zum einen in der forschungsgegründeten Auswahl und Aufbereitung der Trainingsinhalte, zum anderen in Umgewichtungen, Ergänzungen und Ausgestaltungen der Trainingsstruktur (z.B. höhere Gewichtung der kognitiven Bestandteile bei Umgestaltung der Praxisanteile, Anreicherungen durch die Fallmethode Simulationen, reflektierende Diskussionen etc.). Beispiele solcher Weiterentwicklungen sind die Programme, die an der Universität

Tübingen nach dem Ansatz *Interagieren als Experimentieren* entwickelt, auf Effektivität gestestet und evaluiert wurden.

Kürzlich erst wurden zwei Projekte in Zusammenarbeit mit Studienseminaren durchgeführt:

(1) Microteaching in der ersten und zweiten Phase der Lehrerausbildung (unter Mitarbeit von N. Edel, B. Hauck-Bühler und S. Lin).

(2) Interagieren als Experimentieren: Training kommunikativer Fertigkeiten: die Moderation von Diskussionen (unter Mitarbeit von R. Wunsch und A. Rupp).

Zu diesen zwei Programmen wurden insgesamt sechs experimentelle Untersuchungen durchgeführt, zwei mit Studienreferendaren und vier mit Lehramtsstudierenden. Alle Untersuchungen wurden in Labor-Verhaltenstests mit dem Rating of Alter Competence (RAC) und dem Self Rated Competence (SRC) (CUPACH / SPITZBERG 1981) auf Effektivität getestet und durch die Trainingsteilnehmer mit dem Course/Instructor Evaluation Questionnaire (CIEQ) (ALEAMONI / STEPHENS 1986) evaluiert. Die Ergebnisse zeigen relativ konsistent signifikante Verbesserungen in bedeutenden Aspekten von Sozial- und Unterrichtskompetenz: *Selbstrealismus* (Verringerung der Diskrepanz zwischen Selbsteinschätzung und Einschätzungen durch Interaktionspartner) sowie (selbst und fremd eingeschätzte) *Expressivität* und *Teilnehmerorientiertheit*. Weiterhin zeigen die Evaluationen dieser und 36 weiterer Intensivkurse in der betrieblichen und hochschuldidaktischen Weiterbildung außerordentlich positive Bewertungen des Trainings. Allerdings bewerteten die Studienreferendare das Training (wohl aufgrund ungünstiger Trainingsbedingungen und der Problematik dieser Ausbildungsphase) mit Abstand moderater als andere Adressaten. Diese Ergebnisse bestätigen und ergänzen die internationale Forschung in diesem Bereich (KLINZING 2002).

Im Abschlussreferat berichtete *Norbert Havers* über Langzeitwirkungen des „Münchner Lehrertrainings". Das Münchner Lehrertraining ist ein 5-tägiges Kompaktseminar, bei dem die Bewältigung von Disziplinschwierigkeiten und die Auseinandersetzung mit der beruflichen Identität als Lehrer im Mittelpunkt stehen (HAVERS 2001; http://www.paed.uni-muenchen.de/lehrertraining).

Bei der dem Referat zu Grunde liegenden Untersuchung handelte es sich um eine schriftliche Nachbefragung von Lehrern, die in ihrer Studentenzeit am „Münchner Lehrertraining" teilgenommen hatten (PASSIG 2002). Das Besondere dieser Befragung war, dass die Teilnahme am Training bei einem Teil der Befragten schon vier bis sechs Jahre zurücklag. Es gibt bisher fast keine Studien, welche die Wirkung von Trainingsseminaren oder anderen Formen der Lehrerbildung über einen derart langen Zeitraum ermittelt haben. In der Studie wurde im Detail untersucht, wie weit sich die ehemaligen Seminarteilnehmer an bestimmte Übungen erinnern und wie weit sie das dort Gelernte in ihrem Unterricht anwenden. So wurden sie beispielsweise gefragt, ob sie Anregungen aus dem Lehrertraining bei der Strukturierung von Stundenanfängen angewandt hätten. 71% der Lehrer, die vor 6 Jahren teilgenommen hatten, beantworteten diese Frage eindeutig mit „Ja". Eine andere Frage lautete: „Haben Sie im Unterricht auf die Anwendung von nonverbalem Lehrerverhalten geachtet, so wie Sie es im Lehrertraining kennen gelernt haben?" 43% derjenigen, die vor 6 Jahren teilgenommen hatten und 74 % derjenigen, die vor vier oder fünf Jahren mitgemacht hatten, antworteten auf diese Frage mit „Ja".

Die Ergebnisse dieser Langzeituntersuchung sind sehr ermutigend. Zwar entsprechen sie in ihrer Tendenz den bisherigen Studien über die kurzfristige Wirksamkeit von Lehrertrainings (KLINZING 2002), sie stehen aber im klaren Gegensatz zu den eher deprimierenden Resultaten der konventionellen Lehrerbildung (OESTERREICH 1988; BOHNSACK 2000).

Literatur

ALEAMONI, L. M. / STEPHENS, J. J. (1986[2]): Arizona course/instructor evaluation questionnaire (CIEQ) – Office of Instructional Research and Development, University of Arizona. – Tucson, AZ.

BOHNSACK, F. (2000): Probleme und Kritik der universitären Lehrerbildung. In: BAYER, M. / BOHNSACK, F. / KOCH-PRIEWE, B. / WILDT, J. (Hrsg.): Lehrerin und Lehrer werden ohne Kompetenz. – Bad Heilbrunn, S. 52-123.

BRINER, F. (1985): Amerikanische Untersuchungen über die Auswirkungen von Lehrer-Verhaltenstraining bei kriminellem Schülerverhalten. In: BÄUERLE, S. (Hrsg.): Schülerverhalten. – Regensburg, S. 171-185.

CUPACH, W. R. / SPITZBERG, B. H. (1981): Relational competence: Measurement and validation. Paper presented at the Western Speech Communication Association Conference. – San Jose, CA.

DANN, H.-D. / HUMPERT, W. (2002): Das Konstanzer Trainingsmodell (KTM). Grundlagen und neue Entwicklungen. In: Zeitschrift für Pädagogik, Bd. 48, S. 215-226.

DIETZ, O. (1995): Untersuchungen zur Effektivität des Gordon-Lehrertrainings. Psychologisches Institut der Universität Würzburg: Diplomarbeit.

HAVERS, N. (2001): Mit Disziplinschwierigkeiten umgehen lernen. In: Grundschule, 33. Jg., Heft 9, S. 33-35.

HAVERS, N. / HELMKE, A. (2002): Training des Lehrerhandelns. Einführung in den Thementeil. In: Zeitschrift für Pädagogik, Bd. 48, S. 171-173.

HAVERS, N. / TOEPELL, S. (2002): Trainingsverfahren für die Lehrerausbildung im deutschen Sprachraum. In: Zeitschrift für Pädagogik, Bd. 48, S. 174-193.

HUMPERT, W. / DANN, H.-D. (2001): KTM kompakt – Basistraining zur Störungsreduktion und Gewaltprävention für pädagogische und helfende Berufe auf der Basis des ‚Konstanzer Trainingsmodells'. – Bern.

HUMPERT, W. (2001): Über Objektivität und Subjektivität in Erziehungswissenschaft und Schulpraxis. In: Journal für Lehrerinnen- und Lehrerbildung, Bd. 1, S. 66-70.

KARPINSKI, S. (1983): Bibliographie: Psychologische Trainings in der DDR. Karl-Marx-Universität Leipzig, Sektion Psychologie.

KLINZING, H. G. (2002): Wie effektiv ist Microteaching? Ein Überblick über fünfunddreißig Jahre Forschung. In: Zeitschrift für Pädagogik, Bd. 48, Heft 2, S. 194-214.

MAYRHOFER-SCHÄLLIG, I. (1999): Entwicklung eines Trainings für Grundschullehrer zur Prävention und Intervention bei aggressivem Schülerverhalten. – Dissertation – Ludwig-Maximilians-Universität München – Mikrofilm.

MÜLLER-FOHRBRODT, G. (1999): Konflikte konstruktiv bearbeiten lernen. Zielsetzungen und Methodenvorschläge. – Opladen.

NEUDEGGER, C. (2000): Untersuchungen zur Effektivität des Gordon-Lehrertrainings. Diplomarbeit – Psychologisches Institut der Universität Würzburg.

OESTERREICH, D. (1988): Lehrerkooperation und Lehrersozialisation. – Weinheim.

PASSIG, C. (2002): Evaluationsstudie über die Langzeitwirkung des Münchner Lehrertrainings. Staatsexamensarbeit – Institut für Pädagogische Psychologie der Ludwig-Maximilians-Universität München.

ROGMANN, J. J. / AFFELDT, M. (1994): Lehrertraining im Spannungsfeld von pädagogischer und psychologischer Kultur: Reflexionen über die Erfahrungen in der Trainingsarbeit mit Referendaren – Unveröffentlichtes Manuskript – Staatliches Studienseminar Hamburg.

SAUTER, F. CH. (1993): Das Gordon-Lehrertraining. In: GANGL, H. / KURZ, R. / SCHEIPL, J. (Hrsg.): Brennpunkt Schule. – Wien, S. 271-275.

SAUTER, F. CH. (2001): Das Gordon-Lehrertraining. Ein Training zur Erweiterung der Kommunikations- und Konfliktfähigkeit. In: Grundschule, Jg. 33, Heft 9, S. 41-44.

SCRIVEN, M. (1972): Die Methodologie der Evaluation. In: WULF, C. (Hrsg.): Evaluation. – München, S. 60-91.

TENNSTÄDT, K.-CH. / KRAUSE, F. / HUMPERT, W. / DANN, H.-D. (1991[2]): Das Konstanzer Trainingsmodell (KTM), Bd. 1, Trainingshandbuch. – Bern.

ZPID – Zentralstelle für Psychologische Information und Dokumentation an der Universität Trier (Hrsg.) (1985): Bibliographie zum Lehrertraining: Literatur aus den deutschsprachigen Ländern. – Trier.

Rudolf Husemann / Horst Weishaupt

Chancengleichheit in Bildung und Erziehung und regionale Disparitäten

Die Frage nach Chancengleichheit in Bildung und Erziehung und diesbezüglichen regionalen Disparitäten als Gegenstand der erziehungswissenschaftlichen Bildungsforschung ist nicht neu und auch nicht spektakulär, wenn man sich die dieser Disziplin ursächlichen Beweggründe und Zielsetzungen in Erinnerung ruft.[1] In diesem Sinne sind wir der Auffassung, dass regionale Aspekte zum kontinuierlichen Forschungsprogramm der Erziehungswissenschaft zu rechnen sind – dies zeigt nicht zuletzt die gegenwärtige bildungspolitische Diskussion infolge der Ergebnisse der PISA-Studien, die den regionalen Vergleich zum Ausgangspunkt haben. Dieses Beispiel vergleicht als Regionen Staaten bzw. Länder der Bundesrepublik untereinander, meist sind aber kleinere regionale Aggregate (Bezirke, Kreise, Städte, Planungsregionen und Stadtteile) Bezugspunkte des Vergleichs. Jedenfalls ist der Begriff der „Region" situativ variabel verwendbar. Ein Problem regionaler Analysen stellt aber stets das Verhältnis von administrativ abgegrenztem Raum und sozialem Raum als Bezugspunkt raumgebundenen sozialen Verhaltens und Selbstverständnisses dar.

Das Thema des Symposiums gruppiert sicherlich seine zentralen Fragestellungen um die staatliche und öffentliche Versorgungsfunktion mit einer ausgeglichenen und auf Chancengleichheit angelegten Bildungsinfrastruktur. Aus dieser zentralen Perspektive wollen wir im Folgenden den Bezug suchen zu sektoralen institutionellen Entwicklungstendenzen. Hier ist zu bemerken, dass „die Region" als politischer Gestaltungsraum derzeit einen spürbaren Bedeutungszuwachs erfährt, den die regionale Bildungsforschung zum Anlass nehmen sollte, ihre Forschungsaktivitäten zu intensivieren. Jenseits der Strukturen wollen wir knapp bildungsökonomische Aspekte ansprechen sowie die Frage, wie weit man regionale Disparitäten aus der Perspektive der Region als „Bildungsraum" beobachten kann. Diesen noch unkonventionellen

1 Siehe dazu z.B. ZEDLER 2002, S. 22, der in dieser Angelegenheit auf die Ausführungen des Bildungsrates (ROTH / FRIEDRICH 1975, S. 31) zurückgreift: „Letztlich geh(t) es in der Bildungsforschung ... um die Erforschung der Möglichkeiten, wie Menschen sich besser entwickeln und entfalten können."

Zugang innerhalb der regionalen Bildungsforschung betrachten wir als einen Versuch, neue Kombinationen von Forschungsfragen zu entwickeln, die den „Bildungsraum" als potenzielle Summe von Bildungschancen einer erreichbaren Bildungsumwelt verstehen, womit neben dem strukturellen Angebot auch raumtypische Bildungsmöglichkeiten betrachtet werden können (vgl. dazu z.B. ECARIUS / LÖW 1997).

Regional ausgeglichenes Bildungsangebot

Die empirische Bildungsforschung befasst sich nicht erst seit kurzem mit regionalen Disparitäten im Hinblick auf Bildung und Erziehung. Typologisch lassen sich zwei zentrale Perspektiven erkennen. Eine erste nimmt alle diejenigen Aspekte zusammen, die die Ausstattung einer Region mit Bildungsangeboten beschreiben. Eine solche „Angebotsperspektive" orientiert sich an Strukturen des Bildungswesens und kann demnach additiv und modellhaft bildungsbiographisch die Bildungsmöglichkeiten in einer Region aufzeigen, selbstverständlich bei entsprechender Datenlage auch in einer zeitlichen Perspektive. Bemerkenswert ist dabei jedenfalls, dass eine solche Betrachtung zunächst nur eher summarisch, d.h. auf der Ebene von Bildungseinrichtungen und eventuell deren potenziellen Kapazitäten, operieren kann. Geht man vertiefend auf die realen Teilnehmerfrequenzen in den Einrichtungen als Indikatoren einer Regionaltopologie des Bildungsangebots ein, bewegt man sich bereits auf der Ebene der zweiten zentralen Perspektive der regionalen Bildungsforschung, die die Nachfrageseite zu erfassen sucht. Anliegen dieser Forschung ist die Untersuchung des Zusammenhangs von bevölkerungsstrukturellen Aspekten und Bildungsbeteiligung in den verschiedenen (lokalen) Einrichtungen des Bildungsangebots.[2]

Diese schon seit den 60er Jahren betriebenen Forschungsaktivitäten haben frühzeitig zu Ergebnissen geführt, die auf die regionalen – und andere sozialstrukturelle – Disparitäten im Hinblick auf Chancengleichheit hinsichtlich Bildung und Erziehung verweisen. Dafür steht exemplarisch und schon

2 Vgl. zum Überblick über die empirische regionale Bildungsforschung: WEISHAUPT 2002. Wenn wir hier auch in einer zentralen Differenzierung von Angebot und Nachfrage sprechen, so schließen wir uns damit jedoch nicht zugleich bruchlos einer Auffassung über Bewegungsmomente von Bildungsprozessen nach marktförmigen Vorstellungen an. Zu deutlich zeigen gerade Befunde über Bildungsprozesse, die man im Rahmen des „lebenslangen Lernens" verorten kann, die Dominanz von Zuweisungsprozessen und von bildungsbiographisch erworbenen Partizipartionspraxen. Der Gedanke, die Region auch unter dem Aspekt des „Bildungsraums" zu betrachten, soll darauf verweisen, dass auch in dieser Hinsicht Gestaltungs- und Aneignungsmöglichkeiten in den Blick genommen werden können.

klassisch der Befund von Ralf Dahrendorf über das katholische Arbeitermädchen vom Lande als Schlusslicht der Teilhabemöglichkeiten an Bildung und Erziehung und als warnendes Signal für die damalige bildungsprogrammatische Kampagne über die „deutsche Bildungskatastrophe".

Seit jener Zeit hat sich eine regionale Bildungsforschung etabliert, die vergleichsweise differenziert und in Anlehnung an die institutionellen Differenzierungen des (deutschen) Bildungswesens ihre Fragestellungen entwickelt. Da in unserem Bildungssystem Bundes-, Landes- und Kommunalzuständigkeiten zum Teil getrennt, zum Teil in Kombination wirksam sind, kann sich die regionale Bildungsforschung sowohl die Fragestellungen als auch die Daten betreffend auf eine Vielzahl von Bezugspunkten konzentrieren. Für die eingangs angesprochene „Angebotsperspektive" können dazu z.B. die finanzielle Ausstattung, regionale Präferenzen in Schul- und Bildungsstrukturen sowie bildungspolitische Ziele, gerechnet werden. Insgesamt finden wir als Folie einer solchen Betrachtungsweise die Vorstellung von einer staatlichen oder öffentlichen Versorgung mit Bildungsangeboten. Sie beruft sich auf das Gebot der öffentlichen Daseinsvorsorge und auf die öffentliche Aufgabe der Sicherung gleichwertiger Lebensbedingungen; auf dieser Grundlage stellt sich besonders die Frage nach der Flächenausstattung mit Bildungsangeboten. Diese Fragen haben zum einen die Mengendimension in der Variante „Angebotene Plätze pro jahrgangsspezifische Nachfrage", zum anderen die bisher mehr im Hintergrund gehaltenen qualitativen Varianten der Lernangebote, der Selektions- bzw. Förderpraxis in den verschiedenen Stufen und der Ausstattung einschließlich der Ressourcenpolitik (Klassenstärken, Unterrichtsbelastungen, inhaltliche Profilbildungsmöglichkeiten etc.) zum Bezugspunkt.

Durch die zunehmend praktisch erprobte Politik der Neuen Steuerung (vgl. HARMS 2000), die einzelschulische relative Selbstverantwortlichkeit und universitäre Profilbildung unterstützt, wird eine traditionelle regionale Versorgungspolitik mit öffentlicher Bildungsinfrastruktur in Frage gestellt. Der Wettbewerb zwischen den Einrichtungen soll verstärkt und die Wahlmöglichkeit der Nutzer verbessert werden. Unklar bleibt der Gewinn dieser Entwicklungen im Schulwesen angesichts meist stark eingeschränkter Optionen der Nutzer – insbesondere im ländlichen Raum – und wenig ermunternder internationaler Ergebnisse (LEVAČIČ / WOODS 2000). In den neuen Ländern werden diese Tendenzen zusätzlich fragwürdig durch die demographische Entwicklung, die in weiten Landstrichen kaum noch den Bestand eines einigermaßen erreichbaren Netzes von leistungsfähigen Schulen der Sekundarstufe gestattet.

Im Hochschulbereich erlaubt diese Politik eine kriterienorientierte Steuerung und Mittelverteilung. Eine Intensivierung des universitären Wettbewerbs um Studierende scheitert noch an deren geringer Mobilität (SEKRETARIAT DER KMK 2002).

Regionale Strukturpolitik und Bildung als Standortfaktor

Maßgeblich für die verschiedenen Stufen der allgemeinen (Schul-) Bildung, deutlicher aber noch vermittelt für die berufliche Aus- und Weiterbildung sind Zusammenhänge mit regionaler Strukturpolitik und regionalen Entwicklungschancen anzunehmen (KLEMMER / KRAEMER 1976). Wenn von regionalen Standortfaktoren die Rede ist, so wird auch die (berufliche) Bildung dabei erwähnt (AKADEMIE FÜR RAUMFORSCHUNG UND LANDESPLANUNG 1993; NUISSL 1995; BOSCH / DOBISCHAT / HUSEMANN 1997; HOß / SCHRICK 2001). Die Regionalpolitik verfügt seit Jahrzehnten über Instrumente zur Steuerung und Stimulierung regionaler Entwicklungsprozesse. Spätestens ab Mitte der 80er Jahre im Zuge der Schaffung des europäischen Binnenmarktes hat die Region als Handlungsebene aufgrund der zugenommenen Regelungsdichte in den strukturpolitischen Förderprogrammen der Europäischen Union an Bedeutung gewonnen. Mit der Philosophie einer „Regionalisierung der Regionalpolitik" als „Strukturprinzip" ist eine programmatische Vision entfaltet. Durch die Definition regionaler Gebietskulissen oder „Ziel-Regionen" – wie z.B. der EU-Sozialfond – wird mittels finanzieller Förderung der Strukturwandel mit dem Ziel flankiert, Standortnachteile auszugleichen.[3]

Ein zweites Problemfeld der Debatte um die Regionalorientierung öffnet sich auf der Ebene der räumlichen Abgrenzung von Regionen. Die traditionelle Regionalpolitik operiert mit räumlichen Einheiten, die sich sozio-ökonomisch, politisch und infrastrukturell historisch entwickelt haben und eine funktionale Verflechtung aufweisen. Regionalpolitik wie auch Struktur-, Arbeitsmarkt- und Berufsbildungspolitik beziehen sich auf diese funktionalräumlichen Basis- bzw. Verwaltungseinheiten als „begrenztes" Gestaltungsareal. Dabei werden die abgegrenzten Regionen in ihren funktionalen Bezügen über Strukturindikatoren wie z.B. Beschäftigungsgrad, Branchenbesatz, Wirtschaftskraft, Lage am Ausbildungsstellenmarkt, und Arbeitslosenquote definiert, die Aussagen zu regionalen Problemkonfigurationen zulassen. Durch die negative Entwicklung spezifischer Parameter werden Problemkonstellationen offenkundig, so dass ein Handlungsbedarf vor Ort signalisiert wird. Regionale Intervention und Krisenbewältigung als „adäquates" Reaktionsmuster des Staates ist folglich in ein Politikkonzept mit Ausgleichsfunktion und kurativer Nachsorge eingebettet und impliziert weniger prospektive Orientierungen.

3 Die bisherigen Erfahrungen zeigen jedoch, dass sich regionale Standortdisparitäten und räumliche Polarisierungen nachhaltig kaum beeinflussen lassen, wie z.B. die Erfahrungen der vergangenen 12 Jahre im Vergleich der alten und neuen Bundesländer zeigen. Das regionalpolitische Postulat einer Herstellung von „Einheitlichkeit in den Lebensverhältnissen" bleibt daher bisher uneingelöst.

Hinsichtlich der Wirtschaftsprozesse bedeutet Regionalisierung, die regionalen Standortbedingungen der Kapitalverwertung zu optimieren, was insbesondere den Ausbau von Infrastrukturen und die Anpassung sonstiger Voraussetzungen (z.B. Gewerbegebiete, Gewerbesteuern) für Investitionsentscheidungen erfordert. Da externe Zuschüsse eher knapp werden und in wettbewerbsähnlichen Verfahren zur Verteilung kommen, müssen die endogenen Entwicklungspotenziale einer Region gestärkt werden. In dieser Logik werden regionale Standortfaktoren relevant. In diesem Kontext kann man das Humankapitalpotenzial anführen, welches als „weicher", wenig mobiler und eher nur langfristig entwicklungsfähiger „Standortfaktor" über das quantitative und qualitative Niveau von Aus- und Weiterbildungsmöglichkeiten in einer Region bereitgestellt wird. Regionale Entwicklungschancen werden mit den zentralen Begriffen von Innovation und Qualifikation verbunden und stehen daher in einem engen Bezugssystem zum Infrastrukturniveau an allgemeiner und beruflicher Bildung.

Eine in den letzten Jahrzehnten regionalpolitisch ausgerichtete Hochschulpolitik bemühte sich, die regionalen Entwicklungspotenziale über ein regional ausgeglichenes Hochschulangebot zu unterstützen. Leider fehlen aktuelle Studien, die eine Evaluation des Erfolgs dieser Politik im Hinblick auf die Nachfrage erlaubten. Immerhin wurde die Angebotsdichte im Hochschulbereich über die Neugründung von Fachhochschulen und Universitäten erhöht und darüber das regionale Studienplatzangebot angeglichen. Mit den neuen Wettbewerbsmodellen im Hochschulbereich wird diese regionalpolitische Orientierung partiell aufgegeben und möglicherweise wieder einer stärkeren Entkopplung der Universitätslandschaft von regionalwirtschaftlichen Zielen Vorschub geleistet.

Auch die Raumbedeutsamkeit der beruflichen Bildung wurde bereits in den 70er Jahren über umfangreiche Analysen thematisiert (Sachverständigenkommission Kosten und Finanzierung der beruflichen Bildung 1974) und auch zum Weiterbildungsbereich wurden regionalpolitisch inspirierte Konzepte vorgelegt (DEUTSCHER BILDUNGSRAT 1975). Trotz einer prekären Informationslage über die regionale Verfassung von beruflicher Bildung und aufgrund der ordnungspolitischen Stellung der Weiterbildung, die vielfältige Strukturprobleme und Selektionsmechanismen hervorbringt, wird der Qualifizierung regionalpolitisch nach wie vor eine bedeutsame Funktion als immaterieller Standortfaktor attestiert. Dabei werden verschiedene Begründungslinien angeführt. Einerseits wird die Option verfolgt, strukturelle Defizite als Ergebnis des ordnungspolitischen Systems der Weiterbildung im Spannungsfeld von Staat und Markt durch verstärkte Kooperation und Regulation zu reduzieren und damit die Funktionalität und Leistungsfähigkeit zu erhöhen. Strategisch bedeutet dies, das „weiche System" der Weiterbildung in einen Entwicklungspfad der „mittleren Systematisierung" zu überführen (TEICHLER 1997) und dabei mehr öffentliche Verantwortung zur

Geltung zu bringen. Andererseits eröffnet dies die Perspektive, die Barrieren zwischen verschiedenen Fachpolitiken wie z.B. der Berufsbildungs-, Arbeitsmarkt-, Sozial-, Wirtschafts-, und Technologiepolitik im Hinblick auf die Zielformulierung und den Instrumenteneinsatz weiter aufzuweichen. Für die Akteure in der Weiterbildung würde sich daraus ein Mehr an Kooperation und Koordination in verschiedenen Handlungs- und Gestaltungsfeldern wie z.B. der Beratung, der Bedarfsermittlung, der Qualitätssicherung, der Professionalisierung des Personals und der Curriculumentwicklung, der Zielgruppenarbeit und der Lernortkooperation ergeben.

In die Debatte um die Regionalorientierung bzw. die Forderung, die endogenen Potenziale einer Region zu akzentuieren, ist die Denkfigur der „lernenden Region" eingeführt worden (vgl. z.B. GNAHS 1997). Ein Kriterium der lernenden Region ist die Begründung von Kooperationsverbünden und Netzwerken. Die Grundphilosophie einer lernenden Region zielt darauf ab, die Potenziale und Ressourcen der regionalen Akteure zu mobilisieren, um dadurch einen Prozess der Selbstorganisation und Selbstverantwortlichkeit „von unten" in Gang zu setzen. Dezentrale Politikformulierung und -umsetzung bedarf jedoch der Konkretisierung an Leitbildern und der Formulierung von erforderlichen Umsetzungsschritten für den einzuschlagenden Entwicklungspfad. Kooperationen und Netzwerke in lernenden Regionen können aber nur effektiv und optimal arbeiten, wenn die Akteure eine gegenseitige Akzeptanz entwickeln, einen Interessenausgleich herstellen und Partizipation ermöglichen. Diese Philosophie einer regionalen Entwicklungsstrategie wird massiv durch die Forschungsförderung unterstützt, die sehr viel deutlicher als in der Vergangenheit mit regionalem Bezug (z.B. ESF) und mit der expliziten Zielsetzung der Förderung der regionalen Kooperation operiert. Hier bieten sich auch Anknüpfungspunkte, neben Schulen, Trägern der Berufsbildung und Weiterbildung auch Fachhochschulen und Universitäten in Netzwerke einzubinden und Verselbständigungsprozessen vorzubeugen. Angesichts der Bedeutung betrieblich gebundener Weiterbildung bleibt die Situation unbefriedigend, wenn es nicht auch gelingt, sie in regionale Netzwerke einzubinden und über sie die Gleichwertigkeit regionaler Lernchancen mit zu sichern.

Solche Formen der regionalen Kooperation finden sich vor allem im Bereich der beruflichen Weiterbildung. Sie gliedert sich strukturell in die arbeitsmarktbezogene, die betriebliche und die individuell veranlasste Weiterbildung. In regionaler Perspektive zeigen sich diese Strukturelemente in den jeweils regionstypischen Ausprägungen. Für den Bereich der arbeitsmarktbezogenen Weiterbildung lassen sich über die Statistiken der Arbeitsverwaltung recht deutliche Bilder über Maßnahmen und Teilnehmer gewinnen, die sowohl in regional vergleichender (BÖHM-KASPER / WEISHAUPT 2002) als auch in zeitvergleichender Sicht bearbeitbar sind. Geht man von der deskriptiven Ebene auf die Prozessebene und fragt nach den Bedingungskonstellationen der Maßnahmenplanung, finden wir regionale Bezüge zur Struktur der Arbeitslosigkeit[4], zur Struktur des Arbeitskräftebedarfs[5] und zu den Möglichkeiten der regionalen Weiterbildungsanbieter und deren Entwicklungsperspektiven. Wie spektakulär der regionale Einfluss auf diesen Sektor der beruflichen Weiterbildung sein kann, hat sich eindringlich in der Zeit nach der Wende gezeigt, wo bis dahin in der „alten" BRD nur mit großem Vorbehalt praktizierte arbeitsmarktpolitische Konzepte mit Qualifizierungsfunktion wie Beschäftigungs- und Qualifizierungsgesellschaften einen hohen Verbreitungsgrad fanden und auch über die parteipolitischen Grenzen hinweg akzeptiert wurden. Darüber hinaus darf angenommen werden, dass die Gründungswelle an Einrichtungen der beruflichen Qualifizierung zu einem regionalen Schub an Vermarktlichungstendenzen geführt hat.

Regionale Strukturanalysen in der betrieblichen Weiterbildung sind rar (z.B. v. BARDELEBEN 1986; v. BARDELEBEN / GNAHS 1988). Dies ist erstaunlich, wenn man bedenkt, dass diese das nach Teilnehmerzahl, Stundenvolumen und Kosten größte Segment der Weiterbildung stellt, und dass damit davon auszugehen ist, dass der weit überwiegende Anteil an Bildungsprozessen im Rahmen des „lebenslangen Lernens" in diesem Segment zu verorten ist.[6] Andererseits ist dies verständlich, denn der Regionalbezug der betrieblichen Weiterbildung ist stark über die wirtschaftsstrukturellen Merkmale vermittelt. Das bedeutet, dass eben diese Merkmale auch die betriebliche Weiterbildung prägen. Zu benennen wären hier etwa branchenstrukturelle Differenzen, die den Finanzdienstleistungen und der verarbeitenden Industrie hohe Weiterbildungsaktivitäten zuschreiben, oder die Betriebsgröße, bei der die Zusammenhänge zwischen Weiterbildung und Betriebsstruktur eher über die Modernisierungsdynamik vermittelt zu sein scheinen.

Geht man davon aus, dass regionale Strukturentwicklung maßgeblich in wirtschaftsstrukturellen Dimensionen begründet liegt, dann stellt sich damit

---

4 Siehe dazu z.B. das für Thüringen aufgelegte und für andere Bundesländer übernommene arbeitsmarktpolitische Programm „50-plus", welches im Hinblick auf die (problematischen) regionalen Alters- und Einkommenskonstellationen entwickelt wurde.

5 Hier sind wir uns schon des Problems gegenwärtig, dass wir damit eine Kategorie ansprechen, die kaum noch in die Wahrnehmung arbeitsmarktpolitischer Qualifizierungspolitik tritt. Jedenfalls zeigen die diesbezüglichen Veränderungen des Arbeitsförderungsgesetzes und die Ausgestaltung und nachrangig zu Vermittlungs-aktivitäten rangierende arbeitsmarktliche Qualifizierung im SGB III einen solchen Trend (auch die mit arbeitsmarktpolitischem Auftrag versehene „Hartz-Kommission" sieht die Qualifizierung nicht auf den vorderen Plätzen ihrer Vorschlagslisten).

6 Diese Annahme stellt in Rechnung, dass die Erwerbsbeteiligung die Arbeitslosigkeit überwiegt und dass die Dauer der Erwerbstätigkeit insgesamt etwa 30 Jahre beträgt. Es ist davon auszugehen, dass gegenwärtig kaum noch eine Erwerbstätigkeit in einem regulären Beschäftigungsverhältnis vorstellbar ist, die gänzlich ohne Weiterbildung auskommt. Über die strukturellen Differenzierungen in diesem Segment der beruflichen Weiterbildung liegen zahlreiche Befunde vor.

die Frage nach der Funktion der betrieblichen Weiterbildung im regionalstrukturellen Entwicklungsprozess. In der Strukturlogik der Weiterbildung und Erwachsenenbildung wird die betriebliche Weiterbildung mit dem Etikett „geschlossene Weiterbildung" versehen, was anzeigt, dass der Zugang nur für bestimmte Gruppen – in diesem Fall Betriebsangehörige – möglich ist. Dies mag eine nachrangige Berücksichtigung im Spektrum des regionalen Weiterbildungsangebotes begründen. Im Hinblick auf die betriebsinternen Zugangsmöglichkeiten bzw. die realisierte Teilnahme an Maßnahmen ist von einer starken Steuerung durch die betriebliche Personalpolitik auszugehen, so dass auch hier Angebot und Nachfrage nicht als beschreibende Kategorien für marktförmig verlaufende Allokationsprozesse verstanden werden sollten. Überwiegend erweist sie sich als ein personalpolitisches Instrument der Anpassung von Qualifikationen an kurzfristig erkennbare Qualifikationsbedarfe, teils fungiert sie auch als Instrument der strategischen Personalpolitik zur Vorbereitung auf neue Aufgaben wie z.B. Führungsfunktionen. Damit stellt sich die Frage, wie weit sie als Impulsgeber für betriebliche Innovationsprozesse fungiert.[7]

Aus regionaler Perspektive wären folgende Aspekte zu bedenken. Aufgrund der „Geschlossenheit" kann die betriebliche Weiterbildung nur eingeschränkt zum regionalen Angebot gerechnet werden. Bemerkenswert ist dabei, dass darüber aber ein überwiegender Teil der Weiterbildungsaktivitäten realisiert wird. Einzelbetriebliche (meist kurzfristige) Interessen an der Gestaltung, Zugangswege über die betriebliche Personalpolitik und eine eher strukturkonservative inhaltliche Ausrichtung sehen wir als problematisch dann an, wenn man die Funktion der beruflichen Weiterbildung als Innovationsquelle und Infrastrukturleistung für regionale Entwicklungsprozesse in den Blick nimmt. Aus diesen Überlegungen zum Segment der betrieblichen Weiterbildung stellt sich für die empirische regionale Bildungsforschung die Herausforderung nach einer Funktionsbestimmung im regionalen Strukturwandel.

Die individuell veranlasste berufliche (und nicht-berufliche) Weiterbildung lässt sich in regionaler Perspektive wieder deutlicher in der klassischen Dualität von Angebot und Nachfrage beobachten. Beides vermittelt sich, so ist bekannt, über Wohlstandsindikatoren auch in kleinräumlicher Betrachtung. Mehr als in den anderen Segmenten könnte hier die Forderung nach

7 Entsprechendes wird auch für die betriebliche berufliche Erstausbildung behauptet, wenn angenommen wird, dass Betriebe hier eher die traditionell benötigten Qualifikationen erzeugen, wogegen für die Besetzung von Positionen mit speziellen oder aktuell benötigten Qualifikationsanforderungen eher (überregionale) Arbeitsmärkte in Anspruch genommen werden. Das Argument speist sich aus dem Umstand, dass über die Ordnungspolitik der beruflichen Erstausbildung und der korrespondierenden betrieblichen Ausbildungsinfrastruktur ein eher auf Kontinuität gerichtetes Ausbildungswesen erzeugt wird. Möglicherweise ist darin, neben dem Kostenargument, eine Begründung für den Abbau der betrieblichen Erstausbildung zu suchen.

„Gleichheit der Bildungschancen" erhoben werden, dies jedenfalls dann, wenn der Appell vom lebenslangen Lernen so verstanden wird, dass jedermann Teilnahmemöglichkeiten hat. Zunehmend wird jedoch auch in diesem Segment auf Marktregulierung gesetzt, so dass eine Tendenz zu weiteren Segmentationseffekten nicht unwahrscheinlich ist. Ein regionaler Vergleich von privaten Aufwendungen für Bildung und angebotenem Weiterbildungsvolumen von freien Trägern und anderen kostenpflichtigen Veranstaltungen kann hier zu entsprechenden Resultaten führen. Rückbezogen auf das Paradigma vom lebenslangen Lernen wäre danach zu fragen, welche Optionsvielfalt ein regionales Weiterbildungsangebot aufweist, genauer, welche bildungsbiographischen Möglichkeiten sich für Individuen erschließen, wenn sie das Interesse oder die Notwendigkeit von Weiterbildung erkannt haben und dies zu realisieren gedenken. Bedenkenswert erscheint dabei auch die Frage nach dem anzunehmenden Ressourcenaufwand etwa in zeitlicher und finanzieller Sicht.

Regionalisierung und Biographisierung

Für die strukturellen Übergänge in den Sekundarbereich II (einschließlich der beruflichen Bildung) wären Programme zu entwickeln, die weniger dual und exklusiv auf weitere berufs- und bildungsbiographisch vorstrukturierte Karrierewege führen, sondern die zunehmend unter den Gesichtspunkten der Optionsvielfalt und der horizontalen Durchlässigkeit auf die Förderung einer möglichst hohen Quote aus allen Jahrgängen bis zu einem erfolgreichen Übergang in eine erste Berufstätigkeit setzen. Im Prinzip wären dazu auch die Ein- und Austritte aus Studiengängen zu rechnen, da diese meist im Bereich der staatlichen Bildungshoheit liegen und auch dem Kriterium einer Berufsausbildung genügen. Wenn Biographien zunehmend unter dem Anforderungsdruck von vieldimensionaler Mobilität stehen und dies auch im Rahmen einer öffentlichen beschäftigungspolitischen Debatte zu einem gesellschaftlichen Leitbild entwickelt wird, dann sollten die korrespondierenden bildungspolitischen Überlegungen unter den eingangs angesprochenen Zielsetzungen der erziehungswissenschaftlichen Bildungsforschung formuliert werden können. Aktivitäten in Lern- und Bildungsprozessen über die Lebensspanne wären daher frühzeitig darauf anzulegen, den begrenzten Rahmen von damit verbundenen Selektions- und Entscheidungsprozessen zu transzendieren.

Diese Segmente des Bildungssystems zeichnen sich durch eine stärkere Institutionalisierung über staatliche Bildungspolitik aus, weswegen sie in der regionalbezogenen Perspektive eher mit der Forderung nach einer Chancengleichheit gewährenden Versorgung zu konfrontieren wären.[8] Die anschließende Bildungsphase umfasst den Bereich der Weiterbildung, der in seinen Strukturen nur noch partiell und nach dem Prinzip der Subsidiarität mit der staatlich organisierten Bildung verbunden ist. Ansonsten wird vielfach eine Regulierung nach Marktgesichtspunkten behauptet. Auch darin lassen sich selbstverständlich Fragen nach regionalen Disparitäten stellen. Diese Frage beantwortet sich aber nicht nur durch die Angebote und die Nachfrage an den verschiedenen (regionalen) Weiterbildungsmärkten oder durch die oben angesprochene Funktion als „Standortfaktor". Wenn man als gegenwärtiges Paradigma der Weiterbildung das „lebenslange Lernen" ausmacht, dann impliziert dies nicht nur eine zeitliche Entgrenzung von Bildungs- und Lernprozessen, sondern setzt auch zeitlich entgrenzte Bedarfs- bzw. Interessenlagen voraus, ebenso den inhaltlichen Wandel des Bedarfs und der Möglichkeiten der Bedarfsdeckung im Lebensverlauf. Leicht lässt sich dabei erkennen, dass regionale Aspekte hinter soziodemographischen und biographischen individuellen Merkmalen in den Hintergrund treten, etwa in der Weise, dass sich die Beobachtungen mehr auf die individuellen Realisierungsmöglichkeiten beziehen. Die Perspektive auf Bildung im Erwachsenenalter wird damit subjektiviert und individualisiert. Damit könnte eine öffentlich artikulierte Formulierung von Bildungszielen und die regionale Absicherung von entsprechenden erreichbaren Angeboten in den Hintergrund treten.

Jenseits der Strukturen

Pädagogisch bleibt zu fragen, welches Spektrum von Bildungsinteressen auf individueller und institutioneller Ebene erwartbar ist. Wenn über einen beträchtlichen und von zunehmenden Selektionsprozessen und Entscheidungssituationen gekennzeichneten Zeitraum (der Erwerbstätigkeit) eine berufliche und besonders betriebliche Konnotation der Bildungsaktivitäten dominiert, dann könnte man annehmen, dass der Zugang zu Bildungsangeboten zunehmend in den hier erfahrbaren Kontexten zu betrachten ist, und weiterhin, dass eher fremdbestimmte Anforderungsprofile und materiell orientierte Verwertungsperspektiven in den Überlegungen über die Realisierung von Bildungsangeboten in den Vordergrund geraten. Damit entwickeln sich Bildung und Lernen eher weg von der ihnen anhaftenden Eigentümlichkeit der Reflexivität („sich bilden") hin zu einer Zweck-Mittel-

---

8 Die Befunde der regionalen Bildungsforschung geben dazu Auskunft, sowie sie auch Forschungsbedarf reklamieren. Dass systematische Forschung dazu eher vernachlässigt wird (WEISHAUPT 2002, S. 197), mag mit langfristigen Tendenzen einer Reduzierung der staatlichen Verantwortung in der Versorgung mit Bildungsangeboten zusammenhängen.

Bindung, in der dann Gegenwartsverlust, Institutionalisierung und Fremdorientierung zu erwarten sind.[9] In bezug auf unsere Themenstellung ist zu fragen, wie weit Regionen „unbestimmte Zonen" bieten, die unspezifisch gegenüber vorgegebenen Zielen oder Zwecken Tätigkeiten und Erfahrungen mit Bildungswert zulassen. Grundsätzlich und weitergehend ist die Frage zu stellen, wie weit raum-zeitlich ungebundene mediale Lernangebote z.B. im Internet neue Fragen aufwerfen für die regionale Beobachtung von Bildungsprozessen.

Bildungsökonomische Aspekte

Die Frage nach Chancengleichheit bei der Erzeugung und Verwertung von Bildung stellt sich in der regionalen Perspektive zum einen auf der individuellen Ebene – sozusagen als klassische Frage der regionalen Bildungsforschung. Aus regionaler Sicht könnte man gleichermaßen nach dem Beitrag der Bildung zur regionalen Entwicklung fragen. Wenn im Zentrum der bildungsökonomischen Kontroverse die Frage nach den externen Effekten, also die Nutzen- und Ertragswirkungen auf Dritte verortet wird (TIMMERMANN 2002, S. 83), geht es dabei besonders um staatliche Versorgungsleistungen und damit um die oben angesprochenen stärker institutionalisierten Segmente der Allgemein- und beruflichen Erstausbildung.[10] Da in der Weiterbildung zunehmend auf Mischfinanzierungen und Kostenbeteiligung durch Teilnehmer sowie Reduzierung öffentlicher Finanzierung gesetzt wird, bleibt von Interesse zu beobachten, in welche Richtung sich regionale Disparitäten in diesem Segment entwickeln und was entsprechende Bewegungsmomente kennzeichnen könnte.

Bekannt ist, dass in einfacher regionaler Differenzierung spürbare Differenzen hinsichtlich der Weiterbildungsaktivitäten (Angebot und Nachfrage zusammen genommen) bestehen (vgl. WEISHAUPT 2002, S. 189, 194). Diese Differenzen können mit soziostrukturellen und anderen, v.a. wirtschafts-

---

9 Vgl. dazu z.B. GRONEMEYER 1993/1996 S. 54ff. mit einer Argumentation über die Naturbeherrschung und die Tendenz zur Rationalisierung und Instrumentalisierung auch von kulturellen Gütern: „Unter der Perspektive der Moderne also lässt sich resümieren: Reflexive Tätigkeiten sind beengend und behindernd, sie sind unzulänglich und unzureichend, sie sind reduziert und redundant und sie sind schließlich unbeständig und dem Zugriff zentraler Steuerung entzogen. Das alles ist Grund genug, um sie aus dem Verkehr zu ziehen." (S. 56)

10 In dieser Konfiguration wird von Mittelkreisläufen über Steuereinnahmen und deren Verteilung über die staatlichen Ressorts ausgegangen, in denen der Nutznießung „Dritter" insofern hohes Interesse entgegengebracht wird, weil dies auf strukturelle bzw. institutionelle Disparitäten hinsichtlich der Beteiligung an den Kosten von Bildung verweist.

strukturellen regionalen Merkmalen abgeglichen werden, mit den bekannten Fragestellungen bezüglich von Disparitäten im Hinblick auf Bildungsaktivitäten.

Region als Bildungsraum

Wenn vom Zusammenhang von Bildung und Region gesprochen wird, dann stellen sich Bilder von Regionstypen wie etwa Stadt und Stadtbezirk, vom ländlichen Raum und vom „Verdichtungsraum" ein[11], oder politisch gebildete und damit statistisch zusammenfassbare Raumgebilde wie etwa Bundesländer, Städte und Gemeinden. Wenn man in der Berufsbildung den Begriff des Bildungsraumes benutzen würde, würde der Experte sogleich verbessern hin zu „Lernort" und damit den Arbeitsplatz, den Betrieb, die Berufsschule oder die Einrichtungen der Überbetrieblichen Ausbildung meinen. Gefragt werden könnte jedoch nach der Bedeutung des Raumes, genauer des Bildungsraums, als soziale Kategorie. Dies folgt einer Vorstellung, nach der der Raum in seiner Situiertheit sozialer Konstellationen, seiner Prozesshaftigkeit, Relationalität und Vielschichtigkeit differenzierter im Hinblick auf die darin inszenierten Bildungsprozesse zu betrachten wäre (vgl. ECARIUS / LÖW 1997, S. 8).

Ausgehend von der Gesellschaftstheorie von P. Bourdieu lässt sich die Kategorie eines „mehrdimensionalen Raumes" (nach ECARIUS 1997, S. 33ff.) bestimmen, der physische und soziale Bestimmungsmerkmale aufweist und sich durch soziale Aneignungs- und Verteilungsprinzipien von Kapitalien (kulturelles, soziales, materielles) auszeichnet. Sozialräume sind u.a. alterspezifisch bestimmt. Solche Sozialräume zeichnen sich dadurch aus, dass sie je besondere Lernangebote zur Aneignung bereithalten. Diese Lernangebote sind komplexer Natur, denn mit der Aneignung und dem Erlernen von sozialen und kulturellen Wissensbeständen einschließlich ihrer Symbolik werden auch Denk-, Wahrnehmungs- und Handlungsmuster strukturiert.

Wenn physischer und sozialer Raum auch nicht identisch sind, so bestehen dennoch enge Kopplungen. In Verbindung mit regionalen Disparitäten und dem Postulat des lebenslangen Lernens ergeben sich daraus Fragen des Zugangs, der Entfaltungsmöglichkeiten, der Anschlussmöglichkeiten und der je spezifischen Aneignungsmöglichkeiten. Diese Fragen verknüpfend, könnten daraus weitere Fragen über die Reproduktionsprozesse sozialer Ungleichheiten bearbeitet werden. Wenn mit Bildung oder Lernen auf

11 Für den ländlichen Bildungsraum beschreibt FUHS (1997) recht plastisch den Bedeutungswandel in der Erziehungswissenschaft und die Ambivalenz zwischen pädagogischer Idylle und bildungsstruktureller Marginalisierung.

Mobilität, auf sozialen Aufstieg oder auf einen Beitrag zur Verbesserung der Lebensverhältnisse gesetzt wird, wären die zugänglichen Bildungsräume daraufhin zu befragen, welchen Beitrag sie zu solchen Erwartungshaltungen leisten.

Literatur

AKADEMIE FÜR RAUMFORSCHUNG UND LANDESPLANUNG (Hrsg.) (1993): Berufliche Weiterbildung als Faktor der Regionalentwicklung. – Hannover.

BARDELEBEN, R. V. / BÖLL, G. / KÜHN, H. (1986): Strukturen der betrieblichen Weiterbildung. Bereichte zur beruflichen Bildung Nr. 83. – Berlin.

BARDELEBEN, R. V. / GNAHS, D. (1988): Analyse des beruflichen Weiterbildungsangebotes und -bedarfs in ausgewählten Regionen. In: BRÜCKERS, W. / MEYER, N.: Zukunftsinvestition Berufliche Bildung. – Bd.1 – Köln, S. 188-205.

BÖHM-KASPER, O. / WEISHAUPT, H. (2002): Regionale Strukturen der Weiterbildung. In: INSTITUT FÜR LÄNDERKUNDE / MAYR, A. / NUTZ, M. (Hrsg.): Nationalatlas Bundesrepublik Deutschland. – Bd. 6 Bildung und Kultur – Heidelberg, S. 52-55.

BOSCH, G. / DOBISCHAT, R. / HUSEMANN, R. (1997): Berufliche Weiterbildung und regionale Innovation. In: DOBISCHAT, R. / HUSEMANN, R. (Hrsg.): Berufliche Bildung in der Region. – Berlin, S. 87-120.

DEUTSCHER BILDUNGSRAT (1975): Bericht ´75. Entwicklungen im Bildungswesen. – Bonn.

ECARIUS, J. / LÖW, M. (Hrsg.) (1997): Raumbildung – Bildungsräume. Über die Verräumlichung sozialer Prozesse. – Opladen.

ECARIUS, J. (1997): Lebenslanges Lernen und Disparitäten in sozialen Räumen. In: ECARIUS, J., LÖW, M. (Hrsg.): Raumbildung – Bildungsräume. Über die Verräumlichung sozialer Prozesse. – Opladen, S. 33-62.

FUHS, B. (1997): Von der pädagogischen Provinz zur erziehungswissenschaftlichen Peripherie. In: ECARIUS, J. / LÖW, M. (Hrsg.): Raumbildung – Bildungsräume. Über die Verräumlichung sozialer Prozesse. – Opladen, S. 167-195.

GNAHS, D. (1997): Die lernende Region als Bezugspunkt regionaler Weiterbildungspolitik. In: DOBISCHAT, R. / HUSEMANN, R. (Hrsg.): Berufliche Bildung in der Region. – Berlin, S. 25-38.

GRONEMEYER, M. (1993/1996): Das Leben als letzte Gelegenheit. Sicherheitsbedürfnisse und Zeitknappheit. – Darmstadt.

HARMS, J. (2001): Wirtschaftlichkeit unter Bedingungen des New Public Management – unter besonderer Berücksichtigung des Schulwesens. In: WEIß, M. / WEISHAUPT, H. (Hrsg.): Bildungsökonomie und Neue Steuerung. – Frankfurt am Main, S. 133-148.

HOß, D. / SCHRICK, G. (Hrsg.) (2001): Die Region – Experimentierfeld gesellschaftlicher Innovation. – Münster.

KLEMMER, P. / KRAEMER, D. (1976): Zur Frage der Interdependenzen zwischen der wirtschaftlichen Entwicklung von Regionen und deren spezieller Infrastrukturausstattung mit Einrichtungen für die berufliche Erstausbildung. In: DEUTSCHER BILDUNGSRAT (Hrsg.): Zur Standortplanung von Bildungseinrichtungen. (Gutachten und Studien der Bildungskommission, Bd. 58), – Stuttgart, S. 11-56.

LEVAČIČ, R. / WOODS, P. A. (2001): Quasi-markets and school performance: evidence from a study of English secondary schools. In: WEIß, M. / WEISHAUPT, H. (Hrsg.): Bildungsökonomie und Neue Steuerung. Frankfurt am Main, S. 53-95.

NUISSL, E. (Hrsg.) (1995): Standortfaktor Weiterbildung. – Bad Heilbrunn.

SEKRETARIAT DER KMK (2002): Die Mobilität der Studienanfänger und Studierenden in Deutschland 1980 bis 2000. – Bonn.

TEICHLER, U. (1997): Mittlere Systematisierung – eine Chance für die regionale Weiterbildung? In: DOBISCHAT, R. / HUSEMANN, R. (Hrsg.): Berufliche Bildung in der Region. – Berlin, S. 39-54.

TIMMERMANN, D. (2002): Bildungsökonomie. In: TIPPELT, R. (Hrsg.): Handbuch Bildungsforschung. – Opladen, S. 81-122.

WEISHAUPT, H. (2002): Bildung und Region. In: TIPPELT, R. (Hrsg.): Handbuch Bildungsforschung. – Opladen, S. 185-200.

ZEDLER, P. (2002): Erziehungswissenschaftliche Bildungsforschung. In: TIPPELT, R. (Hrsg.): Handbuch Bildungsforschung. – Opladen, S. 21-40.

Fritz-Ulrich Kolbe

Innovation in der Lehrerbildung – Zur aktuellen Auseinandersetzung um Reformen der Lehrerbildung auf dem Symposium der Sektion Schulpädagogik

Gegenwärtig spitzt sich die Diskussion um Lehrerbildung – nicht zuletzt nach „PISA" – dramatisch zu: Im letzten halben Jahrzehnt sorgten gesellschaftliche Entwicklungen wie pädagogische Reaktionen darauf für ein verstärktes, vertieftes Problembewusstsein über Mängel der Lehrerbildung und zugleich sich verstärkende pädagogische Anforderungen an Lehrerinnen und Lehrer. Verschiedene Expertenempfehlungen und Kommissionsberichte seitens unserer Disziplin reagierten darauf – wenn auch mit unterschiedlichen Akzentsetzungen – mit konzeptionellen Antworten, die im überwiegenden Teil darauf zielen, pädagogische Professionalität zu stärken und Lehrerbildung als umfassendes Konzept von der universitären bis zur berufsbegleitenden Phase vorzustellen. Konträr dazu steht nun ein konsekutives Modell einer Expertenkommission zur Neustrukturierung der Hochschulen in Nordrhein-Westfalen, das nach einem fachbezogenen BA-Studium erziehungswissenschaftliche Studienelemente in einer kurzen MA-Phase in gedrängter Form anhängt, und inzwischen in unterschiedlicher Form erprobt wird. Offensichtlich dominierende Effektivierungs- und Steuerungskalküle legitimieren im ersten Entwurf deprofessionalisierende Qualifizierungsvorstellungen, und bieten zugleich mit einem erziehungswissenschaftlichen Hauptfachexamen für Lehrer scheinbar eine Chance zur Entwicklung höherer Professionalität.

Nicht nur aus diesem Grund sollten solche Vorstellungen in der aktuellen Diskussion innerhalb der Deutschen Gesellschaft für Erziehungswissenschaft kritisch diskutiert werden: Ein undurchdachtes Einschwenken auf dieses BA-MA-Modell birgt die Gefahr, hinter den erreichten professionstheoretischen Erkenntnisstand zurückzufallen – auch wenn die jetzt tatsächlich veröffentlichten „Eckpunkte" des Ministeriums einen breiteren Spielraum für flexiblere Lehrerbildungs-Formen anzubieten scheinen, und die Modellversuche diesen zu Teilen ausschöpfen. Vor allem aber blendet dieses Modell die vielen innovativen Projekte und Initiativen aus, die im letzten Jahrzehnt bezogen auf eine grundständige Lehrerbildung entwickelt wurden, bevor diese in Verbindung mit dem Anstößen der KMK-Kommission gebracht und für eine Reform fruchtbar gemacht werden können.

Das Symposium verfolgte deshalb das Ziel, innovative Ansätze deutlich zu machen. Zum anderen bot es im zweiten Teil Gelegenheit, fachöffentlich und öffentlich die bildungspolitische Kontroverse um so verstandene konsekutive Lehrerbildung auch mit Vertretern aus der Politik zu führen.

Im folgenden soll ein knapper Einblick in wichtige Diskussionspunkte des Symposiums gegeben werden, der für Interessierte Hinweise zu den Referaten und weiterführende Anregungen enthält. Zu Beginn geht es dabei um Ansätze fallrekonstruktiven Arbeitens in der Lehrerbildung und um curriculare Neustrukturierungen. Anschließend werden neue Forschungszugänge zur Evaluation und Erforschung des Kompetenzaufbaus angesprochen. Den Abschluss bilden Hinweise zur bildungspolitischen Abschlussdebatte zu diesem Thema.

Innovative Impulse in der Lehrerbildung

Im ersten Hauptteil des Symposiums wurden zwei innovative Formen für zentrale Merkmale der ersten Phase der Lehrerbildung zur Diskussion gestellt: „Formen kasuistisch-fallrekonstruktiven Arbeitens in der Lehrerbildung" an der Universität Hamburg durch *Sabine Reh* und *Carla Schelle*, und Möglichkeiten der „Neustrukturierung unverbundener Studienelemente der Lehrerbildung: Kerncurricula" in Hamburg durch *Hans-Christoph Koller*.

Beide Elemente zeigen wichtige Spielräume für Reformen auf, die in einer Reformulierung beziehungsweise Reorganisation der zentralen Momente der universitären Phase der Lehrerbildung liegen. *Kollers* Beitrag zeigte, dass schon eine pragmatisch an die Hamburger Bedingungen der Lehrerbildung anschließende Neustrukturierung unverbundener Studienelemente curriculare Strukturen entstehen lässt, die zur verbesserten Strukturierung der Aneignungsprozesse Studierender beitragen könnten. Instrument dafür ist die Konstruktion eines Kerncurriculums, das die erforderlichen Basiselemente und ihr Ergänzungsverhältnis zueinander strukturell repräsentiert (vgl. KOLLER 2001 für den FB Erziehungswissenschaft der Universität Hamburg).

Der Beitrag von *Reh* und *Schelle* (vgl. diess. 2001, 2003) entfaltete die Chancen, die in einem reformulierten Verständnis kasuistischen Arbeitens mit Studierenden als fallrekonstruktivem Vorgehen liegen können. Dieses Reformmodell ist deshalb besonders hervorzuheben, weil es in der festgefahrenen Debatte um mehr Integration von Schulpraxis im Sinne einer Vorwegnahme praktischen Handelns als Lehrerin oder Lehrer eine dringend erforderliche Differenzierung möglich macht. Es zeigt auf, dass die Praxisrelevanz von Begegnungen mit der Praxis innerhalb der ersten Phase gerade in der Habitualisierung einer fallverstehenden Reflexivität zu suchen wäre, und nicht im eigenen Unterrichten als Vorwegnahme praktischen Handelns.

Die in den späten neunziger Jahren vorgelegten Weiterentwicklungen dieser Tradition bemühen sich um besondere Seminarangebote, die eine methodisch angeleitete fallverstehende Reflexivität Studierender ermöglichen können (vgl. z.B. OHLHAVER / WERNET 1999; BECK / HELSPER / HEUER / STELMASZYK / ULLRICH 2000). Ihre Einübung zielt auf die Entwicklung eines Habitus wissenschaftlicher Reflexivität. Ihm kommt neben dem Habitus praktischen Könnens deshalb eine entscheidende Rolle zu, weil pädagogisches Handeln sich nicht in der Verwendung von Routinen und Erfahrungsmustern erschöpft, sondern durch deren Verwendung ausgelöste Krisen beziehungsweise Handlungskrisen bewältigen muss, welche durch die fallspezifische Struktur pädagogischer Handlungsprobleme immer neue Lösungen erforderlich machen.

Reh und *Schelle* schlagen gegenüber der gängigen Praxis der hermeneutisch-rekonstruktiven Umgangsweise mit Texten eine erweiterte Vorstellung von fallrekonstruktivem Vorgehen vor, die auch die Beobachtung von Handlungsproblemen und Handlungsfeldern einschließt, so etwa die Praxis des Lernens, von Unterrichtsprozessen, von Schulorganisationsprozessen.

Sie konzipieren deshalb Fallarbeit als didaktisches Prinzip der gesamten Ausbildung. Fallarbeit verändert das Verhältnis der Studierenden zu wissenschaftlichem Wissen, weil sie Interesse an wissenschaftlicher Theorie entstehen lässt, weil sie ein Wissen fördert, dessen Verwendung erfahrbar wird. Fallarbeit kann einer Haltung Studierender entgegenarbeiten, Ausbildungsangebote schlicht instrumentell aufzufassen. Fallarbeit kann ein methodisches Vorgehen einüben, das den späteren reflexiven Umgang mit der Praxis und das Lernen aus Erfahrung wesentlich unterstützen kann.

Kurz: Das Prinzip fallorientierte Lehrerbildung scheint geeignet, das Erbe einer reformpädagogischen Lehrerbildung mit anzutreten. Diese zielte mindestens auf eine umfassende Bildung künftiger Lehrer ab, die sich gerade nicht auf ein Einsozialisieren in die Erfahrungsbestände der Zunft oder die Vermittlung quasitechnologischen Verfügungswissens für Unterricht beschränken wollte, sondern auf eine hermeneutische Reflexivität in der pädagogischen Interaktion – modern gesprochen.

Neue Forschungszugänge zum Aufbau beruflichen Wissens und beruflicher Kompetenz in der Lehrerbildung

Neue Forschungszugänge zum Aufbau beruflichen Wissens und beruflicher Kompetenz wurden im zweiten Teil des Symposiums thematisiert. *Fritz Osers* Studien zur „Entwicklung selbstbezüglich-biographischen Wissens und professionsethischer Orientierung" (vgl. ders. 1998) und die Untersuchung von

Karin Nölle und *Kurt Czerwenka*: „Evaluationsbefunde zum Vergleich der Lehrerbildungsformen in Lüneburg, Oldenburg und Fribourg" (vgl. NÖLLE 2002) stehen für einen weiteren Aufbau der Lehrerbildungsforschung.

Die Beiträge zur Wirkungsforschung über Lehrerbildungsformen und damit zugleich zum Aufbau der pädagogischen Handlungsbasis beziehungsweise beruflicher Kompetenzen dokumentieren innovative Möglichkeiten, die die Wirkungsforschung über derzeit durchgeführte Lehrerbildungsmaßnahmen bietet, und die kurz skizziert werden sollen. Während *Oser* Konstrukte problematischer Handlungssituationen entwickelte, die er als Operationalisierung von Standards beruflicher Kompetenz auffasst und dazu verwendet, um hervorgebrachte Kompetenzen erfassbar zu machen, werden beim Vorgehen von *Nölle* und *Czerwenka* die Formen des erarbeiteten didaktischen Wissens untersucht, die in der Ausbildung hervorgebracht wurden.

Osers Beitrag basiert auf einem ersten Teil einer groß angelegten Evaluation der Schweizer Lehrerbildung. Sein Konzept entstand als theoretische Grundlage für eine umfassende Evaluation von Lehrerbildung. Als Bewertungsmaßstab für den erfolgreichen Aufbau beruflicher Kompetenz wurden zuerst „Standards" beruflichen Handelns erarbeitet (vgl. OSER 1997).

Im Anschluss daran entstanden Konstrukte problematischer Handlungssituationen, die als Operationalisierung von Standards beruflicher Kompetenz verstanden werden. Diese Konstrukte werden den Absolventen in Interviews vorgelegt, um ihre Interpretation der Problemsituation, ihren Entscheidungsprozess und ihre Entscheidung zu erfassen.

Erstmals wurde dieser Zugang bei der Untersuchung „professionsethischer Rationalität" (vgl. ders. 1998) erprobt. *Oser* entwickelte dafür ein „Prozessmodell der Berufsmoralität" (ebd., S. 36), in dem er für ein angemessenes Handeln Unterrichtender die Fähigkeit bestimmte, bei Konfliktsituationen in der Klasse oder darüber hinaus in der Schule „runde Tische" zu bilden, einen spezifischen praktischen Diskurs zu stiften. Die dabei zu berücksichtigenden Regeln wurden in ein Modell der Schritte zur Lösung solcher antagonistischer Konfliktsituationen umgesetzt. *Oser* unterscheidet dann modellhaft „Entscheidungsebenen des professionsethischen Handelns in antagonistischen Konfliktsituationen" (vgl. ebd., S. 38ff.), auf denen die Anforderungen an Lehrer detaillierter angeben werden können (ebd.).

Standards im Sinne einer beruflichen Handlungsweise von hoher Qualität werden dann danach so bestimmt, dass beim Thema „Ethos" eine Auswahl von antagonistischen Konfliktsituationen typisierend konstruiert werden, in denen die Würde beteiligter Personen in Frage gestellt ist. Diese Konstrukte stellen das Erhebungsinstrument dar: In Interviews zu den standardisierten Situationen kann die Interpretation der Problemsituationen, der Entscheidungsprozess des Informanten und seine Entscheidung erhoben werden. Fasst man das berufliche Ethos als Kompetenz, solche kritischen Situationen zu bewältigen, so lässt sich der Entwicklungsstand professionsethischer Orientierungen mit diesen Standardisierungen erfassen.

Das hier verwendete Verständnis professioneller Standards beansprucht Gültigkeit für alle Anteile professioneller Kompetenz. *Oser* versteht unter Standard eine berufliche Handlungsweise von hoher Qualität, die sowohl auf einer wissensbasierten Kompetenz aufbaut, als auch auf der Basis dafür, dieses Handeln auch tatsächlich auszuführen (vgl. ders., 1997, 28ff.). Eine Handlungsweise erfüllt diese Bedingung nur dann, wenn sie einmal auf theoretischem Wissen aufbaut, welches jedenfalls zu Teilen auch empirisch abgesichert ist. Außerdem aber muss sie der Qualität der Handlungsausführung nach dem Erfahrungswissen des „Expertenhandelns" (im Sinne der Experten-Novizen-Forschung) entsprechen. Schließlich soll sie dem Anspruch an Ausführbarkeit auf der Basis von Erfahrungsmustern genügen.

Einerseits kann man hier festhalten: Auch wenn diese Begriffsbildung zu Teilen noch nicht den Stand der Forschung zur Struktur des Erfahrungswissens aus der kognitionspsychologischen Expertenforschung und aus der Wissensverwendungsforschung reflektiert (vgl. KOLBE 1999), im besonderen das eigene Verhältnis von Wissen und professionellem Handeln, stellt *Oser* doch den weiteren Ertrag dieses Forschungszugangs unter Beweis: Auf der Basis von Expertenbefragungen (Quasi-Delphi-Studien) ermittelte er achtundachtzig Standards für berufliches Handeln, die in Gruppen geordnet wurden – beispielsweise in der Gruppe „Lehrer-Schüler-Beziehungen" der Standard „mich in konkreten Situationen in die Sicht- und Erlebnisweise der Schüler und Schülerinnen zu versetzen" (OSER 1997, S. 31ff.).

Sie gaben nun die Basis für Operationalisierungen ab, mit denen die erreichte berufliche Kompetenz ganz breit im Evaluationsprozess messbar gemacht werden sollte (vgl. zur umfassenden Verwendung den inzwischen veröffentlichen Bericht von OSER und OELKERS 2001). Für andere Standards sieht *Oser* schließlich andere Instrumente als die oben genannten Konfliktsituationen vor, beispielsweise Vignetten aus Videographien.

Schon die Studie zur Entwicklung professionsethischer Orientierungen dokumentierte, dass in vielen Fällen die ausgewiesenen Handlungskompetenzen nur zu Teilen erreicht wurden. Gleichzeitig konnte gezeigt werden, dass das Maß der erreichten Diskursfähigkeit bei Lehrern nicht nur positiv mit der Art ihrer Schülerbeurteilung korreliert, sondern stärker diskursorientierte Lehrer höhere Werte in der Beurteilung durch ihre Schüler erhalten.

Andererseits ist aber herauszustellen: Es ist insofern zwar unstrittig, dass die genannten Analyseinstrumente relevante Aspekte des Gegenstandes erfassen. Offen bleibt aber der Status der Expertengespräche – und nicht nur der normativen Problematik wegen. Wenn erfahrene Lehrer „mehr können, als sie wissen" (BROMME 1992), dann sollten Expertengespräche durch Analysen praktischen Handelns, durch Handlungsrekonstruktionen ergänzt werden.

Die Untersuchung der Formen didaktischen Wissens in Darstellungen eigener Sichtweisen der Absolventen auf Unterricht von *Nölle* und *Czwerwenka* (vgl. NÖLLE 2002), die anschließend vorgestellt wurde, steht für den psychologisch fundierten wissenstheoretischen Zugang in der Wirkungsforschung und Erforschung der Handlungsbasis und Kompetenz Unterrichtender.

Untersucht wurden vergleichend Studienanfänger und vor allem Absolventen verschiedener Formen der Lehrerbildung, welche sich nach Grad und Art der Integration von Praxis unterscheiden.

Gegenstand sind hier die „Vorstellungen über Unterricht", die auf unterschiedliche Weise durch die Anlage der Untersuchung elizitiert wurden: Einmal durch eine Befragung, außerdem durch Leitfadeninterviews zu Videoaufzeichnungen, schließlich durch ein Interview zum eigenen Unterricht. Das erworbene Wissen und seine Verwendung in der Erhebungssituation sollte in den entsprechenden Texten erfasst und analyisiert werden.

Die systematische Untersuchung der Wirkungen der Lehrerbildung nach der Struktur ihres Aneignungsproduktes kennzeichnet eine Form der Lehrerbildungsforschung, die künftig vielleicht noch stärker durchgeführt wird. *Nölle* und *Czwerwenka* begründen diesen Zugang mit dem Interesse an dem sogenannten „Theoriebezug" Studierender (NÖLLE 2002, S. 51), der in unterschiedlichen Ausprägungen in den Texten hergestellt werde. Dadurch wird die grundlegende Frage nach der Struktur der Handlungsbasis Erfahrener hiermit behandelt: Die Verfasser vermuten, dass durch hohe praktische Anteile ein Wissen entstünde, das handlungsleitend sei und sich zugleich als eines erweise, dessen Bezug auf Theorie in den verwendeten Kategorien offen erfassbar sei. Sie setzen also voraus, dass das praktische Erfahrungswissen und Können von den Kategorien wissenschaftlichen Wissens strukturiert werde.

In den Texten interessieren deshalb die „kognitiven Muster von Studierenden über Unterricht".

Den hier gewählten Analysezugang fundiert die Vorstellung „kognitiver Muster" (vgl. NÖLLE 2002, S. 54). Gemeint sind damit begriffliche Klassifikationen beziehungsweise Kategorien und ihre Verknüpfungen, die im Kommentar der Absolventen zur Charakterisierung des Unterrichtsgeschehens verwendet werden. Damit wird der Anspruch verbunden, die zugrundeliegenden Problemdefinitionen des Sprechers zu Unterricht angemessen zu erfassen.

Dass die damit dokumentierte Form des didaktischen Wissens eine eigene Struktur besitzt, scheint hier mit den Befunden der wissenspsychologischen Lehrerforschung begründet: Sie zeigte in verschiedener Weise, dass die Anforderungen ans Unterrichten psychologisch aus der Akteursperspektive betrachtet nur durch eine eigene aufgabenorientierte Strukturierung dieses Handlungswissens zu bewältigen sind (vgl. z.B. BROMME 1992). *Nölle* interpretiert im Rahmen ihrer Prämisse von der Integration von Theorie und Praxis diese Strukturierung freilich als ein Produkt dieser Integration.

Die Befunde zeigen nun, dass ein Teil der befragten Absolventen sich in seiner Darstellung auf bekannte didaktische Konzepte, Methodenkonzepte und Begriffe bezog. Zugleich verbanden diese Sprecher ihre Darstellung damit, Beziehungen zwischen konzeptspezifischen Merkmalen herzustellen.

Deshalb kategorisierten die Verfasser die Texte nach Formen des Theoriebezugs, und unterscheiden im Besonderen eine Form „implizit aggregierend – Texte mit erkennbarer thematischer Abfolge, ohne deutliche theoretische Bezüge" von der Form „klassifizierend – Texte mit theoretischen Elementen...".

Im Vergleich zwischen Ausbildungsformen zeigte sich dann, dass die letztere Form des „Theoriebezuges" deutlich stärker bei Ausbildungskonzepten mit starker Praxisintegration vorkamen, im Vergleich mit Absolventen aus traditionell sogenannten „theorieorientierten" Ausbildungsformen. Die Verfasser vertreten dazu die These, dass die Integration von Praxis sichtlich dazu verhelfe, Begriffe der Theorie schon stärker zur Praxisbeschreibung zu verwenden.

Diese Deutung dürfte freilich umstritten sein: Das Ausmaß dieses Transfers schon als Maß für die Leistungsfähigkeit dieses Wissens als Basis beruflicher Kompetenz zu nehmen, das lässt sich nach den Einsichten der Wissensverwendungsforschung nicht mehr plausibel machen. Kontrovers diskutiert wurde in diesem Zusammenhang auch die Frage, ob die Analyse der Informantentexte nicht durch ein subsumtionslogisches Vorgehen der Aussagen unter die Kategorien bekannter didaktischer Konzepte zu wenig der Eigenlogik auch der Bedeutung gerecht werde, die die Informanten selbst mit bestimmten Begriffen verbinden.

Beide hier skizzierten Forschungszugänge zeigen neue Optionen auf, um das vielbeklagte Desiderat einer Lehrerbildungsforschung (vgl. z.B. FRIED 1997; KOLBE / COMBE 2003) über die Wirkungen und Ergebnisse von Qualifizierungsprozessen innovativ zu bearbeiten. Sie dokumentieren, dass solche Zugänge vermehrt gesucht werden, dass das Vorgehen sehr ertragreich ist, und sie dokumentieren auch unterschiedliche Leistungen der zwei paradigmatisch doch unterschiedlichen Zugangsweisen in Gestalt ihrer Befunde zum Aufbau der beruflichen Handlungsbasis.

Die systematische Untersuchung der Wirkungen der Lehrerbildung mittels der Analyse angeeigneter Wissensbestände oder anhand erarbeiteter „Standards" als Kompetenzprofile (Oser) kennzeichnet einen empirischen Zugang, der in der Lehrerbildungsforschung künftig noch stärker Verwendung finden dürfte. Deshalb sind auch die Grenzen dieser Ansätze mit in den Blick zu nehmen. Beide konzentrieren sich auf die Ergebnisse der Qualifizierung, den Prozess, in dem diese Ergebnisse hervorgebracht werden, wählen sie nicht zum Analysegegenstand. Einsichten darüber, wie die fraglichen Kompetenzen hervorgebracht werden können, suchen diese Ansätze in den Merkmalen des Lehrerbildungsmodells – beispielsweise im Umfang und der Art der Integration von Unterrichtspraxis.

Nicht unähnlich den aktuellen Schulleistungsvergleichsstudien leistet die Analyse damit einen notwendigen Beitrag zur Wirkungsforschung. Doch ähnlich wie auch bei der aufwendigen Modellierung von Lernumwelten in der Lehr-Lernforschung bleibt der Entstehungsprozess dieser Wirkungen selbst noch unzureichend erfasst. Deshalb ist zu diskutieren, ob nicht Rekonstruktionen der Aneignungsprozesse bei Studierenden in Lehramtsstudiengängen selbst als weiteres Element erforderlich sind, das darüber informiert, welche Aneignungschancen in verschiedenen Formen der Lehrerbildung überhaupt entstehen.

Die angesprochenen Begrenzungen lassen sich überschreiten durch die rekonstruktive Analyse der Lehrertätigkeit selbst. Für die Fundierung von Standards der Evaluation würde das Vorgehen damit dem Anspruch einer substantiellen Tätigkeitsanalyse gerecht, wie er in der weiterentwickelten Konzeption zur Curriculumkonstruktion im Bereich der berufsbildenden Curriculumentwicklung bekräftigt wurde (vgl. KOLBE 1996). So könnte eine Ergänzung zu den Ergebnissen der Expertenbefragungen der Delphi-Studien bei OSER entstehen (vgl. oben).

In der Form einer rekonstruktiven Analyse der Tätigkeit der Studierenden selbst (oder auch der Referendare) böte die rekonstruktive Analyse dann darüber hinaus einen Zugang, um die erfahrungsdominanten Strukturen innerhalb des Prozesses zu erfassen, in welcher der Kompetenz- und Wissensaufbau bei Studierenden beziehungsweise sogenannten Novizen hervorgebracht wird.

Zur bildungspolitischen Kontroverse um die Struktur der Lehrerbildung

Die abschließende bildungspolitische Diskussion zur Kontroverse um die Einführung neuer Lehrerbildungsstudiengänge in Gestalt von Bachelor- und Master-Studiengängen bot schließlich einen informativen Einblick in den Verlauf des Diskurses.

Zwischen den Vertretern der unterschiedlichen Positionen sowohl im wissenschaftlichen Bereich als auch in der Politik wird die Diskussion inzwischen vergleichsweise versachlicht weitergeführt. Einerseits ist zu verzeichnen, dass der Versuch, mit BA und MA eine Vereinheitlichung der

Lehrerbildung durchzusetzen, gerade eine Vielzahl unterschiedlicher vertretener Modelle hervorbringt (vgl. HELSPER / KOLBE 2002).

Diese sollen jedoch nach ihren Autoren gleichermaßen am Anspruch professioneller Qualifizierung gemessen werden – wie für die bekannten Positionen etwa von *Ewald Terhart* (vgl. ders. 2000, 2001), *Frank-Olaf Radtke* (vgl. ders. 1999), *Johannes Wildt* (vgl. ders. 2000), aber auch gleichermaßen von *Werner Habel* (vgl. ders. 2002) deutlich herausgestellt wurde. An der geforderten Qualität erziehungswissenschaftlicher Qualifizierung nach Umfang wie nach Art werden so gesehen keine Abstriche akzeptiert – im Gegenteil werden in allen Modellen die erziehungswissenschaftlichen Anteile eher erhöht bis deutlich ausgeweitet. Insofern darf man von einer unzweideutigen Positionierung der Zunft sprechen: Eine Stärkung pädagogischer Professionalität soll gefördert werden, die für professionelles Können bedeutsam werden kann. Dafür sind neben anderen wesentlichen Merkmalen mindestens drei Aspekte zentral: Einmal eine Stärkung der pädagogischen Professionalität, nicht im Sinne einer Relativierung der Bedeutung des Faches und der Sache, aber in dem Sinne, dass die Reflexion auf Vermittlung und Aneignung unter schulischen Bedingungen als pädagogischer Professionsbezug in den Mittelpunkt gerückt wird; zweitens die Stärkung der reflexiven pädagogischen Professionalität, also die Versprachlichung impliziter Wissens- und Deutungsbestände zu ermöglichen – die wissenschaftlichen darunter eingeschlossen; drittens die Stärkung von Studienelementen, in denen diese reflexive Verwissenschaftlichung und Selbstbildung erfolgen kann.

Der Stellenwert einer Kritik an denjenigen Vorschlägen, die die Qualität der Bildungsprozesse vermeintlicher bildungsökonomischer Effizienzsteigerung unterordnen wollen, wird schließlich schnell deutlich, wenn beispielsweise die britischen Erfahrungen mit deprofessionalisierenden Lehrerbildungsreformen mit einbezogen werden. Für das letzte Jahrzehnt wurden deren Auswirkungen dokumentiert (vgl. MENTER 1999, 2000, 2001). Ian Menter warnte abschließend die deutschen Kollegen eindringlich davor, gegenüber neuen Modellen von additiver Kurzqualifizierung oder beruflichem Training nicht mehr auf einer Qualifizierung zu bestehen, die sich an einer entfalteten Professionalität orientiert.

Literatur

BECK, CH. / HELSPER, W. / HEUER, B. / STELMASZYK, B. / ULLRICH, H. (2000): Fallarbeit in der universitären LehrerInnenbildung. Professionalisierung durch fallrekonstruktive Seminare? Eine Evaluation. – Opladen.

BROMME, R. (1992): Der Lehrer als Experte. – Bern.

FRIED, L. (1997): Zwischen Wissenschaft und Berufspraxis – Bilanz der Lehrerbildungsforschung. In: BAYER, M. / CARLE, U. / WILDT, J. (Hrsg.): Brennpunkt Lehrerbildung. Strukturwandel und Innovation im europäischen Kontext. – Opladen, S. 19-54.

HABEL, W. (2002): Mit Bachelor und Master in die Schule – alternative Strukturen in der Lehrerausbildung. In: ZENTRUM FÜR SCHULFORSCHUNG UND FRAGEN DER LEHRERBILDUNG (Hrsg.): Die Zukunft der Lehrerbildung. Eine Streitschrift. – Opladen, S. 125-141.

HELSPER, W. / KOLBE, F.-U. (2002): Bachelor/Master in der Lehrerbildung. In: Zeitschrift für Erziehungswissenschaft, 5, Heft 3, S. 384-401.

KOLBE, F.-U. (1996): Schulung lokaler Experten für die Curriculum- und Berufsbildungszusammenarbeit. In: SCHRÖTER, H.-G. (Hrsg.): Curriculum- und Berufsbildungszusammenarbeit. S. 78-91.

KOLBE, F.-U. (1999): Konvergenzen in der Lehrerwissensforschung – ein Beitrag zu den Grundlagen allgemeiner Didaktik. In: FINKBEINER, C. / SCHNAITMANN, W. (Hrsg.): Lehren und Lernen im Kontext empirischer Forschung und Fachdidaktik. – Donauwörth, S. 184-207.

KOLBE, F.-U. / COMBE, A. (2003): Lehrerbildung. In: HELSPER, W. / BÖHME, J. (Hrsg.): Handbuch der Schulforschung. i. E.

KOLLER, H. Ch. (für den Fachbereich Erziehungswissenschaft der Universität Hamburg) (2001): Kerncurriculum am FB Erziehungswissenschaft. http://www2.erzwiss.uni-hamburg.de/studium/Kerncurriculum.htm (12/2002).

MENTER, I. (1997): Work and Identity in the Primary School: A Post-Fordist Analysis Open University Press (with Yolande Muschamp, Peter Nicholls, Jenny Ozga, Andrew Pollard).

MENTER, I. (1999): 'Colour blind or visionary?' In: GRAHAM, J. (Hrsg.): Teacher Professionalism and the Challenge of Change, Stoke-on-Trent: Trentham.

MENTER, I. (2000): Teacher Supply and Retention in London, A Study of Six London Boroughs, 1998-9, London: TTA (with Merryn Hutchings, Alistair Ross, David Thomson and Dorothy Bedford).

MENTER, I. (2001): 'Just Testing?: an analysis of the implementation of 'skills tests' for entry into the teaching profession in England', Journal of Education for Teaching, 27, 3 (with Ian Hextall and Pat Mahony).

NÖLLE, K. (2002): Probleme der Form und des Erwerbs unterrichtsrelevanten pädagogischen Wissens. In: ZfPäd. 48, Heft 1, S. 48-67.

OHLHAVER, F. / WERNET, A. (Hrsg.) (1999): Schulforschung – Fallanalyse – Lehrerbildung. Diskussionen am Fall. – Opladen.

OSER, F. (1997): Standards in der Lehrerbildung. In: Beiträge zur Lehrerbildung 15 (1), 1997, S. 26-37.

OSER, F. (1998): Ethos – die Vermenschlichung des Erfolgs. Zur Psychologie der Berufsmoral von Lehrpersonen. – Opladen.

OSER, F. / OELKERS, J. (Hrsg.) (2001): Die Wirksamkeit der Lehrerbildungssysteme: von der Allrounderbildung zur Ausbildung professioneller Standards. – Chur.

RADTKE, F.-O. (Hrsg.) (1999): Lehrerbildung an der Universität. Zur Wissensbasis pädagogischer Professionalität. – Frankfurt am Main.

REH, S. / SCHELLE, C. (2003): Fallarbeit in der Lehrerbildung. In: KOLBE, F.-U. / KOCH-PRIEWE, B. / WILDT, J. (Hrsg.): Mikrodidaktik der Lehrerbildung. – Bad Heilbrunn, i. E.

REH, S. / SCHELLE, C. (2001): Lehr-Forschungs-Projekte in der LehrerInnenausbildung. In: Journal für Lehrerinnen- und Lehrerausbildung 3/2001, S. 55-61.

TERHART, E. (Hrsg.) (2000): Perspektiven der Lehrerbildung in Deutschland. Abschlußbericht der von der KMK eingesetzten Kommission. – Weinheim.

TERHART, E. (2001): Lehrerberuf und Lehrerbildung. – Weinheim.

WILDT, J. (2000): Ein hochschuldidaktischer Blick auf die Lehrerbildung: Hochschule als didaktisches Lern- und Handlungsfeld. In: BAYER, M. / BOHNSACK, F. / KOCH-PRIEWE, B. / WILDT, J. (Hrsg.): Lehrerin und Lehrer werden ohne Kompetenz? Professionalisierung durch eine andere Lehrerbildung. – Bad Heilbrunn, S. 171-182.

Margret Kraul / Hans Merkens

Disziplingeschichte und Innovationen – Biographische Reflexionen[1]

In der Bildungsgeschichte hat es seit jeher Reformen gegeben, die Innovationen und Reflexionen über Innovationen im Bildungssystem ausgelöst und sich wie Wellenbewegungen durch die Geschichte der Disziplin gezogen haben. Was von ihnen jeweils geblieben ist, ob sie zur Weiterentwicklung der Disziplin beigetragen, zu einem „Mehr" an theoretischer Erkenntnis oder zu besser gelungenen Umgangsweisen mit Erziehung auf gesicherter Grundlage geführt haben, und in welcher Weise sie in Institutionalisierungen übergegangen sind, das waren leitende Überlegungen zu dem Symposium „Erlebte Innovationen". Innovationen der letzten dreißig Jahre standen zur Diskussion, vorgestellt und reflektiert wurden sie aus der Sicht derer, die sie initiiert oder mitgestaltet hatten und deren biographisches Wirken sich in der Disziplingeschichte mit der jeweiligen Innovation verbindet.

Inhaltlich wurde bei den „Erlebten Innovationen" geprüft, ob neue wegweisende theoretische Richtungen entstanden sind. Einschlägige Beispiele waren: die auf *Wolfgang Brezinka* zurückgehende Neuorientierung der Erziehungswissenschaft, die seit den siebziger Jahren unter dem Schlagwort „Von der Pädagogik zur Erziehungswissenschaft" diskutiert wird; die in den letzten dreißig Jahren im Zuge der „realistischen Wendung" geforderte empirische Ausrichtung der Erziehungswissenschaft und die Geschlechterforschung, die neue Impulse und neue Blickrichtungen auf wissenschaftliche Zusammenhänge generiert hat. Daneben stand die Entstehung neuer Institutionen zur Diskussion: der Diplomstudiengang als Versuch und Ergebnis disziplinärer Konsolidierung sowie verschiedene Schulmodelle: die Gesamtschule für den bildungspolitischen Reformzugriff auf gesellschaftlicher Ebene und die Laborschule als ein Beispiel für das, was im Zuge konkreter Reformarbeit in der Schule geleistet werden kann.

1 Dieser Beitrag ist eine Zusammenfassung der Vorträge des Symposiums 19: Erlebte Innovationen: Ein Beitrag zur Geschichte der Disziplin. Alle Beiträge dieses Symposiums erscheinen im Jahre 2003 bei Leske und Budrich (Hrsg. von Margret Kraul und Hans Merkens).

Die retrospektive biographische Reflexion der Träger und Trägerinnen der Innovationen stand in dem Symposium im Vordergrund. Teilweise wurden auch unmittelbare biographische Erfahrungen bei der Generierung neuer wissenschaftlicher Konzepte oder der Reformierung bestehender Institutionen benannt. Ein solches Zusammenspiel von biographischen Erfahrungen und der Weiterentwicklung wissenschaftstheoretischer Positionen war konstitutiv für den Vortrag von *Wolfgang Brezinka*. Er erläuterte, wie er sich aufgrund der Angriffe von allen Seiten, von Katholiken bis zu Marxisten, Phänomenologen und Transzendentalphilosophen sowie Hermeneutikern aller Couleur gezwungen gesehen habe, sich zu wehren und damit notwendig seine wissenschaftstheoretischen Reflexionen voranzutreiben und seine Position zu entwickeln. Haupttriebfeder sei für ihn die Differenzierung der „undifferenzierten Pädagogik" in die Bereiche (empirische) Erziehungswissenschaft, Philosophie der Erziehung und Praktische Pädagogik gewesen. Keiner dieser Bereiche sei abgewertet worden, im Gegenteil, er habe jeden für unentbehrlich gehalten. Ihm sei es im Kern um eine „kritische Aufklärung über Erziehungstheorien" gegangen. Davon habe er sich auf Dauer die Erzeugung „besserer Erziehungstheorien" versprochen, die dann letztlich auch zur Verbesserung der Praxis hätten beitragen können.

Brezinka entwickelte seine Position gegen den mainstream der damaligen Pädagogik. Der Status quo habe sich in weiten Bereichen darauf beschränkt, Pädagogik philosophierend zu betreiben; Philosophieren als Grundform der Wissenschaft, verbunden mit der réflexion engagée, prägte nach seiner Auffassung die Situation in der Wissenschaft: „eine empirisch angereicherte, aber im Kern weltdeutend-normgebende gemischte Disziplin der Praktischen Philosophie mit Bekenntnischarakter" oder – schärfer und mit Richard Peters formuliert – ein „undifferenzierter Brei". Zwei Punkte waren es, die *Brezinka* angesichts dieser Situation besonders hervorhob: zum einen die Kritik an spekulativen Texten, an mangelndem methodischen Bewusstsein und der Vernachlässigung empirischer Herangehensweisen, zum anderen die Notwendigkeit, ein Programm für eine empirisch basierte wirklichkeitsnahe Pädagogik zu erstellen. In seiner Wahrnehmung befand er sich mit entsprechenden Publikationen, u.a. in der Zeitschrift für Pädagogik, zwar im Zentrum der Reflexion, zugleich aber de facto dennoch auf einsamer Flur, allenfalls noch gestützt durch Winnefeld oder Roth, obwohl er die Positionen des Letzteren auch nicht als Klärung empfand. So konnte er das Credo Heinrich Roths, die Pädagogik nicht in einen empirischen und einen philosophischen Teil zerfallen zu lassen, nur als eine erneute Undifferenziertheit werten; gerade Roths Anthropologie galt ihm als Beleg dafür, dass der Anspruch, wissenschaftliche, moralbegründende und praxisorientierende Aufgaben zugleich erfüllen zu können, uneinlösbar sei. Die Einbeziehung der Gestaltung der Praxis in die Pädagogik als Wissenschaft sowie deren von der geisteswissenschaftlichen Pädagogik angestrebte Ausformung als „eine ‚pragmatische' Wissenschaft" im Sinne Flitners hat nach seiner Überzeugung die Wende zu einer empirisch fundierten Erziehungswissenschaft nicht gefördert, sondern eher verhindert.

Biographisch hat *Brezinka* – diesem Bericht zufolge – keineswegs von denjenigen gelernt, denen die Implementation der realistischen Wendung gemeinhin nachgesagt wird, sondern eher aus der Analytischen Philosophie und der „Kritische(n) Prinzipiengeschichte der deutschen Erziehungswissenschaft" von Rudolf Lochner. Die biographische Komponente hat sich vor allem da als besonders einflussreich für die Theorieentwicklung bei *Brezinka* erwiesen, wo Angriffe von links bis rechts und allen Seiten die deutliche (Re-)Formulierung seiner wissenschaftstheoretischen Positionen herausgefordert haben.

Was waren die Folgen? Dass mit Brezinkas Schriften eine wissenschaftstheoretische Diskussion in Gang gekommen ist, steht außer Frage, aber hat sie auch zu einem neuen Paradigma – oder auch nur zu einem Perspektivwechsel geführt? Der Glaube daran, dass mit Brezinka eine Neuorientierung in der Disziplin stattgefunden hat, steht für viele Erziehungswissenschaftler und Erziehungswissenschaftlerinnen außer Frage. Brezinka selbst blieb skeptisch bei der Beantwortung dieser Frage: Einen Denkanstoß habe er wohl geben können, aber letztlich stehe die „Abwendung von der wissenschaftstheoretisch unaufgeklärten Sammelsuriumspädagogik immer noch aus". Und erst recht voller Skepsis war seine Gegenwartsdiagnose zum state of the art: mehr Zersplitterung als gemeinsames Kernwissen, kein Mut zur Kritik, Imponiergehabe, Bluff. Damit bleibt seine Forderung als gleichsam „zeitlos" bestehen: Umkehr zu klaren Erziehungstheorien, die empirisch überprüft werden und, sofern sie nicht widerlegt werden, Impulse für die Bestätigung oder Veränderung der Praxis geben können.

Auch *Peter Martin Roeder* stellte sein Forschungsprogramm im Kontext seiner Biographie dar und schlug die Brücke zwischen der Disziplingeschichte und der mit ihr jeweils verbundenen Themen und seinem individuellen biographischen Lernen. Wissenschaftlich wurde er wie Brezinka mit der bereits erwähnten historisch-philosophischen Pädagogik groß, dennoch gab es in seiner Ausbildung schon frühe Hinweise auf die empirische pädagogische Forschung. Die Impulse dafür kamen vor allem von Psychologinnen und Psychologen sowie einem Soziologen: Hildegard Hetzer, Annemarie und Reinhard Tausch, Werner Mangold. In dieser Tradition standen auch die dann von *Roeder* selbst angeregten Arbeiten zum „Sozialstatus und Schulerfolg", zu dem Themenkreis „Sprache und soziale Herkunft" sowie die Erstellung eines Untersuchungsprogramms zur Analyse von Unterrichtsstrukturen mit Hilfe standardisierter Beobachtungen.

Das aber bedeutete aus *Roeder*s Sicht keineswegs schon, sich mit dem Erreichten zufrieden geben zu können: Es fehlten zunächst Untersuchungen von größeren repräsentativen Längsschnitten, wie sie sich erst im Laufe der siebziger Jahre unter Einbeziehung anderer Disziplinen, der Psychologie und der Bildungssoziologie, und des internationalen, vor allem des US-amerikanischen Kontexts, entwickelten: „Schulleistung" und „Differenzierung" beherrschten als Themen die Diskussion. Auch die Institutionalisierung der empirischen Forschung wurde weiter verfolgt: Das DIPF war bereits 1951 gegründet worden, das Max-Planck-Institut für Bildungsforschung (MPIfB) folgte 1963; 1965 wurde der Deutsche Bildungsrat eingesetzt, dessen Veröffentlichungen auf Bilanzierung und Planung von Bildungsforschung zielten und dessen Gutachten „Begabung und Lernen" strategisch für die Bildungsplanung genutzt werden sollte, und nicht zuletzt konstituierte sich die AEPF (Arbeitsgruppe empirische pädagogische Forschung), die später in die DGfE überging. Die „Empfehlung zur Einrichtung von Schulversuchen mit Gesamtschulen", eines der Themen mit großer Konjunktur, beeinflusste nicht nur die bildungspolitische Gestaltung von Entscheidungen, sondern trug zugleich dazu bei, forschungsmethodologische Desiderate empirischer Forschung abzubauen: Großprojekte wie die Evaluation des Gesamtschulversuchs erforderten repräsentative Stichproben, verlangten die Verbindung von Quer- und Längsschnittdesigns sowie die Entwicklung von Instrumenten zur Messung dessen, was Schule und Unterricht leisten können. Diese Entwicklung findet ihren vorläufigen Höhepunkt in den internationalen Schulleistungsvergleichen, die eine neue Konjunktur empirischer Schulforschung mit sich bringen.

Was *Peter Martin Roeder* so eindrucksvoll an seiner Biographie demonstrierte, lässt sich unschwer auf die Brezinkasche Forderung nach Ausdifferenzierung der Pädagogik applizieren. *Roeder* zeigte die Entwicklung der empirischen Erziehungswissenschaft auf, ihre Anfänge wie ihre methodologischen Desiderate. Die Ergebnisse dieser Forschungen aber hat er für die weitere bildungspolitische Diskussion fruchtbar machen wollen. Das verdeutlicht, in welch enger Verbindung miteinander die von Brezinka analytisch getrennten Bereiche für *Roeder* stehen.

In anderen Bereichen der Pädagogik finden sich Innovationen, deren Anfänge aus gesellschaftlichen Veränderungen resultieren, so die Frauen- und Geschlechterforschung. Sie kann als Beispiel dafür dienen, wie – und mit welcher Verzögerung – Bewegungen Eingang in die Wissenschaft erhalten. *Doris Knab* als eine der Vertreterinnen, die an der Etablierung der Frauenforschung im Wissenschaftsbereich beteiligt war, stellte die mit der Frauen- und Geschlechterforschung verbundene, wissenschaftsgeschichtlich wie auch bildungspolitisch neue Blickrichtung vor. Das Jahr 1970 nahm sie als Zäsur und musste feststellen, dass es zu jener Zeit der „Neuvermessung" der Disziplin noch keinen Blick auf die Geschlechterforschung gab; erst seit den achtziger Jahren findet sich jene neue Richtung dokumentiert: in Publikationsreihen, Tagungen und Projekten und nicht zuletzt durch den Weg der Frauenforschung in die institutionelle Verankerung der DGfE. Aber diese Erfolgsstory hat ein paar kleine Haken, die sich bei genauerem Hinsehen zeigen.

Zunächst einmal entwickelte sich in den siebziger Jahren die Situation der Frauen in der Bildungslandschaft in durchaus konventioneller Weise: Unterschiedliche Bildungs-, Berufs- und Lebensperspektiven von Männern und Frauen verwiesen trotz der Bildungsreform auf die nach wie vor nicht eingelöste Gleichberechtigung; die Geschlechtsrollenzuschreibungen des neunzehnten Jahrhunderts wurden zwar in ihrer historischen Dimension bewusst gemacht; trotzdem ließ die Abkehr von der lange gehegten Vorstellung, das männliche Element als das allgemeine, das weibliche hingegen als das besondere zu verorten, noch bis in die achtziger Jahre auf sich warten. *Doris Knab*s eigene biographische Erfahrungen reflektierten diesen Umstand: Als sie im Jahre 1970 einen Artikel unter dem Stichwort „Mädchenbildung" für das „Handbuch pädagogischer Grundbegriffe" schrieb, bezog sie zwar sehr wohl die Geschlechterverhältnisse mit in ihre Darstellung ein, blieb aber gleichwohl der Nomenklatur vom Allgemeinen und Besonderen verhaftet. Erst die neue Frauenbewegung habe diese Ansätze weitergeführt, heimliche Lehrpläne geschlechtsspezifischer Differenzierung aufgedeckt und die „Konstrukteure des Geschlechts auf frischer Tat ertappt". Von bildungspolitischen Debatten mit „fast religiöser Inbrunst und hektischem Reformeifer" berichtete *Knab* und gab analysierend zu bedenken, dass sich dort unterschiedliche wissenschaftliche Zugriffe, zuweilen auch unkontrolliert, vermengten. Dennoch: Die Selbstreflexion der Frauen- und Geschlechterforschung habe zu einem neuen „Schub der Theoriebildung", zur „Neuformulierung wissenschaftstheoretischer Positionen" geführt, der Frage nach der Kategorie Geschlecht als Ordnungsprinzip, aber auch der Überlegung, wie Konstruktion und Dekonstruktion zur Fassung der Kategorie Geschlecht beitragen und damit ausschnitthaft auch die Konstitutionsprinzipien von Erziehungswissenschaft beleuchten.

Welche Bilanz hat diese Innovation, die *Doris Knab* mit initiiert und kritisch begleitet hat, aufzuweisen? Zunächst einmal konstatierte *Knab*, dass die Geschlechterforschung in verschiedene pädagogische Handlungsfelder eingedrungen ist, allerdings mit unterschiedlicher Tiefenwirkung, am deutlichsten wohl in der Schulpädagogik und in der Sozialpädagogik. Die damit verbundenen Institutionalisierungen hätten demzufolge auch vorrangig in der Schulpädagogik stattgefunden, etwa mit dem Netzwerk „Frauen und Schule". Die hier angeregte Diskussion zu Differenz und Gleichheit habe sich zudem auf die Interkulturelle Pädagogik sowie die Sonderpädagogik ausgewirkt, ganz zu schweigen von den Auswirkungen des geschlechtsspezifischen Blicks auf die Historische Pädagogik. Aber – so resümierte *Doris Knab* – die vermeintliche Erfolgsgeschichte habe auch ihre Grenzen. Vorangetrieben werde sie von Frauen und nicht von einem geänderten Bewusstsein in der Disziplin; ihre Auswirkungen seien vermutlich eher in den Besonderheiten von Teildisziplinen als in der Axiomatik der Allgemeinen Pädagogik aufzufinden, also erneut das Weibliche als das Besondere? Wie dem auch sei, obwohl sich die Kategorie Geschlecht langsam „einschleiche", könne die „Innovation" der geschlechtsspezifischen Perspektive auf Phänomene der Erziehung und methodologische Reflexionen von Erziehungswissenschaft keineswegs als abgeschlossen gelten, vielmehr bedürfe es auch hier weiterhin der intensiven Auseinandersetzung in der Disziplin, sowohl in Bezug auf Theoriebildung als auch in Bezug auf praktisches Handeln, etwa in der Gleichstellungspolitik.

Dennoch kann festgehalten werden, was die Geschlechterforschung der Disziplin an innovativem Potenzial gebracht hat: Unabweisbar ist es, dass sie neue Fragestellungen und Themen und neue theoretische Sichtweisen generiert hat, zum einen durch das Aufgreifen einer spezifischen Frauensicht und Frauengeschichte, zum anderen durch die sich daran anschließenden Diskussionen von Besonderem und Allgemeinem sowie von Differenz und Gleichheit. Gerade der Wahrnehmung der Differenz ist in jüngster Zeit aus der wissenschaftstheoretischen Perspektive des Konstruktivismus eine neue Qualität zugewiesen worden: Geschlechtlichkeit wird in ständig neuem sozialen Handlungsvollzug konstruiert. Da, wo *Brezinka* mit seinem wissenschaftstheoretischen Zugriff auf All-Sätze setzte, stehen in der Frauen- und Geschlechterforschung Konstellationen im Vordergrund, die durch Raum und Zeit, durch Handeln und durch Geschlecht bestimmt sind. Eine andere Frage ist die, ob die Frauenforschung neben neuen Themen und Theoriebezügen auch neue Methoden generiert hat. Unbestritten ist hier, dass sie das gängige Methodenrepertoire in der erziehungswissenschaftlichen (empirischen) Forschung erweitert und präzisiert hat, darüber hinaus bestehen Affinitäten zu bestimmten Methoden und Zugriffsweisen, und zwar besonders zur interpretativen Sozialforschung und zu biographischen Zugängen, die offensichtlich aus der Frauenforschung einen erheblichen innovativen Schub bekommen haben.

Hatten zunächst vorrangig bildungstheoretische Aspekte im Vordergrund gestanden, so sollten im zweiten Teil des Symposiums bildungspolitische Innovationen der letzten dreißig Jahre einer kritischen Diskussion unterzogen werden. In enger Verbindung mit der Disziplingeschichte und deren Konsolidierung steht dabei der Diplomstudiengang, der erstmals für ein spezifisches Berufsfeld im pädagogischen Raum ausbildete. *Carl Ludwig Furck* als einer derjenigen, die ihn mit aus der Taufe gehoben haben, berichtete, wie – nach einer Vorlaufphase, beginnend schon 1952 – im Jahre 1967 der „Fachausschuß für die Diplomprüfungsordnung für Pädagogik" konstituiert worden sei. Es sei den Mitgliedern darum gegangen, Pädagogen und Pädagoginnen in einem eigenen grundständigen Studiengang und nicht nur über die Möglichkeit einer Promotion zu qualifizieren oder gar ein Ausweichen in die damals schon institutionalisierten Diplomstudiengänge der Soziologie und der Psychologie zu befördern. Als wichtigstes Konstituens für die Einführung des Diplomstudiengangs in der Erziehungswissenschaft habe der Berufsfeldbezug gegolten; den institutionellen Rahmen für die Arbeit habe der Konsens von WRK, Universitäten und Pädagogischen Hochschulen gesetzt, eine übereinstimmende „Rahmenprüfungsordnung in Erziehungswissenschaft" erstellen zu wollen.

*Carl Ludwig Furck*s Berichte aus dem Fachausschuss vermittelten ein Bild der sachlichen Arbeit, die um eine Balance zwischen Verbindlichkeiten durch die Rahmenordnung und Gestaltungsfreiheit durch die einzelnen Hochschulen bemüht war. Drei Gesichtspunkte wurden als allgemeinverbindlich benannt: die bereits erwähnte *Berufsbezogenheit* des Studiums, die ihren Niederschlag in einzelnen *Studienschwerpunkten* fand (zunächst, und aus der damaligen Situation begründbar, in den Schwerpunkten Schule, Sozialpädagogik und Sozialarbeit, Erwachsenenbildung und außerschulische Jugendarbeit, Betriebliches Ausbildungswesen und Sonderpädagogische Einrichtungen), und eine *sozialwissenschaftliche Orientierung* des Studiengebiets. In den letzten Punkt haben offensichtlich die Bemühungen um ein neues Paradigma in der Erziehungswissenschaft Eingang gefunden: Erziehungswissenschaft sollte nicht mehr ausschließlich in Form des Philosophierens geschehen, sondern ein erfahrungswissenschaftliches Fundament haben. Diese Prämisse habe dann auch zu den ersten widersprüchlichen Rückäußerungen geführt: Süddeutsche Bundesländer befürchteten eine zu große Dominanz der Sozialwissenschaften gegenüber den Disziplinen der Philosophie und der Theologie, die bisher als normative Leitdisziplinen hätten gelten können. Eine institutionelle Kritik sei dazu gekommen: Trotz des Grundlagenkonsenses zwischen WRK, Universitäten und Pädagogischen Hochschulen seien seitens der Universitäten Bedenken gegen eine Gleichstellung der Pädagogischen Hochschulen hervorgebracht worden. Diese Diskussion hat sich, so scheint es, in der Kontroverse um Universitäten und/oder Pädagogische Hochschulen als Ausbildungsorte perpetuiert und die Diskussion, die später bei der Integration der Pädagogischen Hochschulen in die Universitäten mit großer Vehemenz geführt wurde, bestimmt.

1969 wurde die Rahmenprüfungsordnung verabschiedet, schon im Wintersemester 1972/73 waren über 40 Diplomprüfungsordnungen gemeldet, und es konnte eine außerordentlich große Nachfrage für den Diplomstudiengang konstatiert werden. Also eine Erfolgsstory? Einiges scheint dafür zu sprechen: So konnte, wie *Furck* darlegte, bereits 1984 festgehalten werden, dass sich dieser Studiengang in „bemerkenswertem (...) Ausmaß" in dem Beschäftigungssystem habe etablieren können. Neuere Analysen bestätigen diesen Trend: Der Diplomstudiengang hat sich, insbesondere in der Studienrichtung Sozialpädagogik, als im Effekt vergleichbar zu anderen Studiengängen, beispielsweise der Betriebswirtschaft, erwiesen. Beide Studiengänge eröffnen gute Chancen auf dem Arbeitsmarkt, wenn auch bei den Diplompädagogen Gehälter hingenommen werden müssen, die unterhalb der für Akademiker und Akademikerinnen üblichen Eingangsbezahlung liegen. Vor allem aber hat sich eine hohe Anpassungsfähigkeit der Absolventen und Absolventinnen gezeigt, die sie befähigt, neue Tätigkeitsfelder in pädagogischen Bereichen zu generieren.

Die nächste vorgestellte Innovation galt weniger der Disziplin als solcher und der Professionalisierung der Studierenden dieser Disziplin als vielmehr der Klientel, derer sich Pädagogen und Pädagoginnen professioneller Weise anzunehmen haben: den Schülerinnen und Schülern und dem für sie geforderten Bildungssystem der Gesamtschule. *Ludwig von Friedeburg*, der als Bildungspolitiker und damaliger Hessischer Kultusminister Akteur der Innovation war und als Wissenschaftler die Gesamtschule und ihre Durchsetzung kritisch reflektierte, ordnete zunächst die Entwicklung der Gesamtschule in einen historischen Kontext ein, der sich aus seiner Sicht als Verhinderung fortschrittlicher Ideen durch die Herrschenden las. Auch die Situation nach dem Zweiten Weltkrieg sah er noch in dieser Tradition: So habe das Düsseldorfer Abkommen mit seinem Bemühen um Vereinheitlichung des Schulsystems den Reformbemühungen nur den Riegel vorgeschoben, und das, obgleich schon die fünfziger Jahre die Effektivität des deutschen Schulsystems hätten fraglich erscheinen lassen müssen. Trotz erster Hinweise auf ein Bildungsdilemma seien damals Ergebnisse internationaler Vergleichsstudien und Bedarfsüberlegungen ohne Resonanz geblieben. Erst der OECD-Bericht von 1963 und Georg Pichts Artikelreihe „Die deutsche Bildungskatastrophe" hätten das öffentliche Bewusstsein geweckt: „Die Bildungsökonomie hatte das Humankapital als Antriebskraft des Wirtschaftswachstums entdeckt". Unter der Devise der Ausschöpfung der Begabungsreserven kamen erste zunächst auf eine quantitative Förderung ausgerichtete Reformen in Gang, denen jedoch in der Folgezeit durch den Druck „gesamtgesellschaftlicher Modernitäts- und Demokratieansprüche" eine besondere Schubkraft zugekommen sei. Um quantitative Bildungsbeteiligung bemühte Modernisierer und um Chancengleichheit und Demokratisierung ringende Reformer seien ein Bündnis eingegangen, das der angestrebten Strukturreform besonderen Schwung verliehen habe.

Im Zentrum der Schulreform habe die Gesamtschule gestanden, verstanden als eine differenzierte Stufenschule, die soziale Gerechtigkeit und Förderung der Individualität vereinen, Fördern und Fordern verbinden sollte. *Friedeburg* als maßgeblich beteiligter Bildungspolitiker ließ die damaligen Pläne Revue passieren, den Schulentwicklungsplan des Landes Hessen von 1970 sowie den Bildungsgesamtplan. Aus heutiger Sicht, so resümierte er, verschlage „einem die Verbindung von pädagogischem Optimismus, schulorganisatorischer Konsequenz und gesellschaftspolitischer Naivität den Atem", damals hingegen schienen die Aufstiegsmöglichkeiten durch Bildung offenkundig hinreichend belegt werden zu können, und die Gesamtschulen seien von großer Akzeptanz in der Bevölkerung getragen worden. Zahlreichen Wünschen der Schulträger auf Einrichtung weiterer Gesamtschulen habe man aus materiellen Gründen nicht einmal nachkommen können.

Während heute im öffentlichen Bewusstsein mit der Gesamtschule programmatisch vor allem der Auftrag des Förderns verbunden ist, erinnerte *von Friedeburg* in seinen Ausführungen daran, dass der Auftrag des Forderns gleichberechtigt daneben gestanden habe. Vor diesem Hintergrund werden – auch im Vergleich zu anderen Schulformen – erstaunliche organisatorische Utopien verständlich. So war es eine der Ideen der Gesamtschule, die subjektive Verweildauer – in Schuljahren gemessen – extrem zu spreizen, d.h. die Lernzeit zu variieren, um dadurch allen Jugendlichen eine Möglichkeit zu geben, weiterführende qualifizierende Abschlüsse zu erreichen. Diese Ideen haben sich nicht durchsetzen lassen; sie verdeutlichen aber, dass die Gesamtschule von Beginn an als Alternative zum bestehenden Schulsystem entworfen worden ist. Ihre Konzeption hing eng mit der Idee des gesellschaftlichen Aufbruchs zusammen, an dem durch bessere Bildung viele teilhaben sollten. Insofern ist die Gesamtschule als Reformprojekt gestartet worden, mit dem ein tiefgreifender gesellschaftlicher Wandel eingeleitet werden sollte. Dass sich die daran geknüpften Erwartungen nicht alle erfüllt haben, gab Anlass zu weiteren Fragen.

Der Rückblick *von Friedeburg*s orientierte sich in historischer Sicht an gesellschaftlichen und ökonomischen Komponenten, die zum Scheitern der hochgesteckten Ziele geführt hätten. Er identifizierte das Jahr 1975 als Wendepunkt in der Entwicklung der Gesamtschule. Bis zu diesem Zeitpunkt habe der Anteil der Bildungsausgaben am Sozialprodukt beständig gesteigert werden können, von 1975 an seien die Wirtschaftskonjunktur und damit verbunden auch die Bildungsausgaben deutlich zurückgegangen, und das trotz inzwischen gestiegener Zahlen der Lernenden in weiterführenden Schulen und an Universitäten. Knappe Mittel hätten eine Restituierung alter selektiver Schulformen zur Folge gehabt; die Offenheit in der Bildungsdiskussion sei verschwunden zugunsten einer weitgehenden Wiederherstellung alter Strukturen und einer Konkurrenz zwischen den Schulformen, nach *Friedeburg* eine Entscheidung, deren Folgen sich noch in der PISA-Studie und dem Abschneiden der Bundesrepublik dokumentierten. Eine Erfolgsgeschichte der Gesamtschule ist damit unter quantitativem Aspekt wohl kaum zu schreiben – nur 10% der Schülerinnen und Schüler von Klasse 7 - 9 werden in öffentlichen Gesamtschulen unterrichtet. Dennoch kann man sowohl in ländlichen Gebieten als auch in großstädtischen Regionen Gesamtschulen finden, die in deren ursprünglicher Tradition stehen. So bieten im ländlichen Raum Gesamtschulen in Gestalt der Regionalschule eine attraktive Alternative zur kommunalen Schulversorgung, und in Großstädten werden Kinder nichtdeutscher Herkunft, die im normalen Schulsystem keine Chance bekämen, über die Gesamtschule zur Hochschulreife geführt. Nicht zuletzt aber gibt es einzelne Gesamtschulen, denen es auf Grund besonders guter

Bedingungen, aber wohl auch auf Grund einer ausgeprägten Kooperation zwischen Lehrerschaft und Elternschaft und mit Hilfe einer bewussten Profilbildung gelingt, fachliche und soziale Zielsetzungen miteinander zu verbinden.

Das Schulmodell der Laborschule, ebenfalls eine Innovation der letzten dreißig Jahre, an deren Realisierung *Annemarie von der Groeben* maßgeblich beteiligt war, gab das Beispiel für eine solche Gesamtschule. Die Laborschule spielt, so führte *Annemarie von der Groeben* aus, in der Gruppe der innovativen Schulen eine besondere Rolle. Hier geht es nicht nur um die Ausgestaltung des Gesamtschulkonzepts, sondern zugleich um die Idee, „Wissenschaft und Praxis stärker zu verzahnen und aufeinander zu beziehen", oder, anders ausgedrückt, eine bessere Pädagogik aus der Praxis zu entwickeln. Die Praxis werde dabei „als Kernstück einer pädagogischen Wissenschaftstheorie" gesehen, die in einer Versuchsschule, verstanden als ein „pädagogisches Laboratorium" und mit vielen Freiheiten und einem beträchtlichen Ausmaß an Autonomie versehen, generiert werden sollte. „Erkennen durch Handeln" lautete die auf Hartmut von Hentig zurückgehende Devise: „Wie die Medizin am Krankenbett lernt, was Krankheit und Heilung sind, so sollte auch die Pädagogik, insbesondere die Schulforschung, an Schule und Schülern lernen, was ihre Fragen und Aufgaben, ihre Schwierigkeiten, Chancen und Grenzen sind". Der Auftrag der Schule liegt also neben der gemeinsamen Unterrichtung aller Kinder eines Wohnbezirks mit unterschiedlichen Interessen, Einstellungen und Begabungspotenzialen in der Verbindung zwischen schulischer Praxis und pädagogischer Wissenschaft. Es gelte, so *von der Groeben* im Anschluss an von Hentig, wissenschaftlich reflektierte Erfahrung für die praktischen Pädagogen und Pädagoginnen zu erlangen.

Der Erfahrungsbegriff spielt aber nicht nur für die beteiligten Pädagoginnen und Pädagogen eine wichtige Rolle; er ist auch für das Lernen der Schülerinnen und Schüler konstitutiv. Lernen soll an Erfahrungsbereiche gekoppelt sein: den Umgang mit Menschen, mit Sachen, mit Gesprochenem und Geschriebenem sowie mit dem eigenen Körper, und die Schule soll den angemessenen Rahmen für derartige Erfahrungen bieten: Sie versteht sich in diesem Sinne als Polis, als Gemeinwesen, das Erziehung zu den Grundwerten der Demokratie, begünstigt. Aber die Innovation liegt vor allem in der Verbindung unterschiedlicher Kriterien, denen sich die Laborschule stellen muss: „den eigenen Bedürfnissen, denen der Schulentwicklung und relevanten Fragen und Interessen der Erziehungswissenschaft".

Wie bei allen Innovationen, so lässt sich auch hier die Frage stellen, inwieweit diese Innovation Auswirkungen gehabt hat. Hat sie Ausstrahlungen für andere Schulen gehabt? Nun war mit der Laborschule zwar nie antizipiert, dass sich Schulen finden, die sie nachahmen, aber Vorbild wollte sie dennoch sein, vor allem durch ihre „Entwicklungsarbeit und somit auch die Unfertigkeit und Unvollkommenheit". Andere Schulen sollten sich anstecken und anregen lassen und Individualisierung, offenen Unterricht, Projektunterricht und andere laborschulspezifische Kennzeichen betreiben. So legt die Laborschule besonderen Wert auf die geschlechterbewusste Pädagogik, die nicht nur auf eine spezifische Förderung der Mädchen hinauslaufen soll, sondern vielmehr den besseren, sensibleren Umgang der Geschlechter miteinander im Auge hat. Andersartigkeiten, Besonderheiten, auch Lebens- und Lernprobleme sollen hier durch gezielte Förderung und Betreuung unterstützt werden. Unterschiedlichkeit und Vielfalt werden dabei nicht als Behinderung pädagogischer Initiativen, sondern als Bereicherung des Umgangs miteinander verstanden.

Annemarie von der Groeben verdeutlichte, mit welchen verschiedenen pädagogischen Maßnahmen man sich bemüht, diesem Ideal nachzustreben: Lernberichte und integrative Pädagogik sind nur zwei der vielen pädagogischen Instrumente, die zur Verbesserung der Praxis aus der Praxis, aber auf der Grundlage theoretischer Reflexion eingesetzt werden sollen. Es geht der Schule darum, immer wieder ihre Arbeit und ihren Anspruch, aus Beobachtung und Kritik zu lernen, in Form von Erfahrungsberichten wie in systematisch aufbereiteter Form zur Diskussion zu stellen und damit die Theorie voranzutreiben.

Mit dieser Verbindung von Theorie und Praxis schließt sich der Kreis unserer Beiträge. Die Schule, in besonderer Weise die Laborschule, stellt sich pädagogischen Ansprüchen, vor allem weist sie einer Zugriffsweise den Weg, die Theorie und Praxis in ihrer unmittelbaren Verbindung sieht und darauf besteht, dass die erziehungswissenschaftliche Theorie immer wieder neu – innovativ – über unmittelbare konkrete Erfahrungen gewonnen werden kann.

Jörg-W. Link / Axel Nath / H.-Elmar Tenorth

Bildungssystem im Wandel – Innovationen zwischen Eigendynamik, Politik und Pädagogik

Seit FRIEDRICH PAULSENs scharfem Diktum aus dem ausgehenden 19. und frühen 20. Jahrhundert, „daß das Bildungswesen keine Eigenbewegung hat, sondern von dem großen Gang der allgemeinen Kulturbewegung bestimmt wird" (PAULSEN 1906, Vorwort), gibt es zwar ideologisch-politische Kontroversen über diese These, aber doch insgesamt kaum ernsthafte Forschung. Die „Eigenbewegung" der Schule gilt angesichts der kaum bestreitbaren Befunde über die „Politisierung der Erziehung" (TITZE 1973) und die politische „Okkupation der Schule" (BERG 1973) viel eher als eine kuriose Idee von Pädagogen denn als eine soziale Tatsache, die sich in ernsthafter bildungshistorischer Forschung bestätigen ließe.

Die Beiträge des Symposions[1] zeigen jetzt, in welcher Weise man sinnvoll über die „Eigenbewegung" und „Eigendynamik" des (deutschen) Bildungswesens im 19. und 20. Jahrhundert sprechen kann. Die Beiträge analysieren auch schon, welche Dimensionen der Wandel hat, ob er primär oder gar allein systemisch zu beobachten ist oder auch auf der Ebene der pädagogischen Interaktion, auf der Ebene der Reflexion oder auch in der forschenden Behandlung des Bildungswesens. Die Beiträge klären damit zugleich die – tendenziell im historischen Prozess marginalisierte, jedenfalls sehr viel geringer als vermutet ausgeprägte – Rolle, die der Politik generell, der Bildungspolitik im Besonderen in der Gestaltung des modernen Bildungssystems zukommt. Die Analysen geben deshalb, zusammen mit den Kommentaren, die bei der Präsentation und Prüfung derart starker Thesen notwendig und hilfreich sind, der Entwicklung des modernen Bildungswesens eine Interpretation, die von PAULSENs einfachen Zuschreibungen denkbar weit entfernt ist.

---

1 Die Beiträge wurden auf dem Symposion 15 „Reformen in den regelmäßigen Wachstumsschüben des Bildungssystems im 19. und 20. Jahrhundert" der Sektion Historische Bildungsforschung auf dem 18. Kongress der Deutschen Gesellschaft für Erziehungswissenschaft im März 2002 in München vorgestellt und diskutiert. Referate und Kommentare erscheinen in voller Länge als Schwerpunkthema in der Zeitschrift für Pädagogik (2003), H. 1.

Blickt man auf die internationale Diskussion über die Geschichte und die Dynamik der modernen Schule, dann sind diese Fragestellung und die damit verbundenen Ergebnisse auch nicht allein für Deutschland oder gar nur als Paulsen-Reminiszenz von Bedeutung, sondern haben systematisches Gewicht. In den USA z. B. wird in jüngerer Zeit intensiv diskutiert, welche Folgen dem intensiven reformpädagogischen Diskurs über die Schule und der reformpädagogischen Bewegung in der Schule eigentlich zukommen. Anders als konservative Kritiker und Kritikerinnen (z.B. RAVITCH 2000) meinen, die alle Übel der Schule den Reformbewegungen zuschreiben, findet die bildungshistorische Forschung eher Indizien, die für eine geringe Wirkung von Diskurs und Bewegung auf das Schulwesen sprechen, vor allem dann, wenn man auch die pädagogische Arbeit im Klassenzimmer in den Blick nimmt (CUBAN 1993). In Anschlussdebatten wird deshalb auch die Frage aufgeworfen, ob nicht andere Faktoren den Wandel im Bildungssystem – und dann auch bis auf die Ebene des Unterrichts – sehr viel eher erzeugen, auch solche, die man durchaus unter der alten Metapher der Eigenbewegung verstehen kann (z.B. CUBAN / TYACK 1995). Es sind also gewichtige Fragen, die hier aufgenommen werden, und man tut gut daran, genau zu schauen, wie sie gestellt und beantwortet werden.

Die Beiträge unseres Symposions entstammen einem Forschungskontext, in dem nicht allein die Relation von Diskurs und Praxis behandelt wird, zu der ja die pädagogischen Debatten sehr stark neigen, auch wenn sie nur selten die Raffinesse der Arbeit z.B. von CUBAN (1993) erreichen. Der Hintergrund unserer Beiträge ist eine Forschungstradition, die nicht vom Diskurs ausgeht, sondern sich auf das Bildungs*system* konzentriert und zugleich mit Daten arbeitet, in denen die Systementwicklung präzise abgebildet, im Kontext spezifischer Umwelten diskutierbar und zugleich in Bewegungen langer Dauer mit neuartigen Methoden der Erforschung von Trends und Zyklen analysierbar wird (exemplarisch: TITZE 1990). Es sind serielle Daten über Schulstrukturen und Bildungsbeteiligung, auf die sich diese Untersuchungen stützen, inzwischen wenigstens exemplarisch auch mit seriellen Daten für den Diskurs über Schule, ihre Funktion und ihre Praxis der Selektion angereichert (NATH 2001; 2003), und es sind Untersuchungen, in denen die analytischen Möglichkeiten genutzt werden, die in der Bildungsstatistik bereitliegen.

Axel Nath beschreibt in seinem Beitrag[2] vor diesem Hintergrund die historische Ausgangslage für die weiteren Überlegungen. Auf der Grundlage empirisch gewonnener Datenreihen zur Bildungsbeteiligung im höheren Schulwesen entwickelt er ein Phasen-Modell von Wachstum und Stagnation für die letzten 200 Jahre der deutschen Bildungsgeschichte. Für die vier Phasen des Wachstums konstatiert er insgesamt einen Trend zur Öffnung des

2 Die Ergebnisse entstammen dem DFG-Projekt „Legitimation der Selektion im Bildungssystem" (LESE), Universität Lüneburg. Die einzelnen Beiträge können in der Zeitschrift für Pädagogik, H.1, 2003 nachgelesen werden.

Bildungssystems und damit einen Indikator für seine Modernisierung. Eine Differenzierung der Schulstruktur gehe mit einem Trend zur Öffnung parallel, ja *Nath* geht sogar so weit, dass er die strukturellen Innovationen der letzten 200 Jahre als Kinder der Wachstumsschübe interpretiert. Darin zeige sich die eigendynamische Regelmäßigkeit in der Entwicklung des Bildungssystems, so dass letztlich die Ideen zur differenzierten Einheitsschule aus der Anfangsphase des dritten Wachstumsschubes, am Beginn des 20. Jahrhunderts, heute Wirklichkeit geworden seien.

Ulrich G. Herrmann bestreitet in seinem kritischen Kommentar nicht die Phasen der Entwicklung, aber die Interpretation der Dynamik im Bildungssystem. Der skizzierte Entwicklungsprozess erscheint ihm „eigentümlich linear" und er formuliert kritische Nachfragen auf drei Ebenen: bei der Quellen-Auswahl, für die Datierung und für die Ebene der Klassifizierung. Dabei geht es *Herrmann* um die Unterscheidung von kurzfristigen Entwicklungen einerseits und der langfristigen Dynamik andererseits; stärker als *Nath* betont er die Bedeutung anderer, nicht im engeren Sinne schulstruktureller Einflüsse, wie sie vor allem in regional angelegten Untersuchungen sichtbar werden. Die Konstruktion von Phasen nach dem Muster von *Nath* löse den komplexen historischen Prozess auf und könne die realen Ambivalenzen, Vielschichtigkeiten und Ungleichzeitigkeiten nicht mehr erklären, die in Regional- bzw. Einzelfallstudien bewusst würden,[3] wie *Herrmann* an den Beispielen Grundschulreform, Aufbauschulen und Reformschulen verdeutlicht, zusammen mit der naheliegenden Empfehlung, eine „ausgeprägte Neugierde für Widersprüche und Dysfunktionen, Ungleichzeitigkeiten und regionale Unterschiede und nicht zuletzt für die historischen Akteure" zu bewahren.

Die Frage nach den Akteuren des historischen Prozesses steht im Mittelpunkt des Beitrags von *Gerhard Kluchert* und des Kommentars von *Heidemarie Kemnitz*. Ausgehend von einem Aufruf des Preußischen Kultusministers zum Lehrer-Schüler-Verhältnis vom November 1918 nimmt *Kluchert* die Entwicklung der Lehrer-Schüler-Interaktion im 20. Jahrhundert in den Blick. Er untersucht die Veränderungen der Schule zum einen auf der Ebene der Normierungen, zum anderen auf der Ebene der pädagogischen Praxis und fragt so nach den Triebkräften der Entwicklung. Die Ergebnisse sind für beide Ebenen sehr unterschiedlich: Während sich auf der Ebene der Normierungen insgesamt eine Tendenz zu Individualisierung und Demokratisierung, zu Selbstbestimmung und Partizipation im 20. Jahrhundert nachweisen lässt, erweist sich die schulische Praxis demgegenüber als sperrig und widerständig. Gestützt auf Hospitationsberichte über höhere Schulen der

3 In den Arbeiten von TOSCH (z. B. 2001) gibt es den Versuch, Strukturanalysen mit Regionalstudien zu verbinden.

Provinz Brandenburg aus den Jahren 1925 bis 1944[4] ergeben sich Befunde zur Lehrer-Schüler-Interaktion, die sehr differenziert im Urteil und ambivalent in der Bewertung sind. *Kluchert* kann deshalb nur für die Ebene der Normierungen eine Parallelität mit den Wachstumsschüben des Bildungssystems konstatieren, sieht die Triebkräfte der Veränderungen dabei jedoch eindeutig in politischen Ereignissen. Die Ebene der schulischen Praxis bleibt aber sowohl vom Trend des Wachstums als auch von der Politik eigentümlich unberührt. Von der Weimarer Republik über den Nationalsozialismus bis in die DDR und die Bundesrepublik dominiert ein lehrerzentrierter Fachunterricht, der sich gegenüber jeglichen Veränderungen als resistent erweist.

Diesen Befund bestätigt *Heidemarie Kemnitz* in ihrem Kommentar, und zwar – interessanter Weise – aus einer anderen Untersuchungsperspektive. Selbst auf der Mikroebene der Arbeit einzelner Volksschullehrer zeigt sich eine Kontinuität pädagogischen, in diesem Falle explizit reformpädagogischen unterrichtlichen Handelns über politische Zäsuren hinweg und auch unbeeinflusst von den Wachstumsschüben des Bildungssystems. Die pädagogische Praxis folgt offenbar einer eigensinnigen Logik und zeigt eine eher träge Dynamik.

Die *Wirkung staatlicher, bildungspolitischer Maßnahmen* und der *Eigendynamik des Bildungssystems* wird damit schon problematisiert. *Peter Lundgreen* macht Bildungspolitik in seinem Beitrag zu einem eigenen Thema. Er operationalisiert „Bildungspolitik" und „Eigendynamik" nach „forschungspragmatischen Gesichtspunkten" als je „unabhängige Variablen", deren Verhältnis es zu klären gelte. Unter „Bildungspolitik" seien Akteure (Verwaltungen, Parlamente u.ä.), Diskurse (Interessengruppen) und Arenen der Entscheidungsprozesse (zwischen Staat, Wirtschaft, Öffentlichkeit und Wissenschaft) zu verstehen; „Eigendynamik" bestimmt *Lundgreen* einerseits als Teil von Bildungspolitik selbst, wenn und weil z.B. deren Praktiken, Akteure und Diskurse gegenüber politischer Gestaltungsabsicht wirksam, machtvoll und resistent bleiben, andererseits als „Residualgröße" von Veränderungen, die sich „nicht oder nur schlecht durch ‚Bildungspolitik' erklären lassen" und auch nicht kausal bestimmbar sind, als Frage nach den „Ursachen", die „im einzelnen hinter dieser [...] Eigendynamik stehen".

Lundgreen prüft seine Annahmen anhand zahlreicher Beispiele aus der Institutionengeschichte und der Geschichte der Bildungsbeteiligung seit dem frühen 19. Jahrhundert. In der Institutionengeschichte – so seine erste These – herrsche eine Auflösung hierarchischer Beziehungen als „Anpassung nach oben", an die höchste Referenzgröße, also ein Prozess der Gleichberechtigung, in dem die funktionale Differenzierung *in* die Institutionen verlagert werde. Bei solchen Entwicklungen sei eine Limitierung der Bildungspolitik

---

4 Die Quellen stammen aus dem DFG-Projekt „Schule und Sozialisation in unterschiedlichen politischen Kontexten. Deutschland von den 1920er bis zu den 1960er Jahren", Humboldt-Universität zu Berlin.

durch die Eigendynamik der Struktur des Bildungswesens erkennbar, aber die Varianz bleibe groß: Die Reform der gymnasialen Oberstufe von 1972 sei ein Beispiel für die Dominanz der Bildungspolitik, die flächendeckende Einführung der Koedukation an Gymnasien ein Beispiel für „reine Eigendynamik". Auf der Ebene der Bildungsbeteiligung zeige sich sowohl am letztlichen Scheitern von politischen Absichten der Bildungsbegrenzung als auch an der Zyklizität des Schul- und Hochschulbesuchs, dass die Bildungspolitik nicht als nennenswerte Steuerungsinstanz wirksam werden konnte.

Prozessual bezogen resümiert *Lundgreen* zugleich, dass insgesamt ein Prozess der Gleichberechtigung der vormals hierarchisch gegliederten Bildungsinstitutionen stattfinde, und zwar tatsächlich vorwiegend in Wachstumsphasen der Bildungsbeteiligung, in denen die Bildungspolitik tendenziell nur als „reagierende Instanz" beteiligt gewesen sei. Diese Tendenz verstärke sich noch in den „völlig neuen Größenordnungen" der Bildungsexpansion seit den 1950er Jahren, seit die Überzeugung generalisiert wurde, dass der „Erwerb von Bildungspatenten der Königsweg für beruflichen und sozialen Aufstieg" sei.

Hanno Schmitt stellt drei kritische Anfragen, die sich vor allem auf die systematische Interpretation der von Lundgreen genutzten Exempel beziehen: Die Oberstufenreform von 1972 z.B. sei keinesfalls nur ein Produkt bildungspolitischer Initiative, von oben gesteuert. Die Flexibilisierung der Oberstufe in einigen Versuchsschulen in der Weimarer Republik und die breiter angelegten Versuche z.B. in Hessen in den 1950er Jahren deuten eher darauf hin, dass Vorläufer im System Folgen auslösen und eine eigene Dynamik ins Spiel bringen. Die flächendeckende Einführung der Koedukation in den Gymnasien und die im Vergleich zur Gymnasialbeteiligung zurückbleibende Gesamtschulbeteiligung lassen sich dagegen nicht nur auf eigendynamische Bedingungen wachsender Beteiligungsbereitschaft zurückführen, sondern auch mit explizit bildungspolitischen Maßnahmen und Steuerungsversuchen verbinden. *Lundgreen* und *Schmitt* legen insofern, im Zusammenhang gelesen, die These nahe, dass spätestens seit dem Übergang zu einem umfassenden Bildungssystem und einer eigenständigen Bildungsverwaltung seit der ersten Hälfte des 19. Jahrhunderts die bildungspolitischen Eingriffe durch die eigene Dynamik des Bildungssystems in ihrer Wirkung *limitiert* werden, ohne dass bildungspolitische Steuerung deshalb geringer wird.

Für die Beantwortung der Frage, ob der Trend und die Konjunkturen der pädagogischen Reflexion und Forschung in einem Zusammenhang mit den Wachstumsschüben des Bildungssystems stehen, untersucht *H.-Elmar Tenorth* vor allem die „Modi der Wahrnehmung von Bildungskonjunkturen und Systemzuständen im Bildungswesen", differenziert nach Sprache, Fokus und Kontext der einschlägigen Argumentation. Die Sprache sei von starken Metaphern wie „Reform", „Transformation" oder „Kreuzzug" geprägt, befördere Parteilichkeit und Normativität bei einer „eigentümlichen Beharrungskraft" vortheoretischer Muster und sei vor allem politisch kodiert und analytisch weitgehend unbrauchbar. Der Fokus der Argumentation sei dominant politisch, nach Erfolg und Misserfolg codiert und zeige „erstaunliche Kontinuitätsbehauptungen" (Gleichheit/Ungleichheit), „nahezu verschwörungstheoretische Erklärungsmuster" und „starke Ausblendungen in der Wahrnehmung von Wirklichkeit". Letztlich werden selbst Erfolge in der Bildungsbeteiligung und – aufgrund der starken Akteursorientierung – die Eigendynamik des Bildungssystems nicht wahrgenommen. Dem Kontext der Politik geschuldet seien die Modi der Argumentation deshalb von Kontinuität und Stabilität geprägt. Das schließe einen Frequenzwandel, Zu- oder Abnahme, parallel zu Kontraktion und Expansion der Bildungssystementwicklung aber nicht aus. Ob aber „jenseits der Präsenz und Wiederkehr der immer gleichen Argumente" ein Trend erkennbar werde, sei zu bezweifeln. Neben dieser Analyse von Diskursen im politisch-pädagogischen Kontext zeige eine wissenschaftstheoretisch angeleitete Argumentation dagegen, dass sich eine zunehmend differenziertere und in ihren Methoden raffinierter werdende erziehungswissenschaftliche Forschung entwickle, die das Bildungssystem zum Gegenstand habe, aber in der Forschung selbst den relevanten Kontext für Theoriebildung und Methodenfortschritt finde, dann auch in eigenen Zeitmustern.

Peter Drewek bestätigt (nach einer Kritik an der generellen These von Nath über Wachstumsphasen und ihren Zusammenhang mit der Schulstrukturentwicklung) in seinem Kommentar Tenorths zentrale These zum Zusammenhang von Wachstumsschüben und Diskurs- bzw. Theoriekonjunkturen und verfeinert zugleich den Phasenablauf der Argumente: In den 1920er und 1950er Jahren führe z.B. die zunehmende Inklusivität zu einem Rückgang der sozialen Ungleichheit, aber die geisteswissenschaftliche pädagogische Theorie (mit ihren führenden Vertretern Spranger, Nohl, Litt) legitimiere kontinuierlich das vertikal gegliederte Schulwesen. Beteiligungswachstum und pädagogischer Diskurs liefen nicht parallel, sondern träten sogar auseinander. Mit der letzten Expansion des Bildungssystems „dürften" die erziehungswissenschaftlichen Diskurse stärker von der Selbst- „Reproduktion der Disziplin beeinflusst sein", als von den „Wachstumsschüben des Bildungssystems". Folge man der Blossfeld-Shavit-These der „dauerhaften Ungleichheiten" auch in der Bildungsexpansion, dann können pädagogische Reformdiskussionen paradoxerweise die Funktion haben, die tatsächliche „Kontinuität sozialer Reproduktion" zu stabilisieren.

Betrachtet man *Tenorth*s und *Drewek*s Beiträge im Zusammenhang, dann finden wir hier starke, aber auch überprüfenswürdige Thesen, die weiterer methodisch-systematischer Untersuchungen bedürfen. *Schmitt* äußert in seinem Kommentar bereits den Wunsch, dass eine „Gesamtanalyse" mit unterschiedlichen Forschungstraditionen in Richtung „lokaler, kultureller und nationaler Varianzen" und im Blick auch auf andere „Systemfaktoren" versucht werden sollte. Wir interpretieren die Ergebnisse des Symposiums als Aufforderung, dass die historische Bildungsforschung den Einstieg in die differenzierte Untersuchung der „Tiefenstruktur" der Bildungsentwicklung fortsetzt.

Eine integrierende und weiterführende Forschungsperspektive deutet sich u.E. vor diesem Hintergrund im Begriff der „Generationen" an (MANNHEIM 1928; TITZE 2000). Mit dem Konzept der „Generationen" geraten sowohl die historischen Akteure in den Blick als auch längerfristige – quantifizierbare – Veränderungsprozesse. Pädagogische und didaktische Kontexte erhalten ebenso eine Referenzebene wie lokale Prozesse. Die Konzentration auf bildungshistorische Generationen könnte die Makro- und Mikroebene unter dem Aspekt gesellschaftlichen Handelns und Verhaltens vermitteln. Ziel könnte eine bildungshistorische Kollektivbiographieforschung sein, welche die historischen Akteure in einem gesellschaftlichen Netzwerk wechselseitiger Einflussnahmen und Abhängigkeiten interpretiert, in dem realhistorische Ambivalenzen und Gegenläufigkeiten nicht ausgeblendet werden müssen (vgl. LINK 1999, S. 24-33).

Diese Perspektive gibt, forschungspragmatisch, der Rede von der anzustrebenden Tiefenschärfe in drei Dimensionen konkrete Gestalt:

(1) *geographisch-räumlich*, von der Ebene der gesamten Gesellschaft bis hin zur lokalen, ja schulklassenspezifischen Varianz,
(2) *zeitlich*, für den Zusammenhang der Generationen zwischen den Systemen und zwischen den geographischen-räumlichen Ebenen und
(3) *handelnd* nach den analytisch unterscheidbaren Ebenen von *„Reflexion"* und *„Leistung"*, jeweils innerhalb der gesellschaftlichen Systeme und zwischen diesen Systemen, in den geographisch-räumlichen Differenzen und zwischen denselben, intra- und intergenerativ betrachtet.

Die Anschlussarbeiten der Bildungshistoriker lassen sich also deutlich bezeichnen. In diesem differenzierten Sinne bedarf der Zusammenhang von Bildungspolitik und der „Eigenbewegung" des Bildungssystems sicherlich der weiteren Forschung. So rasch kann man Paulsen nicht umfassend widerlegen und schon gar nicht eine *histoire totale* der Bildungswirklichkeit schreiben.

Literatur

BERG, C. (1973): Die Okkupation der Schule. – Heidelberg.

CUBAN, L. (1993): How Teachers Taught. Constancy and Change in American Classrooms, 1880-1990. – New York.

CUBAN, L. / TYACK, D. (1995): Tinkering Toward Utopia. – Cambridge.

LINK, J. (1999): Reformpädagogik zwischen Weimar, Weltkrieg und Wirtschaftswunder. Pädagogische Ambivalenzen des Landschulreformers Wilhelm Kircher (1898-1968). – Hildesheim.

MANNHEIM, K. (1928): Das Problem der Generationen. In: Kölner Vierteljahreshefte für Soziologie, S. 176-322.

NATH, A. (2001): Die Perioden des modernen Bildungswachstums. In: APEL, H.-J. / KEMNITZ, H. / SANDFUCHS, U. (Hrsg.): Das öffentliche Bildungswesen. Historische Entwicklung, gesellschaftliche Funktionen, pädagogischer Streit. – Bad Heilbrunn, S. 14-48.

NATH, A. (2003): Das Bildungswachstum der Moderne. Euphorie und Skepsis – Enttäuschung und Pessimismus. Eine bildungshistorische Untersuchung zu den Öffnungsschüben der Bildungsselektion und den Konjunkturen der Lehrerdiskussion 1780-1996. – Bad Heilbrunn (im Druck).

PAULSEN, F. (1906): Das deutsche Bildungswesen in seiner geschichtlichen Entwicklung. 3. Aufl. 1912. – Berlin.

RAVITCH, D. (2000): Left Back. A Century of Failed School Reforms. – New York.

TITZE, H. (1973): Die Politisierung der Erziehung. – Frankfurt am Main.

TITZE, H. (1990): Der Akademikerzyklus. – Göttingen.

TITZE, H. (2000): Wie lernen die Generationen? In: Zeitschrift für Erziehungswissenschaft 3, S. 131-144.

TOSCH, F. (2001): Entwicklungsmuster des höheren Schulwesens in Brandenburg 1890-1937. In: DREWEK, P. / HUSCHNER, A. / EJURY R. (Hrsg.): Politische Transformation und Eigendynamik des Schulsystems im 20. Jahrhundert. – Weinheim, S. 39-71.

Winfried Marotzki

Virtuelle Welten und „Cyberbildung"

Neue Informationstechnologien gehören zu den zentralen gesellschaftlichen Innovationspotenzialen. Es gehört zu den Standardtopoi darauf zu verweisen, dass das Internet sowohl das Arbeitsleben als auch die Lebenswelten der Menschen fundamental transformiert. In diesem Symposium, das von *Norbert Meder*, *Winfried Marotzki* und *Uwe Sander* ausgerichtet wurde, ist deshalb aus philosophischer, kultur- und erziehungswissenschaftlicher Perspektive der Frage nachgegangen worden, wie sich durch das Internet die Grundkoordinaten für Lernen, Bildung und Erziehung verändern. Insgesamt haben sieben Beiträge diese Thematik in verschiedener Hinsicht ausgearbeitet, die in zwei Gruppen zusammengefasst werden können.

Zum einen thematisierten vier Beiträge eher grundlagentheoretische Fragestellungen: *Norbert Meder* widmete sich in seinem Vortrag „Bildung und virtuelle Welten – Cyberbildung" in grundlagentheoretischer Sichtweise dem Begriff der Virtualisierung. Er erinnerte zunächst daran, dass die Fragen, was Welt, Selbst und das Verhältnis zwischen beiden sei, in dem Maße komplexer würden, in dem virtuelle Welten unsere realen ergänzen. Virtuelle Welten seien medial vermittelte Welten, die im Modus des Probehandelns und der semiotischen Manipulation in unsere Lebenswelt eindringen, sie bereichern, restringieren – kurz: durchdringen. Über das Instrument *Computer* würden wir im Modus konstruierter Semiotik über alle andersartig erfahrenen Welten reflektieren. In diesem Sinne bezeichne die Virtualisierung von Welt eine Darstellung der Darstellung, die Darstellung eines schon vorher kulturell Vermittelten. Dabei wandte sich *Meder* insbesondere gegen ein weit verbreitetes Missverständnis, dass virtuelle Welten authentische Welten vertreten würden oder dass ein Agieren in virtuellen Welten nicht authentisch sei. Bezogen auf Plessner, der von vermittelter Unmittelbarkeit und unmittelbarer Vermitteltheit des Lebens gesprochen habe, könnten virtuelle Welten als Bereicherung unsere Vermitteltheit verstanden werden.

Ähnlich argumentierte auch *Winfried Marotzki* in seinem Beitrag „Cyberbildung". Er verwies zunächst auf Alfred Schütz, demzufolge Menschen die Komplexität des soziokulturellen Bedeutungsgefüges in der Weise verarbeiten, dass sie sie in finiten Sinnprovinzen organisieren, die als Welten oder verschiedene Realitätsebenen bezeichnet würden. Zu solchen Welten gehörten nun auch die virtuellen Welten. Auch sie würden im Schütz'schen Sinne Sinnprovinzen darstellen mit einem jeweils eigenständigen kognitiven Stil. Insofern ergebe sich die Frage, wie die neuen Welten des Cyberspace im Verhältnis zu der realen Lebenswelt strukturiert seien. *Marotzki* beantwortete diese Frage, indem er die These ausarbeitete, dass die Welten des Cyberspace soziale Welten seien. Er illustrierte diese Sichtweise am Beispiel virtueller Communities, die für Menschen, vor allem für Jugendliche, deshalb attraktiv seien, weil sie sich als Projektionsfläche für neue Formen von Vergemeinschaftung eignen. Er diskutierte in diesem Zusammenhang kritisch die These, dass der Verlust sozialer Beziehungen und der Verlust an Öffentlichkeit im realen Leben zu einer kompensierenden Gemeinschaftskultur im Internet führe, da hier eine neue soziale Infrastruktur konfiguriert werde. Abschließend entwickelte er die Perspektive, dass Bildung immer mehr zur Cyberbildung werde. Denn wenn im Sinne Alfred Schütz' ohnehin verschiedene Welten an der Konstitution von Identität Anteil hätten, dann habe auch die neue Welt des Cyberspace Anteil an der Subjektivitätskonstitution. Menschen würden sich innerhalb der verschiedenen Welten verorten, die insgesamt eine Konstellation darstellen würden. Dadurch werde das Geflecht des soziokulturellen Bedeutungsgefüges reichhaltiger, komplizierter und komplexer, weil immer mehr virtuelle Welten in die alltägliche Lebenswelt integriert würden und damit das Koordinatensystem der Selbst- und Weltbezüge des Menschen, das, was elementar Bildung ausmache, vielschichtiger.

Johannes Fromme widmete sich in seinem Beitrag „Spielerische Bildung in virtuellen Welten" dem elementaren Selbst- und Weltverhältnis des Menschen unter der Perspektive des Spielerischen. Spielen sei eine Form der informellen Bildung, die keineswegs auf das Kindesalter beschränkt sei. Vielmehr könne das Spiel als eine Sphäre des Scheinhaften und des Ästhetischen (im Sinne Friedrich Schillers) angesehen werden, in der die Menschen ihr Verhältnis zu sich selbst und zur Welt freier gestalten und erproben könnten als in den Sphären der sogenannten Realität. Für Schiller sei bekanntlich die Aufhebung des Realitätsprinzips in der Sphäre des Spiels sogar die Bedingung der Möglichkeit dafür, dass der Mensch zu einem Kulturwesen werden könne. *Fromme* zeigte in seinem Beitrag, dass auf der Basis der Computertechnologie heute virtuelle Welten möglich geworden und entstanden seien, die der Welt des Spiels strukturell ähnlich seien. Die aus medientheoretischer Sicht wesentlichen Innovationen der auf der Computertechnik basierenden Neuen Medien bestünden darin, dass mediale Zeichenwelten *erstens* hochgradig interaktiv würden, *zweitens* verschiedene Zeichenformen integrieren könnten und *drittens* weltweit vernetzt seien. Die Mediennutzer könnten in die vom Medium vermittelten, nunmehr multimedialen und vernetzten Welten nicht nur hinein sehen und hinein hören, sondern sie könnten in sie auch hinein agieren. *Fromme* konzentrierte sich in seinem

Vortrag auf jene virtuellen Welten, in denen quasi ‚wie in echt' gehandelt werden könne, obwohl sie ja *nur* ‚im Computer' existierten. Die 3D Welten der Computer- und Onlinespiele seien dafür relevante, weil besonderes entwickelte und sehr verbreitete Beispiele. *Fromme* erläuterte, wie der Selbst- und Welt-Bezug im Spiel und in virtuellen Welten modalisiert werde. Im Ergebnis wurde die These vertreten, dass Cyberbildung primär als soziale Bildung und als Selbstbildung beschrieben werden könne.

Dem Problem der Subjektivität widmete sich *Lars Løvlie* in seinem Beitrag zu „Interfaces of Education" aus bildungstheoretischem Blickwinkel. Er verwarf dabei die Ansicht, dass das Internet – wie etwa im ‚Cyberpunk' postuliert – körperlos sei und auf diese Weise grenzenlose Möglichkeiten der Selbsterschaffung biete. Mit MARK POSTER betrachtete er demgegenüber das Internet als Vervielfältigung der althergebrachten Realitäten in neuer Konfiguration. *Løvlie* beschäftigte sich dann mit der Art und Weise, wie es im Internet zur Verkörperlichung kommt. Unter Berufung auf Edmund Husserl wies er Räumlichkeit – auch im Sinne des Cyberspace – als ein Phänomen aus, das nur mit einem eigenen Körper vorstellbar sei. Der Körper werde so zur primären Grenzfläche (interface) der Bildung. Dabei stelle sich Körperlichkeit nicht schon mit der räumlichen Positionalität einzelner graphischer Objekte auf dem Bildschirm ein, sondern erst in der räumlichen Situiertheit, die entstehe, wenn man diese Objekte mit der Maus bewegen könne. Die hier auftretende körperliche Orientierung, die *Løvlie* unter Verweis auf Maurice Merleau-Ponty ausarbeitete, diente ihm dann als Ausgangspunkt, um einige Elemente einer Theorie der Cyberbildung zu formulieren. Der zufolge sind im Internet die in der ‚realen Welt' begrenzten Bildungs- und Selbsterschaffungsmöglichkeiten zwar nicht entgrenzt (die Körperbindung bleibt), doch komme es zu neuen Selbst- und Weltverhältnissen.

Weiterhin ging es in drei weiteren Beiträgen um anwendungs- und praxisorientierte Probleme. *Mark Poster* warf in seinem Beitrag „History in the Digital Domain" einen umfassenden Blick auf den Zusammenhang von Digitalisierung und Geschichtswissenschaft. Er stellte die Frage, ob sich in dieser Disziplin mit der Digitalisierung auch die Konstitution der Wahrheit verändert habe. Denn während das analoge Zeitalter an der Logik von An- und Abwesenheit orientiert gewesen sei, müsste nach der Digitalisierung zu dieser Logik die Unterscheidung von Zufälligkeit und regelmäßigen Mustern hinzutreten. Dem habe allerdings die Geschichtswissenschaft bislang in ihrer Epistemologie kaum Rechnung getragen, wie sie ohnehin dazu tendiere, sich gegen neue Denkansätze von außen abzuschotten.

Von besonderer Bedeutung für diese Disziplin sind laut *Poster* die Archive, in deren analoger Version Daten an entferntem Ort gespeichert würden und von den Forschenden geradezu ‚erobert' werden müssten. Demgegenüber seien die Daten in den Internetarchiven stets präsent, gleichwohl aber veränderbar und der Zugang zu ihnen kaum zu kontrollieren. Trotz dieser Veränderungen habe sich die Geschichtswissenschaft bislang nicht vom Objektivismus ihrer analogen Archive, die sozusagen die Wirklichkeit in sich speichern, trennen und dem Konstruktivismus zuwenden können. Dies verwundere, so *Poster*, auch deshalb, weil die Digitalisierung sich ja nicht nur auf die Disziplin selbst beschränke, sondern auch ihren Gegenstand, das Alltagsleben, durchdringe. Hier kommen nicht nur neue Forschungsgegenstände auf die Geschichtswissenschaft zu; vielmehr stellte *Mark Poster* angesichts der Digitalisierung des Alltagslebens auch die Frage, ob Subjektivität noch in klassischen Formen oder nur als Verbindung von Mensch und Maschine gedacht werden könne.

Mike Sandbothe verknüpfte in seinem Beitrag „Pragmatische Medienkompetenz – Überlegungen zur pädagogischen Einbettung internetbasierter Lehr- und Lernprozesse" die beiden Diskursfelder *Medienkompetenz* und *Pragmatismus* miteinander. Der Pragmatismus bezeichne ein fächerübergreifendes Wissenschaftsverständnis, dessen Hauptziel in der intelligenten Rückbeziehung theoretischer Wissensbestände auf demokratische Handlungszusammenhänge bestehe. Medienkompetenz in Baackes Sinn stehe für die Fähigkeit von Bürgerinnen und Bürgern in demokratischen Gesellschaften, mit den modernen Informations- und Kommunikationsmedien so umzugehen, dass sich die privaten Hoffnungen und die öffentlichen Ziele der Mitglieder dieser Gesellschaften immer besser und immer umfassender realisieren ließen. Die digitale Medienrevolution, die sich zunehmend mit der Globalisierung von Wirtschaft und Politik verbinde, habe dazu geführt, dass mit der Frage nach dem Zusammenhang von Medien, Kultur und Bildung auch das Thema Medienkompetenz einen wichtigen Stellenwert auf der Agenda der sich neu erfindenden Weltgesellschaft bekommen habe. Vor diesem Hintergrund stelle sich die Frage, wie sich Medienkompetenz über die Vermittlung technischer Skills hinaus in demokratischen Gesellschaften so ausbuchstabieren lasse, dass mit ihrer Hilfe die externe Globalisierung und interne Optimierung demokratischer Lebensformen angemessen gestaltbar werde. Als Grundpfeiler einer in diesem Sinn pragmatischen Medienkompetenz sah *Sandbothe* drei Faktoren: systematische Entwicklung reflektierender Urteilskraft; grundlegende Demokratisierung der Lehr- und Lernsituation; nachhaltig ausgerichtete Pragmatisierung des Umgangs mit Wissen. Anhand eines Beispiels aus der Lehrpraxis erläuterte der Beitrag ausführlich, wie diese Faktoren in ein didaktisches Design transformiert werden und wie solchermaßen strukturierte Lehr-Lern-Situationen aussehen können.

Dorothee M. Meister und *Uwe Sander* thematisierten mit ihrem Beitrag „Neue Formen betrieblicher Bildung – virtuelle Bildungsräume und konkrete Interessen" neue Lern-, Kommunikations- und Kollaborationsformen in der beruflich Aus-, Weiter- und Fortbildung. Sie vertraten die These, dass die neuen Medien nicht nur ihrer didaktischen Überlegenheit wegen Eingang in die Bildungsbereiche finden würden, sondern dass wir es mit gesellschaftlichen und kulturellen Entwicklungen zu tun hätten, die den gesamten Weiterbildungsmarkt grundlegend verändern und das Selbstverständnis der Profession herausfordern würden. Die Referenten plausibilisierten ihre These mit gewandelten gesellschaftlichen Verhältnissen, technologischen Spezifika und veränderten Interessen, sowohl von Anbietern als auch von potenziellen ‚Kunden'. Bedingt durch die Entwicklungen im ICT-Bereich zeichne sich ein Prozess der Entdifferenzierung (im Sinne von Nivellierungsprozessen beispielsweise im Bereich von Standardisierungen im Hard- und Softwarebereich) und Differenzierung (im Sinne einer Pluralisierung und Individualisierung von virtuellen Angeboten und Möglichkeiten der Eigenaktivität) ab, der kulturelle Wandlungsprozesse auslöse und Medienkompetenz zur Zugangsvoraussetzung gesellschaftlicher Partizipation werden lasse. Diese Tendenz zum ‚eigenaktiven Nutzer' korrespondiere mit allgemeinen gesellschaftlichen Entwicklungen, die beispielsweise im Wirtschaftbereich schon zu erheblichen Strukturveränderungen führten (mit Stichworten wie Globalisierung, Innovationsdynamik, Netzwerkbildung) und einen neuen Arbeitnehmertypus hervorgebracht haben, den ‚Arbeitskraftunternehmer'.

Diese Entwicklungen würden den Bereich der Weiterbildung beeinflussen, allerdings gemäß der Operationsweise von Weiterbildung. So würden Bildungsmaßnahmen in Unternehmen zunehmend unter Effizienzgesichtspunkt betrachtet und es vollziehe sich eine beispiellose Modernisierung der beruflichen Bildung, vor allem über neue technologiegestützte Vermittlungsformen. Das moderne betriebliche Qualifikationsideal strebe an, mit ‚just-in-time' E-Qualifizierung und entsprechenden Support- und Informationssystemen ein effizientes Lernen zu ermöglichen, damit das für die Bewältigung der Arbeitsaufgaben notwendige Wissen dezentral, zeitlich flexibel, effizient, kostengünstig und von einer theoretisch beliebig großen Teilnehmerzahl angeeignet werden könne. Damit werde aber Qualifikation immer mehr zu einer Ressource, deren Verfügbarkeit die Beschäftigten selbst sicherzustellen hätten und gegebenenfalls sich das notwendige Wissen auch in ihrer Freizeit aneignen müssten.

Auf die Lernenden würden damit veränderte Anforderungen zukommen, wobei noch zu prüfen sei, wie selbstverständlich Lernende die neuen Lernformen in ihren Bildungsalltag integrierten. Medienwissenschaftler gingen davon aus, dass virtuelle Bildungsräume anscheinend fast automatisch zum Erlernen der virtuellen Logik dieser Räume sozialisieren, also zum Erlernen der Neuen Medien selbst. Dieser Automatismus eines anscheinend funktionierenden virtuellen Bildungsraums, der zu informellem und selbstgesteuertem Lernen motivierte, erstrecke sich aber zunächst einmal auf die Neuen Medien selbst. Allerdings könne dieser Eifer anscheinend nicht so leicht auf weitere Lernfelder wie die betriebliche Weiterbildung übertragen werden, in denen die Neuen Medien als reine Lern-Medien fungieren sollten. Bislang seien neue Lernmedien vor allem dann erfolgreich gewesen, wenn ein extrinsischer Zwang vorhanden sei wie berufliche Notwendigkeiten, Anpassen an neueste Entwicklungen, Mithalten können etc. Der Erfolg der neuen Lern- und Wissensmedien werde entscheidend davon abhängen, wie dieser bislang noch überwiegende externe Lernzwang über (Selbst-) Sozialisationsprozesse und über pädagogische Begleitung in ein eigenaktives, selbstgesteuertes Lernhandeln überführt werden könne, das zum selbstverständlichen und unhinterfragten Bestandteil von Bildung werde.

Insgesamt vereinigte dieses Symposium die Erörterung einiger grundlagentheoretischer Probleme und versuchte an ausgewählten Beispielen die Relevanz für die Praxis zu diskutieren. In überarbeiteter Form werden sie unter dem Titel „Cyberbildung – Reflexionen zu neuen Bildungsräumen", von Fromme, Marotzki, Meder und Sander herausgegeben, 2003 im Leske und Budrich Verlag als Sammelband erscheinen.

Ada Sasse / Vera Moser

Welche Bildung? – Disziplinäre Neuorientierungen in Sonder- und Sozialpädagogik

Vorbemerkungen

Das Vorhaben, disziplinäre Neuorientierungen in den erziehungswissenschaftlichen Teildisziplinen Sonder- und Sozialpädagogik mit Hilfe des Bildungsbegriffes zu bestimmen, sieht sich verschiedenen Schwierigkeiten gegenüber. Dennoch scheint es lohnenswert, den Bildungsbegriff hinsichtlich seiner disziplinären Funktion in den Blick zu nehmen, um von hier aus das jeweilige Selbstverständnis von Sonder- und Sozialpädagogik zu untersuchen.

Zunächst ist auf die Schwierigkeit hinzuweisen, beide Teildisziplinen trennscharf voneinander abgrenzen zu wollen. Dieser Abgrenzung stehen professionelle sowie disziplinäre Überschneidungen gegenüber. So finden sich beide Professionen nicht nur in getrennten, sondern auch in identischen Handlungsfeldern wieder. Solche *professionellen* Affinitäten führen immer wieder zu gegenseitigen *disziplinären* Vereinnahmungsversuchen. So stellt beispielsweise BACH (1999, S. 61) aus sonderpädagogischer Perspektive fest, dass „die traditionelle Grenzziehung zwischen Sonderpädagogik und Sozialpädagogik [...] insofern als problematisch anzusehen [ist], als sie zwei zusammengehörige Bereiche unzweckmäßigerweise trennt" und fasst daher „Sozialpädagogik [...] implizit und logischerweise als ein Teilgebiet der Sonderpädagogik" auf. Im Gegenzug meint MÜHLUM (1999, S. 49) aus sozialpädagogischer Perspektive: „Sonderpädagogik und Soziale Arbeit können als gesellschaftlich organisierte Hilfe für Menschen mit besonderen Schwierigkeiten verstanden werden", woraus sich der Schluss ziehen lasse, dass „Sonderpädagogik [...] sogar dem Oberbegriff ‚Soziale Arbeit' subsumiert" werden könnte, „da Sozialarbeit grundsätzlich Menschen bei der Problembewältigung unterstützt – seien es individuelle Beeinträchtigungen (Handicap), situative Anforderungen oder strukturelle Benachteiligung (Deprivation)". Das Problem der Bestimmung disziplinärer Grenzen muss übrigens im Zusammenhang mit der Gegenstandsbestimmung beider Fächer gesehen werden, denn beiden Fächern ist eine zunehmende Kritik am normativen Charakter zentraler Gegenstände wie „Behinderung", „abweichendes Verhalten" und „soziale Probleme" gemeinsam.

Neben den Problemen der disziplinären Abgrenzung sowie der Bestimmung eines zentralen Gegenstandes haben Sonder- und Sozialpädagogik eine weitere Schwierigkeit gemeinsam: Obwohl es sich bei beiden Fächern unstrittig um *erziehungswissenschaftliche* Teildisziplinen handelt, ist der Bildungsbegriff als Kernbegriff erziehungswissenschaftlicher Reflexion bislang weder in der Sonder- noch in der Sozialpädagogik zu einer erkenntnisleitenden Kategorie der disziplinären Selbstverständigung avanciert. In beiden Fächern sind Sprachregelungen konventionalisiert, die einen eindeutigen Bezug auf Bildung nicht ohne Weiteres erkennen lassen. Während die Sozialpädagogik *,sozialen Problemen'* und *,abweichendendem Verhalten'* vor allem *,Hilfe'* entgegensetzt, reagiert die Sonderpädagogik auf *,Behinderungen'* und *,Beeinträchtigungen'* mit *,Förderung'* und *,Therapie'* (vgl. SASSE 1998). Insbesondere für die Sonderpädagogik muss konstatiert werden, dass „der Bildungsbegriff in der bisherigen sonderpädagogischen Theoriebildung [...] keine explizite Rolle" spielt (MOSER 2000, S. 46). Statt von Bildung ist hier bevorzugt von Erziehung die Rede, ohne aber den Erziehungsbegriff in sonderpädagogischen Bezügen näher zu bestimmen. Vielmehr findet er als Oberbegriff für alle möglichen pädagogischen Handlungsformen Anwendung. Diese theoretische Unschärfe verdankt die Sonderpädagogik möglicherweise ihrer starken institutionellen Verankerung, wie *Fatke* ausführt, die eine deutliche disziplinäre Akzentuierung bislang nicht herausgefordert hat. Vermutlich hat insofern – neben den Problemen, einen zentralen Gegenstand ausweisen zu können – auch die Distanz zu erziehungswissenschaftlichen Kategorien, wie dem Bildungsbegriff, dazu beigetragen, dass sowohl der Sonder- wie auch der Sozialpädagogik bis in die Gegenwart ein vorparadigmatischer Status zugeschrieben wird. Als Indiz hierfür könnte u.U. die anhaltende Diskussion um Qualitätssicherung und Evaluation aufgefasst werden; hier drängt sich hin und wieder der Eindruck auf, dass eine Debatte um *Qualität* geführt wird, wo eigentlich eine Auseinandersetzung um *Bildung* vonnöten wäre.

Schließlich erscheinen auch fachinterne Irritationen, ausgelöst durch Erkenntnisgewinne in anderen Disziplinen, vor dem Kontext eines ausgearbeiteten Bildungskonzeptes der Sonder- und Sozialpädagogik in einem anderen Licht. Erinnert sei beispielsweise an die Verunsicherung der Sonderpädagogik durch tatsächliche und befürchtete Entwicklungen innerhalb der Biotechnologie, die in den letzten Jahren heftige Diskussionen um ethisch-moralische Standards ausgelöst haben. So bekräftigt die Reminiszenz auf die originär *erziehungswissenschaftliche* Grundorientierung der Sonderpädagogik und damit der Bezug auf die Kategorie Bildung die Einsicht, dass „Menschen mehr als nur Träger von Genen [sind], welche die Erbinformation von einer Generation zur nächsten weitergeben, und dass ein Menschenleben mehr ist als die bloße Realisation eines in der biochemischen Sprache der DNS geschriebenes Computerprogramms" (WILKIE 1996, S. 10).

Zu prüfen ist daher, inwiefern mit der Wiederaneignung des Bildungsbegriffes die disziplinäre Selbstverständigung *innerhalb* der beiden Fächer unterstützt und die Verständigung *zwischen* beiden Fächern strukturiert und befördert werden kann.

Soziale Inklusion als Aspekt eines funktionalen Bildungsbegriffs

Bekanntermaßen wird von einer näheren Bestimmung des Bildungsbegriffs theoretische und praktische Orientierung erwartet: Entlang eines solchen Begriffes sollen sich allgemeine Erziehungsziele sowie konkretes pädagogisches Handeln kritisch prüfen und auch regulieren lassen. Der Bedarf an einer solchen Orientierung zeigt sich deutlich anhand konkreter Auseinandersetzungen in den sozial- und sonderpädagogischen Handlungsfeldern: Sind freizeitpädagogische Angebote für delinquente deutsche Jugendliche in Sibirien bzw. in der Karibik Verschwendung öffentlicher Mittel oder sozialpädagogische Gewaltprävention? Ist der Aufenthalt im Snoozle-Raum für Menschen mit geistiger Behinderung ein Isolations- oder ein einschneidendes Bildungserlebnis? Erhalten Kinder mit autistischen Kommunikationsproblemen einen Zugang zur Welt der Dinge und der Menschen am besten über kalifornische Delfine – oder genügt ein gewöhnlicher Stubentiger daheim?

Zumeist wird nun bei der Reflexion des Bildungsgehaltes konkreter Angebote wie auch übergreifender Programme auf normative Bildungsvorstellungen zurückgegriffen, die ihren Ursprung in der Aufklärung haben, auf die Humanisierung der Gesellschaft verweisen und einen konkreten Katalog an idealen Persönlichkeitseigenschaften beinhalten. So fasst bekanntermaßen KLAFKI (1993, S. 52) Bildung auf als „Fähigkeit zur Selbstbestimmung jedes einzelnen über seine individuellen Lebensbeziehungen [...] als Mitbestimmungsfähigkeit" hinsichtlich der „gesellschaftlichen und politischen Verhältnisse" sowie „als Solidarisierungsfähigkeit [...] für diejenigen [...], denen Selbst- und Mitbestimmungsmöglichkeiten [...] vorenthalten oder begrenzt werden". Vergleichbare normative Bildungsvorstellungen finden sich auch in der Sonderpädagogik. Hier erkennt beispielsweise LINDMEIER (2001, S. 9) schon in historischen Entwürfen der Heilpädagogik als „Basisnorm [...] nicht nur das individuelle Lebens- und Bildungsrecht, sondern auch die unbedingte Anerkennung der Gleichwertigkeit der Verschiedenheit jedes Menschen, aus der erst die unbedingte Solidarität mit allen Mitgliedern einer Kultur entstehen kann".

So allgemein anerkannt diese Persönlichkeitsideale sind, so ist doch zugleich danach zu fragen, inwiefern sie als operationalisierte Ziele von Bildung eine theoretische und handlungspraktische Orientierungs- und

Regulationsfunktion erfüllen können. Hier wendet TENORTH (1994, S. 5f.) skeptisch ein, dass die „schönen Zielkataloge mit erhebenden Bildern künftiger Generationen und künftiger Welten" mit „einem Überschuss an konstruktiver Phantasie" zu kämpfen haben – und mit einem „Defizit an Überlegungen, wie denn ermöglicht werden kann, was gewünscht wird".

Die Schere zwischen kontingenten Idealbildern und realen Handlungsmöglichkeiten wird insbesondere in denjenigen erziehungswissenschaftlichen Teildisziplinen zum Problem, für die schon aufgrund der Besonderheiten des von ihnen reflektierten pädagogischen Handlungsfeldes eine Auseinandersetzung mit der Frage der Anerkennung von Gleichheit und Differenz unausweichlich ist: Sonder- und Sozialpädagogik widmen sich solch heterogenen Biographien und Lebensentwürfen, deren subkulturelle Qualität im Alltagsverständnis häufig als „nicht normal" eingestuft wird und nicht selten die Existenz am Rand der Gesellschaft bedeutet. Und mit Blick auf diejenigen, „die innerhalb der Gesellschaft [...] als randständig ausgegrenzt werden", verweist TENORTH (1994, S. 35) auf HILLERs kritische Einschätzung, dass „die Pädagogik und das Ausbildungssystem [...] für diese Gruppe der Lernenden noch kaum Angebote" habe. Daher sind normative Eigenschaftskataloge, die den gebildeten Menschen beschreiben, mit der Frage zu konfrontieren, „welchen Qualifikationsbedarf moderne Gesellschaften wirklich ‚für alle' haben" (TENORTH 1994, S. 69) – denn „Volkswirtschaften funktionieren anscheinend auch mit einem hohen Sockel an Unqualifizierten, sogar mit einem hohen Sockel an hoch qualifizierten Arbeitslosen" (TENORTH 1994, S. 73).

Bei Verzicht auf einen normativen Eigenschaftskatalog der gebildeten Persönlichkeit beschreibt TENORTH (1994, S. 101) die Funktion von Bildung damit, dass „unsere Kultur im Wechsel der Generationen die für sie unentbehrlichen Kompetenzstrukturen [...] universalisieren und reproduzieren muss". Für Sonder- und Sozialpädagogik ist nun von besonderem Interesse, dass die Universalisierung und Reproduktion von Kompetenzstrukturen in modernen Gesellschaften zwar *gesamtgesellschaftlich*, aber offenbar nicht *für alle gesellschaftlichen Gruppen gleichermaßen und in gleicher Qualität* unentbehrlich ist – beide Teildisziplinen haben solchen Differenzen ihre Existenz überhaupt zu verdanken. Und obwohl auch die sonder- und sozialpädagogischen Handlungsfelder in den letzten Jahrzehnten expandiert sind, nehmen Formen der Ungleichheit in der Bildung und im Sozialen zu. Darauf weisen beispielsweise die gravierenden Differenzen in den Bildungschancen hin, wie sie mit der PISA-Studie neuerlich empirisch belegt werden konnten. So „beträgt zum Beispiel die Chance eines Jugendlichen aus einem Facharbeiterhaushalt, ein Gymnasium anstelle einer anderen Schulform zu besuchen, ungefähr 3:17" (PISA-KONSORTIUM 2001, S. 356), und „beim Vergleich der Chancen eines Sonderschulbesuchs im Vergleich zum Besuch der Hauptschule zeigt sich, dass nur Kinder aus Familien unqualifizierter

Arbeiter ein deutlich erhöhtes Risiko des Sonderschulbesuchs haben" (PISA-KONSORTIUM 2002, S. 358).

Dieser straffe Zusammenhang zwischen sozialer Herkunft und der Realisierung von Bildungschancen verweist deutlich darauf, dass personorientierte Eigenschaftskataloge allein keine ausreichende Orientierungs- und Regulierungskraft besitzen, um Bildungsangebote kritisch zu prüfen. Das „Individuum zum nicht hintergehbaren Maßstab der Beurteilung, der Legitimation und der Orientierung seines theoretischen wie praktischen Zugangs zur Welt, zur Gesellschaft wie zu sich selbst" zu erklären, wie SCHÄFER (1997, S. 31) vorschlägt, muss als notwendige, kann aber nicht als hinreichende Ausformulierung eines Bildungsbegriffes gelten, wie er zur erziehungswissenschaftlichen Verständigung in Sonder- und Sozialpädagogik erforderlich ist.

Weiterführend erscheint hingegen die in postmodernen Bildungskonzepten relevante Orientierung weg von der *Individualität* und hin zur *Intersubjektivität*: Statt als Summe individueller Qualitäten wird Bildung nun als „das Antworten auf die Infragestellung meiner selbst durch den Anderen, die Ausbildung einer ‚responsiven Vernunft'" aufgefasst (V. WOLZOGEN 1997, S. 99). Damit ist Bildung nicht mehr als Angelegenheit des Individuums, sondern als Ergebnis der Austauschprozesse zwischen Person und Umwelt zu verstehen. Die professionelle Unterstützung solcher Austauschprozesse wird bislang in Sonder- und Sozialpädagogik bevorzugt mit solchen Begriffen wie ‚Förderung', ‚Therapie' bzw. ‚Hilfe' bezeichnet. Vorstellbar ist jedoch, dass diese Sondertermini sich vor dem Kontext eines intersubjektiven und damit inklusionsorientierten Bildungsbegriffes erübrigen könnten.

Orientierungen für die Konstruktion eines Bildungsbegriffes in Sonder- und Sozialpädagogik

Mit Blick auf einen Begriff der allgemeinen Bildung stellt TENORTH (1994, S. 95f.) fest, dass sich „jenseits der Kulturtechniken [...] der Qualifikationsbedarf" moderner Gesellschaften „ökonomisch oder technologisch nicht präzise ableiten" lässt, weshalb „autonome Konstruktionsleistungen der Pädagogik" gefordert sind, die sowohl die formale wie auch die materiale Seite von Bildung einschließen. Solche Konstruktionsleistungen sind nicht nur Aufgabe der allgemeinen Pädagogik, sondern auch der erziehungswissenschaftlichen Teildisziplinen. Für die erziehungswissenschaftliche Fundierung von Sonder- und Sozialpädagogik lässt sich daher ebenfalls eine solche Konstruktionsleistung bzw. ihre fachbezogene Spezifizierung ableiten.

Ein Blick auf die historischen wie gegenwärtigen Bezugspunkte beider Teildisziplinen lässt die Annahme zu, dass sie durchaus zu einem gemeinsamen Bildungsbegriff finden könnten. Denn Sonder- und Sozialpädagogik haben Bildungsprozesse bestimmter Qualitäten zum Thema und daher auch ein vergleichbares Erkenntnisinteresse. Begreift man – wie oben vorgeschlagen – Bildung als „das Antworten auf die Infragestellung meiner selbst durch den Anderen, die Ausbildung einer ‚responsiven Vernunft'" (V. WOLZOGEN 1997, S. 99), und zwar auch unter einer institutionell sozialstrukturellen Perspektive, kann Bildung als reflektierter Austauschprozess zwischen Person und Umwelt verstanden werden. Sowohl Sonder- als auch Sozialpädagogik interessieren sich nun für ausgewählte Phänomene, die in diesen Austauschprozess einstrukturiert sind, fassen diese Phänomene in abstrakten Kategorien zusammen und suchen nach angemessenen Erklärungs- und Handlungsansätzen. In der Sonderpädagogik hat sich der Begriff der *Behinderung* etabliert, der als person- bzw. defektorientierter Begriff seine Wurzeln in der Medizin und in der Psychologie hat. Seine Entsprechung findet er in der Sozialpädagogik im eher gesellschaftstheoretischen Begriff der *Benachteiligung*. Behinderung und Benachteiligung, d.h. diejenigen Phänomene, die mit diesen Begriffen abstrahiert werden, sind in Sozialisations- und Bildungsprozesse eingeschlossen – und verweisen in der Handlungspraxis auf unterschiedliche gesellschaftliche Ressourcen, wie *Schroeder* aufzeigte. Insofern hat die von Sonder- bzw. Sozialpädagogik zu realisierende Konstruktionsleistung, die Ausarbeitung eines sozial- bzw. sonderpädagogisch relevanten Bildungsbegriffs, die Kategorien Behinderung und Benachteiligung zu berücksichtigen. Zweifelsohne wird ein *solcher* Bildungsbegriff von vornherein Kritik auf sich ziehen, denn ob Behinderung und Benachteiligung als pädagogische Begriffe angesehen und verwendet werden können, ist heftig umstritten.

Daher ist es zunächst erforderlich, diejenigen Argumente, die für bzw. gegen beide Begriffe sprechen, zu benennen. Es sind im Wesentlichen zwei Gruppen von Argumenten, die gegen eine Verwendung der Begriffe Behinderung/Benachteiligung ins Feld geführt werden: Zum einen wird angezweifelt, ob Behinderung/Benachteiligung überhaupt noch als zentrale Gegenstände der Teildisziplinen Sonder- bzw. Sozialpädagogik gelten können. In beiden Fächern existieren inzwischen Analysen dazu, dass bei einer *Funktions*bestimmung der Disziplinen auf eine *Gegenstands*bestimmung verzichtet werden könne, denn „es gibt wohl kaum irgend einen Gegenstand, der nicht auch von einer anderen Disziplin bearbeitet werden könnte oder bearbeitet wird, allerdings unter einer jeweils eigenen Fragestellung und Problemperspektive" (MERTEN 1997, S. 80). In diesem Fall sind die Begriffe Behinderung und Benachteiligung nicht mehr unbedingt als disziplinkonstituierende Begriffe anzusehen. Dies bedeutet jedoch nicht, dass auf sie in der Theoriebildung ohne Weiteres verzichtet werden kann (*Roland Merten* schlägt beispielsweise vor, den Behinderungsbegriff als semantischen

Bestandteil der Disziplin Sonderpädagogik durchaus anzuerkennen, ihn aber im Praxisfeld als inzwischen obsolet zu betrachten).

Ein weiterer Einwand bezieht sich darauf, dass die Begriffe Behinderung/ Benachteiligung zur Diskriminierung bestimmter Personen und Gruppen beitragen. Ohne Frage kann die Aussage „Der ist ja behindert!" diskriminieren bzw. diskriminierende Folgen haben. Wie Etikettierung und Stigmatisierung auf Bildungsprozesse wirken, ist seit mehr als drei Jahrzehnten belegt (z.B. BEGEMANN 1970; HOMFELDT 1974). Benachteiligungen durch die Bezeichnung ‚behindert' sind ebenfalls in institutionellen Zusammenhängen wirksam, etwa dann, wenn Kindern und Jugendlichen mit bestimmten Behinderungen der Zugang zur Regelschule verweigert wird. Gleichwohl sind bei der Verwendung des Behinderungsbegriffes alltags- und fachsprachliche Gebrauchsformen zu unterscheiden. Als Bezeichnung für ein abstraktes Konstrukt, unter dem viele verschiedene Phänomene zusammengefasst werden, sind Behinderungs- und Benachteiligungsbegriff neutral; wie etwa der Begriff der sozialen *Ungleichheit*, der „zentrale menschliche Daseinsbedingungen, [...] Vor- und Nachteile" beschreibt (HRADIL 1999, S. 11f.) und nicht automatisch mit sozialer *Ungerechtigkeit* gleichzusetzen ist. Von dieser neutralen fachsprachlichen Verwendung ist die alltagssprachliche, nicht selten mit potenzieller oder tatsächlich diskriminierender Konnotation versehene Verwendung des Behinderungsbegriffes deutlich abzuheben. Dem Fachbegriff diskriminierende Wirkung zuzuschreiben heißt daher zunächst, die alltagssprachliche und die fachsprachliche Gebrauchsform gleichzusetzen, obwohl diese offensichtlich eine andere Funktion und eine andere Bedeutung hat.

Man mag einwenden, dass die negative Konnotation der alltagssprachlichen Gebrauchsform den fachsprachlichen Begriff destruiere. Hierzu bleibt anzumerken: Der *Begriff* der Behinderung ist arbiträr, d.h. austauschbar; man kann an seiner Stelle auch andere Bezeichnungen verwenden. Mit der Veränderung der Bezeichnung ist jedoch das Bezeichnete selbst nicht aus der Welt und steht auch nicht in einem anderen Licht dar – daher bedarf es nach wie vor eines konkreten Begriffes. Bei der Betonung der negativen Denotation des Behinderungsbegriffes wird übrigens wenig beachtet, dass er durchaus doppeldeutig ist, nämlich ‚behindert sein' und ‚behindert werden' gleichermaßen einschließt. Arbiträr ist schließlich auch der *Inhalt* des Behinderungsbegriffes – gleiches gilt selbstverständlich für den Begriff der Benachteiligung: Streiten lässt sich zunächst darüber, welche Phänomene sich durch die Begriffe Behinderung und Benachteiligung zusammenfassen lassen, und ob diese sich eher interaktionistisch, konstruktivistisch oder beispielsweise systemtheoretisch erklären lassen.

Nur das, was gegenwärtig in beiden Teildisziplinen an Begriffen und Begriffsinhalten herausgearbeitet ist, kann in die eingeforderte Konstruktionsleistung, in die Entwicklung eines für Sonder- und Sozialpädagogik relevanten Bildungsbegriffs, momentan einfließen. Die Konstruktionsleistung, der sich Sonder- und Sozialpädagogik unter diesen Umständen unterziehen können, ist daher wie folgt zu bestimmen: Welche Entwicklung nimmt „das Antworten auf die Infragestellung meiner selbst durch den Anderen" (s.o.), wenn in der Frage- bzw. Antwortsituation Phänomene enthalten sind, die gegenwärtig als Behinderung/Beeinträchtigung bezeichnet werden? – Nach diesem Bildungsverständnis sind Selbst- und Fremdbild fortlaufend zu thematisieren, intersubjektiv auszuhandeln. Bildungsarbeit ist damit als Arbeit an der Verbesserung der Austauschprozesse zwischen Personen und ihrer Umwelt, als Arbeit an sozialer Inklusion zu verstehen.

In der Skizze des DFG geförderten Forschungsprojekts „Zusammenhänge individueller und institutioneller Konfliktgeschichte dissozialer, nichtbeschulbarer Jugendlicher" (Symposiumsbeitrag von *Sven Sauter*) zeigte sich, dass mit dem Modell der Reinszenierung von institutionellen Exklusionsprozessen in individuellen Selbstkonzepten ein solches bildungstheoretisches Konstrukt naheliegt. In ähnlicher Weise ist auch die von *Joachim Schroeder* vorgeschlagene Bildungsidee konzipiert, die im Anschluss an BOURDIEU sowohl die individuelle Lebenslage, wie ihre sozialräumliche Situiertheit als Bildungskapital versteht. Auf diese Weise lassen sich ökonomische, soziale und rechtliche Benachteiligung und individuelle Bildungsprozesse aufeinander beziehen, um sich an interdisziplinäre (sonder-, sozial-, schul- und berufspädagogischen) Interventionsstrategien zu orientieren.

Hier zeichnen sich also strukturelle Ähnlichkeiten in der zu erwartenden Konstruktionsleistung für Sonder- und Sozialpädagogik ab, denn beide Teildisziplinen haben zu klären, wie Bildungsprozesse bestimmter Qualitäten, die bislang als Behinderung/Benachteiligung bezeichnet werden, zu sozialer Inklusion beitragen können. In einem solchen Bildungsverständnis sind Reflexionsebenen einbezogen, die durch die herkömmlichen Kategorien wie ‚Förderung', ‚Therapie' und ‚Hilfe' nicht ohne weiteres thematisiert werden können.

Es scheint so, als sei der Bildungsbegriff besonders gut geeignet, um auf Blindstellen in beiden Fächern hinzuweisen – auf die notwendige Anstrengung, sich der Klärung von Begriffen und den hinter ihnen stehenden Konzepten zu unterziehen. Hier kann nicht gemeint sein, Eindeutigkeiten zu behaupten, wo keine Eindeutigkeit vorhanden ist – weder im professionellen Feld noch in der theoretischen Reflexion. Erforderlich wird es in der Bemühung um einen sonder- und sozialpädagogisch relevanten Bildungsbegriff hingegen, Mehrdeutigkeiten und Ambivalenzen herauszuarbeiten und einer nachvollziehbaren theoretischen Analyse zu unterziehen, statt mit dem Verweis auf das „Ende der großen Erzählungen" auf Genauigkeit in der Argumentation zu verzichten. Zugleich aber bleibt der Bildungsbegriff insofern unverzichtbar, als er gegenüber ‚Wissen' und ‚Lernen' eine normative Orientierung von Pädagogik enthält, die sich auch gegen reine marktorientierte Zugriffe – wie *Friedrich Albrecht* betonte – verteidigen lässt.

Literatur

ALBRECHT, F. (2002): Bildungsgesellschaft statt Wissensgesellschaft. Ein Plädoyer. Unveröff. Vortragsmanuskript.

BACH, H. (1999): Grundlagen der Sonderpädagogik. – Bern.

BEGEMANN, E. (1970): Die Erziehung der soziokulturell benachteiligten Schüler. Zur erziehungswissenschaftlichen Grundlegung der „Hilfsschulpädagogik". – Hannover.

FATKE, R. (2002): Sozial- und Sonderpädagogik: Abgrenzung – Überschneidung – Integration? Unveröff. Vortragsmanskript.

HOMFELDT, G. (1974): Stigma und Schule. Abweichendes Verhalten bei Lehrern und Schülern. – Düsseldorf.

HRADIL, S. (1999): Soziale Ungleichheit in Deutschland. – Opladen.

KLAFKI, W. (1993^3): Neue Studien zur Bildungstheorie und Didaktik. Zeitgemäße Allgemeinbildung und kritisch-konstruktive Didaktik. – Weinheim.

LINDMEIER, Ch. (2001): Die Legitimation der Heilpädagogik im Spannungsfeld der ethischen und politischen Anerkennung von Gleichheit und Verschiedenheit. In: Die neue Sonderschule, Heft 2, S. 1-18.

MERTEN, R. (2002): ‚Bildung' als Integrationsformel der ausdifferenzierten Teildisziplinen Sonder- und Sozialpädagogik? Unveröff. Vortragsmanuskript.

MERTEN, R. (1997): Autonomie der sozialen Arbeit. Zur Funktionsbestimmung als Disziplin und Profession. – Weinheim.

MOSER, V. (2002): Erziehung statt Bildung? Zur Struktur der sonderpädagogischen Disziplin. Unveröff. Vortragsmanuskript.

MOSER, V. (2000): Sonderpädagogische Konstitutionsprobleme. In: ALBRECHT, F. / HINZ, A. / MOSER, V. (Hrsg.): Perspektiven der Sonderpädagogik. Disziplin- und professionsbezogene Standortbestimmungen. – Neuwied, S. 45-57.

MÜHLUM, A. (1999): Rehabilitation im Lebenslauf. Die Ganzheitsperspektive als Herausforderung für Sozialpädagogik und soziale Arbeit. In: WILKEN, E. / VAHSEN, F. (Hrsg.): Sonderpädagogik und soziale Arbeit. Rehabilitation und soziale Integration als gemeinsame Aufgabe. – Neuwied, S. 44-60.

SASSE, A. (2002): Institutionelle Fixierungen des Bildungsverständnisses von Sonder- und Integrationspädagogik. Unveröff. Vortragsmanuskript.

SASSE, A. (1998): Therapie oder Erziehung – Welchen Namen hat (sonder-) pädagogisches Handeln? In: KNAUER, R. / MEISSNER, K. / ROSS, D. (Hrsg.): 25 Jahre gemeinsames Lernen. – Berlin, S. 169-190.

SCHROEDER, J. (2002): Benachteiligung – eine bildungstheoretisch relevante Kategorie? Unveröff. Vortragsmanuskript.

PISA-KONSORTIUM (Hrsg.) (2000): PISA 2000 – Basiskompetenzen von Schülerinnen und Schülern im internationalen Vergleich. – Opladen.

SAUTER, S. (2002): Institutioneller Ausschluss als Rettung? Schulverweigerer und ‚verhaltensauffällige' Schüler/-innen im Spannungsfeld von Jugendhilfe und Sozialpädagogik. Unveröff. Vortragsmanuskript.

SCHÄFER, A. (1997): Individuelle Bildung – zwischen Vernunft, Negativität und Tragik. In: KOCH, L. / MAROTZKI, W. / SCHÄFER, A. (Hrsg.): Die Zukunft des Bildungsgedankens. – Weinheim, S. 29-44.

TENORTH, H.-E. (1994): „Alle alles zu lehren." Möglichkeiten und Perspektiven allgemeiner Bildung. – Darmstadt.

WILKIE, T. (1996): Gefährliches Wissen. Sind wir der Gentechnik gewachsen? – Hamburg.

WOLZOGEN, CH. V. (1997): ‚Mitvernunft' oder ungeladener Gast? Das Andere als widerständiges Problem der Bildungstheorie. In: KOCH, L. / MAROTZKI, W. / SCHÄFER, A. (Hrsg.): Die Zukunft des Bildungsgedankens. – Weinheim, S. 83-100.

Rudolf Tippelt / Heinz Mandl / Gerald Straka

Entwicklung und Erfassung von Kompetenz in der Wissensgesellschaft – Bildungs- und wissenstheoretische Perspektiven

Welche Bedeutung haben Wissen und Bildung heute?

Der Begriff der Wissensgesellschaft ist zur Zeit ein viel zitiertes Schlagwort. Zwar basierten auch frühere Gesellschaften auf dem Wissen ihrer Mitglieder; die Bedeutung von Wissen und Bildung nimmt heute jedoch angesichts eines rapiden Wandels in Technik, Wirtschaft und Wissenschaft offenbar in besonderem Maße zu (STADELHOFER 1999; STOCK u.a. 1998). Auftrag der Bildung ist daher neben der Vermittlung von Basisfähigkeiten und Fachwissen die Förderung einer fachübergreifenden Lernkompetenz, die lebenslanges Lernen ermöglicht.

Der gegenwärtige Übergang von der Industrie- zur Wissensgesellschaft fordert den Umbau der traditionellen tayloristischen Organisationen zu wissensbasierten intelligenten und lernenden Organisationen (vgl. WILLKE 1998), fordert eine radikale Neubewertung des „intellektuellen Kapitals" und des damit verbundenen Kompetenzerwerbs und führt zu einer Zunahme nachgefragter wissensbasierter intelligenter Güter und der damit verbundenen Dienstleistungen wie Planung, Entwicklung, Implementation, Wartung, Fortbildung, Forschung und Schulung.

Von einer Wissensgesellschaft ist erst dann zu sprechen, wenn alle Funktionsbereiche der Gesellschaft wissensabhängig und auf die Produktion von neuem Wissen angewiesen sind. Dies ist in den hochtechnisierten, ausdifferenzierten Gesellschaften bereits heute der Fall. Kontinuierliches Erlernen neuer Wissensbausteine, Erweiterung von Kompetenz ist zwingend notwendig, um den neuen Anforderungen der Organisationen und Unternehmen gerecht zu werden. Längere Ausbildungszeiten, fortlaufende Um- und Weiterbildungsprogramme, lebenslange Kompetenzentwicklung werden dabei immer selbstverständlicher.

Parallel zu diesen Entwicklungen der Makroebene werden beispielsweise von der OECD und dem jüngsten Bildungspolitischen Forum Forderungen nach einer spürbaren Verbesserung des Kompetenzerwerbs breiter Bevölkerungsgruppen erhoben. Die OECD-Bildungsminister haben im letzten Jahr in Paris im Konsens festgehalten, dass für eine nachhaltige Entwicklung und für sozialen Zusammenhalt in Wissensgesellschaften die Kompetenzbildung der gesamten Bevölkerung notwendig ist. Es wird in diesem Zusammenhang eine

Neuordnung des Verhältnisses von vorschulischem, schulischem, beruflichem und nachschulischem Kompetenzerwerbs empfohlen. Was aber ist in diesem Zusammenhang unter Kompetenzen zu verstehen? Trotz der nahezu unbegrenzten Zahl der Kompetenztypologien haben sich folgende Kompetenzbegriffe im bildungspolitischen Diskurs durchgesetzt:

- Fachkompetenzen: domänenspezifisches Wissen, besondere sensomotorische Fertigkeiten und fachliche Urteilsfähigkeit
- Methodische und instrumentelle Kompetenzen: Kulturtechniken (gute Fremdsprachenkenntnisse, klassische Kulturtechniken), kreatives Potenzial, Technikverständnis und Umgang mit Informationstechniken (Kenntnis moderner Medien, Beherrschung von Programmen, gezieltes Suchen und Auswählen von Informationen)
- Personale Kompetenzen: Persönliches Erfahrungswissen, Selbstbewusstsein, Identität, Selbstmanagement, Strukturierungsfähigkeiten, Umgang mit Gefühlen, Erfahrung von sozialer Zugehörigkeit, religiöse und ethische Basis sowie persönliche Fähigkeiten im Umgang mit Wissen (wie Neugier, Offenheit, kritische Auseinandersetzung, Reflexionsfähigkeit) und Urteilsvermögen
- Soziale und kommunikative Kompetenzen (sprachliche Ausdrucksfähigkeit, Teamfähigkeit, Moderation, Selbstdarstellung, Empathie) sowie soziale Verantwortung (Toleranz, Verantwortungsbereitschaft, Solidarität, prosoziales Verhalten)
- Inhaltliches Basiswissen (naturwissenschaftliches, sozialwissenschaftliches, ethisches Basiswissen) aus den Bereichen Geschichte, Religion, Literatur, Pädagogik, Soziologie, Politik, Philosophie, Mathematik, Technik, Biologie etc.

Das Symposium behandelte im *ersten Teil* grundlegende Fragen des Erwerbs und der Entwicklung des individuellen, organisationalen und interorganisationalen Kompetenzmanagements (*Tippelt, Erpenbeck* und *Schiersmann*) sowie in einem spezifischen Beitrag die Konkretisierung des Konzepts der Lernkompetenz und ihre Förderung im Kontext der Entwicklung einer neuen Lernkultur (*Mandl*).

Sinnvoll ist es den Kompetenzerwerb im Lebenslauf auf verschiedenen Ebenen zu thematisieren. Kompetente Individuen und kompetente Bildungsorganisationen realisieren auf mehreren Ebenen Managementprozesse und generieren dadurch Vorteile:

- auf der *individuellen Ebene* durch die Kompetenz der einzelnen Person, die in der Lage sein muss, sich in einem immer komplexeren Wissens- und Werteumfeld zu orientieren und mit Informationen systematisch umzugehen;

- auf der *organisationalen Ebene* durch die Vernetzung individueller Fähigkeiten zu einem Bündel organisationaler Kompetenzen und die Präzisierung eines institutionellen Profils;
- auf der *interorganisationalen Ebene* durch die Integration und Synergie verschiedener Institutionen und die Förderung von Kooperation zwischen Institutionen im regionalen Verbund.

Was heißt individuelles Kompetenzmanagement?

Individuelle Kompetenzentwicklung kann an das Konzept der Kompetenzbiografie anschließen. Demnach ist Kompetenzbiografie die „qualitative und quantitative Entfaltung menschlicher Handlungskompetenz als komplexes, selbstorganisiertes Netzwerk fachlicher, methodischer, sozialer und personaler Einzelkompetenzen in der stets einzigartigen, lebenslangen realbiografischen Entwicklung." (vgl. ERPENBECK / HEYSE 1999, S. 14)

Der erfolgreiche Erwerb von Kompetenzen in formellen wie informellen Bildungsprozessen über die Lebensspanne hat methodisch-didaktische und lerntheoretische Erkenntnisse zu berücksichtigen (vgl. WEINERT 1998). Institutionelles wie auch selbstorganisiertes Lernen muss:

- aktiv *und* sinnstiftend an bisheriges Wissen und vorhandene Kompetenz anschließen;
- erkenntnisorientiert *und* nutzungsbezogen die jeweiligen besonderen problembasierten Kontexte berücksichtigen;
- abstrahierend ressourcensparend Wissen nutzen;
- automatisierend die Aufmerksamkeit entlasten und damit die Konzentration auf schwierige Prozesse der Problemlösung ermöglichen;
- selbstständig *und* angeleitet sein, so dass einerseits die Autonomie und Selbstverantwortung der Lernenden gefördert und gleichzeitig diese der Kontrolle von korrektem Expertenwissen unterworfen werden;
- individuell *und* kooperativ sein, damit sich sowohl die Individual- wie auch die Sozialkompetenz entfalten können;
- inhaltlich *und* methodisch das Gewicht verstärkt auf die Lernprozessorientierung legen und dabei metakognitive Kompetenzen – wie das Wissen über das Lernen des Lernens – gezielt fördern.

Was heißt organisationales Kompetenzmanagement?

Der Erwerb von Kompetenzen und individuelles Kompetenzmanagement ist Sache des Einzelnen, kann aber durch Bildungsinstitutionen erheblich behindert oder eben auch begünstigt werden. Darüber hinaus wird Kompetenzerwerb durch die Kooperation verschiedener Bildungseinrichtungen unterstützt, wobei der Grundgedanke der notwendigen Kooperation darin besteht, die kurz- und mittelfristigen, die formellen, die nonformellen und auch die informellen Formen der Bildung aufeinander zu beziehen und die jeweils vorausgegangenen Bildungserfahrungen mit den nachfolgenden individuell, aber auch organisatorisch abzustimmen. Dies kann nur durch eine intensivere institutionelle Vernetzung von Bildungseinrichtungen und durch beratungsgestützte individuelle Entscheidungen verbessert werden – dies führt zur Betrachtung der Ebenen des organisationalen und des interorganisationalen Kompetenzmanagements.

Differenzierungstheorie, Kontext und Kompetenzmanagement: Bildungseinrichtungen werden zunehmend heterogen, und zwar heterogen im Sinne zunehmender Spezialisierung und Arbeitsteilung. Historisch hat man segmentäre, stratifikatorische und funktionale Differenzierung unterschieden, wobei unter funktionaler Differenzierung, anders noch als bei Durkheim nicht nur die berufliche Arbeitsteilung, sondern vielmehr das Entstehen funktionaler Teilsysteme gemeint ist (vgl. MAYNTZ 1995, S. 139ff.), die jeweils einen besonderen und von anderen Teilsystemen unterschiedenen Kontext für die Kompetenzentwicklung des Einzelnen ergeben. Es geht dabei nicht nur um die klare Differenz von Familie, Schule, Berufsausbildung und Weiterbildung, es geht auch um die empirisch gut zu beschreibende Steigerung der Differenzierung und der Komplexität im Aus- und Weiterbildungsbereich.

Sowohl durch die Gründung immer neuer Institutionen, als auch durch die Expansion des Weiterbildungsmarkts wird heute eine viel stärkere und professionellere Profilbildung bestehender Organisationen wie Volkshochschulen, beruflicher Weiterbildungseinrichtungen, aber auch kirchlicher Bildungswerke provoziert, so dass der Prozess der Differenzierung der Aus- und Weiterbildung nicht abgeschlossen erscheint. Zu fragen ist in unserem Kontext, welches die Folgen dieses Ausdifferenzierungsprozesses für den Kompetenzerwerb sind.

Empirische Antworten lassen sich hierzu derzeit nicht geben, aber es kann theoretisch formuliert werden, dass moderne Gesellschaften offenbar nicht nur in hohem Maße wissens- und kompetenzbasiert sind, sie sind auch zunehmend *kontextabhängig*. Der Erwerb von Kompetenzen in den verschiedenen Bildungsinstitutionen ist immer auf die jeweiligen Referenzkontexte der Bildungssektoren zu beziehen. Mit Recht wurden beispielsweise die beinahe synonym klingenden Bereiche der beruflichen und der betrieblichen

Kompetenzaneignung unterschieden (vgl. KURTZ 2002). Während der berufliche Kompetenzerwerb primär ein Problem des individuellen Kompetenzmanagements ist, geht es auf der betrieblichen Ebene um die Vernetzung individueller Kompetenzen und personalen Wissens zu organisationaler Kompetenz mit dem klaren Ziel der Generierung von Effektiviät und damit verbunden von Wettbewerbsvorteilen.

Organisationales Kompetenzmanagement und Innovation: Zahlreiche wettbewerbsbestimmende Faktoren wie beispielsweise die Produktivität von Betrieben, die Profilierung von Weiterbildungseinrichtungen oder die Innovationskraft von Institutionen sind von den organisationalen Kompetenzen unmittelbar abhängig. Der Aufbau organisationaler Kompetenz kann, wenn nicht zur reibungslosen, so doch zur besseren Koordination individueller Beiträge im Rahmen betrieblich-organisationaler Prozesse führen (vgl. PROBST u.a. 2000, S. 69). Dies – aus Sicht der Wissensperspektive – aber nur dann, wenn vorhandenes Wissen der Mitarbeiter einer Institution weitergegeben und kombiniert wird (beispielsweise von älteren zu jüngeren Mitarbeitern, aber auch zwischen Abteilungen), wenn dieses Wissen unter festgelegten Zielen inhaltlich bewertet, abteilungsstrukturell verteilt und integriert und dann schließlich adäquat gespeichert und verankert wird. Organisationales Kompetenzmanagement in diesem Sinne ist Ausdruck von Effektivitätszielen konkreter marktorientierter Unternehmen – dies trifft sicher den Kontext betrieblicher Weiterbildung, aber auch der Personal- und Organisationsentwicklung von Weiterbildungsanbietern, die sich auf einem Markt in Konkurrenz behaupten müssen.

Organisationales Kompetenzmanagement ist also Kernbestandteil von lernenden Organisationen, die beispielsweise nach SENGE (vgl. 1996) individuelle Kompetenzen der Mitarbeiter, explizites und implizites Wissen der Organisation, gemeinsame Ziele und Zukunftsvorstellungen (shared visions), kollektives teamorientiertes Lernen und systemisches Denken entfalten.

Kompetenzerwerb und Bildungsinstitutionen: Allerdings bringt der Begriff organisationales Kompetenzmanagement auch zum Ausdruck, dass sich in komplexen funktional differenzierten modernen Gesellschaften Institutionen und Organisationen mit jeweils eigenen Profilen aufeinander beziehen müssen. Bereits DURKHEIM (1977) hat den Gedanken betont, dass durch die fortschreitende funktionale Differenzierung einzelner Teile und Institutionen in modernen Gesellschaften gleichzeitig die wechselseitige Abhängigkeit dieser Institutionen zunimmt. Dies trifft auch für die pädagogisch wichtigen Einrichtungen des Kompetenzerwerbs zu: Familien, Schulen, Jugendbildung, Berufliche Bildung oder Universitäten, Weiterbildung – sehr verschiedene Bildungsbereiche und -institutionen – also mit denen der Einzelne in seiner Kompetenzbiografie in Berührung kommt, unterscheiden sich in ihrer Struktur, ihren Zielen und Möglichkeiten extrem. Wie sich die Differenzen der verschiedenen Bildungseinrichtungen auf den Kompetenzerwerb auswirken, ob wechselseitige Verknüpfungen möglich sind und welche Vernetzungen oder aber auch bewusste Abgrenzungen und wechselseitige Ergänzungen der verschiedenen Erziehungs- und Bildungsinstitutionen sich auf den Kompetenzerwerb auswirken, kann typisierend zwar beschrieben werden, ist mit den empirischen Mitteln der Bildungsforschung jedoch bislang kaum analysiert. Es gibt lediglich Hinweise darauf wie sich die Differenz von Bildungsinstitutionen auf den Kompetenzerwerb auswirken könnte. In der Bildungs-Delphi-Studie des BMBF (1998) beispielsweise haben Bildungsexperten aus Theorie und Praxis ihre Einschätzungen dazu dargelegt, welche Kenntnisse, Fähigkeiten und Qualifikationen im Bildungssystem des Jahres 2020 erworben werden sollten. Es wurde deutlich, dass von den Organisationen der beruflichen Aus- und Weiterbildung und der Hoch-schulbildung – anders als von der schulischen Bildung – vor allem die Vermittlung spezifischer Fachkompetenzen erwartet wird. Lernmethodische und lerntechnische Kompetenzen werden für alle Bildungsinstitutionen hoch eingestuft und zwar mit den gängigen Hinweisen auf die Notwendigkeit lebenslangen Lernens. Auch psycho-soziale Kompetenzen gelten als Schlüssel, um in der individualisierten Gesellschaft mit ihren geschwächten traditionellen Bezugssystemen Familie, Erwerbsarbeit und Religion zurechtzukommen. Sie werden allen Bildungsinstitutionen und -sektoren als wichtige Vermittlungsaufgabe zugeschrieben. Fremdsprachen-, Medien- und interkulturelle Kompetenzen werden von Experten überraschend als vergleichsweise weniger wichtig eingestuft. Nach Einschätzung der meisten dieser Experten besteht in allen Bildungsbereichen in Bezug auf Lernarrangements und Lernmethoden ein akuter Reformbedarf, wenn Kompetenzen tatsächlich in kontinuierlichen Lernprozessen aufgebaut werden sollen (vgl. BMBF 1998, S. 73).

Rechtlich verankerte organisatorische Prinzipien der Bildung im Erwachsenenalter, z.B. das Prinzip der Freiwilligkeit, die Grundsätze der Pluralität, Subsidiarität, Öffentlichen Verantwortung, Selbstbestimmbarkeit, Allgemeinzugänglichkeit und Flächendeckung des Angebots bleiben unberührt. Schon diese organisatorischen Prinzipien zeigen den Unterschied zu anderen Bildungseinrichtungen, z.B. Schulen: Die gegebene deutliche strukturelle Differenz zwischen Bildungseinrichtungen muss durch jeweils individuelles Kompetenzmanagement biografisch integriert und bewältigt werden.

Für verschiedene Differenzierungstheoretiker (z.B. PARSONS 1976, S. 144f.) war Differenzierung immer mit einem „adaptiv upgrading" verbunden, d.h. dass ausdifferenzierte Systeme eine Leistung auf einem höheren Niveau erbringen als weniger differenzierte. In unserem Fall heißt dies, dass gesteigerte Differenz und Pluralität beispielsweise von Weiterbildungsinstitutionen bessere Rahmenbedingungen für die Kompetenzentwicklung darstellen. Dazu ist allerdings notwendig, dass sich die ausdifferenzierten neuen Teile aufeinander beziehen oder in ein System integrieren. Austausch und wechselseitiger Bezug kann aber durch bestimmte Formen der Konkurrenz hochgradig gefährdet sein.

Welche Bedeutung hat interorganisationales Kompetenzmanagement?

Dysfunktionale Konkurrenz, die dem systematischen individuellen und organisationalen Kompetenzmanagement entgegenwirkt, kann eingedämmt werden. Alle Formen der Kooperation zwischen Bildungsinstitutionen, also komplementäre, subsidiäre, supportive oder integrative Kooperation erhöhen die Integration des Bildungssystems und sind letztlich dem individuellen Kompetenzmanagement förderlich: Sie realisieren sich durch ein noch wenig entfaltetes interorganisationales Kompetenzmanagement.

Konkurrenz und Kooperation: Spannungen zwischen Bildungseinrichtungen und Teilsystemen, die Synergien und nachhaltige Kooperation und letztlich das interorganisationale Kompetenzmanagement verhindern, können also durch die Förderung gemeinsamer Orientierungen von Akteuren, durch soziale Kohäsion, durch Austausch und gemeinsame Interaktion gemildert werden. In Netzwerken und in Lernenden Regionen kommt es – in differenzierungstheoretischer Sprache – zur Inklusion von Rollen, zur Abstimmung von Kollektiven, zur Differenzierung von Normen und zur Generalisierung von Werten, so dass interorganisationales Kompetenzmanagement zur besseren Integration von ausdifferenzierten Teilbereichen und damit zu gemeinschaftlichen offenen Lernprozessen beiträgt. Eine gewisse Integration muss in jedem Fall geleistet werden, um Strukturen und damit eine kontinuierliche Kompetenzentwicklung auf Dauer zu erhalten. Dabei muss Strukturerhaltung nicht so aufzufassen sein, dass sie harmonisch und konfliktlos wäre. Es wäre naiv, dies z.B. im Weiterbildungsbereich bei der gegebenen Pluralität der Weiterbildungsträger und der Weiterbildungs-institutionen zu erwarten. Aber in jedem Fall bedarf die Situation der Konfliktmilderung.

Für Kompetenzmanagement auf dieser Ebene lassen sich demnach mehrere Möglichkeiten beschreiben (vgl. TIPPELT / ECKERT / BARZ 1996):

- *Erstens* ist es möglich, dass Institutionen unverbunden nebeneinander koexistieren und dass sie sich aufgrund der Auswahl und der Deutung ihrer Aufgabe kaum tangieren – komplementäre Kooperation;
- *zweitens* ist es möglich, dass starke Konflikte zwischen den Akteuren in einem Teilbereich auftreten und dass alle Strategien der Konfliktaustragung zum Tragen kommen – Negation von Kooperation;

- *drittens* ist es möglich, dass bei Gemeinschaftsaufgaben wie Beratung, Fortbildung, Werbung oder Raumnutzung zusammengearbeitet wird – supportive Kooperation;
- *viertens* ist es möglich, dass sich ausdifferenzierte Institutionen friedlich und reibungslos integrieren, die Gesamtstruktur der Weiterbildung erhalten bleibt, weil Deutungen und Werte des Gesamtsystems verbreitet akzeptiert werden und Institutionen bei Projekten und Programmen intensiv inhaltlich kooperieren – integrative Kooperation.

In der Differenzierungstheorie (vgl. HAFERKAMP 1990, S. 150) wird sowohl eine „lose Verkoppelung" von Systemteilen als auch eine unverbundene Koexistenz von vielen Einheiten ohne gemeinsame Kultur und ohne einheitliche Werte für möglich gehalten.

Aber was bedeuten „Lernende Regionen" im Kontext interorganisationalen Kompetenzmanagements? „Das Konzept der Lernenden Region beinhaltet, ähnlich dem Modell der Lernenden Organisation, den Grundgedanken, das Potenzial aller regionalen Akteure so zu bündeln, dass eine umfassende Regionalentwicklung als selbstorganisierter, selbstverantwortlicher und hinsichtlich seiner Effekte systematisch rückgekoppelter, selbstreflexiver „Bottom-up-Prozess" initiiert, stabilisiert und institutionalisiert wird." (GELDERMANN u.a. 2000)

Ob die Zukunft eher anomische Prozesse, also ein Auseinanderdriften von Bildungsinstitutionen, ihren Zielen und Werten und eine deutlich hierarchische Institutionenkultur oder aber flächendeckende „lokale Innovationsnetze" kooperativer und koordinierter privater und öffentlicher Bildungseinrichtungen erbringt, ist derzeit noch offen. Es ist zu vermuten, dass die Differenzierungsprozesse in der Bildung insbesondere in der Weiterbildung noch keinesfalls abgeschlossen sind, dass immer wieder neue Akteure auf dem Markt sichtbar werden, die sich zunehmend auch spezialisierten Fragestellungen, Zielgruppen und Weiterbildungsinhalten widmen (vgl. FAULSTICH 1993). Es reicht vermutlich aus, wenn sich die institutionellen Akteure in einem ausreichenden Maß aufeinander einstellen, miteinander in Verbindung treten und sich somit „locker" auf die jeweilige Kultur des anderen beziehen. Aber auch diese „lose Integration" erfordert im Interesse des lebenslangen Kompetenzerwerbs aktive Abstimmungs- und gemeinsame Planungsprozesse, die offenbar derzeit im Konzept der Lernenden Regionen am deutlichsten als Intention formuliert sind. Die Realisierung von lokalen Innovationsnetzwerken zwischen Schulen, beruflicher und betrieblicher Bildung, Hochschulen und Weiterbildung, aber auch die Zusammenarbeit mit Einrichtungen der Praxis und mit Unternehmen ist eine zentrale, bislang aber nur modellhaft eingelöste Voraussetzung für die Verwirklichung der Ideen des lebenslangen und lebensbegleitenden Kompetenzerwerbs.

Die interorganisationale Kooperation von Bildungseinrichtungen und die individuelle vertikale Koordination von Lernerfahrungen sind also unabdingbar und gleichzeitig eine äußerst anspruchsvolle Herausforderung an Schulen, die berufliche Ausbildung und die Weiterbildung, eine Herausforderung, die eine erweiterte Verantwortung von Bildungs-, Angebots- und Programmplanern für das individuelle, das organisationale und das interorganisationale Kompetenzmanagement erfordert.

Um die aktive und gestaltende Teilhabe an der Wissensgesellschaft zu gewährleisten, befasste sich ein Beitrag mit der Bedeutung, Förderung und Implementierung der Lernkompetenz im Kontext einer neuen Lernkultur (MANDL / KRAUSE 2002). Zur Annäherung an das Konzept der Lernkompetenz wird zunächst auf den Lern- und Kompetenzbegriff eingegangen.

Zum Begriff des Lernens. Im Gegensatz zur traditionellen Auffassung des Lernens, derzufolge Wissen wie ein Gegenstand vom Lehrenden zum Lernenden transportiert werden kann, wird in der Pädagogik und der Psychologie in den letzten Jahren zunehmend eine konstruktivistische Lehr-Lern-Philosophie vertreten (GERSTENMAIER / MANDL 1995). Diese geht davon aus, dass Lernen ein selbst gesteuerter Prozess ist, der vom Lernenden eine aktive Wissenskonstruktion erfordert. Das Wissen, das der Lernende konstruiert, ist kein Abbild des Lehrerwissens, sondern es ist von Vorkenntnissen, Erfahrungen und Überzeugungen des Lernenden geprägt. Lernen ist also ein aktiver, konstruktiver und selbst gesteuerter Prozess. Weiterhin spielen situative und soziale Faktoren eine Rolle: Die Wissenskonstruktion erfolgt in bestimmten Situationen und ist mit diesen verbunden, weiterhin findet Lernen vor dem Hintergrund soziokultureller Bedingungen und häufig in sozialer Interaktion statt. Auch der vorliegende Beitrag basiert auf einem Lehr-Lern-Ansatz, der Lernen als aktiven, selbst gesteuerten, konstruktiven, situativen und sozialen Prozess auffasst (REINMANN-ROTHMEIER / MANDL 2001).

Zum Begriff der Kompetenz. Der Begriff der Kompetenz findet sich sowohl in wissenschaftlichen Zusammenhängen als auch in der Alltagssprache. Verwandte Termini sind z.B. Fähigkeit, Begabung, Talent, Qualifikation und Leistungsvermögen (WEINERT 1999). In der Wissenschaft existieren verschiedene Kompetenzkonzepte. Einige Ansätze definieren Kompetenz als generelle kognitive Disposition, als intellektuelles Potenzial, andere als erworbene Fähigkeit innerhalb eines bestimmten Fachgebietes. Ein viel zitiertes dispositionales Konzept ist das Kompetenz-Performanz-Modell des Linguisten CHOMSKY (1980). Dieses sprachwissenschaftliche Modell basiert auf der Unterscheidung von Kompetenz und Leistung. Sprachkompetenz ist nach CHOMSKY eine universelle, genetisch bedingte Fähigkeit, die Muttersprache zu erlernen. Die dem Spracherwerb zugrunde liegenden kognitiven Elemente sind die *Kompetenz*, das Bilden und Verstehen von Sätzen ist die *Leistung*. Als Basis für eine gezielte Förderung von Kompetenz in Lehr-Lern-Prozessen eignet sich das Kompetenz-Performanz-Modell nicht, da es Kompetenz als stabile Dispostion definiert (GRÄSEL 2000). Definitionen der (beruflichen) Handlungskompetenz betonen die Bedeutung von Übung und Erfahrung für die Kompetenzentwicklung (z.B. BERGMANN 2001; ERPENBECK 1997). Wie auch innerhalb der Expertiseforschung (vgl. GRUBER / MANDL 1996a; 1996b; WEINERT 1999) gilt Kompetenz damit als lern- und beeinflussbar. Innerhalb von Handlungskompetenzmodellen wird außerdem auf motivationale Aspekte der Kompetenz hingewiesen. Zusammenfassend kann Kompetenz als ein System von Voraussetzungen für erfolgreiches Handeln, also für Leistung definiert werden, das durch Übung und Lernprozesse beeinflussbar ist (vgl. MANDL / KRAUSE 2001; WEINERT 1999). Diese Kompetenzdefinition dient als Basis für den vorliegenden Beitrag, da sie sowohl kognitive als auch motivationale bzw. volitionale Aspekte umfasst und zudem die Möglichkeit einer Förderung von Kompetenz innerhalb von Lernsituationen einschließt.

Kompetenz, Leistung und Motivation. Kompetenzen zeigen sich in Form beobachtbaren Verhaltens, durch Leistung (ERPENBECK 1997). Kompetenz beeinflusst die Leistung, aber auch das Erbringen von Leistung beeinflusst die Kompetenz: Nach FRIELING (2000) entwickeln sich Kompetenzen nur dann weiter, wenn sie sich in Performanz manifestieren. Kompetentes Handeln ist außerdem eng mit motivationalen Faktoren verbunden: In einem einflussreichen Artikel argumentiert WHITE (1959) „that it is necessary to make competence a motivational concept, that there is a competence motivation as well as competence in its more familiar sense of achieved capacity" (S. 318). Kompetenz, Motivation und Leistung sind also wechselseitig voneinander abhängig. Für ein lebenslanges Lernen, also das kontinuierliche Erbringen von Lernleistungen, brauchen Individuen damit Lernmotivation und Lernkompetenz. Letztere wird auch als Metakompetenz bezeichnet (WEINERT 1999), da sie eine übergeordnete, von bestimmten Inhalten unabhängige Fähigkeit darstellt.

Zum Begriff der Lernkompetenz. Kompetenz ist die Fähigkeit zum erfolgreichen Handeln. Lernkompetenz ist entsprechend die Fähigkeit zum erfolgreichen Lern-Handeln. Was macht diese Lernkompetenz aus, welche Teilfähigkeiten können unter diesem Begriff zusammengefasst werden? Lernen ist ein selbst gesteuerter, aktiver Prozess; die Wissensgesellschaft erfordert zudem die Fähigkeit, sich selbst reguliert an neue Anforderungen anzupassen. Lernen ist außerdem ein sozialer, häufig kooperativer Prozess, der eine Integration in eine Expertenkultur ermöglicht (LAVE / WENGER 1991). Damit sind für ein erfolgreiches Lern-Handeln vor allem zwei Fähigkeiten zentral: Selbststeuerungskompetenz, also die Fähigkeit, eigene Lernprozesse selbst zu regulieren, und Kooperationskompetenz, also die Fähigkeit, beim Lernen mit anderen zu kooperieren. Vor dem Hintergrund der Anforderungen der Wissensgesellschaft, in der Informations- und Kommunikationstechnologien eine immer größere Rolle spielen, ist für Lernen in allen Bereichen außerdem eine weitere übergeordnete Kompetenz vonnöten, die sowohl Selbststeuerungs- als auch Kooperationsprozesse beeinflusst: die Fähigkeit zum reflektierten Umgang mit (neuen) Medien. Lernkompetenz umfasst also drei Teilkompetenzen: Selbststeuerungskompetenz, Kooperationskompetenz und Medienkompetenz. Es sind zwar weitere Differenzierungen denkbar; die hier gewählte Unterteilung hat jedoch den Vorteil, dass sie konkrete Anknüpfungspunkte für die Gestaltung von Lernumgebungen liefert, die ein effektives und motivationsförderliches Lernen ermöglichen (vgl. MANDL / KRAUSE 2001).

Kompetenzförderung im Rahmen einer neuen Lernkultur. Wie lässt sich Lernkompetenz fördern? Hier gibt es zwei Ansatzpunkte: Der eine Ansatz besteht in der *direkten* Förderung der Lernkompetenz innerhalb von Trainings. Selbststeuerungs-, Kooperations-, und Medienkompetenz sind durch den geeigneten Einsatz bestimmter Strategien gekennzeichnet (z.B. Planungsstrategien, Gesprächstechniken, Anwendertricks beim Umgang mit Software). Diese Strategien werden bei der direkten Förderung explizit gemacht, und ihre Anwendung wird gezielt geübt. Der andere, *indirekte* Ansatz besteht darin, Lernbedingungen so zu gestalten, dass sie den Einsatz bestimmter Fähigkeiten erfordern und unterstützen, also eine geeignete *Lernkultur* etablieren. Die beiden Ansätze sind nicht alternativ zu betrachten, sondern können einander ergänzen: Einerseits muss die Anwendung der in Trainings gelernten Strategien in einer entsprechenden Lernkultur herausgefordert werden, da sie sonst verkümmern. Andererseits setzt eine Lernkultur, die z.B. selbst gesteuertes Lernen unterstützt, bereits gewisse Selbststeuerungsstrategien voraus, die jedoch nicht unbedingt bei allen Lernenden vorhanden sind. Eine Trainingsmaßnahme kann hier die Ausgangsbasis schaffen. Im Bereich des selbst gesteuerten Lernens hat die experimentelle Trainingsforschung gezeigt, dass zwar viele Komponenten der Selbststeuerung durch Training gefördert werden können, dass allerdings das Training von Einzelkomponenten zumeist nicht zu einer breiten Disposition für selbst gesteuertes Lernen und Denken führt (FRIEDRICH / MANDL 1997). Für die Förderung komplexer Fähigkeiten wie Selbststeuerungs-, Kooperations- und Medienkompetenz bietet sich daher ein Fokus auf der *indirekten* Förderung innerhalb problemorientierter Lernumgebungen an.

Gestaltung problemorientierter Lernumgebungen. Problemorientierte Lernumgebungen basieren auf dem konstruktivistischen Begriff des Lernens, demzufolge Lernen ein selbst gesteuerter, aktiv-konstruktiver, situativer und sozialer Prozess ist. In konstruktivistisch geprägten Lernumgebungen hat der Lernende eine aktive Position, der Lehrende eine reaktive: Der Lernende erhält sehr viel Spielraum für die aktive Wissenskonstruktion, während der Lehrende als Berater fungiert, der Lernangebote macht und Unterstützung liefert. Ein zu großer Freiraum kann allerdings zu einer Überforderung der

Lernenden und damit zu einem geringeren Lernerfolg führen (GRÄSEL / MANDL 1993). Problemorientierte Lernumgebungen bieten den Lernenden ebenfalls großen Spielraum für selbst gesteuertes Lernen und eine aktive Wissenskonstruktion. Damit allerdings die Lernenden nicht überfordert werden, wird hier eine Balance von Konstruktion und Instruktion angestrebt: Lernende erhalten so viel Anleitung, Erklärung und Hilfe durch den Lehrenden, wie sie für ein erfolgreiches und dabei weitgehend selbst gesteuertes Lernen brauchen. Es findet hierbei ein situativ bedingter Wechsel statt zwischen einer stärker aktiven und einer stärker rezeptiven Position des Lernenden bzw. einer aktiven oder reaktiven Rolle des Lehrenden. Folgende Prinzipien sind charakteristisch für problemorientierte Lernumgebungen (REINMANN-ROTHMEIER / MANDL 2001): (1) *Situiert und anhand authentischer Probleme lernen*: Lernen soll anhand authentischer Problemstellungen erfolgen. Authentische Fälle motivieren durch ihren Realitätsbezug und ihre Relevanz dazu, neues Wissen zu erwerben. Situiertheit und Authentizität sichern einen hohen Anwendungsbezug des Gelernten und motivieren zu einer selbst gesteuerten Exploration neuer Bereiche. (2) *In multiplen Kontexten lernen*: Dieselben Inhalte werden in mehreren verschiedenen Zusammenhängen gelernt. Dieses Vorgehen ermöglicht eine gute Nutzung der erworbenen Kenntnisse und Fertigkeiten. (3) *Unter multiplen Perspektiven lernen*: Es werden unterschiedliche Aspekte und Sichtweisen der zu lernenden Inhalte bzw. eines bestimmten Problems berücksichtigt. Auf diese Weise wird eine flexible Anwendung des Gelernten gefördert. (4) *In einem sozialen Kontext lernen*: Es werden möglichst viele Phasen gemeinsamen Lernens von Lernenden und Lernenden sowie Lernenden und Experten integriert. Es soll also möglichst viel kooperatives Lernen und Problemlösen erfolgen. Hierdurch wird eine Einführung der Lernenden in eine Expertenkultur gefördert, weiterhin werden Kooperationsfähigkeiten unterstützt. (5) *Mit instruktionaler Unterstützung lernen*: Lernen ohne Unterstützung ist häufig ineffektiv und führt leicht zur Überforderung. Es reicht daher nicht, Lernangebote zu machen, sondern es ist außerdem mit Hilfe gezielter Anleitung sicherzustellen, dass das zur Bearbeitung von Problemen erforderliche Wissen erworben werden kann. In problemorientierten Lernumgebungen wird also anwendungsbezogenes Wissen erworben, wobei die Lernenden verschiedene Perspektiven eines Problems kennen lernen; Lernende gewinnen außerdem Einsicht in komplexe authentische Probleme, und es werden Interesse und Motivation gefördert. Für die Lernkompetenz, die lebenslanges Lernen in der Wissensgesellschaft ermöglichen soll, ist außerdem Folgendes von zentraler Bedeutung: In problemorientierten Lernumgebungen wird selbst gesteuertes und kooperatives Lernen gefordert und unterstützt, die Lernenden erwerben also sowohl Selbststeuerungs- als auch Kooperationskompetenz. Um Medienkompetenz zu fördern und gleichzeitig das Potenzial der Medien für die Förderung von Selbststeuerung und Kooperation auszunutzen, empfiehlt sich für die Gestaltung von Lernumgebungen ein weiteres Prinzip: (6) *Mit (neuen) Medien lernen*: Beim Einsatz speziell neuer Medien ist ebenfalls darauf zu achten, dass die Lernenden weder zu sehr eingeschränkt noch durch zu viel Freiraum überfordert werden. Offene hypermediale Lernumgebungen beispielsweise ermöglichen einen hohen Grad an Selbststeuerung. Allerdings kann diese Offenheit bei Lernenden zu Überforderung und Desorientierung führen. Lernende reagieren darauf häufig mit unreflektiertem „Datensammeln". Neben Überforderung zeigt sich auch eine „Flucht ins Detail", d.h. es wird der Gesamtzusammenhang ausgeblendet. Ein effektives Lernen findet also nur statt, wenn Lernende bereits über ein Repertoire an Selbststeuerungsstrategien verfügen bzw. wenn sie instruktionale Unterstützung erhalten (FISCHER / MANDL 2002). Auch bei mediengestützten Lernumgebungen ist also auf eine Balance zwischen Instruktion und Konstruktion zu achten.

Umsetzung des problemorientierten Ansatzes. Ein Beispiel für eine problemorientierte Lernumgebung, die auf die Förderung von Lernkompetenz abzielt, ist das internetbasierte Hochschulseminar „Einführung in das Wissensmanagement" am Institut für Pädagogische Psychologie der Ludwig-Maximilians-Universität München (REINMANN-ROTHMEIER / NISTOR / MANDL 2001). Im Seminar werden authentische Fallbeispiele kooperativ und weitgehend selbst gesteuert bearbeitet. Instruktionale Komponenten wie eine zeitliche Taktung der Seminarabschnitte oder Hinweise zur netzbasierten Gruppenarbeit unterstützen die Lernenden bei der Kooperation. Evaluationsergebnisse weisen daraufhin, dass das Konzept zur Förderung von Selbststeuerungs-, Kooperations- und Medienkompetenz geeignet ist (vgl. REINMANN-ROTHMEIER u.a. 2001).

Implementierung einer neuen Lernkultur. Die Einführung einer neuen Lernkultur zur Förderung von Lernkompetenz erfordert neben dem Einsatz neuer Lernformen eine entsprechende Gestaltung von Lehrplänen und Prüfungsmodalitäten (REINMANN-ROTHMEIER / MANDL 1998). Curricula sollten neben Faktenwissen auf ein Verstehen von Konzepten und Prinzipien abzielen sowie auf den Erwerb domänenspezifischer und fachübergreifender Lernkompetenzen (vgl. DEUTSCHES PISA-KONSORTIUM 2001). Weiterhin sollten Lehrpläne authentische Problemstellungen und das Beleuchten von Inhalten unter verschiedenen Perspektiven und Möglichkeiten kooperativen Lernens einbeziehen. Prüfungen sollten nicht nur das Ergebnis des Lernens, sondern auch den Prozess berücksichtigen und erfassen, ob ein Lernender wesentliche Prinzipien verstanden hat und anwenden kann. Sie sollten sich auf komplexe Leistungen wie Fallbearbeitungen oder Projektarbeit beziehen und Kooperation erlauben. Für die Implementierung einer neuen Lernkultur ist neben der Umgestaltung von Lehrplänen und Prüfungen auch eine Veränderung der Lehrerausbildung notwendig. Nicht nur die Lernenden müssen selbst gesteuertes und kooperatives Lernen sowie mediengestützte Arbeitsformen üben; auch die Lehrenden müssen den Umgang mit den neuen

Methoden lernen. Häufig fehlen Lehrenden eigene Erfahrungen mit innovativen Lehr-Lern-Ansätzen, sie gestalten Unterricht so, wie sie es aus ihrer eigenen Schul- und Hochschulzeit kennen. Um sowohl geeignete Werthaltungen als auch praktische Fähigkeiten zu fördern, müssen neue Konzepte des Lehrens und Lernens in die Lehrerausbildung integriert werden. Eine neue Lernkultur, die diese Aspekte berücksichtigt, fördert den Erwerb zentraler Kompetenzen, die für ein Bestehen in der Wissensgesellschaft notwendig sind und lebenslanges Lernen ermöglichen.

Im *zweiten Teil* des Symposiums wurde insbesondere auf das methodische Problem der Kompetenzerfassung in Domänen wie der kaufmännischen und gewerblichen Erstausbildung eingegangen (*Straka*).

Erfassen, Beurteilen und Zertifizieren nichtformell erworbener beruflicher Kompetenzen in den Niederlanden

Wim J. Nijhof

Anfang der 80er Jahre gab es in England mehr als 6000 Qualifikationen (Diplome) und mehr als 600 „awarding bodies". Dies veranlasste die britische Regierung zur besseren Koordination und Kohärenz einen National Council for Vocational Qualifications (NCVQ) einzurichten. Ein Ergebnis seiner Arbeit war das National Vocational Qualification Framework, dem die aus den USA übernommene positivistische sowie behavioristische, „performance based" Kompetenzauffassung zugrunde liegt. Trotz anfänglicher großer Kritik hat sich dieses Konzept in England durchgesetzt. Mit Assessments werden die Kompetenzen erfasst und beurteilt, die durch Erfahrungen und durch intentionale Lernprozesse am Arbeitsplatz angeeignet wurden. In diesem Kontext bleibt allerdings nach wie vor die Frage unbeantwortet, ob alle wichtigen Kompetenzen für alltägliches und berufliches Handeln am Arbeitsplatz gelernt und kreditiert werden können und sollen, ganz abgesehen davon, dass die „soft skills" schwierig zu erfassen und zu beurteilen sind.

Eine ähnliche Zielsetzung verfolgte die niederländische Politik, indem sie das informelle Erlernen von Kompetenzen thematisierte und eine Kommission zur Förderung des „assessment of prior learning" (APL) einrichtete. Eine diese Aktivitäten begleitende Forschung stellte zum Teil die politische, konzeptionelle, intrumentelle, methodologische, institutionelle und praktische Problematik heraus. Derzeit stellt sich die Frage, wie methodisch vorgegangen werden kann, um valide und reliable Beurteilungen zu gewährleisten. Denn üblicherweise erfolgt die Kompetenzerfassung im Multiratingverfahren durch Praktiker, womit sowohl beträchtliche Probleme der Validität als auch Implementierungsprobleme in Betrieben und Schulen verbunden sind.

Da es sich bei der Vergabe der Diplome um eine öffentliche Aufgabe handelt, soll in Utrecht ein Expertisezentrum eingerichtet werden, das Schulen und Einrichtungen Hilfestellung bei der Entwicklung von Assessment Centers gibt. Seine Aufgaben werden sein, die bereits vorliegenden Forschungsergebnisse aufzuarbeiten, Experten zu trainieren und die Implementierung sowie die Effektivitätsprüfung von Assessment Centers durchzuführen.

Kompetenzerwerb in der kaufmännischen Grundausbildung Das Beispiel der Reformdiskussion in der Schweiz

Andreas Frey / Ursula Renold

Die kaufmännische Grundausbildung in der Schweiz bietet ca. 35 000 Lehrlingen den Einstieg ins Berufsleben. Um die Berufs- und Arbeitsmarktfähigkeit der Lehrlinge zu verbessern, ist eine mit den Verbundpartnern der Berufsbildung abgestimmte Reform und ein wissenschaftlich begleiteter Pilotversuch durchgeführt worden.

Das oberste Ziel lautet, dass die Lehrlinge nach der kaufmännischen Grundausbildung grundlegendes Wissen und Können besitzen, mit dem sie im gesamten Berufsfeld produktiv tätig und eingesetzt werden können. Die erworbenen fachlichen, methodischen und sozialen Kompetenzen sind auf lebenslanges Lernen sowie auf Flexibilität in der Wahrnehmung und Mitgestaltung von Arbeitstätigkeiten im kaufmännischen Berufsfeld ausgelegt.

Die wissenschaftliche Begleitung hatte als primäre Aufgabe Akzeptanz, Machbarkeit und Wirkung der Innovationen (organisatorisch, schulisch, betrieblich) bei allen beteiligten Personengruppen (Lehrlinge, Lehrkräfte, Schulleiter, Vertreter der Kantone und Branchen, Lehrmeister sowie überbetriebliche Kursleiter) von August 1999 bis Juli 2001 zu untersuchen. Hierzu wurden bereits validierte aber auch neu entwickelte Fragebogen dreisprachig eingesetzt.

Die Ergebnisse der Evaluation belegen bei den Lehrlingen innerhalb der Reform, dass sie gegenüber den meisten Innovationen positiv eingestellt sind. Bezüglich den beruflichen Kompetenzen bestätigte sich, dass die fachlichen Kompetenzen nach dem zweiten Lehrjahr bei den Lehrlingen generell auf höherem Niveau entwickelt waren als die sozialen und methodischen. Des Weiteren konnte nachgewiesen werden, dass die Lehrlinge, die innerhalb der Reform ausgebildet wurden, tendenziell höhere Werte bei den fachlichen und sozialen Kompetenzen erreichten als die Lehrlinge, die außerhalb der Reform unterrichtet wurden. Für Kritik sorgte das selbst gesteuerte Lernverhalten. Sowohl die Lehrlinge der Reform als auch die Lehrlinge aus den Kontrolleinrichtungen verfügen nur über unzureichende Lern- und Handlungsstrategien.

Diese Ergebnisse belegen, dass die neue kaufmännische Grundausbildung bei der Förderung beruflicher Kompetenzen auf dem richtigen Wege ist und beim selbst gesteuerten Lernen ein ausgeprägtes Entwicklungspotenzial besitzt.

Bestimmungsfaktoren fachkompetenten Handelns von kaufmännischen Berufsschülern/-innen Ergebnisse einer unterrichtsbegleitenden Pilotstudie

Katja Lenz / Gerald A. Straka

Vor dem Hintergrund des von der Kultusministerkonferenz (KMK) beschlossenen Bildungsauftrages des berufsbildenden Schulwesens „Aufbau von Handlungskompetenz" wird die Frage gestellt, welchen Einfluss die Variablen „Unterrichtsbedingungen", „ökonomische Bildung", „inhaltliches Interesse", „Lernemotionen", „Arbeits- und Kontrollstrategien" sowie „Attributionen" auf die „ausbildungsberufsspezifische Fachkompetenz" haben. Dazu wird ein hypothetisches multivariates Strukturmodell entworfen und an einer Stichprobe von 149 Berufsschülern/-innen mit LISREL überprüft. Abweichend von der Position der KMK zeigt sich, dass für diese Stichprobe die „Fachkompetenz" keine Voraussetzung für „Methoden- und Lernkompetenz" bildet. Darüber hinaus ergab sich, dass erlebte Aspekte der „Unterrichtsbedingungen" (Autonomie, Kompetenz, soziale Einbindung und Lehrqualität) direkt keinen nachweisbaren Effekt auf die erhobene „ausbildungsberufsspezifische Fachkompetenz" haben. Allerdings zeigen sich indirekte Effekte auf die ausbildungsberufsspezifische Fachkompetenz moderiert über das „inhaltliche Interesse" sowie die „Lernemotionen", die ihrerseits mit dem „inhaltlichen Interesse" korrelieren. Die Lernvoraussetzungen, repräsentiert durch das Ausmaß an „ökonomischer Bildung", haben einen vergleichsweise geringen Einfluss auf die erfasste „ausbildungsberufsspezifische Fachkompetenz", was vermuten lässt, dass mit den hier eingesetzten Instrumenten unterschiedliche und bedingt vernetzte ökonomische Fachkompetenzen erfasst wurden.

Messung der Entwicklung von fachlicher Kompetenz und beruflicher Identität in der Erstausbildung gewerblich-technischer Berufe

Rainer Bremer / Bernd Haasler

Das zentrale Ausbildungsziel beruflicher Erstausbildungen besteht darin, Auszubildende in die Lage zu versetzen, jetzige und künftige berufliche Anforderungen erfolgreich bewältigen zu können. In einem Modellversuch zur Reform der industriellen beruflichen Erstausbildung wurde von dessen wissenschaftlicher Begleitung eine Evaluationsmethode entwickelt, die mittels beruflicher Entwicklungsaufgaben die Kompetenzentwicklung und Identitätsbildung der Auszubildenden über den gesamten Verlauf der Erstausbildung erfasst und bewertet. Die Auszubildenden werden mit praktisch relevanten Teilaufgaben aus dem beruflichen Handlungsfeld konfrontiert, in dem sie nach Abschluss der Ausbildung als Fachleute tätig sein könnten. Es wird unterstellt, dass diese beruflichen Entwicklungs-aufgaben prototypisch für die beruflichen Anforderungen sind und somit deren Lösungscharakteristik auch auf andere Aufgaben innerhalb des Berufs transferiert werden kann. Die Aufgabenstellungen sind gestaltungsoffen angelegt und konfrontieren die Probanden mit Herausforderungen, die sie zuvor noch nicht haben bewältigen müssen. Die Art der Aufgabenbewältigung lässt Rückschlüsse darauf zu, welche Lernkonzepte, Arbeitskonzepte und welche Konzepte beruflicher Zusammenarbeit die Probanden durch ihre Ausbildung entwickelt haben. Die aus der Analyse resultierenden Lösungsmuster bilden die Basis der Interpretation mittels berufspädagogischer Entwicklungshermeneutik bezüglich des erreichten Niveaus der Herausbildung der beruflichen Identität und der fachlichen Kompetenzen. Die bisherigen Zwischenergebnisse belegen, dass die Auszubildenden in den fünf untersuchten gewerblich-technischen Industrieberufen überwiegend „schulische Lernkonzepte" zur Bewältigung beruflicher Aufgabenstellungen anwenden. Arbeitskonzepte der Ausbildungswerkstätten werden unreflektiert auf reale berufliche Problemstellungen übertragen. Im Querschnittvergleich ist bei den Auszubildenden ein defizitäres Überblickswissen über die Geschäftsfelder ihres Berufes festzustellen. Statt dessen wird kontextfreies Grundbildungswissen verwandt, welches noch nicht zu berufsadäquaten Handlungskonzepten verknüpft wird. Insgesamt sind nach einem Ausbildungsjahr wenig Ansätze der Ausprägung einer spezifischen beruflichen Identität (z.B. als Industrieelektroniker, Werkzeugmechaniker) erkennbar. Der Längsschnitt über den gesamten Ausbildungsverlauf kann nach Abschluss der Untersuchung eventuell Auskunft geben über kritische Schwellen, Stufen und Übergänge, die berufliche Entwicklungen Auszubildender maßgeblich beeinflussen.

Im Rahmen des Symposiums wurden Beiträge von Heinz Mandl (München), Rudolf Tippelt (München), Christiane Schiersmann (Heidelberg), John Erpenbeck (Berlin), Mariet Jellema und Wim Nijhof (Twente), Peter Nenninger (Koblenz-Landau) und Andreas Frey (Koblenz-Landau) und Ursula Reinold (Bern), Margit Ebbinghaus (Bonn), Katja Lenz und Gerald A. Straka (Bremen), Christian Friede (Aachen), Rainer Bremer und Bernd Haasler (Bremen) in der genannten Reihenfolge geleistet.

Literatur

BERGMANN, B. (2001): Berufliche Kompetenzentwicklung. In: SILBEREISEN, R. K. / REITZLE, M. (Hrsg.): Psychologie 2000. – Lengerich, S. 530-540.

BMBF (Hrsg.) (1998): Delphi-Befragung 1996 / 1998. Potentiale und Dimensionen der Wissensgesellschaft – Auswirkungen auf Bildungsprozesse und Bildungsstrukturen. Integrierter Abschlußbericht. – München.

CHOMSKY, N. (1980): Rules and representations. The Behavioral and Brain Sciences – 3, S. 1-61.

CRONBACH, L. J. / SNOW, R. E. (1977): Aptitudes and instructional methods: A handbook for research on interactions. – New York.

DEUTSCHES PISA-KONSORTIUM (Hrsg.) (2001): PISA 2000: Basiskompetenzen von Schülerinnen und Schülern im internationalen Vergleich. – Opladen.

DOHMEN, G. (1996): Das lebenslange Lernen. Leitlinien einer modernen Bildungspolitik. – Bonn.

DURKHEIM, E. (1977): Über die Teilung der sozialen Arbeit. – Frankurt am Main.

ERPENBECK, J. (1997): Selbstgesteuertes, selbstorganisiertes Lernen. In: Arbeitsgemeinschaft Qualifikations-Entwicklungs-Management (Hrsg.): Kompetenzentwicklung '97: Berufliche Weiterbildung in der Transformation – Fakten und Visionen. – Münster, S. 309-316.

ERPENBECK, J. / HEYSE, V. (1999): Kompetenzbiographie. Strategien der Kompetenzentwicklung durch selbstorganisiertes Lernen und multimediale Kommunikation. – Münster.

FAULSTICH, P. (1993): „Mittlere Systematisierung" der Weiterbildung. In: MEIER, A. / RABE-KLEBERG, U. (Hrsg.): Weiterbildung, Lebenslauf, sozialer Wandel. – Neuwied.

FISCHER, F. / MANDL, H. (2002): Lehren und Lernen mit neuen Medien. In: TIPPELT, R. (Hrsg.): Handbuch der Bildungsforschung. – Opladen, S. 623-637.

FRIEDRICH, H. F. / MANDL, H. (1997): Analyse und Förderung selbstgesteuerten Lernens. In: WEINERT, F. E. / MANDL, H. (Hrsg.): Enzyklopädie der Psychologie: Themenbereich D Praxisgebiete – Serie I Pädagogische Psychologie – Band 4 Psychologie der Erwachsenenbildung. – Göttingen, S. 237-293.

FRIELING, E. (2000): Kompetenzentwicklung – ein urwüchsiger Prozess? In: ARBEITSGEMEINSCHAFT QUALIFIKATIONS-ENTWICKLUNGS-MANAGEMENT (Hrsg.): Flexibilität und Kompetenz: Schaffen flexible Unternehmen flexible Mitarbeiter? – Münster, S. 11-20.

GELDERMANN, B. / SCHMALHOFER, G. u.a. (2000): Unternehmensnetzwerke durch neues Lernen. – Bielefeld.
GERSTENMAIER, J. / MANDL, H. (1995): Wissenserwerb unter konstruktivistischer Perspektive. In: Zeitschrift für Pädagogik, 41, S. 867-888.
GRÄSEL, C. (2000): Ökologische Kompetenz: Analyse und Förderung. Unveröffentlichte Habilitationsschrift. – München.
GRÄSEL, C. / MANDL, H. (1993): Förderung des Erwerbs diagnostischer Strategien in fallbasierten Lernumgebungen. In: Unterrichtswissenschaft, 25, S. 4-18.
GRUBER, H. / MANDL, H. (1996a): Das Entstehen von Expertise. In: HOFFMANN, J. / KINTSCH, W. (Hrsg.): Enzyklopädie der Psychologie: Themenbereich C Theorie und Forschung, Serie II Kognition, Band 7 Lernen. – Göttingen, S. 583-615.
GRUBER, H. / MANDL, H. (1996b): Expertise und Erfahrung. In: GRUBER, H. / ZIEGLER, A. (Hrsg.): Expertiseforschung. – Opladen, S. 18-34.
HAFERKAMP, H. (1990): Differenzierung und Kultur. Soziologischer Optimismus auf dem Prüfstand. In: HAFERKAMP, H. (Hrsg.): Sozialstruktur und Kultur. – Frankfurt am Main.
HAFERKAMP, H. (Hrsg.) (1990): Sozialstruktur und Kultur. – Frankfurt am Main.
HASEBROOK, J. (1998): Aptitude-Treatment-Interaktion (ATI). In: ROST, D. H. (Hrsg.): Handwörterbuch Pädagogische Psychologie. – Weinheim, S. 10-13.
KADE, J. / SEITTER, W. (1996): Lebenslanges Lernen. Mögliche Bildungswelten. – Opladen.
KURTZ, T.(2000): Die Vermittlung von Beruf und Bildung im disziplinären Kontext der Gesellschaft. In: Zeitschrift für Berufs- und Wirtschaftspädagogik, 96, S. 321ff.
KUWAN, H. (1999): Berichtssystem Weiterbildung. Erste Ergebnisse. – Bonn.
LAVE, J. / WENGER, E. (1991): Situated learning: Legitimate peripheral participation. – Cambridge.
LENZEN, D. (1997): Professionelle Lebensbegleitung – Erziehungswissenschaft auf dem Weg zur Wissenschaft des Lebenslaufs und der Humanontogenese. In: Erziehungswissenschaft, 8, S. 5-22.
LENZEN, D. / LUHMANN, N. (Hrsg.) (1997): Bildung und Weiterbildung im Erziehungssystem. Lebenslauf und Humanontogenese als Medium und Form. – Frankfurt.
LUHMANN, N.(2000): Organisation und Entscheidung. – Opladen.
MANDL, H. / KRAUSE, U.-M. (2002): Lernkompetenz für die Wissensgesellschaft. In: BUND-LÄNDER-KOMMISSION FÜR BILDUNGSPLANUNG UND FORSCHUNGSFÖRDERUNG (Hrsg.): Lernen in der Wissensgesellschaft. – München, S. 239-266.
MANDL, H. / REINMANN-ROTHMEIER, G. (1998): Auf dem Weg zu einer neuen Kultur des Lehrens und Lernens. In: DÖRR G. / JÜNGST, K. L. (Hrsg.): Lernen mit Medien: Ergebnisse und Perspektiven zu medial vermittelten Lehr- und Lernprozessen. – Weinheim, S. 193-222.
MAYER, K. U. (1998): Lebensverlauf. In: SCHÄFERS, B. / ZAPF, W. (Hrsg.): Handwörterbuch zur Gesellschaft Deutschlands. – Opladen, S. 438-451.
MAYER, K. U. (Hrsg.) (1990): Lebensverläufe und sozialer Wandel. – Opladen.
MAYNTZ, R. (1995): Zum Status der Theorie sozialer Differenzierung als Theorie sozialen Wandels. In: MÜLLER, H.-P. / SCHMID, M. (Hrsg.): Sozialer Wandel. Modellbildung und theoretische Ansätze. – Frankfurt am Main.

NUISSL, E. (1997): Weiterbildungsinstitutionen und selbstgesteuertes Lernen. In: DOHMEN, G. (Hrsg.): Selbstgesteuertes lebenslanges Lernen? – Bonn, S. 75-83.
PARSON, T. (1976): Zur Theorie sozialer Systeme. – Opladen.
PROBST, G. / DEUSSEN, A. / EPPLER, M. / RAUB, S. (2000): Kompetenzmanagement. Wie Individuen und Organisationen Kompetenz entwickeln. – Wiesbaden.
REINMANN-ROTHMEIER, G. / MANDL, H. (1998): Wissensvermittlung: Ansätze zur Förderung des Wissenserwerbs. In: KLIX, F. / SPADA, H. (Hrsg.): Wissen. Enzyklopädie der Psychologie, C, Serie 2, Band 6. – Göttingen, S. 457-500.
REINMANN-ROTHMEIER, G. / MANDL, H. (1999): Implementation konstruktivistischer Lernumgebungen – Revolutionärer Wandel oder evolutionäre Veränderung? In: RENK, H.-E. (Hrsg.): Lernen und Leben aus der Welt im Kopf. – Neuwied, S. 61-78.
REINMANN-ROTHMEIER, G. / MANDL, H. (2001[4]): Unterrichten und Lernumgebungen gestalten. In: KRAPP, A. / WEIDENMANN, B. (Hrsg.): Pädagogische Psychologie. – Weinheim, S. 601-646.
REINMANN-ROTHMEIER, G. / MANDL, H. / NISTOR, N., / NEUBAUER, A. / ERLACH, C. / WEINBERGER, A. / LERCHE, T. (2001): Evaluation virtueller Seminare in Schule und Hochschule. In: REINMANN-ROTHMEIER, G. / MANDL, H. (Hrsg.): Virtuelle Seminare in Hochschule und Weiterbildung: drei Beispiele aus der Praxis. – Bern, S. 131-150.
REINMANN-ROTHMEIER, G. / NISTOR, N. / MANDL, H. (2001): Ein virtuelles Hochschulseminar zur Einführung in das Wissensmanagement. In: REINMANN-ROTHMEIER, G. / MANDL, H. (Hrsg.): Virtuelle Seminare in Hochschule und Weiterbildung: drei Beispiele aus der Praxis. – Bern, S. 27-67.
SENGE, P. M. (1996[3]): Die fünfte Disziplin. Kunst und Praxis der lernenden Organisation. – Stuttgart.
SIEBERT, H. (1999[2]): Seminarplanung und -organisation. In: TIPPELT, R. (Hrsg.): Handbuch Erwachsenenbildung/Weiterbildung. – Opladen.
SIMONS, P. R. J. (1992): Lernen, selbständig zu lernen – ein Rahmenmodell. In: MANDL, H. / FRIEDRICH, H. F. (Hrsg.): Lern- und Denkstrategien. Analyse und Intervention. – Göttingen, S. 251-264.
STADELHOFER, C. (1999): Selbstgesteuertes Lernen und Neue Kommunikationstechnologien. In: DOHMEN, G. (Hrsg.): Weiterbildungsinstitutionen, Medien, Lernumwelten. – Bonn, S. 147-208.
STOCK, J. / WOLFF, H. / MOHR, H. / THIETKE, J. (1998): Delphi-Befragung 1996/1998. Potentiale und Dimensionen der Wissensgesellschaft. Auswirkungen auf Bildungsprozesse und Bildungsstrukturen. Endbericht. – Basel.
THIERSTEIN, A. / WALSER, M. (2000): Die nachhaltige Region. Ein Handlungsmodell. – Bern.
TIPPELT, R. (1997): Lebenslanges Lernen: Leitlinien für die Zukunft der Erwachsenenbildung. In: PAE-Arbeitshilfen für Erwachsenenbildung, 1-2, S. 37-47.
TIPPELT, R. / ECKERT, T. / BARZ, H. (1996): Markt und integrative Weiterbildung. Zur Differenzierung von Weiterbildungsanbietern und Weiterbildungsinteressen. – Bad Heilbrunn.
WEINERT, F. E. (Hrsg.) (1998): Vermittlung von Schlüsselqualifikationen. – München.

WEINERT, F. E. (1999): Concepts of competence. Contribution within the OECD project Definition and Selection of Competencies: Theoretical and Conceptual Foundations (DeSeCo). – München.

WHITE, R. W. (1959): Motivation reconsidered: The concept of competence. Psychological Review, 66, S. 297-333.

WILLKE, H. (1998): Systemisches Wissensmanagement. – Stuttgart.

WILLKE, H. (2000): Systemtheorie I: Grundlagen. – Stuttgart.

WITTPOTH. J. (Hrsg.) (2001): Erwachsenenbildung und Zeitdiagnose. – Bielefeld.

ZAPF, W. (1991): Modernisierung und Modernisierungstheorien. In: ZAPF, W. (Hrsg.): Die Modernisierung moderner Gesellschaften. – Frankfurt.

ZAPF, W. (1998): Modernisierung und Transformation. In: SCHÄFERS,B. / ZAPF, W. (Hrsg.): Handwörterbuch zur Gesellschaft Deutschlands. Opladen, S. 472-482.

Tade Tramm / Holger Reinisch

Innovationen in der beruflichen Bildung durch Modellversuchsforschung? – Eine Zwischenbilanz

Zielsetzung des Symposiums

Im Mittelpunkt der berufsbildungspolitischen Diskussion und des berufs- und wirtschaftspädagogischen Diskurses steht seit Jahren die Frage der „Modernisierung der beruflichen Bildung" im Kontext des tiefgreifenden gesellschaftlichen, kulturellen, wirtschaftlichen und technologischen Wandels. Zur Untersuchung der mit der Veränderung der Arbeits- und Lebenswelt verbundenen Auswirkungen auf die berufliche Bildung hat sich seit Mitte der 1960er Jahre die Berufsbildungsforschung als zunehmend selbsttragender Komplex sozialwissenschaftlicher Forschung etabliert, wobei die Bedingungen, Abläufe und Folgen des Erwerbs fachlicher Qualifikationen sowie personaler und sozialer Einstellungen und Orientierungen, die für den Vollzug beruflich organisierter Arbeitsprozesse bedeutsam erscheinen, im Mittelpunkt des Interesses stehen (vgl. DEUTSCHE FORSCHUNGSGEMEINSCHAFT 1990, S. 1). Dabei erweist sich die thematische und institutionelle Landschaft der Berufsbildungsforschung ebenso wie die entsprechende Landschaft der Forschungsförderung als extrem zersplittert (vgl. VAN BUER / KELL 1999). Soweit im Rahmen der Berufsbildungsforschung jedoch pädagogische Fragestellungen verfolgt werden, geschieht dies ganz überwiegend im disziplinären und institutionellen Rahmen berufs- und wirtschaftspädagogischer universitärer Lehr- und Forschungseinrichtungen. Da den universitären Einrichtungen der Berufs- und Wirtschaftspädagogik in aller Regel über die Hochschuletats nur geringe personelle und materielle Ressourcen zur Verfügung gestellt werden, handelt es sich bei den einschlägigen Forschungsvorhaben zumeist um aus Mitteln Dritter geförderte Projekte. Dabei hat in der Vergangenheit das Instrument der „Modellversuche" eine herausragende Bedeutung erlangt, und zwar sowohl in der Form der durch die Bundesregierung geförderten „Wirtschaftsmodellversuche" für den betrieblichen Teil der beruflichen Bildung als auch in Form der durch die Bund-Länder-Kommission für Bildungsplanung und Forschungsförderung gestützten „Schulmodellversuche" für den schulischen Teil der beruflichen Bildung.

Modellversuche können dabei als bildungspolitische Instrumentarien eingeschätzt werden, „die zur Veränderung der Bildungspraxis eingesetzt werden und gegebenenfalls als mehr oder weniger pragmatisches Erkenntnisinstrument fungieren, um praktikable Problemlösungen anzubahnen und auszutesten" (NICKOLAUS / SCHNURPEL 2001, S. 25). Modellversuche dienen somit sowohl der Vorbereitung und Legitimation als auch der didaktischen und gegebenenfalls institutionellen sowie rechtlichen Umsetzung bildungspolitischer Entscheidungen. Durch die vorgesehene „wissenschaftliche Begleitung" von Modellversuchen, die durch unabhängige externe Wissenschaftler, durch mit dem Modellversuchsträger institutionell verbundene wissenschaftliche Kompetenz oder modellversuchsintern durchgeführt werden kann, eröffnet sich für die universitäre Berufs- und Wirtschaftspädagogik ein bedeutsames und häufig genutztes Forschungsfeld. Die Eingebundenheit der wissenschaftlichen Begleitung in eine bildungspolitische Programmatik führt jedoch zu einem spezifischen Spannungsfeld zwischen der bildungspolitischen Vorgabe, dass die wissenschaftliche Begleitung vorrangig Innovationsunterstützung zu leisten habe (vgl. z.B. PLOGHAUS 1995), einerseits und der für die Evaluation notwendig distanzierten Haltung der involvierten Wissenschaftler andererseits. Positiv ausgedrückt fordert die wissenschaftliche Begleitung von Modellversuchen somit einen spezifischen Typ pädagogischer, insbesondere didaktischer Forschung, für den sich inzwischen die Bezeichnungen „Modellversuchsforschung" oder „Begleitforschung" etabliert haben und der auch in der Berufs- und Wirtschaftspädagogik bereits mehrfach Gegenstand systematischer Analysen gewesen ist (vgl. z.B. SLOANE 1992, 1998; DEHNBOSTEL 1998). Aus kritischer Sicht stellt sich hingegen die Frage nach dem Ertrag dieser Art von Forschung für die weitere Entwicklung der Theoriebildung in der Berufs- und Wirtschaftspädagogik und der Berufsbildungsforschung. Schließlich werden durch die Modellversuchs- bzw. Begleitforschung die ohnehin ausgesprochen knappen Forschungsressourcen unserer Disziplin (vgl. VAN BUER / KELL 1999, S. 78ff.) in erheblichem Maße gebunden. Dies gilt gegenwärtig verstärkt, weil eine große Zahl von Mitgliedern der Sektion Berufs- und Wirtschaftspädagogik aktiv an den drei aktuellen, durch die Bund-Länder-Kommission für Bildungsplanung und Forschungsförderung geförderten Programmen im Bereich des schulischen Teils der Berufsausbildung beteiligt ist.

Das Symposium zielte daher darauf, den Diskurs um Forschungsstrategien im Bereich der Berufs- und Wirtschaftspädagogik zu intensivieren. Dies erfolgte am Beispiel der im Rahmen der drei Modellversuchsprogramme entwickelten Forschungskonzeptionen, die am Beispiel des Schwerpunktprogramms der Deutschen Forschungsgemeinschaft „Lehr-Lern-Prozesse in der kaufmännischen Erstausbildung" (siehe z.B. BECK 2000) mit einem konkurrierenden Forschungsverständnis und mit europäischen Ansätzen der Berufsbildungsforschung konfrontiert werden sollten. Im Mittelpunkt standen die folgenden drei Fragen:

- Welchen Beitrag kann die Modellversuchsforschung zur Innovation der Berufsbildung leisten?
- Welche Anregungen kann die wissenschaftliche Begleitung von Modellversuchen für die Entwicklung der Berufsbildungsforschung in methodologischer und strategischer Hinsicht liefern?
- Welche Beiträge sind von den in Modellversuchen erzielten Ergebnissen und Befunden für die berufs- und wirtschaftspädagogische Theoriebildung zu erwarten?

Struktur des Symposiums

Die Annäherung an die Zielsetzung des Symposiums erfolgte in drei Schritten:

- Den Ausgangspunkt bildeten berufsbildungstheoretische Reflexionen zum Stand und zu den Desideraten der Theoriebildung in der Berufs- und Wirtschaftspädagogik. Unter dem Titel „Zum Verhältnis von Wissen und Bildung im Medium des Berufes aus berufsbildungstheoretischer Sicht" trugen Manfred Eckert und Richard Huisinga hierzu Thesen vor, in denen sie sich kritisch mit Deutungen kultureller, sozioökonomischer und technischer Wandlungsprozesse im Kontext ausgewählter Konzepte zur Modernisierung der Berufsbildung auseinander setzten.
- Im zweiten Schritt erfolgte aus der Sicht der Programmträger beziehungsweise der Gutachter eine knappe Darstellungen der in dem jeweiligen BLK-Modellversuchsprogramm verfolgten Forschungskonzeption. Die Referate wurden von Waldemar Bauer und Ludger Deitmer als Vertreter des Trägers des Programms „Neue Lernkonzepte in der beruflichen Bildung", Dieter Euler als Träger des Programms „Kooperation der Lernorte in der beruflichen Bildung (KOLIBRI)" sowie Hermann G. Ebner und Günter Pätzold als Gutachter für das Programm „Innovative Fortbildung der Lehrer und Lehrerinnen an beruflichen Schulen (innovelle-bs)" gehalten.
- Vor diesem Hintergrund erfolgte im dritten Schritt eine reflexive und kontrastive Bearbeitung der angeführten Fragestellungen. Der Zugang hierzu erfolgte aus drei Perspektiven, wobei Reinhold Nickolaus zunächst Befunde aus einem Forschungsprojekt zu Innovations- und Transfereffekten von Modellversuchen in der beruflichen Bildung vorstellte. Anschließend formulierte Klaus Beck unter dem Titel „Erkenntnis und Erfahrung im Verhältnis zu Steuerung und Gestaltung" eine deutliche Kritik an der Idee, dass Forschung, wenn man diese als Generierung von Aussagen, die unter einem Wahrheitsbegriff empirisch prüfbar sind, versteht, durch Modellversuche befördert werden könne.

Den Abschluss bildete ein Beitrag von Wim Nijhof zum Stand und zu den Entwicklungstendenzen der Berufsbildungsforschung im europäischen Raum.

Die Veröffentlichung der genannten Beiträge wird im Jahre 2003 in einem vom Vorstand der Sektion Berufs- und Wirtschaftspädagogik verantworteten Themenheft der „Zeitschrift für Berufs- und Wirtschaftspädagogik" erfolgen.

Zentrale Aspekte der Vorträge[1]

Manfred Eckert und *Richard Huisinga* eröffneten das Symposium mit zwei aufeinander abgestimmten Thesenfolgen, mit denen die Modellversuchspraxis im Bereich der beruflichen Bildung *aus einer bildungstheoretischen und damit konsequent subjektorientierten Sicht reflektiert* und damit zugleich diese Perspektive als zentraler Referenzrahmen einschlägiger Innovationen und darauf bezogener Forschung in Erinnerung gebracht werden sollte.

Eckert stellte die heutige Praxis der Modellversuche im berufsbildenden Bereich in Beziehung zur Tradition pädagogischer Reformkonzepte, die ihren Niederschlag häufig in „neuen Schulmodellen" fanden. Als „letzte große pädagogische Konzeption dieser Art" führt er den vor allem von Herwig Blankertz theoretisch konzipierten Kollegschulversuch in Nordrhein-Westfalen an. Während dieser noch explizit vom Bildungsbegriff ausging, sei dieser Bezugspunkt in den aktuellen Modellversuchen wie auch in der aktuellen berufs- und wirtschaftspädagogischen Diskussion deutlich in den Hintergrund gerückt und durch das „Kompetenzmodell" verdrängt worden. *Eckert* sieht hierin die Gefahr einer Psychologisierung des Innovationsdiskurses, die, als eine Form der Verdinglichung des Menschen, der Entwicklungsoffenheit des Subjekts nicht gerecht zu werden vermöge.

Er entfaltete seine Überlegungen zur bildungstheoretischen Einordnung aktueller Modellversuchspraxis in zwei miteinander verknüpften Strängen. Der erste Strang thematisierte das Spannungsfeld von Wissenschafts- und Situationsorientierung beruflicher Curricula und rekonstruierte dieses unter Bezugnahme auf die strikte Ablehnung des an der Alltagserfahrung ansetzenden didaktischen „Kunde-Prinzips" durch Herwig Blankertz und des von ihm dagegen gestellten Konzepts wissenschaftsorientierten Lernens. Beide Sichtweisen führten in je spezifischer Weise zu einer Segregierung von (individueller) Erfahrung und wissenschaftlichem Wissen. Die neuere Diskus-

1 Für den nachfolgenden Bericht über die Beiträge des Symposiums konnte z.T. auf die Vortragsmanuskripte der Referenten zurückgegriffen werden, die auch Grundlage der geplanten Veröffentlichung sein werden. Anführungszeichen im Referat verweisen auf wörtlich aus den Manuskripten bzw. Ausarbeitungen entnommene Passagen.

sion zur Didaktik beruflichen Lernens habe diesen Dualismus erstmals deutlich aufgeweicht und insbesondere den didaktischen Objektivismus des Blankertzschen Konzepts der Wissenschaftsorientierung überwunden. Wissen werde in seiner individuellen Genese und subjektiven Bezogenheit in den Blick genommen. Indem sich berufliches Lernen auf „Arbeit" und „Handlung", auf „Lernwelten" und „Lernumgebungen" beziehe, werde der Lernende in seiner vertrauten Welt erreicht, mit spezifischen Explorationsaufgaben konfrontiert und zur permanenten Horizonterweiterung aufgefordert. Dabei gehe es bei einem solchen „Anfang in den konkreten Erfahrungswelten" nicht um eine „Kunde", die den Menschen aufs Bornierte, Enge festlegen wolle, sondern um die Frage existenzieller Verankerung des je einzelnen Menschen in seinen Lebenswelten, die aber zugleich auf Transzendierung des jeweiligen Zustandes angelegt sei. Hiermit verbinde sich die didaktische Frage, „wie Handlungen so gesteuert werden können, dass daraus ein begründetes Wissen entsteht".

Die im didaktischen Kontext aufgeworfene Frage nach dem Verhältnis von Wissen und Erfahrung reflektierte *Eckert* in seiner Thesenfolge auch auf einer wissenschaftstheoretischen Ebene und bezog sie damit auf die Praxis der Modellversuchsarbeit. Es sei ein Kennzeichen moderner Modellversuchsforschung, dass sie in hohem Maße pädagogisch-praktisch orientiert sei und sich in diesem Kontext eher einem geisteswissenschaftlich fundierten Verständnis der reflexiven, theoriegeleiteten Aufklärung vorfindlicher Praxis zuordnen lasse, als einem empirisch-analytischen Theorie-Praxis-Verständnis des Anwendens technologischer Theorie auf vordefinierte Situationen. Wichtig sei dabei freilich, dass mit dieser Orientierung an der pädagogischen Praxis kein beharrendes oder affirmatives Moment in den Vorderund treten dürfe, sondern dass es umgekehrt darum gehe, fruchtbare innovative Perspektiven zu entfalten und damit neue Erfahrungsmöglichkeiten zu eröffnen. Hierfür sei Theorie und insbesondere auch eine theoretische Reflexion mit Bezug auf bildungstheoretische Kategorien konstitutiv, komme es doch darauf an, die Entwicklung des Subjekts ins Zentrum zu stellen und dabei das „Politische" nicht in das „Soziale" und das „Individuelle" (als gesellschaftlich begriffene Kategorie) nicht in das „Personale" aufzulösen.

Die Forderung nach konsequenter Subjektorientierung aller Innovationen und damit verbunden nach einer klaren Orientierung an einem freilich modernisierungsbedürftigen Bildungsverständnis, prägten auch die ergänzende Thesenfolge von *Richard Huisinga*, die explizit aus der Perspektive der von Lisop und Huisinga entwickelten Arbeitsorientierten Exemplarik heraus formuliert war. Den Aspekt der erforderlichen Innovationen und damit der Zukunftsperspektiven des dualen Systems fokussierte *Huisinga* auf die Frage nach einer Neubestimmung des Verhältnisses von Allgemeinbildung und Spezialbildung. Aus dieser Sicht postulierte er zunächst, dass in curricularer Hinsicht die Fixierung auf scheinbar fraglos vorgegebene Lehrstoffe aufzuheben sei. Fragen der Curriculumrevision komme mithin zentrale Bedeutung zu. Genauer: Statt „handwerklich gestrickter Lehrpläne" sei eine auf das Gesamtsystem bezogene Curriculumrevision" aus einer bildungstheoretisch fundierten, subjektorientierten Position heraus gefordert.

Hierbei seien, so die Folgethese, die realen Entwicklungen in der Berufsstruktur wie in modernen Gesellschaften insgesamt so zu interpretieren, „dass der objektive Modernisierungsbedarf nicht zu einem Erstausbildungssystem eigener Art" tendiere. Insofern sei „das psychosoziale Moratorium neu zu denken, und zwar im Hinblick auf eine Bildung in der Jugendphase, die im Spannungsgefüge von Allgemeinbildung und Spezialbildung" stattfinde. „Kompetenz statt Beruf und Subjektbildungstheorie statt Berufsbildungstheorie" dies seien die Postulate einer konsequenten Subjektorientierung in der „neuen und eigenständigen Jugendbildungsphase". Hierauf auch wären dann Modellversuche neuer Art zu beziehen und ihr erster Gegenstand sollte sein, eine „Praxis der Fondregulierung" des Jugendbildungssystems vorzubereiten und regional zu erproben.

Im *zweiten Block von Vorträgen* wurden aus der Sicht der jeweiligen Programmträger die drei *aktuellen BLK-Modellversuchsprogramme zur Beruflichen Bildung* vorgestellt und im Hinblick auf die drei leitenden Fragestellungen des Symposiums reflektiert.

1998 wurde das erste BLK-Modellversuchsprogramm im berufsbildenden Bereich mit dem Titel *„Neue Lernkonzepte in der dualen Berufsausbildung"* gestartet, dessen Programmträger das Institut für Technik und Bildung der Universität Bremen unter Mitwirkung des Staatsinstituts für Schulpädagogik und Bildungsforschung des Landes Bayern war. Das Programm enthält 21 Modellversuche in 14 Bundesländern, sowie 2 Forschungsprojekte und vier vom Programmträger vergebene Forschungsaufträge.

Ein Großteil der in diesem Programm zusammengefassten Projekte beschäftigt sich mit der Ausgestaltung, Einführung und Erprobung von Lernfeldern als einem neuen Strukturierungsprinzip für den berufsbildenden Unterricht. Es sei bemerkenswert, so die Referenten *Bauer* und *Deitmer*, dass Modellversuche hier nicht prinzipiell – wie sonst oft üblich – eine Vorreiterfunktion für curriculare Regelungen der Bundesländer oder der Kultusministerkonferenz (KMK) einnehmen, sondern sich im Nachgang zu der von der KMK (1996) verabschiedeten Lernfeldstruktur um die Ausgestaltung dieser Reform bemühen. Der genannte Sachverhalt zeige allerdings zugleich, dass in hohem Maße Interpretations-, Ausgestaltungs- und Erprobungsbedarf in Bezug auf diesen Reformimpuls der Kultusverwaltungen bestehe.

Der *Innovationsbeitrag* dieses Modellversuchsprogramms für die Berufsbildungspraxis wurde ausgehend von vier zentralen Innovationszielen in Bezug auf drei Systemebenen diskutiert. Die zentralen Zielbereiche waren *„Arbeitsprozessorientierung"*, *„selbständiges und selbstorganisiertes Ler-*

nen", „*berufliche Handlungsfähigkeit und Gestaltungskompetenz*" sowie „*ganzheitliches Lernen*".

Auf der *Mikroebene* stand bei allen beteiligten Modellversuchen die Entwicklung didaktisch-methodischer Lernkonzepte zur Umsetzung dieser pädagogischen Leitprinzipien, überwiegend wiederum im Kontext der Umsetzung des Lernfeldkonzepts durch die Gestaltung offener, komplexer und aktivitätsfördernder Lernsituationen im Vordergrund. Relativ wenige Modellversuche befassten sich auf der *Mesoebene* mit den schul- und unterrichtsorganisatorischen Rahmenbedingungen entsprechender Innovationen, während fast die Hälfte der Modellvorhaben Fragestellungen zur Curriculumentwicklung auf der *Makroebene* verfolgte. Im Vordergrund standen dabei unter dem Kriterium „Arbeitsprozessorientierung" Analysen betrieblicher Arbeitsprozesse und Arbeitsaufgaben als Ausgangspunkt für curriculare Entwicklungsarbeiten. Daneben wurden Strategien zur curricularen Umsetzung des Lernfeldkonzepts im Praxisfeld entwickelt und erprobt. Nach Einschätzung der Referenten sei somit in diesem Programm erstmals der doppelte Praxisbezug beruflicher Bildung systematisch bearbeitet worden: Der Bezug zur Praxis der Erwerbsarbeit einerseits und zur Praxis beruflicher Bildung andererseits.

Einen Beitrag zur *methodologischen Entwicklung der Berufsbildungsforschung* sahen die Referenten schwerpunktmäßig in zwei Feldern: Einerseits in der Entwicklung und Erprobung von Strategien und Methoden zur berufwissenschaftlichen Analyse betrieblicher Qualifikationsanforderungen, wobei ein breites Spektrum von Ansätzen sehr unterschiedlicher Elaboriertheit vorzufinden sei. Insgesamt jedoch sei es gegenüber industriesoziologischen Arbeiten gelungen, den Inhaltsaspekt beruflicher Arbeit deutlich ins Zentrum zu rücken und damit möglicherweise einen Initialimpuls zur Etablierung einer berufswissenschaftlichen Qualifikationsforschung zu setzen.

Als zweites methodologisches Innovationsfeld betrachteten sie die Erarbeitung und Erprobung von Transformations- und Konstruktionsprinzipien von Lernfeldern, wobei hier kritisch bleibt, ob es sich nicht doch eher um Entwicklungsstrategien im Praxisfeld als um originäre Beiträge zur wissenschaftlichen Methodologie handelt.

Einen wesentlichen Beitrag des Modellversuchsprogramms NLK zur Theorieentwicklung sahen *Bauer* und *Deitmer* primär im Bereich der Innovationsforschung in der beruflichen Bildung, wie sie vorwiegend vom Programmträger selbst durchgeführt wurde. Als einen zentralen Befund referierten sie, „dass im Rahmen der neuen Programmträgerstruktur Informationen über berufsbildungsrelevante Innovationen einen höheren Verbreitungsgrad finden, es jedoch sehr in Frage steht, ob und wie diese Informationen aufgegriffen und nachhaltig in innovative Praxis umgesetzt werden." (vgl. FISCHER / PRZYGODDA im Erscheinen). Im Hinblick auf die

Verbreitung, die Verstetigung und die Adaptation von Modellversuchsergebnissen gebe es sehr uneinheitliche Ergebnisse, die insgesamt jedoch erkennen ließen, dass diesen Aspekten zukünftig mehr systematische Beachtung zu widmen sei. Insbesondere sei, in Abkehr von einem „mechanistischen Verständnis von Innovationsprozessen" zu erwägen, ob es nicht einer „nachfrageorientierten Förderpraxis als Komplementärstrategie" zur Modellversuchspraxis bedürfe.

Dieter Euler fokussierte in seinem Beitrag aus der Sicht der Programmträgerschaft des BLK-Modellversuchs KOLIBRI („Kooperation der Lernorte in der beruflichen Bildung") auf Fragen der Evaluationskonzeption im Zusammenwirken von Modellversuchsträgern, jeweiliger wissenschaftlicher Begleitung und Programmträger.

Generell sah er die Chance und Funktion von Modellversuchen darin, innovative Praxisvorhaben zu stützen, wobei sich dies in der Regel auf die Phasen der Entwicklung, der Erprobung und der Evaluation solcher Vorhaben beziehen könne. Aus Sicht der Berufsbildungsforschung verbänden sich hiermit zwei wesentliche Potenziale. Einerseits die generelle Chance zur systematischen Erforschung des Objektbereiches, wobei in der Regel Felder eröffnet würden, die auch bildungspolitisch von besonderer Brisanz seien. Andererseits die Gelegenheit zur systematischen Innovationsforschung, die sich für jedes Einzelprojekt und dessen wissenschaftliche Begleitung, aber naturgemäß in besonderem Maße auch für die in die Programmträgerschaft involvierten Wissenschaftler ergäbe.

Euler strukturierte seinen Beitrag entlang der fünf Hauptkomponenten der Programm-Evaluation, die im Akronym KRIPO zusammenfasst sind: **K**ontext/Ziele, **R**ahmenorganisation, **I**nputs, **P**rozesse und **O**utputs der Evaluation.

- Kontext/Ziele: Zentraler Bezugspunkt für das Modellversuchsprogramm KOLIBRI seien die von der BLK beschlossenen Programmziele und daraus abgeleiteten Maßnahmenbereiche:
  - MB 1: Entwicklung von kooperativen Konzepten zur Curriculumpräzisierung ‚vor Ort' sowie von Instrumenten zur ausbildungsprozessbegleitenden Beurteilung von Methoden- und Sozialkompetenzen
  - MB 2: Entwicklung von ordnungspolitisch kompatiblen Modulkonzepten mit Verbindungen zur beruflichen Weiterbildung
  - MB 3: Integration und didaktische Gestaltung von Praxisbezügen in vollzeitschulischen Ausbildungsgängen
  - MB 4: Lernortübergreifende Entwicklung von Förderansätzen zur Sicherung des Ausbildungserfolgs von besonderen Zielgruppen
  - MB 5: Entwicklung der institutionellen und personellen Bedingungen zur Intensivierung und Verstetigung von Lernortkooperation.

- Rahmenorganisation: In das KOLIBRI-Programm seien im Zeitraum zwischen 1999 und 2003 insgesamt 26 Modellversuche einbezogen. Verbund- und Einzelprojekte bearbeiten zumeist Fragen aus mehreren Maßnahmenbereichen. Jeder Modellversuch werde von einer wissenschaftlichen Begleitung betreut, die auch für die Evaluation des betreffenden Verbund- oder Einzelprojekts zuständig sei. Hiervon zu unterscheiden sei die Evaluation durch den Programmträger, der insbesondere für die formative Evaluation der Programmkonzeption, aber auch für die Beratung, Betreuung und in gewisser Hinsicht Kontrolle der einzelnen Modellversuche und ihrer wissenschaftlichen Begleitungen verantwortlich sei. Zentrale Beratungs- und Prüfkomponente seien dabei Zielvereinbarungen zwischen dem Programmträger und den einzelnen Modellversuchen.
- Inputs (Informationen und Ressourcen): Unter Informationen würden in diesem Zusammenhang insbesondere die von der BLK beschlossenen Programmziele und deren sukzessive Konkretisierungen bis hin zu den einzelnen Zielvereinbarungen sowie den vom Programmträger erstellten Dossiers zu den einzelnen Maßnahmebereichen verstanden. Im Verlauf des Modellversuchsprogramms seien in wachsendem Maße auch Berichte und Rückmeldungen aus den einzelnen Modellversuchen auszuwerten und ggf. weiter zu kommunizieren. Mit diesen Aufgaben verbinde sich in allen Phasen ein erheblicher Ressourcenbedarf, zugleich bildete sich im Mitarbeiterstab eine beachtliche Expertise aus, die u.a. wiederum für weitere Beratungsprozesse genutzt werden könne.
- Prozesse: Euler nannte in Bezug auf die Aktivitäten des Programmträgers die folgenden Tätigkeitskomplexe:
  - Klärung der Ziele der einzelnen Modellversuche und Abstimmung dieser *Zielvereinbarungen* mit den Zielen des Gesamtprogramms.
  - Bedarfsorientierte *Beratung* der Modellversuche im Fortgang des Programms, Unterstützung der beteiligten Modellversuche beim *Austausch* von Informationen und Erfahrungen sowie Mitwirkung bei der Initiierung, Organisation, Moderation und Auswertung von *Tagungen.*
  - Kontinuierliche *Dokumentation* programmrelevanter Informationen, Aufbereitung der Programmerfahrungen für die *Berichterstattung* an politische Entscheidungsgremien sowie Förderung von *Publikationen* in Form von Beiträgen in Fachzeitschriften, Monographien, Tagungsberichten und anderem mehr.
  - Forcierung einer systematischen *Transferförderung* durch Auswertung der einschlägigen Literatur und von Modellversuchserfahrungen, Erstellung eines Dossiers zur Transferproblematik in Modellversuchen und Einspeisung programmbezogener Anregungen hierzu in entsprechende Workshops oder Publikationen.

  - Förderung von *Forschung/Theoriebildung* durch die Verfolgung und Aufbereitung der Literatur sowie durch vertiefende Bearbeitung spezifischer Problemstellungen.
- Outputs: In Bezug auf die Ergebnisse unterschied Euler wiederum verschiedene Ebenen, wobei sein Fokus nach wie vor auf das Programm insgesamt und damit auch auf die Programmevaluation gerichtet blieb:
  - Instrumente der formativen und summativen Programmevaluation (Programm-Matrix, Checklisten zu Zielvereinbarungen und Planungstableaus u.a.m.).
  - Materialien aus der Modellversuchsarbeit (Publikationen, Handreichungen, Best-Practice-Sammlungen etc.).
  - Ergebnisse im Hinblick auf die Programmziele bzw. Maßnahmebereiche, die sich im Überblick über die Einzelergebnisse formulieren lassen.
  - Wirkungen im Praxisfeld, die über die Effekte von Einzelmaßnahmen hinweg zu einer verbesserten Lernortkooperation in der beruflichen Bildung führen.

Abschließend warf *Euler* zwei für ihn zentrale Fragen bzw. Forschungsdesiderate auf, ohne noch in deren Diskussion einzutreten:

- Gibt es durch die Organisation von Modellversuchsprogrammen auf der Ebene der KMK einen Fortschritt in der Anlage, Durchführung und im Ertrag dieser Forschung, und gibt es speziell in der Abfolge der verschiedenen Programme erkennbare strukturelle und strategische Fortschritte?
- Gibt es einen Anstieg des „Politikgehaltes" derartiger Modellversuchsprogramme und inwieweit wäre dieser gegebenenfalls als problematisch zu bewerten?

Aus der Perspektive der wissenschaftlichen Beratung des Modellversuchsträgers stellten *Ebner* und *Pätzold* in ihrem Beitrag das BLK-Modellversuchsprogramm „*innovelle-bs*" („Innovative Konzepte der Lehrerbildung [2. und 3. Phase] für berufsbildende Schulen") vor, das in Programmträgerschaft des Instituts für Praxis und Theorie der Schule Schleswig-Holstein (IPTS) seit 2001 mit inzwischen 28 genehmigten Modellversuchen läuft. Ziel dieses BLK-Programms ist die Verbesserung der Qualifizierung der Berufsschullehrer in ihrer 2. und 3. Phase. Erprobte Innovationen aus BLK-Modellversuchen sollen in die Lehrerfortbildung und in den Vorbereitungsdienst transferiert werden.

Das Modellversuchsprogramm ist durch die folgenden Arbeitsfelder gekennzeichnet:

- Neue Organisationsformen, veränderte Lernkulturen und erweiterte Kooperationen in der 2. Phase.
- Veränderte Qualifizierung der Lehrerbildner.
- Pädagogisch-didaktische Qualifizierung von Seiteneinsteigern.
- Implementation der Berufseingangsphase in neuen Kooperationsbezügen.

- Innovative fachlich-didaktische Qualifizierungskonzepte; netzbasierte interaktive Lehr-/Lernkonzepte.
- Netz- und multimediagestützte Curriculumentwicklung und Unterrichtsgestaltung; internetbasierte Kooperations-, Kommunikations-, Informationsplattformen.
- Personalentwicklung für neue Aufgaben und Funktionen in sich verändernden beruflichen Schulen.
- Erweiterte Kooperationsbeziehungen und teamorientierte Arbeitsstrukturen; Vernetzung nach innen und nach außen.

Im Anschluss an diese kurze Skizze des Modellversuchsprogramms thematisierten *Ebner* und *Pätzold* vor dem Hintergrund der Erfahrungen aus der Startphase dieses Programms unter drei Aspekten *Verbesserungspotenziale des Modellversuchskonzepts*.

(1) Die Praxis der Modellversuchsforschung sei dadurch gekennzeichnet, dass die einzelnen Programme mit ihren Ausschreibungen und mehr noch mit ihrer Vergabepraxis ein breites Spektrum an Modellversuchsvorhaben bündelten, was programmintern zu einer oft nur losen Verbindung der einzelnen Versuche führe und zugleich zum Teil starke quantitative Unausgewogenheit im Hinblick auf die Bearbeitung der einzelnen thematische Akzente verursache. Sofern im Kontrast hierzu Modellversuchsprogramme als ein Bedingungsrahmen für eine thematisch fokussierte, vorab definierte Facetten abdeckende kontinuierliche Entwicklungsarbeit angelegt sein sollten, wäre es erforderlich, diese Programme thematisch enger zu begrenzen, die Facetten des Themas schärfer zu konturieren und die Genehmigung der Projekte konsequenter auf diesen Rahmen zu beziehen.

(2) In Bezug auf die Antragstexte und damit auch auf die Vorbereitung der Anträge müsste stärker als bisher darauf geachtet werden, dass diese Modellvorhaben den aktuellen Stand der einschlägigen Literatur aufgearbeitet sowie den Kontext thematisch einschlägiger Projekte und Modellversuche berücksichtigt haben.

(3) Die Beteiligungsformen der wissenschaftlichen Begleitung von Modellversuchen seien systematisch zu reflektieren, wobei es nicht darum ginge, bestimmte Beteiligungsformen systematisch auszuschließen, sondern vielmehr rational zu prüfen, ob das jeweils gewählte Beteiligungskonzept eine taugliche Basis für effektive Entwicklungsarbeit sein könne. Im Hinblick auf diese Beteiligungsformen konstatierten die Referenten ein Spektrum, das von der Funktion der eigentlichen inhaltlichen Konzeptualisierung des Modellversuches über fallweise Beratungs- und Unterstützungsfunktion, bis zur summativen Evaluation oder gar zur Überprüfung theoretisch-empirischer Forschungsfragen im Kontext von Modellversuchen reiche.

Auf der Grundlage eigener empirischer Untersuchungen zu „Innovations- und Transfereffekten von Modellversuchen in der beruflichen Bildung" trug *Reinhold Nickolaus* zentrale Befunde, Schlussfolgerungen und Empfehlungen vor, die er, den Leitfragen des Symposiums folgend, in drei Themenkomplexe gliederte:

- Hinsichtlich des Beitrages der Modellversuchsbegleitforschung zur Innovation beruflicher Bildung kommt er aufgrund einer Vollerhebung bei den universitären Berufs- und Wirtschaftspädagogen sowie aus der detaillierten Untersuchung ausgewählter Fallstudien zu dem Ergebnis, dass die wissenschaftliche Begleitung „in der Regel nennenswertes zur Innovation in der beruflichen Bildung beiträgt"; durchgängig sei ein relevanter Beitrag bei der Konzeptentwicklung und der Erprobung festzustellen. Eben diese Unterstützungsfunktion der wissenschaftlichen Begleitung werde auch seitens der Bildungsadministration präferiert.
- Die von Nickolaus referierten empirischen Befragungen von Wissenschaftlern deuten eindeutig darauf hin, dass diese überwiegend durchaus ein Verhältnis positiv wechselseitiger Befruchtung zwischen Modellversuchsbegleitforschung und sonstigen Forschungsvorhaben sehen. 76% der Kolleginnen und Kollegen stimmten der Aussage zu, dass die berufs- und wirtschaftspädagogischen Forschung ohne die Modellversuchsbegleitforschung deutlich ertragsärmer wäre (NICKOLAUS / SCHNURPEL 2001, S. 91); 70% begreifen die Modellversuchsbegleitforschung als Möglichkeit, Forschung unter konsequenter Berücksichtigung der Praktikerperspektive voranzutreiben und gar 90% sehen in der Modellversuchsbegleitforschung einen wichtigen Zugang zum Praxisfeld. Eine primär auf die Hypothesenprüfung gerichtete Ausrichtung ihrer Begleitforschung machen allerdings nur 20% geltend. An dieser Stelle setzte die Kritik von Nickolaus an, der die Wissenschaft in der Gefahr sieht, über diese Orientierung an der Praxisberatung und Innovationsstützung ihre primäre Aufgabe, nämlich die systematische Theoriegenerierung, aus dem Auge zu verlieren. Die in der Modellversuchsbegleitforschung meist präferierten, auf Intervention angelegten Aktivitäten der Forscher seien sicherlich ertragreich, aber die Berufs- und Wirtschaftspädagogik leide darunter, dass die theorieentwickelnde und hypothesenprüfende Forschung darüber vernachlässigt werde. Sie stünde damit in der Gefahr, „permanent neue Konzepte zu generieren, ohne deren Tragfähigkeit befriedigend abschätzen zu können".
- Im Hinblick auf den Beitrag der Modellversuchsforschung zur berufs- und wirtschaftspädagogischen Theoriebildung konstatiert Nickolaus ein eher uneinheitliches Bild. Zwar schienen Expertenbefragungen allzu skeptischen Einschätzungen eher zu widersprechen, zugleich jedoch sei die Rezeption von Modellversuchsergebnissen sehr unterschiedlich und insgesamt betrachtet eher schwach. Selbst dort jedoch, wo Modell-

versuche im Hinblick auf ihre Innovationswirkung deutlich positiv beurteilt würden, sei ihr Beitrag zum Theoriefortschritt wesentlich zurückhaltender beurteilt worden. Erfahrungen aus Modellversuchen blieben häufig auf die Akteure selbst beschränkt und dieses „Reichweitenproblem" korrespondiere den vorab kritisierten Forschungspräferenzen.

Insgesamt betrachtet sah der Referent die Modellversuchsforschung durchaus als wichtige Brücke zwischen Berufsbildungspraxis und Wissenschaft. Ihre gegenwärtige Ausrichtung und ihr dominierender Stellenwert in der Berufsbildungsforschung begünstigten jedoch strukturelle Defizite der berufs- und wirtschaftspädagogischen Forschung. Deshalb sei sowohl innerhalb der Modellversuche als auch begleitend hierzu eine Intensivierung hypothesenprüfender Forschung dringend geboten.

In die gleiche Richtung argumentierte auch *Klaus Beck* in seinem Beitrag auf der Grundlage einer dezidiert empirisch-analytischen Wissenschaftsauffassung. *Beck*s Referat war in zwei große Komplexe gegliedert. Im ersten Teil stellte er, betont kontrastiv zur BLK-Modellversuchsforschung, Strategien und Erträge des *DFG-Schwerpunktprogramms „Lehr-Lern-Prozesse in der kaufmännischen Erstausbildung*" vor, in dem zwischen 1994 und 2000 in insgesamt 18 Forschungsprojekten überwiegend längsschnittartige, empirisch akzentuierte Untersuchungen zum Prozessgeschehen und zu Effekten beruflichen Lernens durchgeführt wurden. Der zweite Teil galt einer pointierten systematischen Auseinandersetzung mit der Modellversuchsforschung und den sie theoretisch fundierenden methodologischen Ansätzen insbesondere von Sloane und Euler.

In seiner Darstellung des DFG-Forschungsschwerpunktes beschränkte sich *Beck* darauf, exemplarisch für drei Schwerpunktbereiche innerhalb dieses Programms jeweils ein Forschungsprojekt in seinen zentralen Theoriebezügen, seiner methodischen Anlage, seinen markantesten Ergebnissen zu skizzieren und auf dieser Grundlage auch einen „Praxistip" als Beleg seiner pragmatischen Relevanz zu formulieren (als umfassenden Überblick vergleiche z.B. BECK / HEID 1996; BECK / DUBS 1998). Es waren dies:

- für Forschungen mit Fokus auf die Voraussetzungen kaufmännischer Lehr-Lern-Prozesse ein Projekt von Kleinbeck und anderen zu „Motivierungspotentialen und Motivierungsmaßnahmen für berufliche Lernprozesse",
- für Forschungen mit Fokus auf den Lernprozessverlauf ein Projekt von Breuer und anderen zur „Entwicklung Mentaler Modelle von Unternehmungen mit Hilfe computergestützter Simulation",
- für Forschungen mit Fokus auf das Lernprozessergebnis ein Projekt von Kaiser und Brettschneider zu „Entscheidungsprozessen in Schülergruppen im Rahmen der Fallstudienarbeit"

Werte man diese und auch die fünfzehn anderen Projekte aus, so erhalte man „eine Fülle von Hinweisen, Tips und Hintergrundinformationen", die jedem Praktiker ein Wissen bieten, „das zugleich kompetenzsteigernd und flexibilitätserhöhend" wirken könne. Im Zentrum aller Projekte habe die Erzeugung nomologischen Wissens gestanden und eben dies sei die zentrale Aufgabe einer empirischen Erziehungswissenschaft. Es gelte, „für das pädagogische Handlungsfeld solches Wissen zu erforschen, bereitzustellen und natürlich zugleich seine Geltungsrestriktionen zu eruieren und zu kommunizieren". In diesem Sinne seien die Beiträge des DFG-Schwerpunktprogramms zugleich innovative Impulse und Beiträge zur Theorieentwicklung.

Genau dies stellte *Beck* im zweiten, dem systematischen Teil seines Vortrages im Hinblick auf die BLK-Modellversuchsforschung vehement in Frage. Er sieht in den BLK-Modellversuchen primär „ein Instrument der bildungspolitisch und bildungspraktisch motivierten Umgestaltung von pädagogischen Settings ... Die wissenschaftsbezogene Konnotation, die (in Verbindung mit dem Modell-) durch den Versuchsbegriff nahegelegt wird, suggeriert zu Unrecht, dass hier unter striktem Theoriebezug Konstellationen zum Zwecke der Erkenntnisgewinnung hergestellt werden, wie dies etwa im Rahmen experimenteller Laborforschung und im Feldexperiment der Fall ist". In dieser Vereinnahmung von Wissenschaft für praktische Gestaltungszwecke sah *Beck* einerseits die Gefahr, dass sich Wissenschaft zum „‚Erfüllungsgehilfen' der Politik machen lasse, andererseits treibe ihn die Sorge um, „dass sich unter dem aktuellen Zwang der Drittmittelproduktion unsere ‚Zunft' in Erfüllung (bildungs-)politischer Aufträge erneut von der Zentrierung auf Erkenntnisproduktion entfernt".

Beck argumentierte strikt aus einem empirisch-analytischen Wissenschaftsverständnis heraus und reklamierte als Kern wissenschaftlichen Handelns die Generierung nomologischen Wissens im Zuge hypothesenprüfender Forschung. Auf diesen Maßstab bezogen sei die Begleitforschung zu Modellversuchen überwiegend nicht als Wissenschaft zu verstehen, sondern bestenfalls als Anwendung wissenschaftlichen Wissens. Die Versuche, so insbesondere von SLOANE (1998) und EULER und SLOANE (1998), eine wissenschaftstheoretisch fundierte Rationale der Begleitforschung zu entwickeln, scheiterten vor diesem Anspruch der Produktion nomologischen Wissens. Praxis werde „nicht dadurch zu Wissenschaft, dass als Wissenschaftler bezeichnete Personen sie betreiben. Praxisberatung sei unabhängig von dieser Bewertung ein durchaus legitimes und fruchtbares Arbeitsfeld von Wissenschaftlern; es dürfe nur nicht mit der wissenschaftlichen Tätigkeit im eigentlichen Sinne, der Erzeugung nomologischen Wissens gleichgesetzt werden. In diesem Sinne regte *Beck* die Etablierung einer praxisberatenden „Verwertungsexpertise" im Umfeld der Berufs- und Wirtschaftspädagogik an, die, mit berufspädagogischer und sozialtechnologischer Kompetenz ausgestattet und vergleichbar den Ingenieuren, Architekten oder Unternehmensberatern, Innovationsvorhaben im Praxisfeld anregen und professionell beraten könnte, ohne dass dadurch die berufs- und wirtschaftspädagogischen Forschungskapazitäten an den Universitäten belastet würden.

Auf den abschließenden Beitrag, mit dem *Wim Nijhof* über die aktuellen Forschungsprogramme zur Berufsbildung auf europäischer Ebene informierte, soll wegen dessen pragmatisch-aktueller Akzentuierung an dieser Stelle verzichtet werden. Eine aktualisierte Fassung wird voraussichtlich in dem angekündigten Themenheft der Zeitschrift für Berufs- und Wirtschaftspädagogik enthalten sein.

Diskussionsergebnisse

In der sehr lebhaften und, wie das Spektrum der Beiträge schon erwarten ließ, auch kontrovers geführten Diskussion bestand zunächst zumindest insofern weitgehende Einigkeit, als alle Teilnehmer es begrüßten, dass es mit der Themensetzung und der Referentenauswahl für dieses Symposium gelungen sei, zwei Forschungsstränge der Berufs- und Wirtschaftspädagogik ins Gespräch miteinander zu bringen, die sich über längere Zeiträume gegenseitig kaum zur Kenntnis genommen haben (vgl. dazu auch REINISCH 1999).

Auch wenn in Bezug auf die BLK-Modellversuchsprogramme derzeit sicher noch kein abschließendes Urteil möglich ist, bestand überwiegend doch dahingehend Einigkeit, dass diese Modellversuche und insbesondere auch die Einbeziehung wissenschaftlicher Expertise in diese Projekte wichtige Innovationsimpulse im Berufsbildungssystem bewirkt bzw. unterstützt hätten. Auch umgekehrt scheint es deutliche Indizien dafür zu geben, dass diese Modellversuchspraxis die universitäre Lehre und Forschung durchaus befruchtet, zumindest aber auch stärker an die aktuellen Probleme des Praxisfeldes herangeführt hat.

Ausgesprochen uneinheitlich fallen hingegen die Beurteilungen des Ertrages des wissenschaftlichen Begleitung von Modellversuchen für die methodologische und strategische Weiterentwicklung der Berufsbildungsforschung aus, und hierbei spielen insbesondere die unterschiedlichen paradigmatische Orientierungen eine wesentliche Rolle, die die Beiträge dieses Symposiums wie auch die Diskussion durchzogen. Es ging hierbei im Kern um die Frage nach der Funktion und dem Selbstverständnis von Wissenschaft, und die Antworten liegen im hinlänglich bekannten Spannungsfeld von streng empirisch-analytischer und auf die Generierung nomologischen Wissens ausgerichteter Wissenschaft einerseits sowie einer an theoriegeleiteter Aufklärung und Entwicklung praktischer Handlungs- und Gestaltungsfelder orientierten Forschung in der Tradition hermeneutischer und ideologiekritischer Wissenschaft andererseits.

In Bezug auf die BLK-Modellversuche verbindet sich hiermit zugleich die Frage, inwieweit derartige Forschungsprogramme aus einer am Theoriefortschritt orientierten, systematischen Perspektive heraus konzipiert werden sollen, wie es insbesondere die Empfehlungen von *Ebner* und *Pätzold* nahe legen, oder ob nicht auch der wissenschaftliche Reiz dieser Programme darin bestehen könnte, dass hier Administration, Schulpraxis und beteiligte Wissenschaftler in einem zugestandenermaßen nicht sonderlich transparenten diskursiven Prozess Akzente setzen, die offenbar sowohl im Praxisfeld wie auch in der wissenschaftlichen Arbeit wirksam werden.

Relativ breite Zustimmung fand in den Beiträgen und in der Diskussion die Forderung, dass im Rahmen von BLK-Modellversuchen (oder diesen in irgendeiner Weise attachiert) hypothesenprüfender, auf die Generalisierbarkeit der Ergebnisse zielender Forschung deutlich mehr Gewicht zu verschaffen wäre. Hintergrund dieser Forderung war der relativ einhellige Befund, dass der Beitrag der Modellversuche bzw. der Begleitforschung zum wissenschaftlichen Erkenntnisfortschritt jenseits curriculumstrategischer Fragestellungen als relativ bescheiden eingeschätzt wird. Hintergrund war aber auch die Feststellung, dass die Nachhaltigkeit und Breitenwirkung von Modellversuchen nach wie vor als unbefriedigend bewertet wird.

Ob aus diesen Einschätzungen heraus freilich den Empfehlungen von *Klaus Beck* zu folgen und zukünftige Forschung verstärkt am Modell des DFG-Schwerpunktprogramms ausgerichtet werden sollte, blieb zumindest umstritten. Zweifel wurden hier sowohl hinsichtlich des Gewichts der theoretischen Erträge, vor allem aber in Bezug auf die Umsetzbarkeit bzw. die grundsätzliche Wirksamkeit des damit verbundenen Entwickler-Anwender-Modells geäußert.

Als eine interessante Perspektive wurde schließlich angesehen, in weiteren Symposien mit stärker inhaltlicher Akzentuierung auf einzelne Projekte, Erträge der BLK- und DFG-Modellversuchsforschung quasi synoptisch gegenüberzustellen und dabei den Fokus einerseits auf die theoretischen und systematischen Erkenntnisse von BLK-Begleitforschungen sowie andererseits auf den Prozess der technologischen Umsetzung und praktischen Nutzung der Ergebnisse von DFG-Forschungsprojekten zu richten. Die Chance zu gegenseitiger Befruchtung dieser beiden Forschungsrichtungen wurde im Symposium gesehen und sie sollte in nachfolgenden Veranstaltungen der beschriebenen Art genutzt werden.

Literatur

BECK, K. (Hrsg.) (2000): Lehr-Lern-Prozesse in der kaufmännischen Erstausbildung. Kurzberichte und Bibliographie. – Landau.

BECK, K. / DUBS, R. (Hrsg.) (1998): Kompetenzentwicklung in der Berufserziehung. Kognitive, motivationale und moralische Dimensionen kaufmännischer Qualifizierungsprozesse. Zeitschrift für Berufs- und Wirtschaftspädagogik, Beiheft 14. – Stuttgart.

BECK, K. / HEID, H. (Hrsg.) (1996): Lehr-Lern-Prozesse in der kaufmännischen Erstausbildung – Wissenserwerb, Motivierungsgeschehen und Handlungskompetenzen. Zeitschrift für Berufs- und Wirtschaftspädagogik, Beiheft 13. – Stuttgart.

DEHNBOSTEL, P. (1998): Begleitforschung von Modellversuchen zwischen Praxisinnovation und Theorieentwicklung. In: Zeitschrift für Berufs- und Wirtschaftspädagogik, 94. Jg., S. 185-203.

DEUTSCHE FORSCHUNGSGEMEINSCHAFT (1990): Berufsbildungsforschung an den Hochschulen der Bundesrepublik Deutschland. Denkschrift der Senatskommission Berufsbildungsforschung. – Weinheim.

EULER, D. / SLOANE, P. F. E. (1998): Implementation als Problem der Modellversuchsforschung. In: Unterrichtswissenschaft, 26, S. 312-326.

FISCHER, M. / PRZYGODDA, K. (im Erscheinen): Transfer von Modellversuchsergebnissen aus Sicht des Programmträgers im BLK-Modellversuchsprogramm „Neue Lernkonzepte in der dualen Berufsausbildung" In: REINISCH, H. / BECK, K. / ECKERT, M. / TRAMM, T. (Hrsg.): Didaktik beruflichen Lehrens und Lernens – Reflexionen, Diskurse und Entwicklungen. – Opladen, S. 167-184.

NICKOLAUS, R. / SCHNURPEL, U. (2001): Innovations- und Transfereffekte von Modellversuchen in der beruflichen Bildung, Bd. 1. – Bonn.

PÄTZOLD, G. (2002): Verstetigung und Transfer von Modellversuchsergebnissen. In: REINISCH, H. / BECK, K. / ECKERT, M. / TRAMM, T. (Hrsg.): Didaktik beruflichen Lehrens und Lernens – Reflexionen, Diskurse und Entwicklungen. – Opladen, S. 151-166.

PLOGHAUS, G. (1995): Bedeutung der Modellversuchs-Evaluation und Erwartungen aus der Sicht des Bundesministeriums für Bildung, Wissenschaft, Forschung und Technologie. In: Modellversuchsforschung als Berufsbildungsforschung. – Köln, S. 101-112.

REINISCH, H. (1999): Zum Verhältnis von Lehr-Lern-Forschung und Didaktik – Bemerkungen zu Entwicklungen und Stand der Wirtschaftspädagogik. Jenaer Arbeiten zur Wirtschaftspädagogik, Reihe A: Kleine Schriften, Heft 8. – Jena.

SLOANE, P. F. E. (1992): Modellversuchsforschung. Überlegungen zu einem wirtschaftspädagogischen Forschungsansatz. – Köln.

SLOANE, P. F. E. (1998): Forschungsansätze in der wissenschaftlichen Begleitforschung von Modellversuchen – Überblick, Differenzierung, Kritik. In: EULER, D. (Hrsg.): Berufliches Lernen im Wandel – Konsequenzen für die Lernorte? – Nürnberg, S. 551-593.

VAN BUER, J. / KELL, A. (1999): Forschungsprojekt „Berichterstattung über Berufsbildungsforschung". – Berlin.

Rainer Treptow

Wie entstehen Innovationen in der Sozialen Arbeit? – Notizen zum Symposium

Die sozialpädagogische Frage nach Innovation entsteht in einer Situation, in der sich eine Reihe von sozialstrukturellen Veränderungen abzeichnen, die das Handlungs- und Methodenwissen der Professionellen ebenso betreffen wie die sozialpädagogische Forschung. Sozialpädagogische Innovationsforschung kann nämlich keineswegs als etabliert bezeichnet werden. Angesichts eines – unter unterschiedlichen Vorzeichen angemeldeten – Reformbedarfs und notwendiger Zurückhaltung gegenüber kurzatmigen Innovationen erarbeitet das Symposium vor allem Kontexte der Vergewisserung der Rahmenbedingungen von Innovation sowie weiterführende Fragen.

Es werden geschichtlich rekonstruktive, aber auch biographische Zugänge zur Rolle von Innovationen mit Blick auf institutionelle settings, Handlungs- und Reflexionsformen schließlich auch aktuelle Anforderungen eines gegenwärtigen Innovationsbedarfs behandelt. Beabsichtigt ist dabei, nicht lediglich einem modischen Verständnis von Innovation das Wort zu reden, sondern es auf den Horizont fachlicher Verantwortung zu beziehen. Und das bedeutet auch, Innovationen in ausgewählten geschichtlichen, institutionellen, praktischen und wissenschaftlichen Kontexten zu betrachten, auf deren Hintergrund sie sich entwickeln. Vier solcher Kontexte rücken in den Vordergrund.

1. Potenziale im Veränderungsprozess der Arbeitsgesellschaft

Zunächst werden *Potenziale im Veränderungsprozess der Arbeitsgesellschaft* als Innovationschance beschrieben. Dabei überwiegt Skepsis. *Michael Galuske* geht in kritischer Absicht der aus verschiedenen Richtungen geäußerten These nach, dass Soziale Arbeit immer stärker an die Grenzen ihres Integrationsauftrags gerate und eher ein „schleichender Funktionswandel" in der Flexiblen Arbeitsgesellschaft von der Integration zur

Exklusionsverwaltung zu beobachten sei. Mit der Flexibilisierung der Arbeitsverhältnisse und der anhaltenden Krise auf dem Arbeitsmarkt setze sich eine auch im internationalen Rahmen erkennbare Eigendynamik wirtschaftlichen Wettbewerbs durch, die der Sozialen Arbeit, besonders in der Jugendberufshilfe, nur noch wenig Gestaltungsfähigkeiten lasse. Immer deutlicher werde eine systembedingte Funktionszuschreibung bzw. sozialpolitische Indienstnahme, die im Kern als Verwaltung von Nicht-Integrierbarkeit bestehe.

Wolfgang Schroer beschreibt aus der Perspektive sozialhistorisch begründeter Lebenslagenforschung ebenfalls Transformationsprozesse der Arbeitsgesellschaft und fragt nach deren Bedeutung für die sozialpolitische Reflexivitätsebene der Sozialpädagogik. Sozialpädagogische Handlungsfelder seien in den Strukturwandel der Arbeitsgesellschaft eingelagert und stünden darin in einer teils prekären, teils chancenreichen Aufgabenstellung. Dabei gelte es, wenig sichtbar werdende, in vielen Initiativen erkennbare Gestaltungsformen des Sozialen mit der Weiterentwicklung sozialpädagogischer Lebenslagenforschung ernst zu nehmen und von dort aus den Innovationscharakter in sozialen Dienstleistungen zu bestimmen.

2. Wissen und Bildung als Ressourcen für Innovationen in der Sozialen Arbeit

Bernd Dewe und *Hans-Uwe Otto* rekonstruieren entscheidende Entwicklungslinien im Professionalisierungsprozess Sozialer Berufe und stellten darin die konstitutive Bedeutung des Professionswissens als „Innovationsressource" heraus. Professionswissen steht dabei sowohl in einem wechselvollen Zusammenspiel mit dem Wissen um den Strukturwandel in Kindheit, Jugend und Erwachsenenalter als auch mit den bildungs- und sozialpolitischen Rahmenbedingungen sozialpädagogischer Ausbildungsinstitutionen. Innovativ erweise sich Professionswissen als fachliches Wissen allerdings kaum im blanken Vollzug institutioneller Handlungsbedingungen, sondern in jeweils fallbezogenen Deutungskontexten, die sich auf strukturelle und sozialpolitische Gestaltungsmöglichkeiten einlassen und dabei den normativen Rahmen weiterentwickeln können: Innovation als Resultat einer strukturell informierten Reflexivität.

Gerd Baecker fragt nach der Rolle sozialpolitischen Wissens als Voraussetzung für Innovationen in der Sozialen Arbeit. Im Blick auf die Entwicklung sozialer Sicherungssysteme vor dem Hintergrund der Konstitution sozialstaatlicher Generationengerechtigkeit bilde sowohl sozialhistorisches wie institutionelles Wissen einen unverzichtbaren Bestandteil von

Innovationen, die auf sozialpädagogische Arbeit in belasteten Lebenslagen einen erheblichen, teils direkten, teils indirekten Einfluss nehmen. Sozialpolitisches Wissen kann sich nicht lediglich in instrumentell-administrativem Verfahrenswissen erschöpfen, sondern hat sich selbst im Lichte sozialer Gerechtigkeitsvorstellungen zu interpretieren und sich durch jene Wissensressourcen zu erweitern, die in sozialpädagogischen Interaktionszusammenhängen generiert werden.

3. Innovation durch Prävention

Ob *Innovation durch Prävention* möglich wird, bildet den dritten Schwerpunkt. *Werner Lindner* setzte sich in kritischer Absicht mit der Konjunktur des Präventionsbegriffs in der Kinder- und Jugendarbeit auseinander. Er problematisierte die fachlich mitunter fragwürdige Gegenüberstellung von Prävention und Bildung. Die Frage ist, ob hier lediglich ein innovatives Sprachspiel nach gewissen Regeln selbstreproduzierender Programmanlässe stattfindet, dessen Konsequenz im Verlust überzeugender Innovationskonzepte besteht und den rationalen Kern eines Innovationsbedarfs in der Kinder- und Jugendarbeit zugunsten wechselnder Begriffskonjunkturen auflöst.

Stephan Sting thematisiert Prävention als Impuls für pädagogische Innovation in der Sozialen Arbeit, allerdings mit der starken Betonung eines mit Präventionsvorhaben zugleich eingeleiteten Bildungsprozesses, den er als soziale Bildung bezeichnet. Im Horizont der Schleiermacherschen Bildungstheorie sei die Erfahrung einer Differenz zwischen dem an verschiedenen Geselligkeitskontexten teilhabenden Subjekt und der jeweiligen Gemeinschaft der entscheidende theoretische Rahmen, der nach Maßgabe sozialräumlicher und thematischer Voraussetzung eher bildungs- als präventionstheoretisch zu konkretisieren sei (z.B. in der Gesundheitsprävention).

4. Innovation durch Einwanderung

Mit der Thematisierung von *Innovation durch Einwanderung* gelingt es *Tarek Badavia* am Beispiel einer Reihe von biographischen Einzelfallanalysen zu zeigen, dass Immigration geradezu eine auf Dauer gestellte Herausforderung für die Individuen bildet, neue Identitäten als individuelle und soziale Innovation zugleich zu entwerfen, um die unterschiedlichen, teils paradoxen Anforderungen zwischen Herkunftskultur und neuem Inland in den Horizont alltäglicher Lebensbewältigung zu bewältigen. Innovation stelle hier eine – jeweils subjektiv unterschiedliche – Gestaltungsform einer von Ungewissheit und Dissonanz geprägten Lebenssituation dar, die von der Sozialen Arbeit entsprechend gedeutet und in eigenen innovativen Konzepten ihren Ausdruck finde solle.

Insgesamt zeigt sich, dass sich die Handlungsfelder sozialer Arbeit seit ihren Anfängen durch eine Vielfalt von Veränderungen in ihren Strukturen, Methoden und Reflexionsformen auszeichnen. Ob sich diese Ausdifferenzierungen in jedem Fall als Innovationen beschreiben lassen, ist keineswegs unstrittig. Und wenn sie denn als solche gelten: sind es einzelne, besonders engagierte Ehrenamtliche oder Professionelle, die sie in Gang setzen – Interessen stellvertretend deutend? Sind es Adressaten selber? Welchen Anteil haben soziale Bewegungen und Utopien? Welche Rolle spielen strukturelle Veränderungen, politische Entscheidungen und fiskalische Zwänge? Welche Bedeutung kommen fachinternen Entwicklungen hinsichtlich ihrer Wissensbasis, ihren Grundannahmen, ihres professionellen Selbstverständnisses oder ihrer organisatorischen Rahmenbedingungen zu? Reform und Restauration könnten gleichermaßen als innovativ verstanden werden – was also unterscheidet sie? Und welche funktionalen Merkmale zeichnen den Begriff der Innovation in der Sozialen Arbeit heute aus?

Norbert Wenning

Innovation und Bildung – Beiträge international vergleichender und interkulturell orientierter Bildungsdiskurse

Die Frage nach dem Zusammenhang von Innovation und Bildung wurde in dem von der *Sektion International und Interkulturell Vergleichende Erziehungswissenschaft* angebotenen Symposium mit dem Titel „Pädagogischer Innovationsbedarf und neue Organisationsformen – Spannungsfelder interkulturell und international vergleichender Bildungsforschung" unter einer spezifischen Perspektive betrachtet: Welche Anstöße für Innovationen im Bildungsbereich entstammen den Gegenstandsfeldern des internationalen Kontextes und der veränderten bzw. verändert wahrgenommenen gesellschaftlichen Situation?

Das Symposium befasste sich in drei Zugriffen mit dieser Frage. Es ging um organisatorische Veränderungen auf einer eher administrativen Ebene der Organisationsentwicklung, um Auswirkungen bestimmter gesellschaftlicher Veränderungen – konkret neuere Migration bzw. beabsichtigter gesellschaftlicher Wandel – auf die Organisation von Schule, bzw. von Bildung (in westafrikanischen Staaten) sowie um Auswirkungen solcher Prozesse (in einem weiteren Sinne: der Globalisierung) auf erziehungswissenschaftliche Theoriebildungen.

Da die Schwerpunkte zumeist zweifach aufgegriffen wurden, konnten verschiedene Aspekte sowie Sichtweisen dieser „Innovationsanstöße" für das Bildungswesen bzw. für innovative Auswirkungen von Bildungsprozessen auf den gesellschaftlichen Wandel thematisiert werden. Dabei sollte die Frage nach Innovation *im* Bildungsbereich und nach Innovation *durch* Bildung unter Berücksichtigung nationaler, europäischer und weltweiter Debatten und Forschungszugänge vergleichend bearbeitet werden.

Zunächst stand die Frage im Mittelpunkt, ob durch die Einführung neuer organisatorischer Verfahren ein Versprechen auf Innovation gegeben wird und warum solche Einführungen aktuell so positiv besetzt werden – aber auch, weshalb sie oft anders als geplant verlaufen. Anschließend wurden Formen der Schulentwicklung durch Einflüsse von „außen" betrachtet, wobei Veränderungen in der Schullandschaft in Deutschland sowie solche in mehreren westafrikanischen Staaten im Rahmen eines international tätigen „Netzwerkes Schule und Entwicklung" vorgestellt wurden. Der dritte Teil fragte nach Auswirkungen von Globalisierung, bzw. von neueren theoretischen Ansätzen – im Rahmen einer geänderten Wahrnehmung von gesellschaftlicher Vielfalt – auf pädagogische Theoriebildung. Den Abschluss bildete ein Einwurf mit der Frage, ob Innovation im Bildungswesen überhaupt zentral von erziehungswissenschaftlichen Diskursen beeinflusst wird.

Aus den vielen im Symposium vorgetragenen Gedanken werden hier zu jedem der drei Schwerpunkte nur einige Überlegungen zur Fragestellung bzw. zum Hintergrund wiedergegeben.[1]

Innovation und organisatorische Verfahren

Vor allem die Kürzel TIMMS und PISA sind derzeit in der erziehungswissenschaftlichen und sogar in der interessierten öffentlichen Diskussion so bekannt, dass sich eine Erläuterung der Akronyme erübrigt. Bildungsfragen stehen regelmäßig auf der öffentlichen Agenda; neu ist – jedenfalls für Deutschland –, dass *international vergleichende* Untersuchungen dabei eine solche Rolle spielen. In diesem Zusammenhang gerät mit der Vergleichenden Erziehungswissenschaft eine erziehungswissenschaftliche Fachrichtung wieder ins Blickfeld, die über längere Zeit recht stiefmütterlich behandelt wurde, z.B., wenn es um die Wiederbesetzung frei werdender Stellen ging.

Mit dem schlechten Abschneiden des bundesdeutschen Bildungswesens bei den genannten internationalen Vergleichsuntersuchungen – wie von erziehungswissenschaftlicher Seite erwartet – hat sich, angesichts des daraus entstandenen politischen Handlungsdrucks, ein bisher so kaum bekanntes Interesse daran entwickelt, wie die in den Vergleichen besonders gut abschneidenden Staaten die Probleme lösen, die als ursächlich für den schlechten Stand des deutschen Bildungswesens angesehen werden.

Insbesondere an dieser Stelle setzte der Vortrag von *Dietmar Waterkamp* an. Der von den TIMMS- und PISA-Ergebnissen gesteuerte Blick auf die „Verfahren" in anderen, in den Tests erfolgreicheren, Staaten wird allerdings mit zwei Problemen konfrontiert: einerseits mit in der Vergleichenden Erziehungswissenschaft zentralen methodologischen Fragen des Vergleichs. Was kann ich überhaupt vergleichen, was ist der konkrete Vergleichs*gegenstand*? *Wie* kann ich vergleichen, was sind z.B. vergleichsrelevante Beschreibungen? Und welches *Ziel* hat der Vergleich, woraufhin soll verglichen werden, im fraglichen Zusammenhang etwa, welche Wirkungsweise

1 Ausführliche Fassungen der hier angesprochenen Beiträge erscheinen Ende des Jahres 2003 in einem Schwerpunktheft der Zeitschrift Tercium Comparationis zu diesem Symposium. An dieser Stelle können nur ausgewählte Aspekte der vorgetragenen Argumentationen präsentiert werden.

hat ein Verfahren? Andererseits geht es um die Frage, ob und wie Regelungen aus anderen Staaten mit welchen Folgen „importiert" werden können.

In England ist schon seit den 1980er Jahren eine neue Entwicklung bei Reformen im Bildungswesen zu beobachten. Bildungsreformen beziehen sich seit dieser Zeit dort immer stärker auf die Einführung neuer *organisatorischer* Verfahren. Unter solchen „Verfahren" versteht *Waterkamp* (ausführlicher: WATERKAMP 2000) – im Gegensatz zu pädagogischen und Unterrichtsverfahren – *strukturbildende Regelungen* im Bildungswesen, die den Zweck haben, Entscheidungen zu ermöglichen, indem sie Parameter setzen. Organisatorische Verfahren sind damit so etwas wie „Lösungsregeln für Klassen von Problemen". Sie erlauben es, eine große Zahl von Entscheidungen relativ schnell und stabil zu fällen. Beispielsweise muss in Bildungszusammenhängen regelmäßig entschieden werden, wer prüfen darf, wer und was geprüft werden darf, wer zugelassen wird, wie ein Prüfungsergebnis auszusehen und welche Folgen es hat. Organisatorische Verfahren bleiben dabei ständig in einem prekären Zustand, weil bei den Entscheidungsregeln immer ein „Rest" bleibt, etwa die Frage nach der Gerechtigkeit von Entscheidungen, nach der Effizienz und der Effektivität, nach Transparenz und Eindeutigkeit. Zudem gibt es praktisch immer Alternativen zum gewählten Verfahren, sodass die getroffene Wahl regelmäßig zu rechtfertigen ist.

Der Charme einer Verlagerung von bildungspolitischen Diskussionen hin zur Wahl von organisatorischen Verfahren liegt auf zwei Ebenen: Prozedurale Regelungen scheinen *inhaltsneutral* zu sein und keine inhaltlichen Ziel- und Wertentscheidungen vorwegzunehmen. Sie zielen auf die Erhöhung von *Effizienz und Effektivität* und versprechen *Transparenz und Gleichbehandlung*. So liegt es nahe, eine Übernahme im internationalen Kontext zu empfehlen, da sie nationale Bildungspräferenzen auf den ersten Blick nicht verdrängen oder beeinträchtigen. Da die politischen Auseinandersetzungen um Ziele und Inhalte von Bildung, um den Bildungsbegriff und um Curricula, so *Waterkamp*, in vielen Staaten zu keinem befriedigenden Konsens führten, verlagerte sich der Reformdiskurs in vielen Staaten in den 1990er Jahren auf *organisatorische* Verfahren. Dies wurde und wird durch Entwicklungen auf einer globalen Ebene unterstützt, denn die Globalisierungsdiskussion beschleunigt diesen Reformdiskurs enorm. Unter Verweis auf MEYER u.a. (1997) versteht *Waterkamp* unter einer Globalisierung im Bildungswesen die Verbreitung bestimmter Strukturen in praktisch allen staatlichen Bildungssystemen. Dabei hat sich ein relativ abstraktes Modell der Bildungsorganisation durchgesetzt, dass in der jeweiligen Umwelt noch inhaltlich ausgestaltet werden muss. In diesem Rahmen spielt vor allem die OECD eine große Rolle, weil sie die Verbreitung von Wissen über Verfahren in anderen Staaten stark unterstützt. In der Rhetorik um die Globalisierung im Bildungswesen spielt der internationale Wettbewerb eine große Rolle, ohne dass, wie *Waterkamp* feststellte, benannt wird, wer denn konkret inhaltlich was in diesem Zusammenhang fordert. Globalisierung erscheint deshalb – auch in Bildungskonstellationen – als ein unabwendbarer und höchstens noch marginal gestaltbarer Prozess.

Als Aufgabe für die Vergleichende Erziehungswissenschaft sieht *Waterkamp* dabei, neben der Bereitstellung von Informationen über organisatorische Verfahren in anderen Staaten, die Analyse dessen, was einzelne Verfahren überhaupt leisten und was nicht, wie sie wirken, welche geplanten wie ungeplanten Folgen sie haben (können) und welche impliziten pädagogischen Theorien oder Vorstellungen enthalten sind.

Jede genauere vergleichende Untersuchung organisatorischer Verfahren kann aufzeigen, dass das Versprechen der inhaltsneutralen und weitgehend kontextfreien Einführung eines neuen Verfahrens unhaltbar ist. Jedes Verfahren steht im Zusammenhang mit anderen Verfahren und hat Folgen für verschiedene Ebenen. Als Beispiel können Diskussionen um eine Reform der Lehrerausbildung in Deutschland genommen werden. Beispielsweise eröffnet eine Entscheidung für die Einführung eines neuen Studienaufbaus mit der Grundlage eines nicht allein auf das Lehramt als Berufstätigkeit zielenden Bachelorstudiums zwar theoretisch eine breitere Berufspalette für diejenigen, die einen solchen Studiengang beginnen. Ein direkt berufsqualifizierender Studiengang – so jedenfalls die Idee eines Bachelorstudiums – verlangt aber andere Studienschwerpunkte. Jede inhaltliche Neuorientierung auf polyvalente Verwendbarkeit muss zwangsläufig Abstriche an der Ausrichtung auf schulische Lehrtätigkeiten machen. Die Umstellung auf eine ECTS-Bewertung, die im Regelfall mit Bachelor- und Masterstudiengängen verbunden ist, erfordert einen anderen Studien- und Prüfungsaufbau. Vom ersten Tag an müssen Studierende und Lehrende sich „prüfungsrelevant" verhalten und wird der Spielraum für Experimente jeglicher Art eingeschränkt. Der ebenfalls mit diesen neuen Studiengängen verbundene Zwang zur Akkreditierung durch eine externe Akkreditierungsagentur hat weitere Restriktionen bei der Studiengestaltung zur Folge; die Studienverantwortlichen stehen unter einem bisher kaum gekannten Rechtfertigungszwang und werden sich (noch) stärker an vergleichbaren Studiengängen zu orientieren haben. Eine Modularisierung der Studiengänge führt in die gleiche Richtung. Damit werden zudem Grundlagen geschaffen für eine stärkere internationale Vergleichbarkeit und für Rankinglisten. Die Zuweisung finanzieller Mittel kann sich z.B. verändern, wenn die zentrale Zuständigkeit für Studiengänge in andere Fachbereiche verlagert wird. Polyvalente Studiengänge können nicht mit Staatsexamina enden, sodass die Staatlichen Prüfungsämter überflüssig werden bzw. zu verändern sind. Gleichzeitig kommen auf die eigenen Prüfungsämter viel mehr und andere Prüfungen zu, sodass sie ebenfalls von einer solchen Änderung betroffen sind.

Die Reihe der mehr oder weniger hochschulinternen Folgen ließe sich weiter fortsetzen, hochschulexterne sind noch vielfältiger. An dieser Stelle sah *Waterkamp* deshalb eine Forschungsaufgabe für die Vergleichende Erziehungswissenschaft. Da organisatorische Verfahren häufig nur unter der Annahme eines *Wirkungsprinzips* wahrgenommen und übertragen werden, kommt es bei einem Import zu unvorhergesehenen Folgen, die teils aus der Logik des Verfahrens, teils aus abweichenden Kontextbedingungen resultieren. In einem Prozess der Dekontextualisierung schlägt *Waterkamp* vor, zunächst organisatorische Verfahren als Forschungsgegenstände zu isolieren, um dann in einer sukzessiven Rekontextualisierung das Geflecht von Interdependenzen zu analysieren. Dann kann eine Wahl von Verfahrensalternativen gezielter und erfolgversprechender erfolgen und kann das Reformdenken unterstützt werden.

Insgesamt zeigt sich, das Globalisierungsphänomene auch im Bildungswesen zu beobachten sind. Die u.a. mit globalisierungsbezogenen Marktargumenten begründete Übertragung erfolgreicher organisatorischer Verfahren von einem bei den genannten internationalen Vergleichsstudien in der Rangliste höher eingestuften Bildungssystem auf ein niedriger positioniertes zeigt aber, dass es dabei um etwas Anderes geht, als z.B. McDonalds durch Burger King oder Daimler Benz durch BMW zu ersetzen. Bildungswesen sind mit ihren organisatorischen Verfahren tief in andere Bedingungen der jeweiligen Region eingebunden. Deren genaue Kenntnis erleichterte den Umgang mit Problemen der Übertragbarkeit und der Implementierung – wenn Bildungsreformen an wissenschaftlichen Erkenntnissen orientiert würden. Das angesprochene Beispiel von Veränderungen in der Lehrerbildung verdeutlicht, dass es um *politische* Interessen geht, für die wissenschaftliche Ergebnisse herangezogen werden – wenn sie diese Interessen stützen, die man ansonsten aber auch folgenlos ignorieren kann. Im Zweifelsfall können immer noch Globalisierungszwänge als Argumente herangezogen werden.

Innovation in der Schulentwicklung durch Internationalisierung

Internationalisierung wird deshalb im Rahmen von Schulentwicklung als treibende Kraft, etwa für längst als notwendig erachtete Veränderungen, genauso wie als „Bedrohung", etwa der nationalen Eigenständigkeit, wahrgenommen. Die nachfolgend skizzierten Beiträge zeigen, dass weder die eine noch die andere Einschätzung zwingend ist. In dem einen Fall wird deutlich, dass Entwicklungen im Bildungswesen weitgehend unbemerkt von offizieller (Bildungs-)Politik und teilweise jenseits ihres Einflusses ablaufen können – nicht zwingend zum Wohl *aller* Schüler und Schülerinnen. Der andere Fall verdeutlicht, dass ein international angelegtes Engagement bei der Schulentwicklung staatliche Beschränkungen und Engstirnigkeiten unterlaufen kann – nicht nur zum Besten der jeweils beteiligten Einzelschulen.

Verschiedene Entwicklungen in den (europäischen) Bildungswesen lassen sich u.a. als innovative Reaktionen auf Internationalisierungs- bzw. Globalisierungsphänomene interpretieren, so die These von *Sabine Hornberg*. Drei solcher Prozesse wurden von ihr ausgeführt: die Entwicklung und die Verbreitung einer *Interkulturellen Pädagogik*, die sie als Reaktion auf die nach dem Zweiten Weltkrieg in (West-)Europa anwachsende Migration interpretiert, die sich im gleichen Zeitraum herausbildende Bewegung der *Europaschulen*, die sie als Reflex auf die Europäisierung und den Wunsch nach der Herausbildung einer Europäischen Identität der EU-Bürger und -Bürgerinnen herausstellt, sowie die wachsende Verbreitung so genannter *Internationaler Schulen*, die auf den ersten Blick als besonders eindeutige Reaktionsform auf Internationalisierungs- bzw. Globalisierungsprozesse zu interpretieren sind, die aber z.B. schon seit Mitte des 19. Jahrhunderts existieren und somit nicht umstandslos als Kind jüngster Globalisierungserscheinungen begriffen werden dürfen.

An dieser Stelle wird der dritte Aspekt hervorgehoben, weil er in seiner Entwicklung relativ wenig bekannt ist und weil er eine Reihe von Problemen des Zusammenhangs von nationalstaatlichem Bildungswesen und Internationalisierungsprozessen anspricht.

Der Titel einer „Internationalen Schule" ist, zumindest in Deutschland, ungeschützt. So verwundert nicht, dass es dort eine größere Zahl von Bildungseinrichtungen gibt, die diese Bezeichnung führen. In einer Reihe von großen (west-)deutschen Städten gibt es beispielsweise Japanische Internationale Schulen, die sich aber – entgegen ihrer Bezeichnung – nur an japanischsprachige Kinder wenden und keineswegs international ausgerichtet sind. Daneben existiert eine Gruppe von Schulen, die man am besten als *ausländische* Schulen bezeichnet, weil sie sich an bestimmte fremdsprachige oder „anderskulturelle" Gruppen wenden, etwa griechische oder islamische Grundschulen sowie entsprechende weiterführende Schulen.

Für die Schulen, die *Hornberg* vorstellte, ist der Titel *International Schools* besser geeignet. Zum einen handelt es sich um Einrichtungen, deren Unterrichtssprache zumeist Englisch ist – Deutsch wird höchstens als Fremdsprache unterrichtet –, zum anderen sind sie in der Regel einem Verband angehörig, vor allem dem Verband der deutschen Internationalen Schulen (*Association of German International Schools, AGIS)* (http://www.agis-schools.org) und/oder dem *European Council of International Schools (ECIS)* (http://www.ecis.org). Die Zahl der so erfassten *International Schools* in Deutschland schwankt derzeit zwischen vierzehn und siebenundzwanzig (ausführlicher: HANSEN / WENNING 2003, S. 112ff.). Als *International School* darf sich nach den Richtlinien der ECIS eine allgemein bildende Schule nur dann bezeichnen, wenn sie dem zentralen europäischen Dachverband angehört und den Erwerb des *International Baccalaureate Diploma* erlaubt. Diese weltweit anerkannte Hochschulzugangsberechtigung wurde 1965 vom *International Baccalaureate Office* in Genf entwickelt und in der Zwischenzeit um das sechsjährige *Primary-Years-Program* und das vierjährige *IB-Middle-Years-Program* ergänzt. Damit wurde – weitgehend unabhängig von nationalstaatlichen Bildungssystemen – ein zwölfjähriger Lehrgang entwickelt, der weltweit angewendet wird. Der ECIS fungiert dabei als Akkreditierungseinrichtung, die die Einhaltung der Standards überprüft. Das *International Baccalaureate Office* entwickelt die Curricula weiter und formuliert die für den Erwerb des *International Baccalaureate Diploma* geforderten Prüfungsaufgaben.

Diese *International Schools* sind in der Regel Privatschulen mit Ganztagsangebot und fordern in Deutschland zwischen 5.000 und 10.000 Euro Mitgliedsbeiträgen jährlich (ohne Internatsunterbringung). Entgegen ihrem Namen sind diese Schulen nicht im eigentlichen Sinne international, denn die Mehrzahl der Schüler und Schülerinnen stammt aus den USA, Großbritannien, Japan und weiteren englischsprachigen Staaten sowie aus Deutschland. Sie sind vielmehr auf eine internationale Wirtschaftselite sowie auf entsprechend interessierte und finanziell potente deutsche Eltern ausgerichtet.

Damit könnte man dieses Phänomen als quantitativ unbedeutende Randerscheinung des Bildungswesens abtun. Zumal die inhaltliche Ausrichtung sich – trotz des internationalen Anstrichs – stark an britischen bzw. US-amerikanischen Normen orientiert ist. *Hornberg* wies aber darauf hin, dass in wachsendem Maße auch *staatliche* Schulen in den USA, in Kanada oder den Niederlanden Elemente aus dem als anspruchsvoll geltenden Curriculum des *IB-Program* oder des *International Baccalaureate Diploma* übernehmen. Daraus leitete sie die These ab, mit den *International Schools* sei ein Modell eines weltweit kompatiblen Schulsystems entstanden, das auch in die nationalen Bildungssysteme hineinwirke und somit einen neuen, „transnationalen" Bildungsraum schaffe.

Wichtig an diesem Prozess ist die Herausbildung eines übernational anerkannten und sich zunehmend – jedenfalls in bestimmten sozialen Kreisen – verbreitenden Bildungsstandards, der in den *International Schools* eine praktizierte und damit realistische Alternative zum herkömmlichen Schulsystem, nicht nur in Deutschland, bietet. Das, was etwa im Rahmen der politischen PISA-Folgen-Diskussion als noch zu erarbeitend markiert wird, liegt also schon in einer praktikablen Form vor! Allerdings darf man sich keine Illusionen darüber machen, wodurch diese Bildungsstandards geprägt sind: Es handelt sich um die Verbreitung US-amerikanischer, britischer und eventuell noch französischer Elemente, die von einer international orientierten Wirtschaftselite anerkannt und darum nachgefragt werden. Dieses

Modell ist demokratischer Willensbildung weitgehend entzogen – wer die Musik bezahlt, bestimmt sie auch, um es etwas drastisch auszudrücken.

Insgesamt handelt es sich bei den *International Schools* um eine Innovation im Bildungswesen, die bei entsprechender Anerkennung eine große Bedeutung für die weitere Schulentwicklung aller übrigen Schulen haben kann. Interessant ist diese Entwicklung für die deutschen Verhältnisse allein schon deshalb, weil sich die *International Schools* unter den Augen der Bildungsverwaltungen entwickeln. Jedes Kind mit einem gesicherten, d.h. regelmäßigen, Aufenthalt in Deutschland unterliegt in diesem Land der Schulpflicht des jeweiligen Bundeslandes, solange es im schulpflichtigen Alter ist. Dieser Schulpflicht kann man nur durch den Besuch *anerkannter* Bildungseinrichtungen genügen. Wenn sich Schulen mit einem eigenen, nicht staatlich legitimierten Curriculum und eigenen Schulabschlüssen unter der Kontrolle der Kultusverwaltungen entwickeln können, diese Schulen zum Teil sogar unter Mithilfe öffentlicher Einrichtungen – so z.B. 1995 geschehen bei der Gründung der Internationalen Schule Frankfurt-Rhein-Main (http://www.isf-net.de) – ins Leben gerufen werden, dann zeigt sich ein weiteres Mal, welche Rahmenbedingungen für die Entwicklung des Bildungswesens wirklich wichtig sind.

Dass eine Entwicklung von Schulen durch eine internationale „Einmischung" auch anders verlaufen und dabei Interessen verfolgen kann, die von denen der Machthaber abweichen, zeigte der Beitrag von *Hans Bühler, Jean A. Djoman* und *Simone Fuoss*. Sie berichteten über das *Réseau École et Développement (RED)* (1999), dessen Koordinator Herr *Djoman* ist, an dem die beiden anderen Vortragenden aber ebenfalls beteiligt sind. Das „Netzwerk für Schule und Entwicklung" (RED) ist nur durch verschiedene Formen von „Einmischung" von außen in die Bildungsvorgänge in einer Reihe westafrikanischer Staaten zu verstehen. Das gilt für seine Entstehung, die Entwicklung sowie für die heutige Ausrichtung.

Eine dieser „Einmischungen" lag darin, dass kirchliche Einrichtungen, etwa die Basler Mission, schon zu Beginn des 20. Jahrhunderts Missionsschulen betrieben. Diese kirchlichen Privatschulen betreuten in den 1980er Jahren im Primarschulbereich immerhin rund ein Viertel der Schulkinder in den am Netzwerk heute noch beteiligten Staaten Benin, Elfenbeinküste, Kamerun, Togo und Tschad. Eine zweite „Einmischung" ist in Nachwirkungen der früheren Kolonialmacht zu sehen, da in diesen Staaten „Entkolonialisierung" als Überwindung der Missionsschulen und Übernahme des französischen Schulmodells verstanden wurde. So gilt dieses Modell auch heute noch als offizielle Leitlinie für alle RED-Mitgliedsschulen. Das bedeutet konkret, es wird kein Zusammenhang zwischen Schule und Lebensbereich hergestellt und die Unterrichtsinhalte und -methoden haben wenig mit den Entwicklungsbedürfnissen vor Ort zu tun. Die didaktische Ausrichtung ist sehr kognitionsbetont, lehrerzentriert und wenig an den

Schülern und Schülerinnen orientiert. Französische Literatur und Werke herrschen gegenüber afrikanischen vor; die Muttersprachen der Kinder sowie lokale Sprachen sind in der Schule verboten. Der Erfolg ist relativ, nur zwei Prozent der Kinder erreichen eine Hochschule. Dies verwundert nicht angesichts schlecht qualifizierter Lehrkräfte, mangelnder finanzieller Ausstattung und dem fehlenden Bewusstsein der Staaten für die Notwendigkeit eines kostenlosen Schulbesuchs für alle Kinder als *öffentliche* Aufgabe (BÜHLER / DJOMAN / FUOSS o. J., S. 1f., 9).

Eine weitere „Einmischung" mit tiefgreifenden Folgen ist im Bereich der Finanzierung zu sehen, etwa durch den Einfluss des Internationalen Währungsfonds. Dieser verlangt von allen Staaten Strukturreformen, die direkt oder indirekt dazu beitragen, dass sich die chronische Unterfinanzierung des Bildungswesens verschärft. So müssen Lehrkräfte teilweise monatelang auf ein Gehalt warten und können nicht immer damit rechnen, überhaupt für ihre Arbeit bezahlt zu werden. Die permanente Verschlechterung der schulischen Bildung dauert nun schon mehrere Jahrzehnte an, sodass u.a. Finanzhilfen aus französischen und deutschen kirchlichen Entwicklungshilfetöpfen auch für Schulen an Bedeutung gewinnen (BÜHLER / DJOMAN / FUOSS o. J., S. 11f.).

In dieser Situation wurde 1989 das „Netzwerk Schule und Entwicklung" gegründet. Das RED *kann* ebenfalls als „Einmischung" interpretiert werden, weil *Hans Bühler* z.B. schon bei der Gründung in Grand Bassam in der Elfenbeinküste dabei war. Nach einer Orientierungsphase, die bis 1992 dauerte und zum Entschluss führte, eine „Schulreform von unten" für 168 Primarschulen mit etwa 7.000 Kindern zu versuchen, wurden von 1992 bis 1996 in großen Seminaren mit westafrikanischen Wissenschaftlern und einigen Lehrkräften Reformbereiche und Reformziele identifiziert. Als theoretischer und praktischer Bezugspunkt gilt seither die „Befreiungspädagogik" im Sinne von P. Freire, M. Gandhi und J. Nyerere – was man ebenfalls als „Einmischung" durch „Import" von außen begreifen kann. Seit 1996 wird versucht, durch zentrale und dezentrale Fortbildung eine größere Zahl von Lehrkräften zu erreichen. Die Reformpädagogik von C. Freinet rückt dabei als unterrichtspraktischer Ansatz in den Mittelpunkt (BÜHLER / DJOMAN / FUOSS o. J., S. 8ff.).

Die bisherigen Ergebnisse des „Netzwerks für Schule und Entwicklung" fassten die Vortragenden in einer Reihe von Punkten zusammen, die in hohem Maße von den teilweise schon erwähnten Rahmenbedingungen bestimmt werden:

- Dazu gehört die chronische Unterfinanzierung der Schulen;
- der Grundwiderspruch zwischen (kirchlichen) Privatschulen, die auf Schulgelder angewiesen sind und darum, trotz Stipendien, nicht für alle Kinder offen sind, und dem Anspruch auf eine freie Grundbildung für alle;

- die großen räumlichen Entfernungen machen kontinuierliche Kommunikation und Fortbildung schwierig – die Einrichtung von Mailboxen in Internetcafes für die an den Seminaren Teilnehmenden, die vor wenigen Monaten erfolgte, soll dieses Manko reduzieren;
- die Kirchen als Projektträger gehen unterschiedlich mit ihren Privatschulen um, die einen möchten dadurch ihr eigenes Budget verbessern, die anderen verfolgen damit echte Bildungsanstrengungen;
- die politischen Bedingungen in den verschiedenen Staaten der Projektschulen reichen von einer demokratischen Verfassung bis zur Diktatur, was die Möglichkeiten, eine andere Bildung zu verfolgen, ebenfalls beeinflusst.

Insgesamt lassen sich deshalb unterschiedliche Einflüsse des Netzwerkes in den Staaten feststellen: In der Elfenbeinküste werden die Projektschulen so organisiert und qualifiziert, dass die Regierung regelmäßigen Kontakt zum Netzwerk sucht. Im Benin sind einige RED-Lehrkräfte als Multiplikatoren der staatlichen Schulreform tätig und lassen sich Spuren in den öffentlichen Reformplänen finden. Die anderen Staaten weisen keine öffentliche Resonanz auf – was angesichts eher diktatorischer Staatsformen wenig verwundert.

Begreift man die Versuche verschiedener Seiten, in das Bildungswesen der Staaten, aus denen Schulen am RED beteiligt sind, als Prozesse einer Internationalisierung im Sinne von „Einflüssen" aus unterschiedlichen anderen Staaten bzw. durch überstaatliche Organisationen und Entwicklungen, so finden sich ganz unterschiedliche Ergebnisse: Die früheren „Eingriffe" durch verschiedene Institutionen sind – auch durch Bemühungen zur Entkolonialisierung – nicht zu beseitigen. Strukturen und internationale Beziehungen leben fort, so z.B. in dem Bemühen der Eliten dieser Staaten, ihren eigenen Kindern eine adäquate Bildung im frankophonen Norden zu ermöglichen, womit sich das Interesse an einer Bildungsreform im Lande selbst weiter reduziert. Die heutigen „Eingriffe", etwa durch die Weltbank, durch Medien und Informationen aus den entwickelten Staaten des Nordens, entziehen sich ebenfalls weitgehend den Bemühungen einzelner Personen, Gruppen, ja selbst betroffener Staaten des Südens. Daneben gibt es weitere „Einmischungen", die beeinflussbar sind. Dazu gehört der „Import" von wissenschaftlicher Beratungsleistung durch hochbezahlte und darum nur kurze Zeit vor Ort anwesende und entsprechend wenig effektive ausländische Fachkräfte. Dazu gehört auch der Versuch der Übertragung von Entwicklungsmustern, die an anderen Orten mit anderen Umständen gut funktioniert haben mögen (siehe dazu die Ausführungen zu *Waterkamp*s Einschätzungen). Die Realität der beschriebenen Rahmenbedingungen legt aber den Schluss nahe – so die Vortragenden –, dass auch eine Befreiungspädagogik gewisse förderliche Rahmenbedingungen braucht, wenn sie „nachhaltige impulse für eine positive schulentwicklung" setzen will (BÜHLER / DJOMAN / FUOSS o. J., S. 12).

Zu den Ergebnissen von Internationalisierung in einem weiteren Sinne gehört dann auch, was die Vortragenden als Aufgabe für sich selbst verstehen: „bildung zur eigenständigkeit ist eine befreiungspädagogische prämisse, an der es festzuhalten gilt, da sie der schlüssel zu gerechteren verhandlungen ist, d.h. zum ernstnehmen des anderen in seiner würde und seinem kontext, was – nach p. freire – der erste befreiende schritt ist. für uns gehört auch dazu, sich über befreite eigene wege der befreiten nicht zu wundern. wir üben uns gerade darin [...]" (BÜHLER / DJOMAN / FUOSS o. J., S. 16).

Innovation in der Schulentwicklung durch Internationalisierung bzw. durch internationale Einflüsse erweist sich damit als vielfach gebrochener Prozess, der keineswegs linear verläuft und auch nicht zwingend zu linearen, im Sinne von weltweit gleichen Entwicklungen auf der beobachtbaren Ebene führen *muss*. Dies bestätigt die Aussagen *Waterkamp*s zur Übertragbarkeit organisatorischer Verfahren.

„Globalisierung" und Theoriebildung

Obwohl Globalisierung, Internationalisierung und die Herausbildung einer Weltgesellschaft in vielen öffentlichen wie wissenschaftlichen Diskussionen eine Rolle spielen, sind die sich hinter diesen Begriffen verbergenden Prozesse weder eindeutig noch genau bekannt. Nicht einmal die Begriffe selbst werden, wie auch die beiden vorhergehenden Abschnitte zeigen, einheitlich und differenziert verwendet, obwohl dazu Anlass genug besteht – geht es doch um verschiedene Prozesse. Wie nimmt die Erziehungswissenschaft die durch diese Begriffe bezeichneten Entwicklungen bzw. veränderten Voraussetzungen in ihre Theoriebildung auf? In diesem Rahmen werden zwei Zugänge zu dieser Frage vorgestellt. Einmal eine Diskussion um die Berücksichtigung von Ergebnissen bzw. Ansätzen einer soziologisch orientierten Globalisierungsforschung und zum anderen die Frage nach „Angriffen" auf ein Allgemeinbildungsverständnis durch neuere Diskurse, die auch durch eine im Rahmen von Internationalisierungsprozessen veränderte Welt(-sicht) angestoßen sind.

Auswirkungen des Globalisierungsdiskurses auf pädagogische Theoriebildung und pädagogische Praxis standen bei *Klaus Seitz* im Zentrum. Ein in der Erziehungswissenschaft verbreiteter Standpunkt ist – nach seiner Ansicht – die Annahme, zwischen globalisierungstheoretischen Ansätzen und Erziehung(swissenschaft) gäbe es kaum Berührungspunkte. Das eine betrachte globale und abstrakte Strukturen in einer Außensicht bzw. aus einer Vogelperspektive, das andere sei immer konkret, lokal, orts- sowie kontextgebunden, und dessen Erforschung sei an diese Bezüge gebunden.

Eine solche Position der Erziehungswissenschaft unterschätzt aber das Analysepotential soziologischer Globalisierungsforschung und übersieht, dass pädagogische Theorien auf Gesellschaftstheorien angewiesen sind. Da diese in der heutigen Zeit aber nur noch – so die Meinung *Seitz'* – Theorien der Weltgesellschaft sein können, liegt es eigentlich nahe, dass sich Erziehungswissenschaft mit Globalisierungstheorien bzw. Theorien der Weltgesellschaft stärker befasst.

Einen wesentlichen Grund für den geringen Grad an Auseinandersetzung der (deutschsprachigen) Erziehungswissenschaft mit Globalisierungstheorien sah *Seitz* in dem *nationalstaatlich* geprägten Charakter der erziehungswissenschaftlichen Theoriebildung. Bis in das späte 20. Jahrhundert ist danach der sich herausbildende Nationalstaat der Rahmen, in dem Bildung wahrgenommen wird. Der eigene Beitrag der öffentlichen Erziehung an der Etablierung dieser Staatsform sowie des nationalen Bewusstseins bleibt in der Regel aber unbewusst (siehe dazu z.B. WENNING 1993; 1996).

Neben dieser Orientierung der Erziehungswissenschaft an einem nationalen Paradigma führte *Seitz* zwei weitere Gründe für deren geringen Bezug auf Globalisierungstheorien an: Pädagogisches Denken orientiert sich an einem bestimmten Raum, der zudem pädagogisch kontrolliert ist. Typisch für Globalisierungsphänomene scheint aber gerade eine *Ortlosigkeit* zu sein, wie das Internet und die modernen Finanzmärkte verdeutlichen können. Zudem zeigen sich enge zeitliche Verknüpfungen bzw. Auswirkungen von Ereignissen, die räumlich weit voneinander entfernt sein können. Damit entsteht eine andere Beziehung von Zeit und Raum, die auch Auswirkungen auf den pädagogisch verstandenen Raum hat. Eine weitere Ursache sah *Seitz* darin, dass erziehungswissenschaftliche Theoriebildung sich bisher wenig mit ihren gesellschaftstheoretischen Grundlagen auseinandergesetzt habe. Diesen Vorwurf machte er auch Ansätzen des globalen Lernens bzw. der *global education*, die die vorhandene sozialwissenschaftliche Literatur zur Analyse von Globalisierung und Weltgesellschaft kaum rezipieren würden.

Die von ihm als wichtige soziologische Forschungszugänge und Theoriemodelle eingeschätzten Ansätze zur Analyse von Globalisierung und Weltgesellschaft brachte *Seitz* in eine Typologie mit drei Klassen, die hier nur ansatzweise wiedergegeben werden kann: Eine erste Gruppe bezeichnete er als Theorien der *Globalisierung*. Diese Analysen beschreiben danach Prozesse der weltweiten Vernetzung und versuchen, diese zu erklären. Gemeinsam ist ihnen, dass Globalisierung als Ausweitung, Verdichtung und Beschleunigung grenzüberschreitender sozialer Interaktionen verstanden wird. Zu unterscheiden sind dabei eindimensionale Globalisierungstheorien, die die globale Vernetzung nur in einem gesellschaftlichen Bereich sehen, und mehrdimensionale Ansätze, die verschiedene gesellschaftliche Bereiche, vor allem ökonomische, politische, kulturelle, soziale und ökologische Dimensionen betrachten.

Als Übergang zur zweiten Gruppe, den Theorien der *Weltgesellschaft*, können Ansätze verstanden werden, die sich mit den weltweiten Wirkungen des Handelns bzw. mit der weltweiten Verknüpfung von Prozessen, etwa im ökologischen Sektor, beschäftigen und daraus ein sich entwickelndes Weltbewusstsein ableiten. Theoretische Ansätze zur Weltgesellschaft bauen auf einem breiten Globalisierungsbegriff auf. Eine Richtung dieser theoretischen Konzepte geht davon aus, es bilde sich eine Weltgesellschaft in der Form, dass alles Handeln nur noch in *einer* Gesellschaft, eben der Weltgesellschaft, stattfindet. Eine andere Richtung nimmt an, dass regionale Gesellschaften erhalten bleiben und um die Weltgesellschaft als komplementäre oder übergeordnete Einheit ergänzt werden. Bei letzteren Theorien lassen sich wiederum verschiedene Ansätze unterscheiden, die entweder von einem internationalen System ausgehen, bei dem die Nationalstaaten weiter bestehen und es zusätzlich zwischenstaatliche Organisationen gibt, oder die eine globale Zivilgesellschaft voraussehen, in der sich bestimmte, grenzüberschreitende Vernetzungsprozesse konzentrieren (etwa Becks „Weltbürgergesellschaft"). Eine weitere Differenzierung, die auch vom Erhalt der regionalen Gesellschaft ausgeht, bilden Theorien der transnationalen Gesellschaft. Dabei ergibt sich die Weltgesellschaft als Ergebnis der Herausbildung verschiedener politischer Handlungsebenen und der Interaktion staatlicher sowie nichtstaatlicher Akteure auf internationaler Ebene. Davon abzusetzen sind Modelle der Weltsystemanalyse, etwa das von Wallerstein, die ein globales System voraussetzen, welches die verschiedenen Einheiten des Systems in hohem Maße bestimmt.

Neben diesen speziellen Theorien der Weltgesellschaft beziehen sich auch moderne Gesellschaftstheorien inzwischen in der Regel auf eine Weltgesellschaft, sei es, dass sie diese als Referenzrahmen für die Identifizierung globaler Probleme voraussetzen, sei es, dass sie die regionalen Gesellschaften auf dem Weg zur Weltgesellschaft sehen, diese also als im Entstehen begriffen einschätzen.

Die Theorien der Weltgesellschaft unterschied SEITZ zudem nach ihrer Perspektive: Makrosoziologische Ansätze fragen nach den Wirkungen der Verbreitung global zu findender Strukturen, etwa die Gruppe um JOHN MEYER (siehe z.B. MEYER / BOLI / THOMAS / RAMIREZ 1997). Die mikrosoziologische Perspektive arbeitet eher mit Ansätzen der Netzwerktheorie oder auf Grund der so genannten *Glokalisierung*. Mit diesem Terminus beschreibt Robertson die Beziehungen zwischen globalen Strukturen und lokalen Ereignissen.

Als eine dritte Gruppe von Ansätzen zur Auseinandersetzung mit Globalisierungsphänomenen sah *Seitz normative* Modelle der Weltgesellschaft und der demokratischen Weltordnung. Je nach politischer Ausrichtung, bzw. nach Ansatzpunkt, differenzierte er zwischen liberalistischen Modellen, die Regeln für eine friedliche und gedeihliche Zusammenarbeit aushandeln wollen, und kosmopolitischen Modellen einer globalen Rechtsordnung, die universell gültige Menschenrechte in den Mittelpunkt stellen, sowie kommunitaristischen Vorstellungen einer globalen Zivilgesellschaft, die an der Selbstbestimmung partikularer Gemeinschaften anknüpfen, und schließlich der Idee des sozialistischen Weltsystems, die auf diese Weise kapitalistische Produktionsverhältnisse überwinden will.

Ausgehend von der Glokalisierungsannahme formulierte *Seitz* die These, „dass sich in jeder einzelnen Interaktion Weltgesellschaft ereignet." Globalisierung bzw. Weltgesellschaft bezeichnet damit Phänomene, die Teil einer jeden individuellen Lebenswelt sind, sei es etwa die Multikulturalität jeder Schulklasse oder seien es die (welt-)weit gespannten Verwandtschafts- und Bekanntschaftsbeziehungen. Der Globalisierungsprozess wird damit auf verschiedenen Ebenen unmittelbar bedeutsam für pädagogisches Handeln und darauf bezogene Theoriebildung: die Veränderung jugendlicher Lebenswelten durch eine globale Jugendkultur und die Wirkung weltweit berichtender Massenmedien; die Rückwirkung des verschärften internationalen, wirtschaftlichen Wettbewerbs auf die Bildungssysteme; die Verbreitung eines weltweit vergleichbaren Bildungssystems, für das gemeinsame Standards entwickelt werden (siehe etwa DEUTSCHES PISA-KONSORTIUM 2001 und den Hinweis auf die *International Schools* weiter oben); die Rolle der Bildung bei der Entstehung globaler Probleme sowie bei dem Lösen von Globalisierungsfolgen – wobei eine gute Ausstattung von Bildungssystemen und hohe Zahlen an Lehrkräften weder die Verursachung globaler Probleme (etwa des Schadstoffausstoßes) verhindern noch die Abwehr von Folgen (Klimaveränderung, soziale Verwerfungen usw.) sicher stellen können.

An der Bedeutsamkeit des Globalisierungsprozesses für pädagogisches Handeln setzt SEITZ' Bildungskonzeption des *Globalen Lernens* an (ausführlicher: SEITZ 2002). Er versteht darunter „Persönlichkeitsbildung im Welthorizont", die „so gesehen nur ein anderer Name für eine erneuerte Allgemeinbildung" sei, welche auf die Anforderungen der Globalisierung reagiert. *Seitz* geht davon aus, dass die Grundregeln einer guten Erziehung und eines gelingenden Unterrichts im Wesentlichen schon vorhanden sind, dass sich das Problem der Vermittlung von Nähe und Ferne, Heimat und Fremde sowie Identität und Weltoffenheit aber neu und verschärft stellt. Dafür soll, so seine Forderung, ein anderer Umgang mit Perspektiven eingeübt werden, bei dem die wechselseitige Beobachtbarkeit und die Uneinheitlichkeit der Weltbilder im Mittelpunkt stehen. Diese Reflexivität des eigenen Standpunktes sowie die Gegensätzlichkeiten von Weltbildern lassen sich weder durch ein „Weltethos" noch durch ein globales Bewusstsein aufheben.

Insgesamt zeigt sich, dass Prozesse, die gegenwärtig unter dem Stichwort „Globalisierung" zusammengefasst werden, tiefer in Grundlagen erziehungswissenschaftlicher Theoriebildung eingreifen – z.B. über veränderte Gesellschaftstheorien –, als viele in Erziehungswissenschaft und Bildung Tätige es momentan realisieren. An dieser Stelle setzte auch der Beitrag von *Stefan Neubert* an, der sich mit der auf den ersten Blick völlig anders zu verortenden Frage beschäftigte, ob und wie die *Cultural Studies* eine Herausforderung für herrschende Allgemeinbildungsverständnisse darstellen. Auf den zweiten Blick zeigt sich aber, dass Auseinandersetzungen mit Allgemeinbildungsfragen in postmodernen und konstruktivistischen Argumentationszusammenhängen, etwa durch den anderen Umgang mit Pluralität und Heterogenität, sehr wohl mit Folgen von Prozessen zu tun haben, die das Etikett Globalisierung tragen. Dies bestätigt *Seitz'* Position, dass die Erziehungswissenschaft gut daran täte, sich ausführlicher mit diesen Entwicklungen zu beschäftigen.

Ausgangspunkt der Überlegungen *Neubert*s ist die Feststellung, dass der Begriff einer Allgemeinbildung von bestimmten Voraussetzungen ausgeht, zu denen u.a. gehört, dass es eine abgegrenzte Kultur mit einem Kern weitgehend geteilter Grundvorstellungen gibt, aus dem heraus kanonisierbare Bildungsinhalte ableitbar sind, dass die subjektiven Voraussetzungen für eine Bildung als Personwerdung bestimmbar sind und dass man zu einer Vermittlung der objektiven und der subjektiven Bildungsansprüche gelangen kann, um so zu einem Medium des Allgemeinen für eine allgemeine Bildung für alle zu kommen. *Neubert* wies darauf hin, dass solche Bildungsvorstellungen auf starken Konsenserwartungen beruhen und dass sie „die Vision einer Einheit in der Vielheit" bezeichnen, die – besonders in der deutschsprachigen Philosophietradition – als „Bildungsgeschichte" eine der wichtigen kulturellen Metaerzählungen der letzten beiden Jahrhunderte darstellt. Aber gerade solche Metaerzählungen sind in der Postmoderne fragwürdig geworden. Nach ZYGMUNT BAUMAN (1999) gehört auch der wachsende Verlust der vorausgesetzten kulturellen Mitte als Ort zur Bestimmung von Bildung zu diesen Veränderungen. Pluralität, Diversifizierung von Lebenswelten, Dissens, Unübersichtlichkeit und Kontextualität widersprechen den Verheißungen des modernen Bildungsbegriffs, der etwa – wie begrenzt auch immer – Übersicht anbot. Damit ist insgesamt ein Verlust an Sicherheit, Gewissheit und an hergebrachten Orientierungen verbunden.

Neubert vertritt einen bescheideneren Allgemeinbildungsbegriff, den er als „interaktionistischen Konstruktivismus" kennzeichnet (NEUBERT 1998). Da Bildung darin als nicht zwingend festgelegtes Konstrukt von Beobachtern in einer „Verständigungsgemeinschaft" begriffen wird, können verschiedene Beobachter in unterschiedlichen solcher Gemeinschaften auch zu abweichenden Bildungsvorstellungen kommen. Konsequenz daraus ist, Bildung als Konstruktions*prozess* zu verstehen, an dem Lehrende (nicht nur Didaktiker und Bildungstheoretiker) wie Lernende beteiligt sind. Relativiert sich auf diese Weise der Anspruch von Bildung auf Konsens, Vollständigkeit, Geschlossenheit und Eindeutigkeit, so wird im Umkehrschluss deutlich, welche hegemonialen Wirkungen das bisher gültige Bildungskonstrukt hat. Jede Demokratisierung von Bildung und des Bildungswesens ist damit zugleich ein Infragestellen bisheriger Machtstrukturen und hat eine weitere Pluralisierung zur Folge.

Im Rahmen einer Multikulturalismusdebatte, die man ja auch als Reflex auf Globalisierungsentwicklungen sehen kann, gewinnen – insbesondere in der entsprechenden angloamerikanischen Debatte – die *Cultural Studies* zunehmend an Bedeutung. *Neuberts* Interesse ging dahin zu fragen, ob und wie eine damit verbundene kulturtheoretische Veränderung sich auf bildungstheoretische Überlegungen auswirkt. Probleme ergeben sich dabei aus der raschen Verbreitung und Ausdifferenzierung der *Cultural Studies* sowie aus den Unterschieden zwischen nordamerikanischen bzw. britischen Bedingungen für und Diskussionen um Multikulturalität einerseits und entsprechenden Bedingungen bzw. Debatten in Deutschland andererseits (zum Vergleich der Debatten siehe etwa NEUBERT / ROTH / YILDIZ 2002).

Von den verschiedenen Herausforderungen, die *Neubert* aus den Debatten der *Cultural Studies* für die deutsche Bildungsdiskussion sah, wird hier eine ausgewählt, die als Globalisierungsfolge bildungstheoretische Grundlagen unmittelbar tangiert: die Frage der Wahrnehmung von und des Umgangs mit kulturellen Unterschieden. Liberale Konzepte von Multikulturalität, so *Neubert*, gehen davon aus, dass kulturelle Vielfalt aus dem zeitlichen und räumlichen Nebeneinander verschiedener Kulturen besteht, bei dem eine Anerkennung und Wertschätzung der verschiedenen Kulturen auf gleichen Grundlagen möglich ist.

Unter Bezug auf Homi K. Bhabha verwies *Neubert* darauf, dass verschiedene dieser Annahmen fraglich sind. Dadurch wird zugleich die bildungstheoretische Idee der „Anerkennung" als Form des Umgangs mit kultureller Pluralität in Frage gestellt. So ist z.B. die Selbstwahrnehmung von Mitgliedern kultureller Minderheiten in modernen Staaten häufig von einem kulturellen „Dazwischensein", von der Entwicklung einer kulturellen „Hybridität" geprägt. Dies widerspricht der Idee einer eindeutigen Abgrenzbarkeit von Kulturen. Ebenso erscheint die Vorstellung einer Vergleichbarkeit verschiedener Kulturen sozusagen „auf gleicher Augenhöhe" aus der Sicht diskriminierter Gruppen als frommer, aber unrealistischer Wunsch, da die hegemoniale Kultur immer, im eigentlichen Sinne, vorausgesetzt wird. Weiter muss man anerkennen, dass Sprachen und Kulturen neben Überschneidungsflächen immer auch unübersetzbare bzw. nicht vergleichbare Bereiche haben.

Damit entstehen – neben den schon genannten – verschiedene weitere Schwierigkeiten für die Voraussetzungen von Bildung: In der Auseinandersetzung mit kultureller Pluralität bleibt wegen der teilweisen Unübersetzbarkeit stets ein unauflösbarer Rest von Ethnozentrismus. Zudem lassen sich, wegen der begrenzten Verstehbarkeit, Gemeinsamkeiten und Differenzen nur unvollständig bestimmen. Weiter unterliegen sie einem historischen

Wandel und bleiben nicht für alle Zeiten gleich, sodass die kulturellen Grenzflächen sich ständig verändern. Daraus zog *Neubert* den Schluss, dass in einer solchen Situation nur eine wache Aufmerksamkeit gegenüber „fremden" Traditionen weiterhilft. Darin liegt – wenn schon das völlige *Fremdverstehen* ausgeschlossen ist – zumindest die Chance einer vertieften *Selbsterkenntnis*. Mit pluralistischen Traditionen leben zu lernen, ist und bleibt ein prekärer Prozess, der auch scheitern kann. Zudem könne der Versuch eines vertieften Verstehens, so *Neubert*, auch zu einem vertieften Missverstehen anderer, nicht übersetzbarer kultureller Vorstellungen führen.

Demokratische Gesellschaftsvorstellungen in einem sich – wie begrenzt auch immer – pluralistisch definierenden Staat, wie es z.B. das Grundgesetz für die Bundesrepublik Deutschland vorsieht, verbieten hegemoniale Kulturvorstellungen und stürzen somit alle inhaltlich über längere Zeit festgelegten bildungstheoretischen Vorstellungen in Widerspruch zu so verstandenen offiziellen gesellschaftlichen und politischen Rahmenbedingungen. Die gegenwärtigen Diskussionen über Bildungsstandards, die sich zwar an den PISA-Ergebnissen entzünden, die aber nur begrenzt tatsächlich damit zusammenhängen, können nicht darüber hinwegtäuschen, dass genau dieser Bruch durch die bildungspolitischen Auseinandersetzungen verläuft. Es geht, u.a., um die Diskussion einer kulturellen Pluralität und den Umgang damit. Die Schärfe von Angriffen gehen anderskulturelle Ziele sowie gegen vermeintlich „unproduktive" Unterrichtsformen, die etwa mit der Frage der Fremdsprachen – Türkisch als Abiturfach oder Französisch in der Grundschule – diskutiert bzw. die z.B. als so genannte „Kuschelpädagogik" diffamiert werden, kann als Indiz dafür genommen werden, dass die Gewissheit der kulturellen Standards wankt, mindestens aber, dass sie gerade neu ausgehandelt werden.

Die Folgen der Globalisierung tragen auf mehrfache Weise zu dieser Diskussion und ihrer Schärfe bei. Einerseits wird der (kulturelle) Blick nach außen gezogen; kein Staat, keine Region kann sich nur mehr auf sich alleine beziehen, sondern muss den Kontakt und den Austausch – nicht nur in engen ökonomischen Kategorien – mit anderen Regionen und somit deren (kulturellen) Bedingungen realisieren. Zudem kommt, nicht allein, aber auch durch Migration und ihre Folgen, die „Welt" in das eigene Land und ist dort auf verschiedene Weise, durch Produkte, etwa Fernsehserien, Menschen und (kulturelle) Ideen präsent. Auf dieser Seite trägt Globalisierung also zur Pluralisierung bei. Andererseits wird der Blick auf eine andere Weise nach außen geführt, weil der wachsende (ökonomische) Wettbewerb zur Orientierung an anderen Standards zwingt. Produkte wie Dienstleistungen müssen qualitativ mit den Angeboten anderer Regionen konkurrieren können (zur aktuellen Diskussion um Bildung als Ware siehe z.B. BULMAHN 2002), sonst droht das ökonomische Aus – so jedenfalls ein immer häufiger verwendetes Argument. Auch für diese Blickrichtung bieten die PISA-

Studien Belege. Die Notwendigkeit einer Reaktion auf das – verglichen mit anderen, auf dem Weltmarkt konkurrierenden Staaten – relativ schlechte Abschneiden wird in Deutschland u.a. mit ökonomischen Konkurrenzmotiven begründet. Allerdings ist zu vermuten – wie im ersten Abschnitt schon angedeutet –, dass die in diesem Rahmen zu erwartenden bildungspolitischen Reaktionen weniger von bildungstheoretischen Erwägungen eines anderen Umgangs mit der durch Globalisierung unterstützten Pluralität bestimmt sein werden, sondern, dass vielmehr eine verstärkte Hegemonialisierung der Bildungsanstrengungen verfolgt werden wird – allen anderslautenden Erkenntnissen und allen Begleitfolgen, etwa daraus erwachsender verstärkter Chancenungleichheit, zum Trotz.

Ein Ergebnis dieser Überlegungen ist die – auch unter Globalisierungsbedingungen weiter geltende – Erkenntnis, dass die praktische Umsetzung bildungstheoretischer Vorstellungen eine permanente Auseinandersetzung ist. An dieser Feststellung setzte auch der letzte Vortrag des Symposiums an, der nach dem Zusammenhang von Bildungsdiskursen mit gesellschaftlichem Wandel fragte.

Innovation ohne Bildung?

Die Frage nach dem Verhältnis von Innovation und Bildung kann an ganz verschiedene Ebenen gerichtet werden: So kann es darum gehen, wie das Bildungswesen auf Anstöße von außen bzw. von innen reagiert, wie also Innovation *im* Bildungswesen angeregt wird, wie Innovation dort verläuft, bzw. was Innovationsprozesse unterstützt oder verhindert, und/oder was solche Prozesse bewirken. Andererseits kann es auch darum gehen, wie *durch* Bildung bzw. das Bildungswesen Innovation in der übrigen Gesellschaft ausgelöst wird. Eine solche Frage unterstellt, es gäbe einen relativ engen und argumentativ abgesicherten Zusammenhang zwischen Bildung, genauer gesagt, zwischen institutionalisierter Erziehung und gesellschaftlicher Innovation bzw. zwischen gesellschaftlicher Veränderung und Innovation im Bildungswesen.

Im abschließenden Vortrag wählte *Norbert Wenning* aus den verschiedenen Zugangsweisen die Frage nach dem unterstellten engen Zusammenhang von Bildung auf gesellschaftliche Innovation aus. Zugespitzt ging es darum, ob innovatorische Diskurse im Bereich interkultureller und international vergleichender Erziehungswissenschaft gesellschaftliche Wandlungsprozesse hervorrufen können. Als Beispiel diente die Beobachtung, dass heute in nahezu allen Bildungszusammenhängen die Forderung nach der Berücksichtigung einer interkulturellen Dimension Einzug gehalten hat.

Versteht man unter Innovation das Praktischwerden einer Neuerung, die relevante Einführung in den fraglichen Zusammenhang, so scheint z.B. die Entwicklung der Forderung nach der Einführung einer interkulturellen Dimension für *alle* Kinder und Jugendlichen im Bereich schulischer Bildung aus Kreisen interkulturell orientierter Erziehungswissenschaftler und -wissenschaftlerinnen, die diese seit den 1980er Jahren erhoben hatten, eine solche Innovation zu sein. Als ein Meilenstein der Umsetzung dieser Forderung gilt die Vereinbarung der Kultusministerkonferenz (KMK) von 1996 zur „Interkulturellen Bildung und Erziehung in der Schule" (SEKRETARIAT 1996). Gleichzeitig spiegelt dieser Beschluss gut die Genese und den Abschluss der Diskussion um diese Innovation wider. Dabei zeigt sich allerdings, dass der Einfluss des interkulturell orientierten Diskurses in der Erziehungswissenschaft auf die Umsetzung vermutlich eher gering war.

Die Gründe für diese Vereinbarung der KMK sind, folgt man den dort angeführten Argumenten, vor allem in zwei Richtungen zu suchen: Auf der einen Seite wird diese Beschlusslage aus den Auseinandersetzungen um den Unterricht für ausländische Kinder gespeist, die man als, zumeist widerwillig vollzogene, Reaktionen auf die nicht mehr zu übersehende und zu ignorierende Anwesenheit von Kindern mit einem anderen sprachlichen und kulturellen Hintergrund interpretieren muss. Auf der anderen Seite ergeben sich die Ziele aus der zunehmend in die – vor allem wirtschaftspolitisch geprägte – Diskussion kommenden Internationalisierung bzw. aus der wachsenden (ökonomischen) internationalen Verflechtung.

Im Rahmen der ersten Diskussionslinie werden insbesondere *innenpolitische* Gründe für die Notwendigkeit einer interkulturellen Orientierung angeführt: Im Kern geht es, nach *Wenning*s Einschätzung – verkürzt gesagt –, um den Abbau gesellschaftlicher Spannungen, die sich z.B. in nicht länger hinnehmbarem fremdenfeindlichem Verhalten zeigen. Deshalb stehen in der KMK-Vereinbarung Stichworte wie Toleranz, friedliches Austragen von Konflikten und Vielfalt als Bereicherung im Mittelpunkt. Bei der zweiten Diskussionslinie, die in dem KMK-Beschluss nur vereinzelt durchscheint, die aber an vielen Gymnasien bzw. an Europaschulen und ähnlichen Einrichtungen das Etikett „Interkulturelle Dimension" füllt, geht es um etwas Anderes: Unter den Stichworten Europaorientierung, bilingualer Unterricht und interkulturelle Kompetenz versuchen Schulen, sich von anderen Schulen abzusetzen und sind bildungsbeflissene Eltern bestrebt, für ihren Nachwuchs *Wettbewerbsvorteile* auf dem enger werdenden Markt um angesehene soziale Positionen zu erhalten oder zu erlangen. Hier fungiert die interkulturelle Dimension als Vehikel, um „kulturelles Kapital" im Sinne von BOURDIEU (1983) zu erwerben und damit Distinktion aufzubauen oder zu garantieren.

Die Einführung einer interkulturellen Dimension in praktisch allen Bildungseinrichtungen umfasst damit zwei verschiedene Dinge, die sich im Einzelfall zwar durchdringen oder ergänzen können, die aber voneinander abweichende Hintergründe haben: Auf der einen Seite ergibt sich durch den Zwang der veränderten Zusammensetzung in der Schülerschaft und durch gesellschaftliche Wandlungsprozesse der Versuch einer Berücksichtigung von Fähigkeiten zum Umgang mit, in einem weiteren Sinne, Konflikten. Auf der anderen Seite geht es, unter Rückgriff auf einen zum Hochwert gewordenen Begriff von Interkulturalität, um einen marktinduzierten Zwang zum Erhalt oder zur Verbesserung der organisationsbezogenen bzw. individuellen Konkurrenzposition.

Beide Ursachenkomplexe wurden von „außen" an das Bildungswesen herangetragen und lösten dort Innovationen aus. Der interne erziehungswissenschaftliche Diskurs um eine interkulturelle Dimension, so *Wenning*s Ergebnis, mag zwar unter dem Innovationsdruck als Stichwortgeber gedient haben und hat im Einzelfall sicher Aspekte der Innovations*gestaltung* beeinflusst. Dennoch ist, jedenfalls auf dieser oberflächlichen Betrachtungsebene, kein ursächlicher Zusammenhang zwischen dem Beginn des erziehungswissenschaftlichen Diskurses und dem Auslösen der Innovation erkennbar. Daraus ist der Schluss zu ziehen, dass es keine engen Verbindungen zwischen (diesen) erziehungswissenschaftlichen Diskursen und gesellschaftlichen Veränderungen gibt.

Insgesamt lässt sich daraus folgern, dass Funktionen des gesellschaftlichen Bildungssystems von anderen gesellschaftlichen Teilsystemen als Mittel zum Zweck genutzt werden. Schon vor längerer Zeit wurde erkannt, dass sich durch entsprechende Bemühungen im Bildungswesen gesellschaftliche Veränderungen nicht induzieren lassen. Diese Idee der 1960er und 1970er Jahre ist weitgehend illusionär geblieben. Der Umkehrschluss, Einflüsse durch Bildung und das Bildungswesens seien ohne Wirkungen, darf daraus aber nicht gezogen werden. Zum einen gibt es eine anhaltende Diskussion über ökonomische Effekte von Bildungspolitik (siehe z.B. SCHÄPER 2002), die etwa fragt, welches Wirtschaftswachstum oder welche Einkommensverteilung durch bildungspolitische Maßnahmen ausgelöst werden. Zum anderen ist das Bildungswesen sehr wohl geeignet, schon laufende gesellschaftliche Veränderungsprozesse zu unterstützen; als Beispiel mag der Einfluss auf die Akzeptanz von Computern als Arbeitsmedium dienen, wie sie in vielen Schulen schon seit Jahren zum Alltag gehören.

Ist also Innovation ohne Bildung möglich? Die Antwort lautet eindeutig ja. Bildungspolitische Veränderungen sind in der Regel *nachlaufende* Prozesse, die sich an Trends und Entwicklungen in anderen gesellschaftlichen Teilbereichen orientieren. Um ein Bild zu gebrauchen, kann man sagen, dass institutionalisierte Erziehung genutzt werden kann, um den Lauf des schon fließenden Wassers gesellschaftlicher Veränderungsprozesse etwas zu beeinflussen, Regen machen, kann man damit nicht.

Diesen Schluss legen auch alle im Rahmen des Symposiums gehaltenen Vorträge nahe. Durch entsprechende erziehungswissenschaftliche Analysen ließe sich die „Brauchbarkeit" alternativer organisatorischer Verfahren sicher genauer erfassen und könnte man die Implementierung darauf basierender Reformen vermutlich stark verbessern. Zumindest in Deutschland orientierte sich die Bildungsreformdiskussion der letzten Jahrzehnte aber an anderen Kategorien. Globalisierung scheint in die Argumentationskette soweit einreihungsfähig, als sie zum Argument für andere Interessen, nicht aber zum konkreten Untersuchungsgegenstand wird. Die angeführten Innovationen in der Schulentwicklung sind in dem einen Fall explizit von ökonomischen Internationalisierungsprozessen beeinflusst oder sogar hervorgerufen. In dem anderen Fall zeigt sich, dass Entwicklungen in den betrachteten Schulsystemen von einer Vielzahl externer Faktoren mitbestimmt werden, die nur wenig durch schulinterne Prozesse beeinflusst sind. Als ein Nebenergebnis kann festgehalten werden, dass offensichtlich *alle* schulischen Bildungsansätze auf bestimmte gesellschaftliche und politische Rahmenbedingungen als „Existenzminimum" angewiesen sind. Auf der Theorieebene zeigen sich vergleichbare Veränderungen. Die Prozesse, die auf der gesellschaftlichen Ebene unter dem Einfluss von „Globalisierung" ablaufen, stellen viele Prämissen von Bildungstheorien in Frage bzw. zwingen zu deren Revision, weil zentrale Annahmen nicht (mehr) aufrechterhalten werden können. Umgekehrt kann das Bildungswesen gesellschaftliche Innovation zwar nicht auslösen, aber unterstützen. Damit bleiben Innovation und Bildung in einem prekären Verhältnis – auf Dauer.

Literatur

BAUMAN, Z. (1999): Unbehagen in der Postmoderne. – Hamburg.

BOURDIEU, P. (1983): Ökonomisches Kapital, kulturelles Kapital, soziales Kapital. In: KRECKEL, R. (Hrsg.): Soziale Ungleichheit. – Soziale Welt, Sonderband 2 – Göttingen, S. 183-198.

BÜHLER, H. / DJOMAN, J. A. / FUOSS, S. (o. J. [2002]): Réseau École et Développement (RED), Coordination Générale, Abidjan, Elfenbeinküste. Vortragsmanuskript, München 27.03.2002 (17 S.) (MS vervielfältigt).

BULMAHN, E. (2002): Wir dürfen Bildung nicht als Ware dem Handel überlassen. Die Welthandelsorganisation berät über den Import und Export von Hochschul-Dienstleistungen. In: Frankfurter Rundschau vom 08. Juli 2002, S. 10.

DEUTSCHES PISA-KONSORTIUM (Hrsg.) (2001): PISA 2000. Basiskompetenzen von Schülerinnen und Schülern im internationalen Vergleich. – Opladen.

HANSEN, G. / WENNING N. (2003): Schulpolitik für andere Ethnien in Deutschland. Zwischen Autonomie und Unterdrückung. – Münster.

MEYER, J. W. / BOLI, J. / THOMAS, G. M. / RAMIREZ, F. O. (1997): World Society and the Nation State. In: American Journal of Sociology, vol. 103, No. 1 (July 1997), S. 144-181.

NEUBERT, ST. (1998): Erkenntnis, Verhalten und Kommunikation. John Deweys Philosophie des ‚experience' in interaktionistisch-konstruktivistischer Interpretation. – Münster.

NEUBERT, ST. / ROTH, H.-J. / YILDIZ, E. (2002): Einleitung: Multikulturalismus – ein umstrittenes Konzept. In: NEUBERT, ST. / ROTH, H.-J. / YILDIZ, E. (Hrsg.): Multikulturalität in der Diskussion. Neuere Beiträge zu einem umstrittenen Konzept. – Opladen, S. 9-29.

RESEAU ÉCOLE ET DEVELOPPEMENT (RED). (1999): Correspondances, vers une pédagogie de libération. – Yaoundé.

SCHÄPER, CHR. (2002): Einkommensverteilung, Bildungspolitik und Wirtschaftswachstum. – Frankfurt am Main.

SEITZ, K. (2002): Bildung in der Weltgesellschaft – Gesellschaftstheoretische Grundlagen Globalen Lernens. – Frankfurt am Main.

SEKRETARIAT DER STÄNDIGEN KONFERENZ DER KULTUSMINISTER DER LÄNDER IN DER BUNDESREPUBLIK DEUTSCHLAND (1996): Empfehlungen „Interkulturelle Bildung und Erziehung in der Schule." – Bonn. (zitiert nach: PUSKEPPELEIT, J. / KRÜGER-POTRATZ, M. (1999): Bildungspolitik und Migration. Texte und Dokumente zur Beschulung ausländischer und ausgesiedelter Kinder und Jugendlicher, 1950 bis 1999. 2 Bände. – Münster: Arbeitsstelle Interkulturelle Pädagogik. Hier: Bd. 1, S. 59-70).

WATERKAMP, D. (2000): Organisatorische Verfahren als Mittel der Gestaltung im Bildungswesen. Ein Ansatz der Strukturierung aus der Sicht der Vergleichenden Erziehungswissenschaft. – Münster.

WENNING, N. (1993): Migration und Ethnizität in pädagogischen Theorien. – Münster.

WENNING, N. (1996): Die nationale Schule. Öffentliche Erziehung im Nationalstaat. – Münster.

Lothar Wigger

Innovationspotenziale der Allgemeinen Erziehungswissenschaft

Auf dem 18. Kongress der Deutschen Gesellschaft für Erziehungswissenschaft (DGfE) „Innovation durch Bildung" in München (25. – 27. März 2002) wurde die Allgemeine Erziehungswissenschaft sowohl in einem Symposium als auch in einer Arbeitsgruppe thematisiert[1]. Das Symposium hatte den Titel „Innovationspotenziale der Allgemeinen Erziehungswissenschaft", die Arbeitsgruppe den Titel „Neue Fachkultur in der Allgemeinen Erziehungswissenschaft". Titel und Fragestellungen von Symposium und Arbeitsgruppe gingen zurück auf Überlegungen im Anschluss an die 1. Tagung „Aufgaben, Funktionen und Perspektiven der Allgemeinen Erziehungswissenschaft" der DGfE-Sektion „Allgemeine Erziehungswissenschaft" in Dortmund (28. Februar – 02. März 2001) (vgl. WIGGER u.a. 2002).

Zur Vorgeschichte dieser Tagung gehört die organisatorische Neustrukturierung der DGfE. Eine Gliederung in 13 Sektionen hatte im Jahr 1999 die historisch nach und nach entstandene Struktur mit zuletzt 25 Kommissionen abgelöst, die systematisch nicht begründet werden konnte und offenbar auch der Öffentlichkeit und anderen wissenschaftlichen Organisationen aus dem In- und Ausland nicht mehr vermittelbar war (vgl. LENZEN 1997a; 1997b; 1998, S. 79 f; GOGOLIN 1999, S. 23f.). Die vier Kommissionen „Bildungs- und Erziehungsphilosophie", „Pädagogische Anthropologie", „Erziehungswissenschaftliche Biographieforschung" und „Wissenschaftsforschung" wurden zur Sektion „Allgemeine Erziehungswissenschaft" zusammengeschlossen. Aufgrund der unterschiedlichen Gründungsinteressen und Entwicklungen der Kommissionen sind mit ihnen auch unterschiedliche Konzepte und Akzentuierungen von Allgemeiner Erziehungswissenschaft verbunden, mit deren gemeinsamer Thematisierung und Diskussion auf der 1. Sektionstagung begonnen wurde. Trotz aller Differenzen wurden auch viele Gemeinsamkeiten, wechselseitige Bezüge und vergleichbare Strukturen deutlich, vor

1 Das Symposium wurde für die Sektion „Allgemeine Erziehungswissenschaft" von L. Wigger, dem Sprecher der Sektion, organisiert, die gemeinsame Arbeitsgruppe von J. Ruhloff und L. Wigger im Auftrag der Kommissionen „Bildungs- und Erziehungsphilosophie" und „Wissenschaftsforschung".

allem aber politische Herausforderungen, sachliche Erfordernisse und zu bearbeitende gegenstandstheoretische Probleme, denen sich die Allgemeine Erziehungswissenschaft zu stellen hat und die sie mit produktiven Perspektiven bearbeiten kann. Zu den unmittelbaren Ergebnissen der konstruktiven Dortmunder Diskussion gehörten in Hinblick auf den Münchner Kongress das Vorhaben einer Auseinandersetzung sowohl mit den aktuellen Gefährdungen durch die gegenwärtigen Tendenzen des Umbaus von Hochschulen und Studiengängen als auch mit den Kritiken an der Allgemeinen Erziehungswissenschaft und das Aufzeigen der eigenen Leistungsmöglichkeiten und der veränderten Fachkultur, wie sie u.a. bereits auf der Dortmunder Tagung deutlich geworden ist[2].

Das öffentliche Ansehen der Allgemeinen Erziehungswissenschaft ist zur Zeit nicht hoch, ihre Stellung in der Lehre und an den Universitäten scheint akut gefährdet. Ein Beispiel dieser Gefährdungen sind die aktuellen Empfehlungen des Expertenrates des Landes Nordrhein-Westfalen, der entsprechend der Bologna-Erklärung (19.06.1999) eine konsekutive Studienstruktur für die Lehrerausbildung fordert (vgl. EXPERTENRAT 2001). Vielleicht gibt es sinnvolle Strukturkonzepte für konsekutive Studiengänge, die erfolgreicher als die bisherigen Reformmaßnahmen die Defizite erziehungswissenschaftlicher Ausbildung der gegenwärtigen integrierten Lehrerausbildung beheben können; aber unabhängig von dem Erfolgsversprechen und den erforderlichen Evaluationen der geplanten organisatorischen Reform bedeuten die vorausgehenden öffentlich bekundeten Erwartungen stärkerer Praxis- und Berufsorientierung sowie effektiveren und kürzeren Studierens nicht unbedingt eine Verbesserung des erziehungswissenschaftlichen Studiums und eine angemessene Berücksichtigung der Bedeutung und der Aufgaben der Allgemeinen Erziehungswissenschaft im Rahmen der Lehrerausbildung. Exemplarisch können die Probleme verdeutlicht werden an zwei konkreten Empfehlungen: (a) der Vorschlag der Integration der 2. Phase der Lehrerausbildung in die Master-Phase könnte die erziehungswissenschaftlichen zugunsten der schulpraktischen Ausbildungsanteile beschneiden und so die Disziplinorientierung und Wissenschaftlichkeit der erziehungswissenschaftlichen Ausbildung der angehenden Lehrerinnen und Lehrer gefährden, die ausschließlich in dieser Phase stattfinden soll; (b) die Empfehlung, dass durch die Modularisierung aller Studienelemente auch Berufsanwärter ohne erziehungswissenschaftliche

---

2 Neben dem bereits genannten Symposium „Innovationspotentiale der Allgemeinen Erziehungswissenschaft“ und der Arbeitsgruppe „Neue Fachkultur in der Allgemeinen Erziehungswissenschaft“ wurde von den Kommissionen „Pädagogische Anthropologie“ und „Erziehungswissenschaftliche Biographieforschung“ eine gemeinsame Arbeitsgruppe „Bildung weiterdenken. – Eine Ethnographische Pädagogik als innovatives Forschungsparadigma“ auf dem Münchner Kongress organisiert. Außerdem wurde eine weitere Sektionstagung für das Jahr 2003 geplant. Die 2. Sektionstagung wird vom 26. bis 28. März 2003 in Magdeburg mit dem Thema „Erziehungsdiskurse“ stattfinden und von W. Marotzki und L. Wigger organisiert.

Ausbildung neben ihrer Berufstätigkeit ihren Master erwerben können, könnte als *training-on-the-job* und ohne Verankerung der Vermittlung und Aneignung dieser Module an den Universitäten ebenfalls die Wissenschaftlichkeit der Lehrerausbildung gefährden. Insgesamt besteht die Gefahr, dass die Lehrerausbildung reformiert wird u.a. auf Kosten der Allgemeinen Erziehungswissenschaft und der durch sie disziplinär repräsentierten Auseinandersetzung mit allgemeinen pädagogischen Fragestellungen und Zusammenhängen, mit kategorialen und historischen Voraussetzungen und erziehungswissenschaftlichen Grundlagentheorien.

Die Allgemeine Erziehungswissenschaft steht aber nicht nur vor politischen Herausforderungen, auch innerhalb der Disziplin ist die Leistung der Allgemeinen Erziehungswissenschaft umstritten und ihre Stellung gefährdet. Die Schwierigkeiten, Gegenstand und Aufgaben der Allgemeinen Erziehungswissenschaft zu bestimmen und für ihre Fragestellungen Anerkennung zu gewinnen, beruhen nicht nur darauf, dass die Erziehungswissenschaft sich immer mehr in eine Vielzahl von Einzeldisziplinen auflöst und die pädagogische Praxis sich längst in eine Vielzahl von Einzeltätigkeiten aufgespalten hat, deren Zusammenhang fraglich und umstritten ist (vgl. BENNER 2001, S. 13f.), sondern sie sind auch zum Teil von der Allgemeinen Erziehungswissenschaft selbst produziert. Distanz zur Forschung und Inhaltsleere, Unzuständigkeit und Unverbindlichkeit lauteten einige kritische Urteile, und sie sind leider nicht nur Fremdzuschreibungen und unverständliche, unhaltbare Urteile von außen. Aber ungeachtet der durch einige Beiträge und Thesen des Bandes von KRÜGER und RAUSCHENBACH (1994) angestoßenen Grundsatzdebatten (vgl. als Überblick VOGEL 1998) und im Gegensatz zu den pauschalen Vorwürfen von Irrelevanz und Forschungsdefiziten hat die Allgemeine Erziehungswissenschaft kontinuierlich wissenschaftlich gearbeitet und geforscht, wie die Kommissionen es auf der 1.Sektionstagung dokumentiert haben (vgl. WIGGER u.a. 2002).

Während sich die Arbeitsgruppe auf die Diskussion einer neuen Fachkultur vor dem Hintergrund der disziplininternen Kritiken an der Allgemeinen Erziehungswissenschaft konzentrierte, wendete sich das Symposium primär den Herausforderungen und Aufgaben zu, die der Allgemeinen Erziehungswissenschaft durch veränderte politische Prioritäten und gesellschaftliche Bedingungen gesetzt sind. Ihre Analysen und Forschungen sollten dabei auch die Frage beantworten helfen, ob und vor allem wie innovativ sie jene bewältigen kann.

INGRID LOHMANN (2002) zeigte in ihrer Analyse gegenwärtiger ökonomischer bzw. politischer Programme und Verlautbarungen sowie internationaler Verträge und Verhandlungspositionen (z.B. in Zusammenhang der Aufnahme der Bereiche Hochschul-, Erwachsenen- und Weiterbildung in die WTO-Verhandlungen zur weiteren Liberalisierung des

Welthandels im Rahmen des GATS-Abkommens[3]), wie der Ausbildungs- und Bildungssektor aus der Perspektive ökonomischer Kalkulationen betrachtet und zunehmend als Markt von gewinnbringenden Dienstleistungen organisiert wird. „Auch bei der vielbeschworenen Internationalisierung/Vergleichbarkeit von Studiengängen/Qualitätssicherung" im Hochschulbereich gehe es „vor allem um ökonomische Konkurrenz und Dominanz auf einem hart umkämpften globalen Markt" (S. 268). Ihr Vortrag war ein „Plädoyer aus der Allgemeinen Erziehungswissenschaft an die Allgemeine Erziehungswissenschaft" (S. 267), sich mit der ökonomisch-politischen Neudefinition von Bildung als Herausforderung für die Grundlagen und das Selbstverständnis des Faches analytisch und kritisch auseinanderzusetzen, die gesellschaftlichen Bedingungen der Konstitution von Bildung unter den „behaupteten Sachzwängen der Globalisierung" (S. 268) zu bestimmen und gegenüber den Tendenzen der Privatisierung, Kommerzialisierung und Ökonomisierung das Wissen um die Alternativen von Bildung wach zu halten sowie „nach neuen, anderen Wegen der Konstituierung von Bildung in der postmodernen Gesellschaft" zu suchen (S. 277).

PETER VOGEL (2002) hat exemplarisch für den gegenwärtigen Umbau des Universitätssystems und der Studiengänge in Deutschland unter dem Gesichtspunkt der Globalisierung die Vorgeschichte der Einführung von Modellversuchen der konsekutiven Lehrerbildung in Nordrhein-Westfalen an der Universität Bielefeld und der Ruhr-Universität Bochum im Jahr 2002 kritisch begutachtet und zog drei Konsequenzen für die Erziehungswissenschaft in der Lehrerbildung: Notwendig seien (a) Standards der Mindestausstattung und der Profilierung von Stellen der Erziehungswissenschaft an Universitäten, (b) die Berücksichtigung unterschiedlicher Wissensformen, so dass die jeweiligen Leistungen des wissenschaftlichen und des professionellen Wissens in den verschiedenen Ausbildungsphasen zur Geltung kommen, und (c) die Installation eines Kerncurriculums Erziehungswissenschaft, das nicht einfach nur Gegenstände oder Begriffe benennt, sondern auch und primär die verschiedenen erziehungswissenschaftlichen Perspektiven und Zugangsweisen abbildet und das eindeutig disziplinorientiert ist.

ECKART LIEBAU (2002) schlägt vor, angesichts der Breite und der thematischen Fokussierung gegenwärtiger Forschung (vor allem zu Bildung, Lernen und Biographie und weniger zu Fragen der Erziehung) wie auch in Hinblick auf Erwachsenenbildung und berufliche Fort- und Weiterbildung oder auf das normative Anliegen der Ermöglichung von Bildungsprozessen (als „Welt- und Selbstvervollkommnung" (S. 297)) die als „Erziehungswissenschaft" „zur Zeit offensichtlich falsch benannte Disziplin" (S. 296) mit einem programmatisch aussagekräftigeren Namen zu versehen, der auch eine „adäquate öffentliche Wahrnehmung" (S. 297) fördern könnte. Eine solche

---

3 Das „General Agreement on Trade in Services" ist seit 1995 in Kraft (vgl. LOHMANN 2002, S. 274).

(Allgemeine) „Bildungswissenschaft", die im Kern eine auszuarbeitende Bildungsanthropologie enthalten sollte, würde nicht nur als wissenschaftliches, d.h. forschungsbezogenes Studium auf eine wissenschaftliche Reflexivität und Haltung von professionellen Pädagogen zielen, sondern könnte darüber hinaus als systematische und kritisch-reflexive Grundlagenwissenschaft für alle Konzepte wissenschaftlichen und beruflichen Lehrens und Lernens im Studium der Fachwissenschaften „die mit der Entwicklung zur Wissensgesellschaft verbundenen Chancen" (S. 298) und den „gesellschaftlichen Bedarf an Didaktik" (S. 297) nutzen.

HEINZ-HERMANN KRÜGER (2002) berichtete aus seinem gemeinsam mit TH. RAUSCHENBACH geleiteten DFG-Projekt „Beruflicher Verbleib, Berufskarrieren und berufliches Selbstverständnis von AbsolventInnen erziehungswissenschaftlicher Hauptfachstudiengänge" über die Wege von Hauptfachpädagogen in die Wissenschaft. Auf Basis der Ergebnisse einer bundesweiten Befragung der Absolventen erziehungswissenschaftlicher Diplom- und Magisterstudiengänge lässt sich nun die Gruppe derjenigen, die promovieren (8,5% der Diplom-, 15,7% der Magisterabsolventen) bzw. sich im Bereich von Hochschule und Forschung beruflich platzieren konnten (3,8% der Diplom-, 4,8% der Magisterabsolventen) genauer beschreiben, können fundierte Aussagen über die Studienmerkmale dieser sich deutlich unterscheidenden Gruppe (z.B. zügigeres Studium, bessere Abschlussnoten, mehr empirisch orientierte, weniger praxisbezogene Abschlussarbeiten, unterschiedliche Beurteilung der Relevanz von Studieninhalten) und über die Bedingungsfaktoren des Wegs in die Wissenschaft gemacht werden (vgl. S. 442ff.). Aus den Befunden zog KRÜGER mehrere Konsequenzen zur erforderlichen Steigerung des Forschungspotenzials der Erziehungswissenschaft: eine Fortführung und Intensivierung der Frauenförderung, da die weiblichen Absolventinnen trotz ihres hohen Anteils unter den Studierenden v.a. bei den Doktoranden zu gering vertreten seien, eine deutliche Steigerung des Anteils von in Forschung und Wissenschaft arbeitenden Absolventen, da dieser im Vergleich zu den sozialwissenschaftlichen Nachbardisziplinen zu gering sei, und schließlich eine Verbesserung der Methodenausbildung sowie ein zusätzliches spezifisches Angebot eines forschungsorientierten Ausbildungsprofils (als Schwerpunktbildung und nicht als neuer, grundständiger Studiengang) für die an Forschung und Wissenschaftskarrieren Interessierten (vgl. S. 450f.).

Die Fachkultur der Allgemeinen Erziehungswissenschaft war auf dem Münchner Kongress nicht nur Gegenstand der Analyse, die Analysen der Allgemeinen Erziehungswissenschaft wiesen selbst mit ihren Fragen, Ergebnissen und methodischen Herangehensweisen auf eine neue Fachkultur und die Leistungsmöglichkeiten der Allgemeinen Erziehungswissenschaft hin. Die Vorträge und die angeregten Diskussionen in München machten eindringlich deutlich, vor welchen Aufgaben die Allgemeine Erziehungswissenschaft steht und dass sie den neuen Herausforderungen mit empirischen Forschungen, aktuellen Zeitdiagnosen und eingehenden Analysen kritisch und innovativ begegnet.

Literatur

BENNER, D. (2001[4]): Allgemeine Pädagogik. Eine systematisch-problemgeschichtliche Einführung in die Grundstruktur pädagogischen Denkens und Handelns. – Weinheim.

EXPERTENRAT IM RAHMEN DES QUALITÄTSPAKT (2001). Abschlussbericht. Münster, 20. Februar 2001. http://www.mswf.nrw.de/miak/aktuell/top-thema/Expertenrat/Abschlussbericht.html

GOGOLIN, I. (1999): Bericht des Vorstandes. In: Erziehungswissenschaft, 10. Jg., 1999, Bd. 18, S. 21-26.

KRÜGER, H.-H. u.a. (2002): Wege in die Wissenschaft. Ergebnisse einer bundesweiten Diplom- und Magister-Pädagogen-Befragung. In: Zeitschrift für Erziehungswissenschaft, 5. Jg., 2002, Bd. 3, S. 436-453.

KRÜGER, H.-H. / RAUSCHENBACH, TH. (Hrsg.) (1994): Erziehungswissenschaft. Die Disziplin am Beginn einer neuen Epoche. – München .

LENZEN, D. (1997a): Geplante Binnenstruktur der DGfE. In: Erziehungswissenschaft, 8. Jg., 1997, Bd. 16, S. 77-78.

LENZEN, D. (1997b): Erläuterungen zur geplanten Binnenstruktur der DGfE. In: Erziehungswissenschaft, 8. Jg., 1997, Bd. 16, S. 79-80.

LENZEN, D. (1998): Bericht des Vorsitzenden über die Vorstandsperiode 1996 bis 1998. In: Erziehungswissenschaft, 9. Jg., 1998, Bd. 17, S. 75-83.

LIEBAU, E. (2002): Bildungswissenschaft. Zur Weiterentwicklung der Disziplin. In: Vierteljahrsschrift für wissenschaftliche Pädagogik, 78 Jg., 2002, Bd. 3, S. 293-299.

LOHMANN, I. (2002): Bildungspläne der Martkideologien. Ein Zwischenbericht. In: Vierteljahrsschrift für wissenschaftliche Pädagogik, 78. Jg., 2002, Bd. 3, S. 267-279.

SCHRIEWER, J. / KEINER, E. (1990): Fach oder Disziplin. Kommunikationsverhältnisse der Erziehungswissenschaft in Frankreich und Deutschland. In: Zeitschrift für Pädagogik, 36. Jg., 1990, Bd. 1, S. 99-119.

VOGEL, P. (1998): Stichwort: Allgemeine Pädagogik. In: Zeitschrift für Erziehungswissenschaft, 1. Jg., 1998, Bd. 2, S. 157-180.

VOGEL, P. (2002): Themen, Disziplinarität und Professionsbezug des erziehungswissenschaftlichen Studiums. In: Vierteljahrsschrift für wissenschaftliche Pädagogik, 78. Jg., 2002, Bd. 3, S. 280-292.

WIGGER, L. / CLOER, E. / RUHLOFF, J. / VOGEL, P. / WULF, CH. (Hrsg.) (2002): Forschungsfelder der Allgemeinen Erziehungswissenschaft (1. Beiheft der Zeitschrift für Erziehungswissenschaft). – Opladen.

Jürgen Wittpoth

Innovation: Normalität oder Zumutung für Erwachsenenbildung?

Von Innovationen ist Erwachsenenbildung in verschiedenen Hinsichten berührt:

- sie ereignen sich in für sie relevanten Umwelten,
- sie vollziehen sich in ihren Einrichtungen und Formen selbst,
- sie werden im Sinne eines gesellschaftlichen Auftrages von ihr erwartet und
- sie werden bisweilen als Effekte der eigenen Arbeit in Aussicht gestellt.

Welche Rolle Erwachsenenbildung und ihre Institutionen tatsächlich in solchen Prozessen übernehmen, ob sie eher treibende oder getriebene Kraft sind, ihr Terrain behaupten oder verlieren, ist relativ ungeklärt. Offen ist außerdem, wie all das, was als ‚Innovation' bezeichnet wird, zu bewerten ist. Denn der Begriff ist eigentümlich inhaltsleer: er verweist, darin dem ‚Lernen' ähnlich, das in Verbindung mit ‚Selbststeuerung' und ‚Organisation' gegenwärtig Konjunktur hat, lediglich auf Veränderung. *Wie* sich solche Veränderungen vollziehen, und *welche Konsequenzen* sie für Individuen und Organisationen haben, wurde im Blick auf ausgewählte Kontexte der Weiterbildung diskutiert.

Entsprechende Impulse gab es von:

Gudela Grote: Auswirkungen permanenter Lernzumutung auf die Identität von Subjekten und Organisationen

Klaus Harney: Innovation, Beratung und Zusammenhangsbildung in Organisationen

Wolfgang Seitter: Gegenläufige Innovationspraktiken. Zur Pädagogik des Unternehmens und zum Wissensmanagement von Sozialarbeit

Karl Weber: Innovation und Evaluation

Wolfhard Weber: Innovation aus technikgeschichtlicher Sicht

Der für die Publikation ausgewählte Beitrag von *Karl Weber* beschäftigt sich mit der Frage, wie Innovationen in (Bildungs-) Organisationen zustande kommen und wie man sich ihrer vergewissert.

Karl Weber

Innovation und Evaluation in der beruflichen Weiterbildung – Anmerkungen zu einem schwierigen Verhältnis zwischen zwei Praktiken

Einleitung

Innovation und Evaluation können im Bildungswesen und in der Bildungspolitik auf eine lange Karriere zurückblicken. Auch in der Öffentlichkeit werden die beiden Praktiken positiv konnotiert. Mit Innovationen wollen die Aktoren des Bildungswesens beweisen, dass sie in der Lage sind, auf neue Herausforderungen in Wirtschaft und Gesellschaft einzugehen. Im Gegenzug sollen offenbar Evaluationen helfen zu überprüfen, ob die angestrebten Ziele erreicht werden. Bei einer näheren Betrachtung werden jedoch auch Tücken dieser an sich einleuchtenden und kohärent erscheinenden Annahmen sichtbar. Zahlreiche Beobachtungen sprechen dafür, dass Innovation und Evaluation durch ihre Kontexte geformt werden und sich dabei in eigenartiger Weise aufeinander beziehen können. Aber wie?

Es wird diskutiert, wie für die berufliche Weiterbildung das Verhältnis zwischen Innovation und Evaluation beschrieben werden kann. Haben wir es mit einem komplementären, konkurrierenden oder einem sich neutralisierenden Verhältnis zu tun? Diese Leitfrage wird schrittweise geklärt: Erstens charakterisiere ich die beiden Praktiken mit Blick auf ihre Unterschiede und Ähnlichkeiten. Dann werden die organisatorischen Bedingungen und deren Kontexte in der Weiterbildung dargestellt, welche ihre Einsatzmöglichkeiten beeinflussen (Organisatorische Perspektive). Drittens zeige ich, wie die Praxis von Innovation und Evaluation konkret gestaltet wird (Perspektive der Steuerung). Viertens wird erörtert, wie unter den Bedingungen einer sich ständig verändernden Gesellschaft die hier interessierenden Praktiken veralltäglicht werden. Schließlich werden Innovation und Evaluation in einer gesellschaftlichen Zeitdiagnose situiert.

Im abstrakten Sinne wird das Verhältnis zwischen Aktoren und Strukturen in der beruflichen Weiterbildung thematisiert und gezeigt, wie strukturelle und organisatorische Bedingungen die Praktiken von Innovation und Evaluation formen. Um diese besondere Problematik herauszuarbeiten, bediene ich mich aus heuristischen Gründen einer typisierenden Betrachtungsweise.

Innovation und Evaluation: Gemeinsames und Trennendes

Basiselemente

CROS (1999, S. 67f.) umschreibt Innovationen mit vier Merkmalen. Innovationen verkörpern zunächst die Idee des Neuen. Was neu ist, wird in bestimmten Kontexten (z.B. Schulen, Weiterbildungseinrichtungen, Märkten, Verwaltungen usw.) definiert. Zweitens betont CROS, dass sich Innovationen durch Veränderungen, die freiwillig, wohl überlegt und absichtsvoll angestrebt werden, charakterisieren lassen. Das bedeutet nicht, dass Innovationen detaillierte und stabile Ziele zugrunde liegen müssen. Mit jeder Innovation realisieren sich drittens in bestimmten Kontexten neue Werte. Innovationen lassen sich schließlich durch Prozesshaftigkeit charakterisieren.

Obwohl sich in der Literatur und der Praxis kein Konsens darüber herausgebildet hat, was unter Evaluation verstanden werden soll, sind sich die meisten Autoren in einem Punkt einig: Bei der Evaluation geht es im Kern immer um Beurteilungen und Bewertungen. Im Vordergrund steht die Beurteilung und Bewertung bestimmter Sachverhalte mittels definierter Kriterien. Was aber nun wird beurteilt und bewertet? Es sind die Wirkungen von Maßnahmen, aber auch von Programmen, also die Wirkungen von Handeln. Ein wichtiges Merkmal von Evaluation ist daher, dass sie im Kern mit Wirkungsmodellen arbeitet oder solche in ihrer Vorgehensweisen mehr oder weniger explizit unterstellt. Dabei geht es zunächst darum herauszufinden (vgl. BUSSMANN / KLÖTI / KNOEPPEL 1997, S. 48ff.), wie wir die Wirkungen als zu erklärende Variable beschreiben und erfassen können. Zweitens wollen wir wissen, auf welche Ursachen (unabhängige Variable) diese Wirkungen zurückgeführt werden müssen. Drittens interessiert, ob die unabhängige Variable noch andere Wirkungen erzeugt, als diejenige, für die wir uns direkt interessieren. Ex post-Evaluationen, die hier in meinen Überlegungen im Vordergrund stehen, haben somit immer einen rekonstruktiven Charakter: Gestützt auf empirische Beobachtungen und entsprechende Analysen wollen sie bestimmte Wirkungen einem bestimmten Handeln zuordnen.

Mobilisierung von Wissen bei Innovationen und Evaluationen

Sowohl Innovationen wie auch Evaluationen lassen sich als informationsgestützte Prozesse beschreiben. Bei Innovationen wird Wissen – in einem umfassenden Sinne verstanden – mobilisiert, um jenseits des Gegenwärtigen Handlungsmöglichkeiten zu erkennen, zu erweitern und gegebenenfalls zu realisieren. In der Evaluation hingegen wird Wissen auf Voraussetzungen und Wirkungen wissensgestützter Prozesse, somit auch auf Innovationen angewendet. Wissen dient der Überprüfung und Weiterentwicklung der Praxis, wird also reflexiv. Dabei beobachten Evaluatoren ihr eigenes Handeln (Selbstevaluation) oder sie nehmen den Status eines Beobachters zweiter Ordnung (Fremdevaluation) ein.

Differenzen als Folge von Innovationen und Evaluationen

Prozesse der Innovation und Evaluation erzeugen in ihren Kontexten systematisch Differenzen. Innovation bringt eine Differenz zwischen Altem und Neuen, zwischen Gestrigem und Heutigem hervor. Obwohl der Begriff der Innovation positiv konnotiert wird, heißt dies nicht, dass das Neue notwendigerweise besser ist als das Herkömmliche. Es ist einfach neu und anders. Insofern haftet Innovationen immer etwas Zerstörerisches an. Alte Routine wird durch eine neue ersetzt. Innovationen definieren somit einen neuen Möglichkeitsraum des Handelns.

Während Innovationen Differenzen zwischen Praktiken sichtbar machen, definieren Evaluationen wesentlich Differenzen zwischen Ist- und Sollzuständen. Diese stützen sich auf Beobachtungen, sind also immer kognitiv konstruiert und relational. Sie können synchronisch oder diachronisch sein.

Unterschiedliche Blickrichtungen in Innovationen und Evaluationen

Innovation richtet ihren Blick nach vorn. Die Realisierung des Neuen und Andern, das zunächst gedacht wird, steht im Vordergrund. In Gedanken lässt sich die Innovation zwar durchspielen. Doch letztlich kann sie weder systematisch geplant und noch zielgenau verwirklicht werden. Sie wird schrittweise interaktiv und unter Berücksichtigung und Nutzung kontextueller Gegebenheiten und Möglichkeiten realisiert (vgl. Klassifikationen bei HEIDELOFF / RADEL 1998, S. 13).

Der Blick der ex post-Evaluation richtet sich hingegen nach rückwärts. Die Evaluation will Wirkungen auf bestimmte Handlungen zurückführen. Dieser „wirkungsorientierte Blick“ der empirisch und analytisch verfahrenden Evaluation blendet daher meistens mit einer gewissen Notwendigkeit die Erfassung unbeabsichtigter Handlungsfolgen aus. Evaluation ist daher immer komplexitätsreduzierend.

Organisation, Innovationen und Evaluation

Einiges spricht dafür, dass die Praxis von Innovation und Evaluation durch Merkmale der Organisation und deren Kontext mitgestaltet wird. Um die besondere Prägekraft dieser Größen für Innovation und Evaluation in Weiterbildungseinrichtungen herauszuarbeiten, vergleiche ich diese aus heuristischen Gründen punktuell mit allgemeinbildenden Einrichtungen der Sekundarstufe I. Bei den Weiterbildungseinrichtungen habe ich zudem solche im Auge, die auf berufliche Weiterbildung spezialisiert sind und deren Programme mehrheitlich durch die Teilnehmer finanziert werden. Inhaltlich wird die Bereitstellung bzw. die Erneuerung von Weiterbildungsprogrammen thematisiert.

Weiterbildungseinrichtungen in ihrem Kontext

WEICK betrachtet Bildungsorganisationen als lose gekoppelte Systeme. Die große wissenschaftliche Akzeptanz, welche dieser Ansatz gefunden hat, führen ORTON und WEICK (1990, S. 204) darauf zurück, dass er gestatte, die gleichzeitige Existenz von Rationalität und Unbestimmtheit innerhalb eines Bereiches einer Organisation zu beschreiben und zu erklären. Auf allen Ebenen einer Organisation gibt es interdependente Elemente, die in unterschiedlichem Umfang und in unterschiedlicher Stärke aufeinander bezogen sind. Gerade deswegen können ORTON und WEICK behaupten, dass Systeme zugleich „offen" wie auch „bestimmt" sein können: „If there is both distinctiveness and responsiveness, the system is loosly coupled" (ORTON / WEICK1990, S. 205), „distinctiveness" und „responsiveness" sind dialektisch aufeinander bezogen.

Einer der Gründe warum Bildungssysteme lose gekoppelt sind, sehen ORTON und WEICK in ihrer fragmentierten Umwelt. Gerade Weiterbildungseinrichtungen sind mit einer solchen Umwelt konfrontiert. Ihre Erwartungen sind nicht nur unterschiedlich, sondern zugleich mindestens teilweise widersprüchlich (vgl. dazu auch SCHÄFFTER 1998, S. 46ff.). Zunächst müssen sich Weiterbildungseinrichtungen mit einer Vielzahl von Aktoren auseinandersetzen: Mit den Finanzierern, der potenziellen Nachfrage bzw. mit deren Organisationen, dem Träger, den Lehrenden, die bei der Durchführung eines Programms engagiert werden usw. Orientierungen und Handlungslogiken dieser Aktoren sind vielfältig: politische, marktliche und ständisch-korporative Logiken sind beobachtbar und meist gleichzeitig wirksam. Weiterbildungsprogramme, die unter diesen Bedingungen generiert werden, müssen ferner nachfragegerecht sein und gleichzeitig die Qualitätsstandards des Trägers erfüllen. Die Frage stellt sich daher, wie es in einer derartigen Konstellation gelingen kann, neue und innovative Weiterbildungsprogramme zu planen und zu realisieren. Die Antwort heißt: Strukturbildung im Netzwerk.

In der beruflichen Weiterbildung sind, ähnlich, wenn auch nicht so ausgeprägt wie in Industrie und Dienstleistungen (vgl. HEIDENREICH 1999, S. 297ff.), Netzwerke oder netzwerkartige Gruppierungen Träger der Innovationen. Diese können mehr oder weniger eng geknüpft sein, die Zahl der beteiligten Aktoren und deren relatives Gewicht kann variieren. Gegenüber herkömmlichen Organisationen sieht HEIDENREICH (1999, S. 298) den Vorteil solcher Netzwerke in ihren offenen, dynamischen, Abstimmungs-, Aushandlungs- und Austauschformen und entsprechenden Kulturen. In solchen Strukturen, die stark in lokale Arbeits- und Lebenswelten eingebunden sind, gelingt es, unter den Beteiligten mit Blick auf das Weiterbildungsangebot eine gemeinsame Perspektive zu definieren, die auch den Partialinteressen aller Beteiligten Rechnung tragen kann. Allerdings kann gerade auch eine ausgeprägte lokale Verankerung das Risiko in sich tragen, Innovationen zu erschweren oder gar zu verhindern.

Dank derartiger Netzwerke können Weiterbildungsangebote relativ eng in den jeweils relevanten Umwelten verankert werden: Namentlich helfen sie, die Finanzierung sicherzustellen, welche offenbar immer eine große Herausforderung darstellt (vgl. LUMBY 2001, S. 165). Aber auch die Abnehmer und die Nachfrage werden eingebunden. In die Programmplanung fließen nicht kodifiziertes Wissen genauso ein wie professionelle Anliegen oder ausgeprägt lokale Weiterbildungsbedürfnisse. Die Weiterbildungseinrichtung will in diesem Prozess vor allem sicherstellen, dass sich die neuen Programme realisieren lassen und sie als Institution als zuverlässiger und berechenbarer Partner gilt. Denn ihre Stabilität ist wesentlich von Austauschbeziehungen abhängig, welche die Beteiligten als gerecht wahrnehmen. Strukturbildung stellt dafür eine notwendige Voraussetzung dar.

Unter den skizzierten Bedingungen entstehen in eher langwierigen, jedoch strukturierten und durch zahlreiche Rückkoppelungen geprägten Prozessen neue Weiterbildungsangebote. Innovationen in der Weiterbildung stellen somit das Ergebnis von komplexen Aushandlungsprozessen unter den Beteiligten dar (vgl. WEBER 1998, S. 109), in denen die Weiterbildungseinrichtung die externen Chancen mit ihren eigenen Möglichkeiten zur Deckung zu bringen versucht. Gleichzeitig ermöglicht diese Struktur unter bestimmten Bedingungen die Routinisierung von Innovationen, insbesondere auch dadurch, dass Vorhaben frühzeitig einem „Realitätstest" unterzogen werden können (vgl. HEIDENREICH 1997, S. 200).

Ein Blick auf die Situation einer allgemeinbildenden Schule der Sekundarstufe I kann die spezifischen Bedingungen der Umwelt einer Weiterbildungseinrichtung verdeutlichen: Funktion und Bestand der Schulen auf Sekundarstufe I sind im Bildungswesen politisch und durch die Bereitstellung öffentlicher Mittel gesichert. Die Schulen wissen, wie viele Schüler mit welchen Voraussetzungen sie zu bestimmten Zeitpunkten aufnehmen werden. Das Curriculum trägt den Eingangsvoraussetzungen Rechnung und versucht, die angestrebten Endqualifikationen mit einiger Verlässlichkeit zu vermitteln. Der Übergang in weiterführende Schulen ist geregelt. Das ‚Bildungsprodukt' lässt sich durch einen vergleichsweise langen Lebenszyklus charakterisieren.

Binnenstruktur der Weiterbildungseinrichtungen

Im Folgenden diskutiere ich personelle, organisatorische und kulturelle Merkmale der Binnenstruktur von Weiterbildungseinrichtungen, die für Innovation und Evaluation vermutlich bedeutungsvoll sind:

Das WB-Personal lässt sich in zwei Gruppen gliedern. Einerseits finden sich hauptamtliche Mitarbeiter mit ganz unterschiedlichen beruflichen Qualifikationen und Karrieren. Sie sind für die Planung, Organisation und Durchführung von Weiterbildungsprogrammen verantwortlich und nehmen gleichzeitig auch Führungs- und Managementfunktionen wahr. Die Programme selber werden in der Regel durch nebenamtliche Dozenten durchgeführt, die programmbezogen und auf Zeit engagiert werden. Diese beiden Gruppen unterscheiden sich unter verschiedenen Gesichtspunkten: Die zahlenmäßig kleinere Gruppe definiert sich in erster Linie über ihre Zugehörigkeit zur Weiterbildungseinrichtung. Sie ist an der Weiterexistenz der Einrichtung interessiert und will dazu durch planerische und administrative Arbeit beitragen. Die größere Gruppe der Lehrenden definiert sich demgegenüber über die Lehrtätigkeit in Weiterbildungsveranstaltungen (vgl. HOF 2001, S. 73ff.). Die Lehrengagements sind kontraktualisiert: Das, was von den Lehrenden erwartet wird, ist zeitlich, sachlich und qualitativ strukturiert und oft bis auf zahlreiche Details festgelegt. Diese Beobachtungen verdeutlichen, dass sich in Weiterbildungseinrichtungen eine Kultur der Ungleichheit und Differenz etabliert hat, die als legitim wahrgenommen wird. Bemerkenswerte Unterschiede bestehen unter Mitarbeitern bezüglich Art und Form des Erwerbsstatus, fachlichen Qualifikationen und beruflichen Vorerfahrungen.

Auch an dieser Stelle erlaubt ein Seitenblick auf die allgemeinbildende Schule der Sekundarstufe I das Spezifische dieser Struktur zu erkennen: Hier verfügen alle Lehrer über denselben Beschäftigungsstatus und eine vergleichsweise große Arbeitsplatzsicherheit. Sie haben eine ähnliche Ausbildung absolviert, selbst wenn sie unterschiedliche Fächer unterrichten. Die Steuerung der Lehrleistungen erfolgt wesentlich über die spezifische Qualifizierung der Lehrenden, die Curricula und die Gewährleistung der Methodenfreiheit. Die Leitungsfunktion an der Schule ist nur schwach ausgebildet. Eine Machtasymmetrie, wie wir sie in der Weiterbildungseinrichtung zwischen Leitung und Lehrenden haben, besteht kaum. Kurz: An der Schule der

Sekundarstufe I hat sich eine Kultur der Gleichheit und der Kollegialität entwickelt und gilt weiterhin als legitim. Innovationen sind vor allem innengesteuert (vgl. dazu neuerdings WIECHMANN 2002, S. 114).

Vereinfachend kann aus dieser Gegenüberstellung gefolgert werden: Im Vergleich mit den allgemeinbildenden Schulen der Sekundarstufe I weisen spezialisierte Weiterbildungseinrichtungen nach Außen, gegenüber ihrer Umwelt eine insgesamt große Offenheit auf. Dies trifft besonders auf jene Einrichtungen zu, die funktionsorientierte Weiterbildungen anbieten (z.B. EDV- oder Management-Weiterbildungen). Weniger offen sind Weiterbildungseinrichtungen dann, wenn ihre Angebote einen berufsspezifischen Charakter haben und der Zugang an spezielle berufliche Qualifikationen geknüpft ist (vgl. etwa Weiterbildung zu Handwerkmeistern). Das Management dieser Offenheit erfolgt durch Netzwerkbildung, was zu einer Strukturbildung führt. Mit gewissen Grenzen der Vorhersehbarkeit des Verhaltens und der Verlässlichkeit der beteiligten Aktoren muss allerdings gerechnet werden. Diese Unsicherheiten sind in den unterschiedlichen „Systemzugehörigkeiten" der Aktoren begründet und deswegen struktureller Natur. Unabhängig jedoch vom Ausmaß der Offenheit gegen Außen ist die Binnenstruktur in Weiterbildungseinrichtungen vergleichsweise eng gekoppelt. Diese Koppelung stützt sich auf die Ungleichheit zwischen Management und Lehrenden und die Kontraktualisierung von Lehrleistungen. Die Kultur der Differenz gilt als legitim. Sowohl Innovation wie Evaluation als differenzerzeugende Prozesse finden daher in der Weiterbildung vergleichsweise günstige Voraussetzungen.

Steuerung von Innovation und Evaluation

Standen im letzten Abschnitt die organisatorischen Bedingungen von Innovationen im Vordergrund, so wird im Folgenden diskutiert, wie Aktoren Innovations- und Evaluationspraktiken in Weiterbildungseinrichtungen aufeinander beziehen. Vereinfachend knüpfe ich dabei an zwei steuerungsrelevante Grundkonstellationen an, die sich zwei abstrakten Organisationstypen zuordnen lassen.

In der Grundkonstellation 1 werden Innovationen und Evaluationen von Weiterbildungsangeboten in *einer* Organisation gesteuert. Diese definiert, ob, wie, wer, wann, mit welchem Aufwand und wozu evaluiert wird. Typischerweise ist diese Konstellation in sogenannten Expertenorganisationen gegeben (vgl. Sveiby nach RIPPONEN 1999, S. 239). In solchen Organisationen sind die Mitarbeiter dank ihres Wissens und Könnens in der Lage, die Qualität aller Prozesse in der Organisation zu garantieren. In der ebenfalls zu diskutierenden Grundkonstellation 2 dagegen werden Innovationen und Evaluationen von zwei verschiedenen Organisationen gesteuert. Die Expertise für diese zwei Praktiken wird hier über zwei unterschiedliche strukturierte Kontexte legitimiert. Weiterbildungsanbieter dieses Typs bezeichne ich als dienstleistungsorientiert.

In den beiden Organisationstypen gestaltet sich das Verhältnis zwischen Innovation und Evaluation unterschiedlich. Weil die Expertenorganisation Innovationen und Evaluationen selber steuern kann, lassen sich die entsprechenden Prozesse systematisch (zeitlich, inhaltlich, prozedural, situativ) aufeinander beziehen: Innovationen werden beschlossen, geplant, Mittel dafür eingesetzt und realisiert. Gleichzeitig wird durch evaluative Maßnahmen sichergestellt, ob, in welchem Maße, warum und warum nicht, die angestrebten Ziele erreicht werden. Die enge Verknüpfung von Innovation und Evaluation wird es der Einrichtung erleichtern, Kriterien für die Letztere zu definieren. Eine solche Praxis setzt nicht notwendigerweise voraus, dass die Einrichtung selber die Evaluationen durchführt. Entscheidend ist jedoch, dass sie über die entsprechende Definitionsmacht verfügt.

Gewiss erlaubt die Steuerung von Innovation und Evaluation in einem Kontext, beide Prozesse zu systematisieren und aufeinander zu beziehen. Dadurch entstehen wahrscheinlich auch jene Veränderungen kollektiver Wissensbestände, die nach ARGYRIS und SCHÖN (1978, S. 17) das organisationale Lernen ausmachen. Die Organisation legt Verfahren und Instrumente fest, um kontinuierlich zu prüfen, ob sie ihre Ziele erreicht. Sie ist in der Lage, aus entsprechenden Resultaten Maßnahmen abzuleiten und umzusetzen. Umgekehrt entsteht das Risiko, dass Innovationen und Evaluationen der Macht der Organisation erliegen: Die Angehörigen der Organisationen schärfen den Blick für das, was üblicherweise machbar ist und Erfolg verspricht. Sie werden blind gegenüber dem, was außerhalb dieser Perspektive liegt. Die Triangulation als methodisches Prinzip der Evaluation ist strukturell nicht institutionalisiert. Zudem werden über organisatorische Lernprozesse die beiden Praktiken routinisiert, standardisiert, bürokratisiert und wohl auch ritualisiert. Der Raum für Neues und Unvorhergesehenes wird auch strukturell und über Rückkoppelungsprozesse begrenzt, was für eine Bildungseinrichtung nicht unproblematisch sein dürfte. Innovation und Evaluation bilden einen integralen Teil der – starken – Kultur der Einrichtung. Diesen Risiken kann allenfalls eine feste Verankerung der Weiterbildungsprogramme in ihrer Umwelt eine gewisse Grenze setzen.

Als sperriger und spannungsreicher lässt sich das Verhältnis zwischen Innovation und Evaluation dann beschreiben, wenn die entsprechenden Praktiken von zwei unterschiedlichen Kontexten aus gesteuert werden wie dies typischerweise in dienstleistungsorientierten Weiterbildungseinrichtungen der Fall ist. Zwar ist in solchen Situationen der Zwang zur Evaluation meist gegeben. Alle weiteren Fragen sind jedoch in der Regel offen: Gerade in politisch motivierten Programmen sind allerdings die Vorgaben meist nur teilweise explizit. Und wenn sie dies sind, dann fallen sie in den wenigsten

Fällen widerspruchsfrei aus, weil sie das Ergebnis eines ausgehandelten Kompromisses darstellen, in dem unterschiedliche Interessen berücksichtigt sind. Der Evaluation fehlen damit wesentliche Vorgaben und Kriterien, welche die Arbeit erleichtern könnten.

Die angesprochene spannungsreiche Grundkonstellation hat zur Folge, dass Innovation und Evaluation nur locker und situativ aufeinander bezogen werden können. Gleichzeitig eröffnet die Evaluation den Weiterbildungsanbietern spezifische Chancen, weil unter den beschriebenen Bedingungen Evaluation fast immer Differenzen erzeugen. Hier kann der Blick für die unbeabsichtigten Folgen des Handelns geschärft und der Wahrnehmungshorizont der Angehörigen der Organisation erweitert werden. Dadurch werden Prozesse der Reflexion und in der Folge auch der Erneuerung der Programme in der Einrichtung angeregt. Diese geht allerdings bei der Nutzung der Ergebnisse der Evaluation vergleichsweise selektiv und immer auch nach Maßgabe ihrer eigenen Handlungsmöglichkeiten vor. Das Risiko der skizzierten Grundkonstellation besteht demgegenüber für den Weiterbildungsanbieter in erster Linie darin, dass kritische Evaluationsergebnisse seine Stellung illegitimieren und die Weiterfinanzierung eines Auftrages gefährden können.

Auch in diesem Fall sind allerdings Mechanismen zu beobachten, welche die erwähnten Chancen und Risiken in Grenzen halten. Bereits die Ankündigung einer Evaluation kann beispielsweise das Verhalten der Aktoren in Weiterbildungseinrichtungen verändern: Man legt größeres Gewicht auf die Planung und detaillierte Vorbereitung von Lehreinheiten, der Standard der Unterlagen wird verbessert usw. Ist zudem bekannt an welchen Kriterien Weiterbildungsprogramme in der Evaluation gemessen werden, sind erfahrene Lehrende in der Weiterbildung durchaus in der Lage, durch ihr eigenes Lehrverhalten positive Werte bei den befragten Teilnehmern zu erzeugen. Kurz: Von den Handelnden bzw. Innovatoren werden die mit der Evaluation mehr oder weniger explizit verknüpften und erkennbaren Erwartungen antizipiert und zur Maxime des eigenen Handelns gemacht.

Über die Veralltäglichung von Innovation und Evaluation

In seinem Buch „Kapitalismus, Sozialismus und Demokratie" beschäftigt sich SCHUMPETER (1993) mit dem wirtschaftlichen Wachstum. Dieses ist das Ergebnis des Zusammenwirkens von Prozessen auf der Mikro- und der Makroebene. Namentlich interessiert er sich für die Verstetigung, Verfestigung, ja die „Mechanisierung" des Fortschritts. Gemäß SCHUMPETER haben in der Vergangenheit in diesem Prozess die Unternehmer eine zentrale Rolle gespielt. Ihre Aufgabe bestand darin „die Produktionsstruktur zu reformieren oder zu revolutionieren entweder durch die Ausnützung einer Erfindung oder, allgemeiner, einer noch unerprobten technischen Möglichkeit zur Produktion einer neuen Ware bzw. zur Produktion einer alten auf eine neue Weise, oder durch die Erschließung einer neuen Rohstoffquelle oder eines neuen Absatzgebietes oder durch die Reorganisation einer Industrie usw." (SCHUMPETER 1993, S. 214). SCHUMPETER stellt realistisch fest, dass diese herkömmliche Funktion des Unternehmers an Bedeutung verloren habe. Dafür sind aus seiner Sicht zwei Gründe maßgebend: Einerseits sei die Erfindung zu einer Routinesache geworden. Dafür würden geschulte Spezialistengruppen, Kommissionen und Stäbe eingesetzt. Die frühere Romantik des geschäftlichen Abenteuers würde rasch dahinschwinden, weil nun vieles genau berechnet werden könne, was in alten Zeiten durch geniale Erleuchtung erfasst werden musste (vgl. SCHUMPETER 1993, S. 215). Innovationen werden entzaubert. Andererseits würden Persönlichkeit und Willenskräfte weniger zählen, weil die Menschen sich nun an wirtschaftliche Veränderungen sehr gewöhnt hätten. Sowohl Konsumenten wie auch Produzenten wären sehr offen für Neues (vgl. SCHUMPETER 1993, S. 260). Der wirtschaftliche Fortschritt zeige somit die Tendenz, entpersönlicht und automatisiert zu werden. Soweit SCHUMPETER.

Was können wir von SCHUMPETER für unser Thema lernen? Nach seiner Ansicht haben sich Innovationen über eine funktional-professionelle Ausdifferenzierung der Arbeitsrollen und einen darauf abgestimmten kulturellen Wandel verstetigt und stabilisiert. Dadurch wurde die Bedeutung des charismatischen und außeralltäglichen Innovators bzw. Unternehmers relativiert. Namentlich haben sich die Erwartungen der Umwelt an die Wirtschaft verändert. Innovationen sind nicht mehr das Ergebnis eines außeralltäglichen, intuitiven, erfahrungs- und risikoreichen Handelns einzelner Unternehmer, sondern sie werden über die berufliche Arbeitsteilung in der Struktur eingelagert und verankert. Dabei fällt dem Wissen und Können der professionellen Stäbe eine zentrale Bedeutung zu. Dank dem systematischen Wissen ist es nun möglich, die Risiken von Innovationen genauer abzuschätzen. Namentlich kann Wissen jedoch auch systematisch genutzt werden für die Produktion neuer Produkte und Dienstleistungen (vgl. dazu wiederum PETER DRUCKER 1993).

Heute können wir beobachten, dass die Organisation der wirtschaftlichen Innovation in ein neues Stadium getreten ist, in dem diese mit einer gewissen organisatorischen Entdifferenzierung verbunden ist. Betriebs- und Arbeitsorganisationen werden heute so verändert, dass die Unternehmungen näher am Markt positioniert sind (vgl. BAETHGE / BAETHGE-KINSKI 1998, S. 462). Diese Orientierung wird durch multifunktionale Unternehmenseinheiten sichergestellt, die mit spezifischen Ressourcen ausgestattet sind. Die Aufgaben werden nun vermehrt kunden- und prozessorientiert gelöst. Dabei werden die Innovationsaufgaben mindestens teilweise „entprofessionalisiert" und in das „System“ hinein verlagert. Hier sollen sie zur Alltagsroutine werden.

Innovationen und Evaluationen im Bildungswesen

Die für die Wirtschaft skizzierte Institutionalisierung von Innovationen kann auch im Bildungswesen beobachtet werden: Seine Entwicklung wurde immer wieder von risikofreudigen, charismatischen Innovatoren geprägt. Pestalozzi, Freinet, Condorcet, Montessori usw. sind nur einige wenige Namen. Dies war in der Vergangenheit der Fall, lässt sich aber auch weiterhin beobachten. Am Beispiel der Institutionalisierung der pädagogischen Arbeitsstellen in den schweizerischen Kantonen zeigen KUSSAU und OERTEL (2001, S. 141ff.) wie sich zu Beginn der 70er Jahre kantonale Bildungsministerien professionell und funktional ausdifferenziert haben. Pädagogische Arbeitsstellen sollten im allgemeinbildenden Bildungswesen eine Dokumentations-, Informations-, Innovations- und Planungsfunktion sicherstellen. Mit dieser Form der funktionalen Ausdifferenzierung war offenbar beabsichtigt, die Erzeugung von Innovationen auf Dauer zu stellen und zu routinisieren (vgl. DE VRIES 1998, S. 84). Dafür haben Mitarbeiter zu sorgen, die als Wissenschafter sozialisiert, für diese Aufgabe besonders kompetent erscheinen. Heute weist die aktuelle Schulentwicklungs- und Autonomiepolitik darauf hin, dass in der Schweiz wie anderswo programmatisch auf Dezentralisierung gesetzt wird (vgl. WEBER 2000, S. 200f.). Dieses Programm wird aller Wahrscheinlichkeit nach die lokalen Schulen aufwerten, die nun vermehrt als pädagogischer Gestaltungsraum verstanden werden.

Dieses Beispiel illustriert, dass die Institutionalisierung von Innovationen im Bildungsbereich offenbar einem ähnlichen Entwicklungsmuster folgt, wie jene in der Wirtschaft. Auch hier vollzieht sich ein Wandel von persönlichkeitsbestimmten Innovationen, über eine professionell-funktionale Ausdifferenzierung zu ihrer Integration ins System (vgl. Schulentwicklung als Programm). Freilich macht im Bildungswesen genauso wie in der Wirtschaft jede spätere Phase die vorangehende nicht überflüssig. Oft finden sich die unterschiedlichen Institutionalisierungsformen nebeneinander und zwar in der Wirtschaft wie auch im Bildungswesen. Naheliegend ist in diesem Zusammenhang die Frage, ob sich als Konsequenz der beschriebenen Institutionalisierung der Innovation deren Fähigkeit verbessert hat, auch die nicht intendierten Folgen des Handelns besser zu erfassen. Eine eindeutige Antwort ist nicht möglich. Sicher ist, dass sich das „System“ der internen Folgen besser bewusst ist. Zweifel sind angebracht, ob nun auch die externen Folgen der beabsichtigten Innovationen klarer erkannt werden können oder ihnen gar Rechnung getragen wird.

Etwas anders scheint die Entwicklung im Bereich der Evaluation verlaufen zu sein. Die Evaluationspraktiken wurden immer auf zwei Wegen realisiert: interne und externe, das heißt fremdbestimmte Evaluationen. Insbesondere seit den 70er Jahren des vergangenen Jahrhunderts wurden die Instrumente für die interne und externe Evaluation kontinuierlich systematisiert und verfeinert. Unter strukturellen Gesichtspunkten hat jedoch die externe Evaluation einen bemerkenswerten Wandel durchgemacht: Die öffentlichen, besonders die staatlichen Kontroll- bzw. Evaluationsinstanzen haben im Verlauf der letzten Jahre an Legitimation und Bedeutung verloren. Gleichzeitig haben professionelle und parastaatliche Kontrollinstanzen einen Bedeutungsgewinn erfahren und sich international organisiert (vgl. WEBER 2001, S. 20).

.... *und in der Weiterbildung*

Die skizzierte Institutionalisierung von Innovation und Evaluation im allgemeinbildenden Bildungswesen kann in nur begrenztem Maße auch im Weiterbildungsbereich beobachtet werden. Dafür gibt es Gründe: Erstens ist im Koordinationsdreieck von Staat, Markt und Bildungsfachleuten die Weiterbildung näher beim Markt oder anderen gesellschaftlichen Bereichen positioniert als etwa das allgemeinbildende Schulwesen. Deswegen stehen die Einrichtungen der Weiterbildung unter einem permanenten Druck zu Innovationen (sieht man von arbeitsmarkt- oder beschäftigungsbezogenen Weiterbildungsprogrammen ab). Zweitens stellt in dem Maße, wie die Weiterbildung durch Gebühren der Nachfrager finanziert wird, der nachgewiesene Markterfolg der Weiterbildung gewissermaßen ein funktionales Äquivalent für eine politische Kontrolle bzw. Evaluation dar. Die zahlungsbereite Nachfrage legitimiert zudem auch die Qualität der Weiterbildungsangebote. In der Weiterbildung nimmt der Markt somit sowohl eine koordinative wie auch eine evaluative Funktion wahr. Doch in der Schweiz wie anderswo scheint die Politik dem Markt als Evaluator nicht ganz zu trauen: Weiterbildungseinrichtungen werden von den politischen Aktoren dem Druck zur Zertifizierung ausgesetzt.

Innovation und Evaluation im Kontext gesellschaftlicher Zeitdiagnosen

Ein Ende der Karriere von Innovation und Evaluation zeichnet sich – wie eingangs erwähnt – heute nicht ab. Wir haben damit zu rechnen, dass wir unter anderem auch dank den Wissenschaften, insbesondere den Sozialwissenschaften, immer mehr Wissen zur Verfügung haben, wie wir die Bedingungen für Innovationen verbessern können und welche Verfahren und Instrumente wir einsetzen müssen, um die Wirkungen von Handlungsprogrammen, somit auch von Weiterbildung zu überprüfen. Dieses Wissen ist nicht nur einer begrenzten Zahl privilegierter Spezialisten zugänglich. Es diffundiert über viele Kanäle, beabsichtigt und spontan in alle Tätigkeitsfelder und erweitert die Handlungsmöglichkeiten vieler, diejenigen der Innovatoren genauso wie jene der Evaluatoren. Was bedeutet dies in einer gesellschaftlichen Perspektive?

Knüpft man nun an die Unterscheidung zwischen „erster" und „zweiter" Moderne von Ulrich Beck an, nimmt man weiter die Frage von WITTPOTH ernst, ob die Weiterbildungsinstitutionen Statthalter der Industriegesellschaft seien, oder ob sie den Bedingungen der reflexiven Moderne gemäß handeln (vgl. WITTPOTH 2001, S. 143), ließe sich eine erste, zwar elegante, verführerische und zugleich problematische Antwort folgendermaßen formulieren: Mit der Diffusion des Instruments der Innovation operieren die Weiterbildungseinrichtungen als Statthalter der ersten Moderne (Industriegesellschaft). Gleichzeitig sind sie nun in der Lage, dank zunehmend verfeinerter Instrumente der Evaluation die Wirkungen des eigenen Tuns zu erfassen und zu beurteilen. Also – dies die Folgerung – Weiterbildungseinrichtungen sind Statthalter der ersten und der zweiten Moderne.

Doch die Eleganz der Argumentes verdeckt das fehlende Augenmaß. In dem Maße, in dem Innovation und Evaluation als Selbstevaluation in eigener Regie gemanagt werden, nehmen die Weiterbildungseinrichtungen die klassische Statthalterfunktion der ersten Moderne wahr. Mehr noch: Diese wird optimiert, weil die Einrichtungen Innovation und Evaluation eng aufeinander beziehen und deswegen überprüfen können, ob sie die Ziele, die sie selber gesetzt haben, auch erreichen. Nicht beabsichtigte Wirkungen der Programme liegen nicht im Spektrum der Beobachtung. Das Risiko, dass die Organisation sich dabei auf ein voluntaristisches, sozialtechnologisches Handlungskonzept versteift, muss als beträchtlich eingestuft werden. Wird jedoch Innovation mit externer Evaluation kombiniert, besteht für Weiterbildungseinrichtungen strukturell die Möglichkeit auch nicht intendierte Folgen des Handelns in Blick zu nehmen. Dadurch würden sie die Statthalterfunktion der zweiten Moderne wahrnehmen. Gleichzeitig setzen sie sich jedoch der Gefahr aus, ihre eigene Legitimationsbasis zu schwächen. Fürwahr eine vertrackte Situation!

Zugespitzte Folgerungen

Die von mir vorgetragenen Überlegungen lassen sich zugespitzt folgendermaßen bündeln: Zahlreiche Argumente sprechen dafür, dass erstens Innovation und Evaluation veralltäglichen. Die Weiterbildungseinrichtungen verbessern ihre Fähigkeit zu innovieren und zu evaluieren kontinuierlich. Von der Wissenschaft erarbeitete Ansätze diffundieren relativ schnell in den Einrichtungen und werden dort situativ, selektiv und aufgabenbezogen genutzt. Ein routinisierter Umgang mit solchen Ansätzen ist besonders in Einrichtungen mit öffentlicher Trägerschaft absehbar. Zweitens werden die Praktiken von Innovation und Evaluation in Weiterbildungseinrichtungen durch deren Umweltbedingungen wie auch den Organisationstypus – Experten- versus Dienstleistungsorganisation – geprägt. Ein Lernprozesse anregendes Spannungsverhältnis zwischen Innovation und Evaluation ist am ehesten dann zu erwarten, wenn die beiden Praktiken von unterschiedlichen Zentren aus gesteuert werden. Die Analyse verdeutlicht drittens, wie Wissen und Wissenschaft die Alltagspraxis in Weiterbildungseinrichtungen verändern und als Steuerungsressource wirksam werden. Periodische Evaluationen tragen dabei allerdings das Risiko in sich, durch ihre schiere Existenz wirksam zu sein: Die Aktoren antizipieren in ihrem alltäglichen Verhalten die Erwartungen der Evaluation. Die Veralltäglichung von Innovation und Evaluation hat schließlich vermutlich einen Preis: Routinisierung, Standardisierung, Berechenbarkeit und Dokumentierbarkeit von Leistungserbringung führen letztlich zu einer Verengung des Möglichkeitsraumes in der Weiterbildung. Dieser Preis ist hoch, vielleicht zu hoch?

Literatur

ARGYRIS, C. / SCHÖN D. A. (1978): Organizational Learning. A Theory of Action Perspective. – Reading/Massachusetts.

BAETHGE, K. / BAETHGE-KISKY, V. (1998): Jenseits von Beruf und Beruflichkeit? – Neue Formen von Arbeitsorganisation und Beschäftigung und ihre Bedeutung für eine zentrale Kategorie gesellschaftlicher Integration. In: MittAB, 3/1998, S. 461-472.

CROS, F. (1999): Innovation in Education: Managing the Future. In: CERI / OECD (Hrsg.): Innovation Schools. OECD Publications. – Paris, S. 59-75.

DRUCKER, P. (1993): Die postkapitalistische Gesellschaft. – Düsseldorf.

HEIDELOFF, F. / RADEL, T. (1998): Innovation und Organisation – ein Eindruck vom Stand der Forschung. In: HEIDELOFF, F. / RADEL, T. (Hrsg.): Organisation von Innovation: Strukturen, Prozesse, Interventionen. – München, S. 7-39.

HEIDENREICH, M. (1997): Zwischen Innovation und Institutionalisierung. Die soziale Strukturierung technischen Wissens. In: BLÄTTEL-MINK, B. / RENN, O. (Hrsg.): Zwischen Akteur und System. – Opladen, S. 177-208.

HEIDENREICH, M. (1999): Gibt es einen europäischen Weg in die Wissensgesellschaft. In: Soziale Welt, Sonderheft 13, S. 293-321.

HOF, C. (2001): Konzepte des Wissens. – Bielefeld.

KUSSAU, J. / OERTEL, L. (2001): Bildungsexpansion, Reform der Sekundarstufe I und Pädagogische Arbeitsstellen. In: Schweizerische Zeitschrift für Bildungswissenschaften, 1/2001, S. 137-162.

LUMBY, J. (2001): Managing Further Education. Learning Entreprise. – London.

ORTON, D. J. / WEICK, K. E. (1990): Loosly Coupled Systems: A Reconzeptualization. In: Accedemy of Management Review, 1990/15, S. 203-223.

RIPONEN, T. (1999): Is leadership possible in a loosly coupled organizatition such as universities? In: Higher Education Policy, 12/1999, S. 237-244.

SCHÄFFTER, O. (1998): Struktureller Wandel der Weiterbildung als Institutionengeschichte. In: VOGEL, N. (Hrsg.) (1998): Organisation und Entwicklung der Weiterbildung. – Bad Heilbrunn, S. 35-53.

SCHUMPETER, J. A. (1993): Kapitalismus, Sozialismus und Demokratie. – Tübingen.

DE VRIES, M. (1998): Die Paradoxie der Innovation. In: HEIDELOFF, F. / RADEL, T. (Hrsg.) (1998): Organisation von Innovation: Strukturen, Prozesse, Interventionen. – München, S. 75-87.

WEBER, K. (2001): Qualität – Theorie und Praxis eines Leitbegriffs. In: Schweizerische Akademie für Geistes- und Sozialwissenschaften (Hrsg.) (2001): Welche Qualität in den Sozialwissenschaften? – Bern, S. 17-37.

WEBER, K. (2000): Umrisse einer neuen Steuerungspraxis in der Bildungspolitik. In: Schweiz. Konferenz der Kantonalen Erziehungsdirektoren (Hrsg.) (2000): Die Vielfalt orchestrieren. Beiträge des OECD/CERI Regionalseminars für deutschsprachige Länder. – Innsbruck, S. 195-223.

WEBER, K. (1998): Die Zukunft der Weiterbildung wird ausgehandelt. In: GdWZ, 9. Jg., 3/1998, S. 107-109.

WIECHMANN, J. (2002): Der Innovationstransfer in der Breite des Schulwesens. In: Zeitschrift für Erziehungswissenschaft, 5. Jg., 1/2002, S. 95-117.

WITTPOTH, J. (2001): Reflexive Moderne. In: WITTPOTH, J. (Hrsg.): Erwachsenenbildung und Zeitdiagnose. – Bielefeld, S. 139-154.

Christoph Wulf

Rituale – Performativität, Mimesis und Innovation[1]

Nach wie vor ist der Begriff *Ritual* vor allem negativ besetzt. Denkt man an die Verwendung von Ritualen in totalitären Systemen, so ist eine *kritische Sicht* berechtigt. Rituale können dazu dienen, Menschen zu unterdrücken, sie gleich zu schalten sowie gesellschaftliche Machtverhältnisse zu verschleiern. Auch in Demokratien ist daher eine skeptische Perspektive auf Rituale erforderlich. Doch ein solches Ritualverständnis, wie es sich nach den Erfahrungen mit dem Nationalsozialismus herausbildete und durch die 68er-Bewegung verstärkt wurde, wird dem komplexen Charakter von Ritualen nicht gerecht. Für Kommunität und Gesellschaft, Gemeinschaften und Individuen ist die Bedeutung von Ritualen viel zu groß, als dass man die Auseinandersetzung mit ihnen auf *Ritualkritik* beschränken darf. Die allmählich verstärkte Aufmerksamkeit gewinnende internationale und interdisziplinäre Ritualdebatte macht dies deutlich. In dieser ist die Ritualforschung schon lange nicht mehr auf vormoderne Gesellschaften beschränkt. Vielmehr geht es in vielen Untersuchungen um die Bedeutung von Ritualen für moderne bzw. spätmoderne Gesellschaften. Im Zentrum des Interesses steht die vernachlässigte *produktive Seite* rituellen Handelns. *Rituale konstituieren Gemeinschaften*; ohne sie ist Soziales nicht möglich. Deshalb spielen sie in allen gesellschaftlichen Bereichen eine Rolle, so auch in der Familienerziehung, der schulischen Erziehung, im Umgang mit Medien und in der Kinder- und Jugendkultur; insbesondere in diesen Bereichen müssen sie verstärkt zum Gegenstand erziehungswissenschaftlicher Forschung werden (WULF u.a. 2001).

Nach wie vor gibt es keine einheitliche Ritualtheorie; vielmehr ist das Feld der *ritual studies* durch eine produktive Heterogenität der Ansätze gekennzeichnet. Für diese Situation gibt es mehrere Gründe. Einmal führen die Wissenschaftstraditionen in den verschiedenen Disziplinen zu unter-

1 Da die einzelnen Ergebnisse des Symposiums „Ritual und Innovation" als Beiheft 02 der Zeitschrift für Erziehungswissenschaft im ersten Halbjahr 2003 erscheinen werden, behandelt der folgende Beitrag einige auf dem Symposion diskutierte zentrale Fragen gegenwärtiger Ritualforschung in ihrer Bedeutung für die Erziehungswissenschaft, ohne jedoch den Versuch zu machen, den Gesamtverlauf des Symposiums wiederzugeben.

schiedlichen Perspektiven und Schwerpunktsetzungen. Zum anderen zeigen viele ethnographische Untersuchungen, dass die Vielschichtigkeit von Ritualen mit einem theoretischen Zugriff allein nicht erfasst werden kann. Sodann steht das Bewusstsein vom historischen und kulturellen Charakter von Ritualen der Bildung universalistischer Ritualtheorien entgegen. Je nach Zeit, Raum, Kultur und Gegenstandsfeld kommt es zu unterschiedlichen Konzeptualisierungen des Ritualbegriffs. So kann es sinnvoll sein, im Rahmen eines eher allgemein verwendeten heuristischen Ritualbegriffs zusätzlich zwischen *Ritualisierung, Konvention, Zeremonie, Liturgie und Fest* zu unterscheiden. Auch eine Differenzierung zwischen verschiedenen Ritualtypen wie *Übergangsritualen, Ritualen der Amtseinführung, der Intensivierung, der Rebellion und Interaktionsritualen* ist sinnvoll. Die Fokussierung von *Raum, Zeit und Alterität* in rituellen Beziehungen führt zu wichtigen Erkenntnissen über die Gemeinschaft erzeugende Funktion von Ritualen (GEBAUER / WULF 1998).

Trotz dieser prinzipiellen Einschränkung lassen sich weitere Merkmale von Ritualen angeben. Zu diesen gehört der *herausgehobenen Charakter der Handlung, die Zeitlichkeit, die Örtlichkeit, die Kollektivität und die Öffentlichkeit* von Ritualen. Rituale sind komplex; sie sind regelhaft. Ihre Regelhaftigkeit ist an ein praktisches Wissen gebunden, das seinerseits ein Regel-Verhalten erzeugt. Rituale sind *soziale Dramen* in denen *Differenz* bearbeitet wird. Sie sind *Inszenierungen und Aufführungen des Sozialen*, in denen Gemeinschaften performativ gebildet werden (WULF u.a. 2001). Ihre Wirkungen entfalten sie durch die Verbindung von performativen und symbolischen Elementen (PARAGRANA 2001). Am Beispiel von Familienritualen wie gemeinsames Essen, von rituellen Familienfeste wie Weihnachten, Geburtstag, Taufe, Konfirmation und Hochzeit wird dies deutlich. In diesen rituellen Feiern und Festen vergewissern die Mitglieder der Familie einander ihre Zugehörigkeit zur Familie. Beim Gelingen familiärer Interaktion entsteht ein Gefühl des Gleichklangs, der Intensität und des Glücks, das sich als ein Erlebnis des „Fließens" beschreiben lässt, das alle Ritualteilnehmer erfasst und mit einander verbindet (CSIKSZENTMIHALYI 1985).

Auch wenn Dauer, Intensität und Stil der Mahlzeiten in Familien sehr unterschiedlich sind, so ähneln sie dennoch einander in ritueller Hinsicht. In den meisten Familien gehören Tischgespräche zu den wichtigsten Formen familiärer Erziehung. Unter den vielen dort täglich verhandelten Themen nehmen der Erfolg bzw. Misserfolg der Kinder in der Schule eine zentrale Stelle ein. Während der Tischgespräche artikulieren die Eltern ihre Lebensvorstellungen und vermitteln diese gleichsam beiläufig den Kindern. Orientierungskriterien im Hinblick auf Leistung, moralisches Verhalten und Geschlechterrollen werden geäußert und zwischen den Familienmitgliedern erörtert. Dabei kommen unterschiedliche Auffassungen, potenzielle und reale Konflikte zum Ausdruck und werden bearbeitet. Unabhängig von den jeweils erörterten Inhalten bestimmen die Mitglieder der Familie in diesen Gesprächen auch ihre Beziehungen zueinander und zur Welt außerhalb der Familie. Für die Inkorporierung der familiären Werte, Einstellungen und Vorstellungen ist der rituelle Charakter dieser Tischgespräche unerlässlich (KEPPLER 1995; AUDEHM / ZIRFAS 2001).

Performativität

Rituale und Ritualisierungen lassen sich als *Arrangements menschlicher Körper* begreifen (WULF 2001). Deshalb vollziehen sich ihre Wirkungen vor allem *performativ*, d.h. durch die Inszenierung und Aufführung der an den Ritualen beteiligten Menschen (BAUSCH 2001). Das Arrangement der Körper ist in hohem Maße symbolisch kodiert und transportiert vielschichtige Bedeutungen, die dem Bewusstsein der rituell Handelnden nur in begrenztem Maße zugänglich sind. Wird rituelles Handeln als aufführendes kulturelles Handeln begriffen, so ergeben sich daraus Veränderungen für das Verständnis sozialer Prozesse. In diesem Fall finden die *Körperlichkeit der Handelnden* sowie der *Ereignis- und inszenatorische Charakter* ihrer Handlungen größere Aufmerksamkeit. Wenn vom performativen Charakter der Rituale die Rede ist, dann lassen sich drei Dimensionen unterscheiden. Die eine ist damit verbunden, dass sich Rituale als *kulturelle Aufführungen* begreifen lassen, in denen sich die Angehörigen von Institutionen zur Darstellung bringen und in denen sie sich ausdrücken und sichtbar machen. Die andere verweist auf den performativen Charakter von *Sprache*, der in rituellen Handlungen zum Ausdruck kommt und in dem Sprechen eine Form des Handelns ist. Deutlich wird dieser bei Ritualen der Taufe und Konfirmation, des Übergangs und der Amtseinführung, in denen die gesprochenen Worte des Rituals die neue soziale Wirklichkeit erzeugen. Die dritte Dimension des Performativen ist eine ästhetische, die für künstlerische *performances* konstitutiv ist und die auf die Grenzen einer funktionalistischen Betrachtungsweise verweist. Rituelles Handeln lässt sich nicht auf intentionsgeleitetes Handeln reduzieren. Rituale sind „mehr" als die Verwirklichung von Intentionen. Dieses „Mehr" besteht in der Art und Weise, in der Handelnde ihre Ziele verfolgen und zu realisieren versuchen.

Trotz der intentional gleichen Ausrichtung einer rituellen Handlung zeigen sich in der Inszenierung ihrer körperlichen Aufführung erhebliche Unterschiede. Zu den Gründen dafür gehören allgemeine historische, kulturelle und soziale sowie besondere mit der Einmaligkeit der Handelnden verbundene Bedingungen. Das Zusammenwirken beider Faktorengruppen erzeugt den *performativen Charakter sprachlichen und sozialen Handelns* und dessen ungewollte Nebenwirkungen. In seinem Ereignis- und Prozesscharakter werden die Grenzen der Planbarkeit und Voraussehbarkeit sozialen Handelns sichtbar. Bei der Berücksichtigung der ästhetischen Dimension des Performativen wird die Bedeutung des Stils ritueller Aufführungen sichtbar, die der funktionalistischen Betrachtung von Ritualen entgeht. Die zwischen der bewussten Intentionalität und den vielfältigen Bedeutungsdimensionen des szenischen Arrangements des Körpers sichtbar werdende Differenz ist offensichtlich (WULF / GÖHLICH / ZIRFAS 2001). Der performative Charakter rituellen Handelns ruft unterschiedliche Deutungen und Interpretationen hervor, ohne dass dadurch die Rituale ihre Wirkungen verlieren. Vielmehr besteht gerade ein Teil ihrer Wirkungen darin, dass die gleiche rituelle Handlung unterschiedlich gedeutet werden kann, ohne dass dadurch die soziale Magie des Rituals zerstört wird.

Soziale Beziehungen hängen wesentlich davon ab, wie Menschen beim rituellen Handeln ihren Körper einsetzen, welche körperlichen Abstände sie einhalten, welche Körperhaltungen sie zeigen, welche Gesten sie entwickeln. Über diese Merkmale vermitteln Menschen anderen Menschen viel von sich. Sie teilen ihnen etwas mit von ihrem Lebensgefühl, ihrer Art und Weise, die Welt zu sehen, zu spüren und zu erleben. Trotz ihrer zentralen Bedeutung für die Wirkung sozialen Handelns fehlen diese Aspekte *körperlicher Performativität* in vielen Ritualtheorien, in denen die Handelnden unter Absehung der sinnlichen und kontextuellen Bedingungen ihres Tuns noch immer auf ihr Bewusstsein reduziert werden. Um diese Reduktion zu vermeiden, muss man untersuchen, wie Handeln emergiert, wie es mit Sprache und Imagination verbunden ist, wie seine Einmaligkeit durch gesellschaftliche und kulturelle Muster ermöglicht wird und wie sich sein Ereignischarakter zu seinen repetetiven Aspekten verhält. Nachgehen muss man der Frage, wie weit sich Sprechen und Kommunikation als Handeln begreifen lassen und welche Rolle Ansprache und Wiederholung für die Herausbildung geschlechtlicher, sozialer und ethnischer Identität spielen. In einer solchen Perspektive wird rituelles Handeln als körperlich-sinnliche Nachahmung, Teilnahme und Gestaltung kultureller Praktiken begriffen. In dieser Perspektive wird rituelles Handeln als *performance,* Sprechen als *performatives Handeln,* und *Performativität* als ein abgeleiteter, diese Zusammenhänge übergreifend thematisierender Begriff verstanden (WULF / GÖHLICH / ZIRFAS 2001; PARAGRANA 2001).

Performative Aussagen sind soziale Handlungen. Als solche sind sie eingebettet in Inszenierungen und Aufführungen des Körpers. Über diese Einbettung wird deutlich: Sprache beschreibt nicht nur die Welt, sondern greift unmittelbar in die gesellschaftliche Praxis ein und gestaltet sie mit. Dies zeigt sich in der Herausbildung von Geschlechtsidentität besonders deutlich, die Judith Butler als Ergebnis „ritueller gesellschaftlicher Inszenierung" und performativer Prozesse begreift. Wenn Geschlecht als Inszenierung und Aufführung des Körpers verstanden wird, wird das Verhältnis von innen und außen bezogen auf den Körper anders gesehen. Nicht dadurch, dass die symbolische Ordnung das Innere des Körpers, sondern dadurch, dass sie die Oberfläche des Körpers besetzt, unterwirft sie die Subjekte. Diese Sicht der Performativität des Körpers führt dazu, dass die in der Frauenforschung so lange betonte Differenz zwischen *sex* und *gender* aufgegeben wird. Nun ist nicht mehr „der Geschlechtskörper (sex) [...] bedeutsam, sondern die Performance des Geschlechts (gender performance) und Konstruktionen des Körpers bekommen nur Bedeutung, wenn sie in Akten und Situationen auf der Ebene des Körpers als konkrete Performances wiederholt werden" (TERVOOREN 2001, S. 160). Für die Herstellung von Geschlechtsidentität spielen nach Butlers Auffassung *Anrufung* und *Wiederholung* eine wichtige Rolle. In der Anrufung eines Neugeborenen als Junge oder Mädchen erfolgt eine Identifizierung des Geschlechts, die im Verlauf des Lebens des Kindes unzählige Male wiederholt wird. Die performative Kraft des Sprechakts und seiner Wiederholung bilden Geschlechtsidentität heraus, die vom Subjekt in zahlreichen Handlungen angenommen und verstärkt wird. Der Prozess der Annahme von Geschlechtsidentität vollzieht sich im Imaginären. Als ein imaginärer Prozess kann er nicht abgeschlossen werden, sondern muss immer wiederholt werden. Dabei überlagern sich Begehren, Identifizierung und Wiederholung; es kommt zu einer *mehrfachen Identifizierung* und zur Verkörperung der in diesem Prozess enthaltenen Normen.

Auch BOURDIEU hat verschiedentlich deutlich gemacht, dass der performative Charakter der Sprache mit dem performativen Charakter sozialer Inszenierungen und Aufführungen verschränkt ist. Die Gesellschaft gestaltende Macht der Sprache liegt im Glauben der sozialen Akteure begründet, „auf Grund dessen sie die Legitimität der autorisierten Sprache und die Kompetenz der Sprechenden anerkennen. Damit ist die performative Kraft der Wörter nicht in einer innersprachlichen Logik zu finden, sondern sie liegt in der *Macht der Sprechenden*" (AUDEHM 2001, S. 102). BOURDIEU verdeutlicht die *performative Magie* der Sprache am Beispiel von *Einsetzungsriten* (BOURDIEU 1982). Diese schaffen Grenzen, zwischen denen, die in eine gesellschaftliche Funktion eingesetzt sind, und denen, die es nicht sind. Mit ihrer Hilfe wird Autorität delegiert; in performativen Äußerungen findet daher nicht in erster Linie die sprachliche, sondern die soziale Kompetenz der Akteure *Anerkennung*. Sprechen und Handeln erfolgen in einem von *gesellschaftlichen Konflikten durchzogenen Raum*, in dem um Macht und Einfluss gekämpft wird. Auch die menschlichen Körper sind in diese Auseinandersetzungen zwischen dem ökonomischen, sozialen, kulturellen und symbolischen *Kapital* einerseits und den verschiedenen Formen der gesellschaftlichen *Arbeit* eingespannt. Mit Hilfe des in Ritualen körperlich aufgeführten sozialen Handelns werden soziale Hierarchien etabliert und in die Körper der an ihnen beteiligten Menschen eingeschrieben. In diesen Prozessen, die in hierarchisierten sozialen Räumen stattfinden, werden entsprechende *Habitusformen* ausgebildet. In diesen werden die menschlichen Körper einerseits zu Produkten gesellschaftlicher Machtverhältnisse; andererseits wirken sie ebenso an deren Erhaltung und Gestaltung mit. Über die Herausbildung „feiner Unterschiede" in *Geschmack* und *Lebensstil* werden Habitusformen inkorporiert und wird das in ihnen enthaltene praktische Wissen auf Dauer gestellt. Mit Hilfe der *performativen Magie* der Sprache erhalten Rituale und die in ihnen impliziten Hierarchien und Machtverhältnisse den Anschein von „Natürlichkeit". Dadurch wird ihr gesellschaftlicher, prinzipiell veränderbarer Charakter verdeckt.

Mimesis

Wie wird das für die Inszenierung und Aufführung von Ritualen erforderliche performative Wissen erworben? Zweifellos handelt es sich nicht um ein theoretisches oder reflexives Wissen, dessen Elemente in der sozialen Praxis einfach Anwendung finden können. Performatives Wissen ist vielmehr ein *praktisches Wissen.* Als solches ist es körperlich und eng mit sinnlichen Prozessen verbunden. Zu wesentlichen Teilen wird dieses Wissen in mimetischen, häufig den Subjekten nicht bewussten Prozessen erworben. Solche Prozesse entstehen, wenn Kinder, Jugendliche und Erwachsene an den szenischen Aufführungen sozialer Handlungen teilnehmen und wahrnehmen, wie andere in rituellen Szenen handeln. Diesem *Wie* kommt bei der mimetischen Rezeption und Verarbeitung erhebliche Bedeutung zu. Erfasst wird die Art und Weise der sozialen Handlungen sinnlich. Nur mit Hilfe der Aisthesis können die szenischen die sozialen Handlungen konstituierenden und konkretisierenden Arrangements wahrgenommen und verarbeitet werden. In mimetischen Prozessen stellen Kinder, Jugendliche und Erwachsene einen sinnlichen Bezug zu den inszenierten und aufgeführten Ritualen her. Sie nähern sich rituell konstituierten Außenwelten, machen sich ihnen ähnlich und überführen sie mit den Sinnen und der Einbildungskraft in innere Bilder, Klangkörper, Tast-, Geruchs-, und Geschmackwelten. Sie inkorporieren diese Bilder, Szenen, Schemata in ihre eigene Vorstellungs- und Bilderwelt. Sie nehmen gleichsam einen „Abdruck" der rituellen Sequenzen und integrieren ihn in ihre Vorstellungswelt.

Wenn diese Bilder Teil der Einbildungskraft werden, ermöglichen und beeinflussen sie das rituelle Handeln. In mimetischem Handeln machen Kinder und Jugendliche die ihnen vorgängigen rituellen Welten noch einmal als *ihre* Welt. Mit dieser Handlung stellen sie eigene rituelle Welten her und fügen sich dadurch in die Gemeinschaft ein. Sie nehmen an dieser Welt teil und geben ihr eine körperliche Existenz. Wie sie in der rituellen Welt enthalten sind, enthalten sie die rituelle Welt. Der mimetische Charakter des praktischen rituellen Wissens macht deutlich: Bei dem Arrangement von

Ritualen geht es nicht um die mechanische Reproduktion vorgefundener Rituale: Jedes Mal handelt es sich um eine neue Inszenierung und Aufführung rituellen Handelns unter Bezugnahme auf kodifizierte bereits früher vollzogene Rituale. Die Rituale werden nicht einfach kopiert, sondern in veränderter Form wieder inszeniert und aufgeführt. Dabei werden sie den jeweils neuen Bedingungen angepasst und entsprechend modifiziert.

Die so erzeugten rituellen Welten haben einen *demonstrativen* und einen *ludischen* Charakter (GEBAUER / WULF 1998). Die ostentative Seite von Ritualen ergibt sich aus ihrem Aufführungscharakter. Oft wollen und sollen rituell Handelnde von anderen wahrgenommen werden. Deshalb inszenieren sie ihre rituellen Arrangements so, dass sie gesehen werden. Bei Ritualen der Amtseinsetzung und des Übergangs ist dies der Fall. In beiden Fällen ist der demonstrative Charakter des Rituals notwendig; er ist ein Aspekt der Öffentlichkeit des szenischen Arrangements und trägt zur Legitimation des rituellen Handelns bei (WULF 2003). Ohne diese ostentative Seite können Rituale ihre Gemeinschaft stiftende Aufgabe nicht erfüllen. Auch die ludische Seite ritueller Handlungen hängt mit deren Aufführungscharakter zusammen. Wie es von Theaterstücken viele Inszenierungen gibt, so sind auch von einem Ritual mehrere Inszenierungen und Arrangements möglich. Je nach Kontext werden diese unterschiedlich gestaltet, ohne dass dadurch das Ritual seine Funktion verliert. Die Vielfalt ritueller Inszenierung ist keine Unzulänglichkeit, sondern ein Charakteristikum des Rituals, das seine Komplexität ausmacht. Das Spielerische rituellen Handelns ergibt sich aus der Rolle, die die Imagination für die Performativität von Ritualen spielt. Sie ermöglicht unterschiedliche Formen und Ausprägungen. Entscheidend ist, dass der Rahmen der rituellen Handlung eingehalten wird, der bei aller Divergenz der verschiedenen Aufführungen auch Kontinuität ermöglicht.

Das Ludische im Ritual bezeichnet einen spielerischen Ernst, der gewisse Grenzen wahrt, und so Regelkonformität mit Freiwilligkeit verbindet. Im rituellen Handeln ergeben sich Spielräume für spontanes und kreatives Handeln, bei dem die bestehenden Normen der Gemeinschaft außer Kraft gesetzt oder modifiziert werden. Spielerisch können hier alte Elemente weggelassen, neue hinzugefügt werden. Mit Hilfe der ludischen Elemente wird vermieden, Gemeinschaftsbeziehungen auf kausale oder funktionale Sinnstiftungen zu beziehen. Die ludische Seite dient in nicht reflexiver Weise einer körperlich-inszenatorischen Selbstvergewisserung der Gemeinschaften. Sie verweist auf die Rolle, die die Imagination für die Erzeugung heterogener Formen und Ausprägungen ritueller Performativität spielt. Entscheidend ist, dass der Rahmen der rituellen Handlung eingehalten wird, der trotz aller Unterschiede zwischen den rituellen Aufführungen Kontinuität sichert.

Eine wichtige Aufgabe von Ritualen besteht in der Vermeidung von Chaos, der Kanalisierung von Konflikten und Gewaltkonstellationen und damit der Erzeugung von Ordnung. Wenn in Krisensituationen Verbote und

Rituale ihre die Gemeinschaft strukturierende Kraft verlieren, dann kommt es in „mimetischen Krisen" zum Ausbruch von Gewalt. Zum Opfer dieser Gewalt wird ein Sündenbock, den die Gruppe, zu der sich die Menschen in Prozessen wechselseitiger „Anähnlichung" zusammenschließen, für die Krise verantwortlich macht (GIRARD 1988). Auf den Sündenbock projizieren die Angehörigen der Gruppe die Schuld für die Gefährdung der Ordnung. In dieser Projektion verdrängen sie die Einsicht, dass sie für die ausbrechende Gewalt verantwortlich sind. Infolge einer mimetischen Dynamik der „Anähnlichung" überlassen die Mitglieder der Gruppe die Steuerung ihres Verhaltens einem „Gruppen-Subjekt", das dann die destruktiven Handlungen vollzieht, die der Einzelne nicht hätte durchführen können (CANETTI 1960). In der Regel bewirken solche Gewalthandlungen, dass der Sündenbock oder seine Angehörigen danach trachten, sich für die ihm zugefügte soziale Gewalt zu rächen. Eine Gewaltspirale entsteht, aus der zu entkommen äußerst schwierig ist (WULF / KAMPER 2002).

In Bildungsinstitutionen wie Kindergärten, Schulen, Hochschulen und Volkshochschulen lassen sich mimetische Prozesse nicht nur bei der Etikettierung von Sündenböcken feststellen. In diesen Institutionen spielen mimetische Prozesse beim Lernen eine wichtige Rolle. Ein beträchtlicher Teil der institutionellen Lernprozesse ist rituell strukturiert und vollzieht sich mimetisch (LIEBAU / SCHUMACHER-CHILLA / WULF 2001). Auf die Schule bezogen bedeutet das: Schule lässt sich als rituelle Veranstaltung begreifen (MCLAREN 1993), in deren Rahmen es viele Rituale gibt, in denen praktisches Wissen mimetisch erzeugt wird, das es Kindern und Jugendlichen möglich macht, an schulischen Ritualen teilzunehmen und diese mitzugestalten. Zu solchen Ritualen gehören institutionelle Makrorituale der Ein- und Ausschulung, des Sommer- und Weihnachtsfests, die zur Konstitution der Schulgemeinschaft beitragen. Noch wichtiger sind für den mimetischen Erwerb ritueller Kompetenz die alltäglichen schul- und unterrichtsspezifischen Rituale. Unter ihnen spielen *Übergangsrituale* eine wichtige Rolle. Mit deren Hilfe wird der Übergang vom Kind zum Schulkind, vom Schulkind zum Kind täglich neu inszeniert und aufgeführt. In manchen Grundschulen dient z.B. das Ritual des „Montagskreises" dazu, durch die Erzählungen der Kinder von ihren Erlebnissen am Wochenende die außerschulische mit der innerschulischen Welt zu verbinden. In struktureller Hinsicht vollzieht sich Ähnliches auch beim Übergang von der Pause zum Unterricht und umgekehrt. Dabei spielen die mikrorituellen Handlungen der Kinder im Umfeld der Klassentür eine wichtige Rolle. An der Klassentür vollziehen sich mehrmals täglich Rituale des Übergangs von der Pause zum Unterricht. Im Klassenraum werden im Tafelbereich, an den Tischen der Schüler, bei der räumlichen Verortung der Sitzordnung zahlreiche Mikrorituale inszeniert, die für die Durchführung des Unterricht konstitutiv sind. In diesen wird auch der Widerstand der Schüler gegen die schulischen Anforderungen zur Darstellung gebracht und so gehandhabt, dass Unterricht stattfinden kann (GÖHLICH / WAGNER-WILLI 2001). Indem Kinder und Jugendliche an der Inszenierung und Aufführung solcher Rituale mitwirken, erwerben sie in der mimetischen Wiederholung praktisches rituelles Wissen und damit die Fähigkeit zu rituellem Handeln in Institutionen.

Innovation

Im Unterschied zu der verbreiteten Auffassung, dass rituelles Handeln nur dazu dient, bestehende Strukturen zu erhalten, ist davon auszugehen, dass Rituale ein innovatives Potenzial haben, ohne dass sie ihre gesellschaftlichen Aufgaben nicht erfüllen können. Für diese Auffassung gibt es mehrere Gründe. Einmal wird im rituellen Handeln niemals eine bloße Kopie eines früher vollzogenen Rituals erzeugt. Jede Aufführung eines Rituals ist eine neue Inszenierung, die eine Modifikation früheren rituellen Handelns ist. Am bereits erwähnten schulischen Ritual des „Montagskreises" lässt sich dies verdeutlichen. Obwohl es sich an jedem Montag um das gleiche Ritual handelt, wird es jedes Mal unterschiedlich vollzogen. Die Kinder sitzen mit verschiedenen Nachbarn im Kreis; die von ihnen erzählten Erlebnisse sind jedes Mal andere; die Atmosphäre im Kreis ist von mal zu mal unterschiedlich. Um zu vermeiden, dass die Kinder das Wort lediglich an ihre Freunde und Freundinnen weiter geben, können sich die Teilnehmer des „Montagskreises" auch spontan dazu entschließen, eine Veränderung des Arrangements etwa durch die Verwendung von Würfeln vorzunehmen, die die Einbeziehung aller Kinder sicherstellt. Entscheidend ist die Erhaltung des *rituellen Rahmens* „Montagskreis". Innerhalb seiner sind zahlreiche Veränderungen möglich; sie führen zu variierenden Arrangements des gleichen Rituals. Variabilität ist für rituelles Handeln konstitutiv. Sie resultiert daraus, dass die rituell Handelnden „ihr" Ritual aufführen, das sie je nach ihren aktuellen Bedingungen unterschiedlich inszenieren.

Um ihre Funktion zu erfüllen, müssen Rituale immer wieder innovative Elemente in ihre Inszenierung und ihr Arrangement einbringen. Nur dadurch werden sie den sich verändernden gesellschaftlichen und sozialen Bedingungen gerecht. Eine historisch-ethnographische Analyse eines familiären Weihnachtsfests kann dies verdeutlichen. Sie kann zeigen, wie sich bestimmte Weihnachtsrituale in einer neu gegründeten Familien unter Bezug auf die Traditionen der beiden Herkunftsfamilien der Eheleute herausbilden und wie sich gemeinsam entwickelte familiäre Weihnachtsrituale mit dem Alter der Kinder verändern. Nur durch die Einbeziehung innovativer Elemente können Rituale den sich ändernden Bedingungen gerecht werden. Wird diesen

Innovationen kein Raum eingeräumt, erstarren die Rituale, büßen sie ihre soziale die Menschen verbindende Kraft ein und müssen ersetzt werden.

Jugendliche sind für erstarrte Situationen sensibel und artikulieren ihre Unzufriedenheit mit sinnentleerten Formen sozialen Zusammenlebens in Widerstandsritualen. Da dieser Widerstand nur sichtbar und wirksam wird, wenn sich mehrere junge Menschen zusammenschließen, sind Rituale und Ritualisierungen zur Koordination ihrer Handlungen notwendig. Jugendliche müssen daher ihre Differenz zur älteren Generation inszenieren und aufführen. Durch die Wiederholung des Widerstands im rituellen Arrangement gewinnen die Jugendlichen allmählich ihre Unabhängigkeit. Die szenisch arrangierte Ausgrenzung der Angehörigen der älteren Generation und die rituelle Bearbeitung der Differenz zu ihr intensiviert die Prozesse der Identitätsgewinnung der Jugendlichen.

Für die Verwirklichung von Reformen kommt Ritualen im Bildungsbereich erhebliche Bedeutung zu. Sollen *Institutionen reformiert* werden, so geht dies nicht ohne neue Rituale, mit deren Hilfe die bestehenden Strukturen verändert werden. Rituale ermöglichen den Zusammenschluss unterschiedlicher sozialer Subjekte zu einem *gemeinsamen innovativen Handeln.* Sein mit der Körperlichkeit der rituell Handelnden verbundener Charakter ermöglicht die Verwirklichung von Innovationen. Wenn bestimmte Handlungs- und Verhaltensformen an die Stelle bisheriger treten sollen, müssen sie inszeniert, arrangiert und aufgeführt werden, d.h. sie müssen performativ werden. Dazu bedarf es ritualisierten Handelns, das die Tätigkeiten verschiedener Menschen zusammenführt. Nur durch eine rituelle Koordination der verschiedenen Aktivitäten ist eine Veränderung institutioneller Strukturen und sozialer Beziehungen möglich. Um Innovationen bzw. Reformen zur realisieren, muss das sie konstituierende Verhalten performativ werden. Dazu bedarf es seiner Wiederholung, Einübung und Routinisierung – seiner Ritualisierung.

Literatur

AUDEHM, K. (2001): Die Macht der Sprache: Performative Magie bei Pierre Bourdieu. In: WULF, CH. / GÖHLICH, M. / ZIRFAS, J. (Hrsg.): Grundlagen des Performativen. Eine Einführung in die Zusammenhänge von Sprache, Macht und Handeln. – Weinheim, S. 101-128.

AUDEHM, K. / ZIRFAS, J. (2001): Familie als ritueller Lebensraum. In: WULF, CH. / ALTHANS, B. / AUDEHM, K. / BAUSCH, C. / GÖHLICH, M. / STING, S. / TERVOOREN, A. / WAGNER-WILLI, M. /ZIRFAS, J. (Hrsg.): Das Soziale als Ritual: Zur performativen Bildung von Gemeinschaften. – Opladen, S. 37-116.

BAUSCH, C. (2001): Die Inszenierung des Sozialen. Erving Goffman und das Performative. In: WULF, CH. / GÖHLICH, M. / ZIRFAS, J. (Hrsg.): Grundlagen des

Performativen. Eine Einführung in die Zusammenhänge von Sprache, Macht und Handeln. – Weinheim, S. 203-225.
BOURDIEU, P. (1982): Les rites comme actes d'institution, In: Actes de la recherche en sciences sociales, 32, S. 58-63.
CSIKZENTMIHALYI, M. (1985): Das Flow-Erlebnis. – Stuttgart.
CANETTI, E. (1976): Macht und Masse, 2. Bd. – München.
GEBAUER, G. / WULF, CH. (1998): Spiel, Ritual, Geste. Mimetische Grundlagen sozialen Handelns. – Reinbek.
GIRARD, R. (1988): Der Sündenbock. – Zürich.
GÖHLICH, M. / WAGNER-WILLI, M. (2001): Rituelle Übergänge im Schulalltag. In: WULF, CH. / GÖHLICH, M. / ZIRFAS, J. (Hrsg.): Grundlagen des Performativen. Eine Einführung in den Zusammenhang von Sprache, Macht, Handeln. – Weinheim, S. 119-204.
KEPPLER, A. (1995): Tischgespräche. Über Formen kommunikativer Vergemeinschaftung am Beispiel der Konversation in Familien. – Frankfurt am Main.
LIEBAU, E. / SCHUMACHER-CHILLA, D. / WULF, CH. (Hrsg.) (2001): Anthropologie pädagogischer Institutionen. – Weinheim
MCLAREN, P. (1993): Schooling as a Ritual Performance. Towards a Political Economy of Educational Symbols and Gestures. – London.
PARAGRANA. Internationale Zeitschrift für Historische Anthropologie (2001), 10 Jg., Themenschwerpunkt: Theorien des Performativen.
TERVOOREN, A. (2001): Körper, Inszenierung und Geschlecht. Judith Butlers Konzept der Performativität. In: WULF, CH. / GÖHLICH, M. / ZIRFAS, J. (Hrsg.): Grundlagen des Performativen. Eine Einführung in die Zusammenhänge von Sprache, Macht und Handeln. – Weinheim, S. 157-180.
TURNER, V. (1969): The Ritual Process. Structure and Anti-Structure. – New York (dt. 1989).
WULF, CH. (2001): Einführung in die Anthropologie der Erziehung. – Weinheim.
WULF, CH. / ALTHANS, B. / AUDEHM, K. / BAUSCH, C. / GÖHLICH, M. / STING, S. / TERVOOREN, A. / WAGNER-WILLI, M. / ZIRFAS, J. (2001): Das Soziale als Ritual: Zur performativen Bildung von Gemeinschaften. – Opladen.
WULF, CH. / GÖHLICH, M. / ZIRFAS, J. (Hrsg.) (2001): Grundlagen des Performativen. Eine Einführung in den Zusammenhang von Sprache, Macht, Handeln. – Weinheim.
WULF, CH. / KAMPER, D. (2002): Logik und Leidenschaft. Erträge Historischer Anthropologie. – Berlin.
WULF, CH. (2003): Ritual, Macht und Performativität. Die Inauguration des amerikanischen Präsidenten. In: WULF, CH. / ZIRFAS, J. (Hrsg.): Rituale: Inszenierungen, Kulturelle Pratiken, Symbole (in Vorbereitung).

Verzeichnis der Autorinnen und Autoren

ACHTENHAGEN, FRANK, Prof. Dr. Dr. h.c. mult.
Georg-August-Universität Göttingen, Seminar für Wirtschaftspädagogik
Adresse: Platz der Göttinger Sieben 5, 37073 Göttingen
Telefon: 0551 / 394421/22
Fax: 0551 / 394417
E-Mail: fachten@wipaed.wiso.uni-goettingen.de

BOURNE, JILL, Prof. Dr.
University of Southampton, School of Education
Adresse: Highfield, Southampton, United Kingdom
Telefon: 023 / 80593547
E-Mail: j.bourne@soton.ac.uk

DOLL, JÖRG, PD Dr.
Leibniz-Institut für die Pädagogik der Naturwissenschaften an der Universität Kiel (IPN)
Adresse: Olshausenstr. 62, 24098 Kiel
Telefon: 0431 / 880-3497
Fax: 0431 / 880-5211
E-Mail: doll@ipn.uni-kiel.de

GLASER, EDITH, PD Dr.
Universität Dortmund, Institut für Erziehungswissenschaft und Berufspägagogik
Adresse: Emil-Figge-Str. 50, 44227 Dortmund
Telefon: 0231 / 755-2190
Fax: 0231 / 755-6230
E-Mail: eglaser@fb12.uni-dortmund.de

GÖPPEL, ROLF, Prof. Dr.
Pädagogische Hochschule Heidelberg, Institut für Erziehungswissenschaft
Adresse: Keplerstr. 87, 69120 Heidelberg
Telefon: 06221 / 477512
Fax: 06221 / 477491
E-Mail: rolf-goeppel@t-online.de

GOGOLIN, INGRID, Prof. Dr.
Universität Hamburg, Fachbereich Erziehungswissenschaft
Adresse: Von-Melle-Park 8, 20148 Hamburg
Telefon: 040 / 42838-2127
Fax: 040 / 42838-4298
E-Mail: goglin@uni-hamburg.de

GRÄSEL, CORNELIA, Prof. Dr.
Universität des Saarlandes, Empirische Humanwissenschaften Fachrichtung Erziehungswissenschaft
Adresse: Postfach 151150, 66041 Saarbrücken
Telefon: 0681 / 302-64321
Fax: 0681 / 302-64325
E-Mail: graesel@mx.uni-saarland.de

GRUBER, HANS, Prof. Dr.
Universität Regensburg, Lehrstuhl für Allgemeine Pädagogik
Adresse: Universitätsstr. 31, 93040 Regensburg
Telefon: 0941 / 943-3783
Fax: 0941 / 943-4989
E-Mail: hans.gruber@paedagogik.uni-regensburg.de

HAVERS, NORBERT, Prof. Dr.
Ludwig-Maximilians-Universität München, Institut für Pädagogische Psychologie
Adresse: Arabellastr. 1, 81925 München
Telefon: 089 / 9214-2310
Fax: 089 / 175298
E-Mail: havers@edupsy.uni-muenchen.de

HUSEMANN, RUDOLF, Prof. Dr.
Universität Erfurt, Erziehungswissenschaftliche Fakultät, Weiterbildung/Erwachsenenbildung
Adresse: Nordhäuserstr. 63, 99089 Erfurt
Telefon: 0361 / 737-1466
Fax: 0361 / 737-1946
E-Mail: rudolf.husemann@uni-erfurt.de

KADE, JOCHEN, Prof. Dr.
Johann Wolfgang Goethe-Universität Frankfurt am Main, Fachbereich Erziehungswissenschaften
Adresse: Robert-Mayer-Str. 1, 60054 Frankfurt/Main
Telefon: 069 / 798-22930/23537
Fax: 069 / 798-28296
E-Mail: kade@em.uni-frankfurt.de

KELLE, HELGA, PD Dr.
Universität Bielefeld, Fakultät für Pädagogik
Adresse: Spiegelstr. 10, 33602 Bielefeld
E-Mail: helga.kelle@uni-bielefeld.de

KLIKA, DORLE, Prof. Dr.
Universität Siegen, Institut für Allgemeine Pädagogik
Adresse: Adolf-Reichwein-Str. 2, 57068 Siegen
Telefon: 0271 / 740 3468
E-Mail: klika@erz-wiss.uni-siegen.de

KOLBE, FRITZ-ULRICH, Prof. Dr.
Johannes-Gutenberg-Universität Mainz, Pädagogisches Institut
Adresse: Colonel Kleinmann-Weg 2, 55099 Mainz
Telefon: 06131 / 3922716
E-Mail: kolbe@mail.uni-mainz.de

KRAUL, MARGRET, Prof. Dr.
Universität Göttingen, Pädagogisches Seminar
Adresse: Baurat-Geber-Str. 4-6, 37073 Göttingen
Telefon: 0551 / 399443
Fax: 0551/ 3914054
E-Mail: mkraul@uni-goettingen.de

LEUTNER, DETLEV, Prof. Dr.
Universität Duisburg-Essen, Lehrstuhl für Lehr-Lernpsychologie
Telefon: 0201 / 183-2154
Fax: 0201 / 183-4350
E-Mail: leutner@uni-essen.de

LINK, JÖRG-W., Dr.
Universität Potsdam, Institut für Pädagogik
Adresse: Postfach 601553, 14415 Potsdam
Telefon: 0331 / 977-2146
Fax: 0331 / 977-2063
E-Mail: link@rz.uni-potsdam.de

MANDL, HEINZ, Prof. Dr.
Ludwig-Maximilians-Universität München, Institut für Pädagogische Psychologie
Adresse: Leopoldstr. 13, 80802 München
Telefon: 089 / 2180-5146
Fax: 089 / 2180-5002
E-Mail: mandl@edupsy.uni-muenchen.de

MAROTZKI, WINFRIED, Prof. Dr.
Otto-von-Guericke-Universität Magdeburg, Institut für Erziehungswissenschaft
Adresse: Stresemannstr. 23, 39104 Magdeburg
Telefon: 0391 / 6714719
Fax: 0391 / 6714703
E-Mail: winfried@marotzki.de

MERKENS, HANS, Prof. Dr.
Freie Universität Berlin, Fachbereich Empirische Erziehungswissenschaft
Adresse: Fabeckstr. 13, 14195 Berlin
Telefon: 030 / 83855224
E-Mail: merken@zedat.fu-berlin.de

MOSER, VERA, PD Dr.
Johann Wolfgang Goethe-Universität Frankfurt am Main, Institut für Sonderpädagogik
Adresse: Senckenberganlage 15, 60054 Frankfurt am Main
Telefon: 069 / 798-23812
Fax: 069 / 798-23408
E-Mail: v.moser@em.uni-frankfurt.de

NATH, AXEL, PD Dr.
Universität Lüneburg, Institut für Pädagogik
Adresse: Scharhorststr.1, 21335 Lüneburg
Telefon: 04131 / 78-1629
Fax: 04131 / 78-1637
E-Mail: nath@uni-lueneburg.de

PRENGEL, ANNEDORE, Prof. Dr.
Universität Potsdam, Institut für Grundschulpädagogik
Adresse: Karl-Liebknecht-Str. 24/25, 14476 Golm bei Potsdam
Telefon: 0331 / 977-2494
Fax: 0331 / 977-2199
E-Mail: aprengel@rz.uni-potsdam.de

PRENZEL, MANFRED, Prof. Dr.
Leibniz-Institut für die Pädagogik der Naturwissenschaften an der Universität Kiel (IPN)
Adresse: Olshausenstr. 62, 24098 Kiel
Telefon: 0431 / 880-3120
Fax: 0431 / 880-5212
E-Mail: prenzel@ipn.uni-kiel.de

REINISCH, HOLGER, Prof. Dr.
Friedrich-Schiller-Universität Jena, Lehrstuhl für Wirtschaftspädagogik
Adresse: Carl-Zeiß-Str. 3, 07740 Jena
Telefon: 03641 / 943330
Fax: 03641 / 943332
E-Mail: h.reinisch@wiwi.uni-jena.de

RICHTER, INGO, Prof. em. Dr.
Eberhard Karls Universität Tübingen, Institut für Erziehungswissenschaft, Abteilung Sozialpädagogik
Adresse: Jenaer Str. 19, 10717 Berlin
Telefon: 030 / 85757375
Fax: 030 / 85757376
E-Mail: ingo.k.richter@t-online.de

SASSE, ADA, Dr.
Universität Erfurt, Fachgebiet Sonder- und Sozialpädagogik
Adresse: Nordhäuser Str. 63, 99089 Erfurt
Telefon: 0361 / 7372130
Fax: 0361 / 7371913
E-Mail: sasse@issp.ph-erfurt.de

STEINER-KHAMSI, GITA, Dr. Prof.
Columbia University, Teachers College, Department of International and Transcultural Studies
Adresse: Box 55, 525 W 120th Street, New York, N.Y. 10027
Telefon: 001 / 212 / 678-3179
E-Mail: gs174@columbia.edu

STRAKA, GERALD A., Prof. Dr.
Universität Bremen, Fachbereich Erziehungs- und Bildungswissenschaften, Forschungsgruppe LOS & ITB
Adresse: Am Fallturm 1, 28359 Bremen
Telefon: 0421 / 218-2097/9066
Fax: 0421 / 218-7372
E-Mail: straka@uni-bremen.de

TENORTH, HEINZ-ELMAR, Prof. Dr.
Humboldt-Universität Berlin, Abteilung Historische Erziehungswissenschaft
Adresse: Unter den Linden 6, 10099 Berlin
Telefon: 030 / 2093-2147
Fax: 030 / 2093-2124
E-Mail: tenorth@uv.hu-berlin.de

TERHART, EWALD, Prof. Dr.
Westfälische Wilhelms-Universität Münster, Institut für Schulpädagogik und Allgemeine Didaktik
Adresse: Bispinghof 5/6, 48143 Münster
Telefon: 0251 / 83-29265
Fax: 0251 / 83-29268
E-Mail: ewald.terhart@uni-muenster.de

TIPPELT, RUDOLF, Prof. Dr.
Ludwig-Maximilians-Universität München, Lehrstuhl für Allgemeine Pädagogik und Bildungsforschung
Adresse: Leopoldstr. 13, 80802 München
Telefon: 089 / 2180-5141
Fax: 089 / 2180-5137
E-Mail: tippelt@edu.uni-muenchen.de

TRAMM, TADE, Prof. Dr.
Universität Hamburg, Institut für Berufs- und Wirtschaftspädagogik
Adresse: Sedanstr. 19, 20146 Hamburg
Telefon: 040 / 428383728
Fax: 040 / 428385941
E-Mail: Tramm@ibw.uni-hamburg.de

TREPTOW, RAINER, Prof. Dr.
Friedrich-Schiller-Universität Jena, Institut für Erziehungswissenschaften (Sozialpädagogik)
Adresse: Otto-Schott-Str. 41, 07741 Jena
Telefon: 03641 / 945370
Fax: 03641 / 945372
E-Mail: ert@uni-jena.de

WEBER, KARL, Prof. Dr.
Universität Bern, Koordinationsstelle für Weiterbildung
Adresse: Falkenplatz 16, 3012 Bern, CH
Telefon: 0041 / 31 / 6313929
E-Mail: karlweber@kwb.unich.de

WEILER, HANS N., Prof. Dr. Dr. h.c.
Stanford Institute
Adresse: 752 Tolman Drive, Stanford, CA 94305-1045 - USA
Telefon: 001 / 650 / 494-2349
Fax: 001 / 650 / 494-2262
E-Mail: weiler@stanford.edu

WEISHAUPT, HORST, Prof. Dr.
Universität Erfurt, Fachgebiet Allgemeine Erziehungswissenschaft und Empirische Bildungsforschung
Adresse: Postfach 900221, 99105 Erfurt
Telefon: 0361 / 7371172
Fax: 0361 / 7371950
E-Mail: horst.weishaupt@uni-erfurt.de